U0856320

2019

CHINA POPULATION AND EMPLOYMENT STATISTICS YEARBOOK

中国人口和就业统计年鉴

蒋心華题

国家统计局人口和就业统计司 编

COMPILED BY
Department of Population and Employment Statistics
National Bureau of Statistics of China

图书在版编目（CIP）数据

中国人口和就业统计年鉴. 2019：汉英对照 / 国家统计局人口和就业统计司编. -- 北京 ： 中国统计出版社, 2019.12

ISBN 978-7-5037-8952-6

Ⅰ. ①中… Ⅱ. ①国… Ⅲ. ①人口调查－统计资料－中国－2019－年鉴－汉、英②就业－统计资料－中国－2019－年鉴－汉、英 Ⅳ. ①C924.25-54②D669.2-54

中国版本图书馆 CIP 数据核字（2019）第 212410 号

中国人口和就业统计年鉴—2019

作　　者 / 国家统计局人口和就业统计司
责任编辑 / 徐　涛
封面设计 / 杨　超　李雪燕
出版发行 / 中国统计出版社
通信地址 / 北京市丰台区西三环南路甲 6 号　邮政编码/100073
电　　话 / 邮购（010）63376909　书店（010）68783171
网　　址 / http://www.zgtjcbs.com/
印　　刷 / 河北鑫兆源印刷有限公司
经　　销 / 新华书店
开　　本 / 890×1240mm　1/16
字　　数 / 944 千字
印　　张 / 29.5
版　　别 / 2019 年 12 月第 1 版
版　　次 / 2019 年 12 月第 1 次印刷
定　　价 / 280.00 元

本书附同版本 CD-ROM 一张，光盘内容以书面文字为准。
如有印装差错，由本社发行部调换。

《中国人口和就业统计年鉴—2019》
编委会和编辑工作人员

CHINA POPULATION AND EMPLOYMENT STATISTICS YEARBOOK-2019

EDITORIAL BOARD AND STAFF

编辑说明

一、《中国人口和就业统计年鉴—2019》是一部以全面反映我国人口和就业状况为主的资料性年刊，收集了全国和各省、自治区、直辖市人口就业统计的主要数据，同时附录了世界部分国家和地区的相关数据。

二、本年鉴由国家统计局人口和就业统计司负责编辑整理，并得到公安部治安管理局等单位的大力支持和协助。

三、本年鉴内容分为七部分：（一）综合数据；（二）2018 年全国人口变动情况抽样调查数据；（三）2018 年劳动力抽样调查主要数据；（四）2018 年城镇单位就业人员统计数据；（五）2018 年全国户籍统计人口数据；（六）世界部分国家及地区人口和就业统计数据；（七）2018 年人口变动和劳动力调查制度说明及主要统计指标解释。

四、2018 年全国人口变动调查的调查时点为 2018 年 11 月 1 日零时。该调查以全国为总体，以各省、自治区、直辖市为次总体，采用分层、多阶段、整群概率比例抽样方法，在全国 31 个省、自治区、直辖市抽取了 2250 个县(市、区)、4726 个乡(镇、街道)、5045 个调查小区中的 115 万人。经加权后汇总，2018 年全国人口出生率为 10.94 ‰，死亡率为 7.13‰，自然增长率为 3.81‰。按此推算，2018 年末全国总人口为 139538 万人，出生人口为 1523 万人，死亡人口为 993 万人，净增人口为 530 万人。本年鉴第二部分除表 2-1、表 2-2 外，其余各表中的绝对数为样本数，全国抽样比为 0.820‰。

五、本年鉴中收集的 2018 年全国人口变动情况抽样调查数据（第二部分）和 2018 年全国户籍统计人口数据（第五部分），统计方法和口径不同，请用户在使用时加以注意。

六、本年鉴涉及的全国性统计数据，均未包括香港、澳门特别行政区和台湾省数据。

七、符号使用说明：

年鉴各表中的“空格”表示该项统计指标数据不足本表最小单位数、数据不详或无该项数据；“#”表示其中的主要项。

八、本年鉴在资料的整理和编排方面难免存在不足和疏误，敬请用户指正。

PREFACE

Ⅰ. *China Population and Employment Statistics Yearbook 2019* is an annual statistical publication, which contains data on basic condition of population and employment in 2018 as well as for the previous years for the whole nation and 31 provinces, autonomous regions and municipalities directly under the Central Government. It also includes the relevant data of some other countries and territories in the world.

Ⅱ. The yearbook is compiled by the Department of Population and Employment Statistics of the National Bureau of Statistics of China, and assisted by the Public Order Bureau of the Ministry of Public Security.

Ⅲ. The yearbook contains the following seven chapters: 1.General Survey; 2.Data from 2018 National Sample Survey on Population Changes; 3.Main Data from 2018 Labor Force Survey; 4. Data from Statistics on Employment in Urban Units in 2018; 5.Data from Household Registration in 2018; 6.Population and Employment Data of Selected Countries and Territories of the World; 7.Explanatory Notes on Main Statistical Indicators.

Ⅳ. The reference time of 2018 National Sample Survey on Population Changes and Labor Force was at zero hour on November 1 in 2018. The sample survey adopted multi-stage systematic PPES cluster sampling scheme，taking the whole nation as the population and each province, autonomous region or municipality as sub-population. A total of 1.15 million people were selected from 5045 survey districts in 4726 townships (towns or street committees) in 2250 counties (cities or districts) of the 31 provinces, autonomous regions and municipalities. The weighted estimation procedure suggested that the birth rate was 10.94 per thousand，the death rate was 7.13 per thousand and the natural growth rate was 3.81 per thousand for China in 2018 Based on these rates, it was further estimated that China had a total population of 1,395.38 million at the end of 2018, with 15.23million births, 9.93 million deaths and a net increase of 5.30 million people during the year. Except table 2-1 and table 2-2, the rest of tabulations in Chapter Two were sample data. The sampling fraction for the nation was 0.820 per thousand.

Ⅴ. The population data of Chapter Two in the yearbook are from 2018 National Sample Survey on Population Changes, and those of Chapter Five are from the household registration, which use different definitions and data collection methods. Users should notice that the data under the same or similar heading in these two chapters may be different.

Ⅵ. The national data in the yearbook do not include that of Hong Kong Special Administrative Region, Macao Special Administrative Region and Taiwan Province.

Ⅶ. Notations used in the yearbook:

(blank space) indicates that the figure is not large enough to be measured with the smallest unit in the table, or data are unknown or are not available; "#" indicates a major breakdown of the total.

VIII. We welcome comments and suggestions from users with regard to deficiencies and mistakes in data editing and compilation.

目　　录
CONTENTS

第一部分　综合数据
Chapter One　General Survey

第二部分　2018 年人口变动情况抽样调查数据

Chapter Two　Data from 2018 Sample Survey on Population Changes

第三部分 2018 年全国月度劳动力调查主要数据

Chapter Three Main Data from 2018 Labor Force Survey

第四部分　2018 年城镇单位就业人员统计数据

Chapter Four　Data from Statistics on Employment in Urban Units in 2018

第五部分　2018 年全国户籍统计人口数据

Chapter Five　Data from Household Registration in 2018

第一部分

Chapter One

综合数据

General Survey

1-1 分地区年末人口数

单位：万人

地 区	Region	1990	1991	1992	1993	1994	1995
全 国	**National Total**	**114333**	**115823**	**117171**	**118517**	**119850**	**121121**
北 京	Beijing	1086	1094	1102	1112	1125	1251
天 津	Tianjin	884	909	920	928	935	942
河 北	Hebei	6159	6220	6275	6334	6388	6437
山 西	Shanxi	2899	2942	2979	3012	3045	3077
内蒙古	Inner Mongolia	2163	2184	2207	2232	2260	2284
辽 宁	Liaoning	3967	3990	4016	4042	4067	4092
吉 林	Jilin	2483	2509	2532	2555	2574	2592
黑龙江	Heilongjiang	3543	3575	3608	3640	3672	3701
上 海	Shanghai	1337	1340	1345	1349	1356	1415
江 苏	Jiangsu	6767	6844	6911	6967	7021	7066
浙 江	Zhejiang	4168	4202	4236	4266	4294	4319
安 徽	Anhui	5675	5761	5834	5897	5955	6013
福 建	Fujian	3037	3079	3116	3150	3183	3237
江 西	Jiangxi	3810	3865	3913	3966	4015	4063
山 东	Shandong	8493	8570	8610	8642	8671	8705
河 南	Henan	8649	8763	8862	8946	9027	9100
湖 北	Hubei	5439	5512	5580	5653	5719	5772
湖 南	Hunan	6128	6209	6267	6311	6355	6392
广 东	Guangdong	6346	6439	6525	6607	6689	6868
广 西	Guangxi	4261	4324	4380	4438	4493	4543
海 南	Hainan	663	674	686	701	711	724
重 庆	Chongqing						
四 川	Sichuan	10804	10897	10998	11104	11214	11325
贵 州	Guizhou	3268	3315	3361	3409	3458	3508
云 南	Yunnan	3731	3782	3832	3885	3939	3990
西 藏	Tibet	222	226	228	232	236	240
陕 西	Shaanxi	3316	3363	3405	3443	3481	3514
甘 肃	Gansu	2255	2285	2314	2345	2378	2438
青 海	Qinghai	448	454	461	467	474	481
宁 夏	Ningxia	470	480	487	495	504	513
新 疆	Xinjiang	1529	1555	1581	1605	1632	1661

注：1990、2000、2010年数据为当年人口普查数据推算数；其余年份数据为年度人口抽样调查推算数据。2005年起各地区数据为常住人口口径。

Note: Data of 1990, 2000 and 2010 are the census year estimates; the rest are the estimates from the annual national sample survey of population. Since 2005, data by region are of usual residents.

Population at Year-end by Region

(10 000 persons)

1996	1997	1998	1999	2000	2001	2002	2003
122389	**123626**	**124761**	**125786**	**126743**	**127627**	**128453**	**129227**
1259	1240	1246	1257	1364	1385	1423	1456
948	953	957	959	1001	1004	1007	1011
6484	6525	6569	6614	6674	6699	6735	6769
3109	3141	3172	3204	3247	3272	3294	3314
2307	2326	2345	2362	2372	2381	2384	2386
4116	4138	4157	4171	4184	4194	4203	4210
2610	2628	2644	2658	2682	2691	2699	2704
3728	3751	3773	3792	3807	3811	3813	3815
1419	1457	1464	1474	1609	1668	1713	1766
7110	7148	7182	7213	7327	7359	7406	7458
4343	4435	4456	4475	4680	4729	4776	4857
6070	6127	6184	6237	6093	6128	6144	6163
3261	3282	3299	3316	3410	3445	3476	3502
4105	4150	4191	4231	4149	4186	4222	4254
8738	8785	8838	8883	8998	9041	9082	9125
9172	9243	9315	9387	9488	9555	9613	9667
5825	5873	5907	5938	5646	5658	5672	5685
6428	6465	6502	6532	6562	6596	6629	6663
6961	7051	7143	7270	8650	8733	8842	8963
4589	4633	4675	4713	4751	4788	4822	4857
734	743	753	762	789	796	803	811
	3042	3060	3075	2849	2829	2814	2803
11430	8430	8493	8550	8329	8143	8110	8176
3555	3606	3658	3710	3756	3799	3837	3870
4042	4094	4144	4192	4241	4287	4333	4376
244	248	252	256	258	264	268	272
3543	3570	3596	3618	3644	3653	3662	3672
2467	2494	2519	2543	2515	2523	2531	2537
488	496	503	510	517	523	529	534
521	530	538	543	554	563	572	580
1689	1718	1747	1774	1849	1876	1905	1934

1-1 续表

单位: 万人

地 区	Region	2004	2005	2006	2007	2008	2009
全 国	**National Total**	**129988**	**130756**	**131448**	**132129**	**132802**	**133450**
北 京	Beijing	1493	1538	1601	1676	1771	1860
天 津	Tianjin	1024	1043	1075	1115	1176	1228
河 北	Hebei	6809	6851	6898	6943	6989	7034
山 西	Shanxi	3335	3355	3375	3393	3411	3427
内蒙古	Inner Mongolia	2393	2403	2415	2429	2444	2458
辽 宁	Liaoning	4217	4221	4271	4298	4315	4341
吉 林	Jilin	2709	2716	2723	2730	2734	2740
黑龙江	Heilongjiang	3817	3820	3823	3824	3825	3826
上 海	Shanghai	1835	1890	1964	2064	2141	2210
江 苏	Jiangsu	7523	7588	7656	7723	7762	7810
浙 江	Zhejiang	4925	4991	5072	5155	5212	5276
安 徽	Anhui	6228	6120	6110	6118	6135	6131
福 建	Fujian	3529	3557	3585	3612	3639	3666
江 西	Jiangxi	4284	4311	4339	4368	4400	4432
山 东	Shandong	9180	9248	9309	9367	9417	9470
河 南	Henan	9717	9380	9392	9360	9429	9487
湖 北	Hubei	5698	5710	5693	5699	5711	5720
湖 南	Hunan	6698	6326	6342	6355	6380	6406
广 东	Guangdong	9111	9194	9442	9660	9893	10130
广 西	Guangxi	4889	4660	4719	4768	4816	4856
海 南	Hainan	818	828	836	845	854	864
重 庆	Chongqing	2793	2798	2808	2816	2839	2859
四 川	Sichuan	8090	8212	8169	8127	8138	8185
贵 州	Guizhou	3904	3730	3690	3632	3596	3537
云 南	Yunnan	4415	4450	4483	4514	4543	4571
西 藏	Tibet	276	280	285	289	292	296
陕 西	Shaanxi	3681	3690	3699	3708	3718	3727
甘 肃	Gansu	2541	2545	2547	2548	2551	2555
青 海	Qinghai	539	543	548	552	554	557
宁 夏	Ningxia	588	596	604	610	618	625
新 疆	Xinjiang	1963	2010	2050	2095	2131	2159

continued

(10 000 persons)

2010	2011	2012	2013	2014	2015	2016	2017	2018
134091	**134735**	**135404**	**136072**	**136782**	**137462**	**138271**	**139008**	**139538**
1962	2019	2069	2115	2152	2171	2173	2171	2154
1299	1355	1413	1472	1517	1547	1562	1557	1560
7194	7241	7288	7333	7384	7425	7470	7520	7556
3574	3593	3611	3630	3648	3664	3682	3702	3718
2472	2482	2490	2498	2505	2511	2520	2529	2534
4375	4383	4389	4390	4391	4382	4378	4369	4359
2747	2749	2750	2751	2752	2753	2733	2717	2704
3833	3834	3834	3835	3833	3812	3799	3789	3773
2303	2347	2380	2415	2426	2415	2420	2418	2424
7869	7899	7920	7939	7960	7976	7999	8029	8051
5447	5463	5477	5498	5508	5539	5590	5657	5737
5957	5968	5988	6030	6083	6144	6196	6255	6324
3693	3720	3748	3774	3806	3839	3874	3911	3941
4462	4488	4504	4522	4542	4566	4592	4622	4648
9588	9637	9685	9733	9789	9847	9947	10006	10047
9405	9388	9406	9413	9436	9480	9532	9559	9605
5728	5758	5779	5799	5816	5852	5885	5902	5917
6570	6596	6639	6691	6737	6783	6822	6860	6899
10441	10505	10594	10644	10724	10849	10999	11169	11346
4610	4645	4682	4719	4754	4796	4838	4885	4926
869	877	887	895	903	911	917	926	934
2885	2919	2945	2970	2991	3017	3048	3075	3102
8045	8050	8076	8107	8140	8204	8262	8302	8341
3479	3469	3484	3502	3508	3530	3555	3580	3600
4602	4631	4659	4687	4714	4742	4771	4801	4830
300	303	308	312	318	324	331	337	344
3735	3743	3753	3764	3775	3793	3813	3835	3864
2560	2564	2578	2582	2591	2600	2610	2626	2637
563	568	573	578	583	588	593	598	603
633	639	647	654	662	668	675	682	688
2185	2209	2233	2264	2298	2360	2398	2445	2487

1-2 按性别分人口数
Population by Sex

单位：万人，%　　　　(10 000 persons,%)

年份 Year	总人口(年末) Total Population (year-end)	男 Male		女 Female	
		人口数 Population	比重 Proportion	人口数 Population	比重 Proportion
1949	54167	28145	51.96	26022	48.04
1950	55196	28669	51.94	26527	48.06
1951	56300	29231	51.92	27069	48.08
1955	61465	31809	51.75	29656	48.25
1960	66207	34283	51.78	31924	48.22
1965	72538	37128	51.18	35410	48.82
1970	82992	42686	51.43	40306	48.57
1971	85229	43819	51.41	41410	48.59
1972	87177	44813	51.40	42364	48.60
1973	89211	45876	51.42	43335	48.58
1974	90859	46727	51.43	44132	48.57
1975	92420	47564	51.47	44856	48.53
1976	93717	48257	51.49	45460	48.51
1977	94974	48908	51.50	46066	48.50
1978	96259	49567	51.49	46692	48.51
1979	97542	50192	51.46	47350	48.54
1980	98705	50785	51.45	47920	48.55
1981	100072	51519	51.48	48553	48.52
1982	101654	52352	51.50	49302	48.50
1983	103008	53152	51.60	49856	48.40
1984	104357	53848	51.60	50509	48.40
1985	105851	54725	51.70	51126	48.30
1986	107507	55581	51.70	51926	48.30
1987	109300	56290	51.50	53010	48.50

注：1. 本表各年人口数中包括中国人民解放军现役军人，但未包括香港、澳门特别行政区和台湾省的人口。
2. 1981年及以前数据为户籍统计数;1982、1990、2000、2010年数据为当年人口普查数据推算数；其余年份数据为年度人口抽样调查推算数据(下相关表同)。

Note: a) Data in this table include the military personnel of Chinese People's Liberation Army, but do not include the population of Hong Kong SAR, Macao SAR and Taiwan Province.
b) Figures 1981 (inclusive) are from household registrations; for the year 1982, 1990, 2000 and 2010 are the census year estimates; the rest of the data covered in those tables have been estimated on the basis of the annual national sample surveys of population. The same applies to the relevant tables following.

1-2 续表 continued

单位：万人，% (10 000 persons,%)

年 份 Year	总人口(年末) Total Population (year-end)	男 Male		女 Female	
		人口数 Population	比重 Proportion	人口数 Population	比重 Proportion
1988	111026	57201	51.52	53825	48.48
1989	112704	58099	51.55	54605	48.45
1990	114333	58904	51.52	55429	48.48
1991	115823	59466	51.34	56357	48.66
1992	117171	59811	51.05	57360	48.95
1993	118517	60472	51.02	58045	48.98
1994	119850	61246	51.10	58604	48.90
1995	121121	61808	51.03	59313	48.97
1996	122389	62200	50.82	60189	49.18
1997	123626	63131	51.07	60495	48.93
1998	124761	63940	51.25	60821	48.75
1999	125786	64692	51.43	61094	48.57
2000	126743	65437	51.63	61306	48.37
2001	127627	65672	51.46	61955	48.54
2002	128453	66115	51.47	62338	48.53
2003	129227	66556	51.50	62671	48.50
2004	129988	66976	51.52	63012	48.48
2005	130756	67375	51.53	63381	48.47
2006	131448	67728	51.52	63720	48.48
2007	132129	68048	51.50	64081	48.50
2008	132802	68357	51.47	64445	48.53
2009	133450	68647	51.44	64803	48.56
2010	134091	68748	51.27	65343	48.73
2011	134735	69068	51.26	65667	48.74
2012	135404	69395	51.25	66009	48.75
2013	136072	69728	51.24	66344	48.76
2014	136782	70079	51.23	66703	48.77
2015	137462	70414	51.22	67048	48.78
2016	138271	70815	51.21	67456	48.79
2017	139008	71137	51.17	67871	48.83
2018	139538	71351	51.13	68187	48.87

1-3 人口年龄结构和抚养比
Age Composition and Dependency Ratio of Population

单位：万人，% (10 000 persons,%)

年 份 Year	总人口(年末) Total Population (year-end)	各年龄组人口 0-14岁 Aged 0-14 人口数 Population	比重(%) Proportion	15-64岁 Aged 15-64 人口数 Population	比重(%) Proportion	65岁及以上 Aged 65 and Over 人口数 Population	比重(%) Proportion	总抚养比 Gross Dependency Ratio	少儿抚养比 Children Dependency Ratio	老年抚养比 Old Dependency Ratio
1953	58796	21331	36.3	34872	59.3	2593	4.4	68.6	61.2	7.4
1964	70499	28686	40.7	39303	55.8	2510	3.6	79.4	73.0	6.4
1982	101654	34146	33.6	62517	61.5	4991	4.9	62.6	54.6	8.0
1987	109300	31347	28.7	71985	65.9	5968	5.4	51.8	43.5	8.3
1990	114333	31659	27.7	76306	66.7	6368	5.6	49.8	41.5	8.3
1995	121121	32218	26.6	81393	67.2	7510	6.2	48.8	39.6	9.2
1996	122389	32311	26.4	82245	67.2	7833	6.4	48.8	39.3	9.5
1997	123626	32093	26.0	83448	67.5	8085	6.5	48.1	38.5	9.7
1998	124761	32064	25.7	84338	67.6	8359	6.7	47.9	38.0	9.9
1999	125786	31950	25.4	85157	67.7	8679	6.9	47.7	37.5	10.2
2000	126743	29011	22.9	88910	70.1	8821	7.0	42.6	32.6	9.9
2001	127627	28716	22.5	89849	70.4	9062	7.1	42.0	32.0	10.1
2002	128453	28774	22.4	90302	70.3	9377	7.3	42.2	31.9	10.4
2003	129227	28559	22.1	90976	70.4	9692	7.5	42.0	31.4	10.7
2004	129988	27947	21.5	92184	70.9	9857	7.6	41.0	30.3	10.7
2005	130756	26504	20.3	94197	72.0	10055	7.7	38.8	28.1	10.7
2006	131448	25961	19.8	95068	72.3	10419	7.9	38.3	27.3	11.0
2007	132129	25660	19.4	95833	72.5	10636	8.1	37.9	26.8	11.1
2008	132802	25166	19.0	96680	72.7	10956	8.3	37.4	26.0	11.3
2009	133450	24659	18.5	97484	73.0	11307	8.5	36.9	25.3	11.6
2010	134091	22259	16.6	99938	74.5	11894	8.9	34.2	22.3	11.9
2011	134735	22164	16.5	100283	74.4	12288	9.1	34.4	22.1	12.3
2012	135404	22287	16.5	100403	74.1	12714	9.4	34.9	22.2	12.7
2013	136072	22329	16.4	100582	73.9	13161	9.7	35.3	22.2	13.1
2014	136782	22558	16.5	100469	73.4	13755	10.1	36.2	22.5	13.7
2015	137462	22715	16.5	100361	73.0	14386	10.5	37.0	22.6	14.3
2016	138271	23008	16.7	100260	72.5	15003	10.8	37.9	22.9	15.0
2017	139008	23348	16.8	99829	71.8	15831	11.4	39.2	23.4	15.9
2018	139538	23523	16.9	99357	71.2	16658	11.9	40.4	23.7	16.8

1-4 按城乡分人口数
Population by Urban and Rural Residence

单位：万人，%　　(10 000 persons,%)

年 份 Year	总人口(年末) Total Population (year-end)	城 镇 Urban		乡 村 Rural	
		人口数 Population	比重 Proportion	人口数 Population	比重 Proportion
1949	54167	5765	10.64	48402	89.36
1950	55196	6169	11.18	49027	88.82
1951	56300	6632	11.78	49668	88.22
1955	61465	8285	13.48	53180	86.52
1960	66207	13073	19.75	53134	80.25
1965	72538	13045	17.98	59493	82.02
1970	82992	14424	17.38	68568	82.62
1971	85229	14711	17.26	70518	82.74
1972	87177	14935	17.13	72242	82.87
1973	89211	15345	17.20	73866	82.80
1974	90859	15595	17.16	75264	82.84
1975	92420	16030	17.34	76390	82.66
1976	93717	16341	17.44	77376	82.56
1977	94974	16669	17.55	78305	82.45
1978	96259	17245	17.92	79014	82.08
1979	97542	18495	18.96	79047	81.04
1980	98705	19140	19.39	79565	80.61
1981	100072	20171	20.16	79901	79.84
1982	101654	21480	21.13	80174	78.87
1983	103008	22274	21.62	80734	78.38
1984	104357	24017	23.01	80340	76.99
1985	105851	25094	23.71	80757	76.29
1986	107507	26366	24.52	81141	75.48
1987	109300	27674	25.32	81626	74.68
1988	111026	28661	25.81	82365	74.19
1989	112704	29540	26.21	83164	73.79
1990	114333	30195	26.41	84138	73.59
1991	115823	31203	26.94	84620	73.06
1992	117171	32175	27.46	84996	72.54
1993	118517	33173	27.99	85344	72.01
1994	119850	34169	28.51	85681	71.49
1995	121121	35174	29.04	85947	70.96
1996	122389	37304	30.48	85085	69.52
1997	123626	39449	31.91	84177	68.09
1998	124761	41608	33.35	83153	66.65
1999	125786	43748	34.78	82038	65.22
2000	126743	45906	36.22	80837	63.78
2001	127627	48064	37.66	79563	62.34
2002	128453	50212	39.09	78241	60.91
2003	129227	52376	40.53	76851	59.47
2004	129988	54283	41.76	75705	58.24
2005	130756	56212	42.99	74544	57.01
2006	131448	58288	44.34	73160	55.66
2007	132129	60633	45.89	71496	54.11
2008	132802	62403	46.99	70399	53.01
2009	133450	64512	48.34	68938	51.66
2010	134091	66978	49.95	67113	50.05
2011	134735	69079	51.27	65656	48.73
2012	135404	71182	52.57	64222	47.43
2013	136072	73111	53.73	62961	46.27
2014	136782	74916	54.77	61866	45.23
2015	137462	77116	56.10	60346	43.90
2016	138271	79298	57.35	58973	42.65
2017	139008	81347	58.52	57661	41.48
2018	139538	83137	59.58	56401	40.42

注：按城乡分人口数中现役军人全部计入城镇人口。
Note: The military personnel of Chinese People's Liberation Army are classified as urban population in the item of population by residence.

1-5 分地区年末城镇人口比重
Proportion of Urban Population at Year-end by Region

单位：% (%)

地 区	Region	2005	2006	2007	2008	2009	2010	2011
全 国	**National Total**	**42.99**	**44.34**	**45.89**	**46.99**	**48.34**	**49.95**	**51.27**
北 京	Beijing	83.62	84.33	84.50	84.90	85.00	85.96	86.20
天 津	Tianjin	75.11	75.73	76.31	77.23	78.01	79.55	80.50
河 北	Hebei	37.69	38.77	40.25	41.90	43.74	44.50	45.60
山 西	Shanxi	42.11	43.01	44.03	45.11	45.99	48.05	49.68
内蒙古	Inner Mongolia	47.20	48.64	50.15	51.71	53.40	55.50	56.62
辽 宁	Liaoning	58.70	58.99	59.20	60.05	60.35	62.10	64.05
吉 林	Jilin	52.52	52.97	53.16	53.21	53.32	53.35	53.40
黑龙江	Heilongjiang	53.10	53.50	53.90	55.40	55.50	55.66	56.50
上 海	Shanghai	89.09	88.70	88.70	88.60	88.60	89.30	89.30
江 苏	Jiangsu	50.50	51.90	53.20	54.30	55.60	60.58	61.90
浙 江	Zhejiang	56.02	56.50	57.20	57.60	57.90	61.62	62.30
安 徽	Anhui	35.50	37.10	38.70	40.50	42.10	43.01	44.80
福 建	Fujian	49.40	50.40	51.40	53.00	55.10	57.10	58.10
江 西	Jiangxi	37.00	38.68	39.80	41.36	43.18	44.06	45.70
山 东	Shandong	45.00	46.10	46.75	47.60	48.32	49.70	50.95
河 南	Henan	30.65	32.47	34.34	36.03	37.70	38.50	40.57
湖 北	Hubei	43.20	43.80	44.30	45.20	46.00	49.70	51.83
湖 南	Hunan	37.00	38.71	40.45	42.15	43.20	43.30	45.10
广 东	Guangdong	60.68	63.00	63.14	63.37	63.40	66.18	66.50
广 西	Guangxi	33.62	34.64	36.24	38.16	39.20	40.00	41.80
海 南	Hainan	45.20	46.10	47.20	48.00	49.13	49.80	50.50
重 庆	Chongqing	45.20	46.70	48.30	49.99	51.59	53.02	55.02
四 川	Sichuan	33.00	34.30	35.60	37.40	38.70	40.18	41.83
贵 州	Guizhou	26.87	27.46	28.24	29.11	29.89	33.81	34.96
云 南	Yunnan	29.50	30.50	31.60	33.00	34.00	34.70	36.80
西 藏	Tibet	20.85	21.13	21.50	21.90	22.30	22.67	22.71
陕 西	Shaanxi	37.23	39.12	40.62	42.10	43.50	45.76	47.30
甘 肃	Gansu	30.02	31.09	32.25	33.56	34.89	36.12	37.15
青 海	Qinghai	39.25	39.26	40.07	40.86	41.90	44.72	46.22
宁 夏	Ningxia	42.28	43.00	44.02	44.98	46.10	47.90	49.82
新 疆	Xinjiang	37.15	37.94	39.15	39.64	39.85	43.01	43.54

注：2010年数据为当年人口普查数据推算数；其余年份数据为年度人口抽样调查推算数据，部分省份2008-2009年数据根据2010年普查数据进行了修订。

Note: Data of 2010 are the census year estimates; the rest are the estimates from the annual national sample survey of population. Data of some provinces from 2006 to 2009 have been revised according to the Sixth National Population Census in 2010.

1-5 续表 continued

单位：% (%)

地 区	Region	2012	2013	2014	2015	2016	2017	2018
全 国	**National Total**	**52.57**	**53.73**	**54.77**	**56.10**	**57.35**	**58.52**	**59.58**
北 京	Beijing	86.20	86.30	86.35	86.50	86.50	86.50	86.50
天 津	Tianjin	81.55	82.01	82.27	82.64	82.93	82.93	83.15
河 北	Hebei	46.80	48.12	49.33	51.33	53.32	55.01	56.43
山 西	Shanxi	51.26	52.56	53.79	55.03	56.21	57.34	58.41
内蒙古	Inner Mongolia	57.74	58.71	59.51	60.30	61.19	62.02	62.71
辽 宁	Liaoning	65.65	66.45	67.05	67.35	67.37	67.49	68.10
吉 林	Jilin	53.70	54.20	54.81	55.31	55.97	56.65	57.53
黑龙江	Heilongjiang	56.90	57.40	58.01	58.80	59.20	59.40	60.10
上 海	Shanghai	89.30	89.60	89.60	87.60	87.90	87.70	88.10
江 苏	Jiangsu	63.00	64.11	65.21	66.52	67.72	68.76	69.61
浙 江	Zhejiang	63.20	64.00	64.87	65.80	67.00	68.00	68.90
安 徽	Anhui	46.50	47.86	49.15	50.50	51.99	53.49	54.69
福 建	Fujian	59.60	60.77	61.80	62.60	63.60	64.80	65.82
江 西	Jiangxi	47.51	48.87	50.22	51.62	53.10	54.60	56.02
山 东	Shandong	52.43	53.75	55.01	57.01	59.02	60.58	61.18
河 南	Henan	42.43	43.80	45.20	46.85	48.50	50.16	51.71
湖 北	Hubei	53.50	54.51	55.67	56.85	58.10	59.30	60.30
湖 南	Hunan	46.65	47.96	49.28	50.89	52.75	54.62	56.02
广 东	Guangdong	67.40	67.76	68.00	68.71	69.20	69.85	70.70
广 西	Guangxi	43.53	44.81	46.01	47.06	48.08	49.21	50.22
海 南	Hainan	51.60	52.74	53.76	55.12	56.78	58.04	59.06
重 庆	Chongqing	56.98	58.34	59.60	60.94	62.60	64.08	65.50
四 川	Sichuan	43.53	44.90	46.30	47.69	49.21	50.79	52.29
贵 州	Guizhou	36.41	37.83	40.01	42.01	44.15	46.02	47.52
云 南	Yunnan	39.31	40.48	41.73	43.33	45.03	46.69	47.81
西 藏	Tibet	22.75	23.71	25.75	27.74	29.56	30.89	31.14
陕 西	Shaanxi	50.02	51.31	52.57	53.92	55.34	56.79	58.13
甘 肃	Gansu	38.75	40.13	41.68	43.19	44.69	46.39	47.69
青 海	Qinghai	47.44	48.51	49.78	50.30	51.63	53.07	54.47
宁 夏	Ningxia	50.67	52.01	53.61	55.23	56.29	57.98	58.88
新 疆	Xinjiang	43.98	44.47	46.07	47.23	48.35	49.38	50.91

1-6 人口出生率、死亡率和自然增长率
Birth Rate, Death Rate and Natural Growth Rate of Population

单位：‰ (‰)

年　份 Year	出生率 Birth Rate	死亡率 Death Rate	自然增长率 Natural Growth Rate
1978	18.25	6.25	12.00
1979	17.82	6.21	11.61
1980	18.21	6.34	11.87
1981	20.91	6.36	14.55
1982	22.28	6.60	15.68
1983	20.19	6.90	13.29
1984	19.90	6.82	13.08
1985	21.04	6.78	14.26
1986	22.43	6.86	15.57
1987	23.33	6.72	16.61
1988	22.37	6.64	15.73
1989	21.58	6.54	15.04
1990	21.06	6.67	14.39
1991	19.68	6.70	12.98
1992	18.24	6.64	11.60
1993	18.09	6.64	11.45
1994	17.70	6.49	11.21
1995	17.12	6.57	10.55
1996	16.98	6.56	10.42
1997	16.57	6.51	10.06
1998	15.64	6.50	9.14
1999	14.64	6.46	8.18
2000	14.03	6.45	7.58
2001	13.38	6.43	6.95
2002	12.86	6.41	6.45
2003	12.41	6.40	6.01
2004	12.29	6.42	5.87
2005	12.40	6.51	5.89
2006	12.09	6.81	5.28
2007	12.10	6.93	5.17
2008	12.14	7.06	5.08
2009	11.95	7.08	4.87
2010	11.90	7.11	4.79
2011	11.93	7.14	4.79
2012	12.10	7.15	4.95
2013	12.08	7.16	4.92
2014	12.37	7.16	5.21
2015	12.07	7.11	4.96
2016	12.95	7.09	5.86
2017	12.43	7.11	5.32
2018	10.94	7.13	3.81

1-7 各地区人口出生率、死亡率和自然增长率
Birth Rate, Death Rate and Natural Growth Rate of Population by Region

单位：‰ (‰)

地区	Region	1990 出生率 Birth Rate	1990 死亡率 Death Rate	1990 自然增长率 Natural Growth Rate	1991 出生率 Birth Rate	1991 死亡率 Death Rate	1991 自然增长率 Natural Growth Rate	1992 出生率 Birth Rate	1992 死亡率 Death Rate	1992 自然增长率 Natural Growth Rate	1993 出生率 Birth Rate	1993 死亡率 Death Rate	1993 自然增长率 Natural Growth Rate
全 国	**National Total**	**21.06**	**6.67**	**14.39**	**19.68**	**6.70**	**12.98**	**18.24**	**6.64**	**11.60**	**18.09**	**6.64**	**11.45**
北 京	Beijing	13.01	5.81	7.20	8.03	5.82	2.21	9.22	6.11	3.11	9.35	6.16	3.19
天 津	Tianjin	15.61	5.78	9.83	11.94	5.78	6.16	12.50	6.00	6.50	10.71	6.20	4.51
河 北	Hebei	20.46	6.82	13.64	16.59	6.75	9.84	15.33	6.43	8.90	15.43	6.11	9.32
山 西	Shanxi	22.54	6.56	15.98	21.56	6.87	14.69	19.59	6.94	12.65	17.48	6.36	11.12
内蒙古	Inner Mongolia	21.19	7.21	13.98	16.77	6.97	9.80	17.07	6.73	10.34	18.48	6.83	11.65
辽 宁	Liaoning	16.30	6.59	9.71	12.10	6.64	5.46	12.57	6.11	6.46	12.43	6.11	6.32
吉 林	Jilin	19.49	6.56	12.93	17.09	6.84	10.25	15.74	6.57	9.17	15.28	6.31	8.97
黑龙江	Heilongjiang	18.11	6.35	11.76	15.89	5.70	10.19	16.25	6.12	10.13	15.90	5.52	10.38
上 海	Shanghai	10.31	6.64	3.67	7.68	7.01	0.67	7.28	6.74	0.54	6.50	7.30	-0.80
江 苏	Jiangsu	20.54	6.53	14.01	17.05	6.50	10.55	15.71	6.76	8.95	13.97	6.61	7.36
浙 江	Zhejiang	15.33	6.31	9.02	14.48	6.39	8.09	14.72	6.57	8.15	13.61	6.58	7.03
安 徽	Anhui	24.47	6.25	18.22	21.19	6.06	15.13	18.76	6.14	12.62	17.18	6.51	10.67
福 建	Fujian	24.44	6.71	17.73	20.03	6.26	13.77	18.18	6.02	12.16	16.72	5.62	11.10
江 西	Jiangxi	24.59	7.54	17.05	21.20	7.13	14.07	19.53	7.07	12.46	20.33	6.89	13.44
山 东	Shandong	18.21	6.96	11.25	15.40	6.54	8.86	11.43	6.88	4.55	10.47	6.76	3.71
河 南	Henan	24.92	6.52	18.40	19.78	6.63	13.15	18.13	6.99	11.14	15.87	6.35	9.52
湖 北	Hubei	21.60	7.30	14.30	20.70	7.36	13.34	19.05	6.87	12.18	20.04	6.93	13.11
湖 南	Hunan	23.93	7.23	16.70	20.50	7.30	13.20	16.70	7.30	9.40	14.08	7.13	6.95
广 东	Guangdong	22.26	5.76	16.50	20.54	5.95	14.59	19.31	6.17	13.14	18.34	5.84	12.50
广 西	Guangxi	20.20	6.60	13.60	21.89	7.24	14.65	20.19	7.28	12.91	19.58	6.35	13.23
海 南	Hainan	24.86	6.26	18.60	22.97	5.97	17.00	21.31	6.07	15.24	20.81	5.26	15.55
重 庆	Chongqing												
四 川	Sichuan	19.11	7.66	11.45	15.82	7.29	8.53	16.27	7.03	9.24	16.77	7.21	9.56
贵 州	Guizhou	23.09	7.90	15.19	22.42	8.11	14.31	22.40	8.52	13.88	22.60	8.50	14.10
云 南	Yunnan	23.60	7.92	15.68	21.80	8.10	13.70	21.00	8.00	13.00	22.00	8.10	13.90
西 藏	Tibet	23.98	7.55	16.43	23.53	7.40	16.13	23.63	8.09	15.54	26.68	7.60	19.08
陕 西	Shaanxi	23.48	6.52	16.96	19.82	6.51	13.31	18.85	6.57	12.28	17.63	6.55	11.08
甘 肃	Gansu	20.68	6.20	14.48	19.38	6.05	13.33	19.37	6.64	12.73	20.16	6.84	13.32
青 海	Qinghai	24.34	7.47	16.87	23.37	8.35	15.02	22.54	8.14	14.40	20.50	8.26	12.24
宁 夏	Ningxia	24.34	5.52	18.82	21.96	5.13	16.83	20.11	5.36	14.75	19.43	5.36	14.07
新 疆	Xinjiang	26.44	7.82	18.62	24.45	7.86	16.59	22.80	7.84	14.96	21.53	7.68	13.85

1-7 续表 1 continued

单位: ‰ (‰)

地 区	Region	1994 出生率 Birth Rate	1994 死亡率 Death Rate	1994 自然增长率 Natural Growth Rate	1995 出生率 Birth Rate	1995 死亡率 Death Rate	1995 自然增长率 Natural Growth Rate	1996 出生率 Birth Rate	1996 死亡率 Death Rate	1996 自然增长率 Natural Growth Rate	1997 出生率 Birth Rate	1997 死亡率 Death Rate	1997 自然增长率 Natural Growth Rate
全 国	**National Total**	**17.70**	**6.49**	**11.21**	**17.12**	**6.57**	**10.55**	**16.98**	**6.56**	**10.42**	**16.57**	**6.51**	**10.06**
北 京	Beijing	8.96	5.76	3.20	7.92	5.12	2.80	8.02	5.34	2.68	7.91	6.02	1.89
天 津	Tianjin	10.98	6.19	4.79	10.23	6.23	4.00	10.09	6.53	3.56	9.98	6.95	3.03
河 北	Hebei	14.93	6.50	8.43	13.93	6.32	7.61	13.85	6.55	7.30	13.11	6.82	6.29
山 西	Shanxi	17.46	6.70	10.76	16.60	6.12	10.48	16.59	6.25	10.34	16.18	6.06	10.12
内蒙古	Inner Mongolia	18.98	6.50	12.48	17.23	6.70	10.53	16.09	6.43	9.66	15.21	6.96	8.25
辽 宁	Liaoning	12.26	6.03	6.23	12.17	6.15	6.02	12.15	6.19	5.96	11.78	6.38	5.40
吉 林	Jilin	14.11	6.35	7.76	12.90	6.09	6.81	12.53	5.60	6.93	12.22	5.42	6.80
黑龙江	Heilongjiang	15.15	5.47	9.68	13.23	5.33	7.90	12.40	5.05	7.35	12.02	5.17	6.85
上 海	Shanghai	5.80	7.00	-1.20	5.75	7.05	-1.30	5.60	7.00	-1.40	5.50	6.80	-1.30
江 苏	Jiangsu	13.78	6.86	6.92	12.32	6.56	5.76	12.11	6.58	5.53	11.43	6.84	4.59
浙 江	Zhejiang	13.24	6.60	6.64	12.66	6.75	5.91	12.09	6.58	5.51	11.41	6.48	4.93
安 徽	Anhui	16.70	6.86	9.84	16.07	6.41	9.66	16.00	6.50	9.50	15.80	6.50	9.30
福 建	Fujian	16.24	5.95	10.29	15.20	5.90	9.30	13.22	5.94	7.28	12.41	6.09	6.32
江 西	Jiangxi	19.38	7.00	12.38	18.94	7.28	11.66	17.53	7.02	10.51	17.43	6.56	10.87
山 东	Shandong	9.69	6.67	3.02	9.82	6.47	3.35	10.60	6.76	3.84	11.28	6.65	4.63
河 南	Henan	15.36	6.34	9.02	14.41	6.28	8.13	14.28	6.44	7.84	13.97	6.30	7.67
湖 北	Hubei	18.17	6.68	11.49	16.18	6.91	9.27	16.08	6.93	9.15	14.81	6.69	8.12
湖 南	Hunan	13.88	7.03	6.85	13.02	7.15	5.87	12.81	7.20	5.61	12.59	6.99	5.60
广 东	Guangdong	18.20	5.78	12.42	18.10	5.70	12.40	18.05	6.09	11.96	16.90	5.40	11.50
广 西	Guangxi	18.84	6.60	12.24	17.54	6.53	11.01	16.83	6.82	10.01	15.93	6.40	9.53
海 南	Hainan	20.77	6.29	14.48	20.12	5.61	14.51	20.08	5.88	14.20	19.18	5.62	13.56
重 庆	Chongqing										13.60	7.36	6.24
四 川	Sichuan	16.93	6.99	9.94	17.08	7.21	9.87	16.68	7.35	9.33	15.75	7.00	8.75
贵 州	Guizhou	22.92	8.14	14.78	21.86	7.60	14.26	22.05	7.69	14.36	22.15	7.67	14.48
云 南	Yunnan	21.80	8.00	13.80	20.75	8.03	12.72	20.87	7.94	12.93	20.82	7.91	12.91
西 藏	Tibet	25.64	8.71	16.93	24.90	8.80	16.10	24.70	8.50	16.20	23.90	7.90	16.00
陕 西	Shaanxi	17.59	6.60	10.99	15.93	6.57	9.36	14.99	6.51	8.48	13.91	6.29	7.62
甘 肃	Gansu	20.82	6.84	13.98	20.65	6.49	14.16	18.43	6.64	11.79	17.22	6.20	11.02
青 海	Qinghai	22.06	6.82	15.24	22.01	6.89	15.12	21.89	7.20	14.69	21.80	6.95	14.85
宁 夏	Ningxia	19.67	6.02	13.65	19.28	5.49	13.79	19.03	5.25	13.78	18.90	5.43	13.47
新 疆	Xinjiang	20.82	7.43	13.39	18.90	6.45	12.45	19.45	6.60	12.85	19.66	6.55	13.11

1-7 续表 2 continued

单位：‰ (‰)

地 区	Region	1998 出生率 Birth Rate	1998 死亡率 Death Rate	1998 自然增长率 Natural Growth Rate	1999 出生率 Birth Rate	1999 死亡率 Death Rate	1999 自然增长率 Natural Growth Rate	2001 出生率 Birth Rate	2001 死亡率 Death Rate	2001 自然增长率 Natural Growth Rate	2002 出生率 Birth Rate	2002 死亡率 Death Rate	2002 自然增长率 Natural Growth Rate
全 国	**National Total**	**15.64**	**6.50**	**9.14**	**14.64**	**6.46**	**8.18**	**13.38**	**6.43**	**6.95**	**12.86**	**6.41**	**6.45**
北 京	Beijing	6.00	5.30	0.70	6.50	5.60	0.90	6.10	5.30	0.80	6.60	5.70	0.90
天 津	Tianjin	9.89	6.49	3.40	9.68	6.73	2.95	7.58	5.94	1.64	7.49	6.04	1.45
河 北	Hebei	13.01	6.18	6.83	12.99	6.26	6.73	11.16	6.18	4.98	11.53	6.25	5.28
山 西	Shanxi	16.09	6.17	9.92	15.93	6.07	9.86	13.06	5.90	7.16	12.86	6.14	6.72
内蒙古	Inner Mongolia	14.40	6.17	8.23	13.32	6.08	7.24	10.77	5.79	4.98	9.60	5.92	3.68
辽 宁	Liaoning	11.39	6.81	4.58	10.38	7.05	3.33	7.74	6.10	1.64	7.38	6.04	1.34
吉 林	Jilin	11.81	5.76	6.05	10.68	5.45	5.23	8.76	5.38	3.38	8.30	5.11	3.19
黑龙江	Heilongjiang	11.68	5.32	6.36	10.55	5.49	5.06	8.48	5.49	2.99	7.98	5.44	2.54
上 海	Shanghai	5.20	7.00	-1.80	5.40	6.50	-1.10	5.02	5.97	-0.95	5.41	5.95	-0.54
江 苏	Jiangsu	10.97	6.84	4.13	10.50	6.94	3.56	9.03	6.62	2.41	9.17	6.99	2.18
浙 江	Zhejiang	11.15	6.33	4.82	10.64	6.35	4.29	10.02	6.25	3.77	9.98	6.19	3.79
安 徽	Anhui	15.74	6.54	9.20	15.10	6.50	8.60	12.46	5.85	6.61	11.20	5.17	6.03
福 建	Fujian	11.53	6.20	5.33	11.06	5.85	5.21	11.56	5.52	6.04	11.35	5.57	5.78
江 西	Jiangxi	16.85	7.05	9.80	16.51	7.02	9.49	15.44	6.06	9.38	14.74	6.02	8.72
山 东	Shandong	11.58	6.12	5.46	11.08	6.27	4.81	11.12	6.24	4.88	11.17	6.62	4.55
河 南	Henan	14.17	6.37	7.80	14.07	6.35	7.72	13.20	6.26	6.94	12.41	6.38	6.03
湖 北	Hubei	12.58	6.70	5.88	11.57	6.37	5.20	8.51	6.07	2.44	8.38	6.17	2.21
湖 南	Hunan	12.31	7.10	5.21	11.72	7.12	4.60	11.80	6.72	5.08	11.56	6.70	4.86
广 东	Guangdong	16.51	5.61	10.90	15.32	5.40	9.92	13.95	5.12	8.83	13.29	5.08	8.21
广 西	Guangxi	15.87	6.86	9.01	14.96	6.93	8.03	13.80	6.07	7.73	13.30	6.30	7.00
海 南	Hainan	18.48	5.56	12.92	17.26	5.23	12.03	15.23	5.76	9.47	15.20	5.72	9.48
重 庆	Chongqing	13.19	7.68	5.51	11.90	6.94	4.96	9.70	6.90	2.80	9.36	6.08	3.28
四 川	Sichuan	14.62	7.14	7.48	13.80	7.02	6.78	11.16	6.79	4.37	10.44	6.55	3.89
贵 州	Guizhou	22.02	7.76	14.26	21.92	7.68	14.24	18.56	7.23	11.33	17.96	7.21	10.75
云 南	Yunnan	20.01	7.91	12.10	19.48	7.82	11.66	18.51	7.57	10.94	17.90	7.30	10.60
西 藏	Tibet	23.70	7.80	15.90	23.20	7.40	15.80	18.60	6.50	12.10	18.83	6.07	12.76
陕 西	Shaanxi	13.56	6.43	7.13	12.51	6.38	6.13	10.50	6.34	4.16	10.48	6.36	4.12
甘 肃	Gansu	16.45	6.41	10.04	15.61	6.44	9.17	13.58	6.43	7.15	13.16	6.45	6.71
青 海	Qinghai	21.26	6.78	14.48	20.68	6.78	13.90	19.06	6.44	12.62	18.05	6.35	11.70
宁 夏	Ningxia	18.19	5.11	13.08	17.97	5.65	12.32	16.55	4.84	11.71	16.42	4.86	11.56
新 疆	Xinjiang	19.74	6.93	12.81	18.76	6.96	11.80	16.82	5.69	11.13	16.30	5.43	10.87

1-7 续表 3 continued

单位: ‰ (‰)

地区	Region	2003 出生率 Birth Rate	2003 死亡率 Death Rate	2003 自然增长率 Natural Growth Rate	2004 出生率 Birth Rate	2004 死亡率 Death Rate	2004 自然增长率 Natural Growth Rate	2005 出生率 Birth Rate	2005 死亡率 Death Rate	2005 自然增长率 Natural Growth Rate	2006 出生率 Birth Rate	2006 死亡率 Death Rate	2006 自然增长率 Natural Growth Rate
全国	**National Total**	**12.41**	**6.40**	**6.01**	**12.29**	**6.42**	**5.87**	**12.40**	**6.51**	**5.89**	**12.09**	**6.81**	**5.28**
北京	Beijing	5.10	5.20	-0.10	6.10	5.40	0.70	6.29	5.20	1.09	6.26	4.97	1.29
天津	Tianjin	7.14	6.04	1.10	7.31	5.97	1.34	7.44	6.01	1.43	7.67	6.07	1.60
河北	Hebei	11.43	6.27	5.16	11.98	6.19	5.79	12.84	6.75	6.09	12.82	6.59	6.23
山西	Shanxi	12.26	6.04	6.22	12.36	6.11	6.25	12.02	6.00	6.02	11.48	5.73	5.75
内蒙古	Inner Mongolia	9.24	6.17	3.07	9.53	5.98	3.55	10.08	5.46	4.62	9.87	5.91	3.96
辽宁	Liaoning	6.90	5.83	1.07	6.51	5.60	0.91	7.01	6.04	0.97	6.40	5.30	1.10
吉林	Jilin	7.25	5.64	1.61	7.39	5.63	1.76	7.89	5.32	2.57	7.67	5.00	2.67
黑龙江	Heilongjiang	7.48	5.45	2.03	7.27	5.45	1.82	7.87	5.20	2.67	7.57	5.18	2.39
上海	Shanghai	4.85	6.20	-1.35	6.00	6.00	0.00	7.04	6.08	0.96	7.47	5.89	1.58
江苏	Jiangsu	9.04	7.03	2.01	9.45	7.20	2.25	9.24	7.03	2.21	9.36	7.08	2.28
浙江	Zhejiang	9.66	6.38	3.28	10.71	5.76	4.95	11.10	6.08	5.02	10.29	5.42	4.87
安徽	Anhui	11.15	5.20	5.95	11.62	5.50	6.12	12.43	6.23	6.20	12.60	6.30	6.30
福建	Fujian	11.43	5.58	5.85	11.58	5.62	5.96	11.60	5.62	5.98	12.00	5.75	6.25
江西	Jiangxi	14.07	5.98	8.09	13.61	5.99	7.62	13.79	5.96	7.83	13.80	6.01	7.79
山东	Shandong	11.42	6.64	4.78	12.50	6.49	6.01	12.14	6.31	5.83	11.60	6.10	5.50
河南	Henan	12.10	6.46	5.64	11.67	6.47	5.20	11.55	6.30	5.25	11.59	6.27	5.32
湖北	Hubei	8.26	5.94	2.32	8.43	6.03	2.40	8.74	5.69	3.05	9.08	5.95	3.13
湖南	Hunan	11.82	6.87	4.95	11.89	6.80	5.09	11.90	6.75	5.15	11.92	6.73	5.19
广东	Guangdong	13.66	5.31	8.35	13.13	5.12	8.01	11.70	4.68	7.02	11.78	4.49	7.29
广西	Guangxi	13.86	6.57	7.29	13.32	6.12	7.20	14.26	6.09	8.16	14.44	6.10	8.34
海南	Hainan	14.68	5.52	9.16	14.77	5.79	8.98	14.65	5.72	8.93	14.59	5.73	8.86
重庆	Chongqing	9.89	7.20	2.69	9.45	6.60	2.85	9.40	6.40	3.00	9.90	6.50	3.40
四川	Sichuan	9.18	6.06	3.12	9.05	6.27	2.78	9.70	6.80	2.90	9.14	6.28	2.86
贵州	Guizhou	15.91	6.87	9.04	15.08	6.35	8.73	14.59	7.21	7.38	13.97	6.71	7.26
云南	Yunnan	17.00	7.20	9.80	15.60	6.60	9.00	14.72	6.75	7.97	13.20	6.30	6.90
西藏	Tibet	17.40	6.30	11.10	17.40	6.20	11.20	17.94	7.15	10.79	17.40	5.70	11.70
陕西	Shaanxi	10.67	6.38	4.29	10.59	6.33	4.26	10.02	6.01	4.01	10.19	6.15	4.04
甘肃	Gansu	12.58	6.46	6.12	12.43	6.52	5.91	12.59	6.57	6.02	12.86	6.62	6.24
青海	Qinghai	16.94	6.09	10.85	16.32	6.45	9.87	15.70	6.21	9.49	15.24	6.27	8.97
宁夏	Ningxia	15.68	4.73	10.95	15.97	4.79	11.18	15.93	4.95	10.98	15.53	4.84	10.69
新疆	Xinjiang	16.01	5.23	10.78	16.00	5.09	10.91	16.42	5.04	11.38	15.79	5.03	10.76

1-7 续表 4 continued

单位：‰ (‰)

地区	Region	2007 出生率 Birth Rate	2007 死亡率 Death Rate	2007 自然增长率 Natural Growth Rate	2008 出生率 Birth Rate	2008 死亡率 Death Rate	2008 自然增长率 Natural Growth Rate	2009 出生率 Birth Rate	2009 死亡率 Death Rate	2009 自然增长率 Natural Growth Rate	2010 出生率 Birth Rate	2010 死亡率 Death Rate	2010 自然增长率 Natural Growth Rate
全 国	**National Total**	**12.10**	**6.93**	**5.17**	**12.14**	**7.06**	**5.08**	**11.95**	**7.08**	**4.87**	**11.90**	**7.11**	**4.79**
北 京	Beijing	8.32	4.92	3.40	8.17	4.75	3.42	8.06	4.56	3.50	7.48	4.41	3.07
天 津	Tianjin	7.91	5.86	2.05	8.13	5.94	2.19	8.30	5.70	2.60	8.18	5.58	2.60
河 北	Hebei	13.33	6.78	6.55	13.04	6.49	6.55	12.93	6.43	6.50	13.22	6.41	6.81
山 西	Shanxi	11.30	5.97	5.33	11.31	6.01	5.31	10.87	5.98	4.89	10.68	5.38	5.30
内蒙古	Inner Mongolia	10.21	5.73	4.48	9.81	5.54	4.27	9.57	5.61	3.96	9.30	5.54	3.76
辽 宁	Liaoning	6.89	5.36	1.53	6.32	5.22	1.10	6.06	5.09	0.97	6.68	6.26	0.42
吉 林	Jilin	7.55	5.05	2.50	6.65	5.04	1.61	6.69	4.74	1.95	7.91	5.88	2.03
黑龙江	Heilongjiang	7.88	5.39	2.49	7.91	5.68	2.23	7.48	5.42	2.06	7.35	5.03	2.32
上 海	Shanghai	9.07	6.03	3.04	8.89	6.17	2.72	8.64	5.94	2.70	7.05	5.07	1.98
江 苏	Jiangsu	9.37	7.07	2.30	9.34	7.04	2.30	9.55	6.99	2.56	9.73	6.88	2.85
浙 江	Zhejiang	10.38	5.57	4.81	10.20	5.62	4.58	10.22	5.59	4.63	10.27	5.54	4.73
安 徽	Anhui	12.75	6.40	6.35	13.05	6.60	6.45	13.07	6.60	6.47	12.70	5.95	6.75
福 建	Fujian	11.90	5.90	6.00	12.20	5.90	6.30	12.20	6.00	6.20	11.27	5.16	6.11
江 西	Jiangxi	13.86	5.99	7.87	13.92	6.01	7.91	13.87	5.98	7.89	13.72	6.06	7.66
山 东	Shandong	11.11	6.11	5.00	11.25	6.16	5.09	11.70	6.08	5.62	11.65	6.26	5.39
河 南	Henan	11.26	6.32	4.94	11.42	6.45	4.97	11.45	6.46	4.99	11.52	6.57	4.95
湖 北	Hubei	9.19	5.96	3.23	9.21	6.50	2.71	9.48	6.00	3.48	10.36	6.02	4.34
湖 南	Hunan	11.96	6.71	5.25	12.68	7.28	5.40	13.05	6.94	6.11	13.10	6.70	6.40
广 东	Guangdong	11.96	4.66	7.30	11.80	4.55	7.25	11.78	4.52	7.26	11.18	4.21	6.97
广 西	Guangxi	14.19	5.99	8.20	14.40	5.70	8.70	14.17	5.64	8.53	14.13	5.48	8.65
海 南	Hainan	14.62	5.71	8.91	14.71	5.72	8.99	14.66	5.70	8.96	14.71	5.73	8.98
重 庆	Chongqing	10.10	6.30	3.80	10.10	6.30	3.80	9.90	6.20	3.70	9.17	6.40	2.77
四 川	Sichuan	9.21	6.29	2.92	9.54	7.15	2.39	9.15	6.43	2.72	8.93	6.62	2.31
贵 州	Guizhou	13.28	6.60	6.68	13.49	6.77	6.72	13.65	6.69	6.96	13.96	6.55	7.41
云 南	Yunnan	13.08	6.22	6.86	12.63	6.31	6.32	12.53	6.45	6.08	13.10	6.56	6.54
西 藏	Tibet	16.40	5.10	11.30	15.50	5.20	10.30	15.31	5.07	10.24	15.80	5.55	10.25
陕 西	Shaanxi	10.21	6.16	4.05	10.29	6.21	4.08	10.24	6.24	4.00	9.73	6.01	3.72
甘 肃	Gansu	13.14	6.65	6.49	13.22	6.68	6.54	13.32	6.71	6.61	12.05	6.02	6.03
青 海	Qinghai	14.93	6.13	8.80	14.49	6.14	8.35	14.51	6.19	8.32	14.94	6.31	8.63
宁 夏	Ningxia	14.80	5.04	9.76	14.31	4.62	9.69	14.38	4.70	9.68	14.14	5.10	9.04
新 疆	Xinjiang	16.79	5.01	11.78	16.05	4.88	11.17	15.99	5.43	10.56	14.85	4.14	10.71

1-7 续表 5 continued

单位：‰ (‰)

地区	Region	2011 出生率 Birth Rate	2011 死亡率 Death Rate	2011 自然增长率 Natural Growth Rate	2012 出生率 Birth Rate	2012 死亡率 Death Rate	2012 自然增长率 Natural Growth Rate	2013 出生率 Birth Rate	2013 死亡率 Death Rate	2013 自然增长率 Natural Growth Rate	2014 出生率 Birth Rate	2014 死亡率 Death Rate	2014 自然增长率 Natural Growth Rate
全　国	**National Total**	**11.93**	**7.14**	**4.79**	**12.10**	**7.15**	**4.95**	**12.08**	**7.16**	**4.92**	**12.37**	**7.16**	**5.21**
北　京	Beijing	8.29	4.27	4.02	9.05	4.31	4.74	8.93	4.52	4.41	9.75	4.92	4.83
天　津	Tianjin	8.58	6.08	2.50	8.75	6.12	2.63	8.28	6.00	2.28	8.19	6.05	2.14
河　北	Hebei	13.02	6.52	6.50	12.88	6.41	6.47	13.04	6.87	6.17	13.18	6.23	6.95
山　西	Shanxi	10.47	5.61	4.86	10.70	5.83	4.87	10.81	5.57	5.24	10.92	5.93	4.99
内蒙古	Inner Mongolia	8.94	5.43	3.51	9.17	5.52	3.65	8.98	5.62	3.36	9.31	5.75	3.56
辽　宁	Liaoning	5.71	6.05	-0.34	6.15	6.54	-0.39	6.09	6.12	-0.03	6.49	6.23	0.26
吉　林	Jilin	6.53	5.51	1.02	5.73	5.37	0.36	5.36	5.04	0.32	6.62	6.22	0.40
黑龙江	Heilongjiang	6.99	5.92	1.07	7.30	6.03	1.27	6.86	6.08	0.78	7.37	6.46	0.91
上　海	Shanghai	6.97	5.10	1.87	9.56	5.36	4.20	8.18	5.24	2.94	8.35	5.21	3.14
江　苏	Jiangsu	9.59	6.98	2.61	9.44	6.99	2.45	9.44	7.01	2.43	9.45	7.02	2.43
浙　江	Zhejiang	9.47	5.40	4.07	10.12	5.52	4.60	10.01	5.45	4.56	10.51	5.51	5.00
安　徽	Anhui	12.23	5.91	6.32	13.00	6.14	6.86	12.88	6.06	6.82	12.86	5.89	6.97
福　建	Fujian	11.41	5.20	6.21	12.74	5.73	7.01	12.20	6.01	6.19	13.70	6.20	7.50
江　西	Jiangxi	13.48	5.98	7.50	13.46	6.14	7.32	13.19	6.28	6.91	13.24	6.26	6.98
山　东	Shandong	11.50	6.40	5.10	11.90	6.95	4.95	11.41	6.40	5.01	14.23	6.84	7.39
河　南	Henan	11.56	6.62	4.94	11.87	6.71	5.16	12.27	6.76	5.51	12.80	7.02	5.78
湖　北	Hubei	10.39	6.01	4.38	11.00	6.12	4.88	11.08	6.15	4.93	11.86	6.96	4.90
湖　南	Hunan	13.35	6.80	6.55	13.58	7.01	6.57	13.50	6.96	6.54	13.52	6.89	6.63
广　东	Guangdong	10.45	4.35	6.10	11.60	4.65	6.95	10.71	4.69	6.02	10.80	4.70	6.10
广　西	Guangxi	13.71	6.04	7.67	14.20	6.31	7.89	14.28	6.35	7.93	14.07	6.21	7.86
海　南	Hainan	14.72	5.75	8.97	14.66	5.81	8.85	14.59	5.90	8.69	14.56	5.95	8.61
重　庆	Chongqing	9.88	6.71	3.17	10.86	6.86	4.00	10.37	6.77	3.60	10.67	7.05	3.62
四　川	Sichuan	9.79	6.81	2.98	9.89	6.92	2.97	9.90	6.90	3.00	10.22	7.02	3.20
贵　州	Guizhou	13.31	6.93	6.38	13.27	6.96	6.31	13.05	7.15	5.90	12.98	7.18	5.80
云　南	Yunnan	12.71	6.36	6.35	12.63	6.41	6.22	12.60	6.43	6.17	12.65	6.45	6.20
西　藏	Tibet	15.39	5.13	10.26	15.48	5.21	10.27	15.77	5.39	10.38	15.76	5.21	10.55
陕　西	Shaanxi	9.75	6.06	3.69	10.12	6.24	3.88	10.01	6.15	3.86	10.13	6.26	3.87
甘　肃	Gansu	12.08	6.03	6.05	12.11	6.05	6.06	12.16	6.08	6.08	12.21	6.11	6.10
青　海	Qinghai	14.43	6.12	8.31	14.30	6.06	8.24	14.16	6.13	8.03	14.67	6.18	8.49
宁　夏	Ningxia	13.65	4.68	8.97	13.26	4.33	8.93	13.12	4.50	8.62	13.10	4.53	8.57
新　疆	Xinjiang	14.99	4.42	10.57	15.32	4.48	10.84	15.84	4.92	10.92	16.44	4.97	11.47

1-7 续表 6 continued

单位：‰ (‰)

地区	Region	2015			2016			2017			2018		
		出生率 Birth Rate	死亡率 Death Rate	自然增长率 Natural Growth Rate	出生率 Birth Rate	死亡率 Death Rate	自然增长率 Natural Growth Rate	出生率 Birth Rate	死亡率 Death Rate	自然增长率 Natural Growth Rate	出生率 Birth Rate	死亡率 Death Rate	自然增长率 Natural Growth Rate
全 国	**National Total**	**12.07**	**7.11**	**4.96**	**12.95**	**7.09**	**5.86**	**12.43**	**7.11**	**5.32**	**10.94**	**7.13**	**3.81**
北 京	Beijing	7.96	4.95	3.01	9.32	5.20	4.12	9.06	5.30	3.76	8.24	5.58	2.66
天 津	Tianjin	5.84	5.61	0.23	7.37	5.54	1.83	7.65	5.05	2.60	6.67	5.42	1.25
河 北	Hebei	11.35	5.79	5.56	12.42	6.36	6.06	13.20	6.60	6.60	11.26	6.38	4.88
山 西	Shanxi	9.98	5.56	4.42	10.29	5.52	4.77	11.06	5.45	5.61	9.63	5.32	4.31
内蒙古	Inner Mongolia	7.72	5.32	2.40	9.03	5.69	3.34	9.47	5.74	3.73	8.35	5.95	2.40
辽 宁	Liaoning	6.17	6.59	-0.42	6.60	6.78	-0.18	6.49	6.93	-0.44	6.39	7.39	-1.00
吉 林	Jilin	5.87	5.53	0.34	5.55	5.60	-0.05	6.76	6.50	0.26	6.62	6.26	0.36
黑龙江	Heilongjiang	6.00	6.60	-0.60	6.12	6.61	-0.49	6.22	6.63	-0.41	5.98	6.67	-0.69
上 海	Shanghai	7.52	5.07	2.45	9.00	5.00	4.00	8.10	5.30	2.80	7.20	5.40	1.80
江 苏	Jiangsu	9.05	7.03	2.02	9.76	7.03	2.73	9.71	7.03	2.68	9.32	7.03	2.29
浙 江	Zhejiang	10.52	5.50	5.02	11.22	5.52	5.70	11.92	5.56	6.36	11.02	5.58	5.44
安 徽	Anhui	12.92	5.94	6.98	13.02	5.96	7.06	14.07	5.90	8.17	12.41	5.96	6.45
福 建	Fujian	13.90	6.10	7.80	14.50	6.20	8.30	15.00	6.20	8.80	13.20	6.20	7.00
江 西	Jiangxi	13.20	6.24	6.96	13.45	6.16	7.29	13.79	6.08	7.71	13.43	6.06	7.37
山 东	Shandong	12.55	6.67	5.88	17.89	7.05	10.84	17.54	7.40	10.14	13.26	7.18	6.08
河 南	Henan	12.70	7.05	5.65	13.26	7.11	6.15	12.95	6.97	5.98	11.72	6.80	4.92
湖 北	Hubei	10.74	5.83	4.91	12.04	6.97	5.07	12.60	7.01	5.59	11.54	7.00	4.54
湖 南	Hunan	13.58	6.86	6.72	13.57	7.01	6.56	13.27	7.08	6.19	12.19	7.08	5.11
广 东	Guangdong	11.12	4.32	6.80	11.85	4.41	7.44	13.68	4.52	9.16	12.79	4.55	8.24
广 西	Guangxi	14.05	6.15	7.90	13.82	5.95	7.87	15.14	6.22	8.92	14.12	5.96	8.16
海 南	Hainan	14.57	6.00	8.57	14.57	6.00	8.57	14.73	6.01	8.72	14.48	6.01	8.47
重 庆	Chongqing	11.05	7.19	3.86	11.77	7.24	4.53	11.18	7.27	3.91	11.02	7.54	3.48
四 川	Sichuan	10.30	6.94	3.36	10.48	6.99	3.49	11.26	7.03	4.23	11.05	7.01	4.04
贵 州	Guizhou	13.00	7.20	5.80	13.43	6.93	6.50	13.98	6.88	7.10	13.90	6.85	7.05
云 南	Yunnan	12.88	6.48	6.40	13.16	6.55	6.61	13.53	6.68	6.85	13.19	6.32	6.87
西 藏	Tibet	15.75	5.10	10.65	15.79	5.11	10.68	16.00	4.95	11.05	15.22	4.58	10.64
陕 西	Shaanxi	10.10	6.28	3.82	10.64	6.23	4.41	11.11	6.24	4.87	10.67	6.24	4.43
甘 肃	Gansu	12.36	6.15	6.21	12.18	6.18	6.00	12.54	6.52	6.02	11.07	6.65	4.42
青 海	Qinghai	14.72	6.17	8.55	14.70	6.18	8.52	14.42	6.17	8.25	14.31	6.25	8.06
宁 夏	Ningxia	12.62	4.58	8.04	13.69	4.72	8.97	13.44	4.75	8.69	13.32	5.54	7.78
新 疆	Xinjiang	15.59	4.51	11.08	15.34	4.26	11.08	15.88	4.48	11.40	10.69	4.56	6.13

1-8 流动人口数
Floating Population

单位：亿人 (100 million persons)

年 份 Year	人户分离人口 Population of Residentce-Registration Inconsystency	流动人口 Floating Population
2000	1.44	1.21
2005		1.47
2010	2.61	2.21
2011	2.71	2.30
2012	2.79	2.36
2013	2.89	2.45
2014	2.98	2.53
2015	2.94	2.47
2016	2.92	2.45
2017	2.91	2.44
2018	2.86	2.41

注：2000年、2010年分别为当年人口普查时点数据，其余年份数据根据年度人口抽样调查推算。
Note: Data of 2000 and 2010 are based on the National Population Census and the rest are estimates based on annual national sample surveys of population.

1-9 平均预期寿命
Life Expectancy at Birth

单位：岁 (years)

年份 Year	合计 Total	男 Male	女 Female
1981	67.77	66.28	69.27
1990	68.55	66.84	70.47
1996	70.80		
2000	71.40	69.63	73.33
2005	72.95	70.83	75.25
2010	74.83	72.38	77.37
2015	76.34	73.64	79.43

1-10 各地区人口平均预期寿命
Population Life Expectancy by Region

单位：岁 (years)

地 区	Region	1990年预期寿命 Life Expectancy in 1990	男 Male	女 Female	2000年预期寿命 Life Expectancy in 2000	男 Male	女 Female	2010年预期寿命 Life Expectancy in 2010	男 Male	女 Female
全 国	**National Total**	**68.55**	**66.84**	**70.47**	**71.40**	**69.63**	**73.33**	**74.83**	**72.38**	**77.37**
北 京	Beijing	72.86	71.07	74.93	76.10	74.33	78.01	80.18	78.28	82.21
天 津	Tianjin	72.32	71.03	73.73	74.91	73.31	76.63	78.89	77.42	80.48
河 北	Hebei	70.35	68.47	72.53	72.54	70.68	74.57	74.97	72.70	77.47
山 西	Shanxi	68.97	67.33	70.93	71.65	69.96	73.57	74.92	72.87	77.28
内蒙古	Inner Mongolia	65.68	64.47	67.22	69.87	68.29	71.79	74.44	72.04	77.27
辽 宁	Liaoning	70.22	68.72	71.94	73.34	71.51	75.36	76.38	74.12	78.86
吉 林	Jilin	67.95	66.65	69.49	73.10	71.38	75.04	76.18	74.12	78.44
黑龙江	Heilongjiang	66.97	65.50	68.73	72.37	70.39	74.66	75.98	73.52	78.81
上 海	Shanghai	74.90	72.77	77.02	78.14	76.22	80.04	80.26	78.20	82.44
江 苏	Jiangsu	71.37	69.26	73.57	73.91	71.69	76.23	76.63	74.60	78.81
浙 江	Zhejiang	71.78	69.66	74.24	74.70	72.50	77.21	77.73	75.58	80.21
安 徽	Anhui	69.48	67.75	71.36	71.85	70.18	73.59	75.08	72.65	77.84
福 建	Fujian	68.57	66.49	70.93	72.55	70.30	75.07	75.76	73.27	78.64
江 西	Jiangxi	66.11	64.87	67.49	68.95	68.37	69.32	74.33	71.94	77.06
山 东	Shandong	70.57	68.64	72.67	73.92	71.70	76.26	76.46	74.05	79.06
河 南	Henan	70.15	67.96	72.55	71.54	69.67	73.41	74.57	71.84	77.59
湖 北	Hubei	67.25	65.51	69.23	71.08	69.31	73.02	74.87	72.68	77.35
湖 南	Hunan	66.93	65.41	68.70	70.66	69.05	72.47	74.70	72.28	77.48
广 东	Guangdong	72.52	69.71	75.43	73.27	70.79	75.93	76.49	74.00	79.37
广 西	Guangxi	68.72	67.17	70.34	71.29	69.07	73.75	75.11	71.77	79.05
海 南	Hainan	70.01	66.93	73.28	72.92	70.66	75.26	76.30	73.20	80.01
重 庆	Chongqing				71.73	69.84	73.89	75.70	73.16	78.60
四 川	Sichuan	66.33	65.06	67.70	71.20	69.25	73.39	74.75	72.25	77.59
贵 州	Guizhou	64.29	63.04	65.63	65.96	64.54	67.57	71.10	68.43	74.11
云 南	Yunnan	63.49	62.08	64.98	65.49	64.24	66.89	69.54	67.06	72.43
西 藏	Tibet	59.64	57.64	61.57	64.37	62.52	66.15	68.17	66.33	70.07
陕 西	Shaanxi	67.40	66.23	68.79	70.07	68.92	71.30	74.68	72.84	76.74
甘 肃	Gansu	67.24	66.35	68.25	67.47	66.77	68.26	72.23	70.60	74.06
青 海	Qinghai	60.57	59.29	61.96	66.03	64.55	67.70	69.96	68.11	72.07
宁 夏	Ningxia	66.94	65.95	68.05	70.17	68.71	71.84	73.38	71.31	75.71
新 疆	Xinjiang	62.59	61.95	63.26	67.41	65.98	69.14	72.35	70.30	74.86

注：根据人口普查数据计算。
Note: Data in this table are calculated according to the National Population Census.

1-11 六次全国人口普查人口基本情况
Basic Statistics on National Population Census in 1953, 1964, 1982, 1990, 2000 and 2010

指 标	Item	1953	1964	1982	1990	2000	2010
总人口（万人）	**Total Population (10 000 persons)**	**58260**	**69458**	**100818**	**113368**	**126583**	**133972**
男	Male	30190	35652	51944	58495	65355	68685
女	Female	28070	33806	48874	54873	61228	65287
性别比（以女性为100）	Sex Ratio (female=100)	107.56	105.46	106.30	106.60	106.74	105.20
家庭户规模（人/户）	**Average Family Household Size (person/household)**	**4.33**	**4.43**	**4.41**	**3.96**	**3.44**	**3.10**
各年龄组人口比重（%）	**Percentage of Population by Age Group (%)**						
0-14岁	Aged 0-14	36.28	40.69	33.59	27.69	22.89	16.60
15-64岁	Aged 15-64	59.31	55.75	61.50	66.74	70.15	74.53
65岁及以上	Aged 65 and Over	4.41	3.56	4.91	5.57	6.96	8.87
民族人口	**Population by Ethnicity**						
汉族（万人）	Han (10 000 persons)	54728	65456	94088	104248	115940	122593
占总人口比重（%）	Percentage to Total Population (%)	93.94	94.24	93.32	91.96	91.59	91.51
少数民族（万人）	Ethnic Minorities (10 000 persons)	3532	4002	6730	9120	10643	11379
占总人口比重（%）	Percentage to Total Population (%)	6.06	5.76	6.68	8.04	8.41	8.49
每十万人拥有的各种受教育程度人口（人）	**Population with Various Education Attainments Per 100 000 Persons (person)**						
大专及以上	Junior College and Above		416	615	1422	3611	8930
高中和中专	Senior Secondary School and Technical Secondary School		1319	6779	8039	11146	14032
初中	Junior Secondary School		4680	17892	23344	33961	38788
小学	Primary School		28330	35237	37057	35701	26779
文盲人口及文盲率	**Illiterate Population and Illiterate Rate**						
文盲人口（万人）	Illiterate Population (10 000 persons)		23327	22996	18003	8507	5466
文盲率（%）	Illiterate Rate (%)		33.58	22.81	15.88	6.72	4.08
城乡人口	**Population by Residence**						
城镇化率（%）	Urbanization Rate (%)	13.26	18.30	20.91	26.44	36.22	49.68
城镇人口（万人）	Urban Population (10 000 persons)	7726	12710	21082	29971	45844	66557
乡村人口（万人）	Rural Population (10 000 persons)	50534	56748	79736	83397	80739	67415
平均预期寿命（岁）	**Life Expectancy (years)**			**67.77***	**68.55**	**71.40**	**74.83**
男	Male			66.28*	66.84	69.63	72.38
女	Female			69.27*	70.47	73.33	77.37

注：1.1953年、1964年、1982年及1990年全国人口普查标准时点为当年7月1日零时，2000年和2010年全国人口普查标准时点为当年11月1日零时。
2.历次普查总人口数据包括中国人民解放军现役军人。在城乡人口中，中国人民解放军现役军人列为城镇人口统计。
3.1964年文盲人口为13岁及以上不识字人口，1982、1990、2000、2010年文盲人口为15岁及以上不识字或识字很少的人。
4.表中“*”号表示为1981年数据。

Note:a) Standard reference time of national population census in 1953, 1964, 1982 and 1990 was zero hour of July 1st, and in 2000 and 2010 was zero hour of November 1st.
b) Total population from the five national population censuses includes the military personnel. Military personnel is listed as urban population in population by residence.
c) Illiterate population of 1964 National Population Census referred to the population aged 13 and over who are unable to read. Illiterate population of 1982, 1990, 2000 and 2010 National Population Censuses referred to the population aged 15 and over who are unable or have difficulty to read.
d) Data with “*” in this table are of 1981.

1-12 全国历年人口密度
Population Density

年 份 Year	总人口 (万人) Population (10 000 persons)	人口密度 (人/平方公里) Population Density (person/sq.km)	年 份 Year	总人口 (万人) Population (10 000 persons)	人口密度 (人/平方公里) Population Density (person/sq.km)
1949	54167	56	1985	105851	110
1950	55196	57			
1951	56300	59	1986	107507	112
1952	57482	60	1987	109300	114
1953	58796	61	1988	111026	116
			1989	112704	117
1954	60266	63	1990	114333	119
1955	61465	64			
1956	62828	65	1991	115823	121
1957	64653	67	1992	117171	122
1958	65994	69	1993	118517	123
			1994	119850	125
1959	67207	70	1995	121121	126
1960	66207	69			
1961	65859	69	1996	122389	127
1962	67295	70	1997	123626	129
1963	69172	72	1998	124761	130
			1999	125786	131
1964	70499	73	2000	126743	132
1965	72538	76			
1966	74542	78	2001	127627	133
1967	76368	80	2002	128453	134
1968	78534	82	2003	129227	135
			2004	129988	135
1969	80671	84	2005	130756	136
1970	82992	86			
1971	85229	89	2006	131448	137
1972	87177	91	2007	132129	138
1973	89211	93	2008	132802	138
			2009	133450	139
1974	90859	95	2010	134091	140
1975	92420	96			
1976	93717	98	2011	134735	140
1977	94974	99	2012	135404	141
1978	96259	100	2013	136072	142
			2014	136782	142
1979	97542	102	2015	137462	143
1980	98705	103			
1981	100072	104	2016	138271	144
1982	101654	106	2017	139008	145
1983	103008	107	2018	139538	145
1984	104357	109			

1-13 就业基本情况
Employment

项　目	Item	2010	2011	2012	2013	2014	2015	2016	2017	2018
劳动力(万人)	**Labour Force (10 000 persons)**	**78388**	**78579**	**78894**	**79300**	**79690**	**80091**	**80694**	**80686**	**80567**
就业人员合计(万人)	**Total Number of Employed Persons (10 000 persons)**	**76105**	**76420**	**76704**	**76977**	**77253**	**77451**	**77603**	**77640**	**77586**
第一产业	Primary Industry	27931	26594	25773	24171	22790	21919	21496	20944	20258
第二产业	Secondary Industry	21842	22544	23241	23170	23099	22693	22350	21824	21390
第三产业	Tertiary Industry	26332	27282	27690	29636	31364	32839	33757	34872	35938
就业人员构成(合计=100)	**Composition of Employed Persons (total=100)**									
第一产业	Primary Industry	36.7	34.8	33.6	31.4	29.5	28.3	27.7	27	26.1
第二产业	Secondary Industry	28.7	29.5	30.3	30.1	29.9	29.3	28.8	28.1	27.6
第三产业	Tertiary Industry	34.6	35.7	36.1	38.5	40.6	42.4	43.5	44.9	46.3
按城乡分就业人员(万人)	**Number of Employed Persons by Urban and Rural Areas (10 000 persons)**									
城镇就业人员	Urban Employed Persons	34687	35914	37102	38240	39310	40410	41428	42462	43419
#国有单位	State-owned Units	6516	6704	6839	6365	6312	6208	6170	6064	5740
城镇集体单位	Urban Collective-owned Units	597	603	589	566	537	481	453	406	347
股份合作单位	Cooperative Units	156	149	149	108	103	92	86	77	66
联营单位	Joint Ownership Units	36	37	39	25	22	20	18	13	12
有限责任公司	Limited Liability Corporations	2613	3269	3787	6069	6315	6389	6381	6367	6555
股份有限公司	Share-holding Corporations Ltd.	1024	1183	1243	1721	1751	1798	1824	1846	1875
私营企业	Private Enterprises	6071	6912	7557	8242	9857	11180	12083	13327	13952
港澳台商投资单位	Units with Funds from Hong Kong, Macao & Taiwan	770	932	969	1397	1393	1344	1305	1290	1153
外商投资单位	Foreign Funded Units	1053	1217	1246	1566	1562	1446	1361	1291	1212
个体	Self-employed Individuals	4467	5227	5643	6142	7009	7800	8627	9348	10440
乡村就业人员	Rural Employed Persons	41418	40506	39602	38737	37943	37041	36175	35178	34167
#私营企业	Private Enterprises	3347	3442	3739	4279	4533	5215	5914	6554	7424
个体	Self-employed Individuals	2540	2718	2986	3193	3575	3882	4235	4878	5597
城镇登记失业人数(万人)	**Number of Registered Unemployed Persons in Urban Areas (10 000 persons)**	**908**	**922**	**917**	**926**	**952**	**966**	**982**	**972**	**974**
城镇登记失业率(%)	**Registered Unemployment Rate in Urban Areas (%)**	**4.10**	**4.10**	**4.10**	**4.05**	**4.09**	**4.05**	**4.02**	**3.90**	**3.80**

注：1. 全国就业人员1990年及以后的数据根据劳动力调查、人口普查推算(下表同)。
　　2. 2013年部分经济类型单位、部分行业就业人员、工资总额变动较大，系将原属于乡镇企业的规模以上法人单位纳入劳动工资统计范围所致(以下相关表同)。

Note: a) From 1990, the total number of employed persons were estimated according to Labour Force Survey and Population Census. The same applies to the following tables.
b) In 2013, some units by status of registration, some employment by industry, total wages bill changed greatly, because legal persons above designated size originally belonged to township enterprises were taken into statistics of labour wages. The same applis to the relevant tables following.

1-14 分城乡就业人员年末人数

Number of Employed Persons at Year-end in Urban and Rural Areas

单位：万人，% (10 000 persons,%)

年 份 Year	就业人员 Total Number of Employed Persons	城镇 Urban 就业人员 Employed Persons	城镇 Urban 比重 Proportion	乡村 Rural 就业人员 Employed Persons	乡村 Rural 比重 Proportion
1949	18082	1533	8.5	16549	91.5
1952	20729	2486	12.0	18243	88.0
1953	21364	2754	12.9	18610	87.1
1954	21832	2744	12.6	19088	87.4
1955	22328	2802	12.5	19526	87.5
1956	23018	2993	13.0	20025	87.0
1957	23771	3205	13.5	20566	86.5
1958	26600	5300	19.9	21300	80.1
1959	26173	5389	20.6	20784	79.4
1960	25880	6119	23.6	19761	76.4
1961	25590	5336	20.9	20254	79.1
1962	25910	4537	17.5	21373	82.5
1963	26640	4603	17.3	22037	82.7
1964	27736	4828	17.4	22908	82.6
1965	28670	5136	17.9	23534	82.1
1966	29805	5354	18.0	24451	82.0
1967	30814	5446	17.7	25368	82.3
1968	31915	5630	17.6	26285	82.4
1969	33225	5825	17.5	27400	82.5
1970	34432	6312	18.3	28120	81.7
1971	35620	6868	19.3	28752	80.7
1972	35854	7200	20.1	28654	79.9
1973	36652	7388	20.2	29264	79.8
1974	37369	7687	20.6	29682	79.4
1975	38168	8222	21.5	29946	78.5
1976	38834	8692	22.4	30142	77.6
1977	39377	9127	23.2	30250	76.8
1978	40152	9514	23.7	30638	76.3
1979	41024	9999	24.4	31025	75.6
1980	42361	10525	24.8	31836	75.2
1981	43725	11053	25.3	32672	74.7
1982	45295	11428	25.2	33867	74.8
1983	46436	11746	25.3	34690	74.7
1984	48197	12229	25.4	35968	74.6
1985	49873	12808	25.7	37065	74.3

1-14 续表 continued

单位: 万人，%　　(10 000 persons,%)

年 份 Year	就业人员 Total Number of Employed Persons	城镇 Urban 就业人员 Employed Persons	城镇 Urban 比重 Proportion	乡村 Rural 就业人员 Employed Persons	乡村 Rural 比重 Proportion
1986	51282	13292	25.9	37990	74.1
1987	52783	13783	26.1	39000	73.9
1988	54334	14267	26.3	40067	73.7
1989	55329	14390	26.0	40939	74.0
1990	64749	17041	26.3	47708	73.7
1991	65491	17465	26.7	48026	73.3
1992	66152	17861	27.0	48291	73.0
1993	66808	18262	27.3	48546	72.7
1994	67455	18653	27.7	48802	72.3
1995	68065	19040	28.0	49025	72.0
1996	68950	19922	28.9	49028	71.1
1997	69820	20781	29.8	49039	70.2
1998	70637	21616	30.6	49021	69.4
1999	71394	22412	31.4	48982	68.6
2000	72085	23151	32.1	48934	67.9
2001	72797	24123	33.1	48674	66.9
2002	73280	25159	34.3	48121	65.7
2003	73736	26230	35.6	47506	64.4
2004	74264	27293	36.8	46971	63.2
2005	74647	28389	38.0	46258	62.0
2006	74978	29630	39.5	45348	60.5
2007	75321	30953	41.1	44368	58.9
2008	75564	32103	42.5	43461	57.5
2009	75828	33322	43.9	42506	56.1
2010	76105	34687	45.6	41418	54.4
2011	76420	35914	47.0	40506	53.0
2012	76704	37102	48.4	39602	51.6
2013	76977	38240	49.7	38737	50.3
2014	77253	39310	50.9	37943	49.1
2015	77451	40410	52.2	37041	47.8
2016	77603	41428	53.4	36175	46.6
2017	77640	42462	54.7	35178	45.3
2018	77586	43419	56.0	34167	44.0

1-15 分产业就业人员年末人数
Number of Employed Persons at Year-end by Three Strata Industries

单位：万人，%　　(10 000 persons,%)

年份 Year	就业人员合计 Total Number of Employed Persons	第一产业 Primary Industry		第二产业 Secondary Industry		第三产业 Tertiary Industry	
		就业人员 Employed Persons	比重 Proportion	就业人员 Employed Persons	比重 Proportion	就业人员 Employed Persons	比重 Proportion
1952	20729	17317	83.5	1531	7.4	1881	9.1
1953	21364	17747	83.1	1715	8.0	1902	8.9
1954	21832	18151	83.1	1882	8.6	1799	8.3
1955	22328	18592	83.3	1913	8.6	1823	8.1
1956	23018	18544	80.6	2468	10.7	2006	8.7
1957	23771	19309	81.2	2142	9.0	2320	9.8
1958	26600	15490	58.2	7076	26.6	4034	15.2
1959	26173	16271	62.2	5402	20.6	4500	17.2
1960	25880	17016	65.7	4112	15.9	4752	18.4
1961	25590	19747	77.2	2856	11.2	2987	11.6
1962	25910	21276	82.1	2059	8.0	2575	9.9
1963	26640	21966	82.5	2038	7.6	2636	9.9
1964	27736	22801	82.2	2183	7.9	2752	9.9
1965	28670	23396	81.6	2408	8.4	2866	10.0
1966	29805	24297	81.5	2600	8.7	2908	9.8
1967	30814	25165	81.7	2661	8.6	2988	9.7
1968	31915	26063	81.7	2743	8.6	3109	9.7
1969	33225	27117	81.6	3030	9.1	3078	9.3
1970	34432	27811	80.8	3518	10.2	3103	9.0
1971	35620	28397	79.7	3990	11.2	3233	9.1
1972	35854	28283	78.9	4276	11.9	3295	9.2
1973	36652	28857	78.7	4492	12.3	3303	9.0
1974	37369	29218	78.2	4712	12.6	3439	9.2
1975	38168	29456	77.2	5152	13.5	3560	9.3
1976	38834	29443	75.8	5611	14.5	3780	9.7
1977	39377	29340	74.5	5831	14.8	4206	10.7
1978	40152	28318	70.5	6945	17.3	4890	12.2
1979	41024	28634	69.8	7214	17.6	5177	12.6
1980	42361	29122	68.7	7707	18.2	5532	13.1
1981	43725	29777	68.1	8003	18.3	5945	13.6
1982	45295	30859	68.1	8346	18.4	6090	13.5
1983	46436	31151	67.1	8679	18.7	6606	14.2
1984	48197	30868	64.0	9590	19.9	7739	16.1
1985	49873	31130	62.4	10384	20.8	8359	16.8

1-15 续表 continued

单位: 万人, % (10 000 persons,%)

年 份 Year	就业人员合计 Total Number of Employed Persons	第一产业 Primary Industry 就业人员 Employed Persons	第一产业 Primary Industry 比重 Proportion	第二产业 Secondary Industry 就业人员 Employed Persons	第二产业 Secondary Industry 比重 Proportion	第三产业 Tertiary Industry 就业人员 Employed Persons	第三产业 Tertiary Industry 比重 Proportion
1986	51282	31254	60.9	11216	21.9	8811	17.2
1987	52783	31663	60.0	11726	22.2	9395	17.8
1988	54334	32249	59.3	12152	22.4	9933	18.3
1989	55329	33225	60.1	11976	21.6	10129	18.3
1990	64749	38914	60.1	13856	21.4	11979	18.5
1991	65491	39098	59.7	14015	21.4	12378	18.9
1992	66152	38699	58.5	14355	21.7	13098	19.8
1993	66808	37680	56.4	14965	22.4	14163	21.2
1994	67455	36628	54.3	15312	22.7	15515	23.0
1995	68065	35530	52.2	15655	23.0	16880	24.8
1996	68950	34820	50.5	16203	23.5	17927	26.0
1997	69820	34840	49.9	16547	23.7	18432	26.4
1998	70637	35177	49.8	16600	23.5	18860	26.7
1999	71394	35768	50.1	16421	23.0	19205	26.9
2000	72085	36043	50.0	16219	22.5	19823	27.5
2001	72797	36399	50.0	16234	22.3	20165	27.7
2002	73280	36640	50.0	15682	21.4	20958	28.6
2003	73736	36204	49.1	15927	21.6	21605	29.3
2004	74264	34830	46.9	16709	22.5	22725	30.6
2005	74647	33442	44.8	17766	23.8	23439	31.4
2006	74978	31941	42.6	18894	25.2	24143	32.2
2007	75321	30731	40.8	20186	26.8	24404	32.4
2008	75564	29923	39.6	20553	27.2	25087	33.2
2009	75828	28890	38.1	21080	27.8	25857	34.1
2010	76105	27931	36.7	21842	28.7	26332	34.6
2011	76420	26594	34.8	22544	29.5	27282	35.7
2012	76704	25773	33.6	23241	30.3	27690	36.1
2013	76977	24171	31.4	23170	30.1	29636	38.5
2014	77253	22790	29.5	23099	29.9	31364	40.6
2015	77451	21919	28.3	22693	29.3	32839	42.4
2016	77603	21496	27.7	22350	28.8	33757	43.5
2017	77640	20944	27.0	21824	28.1	34872	44.9
2018	77586	20258	26.1	21390	27.6	35938	46.3

1-16 城镇登记失业人数及失业率(年末数)
Registered Unemployed Persons and Registered Unemployment Rate in Urban Areas (year-end)

单位：万人，% (10 000 persons,%)

年 份 Year	城镇登记失业人数 Registered Unemployed Persons in Urban Areas	比上年增长 Increase over Preceeding year	城镇登记失业率 Registered Unemployment Rate in Urban Areas
1978	530		5.3
1979	568	7.1	5.4
1980	542	-4.6	4.9
1981	440	-18.8	3.8
1982	379	-13.7	3.2
1983	271	-28.5	2.3
1984	236	-13.2	1.9
1985	239	1.2	1.8
1986	264	10.9	2.0
1987	277	4.6	2.0
1988	296	7.1	2.0
1989	378	27.6	2.6
1990	383	1.4	2.5
1991	352	-8.1	2.3
1992	364	3.3	2.3
1993	420	15.4	2.6
1994	476	13.4	2.8
1995	520	9.1	2.9
1996	553	6.3	3.0
1997	577	4.3	3.1
1998	571	-1.0	3.1
1999	575	0.7	3.1
2000	595	3.5	3.1
2001	681	14.4	3.6
2002	770	13.1	4.0
2003	800	3.9	4.3
2004	827	3.4	4.2
2005	839	1.5	4.2
2006	847	1.0	4.1
2007	830	-2.0	4.0
2008	886	6.7	4.2
2009	921	4.0	4.3
2010	908	-1.4	4.1
2011	922	1.5	4.1
2012	917	-0.5	4.1
2013	926	1.0	4.05
2014	952	2.8	4.09
2015	966	1.5	4.05
2016	982	1.7	4.02
2017	972	-1.0	3.90
2018	974	0.2	3.80

1-17 分地区城镇登记失业人员数(年末数)

单位: 万人

地 区	Region	2000	2001	2002	2003	2004	2005	2006	2007
北 京	Beijing	3.3	5.2	6.0	7.0	6.5	10.6	10.4	10.6
天 津	Tianjin	10.5	11.4	12.9	12.0	11.8	11.7	11.7	15.0
河 北	Hebei	17.4	19.5	22.2	25.7	28.0	27.8	28.7	29.3
山 西	Shanxi	9.7	12.2	14.5	13.1	13.7	14.3	15.6	16.1
内蒙古	Inner Mongolia	12.6	14.5	16.3	17.6	18.5	17.7	18.0	18.5
辽 宁	Liaoning	41.2	55.5	75.6	72.0	70.1	60.4	54.1	44.5
吉 林	Jilin	23.0	20.2	23.8	28.4	28.2	27.6	26.3	23.9
黑龙江	Heilongjiang	25.3	35.5	41.6	35.0	32.9	31.3	31.2	31.5
上 海	Shanghai	20.1	25.7	28.8	30.1	27.4	27.5	27.8	26.7
江 苏	Jiangsu	30.4	36.1	42.2	41.8	42.9	41.6	40.4	39.3
浙 江	Zhejiang	21.8	24.0	27.7	28.3	30.1	29.0	29.1	28.6
安 徽	Anhui	16.5	19.9	22.6	25.1	26.1	27.8	28.2	27.2
福 建	Fujian	9.1	13.2	15.0	14.6	14.5	14.9	15.1	14.9
江 西	Jiangxi	16.7	17.3	17.8	21.6	22.4	22.8	25.3	24.3
山 东	Shandong	37.5	35.4	39.7	41.3	42.3	42.9	43.7	43.5
河 南	Henan	21.4	23.1	25.4	26.3	31.2	33.0	35.4	33.1
湖 北	Hubei	36.6	42.2	44.7	49.3	49.4	52.6	52.6	54.1
湖 南	Hunan	27.6	30.3	30.4	37.1	43.0	41.9	43.3	44.4
广 东	Guangdong	30.2	34.5	36.5	35.5	35.9	34.5	36.2	36.2
广 西	Guangxi	11.3	14.2	14.7	14.9	17.8	18.5	20.0	18.5
海 南	Hainan	3.7	3.8	4.0	3.6	4.7	5.1	5.2	5.4
重 庆	Chongqing	10.1	13.7	16.2	16.2	16.8	16.9	15.4	14.1
四 川	Sichuan	30.8	31.9	33.8	33.1	33.3	34.3	36.1	34.5
贵 州	Guizhou	10.2	11.1	11.1	11.2	11.6	12.1	12.1	12.1
云 南	Yunnan	6.8	8.0	9.8	12.1	11.9	13.0	13.8	14.0
西 藏	Tibet	1.0		1.3		1.2			
陕 西	Shaanxi	11.4	14.0	13.5	13.9	18.5	21.5	21.5	21.0
甘 肃	Gansu	7.4	7.4	8.7	9.3	9.5	9.3	9.7	9.5
青 海	Qinghai	1.8	2.4	2.9	3.1	3.5	3.6	3.7	3.7
宁 夏	Ningxia	3.8	3.7	3.5	3.8	4.1	4.4	4.2	4.4
新 疆	Xinjiang	11.0	9.7	9.9	9.9	13.3	11.1	11.6	11.7

Registered Unemployed Persons in Urban Areas by Region (year-end)

(10 000 persons)

2008	2009	2010	2011	2012	2013	2014	2015	2016	2017	2018
10.3	8.2	7.7	8.1	8.1	7.5	7.4	7.8	8.0	8.1	7.9
13.0	15.0	16.1	20.1	20.4	21.7	22.5	25.1	25.8	26.0	25.8
32.2	34.5	35.1	36.0	36.8	37.2	38.3	39.4	39.7	39.9	38.0
17.5	21.6	20.4	21.1	21.0	21.1	24.5	25.6	26.1	26.5	24.6
19.9	20.1	20.8	21.8	23.1	23.8	24.8	25.9	26.7	27.1	27.0
41.7	41.6	38.9	39.4	38.1	39.6	41.0	46.2	47.3	42.7	44.4
24.3	23.4	22.7	22.2	22.3	22.6	23.2	23.9	25.7	26.3	26.8
32.1	31.4	36.2	35.0	41.3	41.4	39.9	41.0	39.6	39.7	39.4
26.6	27.9	27.6	27.0	26.7	25.3	25.6	24.8	24.3	22.1	19.4
41.1	40.7	40.6	41.4	40.5	37.6	36.6	36.0	35.2	34.7	34.4
30.7	30.7	31.1	31.7	33.4	33.4	33.1	33.7	33.9	33.8	34.1
29.3	30.1	26.9	33.1	31.3	32.4	31.5	30.9	30.4	29.0	28.1
15.0	15.2	14.5	14.6	14.5	14.7	14.3	15.4	16.3	17.1	17.3
26.0	27.3	26.3	24.6	25.7	27.4	29.4	29.9	31.3	32.3	35.1
60.7	45.1	44.5	45.1	43.4	42.2	43.1	43.7	45.8	45.7	46.5
36.5	38.5	38.2	38.4	38.3	40.2	40.0	42.5	43.6	40.7	48.6
55.1	55.3	55.7	55.1	42.3	40.2	37.9	33.4	32.9	37.1	36.1
47.0	47.8	43.2	43.1	44.1	45.6	47.3	45.1	44.9	44.5	40.4
38.1	39.5	39.3	38.8	39.6	38.0	36.8	37.0	38.0	37.1	36.6
18.8	19.1	19.1	18.8	18.9	18.0	18.7	18.1	18.1	14.7	16.7
5.6	5.3	4.8	2.9	3.6	3.9	4.3	4.8	5.1	5.5	5.5
13.0	13.4	13.0	13.0	12.4	12.1	13.4	14.3	15.7	14.3	13.1
37.9	36.3	34.6	36.9	40.7	42.9	54.4	54.6	56.3	55.8	53.3
12.5	12.3	12.2	12.5	12.6	13.7	14.1	14.5	14.8	14.9	15.1
14.8	15.4	15.7	16.0	17.4	18.1	19.2	19.5	20.1	19.8	20.9
	2.0	2.1	1.0	1.6	1.6	1.7	1.8	1.8	1.9	2.1
20.8	21.5	21.4	20.9	19.5	21.1	22.3	22.3	22.7	23.4	24.1
9.4	10.3	10.7	10.8	9.8	9.3	9.7	9.5	9.8	9.6	10.0
3.9	4.1	4.2	4.4	4.1	4.2	4.2	4.4	4.6	4.7	4.6
4.8	4.8	4.8	5.2	4.6	4.7	5.0	4.9	5.1	5.1	5.4
11.8	11.9	11.0	11.1	11.8	11.9	11.2	10.3	9.7	10.0	9.5

1-18 分地区城镇登记失业率(年末数)

单位: %

地 区	Region	2000	2001	2002	2003	2004	2005	2006	2007
北 京	Beijing	0.8	1.2	1.4	1.4	1.3	2.1	2.0	1.8
天 津	Tianjin	3.2	3.6	3.9	3.8	3.8	3.7	3.6	3.6
河 北	Hebei	2.8	3.2	3.6	3.9	4.0	3.9	3.8	3.8
山 西	Shanxi	2.2	2.6	3.4	3.0	3.1	3.0	3.2	3.2
内蒙古	Inner Mongolia	3.3	3.7	4.1	4.5	4.6	4.3	4.1	4.0
辽 宁	Liaoning	3.7	3.2	6.5	6.5	6.5	5.6	5.1	4.3
吉 林	Jilin	3.7	3.1	3.6	4.3	4.2	4.2	4.2	3.9
黑龙江	Heilongjiang	3.3	4.7	4.9	4.2	4.5	4.4	4.3	4.3
上 海	Shanghai	3.5		4.8	4.9	4.5		4.4	4.2
江 苏	Jiangsu	3.2	3.6	4.2	4.1	3.8	3.6	3.4	3.2
浙 江	Zhejiang	3.5	3.7	4.2	4.2	4.1	3.7	3.5	3.3
安 徽	Anhui	3.3	3.7	4.0	4.1	4.2	4.4	4.2	4.1
福 建	Fujian	2.6	3.8	4.2	4.1	4.0	4.0	3.9	3.9
江 西	Jiangxi	2.9	3.3	3.4	3.6	3.6	3.5	3.6	3.4
山 东	Shandong	3.2	3.3	3.6	3.6	3.4	3.3	3.3	3.2
河 南	Henan	2.6	2.8	2.9	3.1	3.4	3.5	3.5	3.4
湖 北	Hubei	3.5	4.0	4.3	4.3	4.2	4.3	4.2	4.2
湖 南	Hunan	3.7	4.0	4.0	4.5	4.4	4.3	4.3	4.3
广 东	Guangdong	2.5	2.9	3.1	2.9	2.7	2.6	2.6	2.5
广 西	Guangxi	3.2	3.5	3.7	3.6	4.1	4.2	4.1	3.8
海 南	Hainan	3.2	3.4	3.1	3.4	3.4	3.6	3.6	3.5
重 庆	Chongqing	3.5	3.9	4.1	4.1	4.1	4.1	4.0	4.0
四 川	Sichuan	4.0	4.3	4.5	4.4	4.4	4.6	4.5	4.2
贵 州	Guizhou	3.8	4.0	4.1	4.0	4.1	4.2	4.1	4.0
云 南	Yunnan	2.6	3.3	4.0	4.1	4.3	4.2	4.3	4.2
西 藏	Tibet	4.1		4.9		4.0			
陕 西	Shaanxi	2.7	3.2	3.3	3.5	3.8	4.2	4.0	4.0
甘 肃	Gansu	2.7	2.8	3.2	3.4	3.4	3.3	3.6	3.3
青 海	Qinghai	2.4	3.5	3.6	3.8	3.9	3.9	3.9	3.8
宁 夏	Ningxia	4.6	4.4	4.4	4.4	4.5	4.5	4.3	4.3
新 疆	Xinjiang	3.8	3.7	3.7	3.5	3.5	3.9	3.9	3.9

Registered Unemployment Rate in Urban Areas by Region (year-end)

(%)

2008	2009	2010	2011	2012	2013	2014	2015	2016	2017	2018
1.8	1.4	1.4	1.4	1.3	1.2	1.3	1.4	1.4	1.4	1.4
3.6	3.6	3.6	3.6	3.6	3.6	3.5	3.5	3.5	3.5	3.5
4.0	3.9	3.9	3.8	3.7	3.7	3.6	3.6	3.7	3.7	3.3
3.3	3.9	3.6	3.5	3.3	3.1	3.4	3.5	3.5	3.4	3.3
4.1	4.0	3.9	3.8	3.7	3.7	3.6	3.7	3.7	3.6	3.6
3.9	3.9	3.6	3.7	3.6	3.4	3.4	3.4	3.8	3.8	3.9
4.0	4.0	3.8	3.7	3.7	3.7	3.4	3.5	3.5	3.5	3.5
4.2	4.3	4.3	4.1	4.2	4.4	4.5	4.5	4.2	4.2	4.0
4.2	4.3	4.4	3.5	3.1	4.0	4.1	4.0	4.1	3.9	3.5
3.3	3.2	3.2	3.2	3.1	3.0	3.0	3.0	3.0	3.0	3.0
3.5	3.3	3.2	3.1	3.0	3.0	3.0	2.9	2.9	2.7	2.6
3.9	3.9	3.7	3.7	3.7	3.4	3.2	3.1	3.2	2.9	2.8
3.9	3.9	3.8	3.7	3.6	3.6	3.5	3.7	3.9	3.9	3.7
3.4	3.4	3.3	3.0	3.0	3.2	3.3	3.4	3.4	3.3	3.4
3.7	3.4	3.4	3.4	3.3	3.2	3.3	3.4	3.5	3.4	3.4
3.4	3.5	3.4	3.4	3.1	3.1	3.0	3.0	3.0	2.8	3.0
4.2	4.2	4.2	4.1	3.8	3.5	3.1	2.6	2.4	2.6	2.6
4.2	4.1	4.2	4.2	4.2	4.2	4.1	4.1	4.2	4.0	3.6
2.6	2.6	2.5	2.5	2.5	2.4	2.4	2.5	2.5	2.5	2.4
3.8	3.7	3.7	3.5	3.4	3.3	3.2	2.9	2.9	2.2	2.3
3.7	3.5	3.0	1.7	2.0	2.2	2.3	2.3	2.4	2.3	2.3
4.0	4.0	3.9	3.5	3.3	3.4	3.5	3.6	3.7	3.4	3.0
4.6	4.3	4.1	4.2	4.0	4.1	4.2	4.1	4.2	4.0	3.5
4.0	3.8	3.6	3.6	3.3	3.3	3.3	3.3	3.2	3.2	3.2
4.2	4.3	4.2	4.1	4.0	4.0	4.0	4.0	3.6	3.2	3.4
	3.8	4.0	3.2	2.6	2.5	2.5	2.5	2.6	2.7	2.8
3.9	3.9	3.9	3.6	3.2	3.3	3.3	3.4	3.3	3.3	3.2
3.2	3.3	3.2	3.1	2.7	2.3	2.2	2.1	2.2	2.7	2.8
3.8	3.8	3.8	3.8	3.4	3.3	3.2	3.2	3.1	3.1	3.0
4.4	4.4	4.4	4.4	4.2	4.1	4.0	4.0	3.9	3.9	3.9
3.7	3.8	3.2	3.2	3.4	3.4	3.2	2.9	2.5	2.6	2.4

1-19 分行业城镇非私营单位就业人员年末人数

单位：万人

行　业	Sector	2003	2004	2005	2006	2007
合　计	**Total**	**10969.7**	**11098.9**	**11404.0**	**11713.2**	**12024.4**
农、林、牧、渔业	Agriculture, Forestry, Animal Husbandry and Fishery	484.5	466.1	446.3	435.2	426.3
采矿业	Mining	488.3	500.7	509.2	529.7	535.0
制造业	Manufacturing	2980.5	3050.8	3210.9	3351.6	3465.4
电力、热力、燃气及水生产和供应业	Production and Supply of Electricity, Heat, Gas and Water	297.6	300.6	299.9	302.5	303.4
建筑业	Construction	833.7	841.0	926.6	988.7	1050.8
批发和零售业	Wholesale and Retail Trades	628.1	586.7	544.0	515.7	506.9
交通运输、仓储和邮政业	Transport, Storage and Post	636.5	631.8	613.9	612.7	623.1
住宿和餐饮业	Hotels and Catering Services	172.1	177.1	181.2	183.9	185.8
信息传输、软件和信息技术服务业	Information Transmission, Software and Information Technology	116.8	123.7	130.1	138.2	150.2
金融业	Financial Intermediation	353.3	356.0	359.3	367.4	389.7
房地产业	Real Estate	120.2	133.4	146.5	153.9	166.5
租赁和商务服务业	Leasing and Business Services	183.5	194.4	218.5	236.7	247.2
科学研究和技术服务业	Scientific Research and Technical Services	221.9	222.1	227.7	235.5	243.4
水利、环境和公共设施管理业	Management of Water Conservancy, Environment and Public Facilities	172.5	176.1	180.4	187.0	193.5
居民服务、修理和其他服务业	Services to Households, Repair and Other Services	52.8	54.2	53.9	56.6	57.4
教　育	Education	1442.8	1466.8	1483.2	1504.4	1520.9
卫生和社会工作	Health and Social Service	485.8	494.7	508.9	525.4	542.8
文化、体育和娱乐业	Culture, Sports and Entertainment	127.8	123.4	122.5	122.4	125.0
公共管理、社会保障和社会组织	Public Management, Social Security and Social Organization	1171.0	1199.0	1240.8	1265.6	1291.2

Employed Persons at Year-end in Urban Units Excluding Private Units by Sector

(10 000 persons)

2008	2009	2010	2011	2012	2013	2014	2015	2016	2017	2018
12192.5	**12573.0**	**13051.5**	**14413.3**	**15236.4**	**18108.4**	**18277.8**	**18062.5**	**17888.1**	**17643.8**	**17258.2**
410.1	373.7	375.7	359.5	338.9	294.8	284.6	270.0	263.2	255.4	192.6
540.4	553.7	562.0	611.6	631.0	636.5	596.5	545.8	490.9	455.4	414.4
3434.3	3491.9	3637.2	4088.3	4262.2	5257.9	5243.1	5068.7	4893.8	4635.5	4178.3
306.5	307.7	310.5	334.7	344.6	404.5	403.7	396.0	387.6	377.0	369.2
1072.6	1177.5	1267.5	1724.8	2010.3	2921.9	2921.2	2796.0	2724.7	2643.2	2710.9
514.4	520.8	535.1	647.5	711.8	890.8	888.6	883.3	875.0	842.8	823.3
627.3	634.4	631.1	662.8	667.5	846.2	861.4	854.4	849.5	843.9	819.0
193.2	202.1	209.2	242.7	265.1	304.4	289.3	276.1	269.7	265.9	269.8
159.5	173.8	185.8	212.8	222.8	327.3	336.3	349.9	364.1	395.4	424.3
417.6	449.0	470.1	505.3	527.8	537.9	566.3	606.8	665.2	688.8	699.3
172.7	190.9	211.6	248.6	273.7	373.7	402.2	417.3	431.7	444.8	466.0
274.7	290.5	310.1	286.6	292.3	421.9	449.4	474.0	488.4	522.6	529.5
257.0	272.6	292.3	298.5	330.7	387.8	408.0	410.6	419.6	420.4	411.5
197.3	205.7	218.9	230.3	243.8	259.2	269.1	273.3	269.6	268.5	260.6
56.5	58.8	60.2	59.9	62.1	72.3	75.4	75.2	75.4	78.2	77.4
1534.0	1550.4	1581.8	1617.8	1653.4	1687.2	1727.3	1736.5	1729.2	1730.4	1735.6
563.6	595.8	632.5	679.1	719.3	770.0	810.4	841.6	867.0	897.9	912.4
126.0	129.5	131.4	135.0	137.7	147.0	145.5	149.1	150.8	152.2	146.6
1335.0	1394.3	1428.5	1467.6	1541.5	1567.0	1599.3	1637.8	1672.6	1725.6	1817.5

1-20 分登记注册类型城镇非私营单位就业人员年末人数
Employed Persons at Year-end in Urban Units Excluding Private Units by Registration Status

单位：万人 (10 000 persons)

年 份 Year	合 计 Total	国有单位 State-owned Units	城镇集体单位 Urban Collective-owned Units	其他单位 Units of Other Types of Ownership
1994	15258.5	11213.9	3285.4	759.2
1995	15300.8	11260.5	3146.7	893.6
1996	15221.1	11243.6	3015.8	961.7
1997	15036.2	11044.2	2882.7	1109.4
1998	12695.7	9058.1	1963.2	1674.5
1999	12130.2	8572.1	1711.8	1846.3
2000	11612.5	8101.9	1499.3	2011.3
2001	11165.8	7639.9	1291.0	2234.9
2002	10985.2	7162.9	1122.0	2700.3
2003	10969.7	6875.6	999.9	3094.3
2004	11098.9	6709.9	897.2	3491.8
2005	11404.0	6488.2	809.9	4105.9
2006	11713.2	6430.5	763.6	4519.1
2007	12024.4	6423.5	718.4	4882.4
2008	12192.5	6447.0	661.8	5083.7
2009	12573.0	6420.2	618.1	5534.7
2010	13051.5	6516.4	597.5	5937.6
2011	14413.3	6704.2	603.1	7106.0
2012	15236.4	6839.0	589.7	7807.7
2013	18108.4	6365.1	566.2	11177.2
2014	18277.8	6312.3	536.7	11428.8
2015	18062.5	6208.3	481.4	11372.8
2016	17888.1	6169.8	453.3	11264.9
2017	17643.8	6063.8	406.0	11174.0
2018	17258.2	5739.7	347.4	11171.1

1-21 分地区按行业分工商登记注册的私营企业和个体就业人数(2018年底)

Number of Industrial and Commercial Registered Employed Persons in Private Enterprises and Self-employed Individuals at Year-end by Sector and Region (2018)

单位: 万人 (10 000 persons)

地区	Region	合计 Total	#制造业 Manufacturing	#建筑业 Construction	#批发和零售业 Wholesale and Retail Trades	#交通运输、仓储和邮政业 Transport, Storage and Post	#住宿和餐饮业 Hotels and Catering Services	#租赁和商务服务业 Leasing and Business Services	#居民服务、修理和其他服务业 Services to Household, Repair and Other Services
全国	**National Total**	**37413.0**	**5775.8**	**1765.4**	**14495.2**	**963.7**	**2945.1**	**3038.4**	**2200.2**
北京	Beijing	1202.4	52.9	72.9	255.1	32.3	45.2	194.6	23.3
天津	Tianjin	205.5	38.6	7.0	69.1	6.1	19.3	20.1	12.9
河北	Hebei	1261.3	249.6	38.1	544.6	43.7	111.7	40.6	87.9
山西	Shanxi	642.8	73.0	21.2	282.3	33.6	69.4	26.8	55.7
内蒙古	Inner Mongolia	589.1	48.9	24.3	250.2	19.4	62.5	38.1	53.3
辽宁	Liaoning	970.0	175.1	50.4	349.1	47.8	76.5	56.3	73.3
吉林	Jilin	768.1	63.1	46.2	323.8	47.0	71.7	30.9	61.4
黑龙江	Heilongjiang	459.2	33.6	8.4	182.5	29.9	81.9	15.3	52.9
上海	Shanghai	1470.8	125.6	98.4	485.1	45.2	28.4	316.5	25.5
江苏	Jiangsu	3604.2	1028.2	311.3	1004.4	98.5	177.9	336.9	156.9
浙江	Zhejiang	2643.1	912.7	104.6	772.3	49.1	141.0	212.4	117.5
安徽	Anhui	1410.0	225.1	72.8	564.5	27.9	118.8	78.2	99.7
福建	Fujian	1966.0	251.0	58.9	1061.4	22.3	94.2	172.3	67.1
江西	Jiangxi	1010.3	182.6	46.3	392.8	26.1	71.0	77.9	60.3
山东	Shandong	3057.8	530.9	156.1	1293.4	69.5	213.6	184.6	197.9
河南	Henan	1639.0	225.5	67.3	723.1	32.8	164.2	88.2	71.7
湖北	Hubei	1837.7	187.3	75.3	778.6	60.2	179.9	108.3	124.8
湖南	Hunan	958.8	76.8	16.6	342.6	23.7	102.3	67.5	96.5
广东	Guangdong	4585.2	730.1	136.8	2011.5	76.9	294.9	441.1	248.7
广西	Guangxi	921.9	81.6	31.1	409.5	32.2	80.4	80.9	54.2
海南	Hainan	219.9	7.9	17.4	78.3	4.9	26.1	23.7	15.8
重庆	Chongqing	1281.9	104.7	58.7	454.7	26.9	103.4	139.9	71.6
四川	Sichuan	1129.1	78.0	40.2	498.6	21.6	160.6	79.9	91.5
贵州	Guizhou	727.5	54.2	27.5	274.4	18.9	81.0	47.3	51.0
云南	Yunnan	847.4	81.8	45.4	301.3	14.1	93.6	44.2	55.8
西藏	Tibet	106.9	6.4	20.3	32.6	2.3	15.2	8.9	6.8
陕西	Shaanxi	773.8	53.1	48.8	302.1	24.5	115.3	41.4	72.5
甘肃	Gansu	475.5	35.7	38.3	196.9	8.2	54.4	23.2	33.9
青海	Qinghai	113.9	8.5	5.3	42.0	4.9	18.4	6.0	10.1
宁夏	Ningxia	125.1	10.4	4.5	53.5	2.5	18.8	6.5	13.7
新疆	Xinjiang	408.7	42.6	14.7	164.9	10.6	53.4	30.0	35.8

1-22 分地区按行业分工商登记注册的城镇私营企业和个体就业人数(2018年底)
Number of Industrial and Commercial Registered Employed Persons in Urban Private Enterprises and Self-employed Individuals at Year-end by Sector and Region (2018)

单位: 万人 (10 000 persons)

地区	Region	合计 Total	#制造业 Manufacturing	#建筑业 Construction	#批发和零售业 Wholesale and Retail Trades	#交通运输、仓储和邮政业 Transport, Storage and Post	#住宿和餐饮业 Hotels and Catering Services	#租赁和商务服务业 Leasing and Business Services	#居民服务、修理和其他服务业 Services to Household, Repair and Other Services
全国	**National Total**	**24391.9**	**3007.9**	**1176.2**	**9838.2**	**592.3**	**2151.5**	**2273.6**	**1563.6**
北京	Beijing	750.3	17.7	31.8	150.3	15.1	29.6	135.7	14.1
天津	Tianjin	193.9	33.7	6.6	67.7	6.0	19.2	17.6	12.7
河北	Hebei	638.5	67.4	23.0	299.7	18.2	75.3	30.7	55.4
山西	Shanxi	393.5	35.5	12.1	175.3	21.9	54.1	14.8	41.4
内蒙古	Inner Mongolia	432.3	29.8	17.2	196.6	13.2	45.0	29.0	43.2
辽宁	Liaoning	548.5	86.1	32.9	214.3	29.3	49.2	27.1	45.0
吉林	Jilin	425.5	40.9	35.3	174.2	18.3	38.7	16.4	39.1
黑龙江	Heilongjiang	412.4	28.7	7.5	159.0	29.0	79.5	14.0	49.3
上海	Shanghai	773.0	48.0	49.1	253.2	22.8	21.6	175.0	16.7
江苏	Jiangsu	2743.7	634.3	217.4	815.4	74.8	160.7	312.4	132.3
浙江	Zhejiang	1774.0	438.6	75.3	589.5	33.8	108.1	185.8	89.5
安徽	Anhui	1099.4	162.4	48.8	457.2	19.0	105.3	59.2	87.1
福建	Fujian	1326.0	120.0	44.3	773.2	14.2	68.9	139.4	46.3
江西	Jiangxi	651.8	88.5	38.4	264.8	12.5	59.3	58.0	47.8
山东	Shandong	970.2	120.2	47.9	457.6	20.7	77.2	66.9	76.3
河南	Henan	1223.0	124.1	46.0	564.1	23.1	135.9	73.0	55.5
湖北	Hubei	946.0	81.8	40.7	429.4	25.7	105.6	61.6	65.5
湖南	Hunan	529.8	36.0	13.2	215.8	13.9	75.5	38.8	53.4
广东	Guangdong	3774.5	491.0	120.1	1648.6	66.2	247.8	408.5	221.4
广西	Guangxi	587.0	44.2	21.3	269.9	19.7	55.8	52.6	35.3
海南	Hainan	176.6	5.8	14.3	62.2	3.8	22.1	19.2	13.1
重庆	Chongqing	1028.6	65.9	54.7	396.3	22.4	84.1	132.6	64.5
四川	Sichuan	665.8	44.0	36.8	270.2	12.5	88.2	61.2	51.0
贵州	Guizhou	282.3	20.1	8.2	120.4	4.4	46.6	17.0	26.7
云南	Yunnan	479.9	35.5	32.8	181.1	9.8	64.2	34.3	37.9
西藏	Tibet	99.4	6.0	19.3	30.9	1.2	14.5	7.8	6.5
陕西	Shaanxi	675.3	40.8	41.9	266.9	21.7	107.8	35.5	67.2
甘肃	Gansu	251.8	14.8	20.0	113.3	3.3	32.1	14.2	19.0
青海	Qinghai	97.1	5.5	3.9	37.3	4.5	16.8	5.3	9.1
宁夏	Ningxia	80.2	4.4	2.4	35.6	1.4	14.9	4.7	9.6
新疆	Xinjiang	361.7	36.2	12.9	148.3	9.6	47.7	25.4	31.8

1-23 分地区工商登记注册的私营企业就业人数(2018年底)

Number of Industrial and Commercial Registered Persons in Private Enterprises at Year-end by Region (2018)

单位: 万户、万人 (10 000 households, 10 000 persons)

地 区	Region	户 数 Number of Households	就业人数 Number of Engaged Persons	城 镇 Urban Area	乡 村 Rural Area
全 国	**National Total**	**3143.3**	**21375.4**	**13951.6**	**7423.7**
北 京	Beijing	147.5	1123.7	710.1	413.6
天 津	Tianjin	49.3	97.2	87.3	9.9
河 北	Hebei	135.4	384.4	227.9	156.5
山 西	Shanxi	54.8	274.9	132.4	142.5
内蒙古	Inner Mongolia	36.7	285.4	205.4	80.0
辽 宁	Liaoning	79.0	471.8	251.9	219.9
吉 林	Jilin	39.6	292.3	182.8	109.5
黑龙江	Heilongjiang	39.3	75.1	65.5	9.7
上 海	Shanghai	189.1	1405.7	730.3	675.4
江 苏	Jiangsu	286.8	2534.4	1908.9	625.5
浙 江	Zhejiang	206.8	1747.0	1183.5	563.5
安 徽	Anhui	112.8	672.7	463.8	208.9
福 建	Fujian	114.2	997.2	567.7	429.6
江 西	Jiangxi	64.8	571.4	340.6	230.8
山 东	Shandong	245.2	1699.0	503.2	1195.8
河 南	Henan	137.7	757.7	531.1	226.6
湖 北	Hubei	108.4	761.9	361.7	400.2
湖 南	Hunan	75.5	449.8	205.8	244.1
广 东	Guangdong	447.1	3115.1	2783.1	332.1
广 西	Guangxi	67.4	486.0	282.7	203.3
海 南	Hainan	21.4	130.5	102.9	27.6
重 庆	Chongqing	76.2	952.4	760.6	191.7
四 川	Sichuan	125.9	382.3	325.7	56.6
贵 州	Guizhou	56.5	374.6	106.5	268.0
云 南	Yunnan	58.4	419.7	259.6	160.1
西 藏	Tibet	5.6	59.6	55.2	4.4
陕 西	Shaanxi	75.3	318.0	257.4	60.6
甘 肃	Gansu	34.9	262.6	136.9	125.7
青 海	Qinghai	8.0	43.2	32.0	11.1
宁 夏	Ningxia	15.0	42.6	23.1	19.5
新 疆	Xinjiang	28.9	187.2	166.2	21.0

1-24 分地区工商登记注册的个体就业人数(2018年底)
Number of Industrial and Commercial Registered Persons in Self-employed Individuals at Year-end by Region (2018)

单位: 万户，万人 (10 000 households, 10 000 persons)

地 区	Region	户 数 Number of Households	就业人数 Number of Engaged Persons	城 镇 Urban Area	乡 村 Rural Area
全 国	**National Total**	**7328.6**	**16037.6**	**10440.3**	**5597.4**
北 京	Beijing	48.9	78.8	40.2	38.5
天 津	Tianjin	56.4	108.2	106.5	1.7
河 北	Hebei	378.6	876.9	410.6	466.3
山 西	Shanxi	163.0	367.9	261.2	106.8
内蒙古	Inner Mongolia	146.7	303.7	226.8	76.9
辽 宁	Liaoning	246.5	498.2	296.7	201.6
吉 林	Jilin	172.8	475.9	242.8	233.1
黑龙江	Heilongjiang	171.0	384.1	346.9	37.2
上 海	Shanghai	47.2	65.1	42.7	22.4
江 苏	Jiangsu	590.1	1069.8	834.8	235.0
浙 江	Zhejiang	422.6	896.1	590.6	305.6
安 徽	Anhui	311.5	737.3	635.6	101.7
福 建	Fujian	254.0	968.8	758.3	210.5
江 西	Jiangxi	179.2	438.8	311.2	127.6
山 东	Shandong	624.0	1358.8	467.0	891.8
河 南	Henan	418.6	881.3	691.9	189.5
湖 北	Hubei	366.2	1075.9	584.3	491.5
湖 南	Hunan	298.1	508.9	324.0	184.9
广 东	Guangdong	649.4	1470.1	991.4	478.6
广 西	Guangxi	191.6	435.9	304.3	131.7
海 南	Hainan	49.1	89.4	73.7	15.7
重 庆	Chongqing	168.6	329.5	268.0	61.5
四 川	Sichuan	409.4	746.9	340.1	406.8
贵 州	Guizhou	195.8	352.9	175.8	177.1
云 南	Yunnan	224.8	427.7	220.3	207.4
西 藏	Tibet	20.0	47.3	44.2	3.1
陕 西	Shaanxi	215.2	455.7	417.9	37.9
甘 肃	Gansu	110.7	213.0	114.9	98.1
青 海	Qinghai	30.8	70.7	65.1	5.6
宁 夏	Ningxia	41.3	82.5	57.1	25.4
新 疆	Xinjiang	126.2	221.5	195.5	26.0

1-25 分行业城镇非私营单位女性就业人员年末人数
Female Employed Persons at Year-end in Urban Units Excluding Private Units by Sector

单位：万人 (10 000 persons)

行　业	Sector	2003	2004	2005
合　计	**Total**	**4156.1**	**4227.3**	**4324.6**
农、林、牧、渔业	Agriculture,Forestry,Animal Husbandry and Fishery	176.1	172.3	165.7
采矿业	Mining	119.7	117.1	113.0
制造业	Manufacturing	1292.7	1329.8	1397.5
电力、燃气及水的生产和供应业	Production and Distribution of Electricity,Gas and Water	92.7	93.1	91.3
建筑业	Construction	128.4	129.3	134.2
批发和零售业	Wholesale and Retail Trades	280.3	260.2	242.3
交通运输、仓储和邮政业	Transport,Storage and Post	182.5	177.6	171.0
住宿和餐饮业	Hotels and Catering Services	95.0	97.8	98.9
信息传输、计算机服务和软件业	Information Transmission, Computer Service and Software	42.1	45.2	48.7
金融业	Financial Intermediation	164.5	170.5	172.0
房地产业	Real Estate	40.4	44.9	48.3
租赁和商务服务业	Leasing and Business Services	62.7	65.6	74.0
科学研究、技术服务和地质勘查业	Scientific Research,Technical Services and Geological Prospecting	70.7	70.3	71.6
水利、环境和公共设施管理业	Management of Water Conservancy, Environment and Public Facilities	68.8	70.7	73.5
居民服务和其他服务业	Services to Households and Other Services	22.2	24.1	21.6
教　育	Education	672.8	696.7	713.2
卫生、社会保障和社会福利业	Health,Social Securities and Social Welfare	284.5	292.2	300.9
文化、体育和娱乐业	Culture, Sports and Entertainment	51.9	50.3	50.1
公共管理和社会组织	Public Management and Social Organization	308.1	319.6	336.9

1-25 续表 1 continued

单位：万人 (10 000 persons)

行业	Sector	2006	2007	2008	2009
合计	**Total**	**4445.7**	**4540.3**	**4579.6**	**4678.5**
农、林、牧、渔业	Agriculture,Forestry,Animal Husbandry and Fishery	163.5	157.3	148.9	136.1
采矿业	Mining	115.0	109.7	105.1	107.6
制造业	Manufacturing	1464.0	1495.0	1444.3	1447.9
电力、燃气及水的生产和供应业	Production and Distribution of Electricity,Gas and Water	91.3	90.7	90.1	89.8
建筑业	Construction	138.1	142.4	149.3	157.4
批发和零售业	Wholesale and Retail Trades	230.3	228.8	237.2	239.6
交通运输、仓储和邮政业	Transport,Storage and Post	164.7	169.3	171.5	171.2
住宿和餐饮业	Hotels and Catering Services	99.5	100.8	105.2	109.2
信息传输、计算机服务和软件业	Information Transmission, Computer Service and Software	52.4	58.5	61.9	66.0
金融业	Financial Intermediation	178.6	192.9	209.1	225.8
房地产业	Real Estate	50.8	56.0	58.5	64.2
租赁和商务服务业	Leasing and Business Services	78.0	82.1	93.8	97.5
科学研究、技术服务和地质勘查业	Scientific Research,Technical Services and Geological Prospecting	74.9	75.6	80.0	85.6
水利、环境和公共设施管理业	Management of Water Conservancy, Environment and Public Facilities	76.6	79.2	80.9	84.1
居民服务和其他服务业	Services to Households and Other Services	21.9	22.1	24.7	24.0
教育	Education	733.8	747.7	759.4	775.0
卫生、社会保障和社会福利业	Health,Social Securities and Social Welfare	312.9	324.1	336.8	354.9
文化、体育和娱乐业	Culture, Sports and Entertainment	50.7	52.1	52.5	54.6
公共管理和社会组织	Public Management and Social Organization	348.6	356.0	370.2	388.0

1-25 续表 2 continued

单位：万人 (10 000 persons)

行　业	Sector	2010	2011	2012	2013
合　计	**Total**	**4861.5**	**5227.7**	**5458.9**	**6338.3**
农、林、牧、渔业	Agriculture,Forestry,Animal Husbandry and Fishery	137.8	132.5	125.1	108.7
采矿业	Mining	105.5	115.9	114.6	111.7
制造业	Manufacturing	1501.3	1613.3	1661.0	2073.8
电力、燃气及水的生产和供应业	Production and Distribution of Electricity,Gas and Water	91.6	95.7	97.7	109.8
建筑业	Construction	165.9	206.5	233.8	295.4
批发和零售业	Wholesale and Retail Trades	249.7	308.7	339.4	446.3
交通运输、仓储和邮政业	Transport,Storage and Post	168.8	178.6	175.7	219.0
住宿和餐饮业	Hotels and Catering Services	113.2	131.5	140.6	168.8
信息传输、计算机服务和软件业	Information Transmission, Computer Service and Software	71.3	84.9	90.6	128.9
金融业	Financial Intermediation	237.7	256.8	268.8	272.3
房地产业	Real Estate	72.4	86.0	95.6	134.1
租赁和商务服务业	Leasing and Business Services	104.1	91.6	92.4	138.5
科学研究、技术服务和地质勘查业	Scientific Research,Technical Services and Geological Prospecting	92.1	90.0	101.4	117.1
水利、环境和公共设施管理业	Management of Water Conservancy, Environment and Public Facilities	89.5	94.3	98.2	104.6
居民服务和其他服务业	Services to Households and Other Services	26.4	25.6	23.1	29.3
教　育	Education	795.0	820.8	847.5	876.6
卫生、社会保障和社会福利业	Health,Social Securities and Social Welfare	379.8	411.4	440.1	473.8
文化、体育和娱乐业	Culture, Sports and Entertainment	55.8	57.4	59.4	64.1
公共管理和社会组织	Public Management and Social Organization	403.7	426.1	453.8	465.5

1-25 续表 3 continued

单位：万人 (10 000 persons)

行业	Sector	2014	2015	2016	2017	2018
合计	**Total**	**6546.2**	**6527.0**	**6517.6**	**6545.3**	**6427.6**
农、林、牧、渔业	Agriculture,Forestry,Animal Husbandry and Fishery	104.7	97.5	93.5	89.6	65.5
采矿业	Mining	110.2	100.6	92.9	86.3	78.7
制造业	Manufacturing	2119.3	2021.0	1925.3	1821.0	1612.1
电力、燃气及水的生产和供应业	Production and Distribution of Electricity,Gas and Water	112.4	109.7	105.9	102.9	100.0
建筑业	Construction	316.3	309.5	298.0	300.7	311.2
批发和零售业	Wholesale and Retail Trades	450.2	447.0	441.4	429.1	426.5
交通运输、仓储和邮政业	Transport,Storage and Post	224.6	223.1	221.8	222.2	216.7
住宿和餐饮业	Hotels and Catering Services	162.2	152.3	148.3	149.9	153.3
信息传输、计算机服务和软件业	Information Transmission, Computer Service and Software	132.6	137.1	142.2	156.3	166.2
金融业	Financial Intermediation	287.8	313.7	347.4	370.5	380.1
房地产业	Real Estate	149.3	155.3	161.1	170.1	184.1
租赁和商务服务业	Leasing and Business Services	147.7	155.5	159.9	176.0	179.2
科学研究、技术服务和地质勘查业	Scientific Research,Technical Services and Geological Prospecting	124.4	125.1	132.0	133.5	130.6
水利、环境和公共设施管理业	Management of Water Conservancy, Environment and Public Facilities	108.5	111.0	110.3	110.2	105.1
居民服务和其他服务业	Services to Households and Other Services	30.5	31.3	32.9	36.1	36.2
教育	Education	911.9	931.7	952.0	977.7	1010.2
卫生、社会保障和社会福利业	Health,Social Securities and Social Welfare	505.5	531.4	556.9	586.9	606.8
文化、体育和娱乐业	Culture, Sports and Entertainment	65.1	66.6	68.1	70.4	69.6
公共管理和社会组织	Public Management and Social Organization	483.3	507.7	527.7	555.8	595.6

1-26 分登记注册类型城镇非私营单位女性就业人员年末人数
Female Employed Persons at Year-end in Urban Units Excluding Private Units by Registration Status

单位：万人 (10 000 persons)

年份 Year	合计 Total	国有单位 State-owned Units	城镇集体单位 Urban Collective-owned Units	其他单位 Units of Other Types of Ownership
1994	5799.1	3982.5	1451.1	364.5
1995	5889.0	4059.0	1399.0	431.0
1996	5883.3	4088.3	1337.8	457.3
1997	5824.8	4030.2	1271.0	523.6
1999	4613.4	3128.0	702.8	782.7
2000	4411.3	2952.5	605.8	853.0
2001	4225.7	2788.2	509.9	927.5
2002	4156.2	2627.7	436.9	1091.5
2003	4156.1	2529.6	383.9	1242.6
2004	4227.3	2480.7	336.7	1410.0
2005	4324.6	2399.3	299.1	1626.2
2006	4445.7	2386.9	277.7	1781.1
2007	4540.3	2383.0	254.5	1902.8
2008	4579.6	2401.7	234.2	1943.7
2009	4678.5	2391.6	212.7	2074.2
2010	4861.5	2447.4	205.2	2208.9
2011	5227.7	2522.4	195.9	2509.4
2012	5458.9	2590.1	188.4	2680.4
2013	6338.3	2472.3	179.1	3686.9
2014	6546.2	2509.0	173.1	3864.1
2015	6527.0	2531.9	156.5	3838.7
2016	6517.6	2562.1	147.6	3807.8
2017	6545.3	2583.1	137.9	3824.3
2018	6427.6	2537.3	121.6	3768.7

1-27 分登记注册类型城镇非私营单位就业人员平均工资
Average Wage of Employed Persons in Urban Units Excluding Private Units by Status of Registration

单位：元 (yuan)

年份 Year	合计 Total	#在岗职工 Staff and Workers	国有单位 State-owned Units	城镇集体单位 Urban Collective-owned Units	其他单位 Units of Other Types of Ownership
1995	5348	5500	5553	3934	7728
1996	5980	6210	6207	4312	8521
1997	6444	6470	6679	4516	9092
1998	7446	7479	7579	5314	9241
1999	8319	8346	8443	5758	10142
2000	9333	9371	9441	6241	11238
2001	10834	10870	11045	6851	12437
2002	12373	12422	12701	7636	13486
2003	13969	14040	14358	8627	14843
2004	15920	16024	16445	9723	16519
2005	18200	18364	18978	11176	18362
2006	20856	21001	21706	12866	21004
2007	24721	24932	26100	15444	24271
2008	28898	29229	30287	18103	28552
2009	32244	32736	34130	20607	31350
2010	36539	37147	38359	24010	35801
2011	41799	42452	43483	28791	41323
2012	46769	47593	48357	33784	46360
2013	51483	52388	52657	38905	51453
2014	56360	57361	57296	42742	56485
2015	62029	63241	65296	46607	60906
2016	67569	68993	72538	50527	65531
2017	74318	76121	81114	55243	71304
2018	82413	84744	89474	60664	79453

注：1995-2008年的城镇单位就业人员平均工资即为原来的城镇单位就业人员平均劳动报酬(以下相关表同)。

Note: Average wage of employed persons in urban units from 1995 to 2008 referred to average earning of employed persons in urban units. The Same applies to therelated tables following.

1-28 分登记注册类型城镇非私营单位就业人员平均工资指数
Indices of Average Wage of Employed Persons in Urban Units Excluding Private Units by Status of Registration

年 份 Year	平均货币工资指数(上年=100) Indices of Average Wage (preceding year=100)					平均实际工资指数(上年=100) Indices of Average Real Wage (preceding year=100)				
	合计 Total	#在岗职工 Of Which: Staff and Workers	国有单位 State-owned Units	城镇集体单位 Urban Collective-owned Units	其他单位 Units of Other Types of Ownership	合计 Total	#在岗职工 Of Which: Staff and Workers	国有单位 State-owned Units	城镇集体单位 Urban Collective-owned Units	其他单位 Units of Other Types of Ownership
1995	118.9	121.2	117.3	121.1	119.9	101.8	103.8	100.4	103.7	102.6
1996	111.8	112.9	111.8	109.6	110.3	102.8	103.8	102.7	100.7	101.3
1997	107.8	104.2	107.6	104.7	106.7	104.5	101.1	104.4	101.6	103.5
1998	115.5	106.6	113.5	117.7	101.6	116.2	107.2	114.2	118.4	102.3
1999	111.7	111.6	111.4	108.4	109.8	113.2	113.1	112.9	109.8	111.2
2000	112.2	112.3	111.8	108.4	110.8	111.3	111.4	110.9	107.5	109.9
2001	116.1	116.0	117.0	109.8	110.7	115.3	115.2	116.2	109.0	109.9
2002	114.2	114.3	115.0	111.5	108.4	115.4	115.5	116.2	112.6	109.5
2003	112.9	113.0	113.0	113.0	110.1	111.9	112.0	112.0	112.0	109.1
2004	114.0	114.1	114.5	112.7	111.3	110.3	110.5	110.9	109.1	107.7
2005	114.3	114.6	115.4	114.9	111.2	112.5	112.8	113.6	113.1	109.4
2006	114.6	114.4	114.4	115.1	114.4	112.9	112.7	112.7	113.4	112.7
2007	118.5	118.7	120.2	120.0	115.6	113.4	113.6	115.0	114.8	110.6
2008	116.9	117.2	116.0	117.2	117.6	110.7	111.0	109.8	111.0	111.4
2009	111.6	112.0	112.7	113.8	109.8	112.6	113.0	113.7	114.8	110.8
2010	113.3	113.5	112.4	116.5	114.2	109.8	110.0	108.9	112.9	110.7
2011	114.4	114.3	113.4	119.9	115.4	108.6	108.5	107.7	113.9	109.6
2012	111.9	112.1	111.2	117.3	112.2	109.0	109.2	108.3	114.3	109.2
2013	110.1	110.1	108.9	115.2	111.0	107.3	107.3	106.1	112.2	108.2
2014	109.5	109.5	108.8	109.9	109.8	107.2	107.2	106.6	107.6	107.5
2015	110.1	110.3	114.0	109.0	107.8	108.5	108.6	112.3	107.4	106.2
2016	108.9	109.1	111.1	108.4	107.6	106.7	106.9	108.8	106.2	105.4
2017	110.0	110.3	111.8	109.3	108.8	108.2	108.5	110.0	107.5	107.0
2018	110.9	111.3	110.3	109.8	111.4	108.6	109.0	108.0	107.5	109.1

1-29 分行业城镇非私营单位就业人员平均工资

单位：元

行　业	Sector	2003	2004	2005	2006	2007
合　计	**Total**	**13969**	**15920**	**18200**	**20856**	**24721**
农、林、牧、渔业	Agriculture, Forestry, Animal Husbandry and Fishery	6884	7497	8207	9269	10847
采 矿 业	Mining	13627	16774	20449	24125	28185
制 造 业	Manufacturing	12671	14251	15934	18225	21144
电力、热力、燃气及水生产和供应业	Production and Supply of Electricity, Heat, Gas and Water	18574	21543	24750	28424	33470
建 筑 业	Construction	11328	12578	14112	16164	18482
批发和零售业	Wholesale and Retail Trades	10894	13012	15256	17796	21074
交通运输、仓储和邮政业	Transport, Storage and Post	15753	18071	20911	24111	27903
住宿和餐饮业	Hotels and Catering Services	11198	12618	13876	15236	17046
信息传输、软件和信息技术服务业	Information Transmission, Software and Information Technology	30897	33449	38799	43435	47700
金融业	Financial Intermediation	20780	24299	29229	35495	44011
房地产业	Real Estate	17085	18467	20253	22238	26085
租赁和商务服务业	Leasing and Business Services	17020	18723	21233	24510	27807
科学研究和技术服务业	Scientific Research and Technical Services	20442	23351	27155	31644	38432
水利、环境和公共设施管理业	Management of Water Conservancy, Environment and Public Facilities	11774	12884	14322	15630	18383
居民服务、修理和其他服务业	Services to Households, Repair and Other Services	12665	13680	15747	18030	20370
教　育	Education	14189	16085	18259	20918	25908
卫生和社会工作	Health and Social Service	16185	18386	20808	23590	27892
文化、体育和娱乐业	Culture, Sports and Entertainment	17098	20522	22670	25847	30430
公共管理、社会保障和社会组织	Public Management, Social Security and Social Organization	15355	17372	20234	22546	27731

Average Wage of Employed Persons in Urban Units Excluding Private Units by Sector

(yuan)

2008	2009	2010	2011	2012	2013	2014	2015	2016	2017	2018
28898	**32244**	**36539**	**41799**	**46769**	**51483**	**56360**	**62029**	**67569**	**74318**	82413
12560	14356	16717	19469	22687	25820	28356	31947	33612	36504	36466
34233	38038	44196	52230	56946	60138	61677	59404	60544	69500	81429
24404	26810	30916	36665	41650	46431	51369	55324	59470	64452	72088
38515	41869	47309	52723	58202	67085	73339	78886	83863	90348	100162
21223	24161	27529	32103	36483	42072	45804	48886	52082	55568	60501
25818	29139	33635	40654	46340	50308	55838	60328	65061	71201	80551
32041	35315	40466	47078	53391	57993	63416	68822	73650	80225	88508
19321	20860	23382	27486	31267	34044	37264	40806	43382	45751	48260
54906	58154	64436	70918	80510	90915	100845	112042	122478	133150	147678
53897	60398	70146	81109	89743	99653	108273	114777	117418	122851	129837
30118	32242	35870	42837	46764	51048	55568	60244	65497	69277	75281
32915	35494	39566	46976	53162	62538	67131	72489	76782	81393	85147
45512	50143	56376	64252	69254	76602	82259	89410	96638	107815	123343
21103	23159	25544	28868	32343	36123	39198	43528	47750	52229	56670
22858	25172	28206	33169	35135	38429	41882	44802	47577	50552	55343
29831	34543	38968	43194	47734	51950	56580	66592	74498	83412	92383
32185	35662	40232	46206	52564	57979	63267	71624	80026	89648	98118
34158	37755	41428	47878	53558	59336	64375	72764	79875	87803	98621
32296	35326	38242	42062	46074	49259	53110	62323	70959	80372	87932

1-30 分地区城镇非私营单位就业人员平均工资

单位：元

地 区	Region	2003	2004	2005	2006	2007	2008	2009
全 国	**National Total**	**13969**	**15920**	**18200**	**20856**	**24721**	**28898**	**32244**
北 京	Beijing	25008	29216	33660	39684	45823	55844	57779
天 津	Tianjin	18511	21146	24122	27628	33312	39990	43937
河 北	Hebei	11105	12793	14583	16456	19742	24276	27774
山 西	Shanxi	10620	12794	15473	18106	21315	25489	28066
内蒙古	Inner Mongolia	11208	13233	15910	18382	21794	25949	30486
辽 宁	Liaoning	12921	14787	17156	19365	22882	27179	30523
吉 林	Jilin	11048	12388	14380	16393	20371	23294	25943
黑龙江	Heilongjiang	10787	12209	13980	15894	18481	21764	24805
上 海	Shanghai	25565	27965	31578	37585	44976	52122	58336
江 苏	Jiangsu	15619	18054	20885	23657	27212	31297	35217
浙 江	Zhejiang	21116	23243	25696	27570	30818	33622	36553
安 徽	Anhui	10419	12693	15019	17610	21699	25703	28723
福 建	Fujian	14343	15627	17190	19424	22277	25555	28366
江 西	Jiangxi	10382	11713	13524	15370	18144	20597	24165
山 东	Shandong	12554	14321	16564	19135	22734	26234	29398
河 南	Henan	10639	11970	14119	16791	20639	24438	26906
湖 北	Hubei	10575	11692	13725	15779	19548	22384	26547
湖 南	Hunan	12002	13624	15306	17400	21060	24146	26534
广 东	Guangdong	20052	22230	24122	26400	29658	33282	36469
广 西	Guangxi	11611	13234	15079	17571	21251	24798	27322
海 南	Hainan	10396	12622	14377	15843	19220	21767	24790
重 庆	Chongqing	12409	14373	16583	19172	22965	26640	30499
四 川	Sichuan	12320	13887	15638	17612	21081	24725	28149
贵 州	Guizhou	10801	12163	14081	16481	20254	23979	27437
云 南	Yunnan	12629	14255	15732	18262	19912	23305	26163
西 藏	Tibet	23730	27339	26437	29119	42820	44055	45347
陕 西	Shaanxi	11276	12907	14562	16646	20977	25478	29566
甘 肃	Gansu	12062	13328	14654	16991	20657	23632	26743
青 海	Qinghai	15044	16601	18556	21981	25318	30101	32481
宁 夏	Ningxia	12811	14431	16973	20900	25723	30050	32916
新 疆	Xinjiang	13185	14406	15507	17704	21249	24686	27617

Average Wage of Employed Persons in Urban Units Excluding Private Units by Region

(yuan)

2010	2011	2012	2013	2014	2015	2016	2017	2018
36539	**41799**	**46769**	**51483**	**56360**	**62029**	**67569**	**74318**	82413
65158	75482	84742	93006	102268	111390	119928	131700	145766
51489	55658	61514	67773	72773	80090	86305	94534	100731
31451	35309	38658	41501	45114	50921	55334	63036	68717
33057	39230	44236	46407	48969	51803	53705	60061	65917
35211	41118	46557	50723	53748	57135	61067	66679	73835
34437	38154	41858	45505	48190	52332	56015	61153	67324
29003	33610	38407	42846	46516	51558	56098	61451	68533
27735	31302	36406	40794	44036	48881	52435	56067	60780
66115	75591	78673	90908	100251	109174	119935	129795	140400
39772	45487	50639	57177	60867	66196	71574	78267	84688
40640	45162	50197	56571	61572	66668	73326	80750	88883
33341	39352	44601	47806	50894	55139	59102	65150	74378
32340	38588	44525	48538	53426	57628	61973	67420	74316
28363	33239	38512	42473	46218	50932	56136	61429	68573
33321	37618	41904	46998	51825	57270	62539	68081	73593
29819	33634	37338	38301	42179	45403	49505	55495	63174
31811	36128	39846	43899	49838	54367	59831	65912	73777
29670	34586	38971	42726	47117	52357	58241	63690	70221
40432	45060	50278	53318	59481	65788	72326	79183	88636
30673	33032	36386	41391	45424	52982	57878	63821	70606
30775	36244	39485	44971	49882	57600	61663	67727	75885
34727	39430	44498	50006	55588	60543	65545	70889	78928
32567	37330	42339	47965	52555	58915	63926	69419	77686
30433	36102	41156	47364	52772	59701	66279	71795	78316
29195	34004	37629	42447	46101	52564	60450	69106	75701
49898	49464	51705	57773	61235	97849	103232	108817	116015
33384	38143	43073	47446	50535	54994	59637	65181	71983
29096	32092	37679	42833	46960	52942	57575	63374	70695
36121	41370	46483	51393	57084	61090	66589	75701	85379
37166	42703	47436	50476	54858	60380	65570	70298	78384
32003	38238	44576	49064	53471	60117	63739	67932	75457

1-31 分地区按行业分城镇非私营单位就业人员平均工资(2018年)
Average Wage of Employed Persons in Urban Units Excluding Private Units by Sector and Region (2018)

单位：元 (yuan)

地区	Region	合计 Total	农、林、牧、渔业 Agriculture, Forestry, Animal Husbandry and Fishery	采矿业 Mining	制造业 Manufacturing	电力、热力、燃气及水生产和供应业 Production and Supply of Electricity, Heat, Gas and Water	建筑业 Construction
全　国	**National Average**	**82413**	**36466**	**81429**	**72088**	**100162**	**60501**
北　京	Beijing	145766	59015	123959	121299	160386	114631
天　津	Tianjin	100731	74307	124914	87229	147966	75579
河　北	Hebei	68717	23402	75134	65363	91575	55152
山　西	Shanxi	65917	52156	73380	53209	81956	54673
内蒙古	Inner Mongolia	73835	43644	107498	69879	94454	51833
辽　宁	Liaoning	67324	17745	71361	69256	75515	55093
吉　林	Jilin	68533	38397	66172	75058	86102	48961
黑龙江	Heilongjiang	60780	30926	79255	62891	72319	48414
上　海	Shanghai	140400	71879	129162	115888	182129	110117
江　苏	Jiangsu	84688	43470	88012	79022	136619	64663
浙　江	Zhejiang	88883	69217	72427	73055	135779	56265
安　徽	Anhui	74378	41274	90747	66006	104472	60785
福　建	Fujian	74316	43564	56078	64881	110659	61394
江　西	Jiangxi	68573	42158	55651	60717	77678	57340
山　东	Shandong	73593	65898	82014	63247	97873	59229
河　南	Henan	63174	44314	66394	52474	79134	53163
湖　北	Hubei	73777	36099	73890	66094	98641	61658
湖　南	Hunan	70221	43266	53786	64970	75143	52645
广　东	Guangdong	88636	44141	123138	74030	133553	64747
广　西	Guangxi	70606	41958	61113	60370	90699	55047
海　南	Hainan	75885	43624	68748	66980	88595	46019
重　庆	Chongqing	78928	49774	85100	69467	86608	59605
四　川	Sichuan	77686	65412	94172	69810	99110	55134
贵　州	Guizhou	78316	52067	63943	74072	102967	62684
云　南	Yunnan	75701	47647	59328	61857	94601	49128
西　藏	Tibet	116015	34205	114535	90011	99753	56975
陕　西	Shaanxi	71983	53301	91512	66489	96748	58710
甘　肃	Gansu	70695	47010	84148	68310	77781	51863
青　海	Qinghai	85379	56145	117264	63952	96507	69611
宁　夏	Ningxia	78384	55938	113661	62086	111299	52886
新　疆	Xinjiang	75457	29723	123329	71906	97252	62485

1-31 续表 1 continued

单位：元 (yuan)

地 区	Region	批发和零售业 Wholesale and Retail Trades	交通运输、仓储和邮政业 Transport, Storage and Post	住宿和餐饮业 Hotels and Catering Services	信息传输、软件和信息技术服务业 Information Transmission, Software and Information Technology	金融业 Financial Intermediation	房地产业 Real Estate	租赁和商务服务业 Leasing and Business Services
全 国	**National Average**	**80551**	**88508**	**48260**	**147678**	**129837**	**75281**	**85147**
北 京	Beijing	123713	107828	58156	205834	266921	101346	127507
天 津	Tianjin	80849	97976	40974	128696	128870	86963	76138
河 北	Hebei	50568	75091	42478	86861	77491	59580	51738
山 西	Shanxi	50456	87933	33394	83095	84811	53859	46401
内蒙古	Inner Mongolia	61651	82016	44045	84163	88289	46733	53124
辽 宁	Liaoning	56331	77054	47145	99280	87377	62574	49663
吉 林	Jilin	52331	75599	40422	82963	92873	48165	51909
黑龙江	Heilongjiang	52525	74935	50404	64022	66942	48982	67108
上 海	Shanghai	153932	125216	57848	232522	257723	103812	163418
江 苏	Jiangsu	81009	86323	49527	144766	136975	81329	61768
浙 江	Zhejiang	87315	94562	51433	190839	142951	77868	73894
安 徽	Anhui	59766	72012	40071	84256	84882	68033	56024
福 建	Fujian	69863	86529	44828	107642	116574	74039	61426
江 西	Jiangxi	57043	79238	41736	82800	91038	58792	56288
山 东	Shandong	56654	79524	45968	98005	97896	65454	64289
河 南	Henan	53682	71392	41804	79543	116047	58396	51501
湖 北	Hubei	58083	80963	42524	105918	98845	65731	58450
湖 南	Hunan	59850	80240	41009	96561	93694	63493	53070
广 东	Guangdong	78928	97888	48828	158044	166402	86137	84159
广 西	Guangxi	60089	81633	38922	91934	103446	71155	57627
海 南	Hainan	64565	84586	56134	117730	120250	69427	68976
重 庆	Chongqing	66828	78996	41547	123128	133454	74343	50412
四 川	Sichuan	66831	85101	43904	110548	96629	65676	59053
贵 州	Guizhou	71507	86100	43862	108388	143411	62988	56455
云 南	Yunnan	59625	89006	39206	85135	137046	55289	47061
西 藏	Tibet	81731	104261	64902	123604	218141	82351	103026
陕 西	Shaanxi	54357	81571	38556	135541	86335	58330	51747
甘 肃	Gansu	51200	81723	38162	75412	72637	50407	59299
青 海	Qinghai	66955	95947	46842	87547	103178	49772	55791
宁 夏	Ningxia	56104	78953	42633	102816	88083	62424	45122
新 疆	Xinjiang	73238	100047	48680	105184	99892	52727	54628

1-31 续表 2 continued

单位：元 (yuan)

地区	Region	科学研究和技术服务业 Scientific Research and Technical Services	水利、环境和公共设施管理业 Management of Water Conservancy, Environment and Public Facilities	居民服务、修理和其他服务业 Services to Households, Repair and Other Services	教育 Education	卫生和社会工作 Health and Social Service	文化、体育和娱乐业 Culture, Sports and Entertainment	公共管理、社会保障和社会组织 Public Management, Social Security and Social Organization
全国	**National Average**	**123343**	**56670**	**55343**	**92383**	**98118**	**98621**	**87932**
北京	Beijing	170139	94369	57182	161029	187390	173632	140310
天津	Tianjin	153209	93127	44986	138011	138100	131631	124602
河北	Hebei	93052	43298	39223	77715	71854	66123	66433
山西	Shanxi	78056	33560	45259	72783	64300	57050	63096
内蒙古	Inner Mongolia	80623	45647	46717	85643	76424	71777	74210
辽宁	Liaoning	86988	42023	51329	76151	71596	65567	64605
吉林	Jilin	75661	41988	42265	75836	73939	63352	68069
黑龙江	Heilongjiang	82607	38571	60090	77787	71719	62263	69260
上海	Shanghai	191018	92165	74539	114749	150648	165573	129492
江苏	Jiangsu	123839	70150	66169	113637	116589	107119	126578
浙江	Zhejiang	142811	73390	68146	123681	143804	114343	136641
安徽	Anhui	93035	62816	45070	98697	96596	68973	87207
福建	Fujian	103976	60379	59381	94333	110082	82559	100608
江西	Jiangxi	89931	47150	48994	76544	87882	72367	80900
山东	Shandong	93662	48950	47030	94149	88758	84445	85147
河南	Henan	83301	47609	45677	71053	77481	67815	68197
湖北	Hubei	103272	57424	53445	85045	88178	79295	86118
湖南	Hunan	84226	53583	60798	79209	95776	89668	72755
广东	Guangdong	141024	67262	55885	109022	118701	116940	116738
广西	Guangxi	87768	47402	55287	74077	88795	77963	76099
海南	Hainan	90573	50606	44647	88920	85815	75795	80102
重庆	Chongqing	115365	62435	49131	101579	108037	79351	97843
四川	Sichuan	124631	55119	49167	83030	98306	80152	90039
贵州	Guizhou	87726	45840	43654	84484	86763	87154	79464
云南	Yunnan	94132	55583	46139	101239	87406	83405	98123
西藏	Tibet	126104	53400	107993	138809	124550	108799	118812
陕西	Shaanxi	94877	45479	48480	75909	74814	60860	67603
甘肃	Gansu	94087	54623	57058	83981	74842	69608	74866
青海	Qinghai	98698	74948	46051	101131	78625	80991	93527
宁夏	Ningxia	91621	56530	54836	83660	94246	77093	76665
新疆	Xinjiang	89605	51437	50435	78255	85671	79840	68980

1-32 分地区按行业分城镇私营单位就业人员平均工资(2018年)

Average Wage of Employed Persons in Urban Private Units by Sector and Region (2018)

单位：元 (yuan)

地 区	Region	合 计 Total	农、林、牧、渔业 Agriculture, Forestry, Animal Husbandry and Fishery	采矿业 Mining	制造业 Manufacturing	电力、热力、燃气及水生产和供应业 Production and Supply of Electricity, Heat, Gas and Water
全 国	**National Average**	**49575**	**36375**	**44096**	**49275**	**44239**
北 京	Beijing	76908	43879	57635	71612	64970
天 津	Tianjin	62316	39708	68541	65203	61804
河 北	Hebei	39512	33259	37159	40363	47883
山 西	Shanxi	34535	25468	45346	36347	34889
内蒙古	Inner Mongolia	40018	35748	46272	43533	47068
辽 宁	Liaoning	38269	31113	34718	37200	38117
吉 林	Jilin	35026	24087	33524	34850	29375
黑龙江	Heilongjiang	34801	30123	38716	34405	32493
上 海	Shanghai	57056	35481		53476	47540
江 苏	Jiangsu	54161	39849	49054	54899	51184
浙 江	Zhejiang	52564	46465	56095	50886	58523
安 徽	Anhui	44964	31652	50818	47537	41550
福 建	Fujian	52930	40488	48945	52325	38695
江 西	Jiangxi	43733	29800	45383	45036	41283
山 东	Shandong	55350	50724	54314	55736	61642
河 南	Henan	40209	29889	36853	39704	38131
湖 北	Hubei	40126	29164	41112	40146	38205
湖 南	Hunan	40175	34049	43930	39694	38164
广 东	Guangdong	58258	40548	42556	55393	41696
广 西	Guangxi	39948	33700	43167	41201	40541
海 南	Hainan	49541	39147	44111	42279	31674
重 庆	Chongqing	52558	40825	55605	54735	52970
四 川	Sichuan	43352	35287	42975	43694	44846
贵 州	Guizhou	43582	30113	50341	43706	53702
云 南	Yunnan	43588	41797	36565	45509	39138
西 藏	Tibet					
陕 西	Shaanxi	40783	29498	47174	40982	43750
甘 肃	Gansu	39834	32273	41806	39645	43186
青 海	Qinghai	38451	28831	42501	38625	49591
宁 夏	Ningxia	40586	32661	42904	44872	48425
新 疆	Xinjiang	41777	34594	54074	43875	51917

1-32 续表 1 continued

单位：元 (yuan)

地 区	Region	建 筑 业 Construction	批发和零售业 Wholesale and Retail Trades	交通运输、仓储和邮政业 Transport, Storage and Post	住宿和餐饮业 Hotels and Catering Services	信息传输、软件和信息技术服务业 Information Transmission, Software and Information Technology	金融业 Financial Intermediation	房地产业 Real Estate
全 国	**National Average**	**50879**	**45177**	**50547**	**39632**	**76326**	**62943**	**51393**
北 京	Beijing	60527	64002	54061	51289	130984	178822	90586
天 津	Tianjin	52389	51570	56337	48171	99540	84834	59620
河 北	Hebei	41751	37121	43724	34196	44156	45684	40842
山 西	Shanxi	36653	29701	39171	29778	36473	47131	34381
内蒙古	Inner Mongolia	40894	37989	43527	37332	36110	41017	36396
辽 宁	Liaoning	40911	38287	39136	33465	44023	38259	39906
吉 林	Jilin	37852	30098	33703	32101	39258	42562	33560
黑龙江	Heilongjiang	34426	31793	40120	31009	40903	43467	36683
上 海	Shanghai	53306	51241	58221	46030	96810	75916	53133
江 苏	Jiangsu	55353	51175	57893	46793	60451	57090	45953
浙 江	Zhejiang	52474	50237	60016	43738	70882	95588	58776
安 徽	Anhui	52739	35615	43339	35582	54780	39863	44562
福 建	Fujian	55760	48181	50856	40428	78362	58436	54779
江 西	Jiangxi	47000	37251	43649	35470	48164	47932	50484
山 东	Shandong	58444	52342	61024	47908	64185	59989	52889
河 南	Henan	43665	40076	40226	34371	42472	39414	43995
湖 北	Hubei	43816	37241	39587	36283	46376	47732	46880
湖 南	Hunan	45382	31689	38701	30993	53897	55415	46389
广 东	Guangdong	58738	57922	60253	43084	106799	45267	62525
广 西	Guangxi	39776	38881	40128	33157	46841	47627	45846
海 南	Hainan	43018	42587	58568	41192	60901	44074	76908
重 庆	Chongqing	54612	46490	55867	40152	64667	78604	56222
四 川	Sichuan	44627	39157	43301	36778	47669	46921	46827
贵 州	Guizhou	45111	38010	40521	36795	66716	60731	52743
云 南	Yunnan	40204	41323	42952	38449	57133	36435	45790
西 藏	Tibet							
陕 西	Shaanxi	41532	37880	41870	32302	60233	46532	43642
甘 肃	Gansu	38152	39833	40033	38111	40879	45113	44128
青 海	Qinghai	40529	44440	47010	32990	39632	29454	29670
宁 夏	Ningxia	44869	37524	43803	34113	40842	43400	39663
新 疆	Xinjiang	45567	35149	51558	37816	42401	51368	41939

1-32 续表 2 continued

单位：元 (yuan)

地 区	Region	租赁和商务服务业 Leasing and Business Services	科学研究和技术服务业 Scientific Research and Technical Services	水利、环境和公共设施管理业 Management of Water Conservancy, Environment and Public Facilities	居民服务、修理和其他服务业 Services to Households, Repair and Other Services	教育 Education	卫生和社会工作 Health and Social Service	文化、体育和娱乐业 Culture, Sports and Entertainment
全 国	**National Average**	**53382**	**61876**	**42409**	**41058**	**46228**	**52343**	**44592**
北 京	Beijing	73766	86722	56309	45627	81359	84725	70601
天 津	Tianjin	74237	76584	52421	48421	62304	52472	58991
河 北	Hebei	37395	42860	37634	35881	42262	41185	36965
山 西	Shanxi	33272	38601	28537	26707	30342	36832	27389
内蒙古	Inner Mongolia	39979	43811	35698	31579	38889	43148	35832
辽 宁	Liaoning	40204	41684	33652	33843	38154	44868	34072
吉 林	Jilin	31452	44585	29587	32802	39201	41840	30818
黑龙江	Heilongjiang	39310	43348	30526	30471	32520	36565	29379
上 海	Shanghai	65905	74025	49439	45235	56617	69054	58022
江 苏	Jiangsu	51487	55250	39144	43856	49419	61134	51389
浙 江	Zhejiang	57591	63972	47088	43759	49605	65701	49722
安 徽	Anhui	40462	48222	28317	29501	41575	50243	36344
福 建	Fujian	50329	56025	40300	41385	38302	53030	38296
江 西	Jiangxi	41120	45420	38367	37426	42875	45181	41298
山 东	Shandong	54252	60702	49716	55084	53243	54498	52010
河 南	Henan	42797	46650	37145	35164	39035	40083	34377
湖 北	Hubei	36180	42110	32806	34908	38048	37989	34307
湖 南	Hunan	39266	45846	35419	36613	43399	46374	33523
广 东	Guangdong	62969	74859	53118	44862	52559	74167	61534
广 西	Guangxi	40350	46948	33753	34950	33871	41713	32223
海 南	Hainan	56250	53283	39471	32220	33845	44269	47000
重 庆	Chongqing	49836	59487	45321	45587	50118	58938	49472
四 川	Sichuan	44119	48432	41779	37253	43570	47895	40273
贵 州	Guizhou	39264	44205	32134	34158	43135	45584	35720
云 南	Yunnan	46303	55946	37452	42673	46142	42415	34313
西 藏	Tibet							
陕 西	Shaanxi	48042	48100	42017	34199	38915	39565	34424
甘 肃	Gansu	44883	55163	40483	37219	44615	42286	34905
青 海	Qinghai	29215	57641	36890	41491	41935	34951	43044
宁 夏	Ningxia	35804	43464	36498	36189	35089	39503	35359
新 疆	Xinjiang	36573	48118	37629	35209	38608	52660	41101

1-33 国内生产总值及构成
Gross Domestic Product and Its Composition

单位：亿元 (100 million yuan)

年 份 Year	国内生产总值 Gross Domestic Product	第一产业 Primary Industry		第二产业 Secondary Industry		第三产业 Tertiary Industry		人均国内生产总值（元） Per Capita GDP (yuan)
		绝对数 Value	比重（%） Proportion	绝对数 Value	比重（%） Proportion	绝对数 Value	比重（%） Proportion	
1978	3678.7	1018.5	27.7	1755.2	47.7	905.1	24.6	385
1979	4100.5	1259.0	30.7	1925.4	47.0	916.1	22.3	423
1980	4587.6	1359.5	29.6	2204.7	48.1	1023.4	22.3	468
1981	4935.8	1545.7	31.3	2269.1	46.0	1121.1	22.7	497
1982	5373.4	1761.7	32.8	2397.7	44.6	1214.0	22.6	533
1983	6020.9	1960.9	32.6	2663.0	44.2	1397.0	23.2	588
1984	7278.5	2295.6	31.5	3124.8	42.9	1858.1	25.5	702
1985	9098.9	2541.7	27.9	3886.5	42.7	2670.7	29.4	866
1986	10376.2	2764.1	26.6	4515.2	43.5	3096.9	29.8	973
1987	12174.6	3204.5	26.3	5274.0	43.3	3696.2	30.4	1123
1988	15180.4	3831.2	25.2	6607.4	43.5	4741.8	31.2	1378
1989	17179.7	4228.2	24.6	7300.9	42.5	5650.6	32.9	1536
1990	18872.9	5017.2	26.6	7744.3	41.0	6111.4	32.4	1663
1991	22005.6	5288.8	24.0	9129.8	41.5	7587.0	34.5	1912
1992	27194.5	5800.3	21.3	11725.3	43.1	9668.9	35.6	2334
1993	35673.2	6887.6	19.3	16473.1	46.2	12312.6	34.5	3027
1994	48637.5	9471.8	19.5	22453.1	46.2	16712.5	34.4	4081
1995	61339.9	12020.5	19.6	28677.5	46.8	20641.9	33.7	5091
1996	71813.6	13878.3	19.3	33828.1	47.1	24107.2	33.6	5898
1997	79715.0	14265.2	17.9	37546.0	47.1	27903.8	35.0	6481
1998	85195.5	14618.7	17.2	39018.5	45.8	31558.3	37.0	6860
1999	90564.4	14549.0	16.1	41080.9	45.4	34934.5	38.6	7229
2000	100280.1	14717.4	14.7	45664.8	45.5	39897.9	39.8	7942
2001	110863.1	15502.5	14.0	49660.7	44.8	45700.0	41.2	8717
2002	121717.4	16190.2	13.3	54105.5	44.5	51421.7	42.2	9506
2003	137422.0	16970.2	12.3	62697.4	45.6	57754.4	42.0	10666
2004	161840.2	20904.3	12.9	74286.9	45.9	66648.9	41.2	12487
2005	187318.9	21806.7	11.6	88084.4	47.0	77427.8	41.3	14368
2006	219438.5	23317.0	10.6	104361.8	47.6	91759.7	41.8	16738
2007	270092.3	27674.1	10.2	126633.6	46.9	115784.6	42.9	20494
2008	319244.6	32464.1	10.2	149956.6	47.0	136823.9	42.9	24100
2009	348517.7	33583.8	9.6	160171.7	46.0	154762.2	44.4	26180
2010	412119.3	38430.8	9.3	191629.8	46.5	182058.6	44.2	30808
2011	487940.2	44781.4	9.2	227038.8	46.5	216120.0	44.3	36302
2012	538580.0	49084.5	9.1	244643.3	45.4	244852.2	45.5	39874
2013	592963.2	53028.1	8.9	261956.1	44.2	277979.1	46.9	43684
2014	641280.6	55626.3	8.7	277571.8	43.3	308082.5	48.0	47005
2015	685992.9	57774.6	8.4	282040.3	41.1	346178.0	50.5	50028
2016	740060.8	60139.2	8.1	296547.7	40.1	383373.9	51.8	53680
2017	820754.3	62099.5	7.6	332742.7	40.5	425912.1	51.9	59201
2018	900309.5	64734.0	7.2	366000.9	40.7	469574.6	52.2	64644

1-34 国内生产总值指数
Indices of Gross Domestic Product

(上年=100) (preceding year=100)

年 份 Year	国内生产总 值 Gross Domestic Product	第一产业 Primary Industry	第二产业 Secondary Industry	第三产业 Tertiary Industry	人均国内生产总值 Per Capita GDP
1978	111.7	104.1	115.0	113.6	110.2
1979	107.6	106.1	108.2	107.8	106.2
1980	107.8	98.5	113.5	106.1	106.5
1981	105.1	107.0	101.9	109.6	103.8
1982	109.0	111.5	105.6	112.7	107.4
1983	110.8	108.3	110.4	114.6	109.2
1984	115.2	112.9	114.4	119.4	113.7
1985	113.4	101.8	118.4	118.1	111.9
1986	108.9	103.3	110.2	112.3	107.3
1987	111.7	104.7	113.6	114.7	109.9
1988	111.2	102.5	114.3	113.2	109.4
1989	104.2	103.1	103.7	105.8	102.6
1990	103.9	107.3	103.2	102.7	102.4
1991	109.3	102.4	113.8	109.2	107.8
1992	114.2	104.7	121.0	112.6	112.8
1993	113.9	104.6	119.7	112.2	112.6
1994	113.0	103.9	118.1	111.4	111.8
1995	111.0	104.9	113.8	110.1	109.8
1996	109.9	105.0	112.1	109.2	108.8
1997	109.2	103.4	110.5	110.4	108.1
1998	107.8	103.4	108.9	108.4	106.8
1999	107.7	102.7	108.2	109.2	106.7
2000	108.5	102.3	109.5	109.8	107.6
2001	108.3	102.6	108.5	110.3	107.6
2002	109.1	102.7	109.9	110.5	108.4
2003	110.0	102.4	112.7	109.5	109.4
2004	110.1	106.1	111.1	110.1	109.5
2005	111.4	105.1	112.1	112.4	110.7
2006	112.7	104.8	113.5	114.1	112.1
2007	114.2	103.5	115.1	116.1	113.6
2008	109.7	105.2	109.8	110.5	109.1
2009	109.4	104.0	110.3	109.6	108.9
2010	110.6	104.3	112.7	109.7	110.1
2011	109.6	104.2	110.7	109.5	109.0
2012	107.9	104.5	108.4	108.0	107.3
2013	107.8	103.8	108.0	108.3	107.2
2014	107.3	104.1	107.4	107.8	106.8
2015	106.9	103.9	106.2	108.2	106.4
2016	106.7	103.3	106.3	107.7	106.2
2017	106.8	104.0	105.9	107.9	106.2
2018	106.6	103.5	105.8	107.6	106.1

注：本表按不变价格计算。
Note: Data in this table are calculated at constant prices.

第二部分

Chapter Two

2018 年人口变动情况抽样调查数据

Data from 2018 Sample Survey on Population Changes

2-1 各地区人口数及人口自然变动情况
Total Population and Natural Changes by Region

地 区	Region	出生率 (‰) Birth Rate (‰)	死亡率 (‰) Death Rate (‰)	自然增长率 (‰) Natural Growth Rate (‰)	总人口(年末) (万人) Total Population (year-end) (10000 persons)
全 国	National Total	**10.94**	**7.13**	**3.81**	**139538**
北 京	Beijing	8.24	5.58	2.66	2154
天 津	Tianjin	6.67	5.42	1.25	1560
河 北	Hebei	11.26	6.38	4.88	7556
山 西	Shanxi	9.63	5.32	4.31	3718
内蒙古	Inner Mongolia	8.35	5.95	2.40	2534
辽 宁	Liaoning	6.39	7.39	-1.00	4359
吉 林	Jilin	6.62	6.26	0.36	2704
黑龙江	Heilongjiang	5.98	6.67	-0.69	3773
上 海	Shanghai	7.20	5.40	1.80	2424
江 苏	Jiangsu	9.32	7.03	2.29	8051
浙 江	Zhejiang	11.02	5.58	5.44	5737
安 徽	Anhui	12.41	5.96	6.45	6324
福 建	Fujian	13.20	6.20	7.00	3941
江 西	Jiangxi	13.43	6.06	7.37	4648
山 东	Shandong	13.26	7.18	6.08	10047
河 南	Henan	11.72	6.80	4.92	9605
湖 北	Hubei	11.54	7.00	4.54	5917
湖 南	Hunan	12.19	7.08	5.11	6899
广 东	Guangdong	12.79	4.55	8.24	11346
广 西	Guangxi	14.12	5.96	8.16	4926
海 南	Hainan	14.48	6.01	8.47	934
重 庆	Chongqing	11.02	7.54	3.48	3102
四 川	Sichuan	11.05	7.01	4.04	8341
贵 州	Guizhou	13.90	6.85	7.05	3600
云 南	Yunnan	13.19	6.32	6.87	4830
西 藏	Tibet	15.22	4.58	10.64	344
陕 西	Shaanxi	10.67	6.24	4.43	3864
甘 肃	Gansu	11.07	6.65	4.42	2637
青 海	Qinghai	14.31	6.25	8.06	603
宁 夏	Ningxia	13.32	5.54	7.78	688
新 疆	Xinjiang	10.69	4.56	6.13	2487

注：1.本表数据根据2018年人口变动情况抽样调查数据推算。
2.全国总人口包括现役军人数，分地区数字中未包括；全国总人口未包括香港、澳门特别行政区和台湾省的人口数据。
3.全国总人口根据2018年人口变动情况抽样误差和调查误差进行了修正，分地区人口未做修正。

Note:a) Data in this table are estimates from the 2018 National Sample Survey on Population Changes.
b) The military personnel were included in the national total population, but were not included in the population by region. The national total population does not include the population of Hong Kong SAR, Macao SAR and Taiwan Province.
c) The national total population were adjusted on the basis of sampling errors and survey errors from the 2018 National Sample Survey on Population Changes. Similar adjustments were not made to regional figures.

2-2 各地区人口的城乡构成
Population by Urban and Rural Residence and Region

单位：万人 (10000 persons)

地 区 Region	总人口(年末) Total Population (year-end)	城镇人口 Urban Population		乡村人口 Rural Population	
		人口数 Population	比重 (%) Proportion	人口数 Population	比重 (%) Proportion
全 国 National Total	**139538**	**83137**	**59.58**	**56401**	**40.42**
北 京 Beijing	2154	1863	86.50	291	13.50
天 津 Tianjin	1560	1297	83.15	263	16.85
河 北 Hebei	7556	4264	56.43	3292	43.57
山 西 Shanxi	3718	2172	58.41	1546	41.59
内蒙古 Inner Mongolia	2534	1589	62.71	945	37.29
辽 宁 Liaoning	4359	2968	68.10	1391	31.90
吉 林 Jilin	2704	1556	57.53	1148	42.47
黑龙江 Heilongjiang	3773	2268	60.10	1505	39.90
上 海 Shanghai	2424	2136	88.10	288	11.90
江 苏 Jiangsu	8051	5604	69.61	2447	30.39
浙 江 Zhejiang	5737	3953	68.90	1784	31.10
安 徽 Anhui	6324	3459	54.69	2865	45.31
福 建 Fujian	3941	2594	65.82	1347	34.18
江 西 Jiangxi	4648	2604	56.02	2044	43.98
山 东 Shandong	10047	6147	61.18	3900	38.82
河 南 Henan	9605	4967	51.71	4638	48.29
湖 北 Hubei	5917	3568	60.30	2349	39.70
湖 南 Hunan	6899	3865	56.02	3034	43.98
广 东 Guangdong	11346	8022	70.70	3324	29.30
广 西 Guangxi	4926	2474	50.22	2452	49.78
海 南 Hainan	934	552	59.06	382	40.94
重 庆 Chongqing	3102	2032	65.50	1070	34.50
四 川 Sichuan	8341	4362	52.29	3979	47.71
贵 州 Guizhou	3600	1711	47.52	1889	52.48
云 南 Yunnan	4830	2309	47.81	2521	52.19
西 藏 Tibet	344	107	31.14	237	68.86
陕 西 Shaanxi	3864	2246	58.13	1618	41.87
甘 肃 Gansu	2637	1258	47.69	1379	52.31
青 海 Qinghai	603	328	54.47	275	45.53
宁 夏 Ningxia	688	405	58.88	283	41.12
新 疆 Xinjiang	2487	1266	50.91	1221	49.09

注：本表数据根据2018年人口变动情况抽样调查数据推算。
a) Data in the table are estimates from the 2018 National Sample Survey on Population Changes.

2-3 全国分年龄、性别的人口数
Population by Age and Sex

单位：人、% (person,%)

年 龄 Age	人口数 Population			占总人口比重 Percentage to Total Population			性别比 (女=100) Sex Ratio (Famale=100)
	合计 Total	男 Male	女 Female	合计 Total	男 Male	女 Female	
总计 Total	**1144648**	**585299**	**559349**	**100.00**	**51.13**	**48.87**	**104.64**
0-4	**67393**	**35887**	**31506**	**5.89**	**3.14**	**2.75**	**113.91**
0	12493	6652	5841	1.09	0.58	0.51	113.89
1	14093	7439	6654	1.23	0.65	0.58	111.81
2	14272	7603	6669	1.25	0.66	0.58	114.00
3	13140	7020	6119	1.15	0.61	0.53	114.72
4	13395	7172	6223	1.17	0.63	0.54	115.26
5-9	**63322**	**34279**	**29043**	**5.53**	**2.99**	**2.54**	**118.03**
5	13060	7043	6016	1.14	0.62	0.53	117.07
6	13088	7060	6028	1.14	0.62	0.53	117.11
7	12913	6966	5948	1.13	0.61	0.52	117.12
8	11382	6159	5223	0.99	0.54	0.46	117.93
9	12879	7051	5828	1.13	0.62	0.51	120.99
10-14	**62248**	**33775**	**28473**	**5.44**	**2.95**	**2.49**	**118.62**
10	12852	6999	5853	1.12	0.61	0.51	119.58
11	12552	6806	5746	1.10	0.59	0.50	118.45
12	12530	6786	5744	1.09	0.59	0.50	118.15
13	12128	6573	5554	1.06	0.57	0.49	118.34
14	12186	6610	5576	1.06	0.58	0.49	118.56
15-19	**58258**	**31552**	**26706**	**5.09**	**2.76**	**2.33**	**118.14**
15	10967	5952	5015	0.96	0.52	0.44	118.69
16	11818	6415	5403	1.03	0.56	0.47	118.73
17	11719	6349	5370	1.02	0.55	0.47	118.23
18	12049	6522	5527	1.05	0.57	0.48	118.01
19	11705	6314	5392	1.02	0.55	0.47	117.10
20-24	**68050**	**36085**	**31965**	**5.95**	**3.15**	**2.79**	**112.89**
20	12661	6809	5852	1.11	0.59	0.51	116.35
21	12515	6702	5813	1.09	0.59	0.51	115.28
22	13062	6948	6114	1.14	0.61	0.53	113.64
23	14804	7813	6990	1.29	0.68	0.61	111.77
24	15008	7813	7195	1.31	0.68	0.63	108.59
25-29	**92977**	**47710**	**45268**	**8.12**	**4.17**	**3.95**	**105.39**
25	15727	8135	7592	1.37	0.71	0.66	107.15
26	16251	8424	7828	1.42	0.74	0.68	107.61
27	17478	9041	8437	1.53	0.79	0.74	107.16
28	21580	11008	10572	1.89	0.96	0.92	104.12
29	21941	11102	10839	1.92	0.97	0.95	102.43

注：由于各地区数据采用加权汇总的方法，全国人口变动情况抽样调查样本数据合计与各分项相加略有误差(以下表同)。

Note: Because data by region are calculated by the method of weighted sum, total data of the national sample survey on population changes is not equal to the sum of each item. The same applies to the tables following.

2-3 续表 1 continued

单位：人、% (person,%)

年 龄 Age	人口数 Population			占总人口比重 Percentage to Total Population			性别比 (女=100) Sex Ratio (Famale=100)
	合计 Total	男 Male	女 Female	合计 Total	男 Male	女 Female	
30-34	**93201**	**46843**	**46358**	**8.14**	**4.09**	**4.05**	**101.05**
30	20212	10199	10013	1.77	0.89	0.87	101.87
31	21203	10676	10526	1.85	0.93	0.92	101.42
32	19170	9593	9577	1.67	0.84	0.84	100.16
33	16405	8228	8177	1.43	0.72	0.71	100.62
34	16212	8147	8064	1.42	0.71	0.70	101.03
35-39	**81886**	**41517**	**40370**	**7.15**	**3.63**	**3.53**	**102.84**
35	16007	8069	7938	1.40	0.70	0.69	101.64
36	18328	9268	9060	1.60	0.81	0.79	102.29
37	16262	8249	8013	1.42	0.72	0.70	102.96
38	15025	7629	7396	1.31	0.67	0.65	103.15
39	16265	8302	7963	1.42	0.73	0.70	104.26
40-44	**83574**	**42557**	**41017**	**7.30**	**3.72**	**3.58**	**103.75**
40	15924	8095	7829	1.39	0.71	0.68	103.40
41	14847	7574	7273	1.30	0.66	0.64	104.14
42	16881	8610	8270	1.47	0.75	0.72	104.11
43	17269	8791	8478	1.51	0.77	0.74	103.69
44	18653	9486	9167	1.63	0.83	0.80	103.48
45-49	**102384**	**52108**	**50276**	**8.94**	**4.55**	**4.39**	**103.64**
45	19507	9949	9558	1.70	0.87	0.84	104.08
46	20083	10238	9845	1.75	0.89	0.86	104.00
47	20443	10438	10005	1.79	0.91	0.87	104.33
48	22178	11263	10915	1.94	0.98	0.95	103.18
49	20172	10220	9952	1.76	0.89	0.87	102.69
50-54	**96850**	**48939**	**47911**	**8.46**	**4.28**	**4.19**	**102.15**
50	22059	11168	10891	1.93	0.98	0.95	102.55
51	17612	8883	8728	1.54	0.78	0.76	101.78
52	19300	9765	9534	1.69	0.85	0.83	102.42
53	19211	9732	9478	1.68	0.85	0.83	102.68
54	18669	9390	9279	1.63	0.82	0.81	101.19
55-59	**69844**	**35208**	**34636**	**6.10**	**3.08**	**3.03**	**101.65**
55	21493	10879	10614	1.88	0.95	0.93	102.50
56	17719	8918	8801	1.55	0.78	0.77	101.33
57	9333	4620	4713	0.82	0.40	0.41	98.02
58	11168	5635	5532	0.98	0.49	0.48	101.85
59	10131	5156	4975	0.89	0.45	0.43	103.63
60-64	**68014**	**34092**	**33923**	**5.94**	**2.98**	**2.96**	**100.50**
60	13058	6633	6425	1.14	0.58	0.56	103.24
61	14377	7262	7115	1.26	0.63	0.62	102.06
62	13295	6619	6676	1.16	0.58	0.58	99.15
63	13639	6815	6824	1.19	0.60	0.60	99.86
64	13645	6763	6883	1.19	0.59	0.60	98.26

2-3 续表 2 continued

单位：人、% (person,%)

年龄 Age	人口数 Population			占总人口比重 Percentage to Total Population			性别比 (女=100) Sex Ratio (Famale=100)
	合计 Total	男 Male	女 Female	合计 Total	男 Male	女 Female	
65-69	**54799**	**26974**	**27825**	**4.79**	**2.36**	**2.43**	**96.94**
65	12615	6201	6414	1.10	0.54	0.56	96.69
66	12252	6026	6227	1.07	0.53	0.54	96.78
67	10273	5016	5258	0.90	0.44	0.46	95.39
68	10105	4981	5124	0.88	0.44	0.45	97.21
69	9553	4751	4803	0.83	0.42	0.42	98.92
70-74	**34810**	**16905**	**17905**	**3.04**	**1.48**	**1.56**	**94.42**
70	8154	3993	4161	0.71	0.35	0.36	95.96
71	7690	3767	3923	0.67	0.33	0.34	96.02
72	6962	3362	3600	0.61	0.29	0.31	93.39
73	6217	2985	3232	0.54	0.26	0.28	92.37
74	5788	2798	2989	0.51	0.24	0.26	93.61
75-79	**22799**	**10745**	**12054**	**1.99**	**0.94**	**1.05**	**89.15**
75	5194	2458	2737	0.45	0.21	0.24	89.80
76	4973	2391	2582	0.43	0.21	0.23	92.62
77	4665	2207	2459	0.41	0.19	0.21	89.76
78	4297	2007	2290	0.38	0.18	0.20	87.66
79	3669	1682	1987	0.32	0.15	0.17	84.68
80-84	**14845**	**6457**	**8389**	**1.30**	**0.56**	**0.73**	**76.97**
80	3703	1649	2054	0.32	0.14	0.18	80.27
81	3254	1411	1843	0.28	0.12	0.16	76.54
82	3042	1374	1668	0.27	0.12	0.15	82.37
83	2577	1081	1497	0.23	0.09	0.13	72.20
84	2270	943	1327	0.20	0.08	0.12	71.04
85-89	**6902**	**2870**	**4033**	**0.60**	**0.25**	**0.35**	**71.16**
85	2122	926	1196	0.19	0.08	0.10	77.40
86	1529	623	906	0.13	0.05	0.08	68.75
87	1277	516	761	0.11	0.05	0.07	67.71
88	1139	469	670	0.10	0.04	0.06	69.96
89	834	336	498	0.07	0.03	0.04	67.46
90-94	**2031**	**665**	**1365**	**0.18**	**0.06**	**0.12**	**48.74**
90	707	245	462	0.06	0.02	0.04	53.13
91	484	158	326	0.04	0.01	0.03	48.50
92	360	112	249	0.03	0.01	0.02	44.92
93	283	91	192	0.02	0.01	0.02	47.32
94	196	59	137	0.02	0.01	0.01	43.47
95+	**458**	**131**	**327**	**0.04**	**0.01**	**0.03**	**40.07**

2-4 全国城市分年龄、性别的人口数
City Population by Age and Sex

单位：人、%　　　　(person,%)

年 龄 Age	人口数 Population			占总人口比重 Percentage to Total Population			性别比 (女=100) Sex Ratio (Famale=100)
	合计 Total	男 Male	女 Female	合计 Total	男 Male	女 Female	
总计 Total	**402917**	**205268**	**197649**	**100.00**	**50.95**	**49.05**	**103.85**
0-4	**21959**	**11626**	**10333**	**5.45**	**2.89**	**2.56**	**112.52**
0	3987	2110	1877	0.99	0.52	0.47	112.44
1	4788	2537	2252	1.19	0.63	0.56	112.66
2	4788	2551	2237	1.19	0.63	0.56	114.01
3	4117	2188	1929	1.02	0.54	0.48	113.40
4	4279	2241	2038	1.06	0.56	0.51	109.95
5-9	**17255**	**9212**	**8043**	**4.28**	**2.29**	**2.00**	**114.53**
5	3839	2069	1771	0.95	0.51	0.44	116.83
6	3882	2097	1785	0.96	0.52	0.44	117.49
7	3646	1888	1758	0.90	0.47	0.44	107.39
8	2715	1437	1278	0.67	0.36	0.32	112.40
9	3173	1721	1451	0.79	0.43	0.36	118.60
10-14	**15650**	**8408**	**7242**	**3.88**	**2.09**	**1.80**	**116.10**
10	3128	1684	1444	0.78	0.42	0.36	116.65
11	3155	1670	1485	0.78	0.41	0.37	112.42
12	3044	1637	1408	0.76	0.41	0.35	116.26
13	3110	1678	1433	0.77	0.42	0.36	117.10
14	3213	1740	1473	0.80	0.43	0.37	118.14
15-19	**18004**	**9469**	**8536**	**4.47**	**2.35**	**2.12**	**110.93**
15	2682	1442	1240	0.67	0.36	0.31	116.29
16	3652	1918	1734	0.91	0.48	0.43	110.62
17	3347	1812	1535	0.83	0.45	0.38	118.02
18	3893	2040	1853	0.97	0.51	0.46	110.09
19	4430	2257	2173	1.10	0.56	0.54	103.83
20-24	**26437**	**13788**	**12650**	**6.56**	**3.42**	**3.14**	**109.00**
20	4854	2522	2333	1.20	0.63	0.58	108.11
21	4713	2435	2278	1.17	0.60	0.57	106.90
22	4903	2593	2310	1.22	0.64	0.57	112.26
23	5849	3028	2821	1.45	0.75	0.70	107.31
24	6118	3210	2908	1.52	0.80	0.72	110.40
25-29	**37430**	**19286**	**18144**	**9.29**	**4.79**	**4.50**	**106.30**
25	6140	3148	2992	1.52	0.78	0.74	105.19
26	6410	3326	3083	1.59	0.83	0.77	107.88
27	7136	3704	3432	1.77	0.92	0.85	107.94
28	8380	4316	4065	2.08	1.07	1.01	106.18
29	9363	4792	4571	2.32	1.19	1.13	104.82
30-34	**39060**	**19785**	**19275**	**9.69**	**4.91**	**4.78**	**102.65**
30	8473	4336	4137	2.10	1.08	1.03	104.80

2-4 续表 1 continued

单位：人、% (person,%)

年 龄 Age	人口数 Population			占总人口比重 Percentage to Total Population			性别比 (女=100) Sex Ratio (Famale=100)
	合计 Total	男 Male	女 Female	合计 Total	男 Male	女 Female	
31	8810	4504	4306	2.19	1.12	1.07	104.59
32	8186	4116	4070	2.03	1.02	1.01	101.15
33	6805	3399	3406	1.69	0.84	0.85	99.79
34	6786	3431	3355	1.68	0.85	0.83	102.24
35-39	**35176**	**17711**	**17464**	**8.73**	**4.40**	**4.33**	**101.42**
35	6982	3491	3491	1.73	0.87	0.87	99.99
36	8033	4014	4020	1.99	1.00	1.00	99.86
37	7131	3621	3510	1.77	0.90	0.87	103.14
38	6035	3021	3014	1.50	0.75	0.75	100.22
39	6994	3565	3429	1.74	0.88	0.85	103.99
40-44	**33662**	**17100**	**16561**	**8.35**	**4.24**	**4.11**	**103.25**
40	6750	3462	3289	1.68	0.86	0.82	105.27
41	6096	3070	3026	1.51	0.76	0.75	101.45
42	6754	3433	3321	1.68	0.85	0.82	103.38
43	6848	3436	3413	1.70	0.85	0.85	100.68
44	7213	3699	3514	1.79	0.92	0.87	105.29
45-49	**37563**	**19311**	**18251**	**9.32**	**4.79**	**4.53**	**105.81**
45	7541	3887	3654	1.87	0.96	0.91	106.36
46	7421	3833	3588	1.84	0.95	0.89	106.83
47	7530	3909	3621	1.87	0.97	0.90	107.95
48	7987	4070	3916	1.98	1.01	0.97	103.94
49	7084	3612	3472	1.76	0.90	0.86	104.05
50-54	**32029**	**16465**	**15564**	**7.95**	**4.09**	**3.86**	**105.79**
50	7582	3930	3652	1.88	0.98	0.91	107.62
51	5777	2949	2828	1.43	0.73	0.70	104.28
52	6139	3172	2967	1.52	0.79	0.74	106.91
53	6255	3211	3045	1.55	0.80	0.76	105.45
54	6275	3203	3072	1.56	0.79	0.76	104.26
55-59	**25019**	**12785**	**12235**	**6.21**	**3.17**	**3.04**	**104.50**
55	7398	3771	3627	1.84	0.94	0.90	103.95
56	6646	3447	3199	1.65	0.86	0.79	107.76
57	3475	1743	1732	0.86	0.43	0.43	100.58
58	4014	2049	1965	1.00	0.51	0.49	104.30
59	3487	1775	1711	0.87	0.44	0.42	103.73
60-64	**21937**	**10861**	**11076**	**5.44**	**2.70**	**2.75**	**98.06**
60	4338	2185	2154	1.08	0.54	0.53	101.43
61	4693	2328	2365	1.16	0.58	0.59	98.41
62	4373	2156	2217	1.09	0.54	0.55	97.25
63	4278	2107	2171	1.06	0.52	0.54	97.05
64	4255	2086	2169	1.06	0.52	0.54	96.17

2-4 续表 2 continued

单位：人、% (person,%)

年 龄 Age	人口数 Population			占总人口比重 Percentage to Total Population			性别比 (女=100) Sex Ratio (Famale=100)
	合计 Total	男 Male	女 Female	合计 Total	男 Male	女 Female	
65-69	**16636**	**7981**	**8656**	**4.13**	**1.98**	**2.15**	**92.20**
65	4043	1958	2085	1.00	0.49	0.52	93.92
66	3683	1730	1953	0.91	0.43	0.48	88.56
67	3051	1451	1600	0.76	0.36	0.40	90.69
68	3075	1481	1594	0.76	0.37	0.40	92.89
69	2785	1361	1424	0.69	0.34	0.35	95.60
70-74	**10198**	**4774**	**5425**	**2.53**	**1.18**	**1.35**	**88.01**
70	2379	1111	1268	0.59	0.28	0.31	87.63
71	2257	1069	1188	0.56	0.27	0.29	90.03
72	2115	998	1117	0.52	0.25	0.28	89.33
73	1801	846	956	0.45	0.21	0.24	88.48
74	1646	750	896	0.41	0.19	0.22	83.70
75-79	**6965**	**3204**	**3761**	**1.73**	**0.80**	**0.93**	**85.21**
75	1467	663	805	0.36	0.16	0.20	82.33
76	1489	725	764	0.37	0.18	0.19	94.83
77	1406	631	775	0.35	0.16	0.19	81.50
78	1371	613	757	0.34	0.15	0.19	80.97
79	1232	572	659	0.31	0.14	0.16	86.79
80-84	**4893**	**2160**	**2733**	**1.21**	**0.54**	**0.68**	**79.03**
80	1225	531	694	0.30	0.13	0.17	76.52
81	1080	471	609	0.27	0.12	0.15	77.39
82	983	454	529	0.24	0.11	0.13	85.88
83	856	374	482	0.21	0.09	0.12	77.57
84	749	330	419	0.19	0.08	0.10	78.61
85-89	**2267**	**1055**	**1212**	**0.56**	**0.26**	**0.30**	**87.09**
85	704	328	375	0.17	0.08	0.09	87.47
86	496	226	270	0.12	0.06	0.07	83.72
87	408	181	227	0.10	0.04	0.06	79.79
88	378	188	191	0.09	0.05	0.05	98.37
89	282	132	149	0.07	0.03	0.04	88.89
90-94	**655**	**249**	**406**	**0.16**	**0.06**	**0.10**	**61.35**
90	238	94	144	0.06	0.02	0.04	64.87
91	152	53	99	0.04	0.01	0.02	53.61
92	105	44	61	0.03	0.01	0.02	72.54
93	91	35	56	0.02	0.01	0.01	62.06
94	69	23	46	0.02	0.01	0.01	51.26
95+	**122**	**37**	**84**	**0.03**	**0.01**	**0.02**	**44.21**

2-5 全国镇分年龄、性别的人口数
Town Population by Age and Sex

单位：人、% (person,%)

年龄 Age	人口数 Population			占总人口比重 Percentage to Total Population			性别比 (女=100) Sex Ratio (Famale=100)
	合计 Total	男 Male	女 Female	合计 Total	男 Male	女 Female	
总计 Total	**279305**	**143068**	**136236**	**100.00**	**51.22**	**48.78**	**105.01**
0-4	**17610**	**9352**	**8259**	**6.31**	**3.35**	**2.96**	**113.23**
0	3177	1702	1475	1.14	0.61	0.53	115.44
1	3656	1885	1771	1.31	0.67	0.63	106.45
2	3695	1950	1745	1.32	0.70	0.62	111.70
3	3423	1823	1600	1.23	0.65	0.57	113.95
4	3660	1991	1668	1.31	0.71	0.60	119.39
5-9	**15829**	**8601**	**7229**	**5.67**	**3.08**	**2.59**	**118.98**
5	3550	1896	1654	1.27	0.68	0.59	114.64
6	3357	1788	1570	1.20	0.64	0.56	113.89
7	3439	1914	1525	1.23	0.69	0.55	125.55
8	2558	1400	1157	0.92	0.50	0.41	120.97
9	2926	1603	1323	1.05	0.57	0.47	121.15
10-14	**14720**	**8060**	**6660**	**5.27**	**2.89**	**2.38**	**121.03**
10	2991	1635	1356	1.07	0.59	0.49	120.62
11	2958	1636	1321	1.06	0.59	0.47	123.83
12	2976	1624	1352	1.07	0.58	0.48	120.11
13	2882	1575	1307	1.03	0.56	0.47	120.47
14	2914	1590	1324	1.04	0.57	0.47	120.14
15-19	**14553**	**8158**	**6395**	**5.21**	**2.92**	**2.29**	**127.56**
15	2788	1537	1252	1.00	0.55	0.45	122.78
16	3183	1793	1390	1.14	0.64	0.50	128.95
17	3025	1639	1386	1.08	0.59	0.50	118.21
18	3067	1723	1344	1.10	0.62	0.48	128.21
19	2489	1466	1023	0.89	0.52	0.37	143.34
20-24	**15435**	**8262**	**7173**	**5.53**	**2.96**	**2.57**	**115.19**
20	2463	1403	1060	0.88	0.50	0.38	132.29
21	2666	1499	1167	0.95	0.54	0.42	128.41
22	2977	1576	1401	1.07	0.56	0.50	112.55
23	3566	1902	1664	1.28	0.68	0.60	114.35
24	3763	1882	1881	1.35	0.67	0.67	100.04
25-29	**23918**	**12211**	**11707**	**8.56**	**4.37**	**4.19**	**104.30**
25	3772	1919	1853	1.35	0.69	0.66	103.60
26	4224	2155	2068	1.51	0.77	0.74	104.23
27	4743	2439	2304	1.70	0.87	0.82	105.90
28	5328	2718	2610	1.91	0.97	0.93	104.14
29	5852	2979	2873	2.10	1.07	1.03	103.67
30-34	**23445**	**11834**	**11611**	**8.39**	**4.24**	**4.16**	**101.92**
30	5272	2683	2589	1.89	0.96	0.93	103.65

2-5 续表 1 continued

单位：人、% (person,%)

年 龄 Age	人口数 Population			占总人口比重 Percentage to Total Population			性别比 (女=100) Sex Ratio (Famale=100)
	合计 Total	男 Male	女 Female	合计 Total	男 Male	女 Female	
31	5327	2681	2647	1.91	0.96	0.95	101.28
32	4920	2481	2439	1.76	0.89	0.87	101.75
33	4002	2039	1963	1.43	0.73	0.70	103.83
34	3924	1950	1974	1.40	0.70	0.71	98.80
35-39	**19381**	**9819**	**9562**	**6.94**	**3.52**	**3.42**	**102.68**
35	3729	1889	1840	1.34	0.68	0.66	102.69
36	4296	2181	2115	1.54	0.78	0.76	103.14
37	3899	1944	1954	1.40	0.70	0.70	99.48
38	3536	1824	1712	1.27	0.65	0.61	106.56
39	3922	1980	1942	1.40	0.71	0.70	101.98
40-44	**20854**	**10639**	**10214**	**7.47**	**3.81**	**3.66**	**104.16**
40	3875	1927	1949	1.39	0.69	0.70	98.86
41	3750	1937	1813	1.34	0.69	0.65	106.85
42	4282	2195	2088	1.53	0.79	0.75	105.11
43	4310	2245	2065	1.54	0.80	0.74	108.72
44	4636	2336	2300	1.66	0.84	0.82	101.57
45-49	**25686**	**13042**	**12644**	**9.20**	**4.67**	**4.53**	**103.15**
45	4803	2425	2378	1.72	0.87	0.85	102.00
46	5142	2603	2539	1.84	0.93	0.91	102.54
47	5131	2582	2549	1.84	0.92	0.91	101.31
48	5552	2853	2699	1.99	1.02	0.97	105.73
49	5058	2578	2480	1.81	0.92	0.89	103.95
50-54	**24447**	**12291**	**12156**	**8.75**	**4.40**	**4.35**	**101.11**
50	5688	2840	2848	2.04	1.02	1.02	99.70
51	4656	2355	2302	1.67	0.84	0.82	102.31
52	4823	2406	2417	1.73	0.86	0.87	99.56
53	4764	2414	2350	1.71	0.86	0.84	102.73
54	4516	2277	2239	1.62	0.82	0.80	101.66
55-59	**17042**	**8512**	**8530**	**6.10**	**3.05**	**3.05**	**99.80**
55	5092	2590	2503	1.82	0.93	0.90	103.46
56	4942	2420	2522	1.77	0.87	0.90	95.97
57	2250	1116	1135	0.81	0.40	0.41	98.29
58	2457	1226	1231	0.88	0.44	0.44	99.58
59	2300	1161	1139	0.82	0.42	0.41	101.93
60-64	**15465**	**7693**	**7772**	**5.54**	**2.75**	**2.78**	**98.99**
60	3011	1533	1478	1.08	0.55	0.53	103.73
61	3226	1633	1593	1.16	0.58	0.57	102.49
62	3051	1504	1546	1.09	0.54	0.55	97.30
63	3086	1519	1566	1.10	0.54	0.56	96.98
64	3093	1504	1589	1.11	0.54	0.57	94.68

2-5 续表 2 continued

单位：人、%　　　　　　　　　　　　　　　　　　　　　　　　　　　　　　　　(person,%)

年 龄 Age	人口数 Population			占总人口比重 Percentage to Total Population			性别比 (女=100) Sex Ratio (Famale=100)
	合计 Total	男 Male	女 Female	合计 Total	男 Male	女 Female	
65-69	**12455**	**6081**	**6374**	**4.46**	**2.18**	**2.28**	**95.41**
65	2944	1425	1520	1.05	0.51	0.54	93.75
66	2733	1370	1363	0.98	0.49	0.49	100.46
67	2340	1135	1204	0.84	0.41	0.43	94.27
68	2246	1097	1149	0.80	0.39	0.41	95.52
69	2191	1054	1137	0.78	0.38	0.41	92.68
70-74	**7924**	**3871**	**4052**	**2.84**	**1.39**	**1.45**	**95.53**
70	1850	914	936	0.66	0.33	0.34	97.63
71	1760	864	896	0.63	0.31	0.32	96.39
72	1527	737	790	0.55	0.26	0.28	93.38
73	1431	682	749	0.51	0.24	0.27	91.06
74	1357	675	682	0.49	0.24	0.24	98.94
75-79	**5171**	**2454**	**2717**	**1.85**	**0.88**	**0.97**	**90.34**
75	1216	584	632	0.44	0.21	0.23	92.35
76	1123	545	578	0.40	0.20	0.21	94.38
77	1034	489	545	0.37	0.17	0.20	89.58
78	1002	474	528	0.36	0.17	0.19	89.80
79	796	363	434	0.29	0.13	0.16	83.65
80-84	**3284**	**1406**	**1878**	**1.18**	**0.50**	**0.67**	**74.88**
80	829	371	458	0.30	0.13	0.16	80.89
81	728	308	420	0.26	0.11	0.15	73.46
82	649	288	361	0.23	0.10	0.13	79.89
83	599	249	350	0.21	0.09	0.13	70.98
84	479	190	289	0.17	0.07	0.10	65.92
85-89	**1566**	**625**	**941**	**0.56**	**0.22**	**0.34**	**66.43**
85	468	208	260	0.17	0.07	0.09	80.07
86	353	139	215	0.13	0.05	0.08	64.66
87	313	122	191	0.11	0.04	0.07	64.18
88	261	88	173	0.09	0.03	0.06	51.02
89	170	67	103	0.06	0.02	0.04	65.70
90-94	**414**	**120**	**295**	**0.15**	**0.04**	**0.11**	**40.64**
90	141	38	103	0.05	0.01	0.04	37.32
91	84	24	60	0.03	0.01	0.02	40.70
92	98	25	73	0.03	0.01	0.03	33.94
93	65	24	41	0.02	0.01	0.01	59.69
94	27	8	19	0.01		0.01	43.41
95+	**105**	**37**	**68**	**0.04**	**0.01**	**0.02**	**53.33**

2-6 全国乡村分年龄、性别的人口数
Rural Population by Age and Sex

单位：人、% (person,%)

年 龄 Age	人口数 Population			占总人口比重 Percentage to Total Population			性别比（女=100）
	合计 Total	男 Male	女 Female	合计 Total	男 Male	女 Female	Sex Ratio (Famale=100)
总计 Total	**462426**	**236963**	**225463**	**100.00**	**51.24**	**48.76**	**105.10**
0-4	**27823**	**14909**	**12914**	**6.02**	**3.22**	**2.79**	**115.45**
0	5329	2840	2490	1.15	0.61	0.54	114.06
1	5649	3018	2631	1.22	0.65	0.57	114.68
2	5789	3103	2687	1.25	0.67	0.58	115.49
3	5600	3009	2590	1.21	0.65	0.56	116.18
4	5457	2940	2517	1.18	0.64	0.54	116.83
5-9	**30238**	**16467**	**13771**	**6.54**	**3.56**	**2.98**	**119.57**
5	5671	3079	2592	1.23	0.67	0.56	118.78
6	5849	3175	2674	1.26	0.69	0.58	118.75
7	5829	3164	2665	1.26	0.68	0.58	118.71
8	6109	3322	2787	1.32	0.72	0.60	119.20
9	6780	3727	3053	1.47	0.81	0.66	122.06
10-14	**31878**	**17307**	**14571**	**6.89**	**3.74**	**3.15**	**118.78**
10	6733	3680	3054	1.46	0.80	0.66	120.50
11	6439	3500	2939	1.39	0.76	0.64	119.08
12	6510	3526	2984	1.41	0.76	0.65	118.16
13	6135	3321	2814	1.33	0.72	0.61	117.99
14	6060	3280	2779	1.31	0.71	0.60	118.02
15-19	**25701**	**13925**	**11776**	**5.56**	**3.01**	**2.55**	**118.26**
15	5497	2974	2523	1.19	0.64	0.55	117.84
16	4983	2704	2279	1.08	0.58	0.49	118.66
17	5346	2898	2448	1.16	0.63	0.53	118.38
18	5089	2759	2330	1.10	0.60	0.50	118.42
19	4786	2591	2195	1.03	0.56	0.47	118.00
20-24	**26178**	**14035**	**12143**	**5.66**	**3.04**	**2.63**	**115.59**
20	5344	2884	2459	1.16	0.62	0.53	117.28
21	5137	2768	2369	1.11	0.60	0.51	116.87
22	5182	2779	2403	1.12	0.60	0.52	115.61
23	5389	2883	2505	1.17	0.62	0.54	115.08
24	5127	2721	2406	1.11	0.59	0.52	113.08
25-29	**31629**	**16213**	**15417**	**6.84**	**3.51**	**3.33**	**105.16**
25	5814	3067	2747	1.26	0.66	0.59	111.67
26	5618	2942	2676	1.21	0.64	0.58	109.92
27	5599	2897	2702	1.21	0.63	0.58	107.23
28	7872	3974	3897	1.70	0.86	0.84	101.97
29	6726	3332	3394	1.45	0.72	0.73	98.16
30-34	**30696**	**15224**	**15472**	**6.64**	**3.29**	**3.35**	**98.40**
30	6467	3180	3287	1.40	0.69	0.71	96.77

2-6 续表 1 continued

单位：人、%　　　　(person,%)

年 龄 Age	人口数 Population			占总人口比重 Percentage to Total Population			性别比 (女=100) Sex Ratio (Famale=100)
	合计 Total	男 Male	女 Female	合计 Total	男 Male	女 Female	
31	7065	3492	3574	1.53	0.76	0.77	97.71
32	6064	2995	3069	1.31	0.65	0.66	97.59
33	5598	2790	2808	1.21	0.60	0.61	99.39
34	5502	2767	2735	1.19	0.60	0.59	101.15
35-39	**27330**	**13986**	**13343**	**5.91**	**3.02**	**2.89**	**104.82**
35	5296	2689	2607	1.15	0.58	0.56	103.12
36	5999	3073	2926	1.30	0.66	0.63	105.01
37	5233	2685	2548	1.13	0.58	0.55	105.37
38	5453	2784	2669	1.18	0.60	0.58	104.28
39	5349	2757	2592	1.16	0.60	0.56	106.34
40-44	**29058**	**14817**	**14241**	**6.28**	**3.20**	**3.08**	**104.04**
40	5298	2707	2592	1.15	0.59	0.56	104.45
41	5001	2567	2434	1.08	0.56	0.53	105.46
42	5844	2983	2862	1.26	0.65	0.62	104.23
43	6110	3110	3000	1.32	0.67	0.65	103.65
44	6805	3451	3354	1.47	0.75	0.73	102.90
45-49	**39135**	**19754**	**19381**	**8.46**	**4.27**	**4.19**	**101.93**
45	7163	3637	3526	1.55	0.79	0.76	103.13
46	7520	3802	3718	1.63	0.82	0.80	102.26
47	7782	3947	3835	1.68	0.85	0.83	102.91
48	8640	4339	4301	1.87	0.94	0.93	100.90
49	8030	4029	4001	1.74	0.87	0.87	100.71
50-54	**40375**	**20183**	**20192**	**8.73**	**4.36**	**4.37**	**99.96**
50	8788	4398	4390	1.90	0.95	0.95	100.17
51	7178	3579	3599	1.55	0.77	0.78	99.47
52	8338	4187	4151	1.80	0.91	0.90	100.88
53	8192	4108	4084	1.77	0.89	0.88	100.59
54	7878	3910	3968	1.70	0.85	0.86	98.54
55-59	**27783**	**13911**	**13872**	**6.01**	**3.01**	**3.00**	**100.28**
55	9002	4519	4484	1.95	0.98	0.97	100.78
56	6132	3051	3081	1.33	0.66	0.67	99.04
57	3608	1762	1846	0.78	0.38	0.40	95.44
58	4696	2360	2337	1.02	0.51	0.51	101.00
59	4344	2219	2125	0.94	0.48	0.46	104.46
60-64	**30612**	**15537**	**15075**	**6.62**	**3.36**	**3.26**	**103.07**
60	5709	2916	2793	1.23	0.63	0.60	104.38
61	6458	3301	3157	1.40	0.71	0.68	104.58
62	5871	2958	2912	1.27	0.64	0.63	101.58
63	6276	3189	3087	1.36	0.69	0.67	103.30
64	6298	3173	3125	1.36	0.69	0.68	101.52

2-6 续表 2 continued

单位：人、% (person,%)

年 龄 Age	人口数 Population			占总人口比重 Percentage to Total Population			性别比 (女=100) Sex Ratio (Famale=100)
	合计 Total	男 Male	女 Female	合计 Total	男 Male	女 Female	
65-69	**25708**	**12913**	**12795**	**5.56**	**2.79**	**2.77**	**100.92**
65	5628	2819	2809	1.22	0.61	0.61	100.33
66	5836	2926	2910	1.26	0.63	0.63	100.56
67	4883	2429	2454	1.06	0.53	0.53	99.01
68	4783	2403	2380	1.03	0.52	0.51	100.93
69	4577	2336	2242	0.99	0.51	0.48	104.19
70-74	**16688**	**8260**	**8428**	**3.61**	**1.79**	**1.82**	**98.01**
70	3925	1968	1957	0.85	0.43	0.42	100.56
71	3673	1834	1839	0.79	0.40	0.40	99.72
72	3320	1627	1693	0.72	0.35	0.37	96.08
73	2985	1458	1527	0.65	0.32	0.33	95.45
74	2785	1374	1411	0.60	0.30	0.31	97.32
75-79	**10663**	**5087**	**5576**	**2.31**	**1.10**	**1.21**	**91.22**
75	2511	1211	1300	0.54	0.26	0.28	93.19
76	2361	1121	1240	0.51	0.24	0.27	90.44
77	2225	1087	1138	0.48	0.24	0.25	95.47
78	1924	920	1004	0.42	0.20	0.22	91.58
79	1642	748	894	0.35	0.16	0.19	83.62
80-84	**6668**	**2891**	**3778**	**1.44**	**0.63**	**0.82**	**76.51**
80	1649	747	902	0.36	0.16	0.19	82.85
81	1446	631	815	0.31	0.14	0.18	77.49
82	1410	632	779	0.30	0.14	0.17	81.13
83	1122	458	664	0.24	0.10	0.14	68.96
84	1041	423	619	0.23	0.09	0.13	68.30
85-89	**3070**	**1189**	**1880**	**0.66**	**0.26**	**0.41**	**63.26**
85	951	390	561	0.21	0.08	0.12	69.42
86	680	258	422	0.15	0.06	0.09	61.26
87	555	212	344	0.12	0.05	0.07	61.69
88	500	193	307	0.11	0.04	0.07	62.96
89	383	136	247	0.08	0.03	0.05	55.24
90-94	**961**	**297**	**665**	**0.21**	**0.06**	**0.14**	**44.64**
90	329	114	215	0.07	0.02	0.05	52.81
91	248	81	167	0.05	0.02	0.04	48.25
92	158	43	115	0.03	0.01	0.02	37.27
93	127	32	95	0.03	0.01	0.02	33.29
94	100	28	72	0.02	0.01	0.02	38.59
95+	**232**	**57**	**174**	**0.05**	**0.01**	**0.04**	**32.85**

2-7 各地区人口年龄构成和抚养比
Age Composition and Dependency Ratio of Population by Region

地 区	Region	人口数（人）Population (person)	0-14岁 Aged 0-14	15-64岁 Aged 15-64	65岁及以上 Aged 65 and Over	总抚养比(%) Gross Dependency Ratio (%)	少儿抚养比 Children Dependency Ratio	老年抚养比 Old Dependency Ratio
全 国	**National Total**	**1144648**	**192963**	**815039**	**136645**	**40.44**	**23.68**	**16.77**
北 京	Beijing	17673	1850	13834	1989	27.75	13.37	14.38
天 津	Tianjin	12794	1314	10083	1397	26.89	13.03	13.85
河 北	Hebei	61907	11440	42612	7854	45.28	26.85	18.43
山 西	Shanxi	30481	4753	22580	3147	34.99	21.05	13.94
内蒙古	Inner Mongolia	20781	2759	15976	2047	30.08	17.27	12.81
辽 宁	Liaoning	35744	3628	26763	5353	33.56	13.56	20.00
吉 林	Jilin	22173	2725	16705	2743	32.73	16.31	16.42
黑龙江	Heilongjiang	30946	3267	23899	3780	29.49	13.67	15.82
上 海	Shanghai	19877	1955	14950	2972	32.96	13.08	19.88
江 苏	Jiangsu	65996	9061	47499	9435	38.94	19.08	19.86
浙 江	Zhejiang	47034	6441	34485	6108	36.39	18.68	17.71
安 徽	Anhui	51812	9631	35341	6840	46.61	27.25	19.35
福 建	Fujian	32309	5402	23842	3065	35.51	22.66	12.86
江 西	Jiangxi	38080	7725	26648	3707	42.90	28.99	13.91
山 东	Shandong	82408	14842	55071	12495	49.64	26.95	22.69
河 南	Henan	78679	16761	53220	8698	47.84	31.49	16.34
湖 北	Hubei	48498	7445	34995	6059	38.59	21.27	17.31
湖 南	Hunan	56516	11013	38446	7057	47.00	28.65	18.36
广 东	Guangdong	93024	15729	69608	7687	33.64	22.60	11.04
广 西	Guangxi	40353	8821	27486	4046	46.81	32.09	14.72
海 南	Hainan	7658	1469	5561	629	37.72	26.42	11.30
重 庆	Chongqing	25416	4303	17435	3678	45.77	24.68	21.09
四 川	Sichuan	68344	11185	46915	10244	45.67	23.84	21.83
贵 州	Guizhou	29487	6558	19585	3344	50.56	33.49	17.08
云 南	Yunnan	39584	7157	28637	3790	38.23	24.99	13.24
西 藏	Tibet	2817	663	1994	160	41.27	33.23	8.04
陕 西	Shaanxi	31684	4555	23592	3536	34.30	19.31	14.99
甘 肃	Gansu	21614	3802	15366	2446	40.66	24.74	15.92
青 海	Qinghai	4945	967	3603	375	37.25	26.83	10.42
宁 夏	Ningxia	5638	1131	4000	507	40.96	28.29	12.67
新 疆	Xinjiang	20375	4610	14307	1458	42.42	32.22	10.19

2-8 各地区城市人口年龄构成和抚养比

Age Composition and Dependency Ratio of City Population by Region

地 区	Region	人口数（人）Population (person)	0-14岁 Aged 0-14	15-64岁 Aged 15-64	65岁及以上 Aged 65 and Over	总抚养比（%）Gross Dependency Ratio (%)	少儿抚养比 Children Dependency Ratio	老年抚养比 Old Dependency Ratio
全 国	**National Total**	**402917**	**54864**	**306316**	**41737**	**31.54**	**17.91**	**13.63**
北 京	Beijing	14266	1517	11114	1634	28.35	13.65	14.70
天 津	Tianjin	9647	879	7698	1070	25.32	11.42	13.90
河 北	Hebei	15790	2376	11374	2040	38.82	20.89	17.93
山 西	Shanxi	11032	1756	8328	948	32.46	21.08	11.38
内蒙古	Inner Mongolia	7226	982	5665	579	27.56	17.34	10.22
辽 宁	Liaoning	19537	1785	15001	2751	30.24	11.90	18.34
吉 林	Jilin	9114	988	7031	1094	29.62	14.06	15.56
黑龙江	Heilongjiang	12255	1094	9623	1538	27.36	11.37	15.98
上 海	Shanghai	15719	1635	11727	2357	34.04	13.95	20.10
江 苏	Jiangsu	25122	2973	19379	2769	29.63	15.34	14.29
浙 江	Zhejiang	21665	2895	16681	2090	29.88	17.36	12.53
安 徽	Anhui	12717	1905	9280	1532	37.04	20.53	16.51
福 建	Fujian	12302	1867	9635	800	27.68	19.37	8.30
江 西	Jiangxi	9694	1548	7262	884	33.49	21.32	12.17
山 东	Shandong	28192	4797	19910	3484	41.59	24.09	17.50
河 南	Henan	16373	2847	11812	1714	38.62	24.10	14.51
湖 北	Hubei	16985	1982	13056	1947	30.09	15.18	14.91
湖 南	Hunan	15621	2543	11499	1579	35.84	22.11	13.73
广 东	Guangdong	51312	7133	41127	3052	24.77	17.34	7.42
广 西	Guangxi	8591	1497	6438	656	33.44	23.25	10.19
海 南	Hainan	2218	398	1688	131	31.34	23.57	7.77
重 庆	Chongqing	11039	1629	8280	1129	33.32	19.68	13.64
四 川	Sichuan	19400	2460	14690	2251	32.07	16.74	15.32
贵 州	Guizhou	6492	1237	4486	768	44.69	27.57	17.13
云 南	Yunnan	7331	927	5654	750	29.66	16.39	13.27
西 藏	Tibet	494	90	385	18	28.06	23.29	4.76
陕 西	Shaanxi	9903	1211	7769	923	27.48	15.59	11.88
甘 肃	Gansu	3667	454	2786	426	31.60	16.30	15.30
青 海	Qinghai	1418	209	1091	118	29.95	19.15	10.80
宁 夏	Ningxia	1821	288	1354	179	34.50	21.28	13.23
新 疆	Xinjiang	5977	961	4491	525	33.09	21.39	11.70

2-9　各地区镇人口年龄构成和抚养比
Age Composition and Dependency Ratio of Town Population by Region

地　区	Region	人口数（人）Population (person)	0-14岁 Aged 0-14	15-64岁 Aged 15-64	65岁及以上 Aged 65 and Over	总抚养比(%) Gross Dependency Ratio (%)	少儿抚养比 Children Dependency Ratio	老年抚养比 Old Dependency Ratio
全　国	**National Total**	**279305**	**48160**	**200226**	**30919**	**39.49**	**24.05**	**15.44**
北　京	Beijing	976	85	819	72	19.22	10.42	8.80
天　津	Tianjin	952	114	752	86	26.55	15.14	11.41
河　北	Hebei	18810	3487	13215	2107	42.33	26.39	15.95
山　西	Shanxi	6609	1027	4901	681	34.84	20.95	13.90
内蒙古	Inner Mongolia	5699	795	4473	430	27.40	17.78	9.62
辽　宁	Liaoning	4634	507	3351	776	38.26	15.11	23.15
吉　林	Jilin	3523	470	2679	374	31.51	17.53	13.98
黑龙江	Heilongjiang	6180	682	4813	685	28.41	14.18	14.23
上　海	Shanghai	1746	190	1377	179	26.81	13.79	13.02
江　苏	Jiangsu	20510	2941	14826	2743	38.33	19.83	18.50
浙　江	Zhejiang	10519	1486	7658	1375	37.35	19.40	17.95
安　徽	Anhui	15336	2494	11030	1813	39.04	22.61	16.43
福　建	Fujian	8803	1486	6509	809	35.25	22.82	12.43
江　西	Jiangxi	11432	2277	8021	1133	42.52	28.39	14.13
山　东	Shandong	21795	4106	14706	2984	48.21	27.92	20.29
河　南	Henan	23880	4737	16889	2255	41.40	28.04	13.35
湖　北	Hubei	12004	1936	8774	1294	36.81	22.06	14.75
湖　南	Hunan	15734	3018	10985	1732	43.24	27.47	15.76
广　东	Guangdong	14031	2499	10189	1343	37.71	24.53	13.18
广　西	Guangxi	11453	2480	7813	1160	46.58	31.74	14.85
海　南	Hainan	2265	444	1605	216	41.12	27.68	13.44
重　庆	Chongqing	5482	978	3812	691	43.78	25.66	18.12
四　川	Sichuan	15961	2455	11251	2255	41.87	21.82	20.05
贵　州	Guizhou	7359	1559	5196	604	41.64	30.01	11.63
云　南	Yunnan	11378	2001	8358	1019	36.13	23.94	12.19
西　藏	Tibet	370	71	286	14	29.56	24.81	4.76
陕　西	Shaanxi	8345	1181	6183	980	34.96	19.11	15.86
甘　肃	Gansu	6523	1220	4669	634	39.70	26.13	13.58
青　海	Qinghai	1244	234	924	85	34.58	25.34	9.24
宁　夏	Ningxia	1469	309	1061	98	38.38	29.14	9.24
新　疆	Xinjiang	4284	893	3099	291	38.23	28.82	9.40

2-10 各地区乡村人口年龄构成和抚养比
Age Composition and Dependency Ratio of Rural Population by Region

地区	Region	人口数（人）Population (person)	0-14岁 Aged 0-14	15-64岁 Aged 15-64	65岁及以上 Aged 65 and Over	总抚养比（%）Gross Dependency Ratio (%)	少儿抚养比 Children Dependency Ratio	老年抚养比 Old Dependency Ratio
全　国	**National Total**	**462426**	**89939**	**308497**	**63989**	**49.90**	**29.15**	**20.74**
北　京	Beijing	2432	248	1901	283	27.90	13.02	14.88
天　津	Tianjin	2195	321	1633	241	34.41	19.64	14.76
河　北	Hebei	27307	5577	18023	3707	51.51	30.94	20.57
山　西	Shanxi	12840	1971	9351	1519	37.32	21.08	16.24
内蒙古	Inner Mongolia	7856	981	5838	1037	34.58	16.81	17.77
辽　宁	Liaoning	11574	1336	8411	1826	37.61	15.89	21.72
吉　林	Jilin	9536	1267	6995	1274	36.33	18.11	18.22
黑龙江	Heilongjiang	12511	1490	9464	1557	32.20	15.75	16.45
上　海	Shanghai	2412	130	1846	436	30.63	7.03	23.60
江　苏	Jiangsu	20364	3148	13294	3923	53.19	23.68	29.51
浙　江	Zhejiang	14850	2061	10146	2643	46.36	20.31	26.05
安　徽	Anhui	23759	5232	15031	3495	58.06	34.81	23.25
福　建	Fujian	11204	2050	7698	1456	45.54	26.63	18.91
江　西	Jiangxi	16954	3900	11365	1690	49.18	34.31	14.87
山　东	Shandong	32422	5940	20455	6027	58.50	29.04	29.46
河　南	Henan	38425	9178	24519	4729	56.72	37.43	19.29
湖　北	Hubei	19510	3527	13164	2818	48.20	26.80	21.41
湖　南	Hunan	25162	5453	15962	3746	57.63	34.16	23.47
广　东	Guangdong	27681	6098	18292	3291	51.33	33.33	17.99
广　西	Guangxi	20309	4845	13235	2229	53.45	36.60	16.84
海　南	Hainan	3176	627	2267	282	40.07	27.66	12.42
重　庆	Chongqing	8895	1695	5342	1858	66.50	31.72	34.77
四　川	Sichuan	32982	6270	20975	5738	57.25	29.89	27.36
贵　州	Guizhou	15636	3762	9902	1971	57.90	37.99	19.91
云　南	Yunnan	20876	4229	14626	2022	42.74	28.91	13.82
西　藏	Tibet	1953	502	1323	128	47.65	37.95	9.71
陕　西	Shaanxi	13436	2162	9641	1633	39.36	22.43	16.94
甘　肃	Gansu	11425	2128	7911	1386	44.41	26.90	17.52
青　海	Qinghai	2283	523	1587	172	43.83	32.98	10.85
宁　夏	Ningxia	2348	534	1585	230	48.20	33.70	14.50
新　疆	Xinjiang	10114	2756	6716	642	50.59	41.04	9.55

2-11 各地区户数、人口数、性别比和平均家庭户规模
Households, Population, Sex Ratio and Household Size by Region

地 区	Region	户 数 (户) Number of Households (households)	家庭户 Family Household	集体户 Collective Household	人口数 (人) Population (person)	男 Male	女 Female	性别比 (女=100) Sex Ratio (Female=100)
全 国	**National Total**	**378643**	**371225**	**7419**	**1144648**	**585299**	**559349**	**104.64**
北 京	Beijing	6769	6490	279	17673	8781	8892	98.75
天 津	Tianjin	4529	4171	358	12794	6863	5931	115.72
河 北	Hebei	19693	19580	113	61907	31210	30697	101.67
山 西	Shanxi	10121	10035	86	30481	15593	14888	104.73
内蒙古	Inner Mongolia	7908	7852	56	20781	10608	10174	104.26
辽 宁	Liaoning	13885	13791	94	35744	17905	17839	100.37
吉 林	Jilin	8334	8305	29	22173	11198	10975	102.03
黑龙江	Heilongjiang	11926	11910	16	30946	15697	15249	102.93
上 海	Shanghai	8139	7971	169	19877	10256	9621	106.61
江 苏	Jiangsu	21450	20769	681	65996	33555	32441	103.43
浙 江	Zhejiang	18096	17728	368	47034	24418	22616	107.97
安 徽	Anhui	16479	16243	236	51812	26667	25145	106.06
福 建	Fujian	10944	10546	398	32309	16806	15503	108.41
江 西	Jiangxi	10985	10863	123	38080	19579	18500	105.83
山 东	Shandong	28896	28656	240	82408	41363	41045	100.77
河 南	Henan	23052	22976	76	78679	39815	38864	102.45
湖 北	Hubei	15856	15269	586	48498	24973	23525	106.15
湖 南	Hunan	17033	16766	267	56516	28469	28047	101.51
广 东	Guangdong	30474	28361	2113	93024	50209	42815	117.27
广 西	Guangxi	11778	11714	64	40353	20996	19357	108.47
海 南	Hainan	2120	2023	97	7658	3917	3741	104.69
重 庆	Chongqing	8685	8590	96	25416	12730	12686	100.35
四 川	Sichuan	23359	23142	217	68344	33944	34400	98.67
贵 州	Guizhou	9034	8991	43	29487	15403	14084	109.37
云 南	Yunnan	11840	11683	157	39584	20523	19061	107.67
西 藏	Tibet	729	716	13	2817	1401	1416	98.98
陕 西	Shanxi	10434	10193	241	31684	15879	15804	100.47
甘 肃	Gansu	6265	6156	108	21614	11001	10613	103.65
青 海	Qinghai	1523	1485	39	4945	2571	2373	108.34
宁 夏	Ningxia	1747	1722	26	5638	2794	2844	98.27
新 疆	Xinjiang	6560	6529	31	20375	10175	10200	99.76

2-11 续表 continued

地 区	Region	家庭户人口数 (人) Family Household Population (person)	男 Male	女 Female	性别比 (女=100) Sex Ratio (Female=100)	集体户人口数 (人) Collective Household Population (person)	男 Male	女 Female	平均家庭户规模 (人/户) Average Family Size (person/household)
全 国	**National Total**	**1113633**	**566631**	**547002**	**103.59**	**31015**	**18668**	**12347**	**3.00**
北 京	Beijing	16773	8371	8403	99.62	900	410	490	2.58
天 津	Tianjin	11278	5678	5599	101.41	1517	1185	332	2.70
河 北	Hebei	61115	31123	29992	103.77	792	87	705	3.12
山 西	Shanxi	30054	15217	14837	102.56	427	376	52	2.99
内蒙古	Inner Mongolia	20537	10407	10130	102.73	244	200	44	2.62
辽 宁	Liaoning	35181	17771	17410	102.07	563	134	429	2.55
吉 林	Jilin	22090	11155	10935	102.01	83	43	40	2.66
黑龙江	Heilongjiang	30862	15636	15225	102.70	85	60	24	2.59
上 海	Shanghai	19368	9922	9446	105.04	509	334	174	2.43
江 苏	Jiangsu	63116	31895	31222	102.16	2879	1660	1220	3.04
浙 江	Zhejiang	45813	23645	22168	106.66	1221	773	448	2.58
安 徽	Anhui	50570	25596	24974	102.49	1241	1071	171	3.11
福 建	Fujian	30975	15941	15033	106.04	1335	865	470	2.94
江 西	Jiangxi	37504	19369	18134	106.81	576	210	366	3.45
山 东	Shandong	81529	40943	40585	100.88	880	420	460	2.85
河 南	Henan	78382	39634	38748	102.29	297	181	115	3.41
湖 北	Hubei	45846	23199	22647	102.44	2652	1774	878	3.00
湖 南	Hunan	55116	27973	27143	103.06	1400	496	904	3.29
广 东	Guangdong	85610	45007	40602	110.85	7414	5201	2213	3.02
广 西	Guangxi	39792	20688	19104	108.29	561	308	253	3.40
海 南	Hainan	7264	3825	3439	111.22	394	92	302	3.59
重 庆	Chongqing	24920	12501	12419	100.66	496	229	267	2.90
四 川	Sichuan	67227	33424	33804	98.88	1116	520	596	2.91
贵 州	Guizhou	29292	15273	14019	108.95	194	130	64	3.26
云 南	Yunnan	38592	19783	18808	105.18	993	740	253	3.30
西 藏	Tibet	2767	1372	1395	98.35	50	29	21	3.86
陕 西	Shanxi	30407	15235	15172	100.42	1276	644	632	2.98
甘 肃	Gansu	21126	10680	10446	102.24	488	321	167	3.43
青 海	Qinghai	4821	2482	2340	106.07	123	89	34	3.25
宁 夏	Ningxia	5461	2789	2672	104.38	177	6	172	3.17
新 疆	Xinjiang	20246	10097	10149	99.49	130	78	51	3.10

2-12 各地区城市户数、人口数、性别比和平均家庭户规模
Households, Population, Sex Ratio and Household Size of Cities by Region

地 区	Region	户 数 (户) Number of Households (households)	家庭户 Family Household	集体户 Collective Household	人口数 (人) Population (person)	男 Male	女 Female	性别比 (女=100) Sex Ratio (Female=100)
全 国	**National Total**	**146422**	**140818**	**5604**	**402917**	**205268**	**197649**	**103.85**
北 京	Beijing	5575	5341	234	14266	7027	7239	97.07
天 津	Tianjin	3552	3216	337	9647	5259	4388	119.83
河 北	Hebei	5565	5503	62	15790	7820	7970	98.11
山 西	Shanxi	3740	3663	77	11032	5645	5387	104.79
内蒙古	Inner Mongolia	2731	2692	39	7226	3674	3553	103.40
辽 宁	Liaoning	8297	8270	27	19537	9824	9713	101.14
吉 林	Jilin	3810	3793	17	9114	4547	4566	99.59
黑龙江	Heilongjiang	5219	5206	13	12255	6132	6123	100.16
上 海	Shanghai	6218	6069	148	15719	7997	7722	103.56
江 苏	Jiangsu	8798	8285	513	25122	12832	12290	104.41
浙 江	Zhejiang	8623	8384	239	21665	11332	10333	109.67
安 徽	Anhui	4516	4448	68	12717	6387	6330	100.91
福 建	Fujian	4413	4133	280	12302	6524	5778	112.90
江 西	Jiangxi	2989	2891	98	9694	4781	4913	97.31
山 东	Shandong	9993	9880	113	28192	14079	14113	99.76
河 南	Henan	5201	5165	36	16373	8223	8150	100.89
湖 北	Hubei	5838	5326	512	16985	8600	8385	102.57
湖 南	Hunan	4856	4645	211	15621	7456	8164	91.33
广 东	Guangdong	19442	17573	1869	51312	28111	23201	121.16
广 西	Guangxi	2723	2694	29	8591	4414	4176	105.70
海 南	Hainan	638	612	27	2218	1140	1078	105.76
重 庆	Chongqing	3651	3582	69	11039	5334	5705	93.48
四 川	Sichuan	7025	6870	155	19400	9378	10022	93.58
贵 州	Guizhou	2143	2123	19	6492	3326	3165	105.08
云 南	Yunnan	2561	2483	78	7331	3820	3511	108.80
西 藏	Tibet	166	163	3	494	231	263	87.80
陕 西	Shaanxi	3329	3107	222	9903	4908	4995	98.26
甘 肃	Gansu	1344	1271	73	3667	1864	1803	103.41
青 海	Qinghai	531	515	16	1418	728	690	105.48
宁 夏	Ningxia	657	649	7	1821	906	915	99.00
新 疆	Xinjiang	2280	2267	13	5977	2970	3007	98.78

2-12 续表 continued

地 区	Region	家庭户人口数 (人) Family Household Population (person)	男 Male	女 Female	性别比 (女=100) Sex Ratio (Female=100)	集体户人口数 (人) Collective Household Population (person)	男 Male	女 Female	平均家庭户规模 (人/户) Average Family Size (person/household)
全 国	**National Total**	**381551**	**192656**	**188894**	**101.99**	**21367**	**12612**	**8755**	**2.71**
北 京	Beijing	13552	6729	6823	98.62	713	297	416	2.54
天 津	Tianjin	8214	4100	4114	99.66	1432	1158	274	2.55
河 北	Hebei	15468	7791	7678	101.47	322	29	293	2.81
山 西	Shanxi	10626	5284	5342	98.93	406	361	45	2.90
内蒙古	Inner Mongolia	7046	3514	3532	99.49	181	160	21	2.62
辽 宁	Liaoning	19444	9757	9686	100.73	93	67	27	2.35
吉 林	Jilin	9061	4519	4542	99.51	53	28	25	2.39
黑龙江	Heilongjiang	12180	6078	6102	99.60	75	54	20	2.34
上 海	Shanghai	15264	7705	7559	101.93	455	292	163	2.51
江 苏	Jiangsu	23000	11668	11332	102.96	2122	1164	958	2.78
浙 江	Zhejiang	20866	10831	10035	107.93	799	502	298	2.49
安 徽	Anhui	12467	6242	6224	100.28	250	145	105	2.80
福 建	Fujian	11361	5893	5469	107.76	941	631	310	2.75
江 西	Jiangxi	9321	4721	4600	102.62	373	60	313	3.22
山 东	Shandong	27895	13941	13954	99.91	297	138	159	2.82
河 南	Henan	16284	8184	8100	101.05	89	38	51	3.15
湖 北	Hubei	14990	7414	7576	97.86	1995	1186	809	2.81
湖 南	Hunan	14715	7322	7393	99.05	906	134	772	3.17
广 东	Guangdong	44950	23687	21264	111.40	6361	4424	1938	2.56
广 西	Guangxi	8406	4306	4099	105.05	185	108	77	3.12
海 南	Hainan	2082	1076	1007	106.86	135	64	71	3.40
重 庆	Chongqing	10753	5285	5469	96.64	286	49	237	3.00
四 川	Sichuan	18611	9061	9550	94.88	789	317	472	2.71
贵 州	Guizhou	6420	3281	3139	104.54	72	45	27	3.02
云 南	Yunnan	7007	3545	3462	102.40	323	274	49	2.82
西 藏	Tibet	480	224	257	87.11	13	7	6	2.95
陕 西	Shaanxi	8689	4304	4386	98.13	1214	605	610	2.80
甘 肃	Gansu	3306	1649	1657	99.54	361	215	146	2.60
青 海	Qinghai	1376	696	680	102.27	41	32	10	2.67
宁 夏	Ningxia	1775	903	872	103.62	46	2	43	2.73
新 疆	Xinjiang	5938	2946	2992	98.45	39	24	15	2.62

2-13 各地区镇的户数、人口数、性别比和平均家庭户规模
Households, Population, Sex Ratio and Household Size of Towns by Region

地 区	Region	户 数 (户) Number of Households (households)	家庭户 Family Household	集体户 Collective Household	人口数 (人) Population (person)	男 Male	女 Female	性别比 (女=100) Sex Ratio (Female=100)
全 国	**National Total**	**89532**	**88355**	**1177**	**279305**	**143068**	**136236**	**105.01**
北 京	Beijing	400	381	19	976	534	442	120.82
天 津	Tianjin	316	295	21	952	472	480	98.43
河 北	Hebei	5790	5748	42	18810	9382	9427	99.52
山 西	Shanxi	2233	2229	4	6609	3321	3288	100.99
内蒙古	Inner Mongolia	2190	2182	7	5699	2893	2806	103.12
辽 宁	Liaoning	1786	1782	5	4634	2348	2285	102.75
吉 林	Jilin	1342	1338	4	3523	1776	1747	101.64
黑龙江	Heilongjiang	2456	2456		6180	3129	3052	102.54
上 海	Shanghai	729	718	12	1746	932	815	114.38
江 苏	Jiangsu	6310	6156	154	20510	10586	9924	106.67
浙 江	Zhejiang	4096	4031	64	10519	5387	5131	105.00
安 徽	Anhui	4824	4667	157	15336	8085	7251	111.50
福 建	Fujian	2985	2879	106	8803	4526	4278	105.80
江 西	Jiangxi	3407	3393	13	11432	5940	5492	108.16
山 东	Shandong	7476	7378	98	21795	10987	10808	101.65
河 南	Henan	6526	6500	26	23880	12248	11632	105.29
湖 北	Hubei	3951	3894	57	12004	6268	5736	109.28
湖 南	Hunan	4744	4699	45	15734	7946	7788	102.02
广 东	Guangdong	3896	3793	102	14031	7532	6499	115.89
广 西	Guangxi	3461	3450	11	11453	5936	5517	107.60
海 南	Hainan	644	635	10	2265	1195	1069	111.80
重 庆	Chongqing	1776	1755	21	5482	2824	2658	106.26
四 川	Sichuan	5524	5495	29	15961	7912	8050	98.29
贵 州	Guizhou	2241	2231	11	7359	3839	3520	109.07
云 南	Yunnan	3354	3288	66	11378	5894	5483	107.50
西 藏	Tibet	136	127	9	370	198	172	114.90
陕 西	Shaanxi	2822	2812	10	8345	4214	4131	102.01
甘 肃	Gansu	1846	1818	28	6523	3287	3236	101.60
青 海	Qinghai	406	387	19	1244	654	589	111.09
宁 夏	Ningxia	441	424	17	1469	683	786	86.90
新 疆	Xinjiang	1426	1417	10	4284	2139	2145	99.73

2-13 续表 continued

地 区	Region	家庭户人口数 (人) Family Household Population (person)	男 Male	女 Female	性别比 (女=100) Sex Ratio (Female=100)	集体户人口数 (人) Collective Household Population (person)	男 Male	女 Female	平均家庭户规模 (人/户) Average Family Size (person/ household)
全 国	**National Total**	**272973**	**138811**	**134162**	**103.47**	**6332**	**4257**	**2075**	**3.09**
北 京	Beijing	934	498	437	113.92	41	36	5	2.45
天 津	Tianjin	869	447	423	105.62	83	26	57	2.95
河 北	Hebei	18360	9335	9025	103.44	450	47	402	3.19
山 西	Shanxi	6600	3314	3286	100.87	9	6	3	2.96
内蒙古	Inner Mongolia	5674	2880	2794	103.10	25	13	12	2.60
辽 宁	Liaoning	4565	2283	2282	100.05	69	65	4	2.56
吉 林	Jilin	3511	1772	1739	101.87	12	4	8	2.62
黑龙江	Heilongjiang	6180	3129	3052	102.54				2.52
上 海	Shanghai	1717	911	806	113.07	29	21	9	2.39
江 苏	Jiangsu	19817	10146	9671	104.90	693	440	253	3.22
浙 江	Zhejiang	10326	5279	5047	104.59	193	109	84	2.56
安 徽	Anhui	14443	7241	7202	100.55	893	844	49	3.09
福 建	Fujian	8440	4309	4131	104.32	363	216	147	2.93
江 西	Jiangxi	11313	5836	5477	106.56	118	104	15	3.33
山 东	Shandong	21293	10760	10533	102.16	502	227	275	2.89
河 南	Henan	23757	12161	11596	104.88	123	87	37	3.65
湖 北	Hubei	11591	5889	5702	103.29	413	379	34	2.98
湖 南	Hunan	15289	7622	7667	99.41	445	324	121	3.25
广 东	Guangdong	13597	7177	6420	111.79	434	355	79	3.58
广 西	Guangxi	11416	5922	5494	107.79	38	14	23	3.31
海 南	Hainan	2222	1168	1054	110.79	42	27	15	3.50
重 庆	Chongqing	5309	2666	2643	100.89	173	158	15	3.03
四 川	Sichuan	15841	7834	8007	97.84	120	78	42	2.88
贵 州	Guizhou	7294	3788	3506	108.06	65	51	14	3.27
云 南	Yunnan	10791	5482	5309	103.25	587	413	174	3.28
西 藏	Tibet	338	177	161	109.83	32	21	11	2.67
陕 西	Shaanxi	8316	4195	4121	101.79	28	19	10	2.96
甘 肃	Gansu	6420	3194	3226	99.02	102	93	10	3.53
青 海	Qinghai	1179	609	570	106.74	65	46	19	3.04
宁 夏	Ningxia	1341	681	660	103.25	128	2	126	3.16
新 疆	Xinjiang	4229	2106	2123	99.20	55	33	22	2.98

2-14 各地区乡村户数、人口数、性别比和平均家庭户规模
Households, Population, Sex Ratio and Household Size of Rural Areas by Region

地 区	Region	户 数 (户) Number of Households (households)	家庭户 Family Household	集体户 Collective Household	人口数 (人) Population (person)	男 Male	女 Female	性别比 (女=100) Sex Ratio (Female=100)
全 国	**National Total**	**142689**	**142052**	**637**	**462426**	**236963**	**225463**	**105.10**
北 京	Beijing	795	768	27	2432	1220	1211	100.74
天 津	Tianjin	661	661	1	2195	1133	1063	106.56
河 北	Hebei	8338	8330	8	27307	14008	13299	105.33
山 西	Shanxi	4148	4143	6	12840	6627	6213	106.66
内蒙古	Inner Mongolia	2987	2978	9	7856	4041	3815	105.91
辽 宁	Liaoning	3802	3740	62	11574	5733	5841	98.15
吉 林	Jilin	3182	3175	8	9536	4874	4661	104.57
黑龙江	Heilongjiang	4251	4248	3	12511	6435	6075	105.93
上 海	Shanghai	1192	1183	9	2412	1328	1084	122.49
江 苏	Jiangsu	6343	6328	15	20364	10137	10227	99.12
浙 江	Zhejiang	5377	5313	64	14850	7698	7152	107.63
安 徽	Anhui	7140	7129	11	23759	12195	11564	105.46
福 建	Fujian	3546	3535	12	11204	5757	5447	105.68
江 西	Jiangxi	4590	4578	11	16954	8858	8096	109.42
山 东	Shandong	11427	11398	29	32422	16297	16124	101.07
河 南	Henan	11325	11311	14	38425	19344	19081	101.38
湖 北	Hubei	6067	6050	17	19510	10105	9405	107.44
湖 南	Hunan	7433	7422	11	25162	13067	12095	108.04
广 东	Guangdong	7136	6995	141	27681	14566	13115	111.07
广 西	Guangxi	5594	5570	24	20309	10645	9664	110.16
海 南	Hainan	837	776	60	3176	1582	1594	99.20
重 庆	Chongqing	3258	3253	6	8895	4572	4323	105.76
四 川	Sichuan	10810	10776	33	32982	16654	16328	101.99
贵 州	Guizhou	4650	4637	14	15636	8238	7398	111.34
云 南	Yunnan	5925	5912	13	20876	10809	10067	107.37
西 藏	Tibet	428	427	1	1953	972	981	99.17
陕 西	Shaanxi	4283	4274	9	13436	6757	6678	101.18
甘 肃	Gansu	3075	3067	7	11425	5850	5575	104.93
青 海	Qinghai	586	582	4	2283	1189	1094	108.65
宁 夏	Ningxia	649	648	1	2348	1206	1143	105.50
新 疆	Xinjiang	2854	2846	8	10114	5066	5048	100.35

2-14 续表 continued

地 区	Region	家庭户人口数（人）Family Household Population (person)				集体户人口数（人）Collective Household Population (person)			平均家庭户规模（人/户）Average Family Size (person/household)
			男 Male	女 Female	性别比（女=100）Sex Ratio (Female=100)		男 Male	女 Female	
全 国	**National Total**	**459110**	**235164**	**223946**	**105.01**	**3316**	**1799**	**1517**	**3.23**
北 京	Beijing	2286	1144	1143	100.12	145	76	69	2.98
天 津	Tianjin	2194	1132	1062	106.52	2	1	1	3.32
河 北	Hebei	27286	13997	13289	105.33	21	11	10	3.28
山 西	Shanxi	12827	6618	6209	106.59	13	9	4	3.10
内蒙古	Inner Mongolia	7818	4013	3805	105.48	39	28	11	2.62
辽 宁	Liaoning	11172	5731	5442	105.31	401	2	399	2.99
吉 林	Jilin	9518	4863	4654	104.49	18	11	7	3.00
黑龙江	Heilongjiang	12501	6429	6072	105.89	10	6	4	2.94
上 海	Shanghai	2387	1306	1081	120.78	24	22	3	2.02
江 苏	Jiangsu	20299	10081	10218	98.66	65	56	9	3.21
浙 江	Zhejiang	14621	7536	7086	106.34	229	163	66	2.75
安 徽	Anhui	23661	12113	11548	104.90	98	82	16	3.32
福 建	Fujian	11173	5739	5434	105.61	30	17	13	3.16
江 西	Jiangxi	16869	8812	8057	109.38	85	46	39	3.68
山 东	Shandong	32340	16242	16099	100.89	81	55	26	2.84
河 南	Henan	38341	19288	19053	101.23	84	56	28	3.39
湖 北	Hubei	19265	9896	9369	105.62	245	209	36	3.18
湖 南	Hunan	25113	13030	12083	107.83	49	38	11	3.38
广 东	Guangdong	27062	14144	12919	109.48	619	423	196	3.87
广 西	Guangxi	19971	10460	9511	109.97	339	186	153	3.59
海 南	Hainan	2959	1581	1378	114.75	217		216	3.81
重 庆	Chongqing	8857	4550	4308	105.63	38	22	15	2.72
四 川	Sichuan	32774	16528	16246	101.74	208	125	82	3.04
贵 州	Guizhou	15579	8204	7375	111.24	57	34	23	3.36
云 南	Yunnan	20793	10756	10037	107.16	83	53	30	3.52
西 藏	Tibet	1949	972	977	99.47	5	1	4	4.57
陕 西	Shaanxi	13402	6736	6666	101.06	34	21	13	3.14
甘 肃	Gansu	11400	5836	5564	104.90	24	13	11	3.72
青 海	Qinghai	2266	1177	1089	108.12	17	11	5	3.89
宁 夏	Ningxia	2345	1204	1141	105.56	4	2	2	3.62
新 疆	Xinjiang	10079	5045	5033	100.23	36	21	15	3.54

2-15 各地区按家庭户规模分的户数
Family Households by Size and Region

单位：户 (household)

地区	Region	家庭户户数 Number of Family Households	一人户 One Person	二人户 Two Persons	三人户 Three Persons	四人户 Four Persons	五人户 Five Persons	六人户 Six Persons	七人户 Seven Persons	八人户 Eight Persons	九人户 Nine Persons	十人及以上户 Ten Persons and Over
全 国	**National Total**	**371225**	**61961**	**105040**	**86851**	**61107**	**31873**	**16334**	**4967**	**1667**	**696**	**728**
北 京	Beijing	6490	1485	1951	1712	724	444	130	27	11	4	3
天 津	Tianjin	4171	614	1349	1361	566	197	66	14	3		
河 北	Hebei	19580	2431	5924	4506	3644	1683	1006	269	70	19	28
山 西	Shanxi	10035	1335	2859	2607	2052	761	332	64	20	3	2
内蒙古	Inner Mongolia	7852	1109	2743	2562	1030	281	104	17	4	1	1
辽 宁	Liaoning	13791	2663	4949	3943	1353	631	216	30	6	1	
吉 林	Jilin	8305	1313	3034	2370	920	464	161	34	8	1	
黑龙江	Heilongjiang	11910	1947	4614	3437	1149	543	174	31	8	4	2
上 海	Shanghai	7971	1895	2902	1985	697	397	80	12	1	1	1
江 苏	Jiangsu	20769	3335	6223	4841	2918	2127	884	271	106	41	23
浙 江	Zhejiang	17728	4377	6044	3711	1930	1056	471	86	40	8	5
安 徽	Anhui	16243	2327	4450	3876	2992	1432	826	215	73	33	18
福 建	Fujian	10546	2159	2656	2108	1781	963	615	164	50	25	26
江 西	Jiangxi	10863	1182	2387	2364	2458	1339	705	273	86	30	40
山 东	Shandong	28656	4110	9515	6981	5122	1741	977	168	25	11	7
河 南	Henan	22976	2781	5245	4979	4847	2638	1679	547	173	49	39
湖 北	Hubei	15269	2511	4280	3794	2419	1322	690	140	56	27	30
湖 南	Hunan	16766	2162	4076	4060	3322	1724	938	301	103	40	40
广 东	Guangdong	28361	7561	6509	4658	4116	2655	1415	690	326	171	259
广 西	Guangxi	11714	1863	2384	2461	2392	1358	731	281	99	70	76
海 南	Hainan	2023	266	392	417	481	248	123	53	20	13	10
重 庆	Chongqing	8590	1640	2366	2010	1338	774	359	70	22	8	2
四 川	Sichuan	23142	4203	6714	5242	3458	2129	975	300	73	29	19
贵 州	Guizhou	8991	1402	2134	1838	1813	967	506	206	66	30	28
云 南	Yunnan	11683	1522	2534	2607	2498	1400	788	232	69	26	8
西 藏	Tibet	716	107	111	166	134	76	53	29	18	9	12
陕 西	Shaanxi	10193	1624	2859	2502	1779	864	410	110	29	5	11
甘 肃	Gansu	6156	676	1472	1344	1169	720	496	182	55	21	20
青 海	Qinghai	1485	267	332	320	269	150	90	35	14	3	4
宁 夏	Ningxia	1722	204	453	421	355	161	84	29	8	3	3
新 疆	Xinjiang	6529	890	1579	1668	1380	628	252	85	25	11	12

2-16 各地区城市按家庭户规模分的户数
Family Households of Cities by Size and Region

单位：户 (household)

地区	Region	家庭户户数 Number of Family Households	一人户 One Person	二人户 Two Persons	三人户 Three Persons	四人户 Four Persons	五人户 Five Persons	六人户 Six Persons	七人户 Seven Persons	八人户 Eight Persons	九人户 Nine Persons	十人及以上户 Ten Persons and Over
全　国	**National Total**	**140818**	**27619**	**41462**	**38322**	**19153**	**9066**	**3701**	**915**	**305**	**141**	**134**
北　京	Beijing	5341	1248	1585	1447	583	359	93	16	6	2	2
天　津	Tianjin	3216	509	1084	1135	351	111	21	3			
河　北	Hebei	5503	786	1829	1551	779	336	158	41	15	3	4
山　西	Shanxi	3663	414	1012	1205	697	239	72	19	4	1	
内蒙古	Inner Mongolia	2692	340	805	1118	314	96	17	1	1		
辽　宁	Liaoning	8270	1875	2950	2586	573	241	36	6	3		
吉　林	Jilin	3793	758	1413	1170	311	114	21	5	1		
黑龙江	Heilongjiang	5206	1079	2041	1617	322	125	20	1	1		
上　海	Shanghai	6069	1322	2069	1675	604	326	61	10	1	1	1
江　苏	Jiangsu	8285	1437	2560	2277	1089	641	211	45	12	7	4
浙　江	Zhejiang	8384	2209	2771	1877	835	447	188	40	15		1
安　徽	Anhui	4448	697	1327	1295	682	282	120	26	11	6	1
福　建	Fujian	4133	982	978	884	690	335	177	57	18	8	5
江　西	Jiangxi	2891	306	664	817	597	307	130	44	13	4	9
山　东	Shandong	9880	1232	3027	3083	1687	527	271	41	6	6	
河　南	Henan	5165	673	1185	1457	1002	446	296	76	27	3	
湖　北	Hubei	5326	869	1552	1562	718	410	184	21	7	1	1
湖　南	Hunan	4645	580	1046	1401	857	449	218	58	15	5	15
广　东	Guangdong	17573	5658	4384	3108	2313	1225	531	182	68	49	55
广　西	Guangxi	2694	485	586	652	511	241	125	46	20	16	13
海　南	Hainan	612	87	95	158	149	69	34	11	4	3	3
重　庆	Chongqing	3582	528	856	1007	603	398	156	27	6	2	
四　川	Sichuan	6870	1295	2044	1837	904	531	200	39	14	4	3
贵　州	Guizhou	2123	332	545	533	394	176	86	32	12	6	9
云　南	Yunnan	2483	483	671	629	370	197	93	24	7	7	3
西　藏	Tibet	163	23	31	64	31	7	6				
陕　西	Shaanxi	3107	549	902	827	494	210	84	24	11	3	3
甘　肃	Gansu	1271	238	423	353	155	61	26	9	2	1	2
青　海	Qinghai	515	117	152	130	64	32	14	2	2	1	1
宁　夏	Ningxia	649	89	192	214	115	28	10	2			
新　疆	Xinjiang	2267	418	680	653	359	99	42	9	3	1	1

2-17 各地区镇按家庭户规模分的户数
Family Households of Towns by Size and Region

单位：户 (household)

地 区	Region	家庭户户数 Number of Family Households	一人户 One Person	二人户 Two Persons	三人户 Three Persons	四人户 Four Persons	五人户 Five Persons	六人户 Six Persons	七人户 Seven Persons	八人户 Eight Persons	九人户 Nine Persons	十人及以上户 Ten Persons and Over
全 国	**National Total**	**88355**	**12762**	**24192**	**20092**	**16237**	**8348**	**4391**	**1441**	**485**	**193**	**213**
北 京	Beijing	381	88	136	89	40	21	6	2			
天 津	Tianjin	295	42	92	62	58	27	11	3			
河 北	Hebei	5748	628	1603	1329	1192	537	340	82	24	8	4
山 西	Shanxi	2229	286	666	538	471	163	89	8	7	1	
内蒙古	Inner Mongolia	2182	274	729	748	352	60	17	2	1		
辽 宁	Liaoning	1782	309	655	501	206	78	29	3			
吉 林	Jilin	1338	175	489	423	160	69	21	1		1	
黑龙江	Heilongjiang	2456	365	958	791	217	98	22	3	1		
上 海	Shanghai	718	186	267	153	57	41	12	1			
江 苏	Jiangsu	6156	852	1794	1262	950	772	337	118	43	21	8
浙 江	Zhejiang	4031	931	1429	892	435	215	96	19	10	3	1
安 徽	Anhui	4667	589	1271	1154	915	433	228	53	14	6	3
福 建	Fujian	2879	573	751	573	470	257	189	40	12	6	9
江 西	Jiangxi	3393	365	789	743	770	403	199	82	22	8	13
山 东	Shandong	7378	1007	2394	1624	1511	498	262	63	14		4
河 南	Henan	6500	688	1215	1197	1543	897	624	231	71	13	21
湖 北	Hubei	3894	653	1028	970	659	342	182	37	12	3	8
湖 南	Hunan	4699	480	1273	1127	947	483	246	94	27	11	10
广 东	Guangdong	3793	752	765	498	632	512	273	167	83	46	64
广 西	Guangxi	3450	586	672	739	687	416	197	81	25	24	25
海 南	Hainan	635	94	134	122	137	75	39	16	8	6	4
重 庆	Chongqing	1755	277	495	393	315	155	83	28	6	2	1
四 川	Sichuan	5495	914	1617	1241	923	507	198	67	18	6	4
贵 州	Guizhou	2231	310	483	454	528	252	132	46	15	4	5
云 南	Yunnan	3288	403	715	748	691	397	218	76	28	11	2
西 藏	Tibet	127	35	31	28	19	9	4				1
陕 西	Shaanxi	2812	405	837	710	484	218	109	34	11	1	4
甘 肃	Gansu	1818	150	386	415	407	217	147	53	19	10	15
青 海	Qinghai	387	91	83	75	68	33	20	12	5		1
宁 夏	Ningxia	424	56	94	100	96	42	23	8	3		
新 疆	Xinjiang	1417	197	343	392	300	121	40	11	7	2	5

2-18 各地区乡村按家庭户规模分的户数
Family Households of Rural Areas by Size and Region

单位：户 (household)

地 区	Region	家庭户户数 Number of Family Households	一人户 One Person	二人户 Two Persons	三人户 Three Persons	四人户 Four Persons	五人户 Five Persons	六人户 Six Persons	七人户 Seven Persons	八人户 Eight Persons	九人户 Nine Persons	十人及以上户 Ten Persons and Over
全 国	**National Total**	**142052**	**21580**	**39386**	**28437**	**25718**	**14458**	**8242**	**2611**	**878**	**362**	**381**
北 京	Beijing	768	149	230	176	102	65	31	9	5	2	1
天 津	Tianjin	661	64	172	164	156	59	34	9	2		
河 北	Hebei	8330	1017	2492	1626	1673	810	508	145	31	8	21
山 西	Shanxi	4143	635	1180	864	885	358	171	38	9	1	2
内蒙古	Inner Mongolia	2978	495	1209	696	364	125	70	15	3	1	1
辽 宁	Liaoning	3740	479	1344	856	573	312	151	21	3	1	
吉 林	Jilin	3175	380	1132	777	450	281	119	28	7		
黑龙江	Heilongjiang	4248	503	1615	1029	611	320	132	27	6	4	2
上 海	Shanghai	1183	387	566	158	36	30	6	1			
江 苏	Jiangsu	6328	1046	1870	1302	879	713	336	108	50	13	11
浙 江	Zhejiang	5313	1237	1844	942	660	394	187	27	14	5	3
安 徽	Anhui	7129	1041	1853	1427	1395	716	479	135	48	21	13
福 建	Fujian	3535	604	927	651	621	371	249	67	21	12	12
江 西	Jiangxi	4578	512	934	804	1090	629	376	147	51	18	17
山 东	Shandong	11398	1870	4093	2274	1925	715	443	65	5	5	3
河 南	Henan	11311	1420	2845	2324	2302	1295	760	241	75	33	17
湖 北	Hubei	6050	988	1700	1262	1042	569	324	83	37	23	21
湖 南	Hunan	7422	1102	1757	1531	1518	792	474	149	61	23	15
广 东	Guangdong	6995	1151	1360	1051	1172	919	610	341	175	76	140
广 西	Guangxi	5570	792	1126	1069	1194	701	409	154	54	31	39
海 南	Hainan	776	86	162	137	195	104	50	26	9	4	3
重 庆	Chongqing	3253	835	1016	610	420	221	120	15	11	4	1
四 川	Sichuan	10776	1994	3053	2165	1632	1090	577	193	41	19	13
贵 州	Guizhou	4637	760	1106	851	891	539	289	128	40	19	14
云 南	Yunnan	5912	636	1148	1230	1436	806	477	133	35	8	3
西 藏	Tibet	427	48	50	73	85	60	43	29	18	9	12
陕 西	Shaanxi	4274	670	1120	965	801	436	217	52	7	2	4
甘 肃	Gansu	3067	288	663	577	607	442	323	121	34	10	4
青 海	Qinghai	582	58	97	115	138	85	56	22	8	2	1
宁 夏	Ningxia	648	59	167	107	144	91	52	19	5	2	2
新 疆	Xinjiang	2846	275	557	623	721	408	169	65	15	7	6

2-19 各地区家庭户类别
Family Households by Type and Region

单位：户 (household)

地 区	Region	家庭户户数 Number of Family Households	一代户 One Generation	二代户 Two Generations	三代户 Three Generations	四代及以上户 Four Generations and over
全 国	**National Total**	**371225**	**149626**	**155307**	**63592**	**2699**
北 京	Beijing	6490	3239	2322	915	14
天 津	Tianjin	4171	1763	1928	466	15
河 北	Hebei	19580	7599	8616	3223	143
山 西	Shanxi	10035	3705	4917	1374	39
内蒙古	Inner Mongolia	7852	3514	3757	566	16
辽 宁	Liaoning	13791	6790	5464	1497	40
吉 林	Jilin	8305	3910	3337	1027	32
黑龙江	Heilongjiang	11910	5828	4869	1173	40
上 海	Shanghai	7971	4490	2592	864	24
江 苏	Jiangsu	20769	8850	7226	4403	290
浙 江	Zhejiang	17728	9700	5721	2218	88
安 徽	Anhui	16243	5923	7182	3008	131
福 建	Fujian	10546	4332	4081	2048	85
江 西	Jiangxi	10863	3099	5268	2417	79
山 东	Shandong	28656	12632	12316	3585	123
河 南	Henan	22976	6872	10687	5213	203
湖 北	Hubei	15269	5858	6282	3004	125
湖 南	Hunan	16766	5326	7529	3723	188
广 东	Guangdong	28361	13589	9689	4942	142
广 西	Guangxi	11714	3635	5576	2413	90
海 南	Hainan	2023	592	1057	355	18
重 庆	Chongqing	8590	3410	3433	1676	71
四 川	Sichuan	23142	9287	9220	4371	263
贵 州	Guizhou	8991	3106	4276	1542	66
云 南	Yunnan	11683	3453	5262	2806	162
西 藏	Tibet	716	182	357	167	10
陕 西	Shaanxi	10193	3885	4400	1833	76
甘 肃	Gansu	6156	1845	2646	1563	102
青 海	Qinghai	1485	512	659	302	12
宁 夏	Ningxia	1722	586	920	211	5
新 疆	Xinjiang	6529	2114	3717	690	9

2-20 各地区城市家庭户类别
Family Households of Cities by Type and Region

单位：户 (household)

地 区	Region	家庭户户数 Number of Family Households	一代户 One Generation	二代户 Two Generations	三代户 Three Generations	四代及以上户 Four Generations and over
全 国	**National Total**	**140818**	**63431**	**58509**	**18351**	**526**
北 京	Beijing	5341	2667	1935	730	8
天 津	Tianjin	3216	1431	1490	287	8
河 北	Hebei	5503	2369	2445	666	22
山 西	Shanxi	3663	1285	1958	410	10
内蒙古	Inner Mongolia	2692	1043	1482	166	2
辽 宁	Liaoning	8270	4318	3381	560	10
吉 林	Jilin	3793	1940	1568	282	4
黑龙江	Heilongjiang	5206	2729	2155	319	3
上 海	Shanghai	6069	3136	2183	732	18
江 苏	Jiangsu	8285	3700	3192	1341	52
浙 江	Zhejiang	8384	4698	2736	912	37
安 徽	Anhui	4448	1783	2038	616	11
福 建	Fujian	4133	1831	1603	676	23
江 西	Jiangxi	2891	858	1496	525	12
山 东	Shandong	9880	3932	4789	1130	29
河 南	Henan	5165	1629	2552	960	24
湖 北	Hubei	5326	2192	2268	846	21
湖 南	Hunan	4645	1437	2229	947	32
广 东	Guangdong	17573	9905	5529	2087	52
广 西	Guangxi	2694	965	1266	451	12
海 南	Hainan	612	169	338	98	7
重 庆	Chongqing	3582	1193	1511	854	25
四 川	Sichuan	6870	2966	2707	1146	52
贵 州	Guizhou	2123	779	999	332	14
云 南	Yunnan	2483	1035	988	437	23
西 藏	Tibet	163	44	98	21	
陕 西	Shaanxi	3107	1330	1344	425	8
甘 肃	Gansu	1271	602	537	128	3
青 海	Qinghai	515	239	210	65	2
宁 夏	Ningxia	649	250	357	42	
新 疆	Xinjiang	2267	976	1127	161	3

2-21 各地区镇家庭户类别
Family Households of Towns by Type and Region

单位：户 (household)

地 区	Region	家庭户户数 Number of Family Households	一代户 One Generation	二代户 Two Generations	三代户 Three Generations	四代及以上户 Four Generations and over
全 国	**National Total**	**88355**	**32695**	**38621**	**16322**	**717**
北 京	Beijing	381	217	118	45	1
天 津	Tianjin	295	121	124	49	1
河 北	Hebei	5748	2024	2656	1030	38
山 西	Shanxi	2229	837	1087	292	13
内蒙古	Inner Mongolia	2182	907	1166	107	2
辽 宁	Liaoning	1782	859	713	206	5
吉 林	Jilin	1338	587	592	156	3
黑龙江	Heilongjiang	2456	1195	1067	188	5
上 海	Shanghai	718	433	203	80	2
江 苏	Jiangsu	6156	2423	2038	1577	118
浙 江	Zhejiang	4031	2183	1407	427	15
安 徽	Anhui	4667	1630	2148	853	36
福 建	Fujian	2879	1154	1155	555	15
江 西	Jiangxi	3393	987	1662	718	26
山 东	Shandong	7378	3158	3222	957	41
河 南	Henan	6500	1646	3035	1748	71
湖 北	Hubei	3894	1390	1702	774	28
湖 南	Hunan	4699	1466	2185	992	56
广 东	Guangdong	3793	1440	1347	979	28
广 西	Guangxi	3450	1076	1620	726	28
海 南	Hainan	635	211	301	117	6
重 庆	Chongqing	1755	634	781	320	20
四 川	Sichuan	5495	2150	2255	1046	44
贵 州	Guizhou	2231	683	1167	363	17
云 南	Yunnan	3288	956	1497	789	46
西 藏	Tibet	127	59	57	10	1
陕 西	Shaanxi	2812	1058	1259	480	15
甘 肃	Gansu	1818	453	853	480	33
青 海	Qinghai	387	154	162	69	2
宁 夏	Ningxia	424	134	236	52	1
新 疆	Xinjiang	1417	470	807	139	1

2-22 各地区乡村家庭户类别
Family Households of Rural Areas by Type and Region

单位：户 (household)

地区	Region	家庭户户数 Number of Family Households	一代户 One Generation	二代户 Two Generations	三代户 Three Generations	四代及以上户 Four Generations and over
全国	**National Total**	**142052**	**53500**	**58176**	**28919**	**1456**
北京	Beijing	768	355	268	139	5
天津	Tianjin	661	211	314	130	6
河北	Hebei	8330	3205	3514	1527	83
山西	Shanxi	4143	1582	1872	671	17
内蒙古	Inner Mongolia	2978	1564	1109	293	12
辽宁	Liaoning	3740	1613	1370	731	25
吉林	Jilin	3175	1383	1177	589	25
黑龙江	Heilongjiang	4248	1904	1648	666	31
上海	Shanghai	1183	921	206	52	4
江苏	Jiangsu	6328	2727	1996	1486	120
浙江	Zhejiang	5313	2819	1579	879	36
安徽	Anhui	7129	2510	2996	1539	84
福建	Fujian	3535	1347	1323	817	47
江西	Jiangxi	4578	1254	2110	1174	41
山东	Shandong	11398	5543	4305	1498	52
河南	Henan	11311	3597	5100	2506	109
湖北	Hubei	6050	2276	2313	1385	76
湖南	Hunan	7422	2423	3115	1784	100
广东	Guangdong	6995	2244	2813	1876	63
广西	Guangxi	5570	1593	2691	1236	50
海南	Hainan	776	212	418	140	6
重庆	Chongqing	3253	1583	1141	503	26
四川	Sichuan	10776	4171	4258	2180	167
贵州	Guizhou	4637	1644	2111	847	35
云南	Yunnan	5912	1462	2777	1580	93
西藏	Tibet	427	80	202	135	9
陕西	Shaanxi	4274	1497	1797	928	52
甘肃	Gansu	3067	790	1256	955	66
青海	Qinghai	582	119	288	168	8
宁夏	Ningxia	648	201	328	116	3
新疆	Xinjiang	2846	668	1783	390	5

2-23 全国家庭户人数和户主的年龄、性别构成
Population of Family Households, Age and Sex Composition of the Household Head

年 龄 Age	家庭户人口数 Population of Family Household (person)	男 Male	女 Female	户主数 Number of Household Head (person)	男 Male	女 Female	户主率 Household Head Rate (%)	男 Male	女 Female
总计 Total	**1113632**	**566631**	**547001**	**352355**	**280912**	**71443**	**31.64**	**49.58**	**13.06**
14岁以下	**192205**	**103474**	**88732**	**174**	**114**	**60**	**0.09**	**0.11**	**0.07**
15-19	**51073**	**27457**	**23616**	**833**	**548**	**286**	**1.63**	**1.99**	**1.21**
15	10318	5491	4827	40	25	15	0.39	0.45	0.32
16	10154	5364	4790	90	61	29	0.89	1.14	0.60
17	10086	5315	4771	126	78	48	1.25	1.47	1.01
18	10761	5813	4949	244	137	108	2.27	2.35	2.18
19	9754	5475	4279	333	247	86	3.41	4.51	2.00
20-24	**60569**	**32567**	**28002**	**5336**	**3575**	**1761**	**8.81**	**10.98**	**6.29**
20	10350	5711	4639	480	323	157	4.64	5.66	3.39
21	10742	5879	4863	669	438	231	6.23	7.45	4.76
22	11733	6378	5356	967	649	318	8.24	10.18	5.94
23	13662	7257	6405	1425	924	501	10.43	12.73	7.83
24	14082	7342	6740	1794	1241	553	12.74	16.90	8.21
25-29	**89083**	**45170**	**43913**	**16431**	**12196**	**4235**	**18.44**	**27.00**	**9.64**
25	14951	7670	7281	2036	1406	630	13.61	18.33	8.65
26	15447	7910	7537	2458	1821	637	15.91	23.02	8.45
27	16770	8563	8207	3108	2310	798	18.53	26.98	9.72
28	20710	10438	10272	4093	3070	1024	19.77	29.41	9.97
29	21205	10589	10616	4736	3589	1146	22.33	33.90	10.80
30-34	**90349**	**44874**	**45475**	**25764**	**19912**	**5852**	**28.52**	**44.37**	**12.87**
30	19510	9739	9771	4825	3743	1082	24.73	38.43	11.08
31	20578	10229	10349	5489	4226	1262	26.67	41.32	12.20
32	18600	9224	9376	5393	4136	1257	29.00	44.84	13.41
33	15931	7869	8062	4901	3793	1109	30.77	48.20	13.75
34	15730	7813	7918	5155	4013	1141	32.77	51.37	14.42
35-39	**79817**	**40044**	**39773**	**29747**	**23313**	**6434**	**37.27**	**58.22**	**16.18**
35	15524	7740	7784	5351	4157	1195	34.47	53.70	15.35
36	17878	8948	8930	6356	4937	1419	35.55	55.17	15.89
37	15838	7934	7905	5917	4665	1252	37.36	58.80	15.84
38	14676	7374	7302	5655	4478	1177	38.53	60.73	16.12
39	15900	8047	7853	6468	5076	1392	40.68	63.08	17.72

2-23 续表 continued

年 龄 Age	家庭户人口数 Population of Family Household (person)	男 Male	女 Female	户主数 Number of Household Head (person)	男 Male	女 Female	户主率 Household Head Rate (%)	男 Male	女 Female
40-44	**81783**	**41345**	**40438**	**36319**	**29259**	**7060**	**44.41**	**70.77**	**17.46**
40	15554	7836	7719	6574	5255	1319	42.26	67.06	17.09
41	14573	7392	7181	6275	5031	1244	43.06	68.06	17.32
42	16500	8351	8149	7296	5875	1421	44.22	70.35	17.44
43	16916	8553	8363	7784	6253	1531	46.01	73.10	18.31
44	18240	9214	9026	8391	6846	1545	46.00	74.31	17.11
45-49	**100538**	**50883**	**49656**	**49123**	**41240**	**7883**	**48.86**	**81.05**	**15.87**
45	19110	9667	9443	9058	7480	1578	47.40	77.37	16.72
46	19725	10027	9698	9569	8005	1564	48.51	79.84	16.12
47	20075	10196	9879	9849	8254	1595	49.06	80.95	16.15
48	21774	10984	10790	10729	9051	1678	49.28	82.40	15.55
49	19854	10008	9846	9917	8450	1467	49.95	84.43	14.90
50-54	**95421**	**47934**	**47487**	**48700**	**41504**	**7196**	**51.04**	**86.59**	**15.15**
50	21662	10911	10751	10923	9285	1638	50.42	85.10	15.23
51	17341	8690	8651	8856	7574	1283	51.07	87.15	14.83
52	19002	9553	9449	9680	8318	1362	50.94	87.07	14.42
53	18967	9558	9409	9745	8305	1440	51.38	86.89	15.30
54	18450	9223	9227	9497	8023	1473	51.47	87.00	15.97
55-59	**69193**	**34717**	**34476**	**35964**	**30075**	**5889**	**51.98**	**86.63**	**17.08**
55	21263	10709	10554	11085	9337	1748	52.13	87.19	16.56
56	17548	8785	8763	9071	7578	1493	51.69	86.26	17.03
57	9233	4542	4691	4733	3930	803	51.26	86.54	17.11
58	11076	5572	5504	5835	4853	982	52.68	87.09	17.85
59	10072	5109	4963	5240	4376	863	52.02	85.66	17.40
60-64	**67662**	**33837**	**33825**	**35253**	**29160**	**6093**	**52.10**	**86.18**	**18.01**
60	12966	6567	6399	6780	5654	1126	52.29	86.11	17.60
61	14290	7197	7093	7465	6226	1239	52.24	86.50	17.47
62	13242	6579	6662	6861	5658	1204	51.82	85.99	18.07
63	13567	6762	6805	7089	5868	1221	52.25	86.77	17.94
64	13598	6732	6866	7059	5755	1304	51.91	85.49	18.99
65+	**135938**	**64329**	**71609**	**68712**	**50016**	**18696**	**50.55**	**77.75**	**26.11**

2-24　各地区分性别、受教育程度的人口
Population by Sex, Educational Attainment and Region

单位：人　　　　(person)

地　区	Region	6岁及以上人口 Population Aged 6 and Over	男 Male	女 Female	未上过学 No Schooling	男 Male	女 Female	小　学 Primary School	男 Male	女 Female
全　国	**National Total**	**1064195**	**542369**	**521826**	**57483**	**16481**	**41001**	**268951**	**127947**	**141004**
北　京	Beijing	16691	8245	8446	351	115	236	1442	645	796
天　津	Tianjin	12223	6555	5668	237	79	159	1644	794	851
河　北	Hebei	57391	28867	28524	2654	844	1810	13852	6492	7360
山　西	Shanxi	28597	14624	13973	829	271	559	5524	2525	2999
内蒙古	Inner Mongolia	19630	10027	9603	1038	355	683	4509	2117	2391
辽　宁	Liaoning	34381	17222	17159	716	253	464	6378	2964	3414
吉　林	Jilin	21211	10672	10539	682	208	474	5147	2445	2702
黑龙江	Heilongjiang	29914	15180	14733	859	297	563	6760	3195	3565
上　海	Shanghai	18895	9707	9188	534	145	389	2345	1085	1259
江　苏	jiangsu	62186	31588	30597	3902	972	2930	14057	6497	7560
浙　江	Zhejiang	44089	22796	21293	2558	683	1876	11872	5715	6156
安　徽	Anhui	47823	24523	23300	3441	924	2518	12839	6034	6805
福　建	Fujian	29725	15372	14353	2079	478	1601	8177	3786	4391
江　西	Jiangxi	35213	17989	17224	1599	418	1181	10304	4847	5457
山　东	Shandong	75785	37866	37919	5352	1281	4071	19162	8887	10275
河　南	Henan	72177	36234	35943	3803	1134	2670	17390	8339	9050
湖　北	Hubei	45347	23268	22079	2367	683	1684	10741	5062	5679
湖　南	Hunan	52016	26059	25957	1843	562	1280	13335	6269	7066
广　东	Guangdong	86007	46362	39645	2937	839	2098	18224	8549	9675
广　西	Guangxi	36719	19051	17669	1526	492	1034	10538	4963	5574
海　南	Hainan	7051	3578	3473	299	87	212	1262	592	670
重　庆	Chongqing	23659	11813	11846	1025	296	729	7426	3563	3863
四　川	Sichuan	63872	31618	32254	4853	1319	3534	21014	10395	10619
贵　州	Guizhou	26757	13916	12840	2656	722	1935	9292	4816	4476
云　南	Yunnan	36584	18926	17658	2993	968	2027	13080	6451	6629
西　藏	Tibet	2537	1256	1282	835	325	510	881	478	402
陕　西	Shaanxi	29664	14848	14816	1602	475	1127	7092	3282	3809
甘　肃	Gansu	19988	10148	9840	2067	589	1477	6374	3079	3294
青　海	Qinghai	4520	2348	2173	536	179	357	1533	763	770
宁　夏	Ningxia	5168	2545	2623	474	142	332	1469	726	743
新　疆	Xinjiang	18375	9165	9210	834	351	483	5290	2590	2701

2-24 续表 continued

单位：人 (person)

地 区	Region	初中 Junior Secondary School	男 Male	女 Female	高中 Senior Secondary School	男 Male	女 Female	大专及以上 College and Higher Level	男 Male	女 Female
全 国	**National Total**	**401864**	**216604**	**185260**	**186794**	**103720**	**83074**	**149104**	**77616**	**71487**
北 京	Beijing	3452	1802	1650	3325	1707	1617	8121	3975	4146
天 津	Tianjin	4160	2388	1772	2723	1480	1243	3458	1816	1643
河 北	Hebei	24788	13281	11506	9670	5053	4618	6427	3198	3229
山 西	Shanxi	12146	6414	5731	5653	3169	2483	4445	2245	2200
内蒙古	Inner Mongolia	6996	3798	3199	3294	1803	1491	3794	1955	1839
辽 宁	Liaoning	15482	7958	7524	6080	3077	3002	5724	2970	2755
吉 林	Jilin	8813	4639	4174	3689	1922	1768	2881	1459	1422
黑龙江	Heilongjiang	13118	6926	6192	5020	2615	2405	4155	2147	2009
上 海	Shanghai	5958	3143	2815	4070	2228	1841	5989	3106	2883
江 苏	jiangsu	23106	12569	10537	11838	6700	5139	9281	4850	4430
浙 江	Zhejiang	16079	9053	7027	6575	3772	2803	7005	3573	3431
安 徽	Anhui	18258	9659	8599	7417	4497	2920	5867	3410	2457
福 建	Fujian	10642	6143	4499	4863	2862	2001	3965	2103	1861
江 西	Jiangxi	13705	7399	6306	6114	3454	2660	3490	1871	1619
山 东	Shandong	29000	15556	13444	12572	7083	5488	9700	5060	4640
河 南	Henan	31821	16589	15232	12396	6787	5609	6766	3385	3381
湖 北	Hubei	15744	8292	7452	9437	5067	4369	7058	4165	2895
湖 南	Hunan	19775	10083	9691	10884	6025	4860	6179	3120	3061
广 东	Guangdong	33986	19073	14912	20188	12076	8112	10672	5824	4848
广 西	Guangxi	16124	8886	7238	5935	3359	2576	2596	1350	1246
海 南	Hainan	2997	1616	1381	1317	762	555	1174	520	654
重 庆	Chongqing	7471	3934	3538	4143	2135	2008	3594	1886	1709
四 川	Sichuan	20501	10972	9529	9253	4846	4407	8252	4087	4165
贵 州	Guizhou	9112	5259	3853	3209	1793	1415	2488	1326	1161
云 南	Yunnan	12369	7053	5317	4507	2604	1902	3635	1851	1784
西 藏	Tibet	458	259	199	162	87	74	203	106	97
陕 西	Shaanxi	10720	5703	5017	5084	2739	2345	5168	2650	2518
甘 肃	Gansu	5921	3286	2635	3110	1831	1280	2517	1363	1155
青 海	Qinghai	1259	735	524	539	304	235	652	366	286
宁 夏	Ningxia	1700	952	748	843	391	452	680	333	348
新 疆	Xinjiang	6203	3184	3019	2883	1489	1393	3166	1551	1614

2-25 各地区城市分性别、受教育程度的人口
City Population by Sex, Educational Attainment and Region

单位：人 (person)

地区	Region	6岁及以上人口 Population Aged 6 and Over	男 Male	女 Female	未上过学 No Schooling	男 Male	女 Female	小学 Primary School	男 Male	女 Female
全国	**National Total**	**377118**	**191573**	**185545**	**8620**	**2599**	**6022**	**56481**	**25966**	**30515**
北京	Beijing	13464	6593	6872	150	37	113	1051	463	588
天津	Tianjin	9238	5040	4197	143	51	92	946	476	470
河北	Hebei	14730	7258	7472	389	155	235	2036	922	1114
山西	Shanxi	10299	5287	5012	166	66	101	1339	610	728
内蒙古	Inner Mongolia	6766	3432	3335	124	49	75	780	352	429
辽宁	Liaoning	18802	9461	9341	204	71	133	1975	859	1115
吉林	Jilin	8674	4304	4370	97	34	64	1032	468	564
黑龙江	Heilongjiang	11837	5935	5902	194	70	125	1373	613	761
上海	Shanghai	14900	7547	7353	340	103	237	1529	687	842
江苏	Jiangsu	23767	12167	11600	790	200	590	3673	1775	1898
浙江	Zhejiang	20205	10488	9717	681	191	490	4085	1876	2209
安徽	Anhui	11823	5921	5902	379	96	283	2078	878	1200
福建	Fujian	11366	5997	5369	386	96	291	2182	1007	1175
江西	Jiangxi	9024	4416	4608	205	52	154	1582	731	851
山东	Shandong	25898	12925	12973	727	176	551	4550	2093	2458
河南	Henan	15066	7494	7572	302	102	201	2221	1065	1157
湖北	Hubei	16042	8086	7956	316	94	222	1958	875	1084
湖南	Hunan	14461	6837	7624	213	66	148	2283	1003	1280
广东	Guangdong	47784	26204	21580	977	329	648	7001	3374	3628
广西	Guangxi	7903	4039	3864	171	62	109	1508	702	805
海南	Hainan	2038	1038	1000	46	17	30	248	117	132
重庆	Chongqing	10239	4928	5311	148	47	101	1777	785	992
四川	Sichuan	18238	8763	9475	378	108	270	3262	1472	1790
贵州	Guizhou	5848	2963	2886	253	75	177	1383	653	730
云南	Yunnan	6879	3572	3307	229	66	163	1377	650	726
西藏	Tibet	467	218	249	98	32	67	140	70	70
陕西	Shaanxi	9322	4615	4708	183	60	123	1247	554	692
甘肃	Gansu	3502	1779	1723	110	30	79	467	206	261
青海	Qinghai	1313	675	638	47	10	35	227	100	127
宁夏	Ningxia	1694	838	856	63	17	45	272	124	148
新疆	Xinjiang	5529	2752	2776	112	39	74	899	408	491

2-25 续表 continued

单位：人 (person)

地 区	Region	初 中 Junior Secondary School	男 Male	女 Female	高 中 Senior Secondary School	男 Male	女 Female	大专及以上 College and Higher Level	男 Male	女 Female
全 国	**National Total**	**117894**	**61366**	**56528**	**92441**	**49124**	**43317**	**101683**	**52519**	**49163**
北 京	Beijing	2124	1081	1043	2627	1329	1298	7511	3682	3830
天 津	Tianjin	2752	1636	1116	2242	1213	1028	3155	1664	1491
河 北	Hebei	4670	2341	2329	3726	1917	1808	3910	1924	1987
山 西	Shanxi	3058	1587	1471	2781	1526	1256	2954	1498	1456
内蒙古	Inner Mongolia	1905	952	953	1742	927	816	2216	1152	1062
辽 宁	Liaoning	7203	3562	3641	4330	2305	2024	5091	2663	2428
吉 林	Jilin	3148	1535	1613	2368	1245	1123	2027	1022	1005
黑龙江	Heilongjiang	4291	2180	2111	3050	1556	1493	2928	1517	1411
上 海	Shanghai	4127	2102	2025	3438	1826	1612	5466	2829	2636
江 苏	Jiangsu	7742	4222	3521	5720	3021	2700	5841	2949	2892
浙 江	Zhejiang	7198	4044	3153	3381	1883	1497	4861	2493	2368
安 徽	Anhui	3948	1923	2025	2699	1498	1202	2720	1526	1194
福 建	Fujian	3551	1994	1558	2574	1492	1082	2673	1409	1264
江 西	Jiangxi	2948	1487	1461	2206	1137	1069	2083	1010	1073
山 东	Shandong	7619	3778	3841	6541	3470	3070	6461	3408	3053
河 南	Henan	4417	2202	2215	4120	2118	2003	4005	2007	1998
湖 北	Hubei	3710	1779	1931	4606	2097	2509	5452	3242	2210
湖 南	Hunan	4900	2235	2664	3793	1949	1844	3273	1585	1688
广 东	Guangdong	17289	9797	7492	13630	7918	5713	8886	4787	4099
广 西	Guangxi	2932	1538	1394	2086	1128	958	1207	610	598
海 南	Hainan	549	270	279	595	330	264	601	305	297
重 庆	Chongqing	2968	1446	1522	2507	1194	1314	2839	1457	1382
四 川	Sichuan	4978	2485	2493	4076	2009	2067	5543	2689	2855
贵 州	Guizhou	1822	977	845	1049	559	490	1341	698	643
云 南	Yunnan	2086	1112	974	1527	884	643	1659	860	800
西 藏	Tibet	68	37	31	62	31	30	99	48	51
陕 西	Shaanxi	2535	1294	1241	1952	983	970	3406	1723	1682
甘 肃	Gansu	901	455	447	1155	620	535	870	468	401
青 海	Qinghai	441	245	196	266	145	121	333	175	158
宁 夏	Ningxia	542	285	257	353	189	164	465	222	242
新 疆	Xinjiang	1471	785	685	1238	624	613	1808	895	913

2-26 各地区镇分性别、受教育程度的人口
Town Population by Sex, Educational Attainment and Region

单位：人 (person)

地区	Region	6岁及以上人口 Population Aged 6 and Over	男 Male	女 Female	未上过学 No Schooling	男 Male	女 Female	小学 Primary School	男 Male	女 Female
全国	**National Total**	**258144**	**131821**	**126324**	**13427**	**3768**	**9660**	**63691**	**29844**	**33847**
北京	Beijing	932	508	424	12	3	9	80	40	40
天津	Tianjin	904	445	459	16	6	10	127	57	71
河北	Hebei	17338	8624	8713	713	226	487	4025	1896	2128
山西	Shanxi	6172	3084	3088	139	34	105	1076	481	595
内蒙古	Inner Mongolia	5348	2724	2625	234	84	150	1078	481	597
辽宁	Liaoning	4452	2272	2180	113	56	56	994	458	535
吉林	Jilin	3346	1672	1674	96	25	71	657	304	353
黑龙江	Heilongjiang	5916	2991	2925	143	42	103	1046	486	560
上海	Shanghai	1645	869	777	38	9	28	241	104	137
江苏	Jiangsu	19250	9921	9329	1264	319	945	4501	2123	2378
浙江	Zhejiang	9856	5047	4809	582	144	436	2767	1345	1422
安徽	Anhui	14237	7532	6705	824	215	609	3189	1468	1721
福建	Fujian	8080	4123	3957	555	114	442	2286	1048	1238
江西	Jiangxi	10507	5428	5079	464	131	333	2872	1309	1563
山东	Shandong	19768	9906	9862	1470	384	1085	4957	2259	2698
河南	Henan	21873	11176	10697	887	248	639	4645	2267	2378
湖北	Hubei	11198	5824	5374	619	169	450	2729	1288	1441
湖南	Hunan	14418	7228	7189	455	150	305	3116	1417	1698
广东	Guangdong	12922	6887	6035	506	103	403	3438	1584	1855
广西	Guangxi	10338	5340	4998	352	113	238	2699	1222	1478
海南	Hainan	2077	1096	981	92	27	66	361	174	188
重庆	Chongqing	5096	2625	2471	213	69	144	1641	761	879
四川	Sichuan	14917	7367	7550	867	240	627	4523	2168	2355
贵州	Guizhou	6672	3466	3207	407	102	305	2094	1002	1092
云南	Yunnan	10427	5400	5026	903	307	595	3145	1519	1626
西藏	Tibet	341	181	160	112	48	64	99	55	45
陕西	Shaanxi	7832	3962	3870	456	122	334	2039	961	1078
甘肃	Gansu	5955	2995	2960	477	114	363	1590	746	844
青海	Qinghai	1138	599	538	152	50	102	366	180	186
宁夏	Ningxia	1327	610	717	94	33	61	400	195	206
新疆	Xinjiang	3863	1919	1944	175	78	96	910	447	463

2-26 续表 continued

单位：人 (person)

地 区	Region	初 中 Junior Secondary School	男 Male	女 Female	高 中 Senior Secondary School	男 Male	女 Female	大专及以上 College and Higher Level	男 Male	女 Female
全 国	**National Total**	**104547**	**55529**	**49018**	**47223**	**26921**	**20302**	**29255**	**15759**	**13496**
北 京	Beijing	353	197	156	226	131	96	262	138	125
天 津	Tianjin	420	215	205	175	94	81	167	75	92
河 北	Hebei	7479	3974	3505	3409	1679	1730	1711	849	862
山 西	Shanxi	2813	1408	1405	1288	732	556	858	430	426
内蒙古	Inner Mongolia	2030	1087	943	862	469	394	1144	603	542
辽 宁	Liaoning	2523	1305	1218	570	315	255	252	137	114
吉 林	Jilin	1411	749	662	586	295	291	598	298	297
黑龙江	Heilongjiang	2711	1416	1296	1115	580	536	899	468	431
上 海	Shanghai	708	389	319	291	162	129	366	203	164
江 苏	Jiangsu	7778	4164	3614	3561	2120	1442	2146	1196	950
浙 江	Zhejiang	3918	2163	1755	1521	859	662	1070	536	534
安 徽	Anhui	4993	2557	2436	2990	1931	1059	2240	1360	881
福 建	Fujian	3131	1762	1369	1289	753	536	818	446	373
江 西	Jiangxi	4204	2238	1966	2143	1249	894	824	500	324
山 东	Shandong	8375	4566	3809	2816	1612	1203	2151	1084	1067
河 南	Henan	11068	5807	5261	3711	2062	1648	1562	791	772
湖 北	Hubei	4495	2328	2167	2447	1525	922	908	514	394
湖 南	Hunan	5111	2477	2635	3734	2092	1641	2002	1092	910
广 东	Guangdong	5379	2917	2462	2714	1741	973	884	542	342
广 西	Guangxi	4671	2541	2130	1800	1023	777	817	442	374
海 南	Hainan	960	506	454	399	225	174	264	165	98
重 庆	Chongqing	2031	1057	974	794	461	332	419	277	142
四 川	Sichuan	5345	2774	2571	2516	1331	1185	1666	854	813
贵 州	Guizhou	2492	1442	1051	990	559	431	688	361	328
云 南	Yunnan	3437	1943	1494	1618	943	676	1323	688	636
西 藏	Tibet	58	35	23	30	19	12	41	24	18
陕 西	Shaanxi	2914	1560	1354	1494	814	680	928	504	424
甘 肃	Gansu	1847	963	884	1016	625	393	1024	548	476
青 海	Qinghai	274	159	115	120	70	50	227	141	85
宁 夏	Ningxia	430	229	201	290	96	194	113	57	56
新 疆	Xinjiang	1188	601	587	706	358	348	885	434	450

2-27 各地区乡村分性别、受教育程度的人口
Rural Population by Sex, Educational Attainment and Region

单位：人 (person)

地 区	Region	6岁及以上人口 Population Aged 6 and Over	男 Male	女 Female	未上过学 No Schooling	男 Male	女 Female	小 学 Primary School	男 Male	女 Female
全 国	**National Total**	**428932**	**218975**	**209957**	**35435**	**10115**	**25320**	**148779**	**72137**	**76642**
北 京	Beijing	2294	1145	1150	189	75	114	311	142	169
天 津	Tianjin	2081	1070	1012	77	21	55	572	261	310
河 北	Hebei	25323	12985	12338	1552	463	1089	7792	3675	4117
山 西	Shanxi	12126	6254	5873	525	172	353	3109	1434	1675
内蒙古	Inner Mongolia	7516	3872	3644	681	222	459	2650	1285	1365
辽 宁	Liaoning	11127	5488	5638	400	125	275	3410	1646	1764
吉 林	Jilin	9192	4697	4495	489	148	341	3458	1674	1785
黑龙江	Heilongjiang	12161	6255	5906	522	186	335	4341	2096	2245
上 海	Shanghai	2350	1291	1059	156	32	124	574	294	280
江 苏	Jiangsu	19168	9500	9668	1848	453	1395	5882	2598	3284
浙 江	Zhejiang	14027	7261	6767	1297	346	950	5020	2495	2526
安 徽	Anhui	21763	11070	10693	2239	613	1626	7572	3688	3884
福 建	Fujian	10279	5252	5027	1137	268	869	3708	1731	1977
江 西	Jiangxi	15682	8145	7538	930	236	694	5850	2806	3043
山 东	Shandong	30119	15036	15084	3155	720	2435	9654	4535	5119
河 南	Henan	35238	17565	17674	2615	784	1831	10523	5008	5515
湖 北	Hubei	18107	9358	8749	1431	420	1011	6054	2899	3155
湖 南	Hunan	23138	11994	11144	1175	347	828	7937	3850	4087
广 东	Guangdong	25302	13272	12030	1454	408	1046	7785	3591	4193
广 西	Guangxi	18478	9671	8806	1003	316	686	6331	3039	3292
海 南	Hainan	2936	1444	1492	160	44	116	653	302	351
重 庆	Chongqing	8324	4259	4064	664	180	484	4008	2016	1992
四 川	Sichuan	30717	15488	15229	3608	970	2637	13229	6756	6474
贵 州	Guizhou	14236	7488	6748	1997	544	1452	5815	3161	2654
云 南	Yunnan	19279	9954	9325	1862	595	1268	8559	4282	4277
西 藏	Tibet	1730	857	873	624	245	379	642	354	288
陕 西	Shaanxi	12509	6270	6239	962	291	671	3806	1767	2039
甘 肃	Gansu	10532	5373	5158	1480	444	1035	4317	2127	2189
青 海	Qinghai	2069	1073	996	339	119	219	940	484	457
宁 夏	Ningxia	2147	1097	1050	318	91	226	797	408	389
新 疆	Xinjiang	8984	4494	4490	547	234	313	3481	1734	1747

2-27 续表 continued

单位：人 (person)

地区	Region	初中 Junior Secondary School	男 Male	女 Female	高中 Senior Secondary School	男 Male	女 Female	大专及以上 College and Higher Level	男 Male	女 Female
全国	**National Total**	**179423**	**99709**	**79714**	**47129**	**27674**	**19455**	**18166**	**9338**	**8828**
北京	Beijing	975	524	451	472	248	224	347	155	192
天津	Tianjin	989	537	452	308	173	134	136	77	60
河北	Hebei	12638	6966	5672	2536	1457	1079	806	425	381
山西	Shanxi	6275	3420	2856	1583	912	671	634	318	316
内蒙古	Inner Mongolia	3061	1759	1302	689	407	282	434	199	236
辽宁	Liaoning	5756	3091	2664	1180	457	722	382	169	213
吉林	Jilin	4254	2355	1899	736	382	354	256	137	118
黑龙江	Heilongjiang	6115	3330	2785	856	479	376	328	162	165
上海	Shanghai	1123	652	471	340	239	101	157	74	82
江苏	Jiangsu	7586	4183	3403	2557	1560	997	1295	706	589
浙江	Zhejiang	4964	2846	2119	1673	1030	643	1074	543	529
安徽	Anhui	9317	5178	4138	1728	1067	661	908	524	383
福建	Fujian	3960	2388	1572	999	617	383	475	248	226
江西	Jiangxi	6553	3674	2879	1767	1069	698	584	360	224
山东	Shandong	13005	7212	5794	3215	2001	1215	1089	568	521
河南	Henan	16336	8580	7756	4565	2607	1959	1199	586	614
湖北	Hubei	7539	4185	3354	2384	1446	938	699	407	292
湖南	Hunan	9764	5371	4392	3357	1983	1373	905	442	463
广东	Guangdong	11318	6359	4959	3844	2418	1426	901	495	406
广西	Guangxi	8522	4808	3714	2049	1208	841	573	299	274
海南	Hainan	1489	841	648	322	207	117	311	50	259
重庆	Chongqing	2472	1430	1042	842	481	361	338	152	185
四川	Sichuan	10178	5713	4465	2660	1505	1155	1042	543	497
贵州	Guizhou	4797	2840	1958	1170	675	495	457	267	190
云南	Yunnan	6846	3997	2849	1360	777	583	651	304	347
西藏	Tibet	332	187	145	70	38	32	62	33	28
陕西	Shaanxi	5270	2849	2422	1638	942	696	833	423	411
甘肃	Gansu	3173	1868	1304	939	587	352	624	347	277
青海	Qinghai	545	330	214	152	89	64	95	51	43
宁夏	Ningxia	728	438	290	200	107	93	103	53	50
新疆	Xinjiang	3544	1797	1747	939	508	432	472	221	251

2-28 各地区分性别的15岁及以上文盲人口
Illiterate Population Aged 15 and Over by Sex and Region

地 区	Region	15岁及以上人口(人) Population Aged 15 and Over (person)	男 Male	女 Female	文盲人口(人) Illiterate Population (person)	男 Male	女 Female	文盲人口占15岁及以上人口的比重(%) % to Total Aged 15 and Over (%)	男 Male	女 Female
全 国	**National Total**	**951685**	**481358**	**470327**	**47007**	**11641**	**35366**	**4.94**	**2.42**	**7.52**
北 京	Beijing	15823	7805	8017	268	88	180	1.69	1.13	2.25
天 津	Tianjin	11480	6161	5319	159	38	121	1.39	0.61	2.28
河 北	Hebei	50466	25094	25372	1994	504	1490	3.95	2.01	5.87
山 西	Shanxi	25728	13081	12647	636	172	464	2.47	1.31	3.67
内蒙古	Inner Mongolia	18023	9179	8844	825	242	583	4.58	2.63	6.59
辽 宁	Liaoning	32116	16024	16092	499	158	341	1.55	0.98	2.12
吉 林	Jilin	19448	9754	9694	545	147	398	2.80	1.51	4.10
黑龙江	Heilongjiang	27679	13984	13695	648	193	455	2.34	1.38	3.32
上 海	Shanghai	17922	9166	8756	426	93	334	2.38	1.01	3.81
江 苏	Jiangsu	56934	28679	28255	3285	697	2588	5.77	2.43	9.16
浙 江	Zhejiang	40593	20899	19693	2002	462	1540	4.93	2.21	7.82
安 徽	Anhui	42181	21424	20757	2847	668	2179	6.75	3.12	10.50
福 建	Fujian	26907	13845	13063	1808	349	1459	6.72	2.52	11.17
江 西	Jiangxi	30355	15236	15119	1253	248	1004	4.13	1.63	6.64
山 东	Shandong	67566	33435	34131	4757	1045	3712	7.04	3.13	10.88
河 南	Henan	61918	30535	31383	2990	777	2213	4.83	2.54	7.05
湖 北	Hubei	41053	20896	20158	1976	495	1481	4.81	2.37	7.35
湖 南	Hunan	45503	22539	22964	1419	354	1065	3.12	1.57	4.64
广 东	Guangdong	77295	41568	35726	2065	416	1649	2.67	1.00	4.61
广 西	Guangxi	31532	16285	15248	1002	221	781	3.18	1.35	5.12
海 南	Hainan	6189	3107	3082	246	60	186	3.97	1.94	6.03
重 庆	Chongqing	21113	10459	10654	808	202	606	3.83	1.93	5.69
四 川	Sichuan	57159	28048	29111	4282	1091	3191	7.49	3.89	10.96
贵 州	Guizhou	22929	11817	11112	2276	553	1723	9.93	4.68	15.50
云 南	Yunnan	32428	16725	15703	2639	792	1847	8.14	4.74	11.76
西 藏	Tibet	2154	1058	1096	759	277	482	35.23	26.21	43.95
陕 西	Shaanxi	27129	13529	13600	1345	358	987	4.96	2.64	7.26
甘 肃	Gansu	17812	8975	8837	1844	490	1354	10.35	5.46	15.32
青 海	Qinghai	3978	2061	1917	407	118	289	10.24	5.73	15.10
宁 夏	Ningxia	4507	2200	2307	416	119	297	9.24	5.43	12.87
新 疆	Xinjiang	15765	7790	7975	580	215	365	3.68	2.76	4.58

2-29 各地区城市分性别的15岁及以上文盲人口

City Illiterate Population Aged 15 and Over by Sex and Region

地区	Region	15岁及以上人口(人) Population Aged 15 and Over (person)	男 Male	女 Female	文盲人口(人) Illiterate Population (person)	男 Male	女 Female	文盲人口占15岁及以上人口的比重(%) % to Total Aged 15 and Over (%)	男 Male	女 Female
全国	**National Total**	**348053**	**176022**	**172031**	**6160**	**1408**	**4752**	**1.77**	**0.80**	**2.76**
北京	Beijing	12748	6229	6520	82	14	68	0.64	0.22	1.05
天津	Tianjin	8767	4789	3979	87	20	67	0.99	0.41	1.69
河北	Hebei	13414	6581	6832	176	33	143	1.31	0.50	2.10
山西	Shanxi	9276	4711	4565	112	34	77	1.20	0.73	1.69
内蒙古	Inner Mongolia	6244	3172	3072	61	16	45	0.98	0.50	1.47
辽宁	Liaoning	17752	8900	8851	98	29	70	0.55	0.32	0.79
吉林	Jilin	8125	4016	4109	69	18	51	0.84	0.45	1.23
黑龙江	Heilongjiang	11160	5586	5574	156	44	112	1.40	0.79	2.02
上海	Shanghai	14084	7101	6982	254	61	193	1.80	0.86	2.76
江苏	Jiangsu	22149	11254	10895	642	133	509	2.90	1.18	4.67
浙江	Zhejiang	18770	9706	9064	511	112	399	2.72	1.16	4.40
安徽	Anhui	10812	5369	5443	316	68	248	2.92	1.27	4.55
福建	Fujian	10436	5497	4939	321	64	258	3.08	1.16	5.22
江西	Jiangxi	8146	3929	4218	146	25	121	1.80	0.64	2.88
山东	Shandong	23395	11614	11780	575	119	456	2.46	1.02	3.87
河南	Henan	13526	6647	6879	194	50	145	1.44	0.75	2.10
湖北	Hubei	15003	7519	7484	254	64	190	1.69	0.85	2.54
湖南	Hunan	13078	6127	6951	136	24	112	1.04	0.39	1.60
广东	Guangdong	44179	24241	19939	608	157	450	1.38	0.65	2.26
广西	Guangxi	7094	3614	3480	106	21	85	1.49	0.58	2.45
海南	Hainan	1820	915	905	24	4	20	1.33	0.43	2.25
重庆	Chongqing	9410	4505	4905	83	16	67	0.88	0.36	1.36
四川	Sichuan	16940	8073	8867	281	67	215	1.66	0.83	2.42
贵州	Guizhou	5255	2653	2602	194	47	147	3.69	1.76	5.65
云南	Yunnan	6404	3314	3090	205	49	156	3.20	1.49	5.04
西藏	Tibet	404	187	217	97	30	67	24.01	16.11	30.82
陕西	Shaanxi	8692	4296	4396	134	37	97	1.54	0.87	2.20
甘肃	Gansu	3213	1617	1596	95	26	69	2.96	1.58	4.35
青海	Qinghai	1209	620	589	34	6	29	2.85	0.92	4.89
宁夏	Ningxia	1533	750	783	51	12	39	3.33	1.62	4.96
新疆	Xinjiang	5016	2492	2524	58	11	47	1.16	0.43	1.88

2-30 各地区镇分性别的15岁及以上文盲人口
Town Illiterate Population Aged 15 and Over by Sex and Region

地 区	Region	15岁及以上人口(人) Population Aged 15 and Over (person)	男 Male	女 Female	文盲人口(人) Illiterate Population (person)	男 Male	女 Female	文盲人口占15岁及以上人口的比重(%) % to Total Aged 15 and Over (%)	男 Male	女 Female
全 国	**National Total**	**231144**	**117055**	**114089**	**10791**	**2594**	**8197**	**4.67**	**2.22**	**7.18**
北 京	Beijing	891	486	405	9	2	7	1.01	0.46	1.66
天 津	Tianjin	838	413	425	10	5	5	1.19	1.11	1.27
河 北	Hebei	15323	7505	7817	533	140	393	3.48	1.87	5.03
山 西	Shanxi	5582	2785	2798	112	24	89	2.02	0.85	3.18
内蒙古	Inner Mongolia	4904	2487	2417	127	26	101	2.59	1.06	4.16
辽 宁	Liaoning	4127	2098	2029	80	40	39	1.93	1.93	1.94
吉 林	Jilin	3053	1513	1540	83	20	63	2.73	1.35	4.08
黑龙江	Heilongjiang	5498	2766	2732	106	29	77	1.93	1.04	2.82
上 海	Shanghai	1556	822	734	30	4	25	1.90	0.52	3.44
江 苏	Jiangsu	17569	8978	8591	1047	227	820	5.96	2.53	9.54
浙 江	Zhejiang	9033	4609	4424	484	109	375	5.35	2.37	8.47
安 徽	Anhui	12842	6785	6057	614	141	473	4.78	2.08	7.81
福 建	Fujian	7318	3697	3621	470	75	395	6.43	2.02	10.92
江 西	Jiangxi	9154	4665	4489	353	81	273	3.86	1.73	6.08
山 东	Shandong	17690	8757	8932	1318	314	1004	7.45	3.58	11.24
河 南	Henan	19144	9619	9524	662	166	496	3.46	1.72	5.21
湖 北	Hubei	10068	5199	4869	520	123	397	5.17	2.37	8.16
湖 南	Hunan	12716	6303	6413	274	60	214	2.16	0.95	3.34
广 东	Guangdong	11532	6131	5401	372	42	331	3.23	0.68	6.12
广 西	Guangxi	8974	4596	4377	202	40	162	2.25	0.88	3.69
海 南	Hainan	1821	956	864	83	24	59	4.53	2.50	6.78
重 庆	Chongqing	4503	2308	2196	158	42	116	3.52	1.84	5.28
四 川	Sichuan	13506	6625	6881	768	200	568	5.69	3.02	8.25
贵 州	Guizhou	5800	2976	2824	334	70	264	5.75	2.35	9.34
云 南	Yunnan	9377	4851	4526	799	250	549	8.52	5.15	12.13
西 藏	Tibet	300	159	141	104	43	62	34.84	26.92	43.75
陕 西	Shaanxi	7163	3607	3556	414	109	305	5.79	3.02	8.58
甘 肃	Gansu	5303	2633	2670	408	84	324	7.69	3.18	12.13
青 海	Qinghai	1009	533	476	103	25	78	10.18	4.74	16.29
宁 夏	Ningxia	1159	529	630	82	28	54	7.11	5.35	8.59
新 疆	Xinjiang	3391	1664	1726	131	51	80	3.85	3.05	4.63

2-31 各地区乡村分性别的15岁及以上文盲人口
Rural Illiterate Population Aged 15 and Over by Sex and Region

地区	Region	15岁及以上人口(人) Population Aged 15 and Over (person)	男 Male	女 Female	文盲人口(人) Illiterate Population (person)	男 Male	女 Female	文盲人口占15岁及以上人口的比重(%) % to Total Aged 15 and Over (%)	男 Male	女 Female
全国	**National Total**	**372487**	**188280**	**184207**	**30056**	**7638**	**22417**	**8.07**	**4.06**	**12.17**
北京	Beijing	2184	1091	1093	177	72	105	8.12	6.61	9.63
天津	Tianjin	1875	959	915	62	13	49	3.31	1.40	5.32
河北	Hebei	21730	11008	10722	1285	331	954	5.91	3.01	8.90
山西	Shanxi	10869	5586	5284	411	114	297	3.78	2.04	5.63
内蒙古	Inner Mongolia	6875	3520	3355	637	200	437	9.26	5.67	13.03
辽宁	Liaoning	10237	5025	5212	321	89	232	3.13	1.76	4.45
吉林	Jilin	8269	4224	4045	393	109	284	4.75	2.58	7.02
黑龙江	Heilongjiang	11020	5633	5388	386	120	266	3.50	2.13	4.93
上海	Shanghai	2282	1242	1039	143	27	116	6.27	2.21	11.13
江苏	Jiangsu	17216	8448	8769	1596	337	1260	9.27	3.99	14.36
浙江	Zhejiang	12789	6584	6205	1007	240	767	7.88	3.65	12.36
安徽	Anhui	18527	9270	9257	1917	459	1458	10.35	4.95	15.75
福建	Fujian	9154	4651	4503	1017	211	806	11.10	4.53	17.90
江西	Jiangxi	13054	6643	6411	753	143	610	5.77	2.15	9.51
山东	Shandong	26482	13063	13419	2865	613	2252	10.82	4.69	16.78
河南	Henan	29247	14268	14979	2134	562	1572	7.30	3.94	10.50
湖北	Hubei	15982	8177	7805	1202	308	894	7.52	3.77	11.45
湖南	Hunan	19709	10109	9599	1009	270	739	5.12	2.67	7.70
广东	Guangdong	21584	11197	10387	1085	217	868	5.03	1.94	8.35
广西	Guangxi	15465	8075	7390	694	159	535	4.49	1.97	7.23
海南	Hainan	2549	1236	1313	139	32	107	5.46	2.62	8.13
重庆	Chongqing	7200	3647	3554	567	143	424	7.87	3.93	11.92
四川	Sichuan	26712	13349	13363	3233	824	2409	12.10	6.18	18.02
贵州	Guizhou	11874	6188	5685	1749	437	1312	14.73	7.06	23.08
云南	Yunnan	16647	8560	8087	1635	493	1142	9.82	5.76	14.13
西藏	Tibet	1451	713	738	558	205	353	38.44	28.70	47.84
陕西	Shaanxi	11274	5626	5648	796	211	585	7.06	3.75	10.36
甘肃	Gansu	9297	4726	4571	1342	381	961	14.43	8.06	21.02
青海	Qinghai	1760	907	853	270	87	183	15.36	9.60	21.48
宁夏	Ningxia	1814	921	893	283	79	204	15.59	8.58	22.82
新疆	Xinjiang	7358	3634	3724	391	153	238	5.32	4.22	6.39

2-32 全国15岁及以上人口分年龄、性别的婚姻状况
Population Aged 15 and Over by Age, Sex and Marital Status

单位：人 (person)

年 龄 Age	15岁及以上人口 Population Aged 15 and Over	男 Male	女 Female	未 婚 Never Married	男 Male	女 Female	有配偶 First Married	男 Male	女 Female
总计 Total	**951684**	**481358**	**470326**	**172875**	**103409**	**69466**	**705367**	**352315**	**353052**
15-19	**58258**	**31552**	**26706**	**57435**	**31270**	**26165**	**813**	**280**	**533**
15	10967	5952	5015	10939	5936	5003	26	16	10
16	11818	6415	5403	11773	6395	5378	44	20	24
17	11719	6349	5370	11609	6304	5305	109	45	64
18	12049	6522	5527	11831	6467	5364	213	54	158
19	11705	6314	5392	11282	6168	5114	422	146	276
20-24	**68050**	**36085**	**31965**	**55153**	**31360**	**23793**	**12676**	**4620**	**8056**
20	12661	6809	5852	11824	6545	5279	819	256	563
21	12515	6702	5813	11083	6220	4864	1407	465	942
22	13062	6948	6114	10819	6160	4658	2202	774	1427
23	14804	7813	6990	11265	6520	4744	3487	1268	2218
24	15008	7813	7195	10162	5914	4247	4763	1857	2906
25-29	**92977**	**47710**	**45268**	**34816**	**21818**	**12999**	**56815**	**25160**	**31655**
25	15727	8135	7592	8981	5352	3629	6615	2718	3897
26	16251	8424	7828	7727	4788	2939	8351	3534	4817
27	17478	9041	8437	6587	4229	2358	10671	4691	5980
28	21580	11008	10572	6385	4113	2272	14843	6697	8146
29	21941	11102	10839	5138	3336	1801	16336	7521	8815
30-34	**93201**	**46843**	**46358**	**11710**	**7758**	**3952**	**78789**	**37564**	**41225**
30	20212	10199	10013	3637	2357	1281	16102	7598	8504
31	21203	10676	10526	2983	1990	993	17622	8346	9276
32	19170	9593	9577	2159	1419	740	16452	7855	8597
33	16405	8228	8177	1622	1101	521	14225	6810	7415
34	16212	8147	8064	1308	891	417	14387	6954	7433
35-39	**81886**	**41517**	**40370**	**4262**	**2994**	**1268**	**74562**	**36869**	**37694**
35	16007	8069	7938	1046	706	340	14393	7052	7341
36	18328	9268	9060	1080	736	345	16607	8176	8432
37	16262	8249	8013	833	593	241	14848	7333	7514
38	15025	7629	7396	696	503	193	13758	6831	6926
39	16265	8302	7963	607	456	150	14956	7476	7480

2-32 续表 1 continued

单位：人 (person)

年 龄 Age	15岁及以上人口 Population Aged 15 and Over	男 Male	女 Female	未 婚 Never Married	男 Male	女 Female	有配偶 First Married	男 Male	女 Female
40-44	**83574**	**42557**	**41017**	**2502**	**1991**	**511**	**77375**	**38684**	**38691**
40	15924	8095	7829	572	442	130	14697	7309	7388
41	14847	7574	7273	489	381	108	13730	6866	6864
42	16881	8610	8270	485	386	99	15605	7825	7781
43	17269	8791	8478	461	371	91	16041	8050	7991
44	18653	9486	9167	495	412	83	17302	8635	8667
45-49	**102384**	**52108**	**50276**	**2109**	**1749**	**360**	**95548**	**48156**	**47392**
45	19507	9949	9558	456	378	78	18157	9138	9019
46	20083	10238	9845	413	350	64	18785	9481	9304
47	20443	10438	10005	457	367	90	19071	9649	9422
48	22178	11263	10915	440	372	68	20688	10396	10292
49	20172	10220	9952	343	282	60	18847	9491	9356
50-54	**96850**	**48939**	**47911**	**1371**	**1212**	**159**	**90049**	**45509**	**44540**
50	22059	11168	10891	323	278	44	20550	10369	10180
51	17612	8883	8728	261	226	35	16413	8269	8144
52	19300	9765	9534	270	240	30	18025	9124	8901
53	19211	9732	9478	255	229	26	17835	9042	8793
54	18669	9390	9279	263	239	25	17226	8705	8521
55-59	**69844**	**35208**	**34636**	**859**	**782**	**77**	**63752**	**32521**	**31231**
55	21493	10879	10614	281	259	22	19757	10075	9682
56	17719	8918	8801	214	195	18	16234	8253	7981
57	9333	4620	4713	84	70	13	8539	4288	4252
58	11168	5635	5532	145	133	12	10104	5174	4930
59	10131	5156	4975	136	124	12	9118	4732	4386
60-64	**68014**	**34092**	**33923**	**961**	**904**	**57**	**60077**	**30980**	**29097**
60	13058	6633	6425	206	196	11	11661	6049	5612
61	14377	7262	7115	166	155	11	12771	6632	6140
62	13295	6619	6676	203	195	8	11796	6025	5771
63	13639	6815	6824	205	189	15	11990	6187	5803
64	13645	6763	6883	181	168	12	11859	6087	5772
65+	**136645**	**64748**	**71897**	**1697**	**1572**	**124**	**94911**	**51972**	**42939**

2-32 续表 2 continued

单位：人 (person)

年龄 Age	离婚 Divorced	男 Male	女 Female	丧偶 Widowed	男 Male	女 Female
总计 Total	**20082**	**11095**	**8986**	**53360**	**14538**	**38821**
15-19	**8**	**1**	**6**	**2**		**2**
15				1		1
16				1		1
17						
18	6	1	4			
19	2		2			
20-24	**204**	**100**	**104**	**17**	**5**	**12**
20	14	4	10	4	4	
21	25	18	8			
22	35	13	21	7		7
23	50	25	26	2		2
24	80	41	39	4	1	3
25-29	**1279**	**712**	**566**	**67**	**20**	**48**
25	129	65	64	2		2
26	168	100	69	6	2	3
27	212	119	93	9	3	6
28	325	192	133	28	6	22
29	445	237	209	23	9	14
30-34	**2554**	**1489**	**1065**	**148**	**33**	**115**
30	456	240	215	17	4	13
31	565	335	230	32	5	27
32	532	313	219	27	6	22
33	521	304	217	36	12	24
34	481	296	184	35	5	30
35-39	**2786**	**1588**	**1198**	**276**	**67**	**209**
35	534	303	231	34	8	26
36	580	338	242	60	18	42
37	529	317	211	52	6	46
38	514	278	236	57	16	41
39	629	351	278	73	19	54

2-32 续表 3 continued

单位：人 (person)

年 龄 Age	离 婚 Divorced	男 Male	女 Female	丧 偶 Widowed	男 Male	女 Female
40-44	**3055**	**1680**	**1375**	**642**	**201**	**441**
40	557	310	247	98	34	63
41	518	293	225	110	35	76
42	676	373	303	115	27	87
43	630	329	301	136	41	95
44	674	375	298	183	64	119
45-49	**3265**	**1779**	**1486**	**1461**	**424**	**1037**
45	668	370	298	226	63	163
46	652	337	316	232	71	161
47	641	338	303	274	84	190
48	714	410	305	336	85	251
49	589	325	264	393	121	272
50-54	**2630**	**1476**	**1154**	**2800**	**743**	**2057**
50	646	376	270	540	145	396
51	487	262	224	451	126	325
52	494	283	211	511	118	393
53	514	294	220	607	167	440
54	489	259	230	690	187	504
55-59	**1806**	**962**	**844**	**3427**	**943**	**2484**
55	563	290	273	892	254	638
56	451	243	208	820	227	593
57	272	155	116	439	107	332
58	296	157	138	623	171	452
59	225	116	108	653	183	469
60-64	**1207**	**631**	**576**	**5770**	**1577**	**4193**
60	250	136	114	941	252	689
61	289	157	132	1151	318	833
62	235	121	114	1061	278	783
63	213	107	106	1232	332	900
64	221	111	110	1385	396	989
65+	**1288**	**678**	**611**	**38749**	**10527**	**28223**

2-33 全国城市15岁及以上人口分年龄、性别的婚姻状况
City Population Aged 15 and Over by Age, Sex and Marital Status

单位：人 (person)

年 龄 Age	15岁及以上人口 Population Aged 15 and Over	男 Male	女 Female	未 婚 Never Married	男 Male	女 Female	有配偶 First Married	男 Male	女 Female
总计 Total	**348053**	**176022**	**172031**	**67414**	**37927**	**29487**	**257459**	**130913**	**126546**
15-19	**18004**	**9469**	**8535**	**17831**	**9386**	**8445**	**171**	**83**	**88**
15	2681	1442	1240	2675	1436	1239	6	6	1
16	3652	1918	1734	3643	1912	1731	9	6	3
17	3347	1812	1535	3319	1797	1523	28	15	13
18	3893	2040	1853	3847	2027	1820	44	13	31
19	4430	2257	2173	4347	2214	2133	83	43	41
20-24	**26437**	**13788**	**12650**	**23074**	**12476**	**10598**	**3337**	**1300**	**2037**
20	4854	2522	2333	4693	2449	2244	157	70	87
21	4713	2435	2278	4434	2340	2094	278	94	184
22	4903	2593	2310	4374	2369	2005	523	221	301
23	5849	3028	2821	4933	2690	2243	911	336	575
24	6118	3210	2908	4640	2629	2011	1468	578	890
25-29	**37430**	**19286**	**18144**	**16371**	**9734**	**6638**	**20733**	**9399**	**11334**
25	6140	3148	2992	4079	2305	1774	2038	831	1206
26	6410	3326	3083	3567	2099	1468	2811	1212	1600
27	7136	3704	3432	3152	1933	1219	3934	1745	2190
28	8380	4316	4065	2941	1795	1146	5352	2478	2873
29	9363	4792	4571	2633	1602	1031	6598	3133	3465
30-34	**39060**	**19785**	**19275**	**5751**	**3491**	**2260**	**32495**	**15922**	**16573**
30	8473	4336	4137	1830	1102	728	6499	3170	3328
31	8810	4504	4306	1421	858	563	7219	3561	3658
32	8186	4116	4070	1055	645	410	6974	3404	3570
33	6805	3399	3406	841	520	321	5786	2791	2995
34	6786	3431	3355	604	366	237	6018	2996	3022
35-39	**35176**	**17711**	**17464**	**2015**	**1207**	**808**	**31971**	**16005**	**15965**
35	6982	3491	3491	553	327	226	6228	3084	3144
36	8033	4014	4020	510	300	209	7258	3596	3662
37	7131	3621	3510	402	243	159	6515	3282	3233
38	6035	3021	3014	294	175	119	5542	2764	2779
39	6994	3565	3429	256	162	95	6428	3280	3147

2-33 续表 1 continued

单位：人 (person)

年 龄 Age	15岁及以上人口 Population Aged 15 and Over	男 Male	女 Female	未 婚 Never Married	男 Male	女 Female	有配偶 First Married	男 Male	女 Female
40-44	**33662**	**17100**	**16561**	**843**	**552**	**291**	**31241**	**15911**	**15330**
40	6750	3462	3289	223	151	72	6243	3187	3057
41	6096	3070	3026	163	105	58	5668	2850	2817
42	6754	3433	3321	168	109	59	6242	3174	3067
43	6848	3436	3413	144	90	54	6389	3237	3152
44	7213	3699	3514	145	98	48	6700	3463	3237
45-49	**37563**	**19311**	**18251**	**691**	**448**	**243**	**34878**	**18114**	**16764**
45	7541	3887	3654	174	126	48	6997	3615	3382
46	7421	3833	3588	113	72	41	6926	3629	3296
47	7530	3909	3621	160	94	66	6983	3671	3311
48	7987	4070	3916	142	89	52	7406	3812	3595
49	7084	3612	3472	102	66	36	6567	3387	3180
50-54	**32029**	**16465**	**15564**	**338**	**251**	**87**	**29597**	**15447**	**14149**
50	7582	3930	3652	94	66	29	7021	3687	3335
51	5777	2949	2828	73	58	14	5362	2768	2594
52	6139	3172	2967	63	51	12	5700	2977	2723
53	6255	3211	3045	58	38	19	5760	3012	2747
54	6275	3203	3072	50	38	13	5754	3003	2750
55-59	**25019**	**12785**	**12235**	**226**	**178**	**47**	**22759**	**11913**	**10846**
55	7398	3771	3627	50	38	12	6794	3542	3252
56	6646	3447	3199	74	64	11	6093	3224	2869
57	3475	1743	1732	31	23	8	3137	1615	1522
58	4014	2049	1965	40	31	9	3583	1871	1712
59	3487	1775	1711	30	23	8	3152	1661	1491
60-64	**21937**	**10861**	**11076**	**113**	**84**	**29**	**19669**	**10170**	**9500**
60	4338	2185	2154	29	22	7	3924	2039	1885
61	4693	2328	2365	19	14	5	4228	2170	2058
62	4373	2156	2217	24	20	3	3925	2033	1893
63	4278	2107	2171	22	14	8	3835	1981	1854
64	4255	2086	2169	20	14	6	3757	1946	1811
65+	**41737**	**19461**	**22277**	**161**	**120**	**41**	**30608**	**16649**	**13959**

2-33 续表 2 continued

单位：人 (person)

年龄 Age	离婚 Divorced	男 Male	女 Female	丧偶 Widowed	男 Male	女 Female
总计 Total	**9196**	**4003**	**5193**	**13984**	**3178**	**10805**
15-19	**2**		**2**			
15						
16						
17						
18	2		2			
19						
20-24	**24**	**10**	**14**	**3**	**2**	**1**
20	3	1	1	2	2	
21	1	1				
22	6	3	3	1		1
23	5	2	3			
24	10	3	7			
25-29	**310**	**150**	**159**	**16**	**3**	**13**
25	24	12	12			
26	29	15	14	2	1	2
27	48	27	21	2		2
28	80	40	40	8	3	5
29	129	57	72	4		4
30-34	**783**	**371**	**412**	**31**	**2**	**30**
30	143	64	80	1		1
31	160	85	76	10		10
32	151	67	84	5		5
33	172	86	86	7	2	5
34	156	69	87	9		9
35-39	**1127**	**491**	**636**	**62**	**8**	**54**
35	193	80	114	7		7
36	249	114	135	17	4	13
37	203	94	109	12	2	9
38	192	82	109	8		7
39	291	122	169	19	1	18

2-33 续表 3 continued

单位：人 (person)

年 龄 Age	离 婚 Divorced	男 Male	女 Female	丧 偶 Widowed	男 Male	女 Female
40-44	**1439**	**612**	**827**	**139**	**25**	**114**
40	262	120	142	22	4	18
41	242	107	134	24	7	17
42	321	147	174	23	3	20
43	287	105	181	29	4	25
44	327	132	195	41	7	34
45-49	**1631**	**677**	**954**	**363**	**73**	**290**
45	332	141	191	38	5	34
46	314	117	198	68	15	53
47	316	128	188	71	15	56
48	353	153	200	85	16	69
49	315	138	178	100	22	78
50-54	**1398**	**620**	**779**	**696**	**147**	**549**
50	337	152	185	130	26	104
51	247	106	141	96	16	79
52	265	121	144	112	23	88
53	267	119	148	170	40	130
54	283	121	162	188	41	147
55-59	**1135**	**493**	**643**	**900**	**201**	**699**
55	342	139	203	212	52	160
56	268	114	155	210	45	165
57	176	80	95	132	24	107
58	207	99	108	184	49	135
59	143	61	82	162	31	131
60-64	**716**	**297**	**420**	**1438**	**311**	**1128**
60	136	55	80	250	68	182
61	178	83	95	267	60	207
62	159	65	94	265	38	227
63	126	51	76	295	61	233
64	116	42	74	362	84	278
65+	**632**	**284**	**348**	**10336**	**2407**	**7929**

2-34 全国镇15岁及以上人口分年龄、性别的婚姻状况
Town Population Aged 15 and Over by Age, Sex and Marital Status

单位：人 (person)

年 龄 Age	15岁及以上人口 Population Aged 15 and Over	男 Male	女 Female	未 婚 Never Married	男 Male	女 Female	有配偶 First Married	男 Male	女 Female
总计 Total	**231144**	**117055**	**114089**	**39189**	**23822**	**15367**	**175070**	**87477**	**87593**
15-19	**14553**	**8158**	**6395**	**14357**	**8084**	**6272**	**193**	**73**	**119**
15	2788	1537	1252	2777	1530	1247	10	7	3
16	3183	1793	1390	3173	1789	1384	9	4	5
17	3025	1639	1386	3004	1631	1373	22	8	14
18	3067	1723	1344	3004	1705	1298	62	18	45
19	2489	1466	1023	2399	1429	970	90	37	53
20-24	**15435**	**8262**	**7173**	**12095**	**7030**	**5065**	**3291**	**1210**	**2081**
20	2463	1403	1060	2271	1343	927	189	59	131
21	2666	1499	1167	2316	1361	954	349	138	211
22	2977	1576	1401	2442	1383	1059	526	190	336
23	3566	1902	1664	2649	1558	1090	902	334	568
24	3763	1882	1881	2418	1384	1034	1325	490	835
25-29	**23918**	**12211**	**11707**	**7878**	**5009**	**2869**	**15655**	**6997**	**8658**
25	3772	1919	1853	1979	1178	801	1760	725	1034
26	4224	2155	2068	1812	1139	674	2354	992	1363
27	4743	2439	2304	1588	1016	573	3087	1387	1700
28	5328	2718	2610	1347	910	437	3892	1758	2133
29	5852	2979	2873	1152	767	385	4563	2135	2428
30-34	**23445**	**11834**	**11611**	**2346**	**1602**	**744**	**20403**	**9844**	**10559**
30	5272	2683	2589	764	522	243	4396	2108	2288
31	5327	2681	2647	630	435	195	4547	2163	2384
32	4920	2481	2439	450	290	160	4312	2104	2208
33	4002	2039	1963	259	184	75	3594	1769	1824
34	3924	1950	1974	242	171	71	3555	1700	1856
35-39	**19381**	**9819**	**9562**	**737**	**535**	**202**	**17946**	**8897**	**9049**
35	3729	1889	1840	186	129	57	3408	1675	1733
36	4296	2181	2115	181	122	59	3974	1978	1996
37	3899	1944	1954	137	98	39	3619	1764	1855
38	3536	1824	1712	132	104	28	3281	1660	1621
39	3922	1980	1942	101	82	20	3663	1818	1845

2-34 续表 1 continued

单位：人 (person)

年 龄 Age	15岁及以上人口 Population Aged 15 and Over	男 Male	女 Female	未 婚 Never Married	男 Male	女 Female	有配偶 First Married	男 Male	女 Female
40-44	**20854**	**10639**	**10214**	**437**	**350**	**87**	**19604**	**9881**	**9723**
40	3875	1927	1949	89	71	18	3655	1788	1867
41	3750	1937	1813	95	74	22	3521	1797	1723
42	4282	2195	2088	88	72	16	4018	2042	1976
43	4310	2245	2065	87	70	17	4047	2082	1965
44	4636	2336	2300	78	64	14	4363	2171	2192
45-49	**25686**	**13042**	**12644**	**377**	**323**	**54**	**24237**	**12218**	**12019**
45	4803	2425	2378	81	69	13	4532	2270	2262
46	5142	2603	2539	73	62	11	4865	2437	2428
47	5131	2582	2549	86	71	15	4812	2402	2410
48	5552	2853	2699	79	74	5	5249	2683	2565
49	5058	2578	2480	58	48	9	4778	2425	2353
50-54	**24447**	**12291**	**12156**	**258**	**230**	**28**	**22936**	**11568**	**11368**
50	5688	2840	2848	55	50	5	5346	2665	2681
51	4656	2355	2302	59	52	7	4376	2212	2164
52	4823	2406	2417	57	46	10	4546	2284	2262
53	4764	2414	2350	49	46	3	4457	2258	2199
54	4516	2277	2239	38	35	3	4211	2149	2062
55-59	**17042**	**8512**	**8530**	**154**	**143**	**11**	**15685**	**7967**	**7718**
55	5092	2590	2503	55	53	2	4734	2441	2293
56	4942	2420	2522	36	32	3	4551	2253	2298
57	2250	1116	1135	17	13	4	2076	1051	1026
58	2457	1226	1231	20	20		2258	1159	1099
59	2300	1161	1139	26	25	1	2066	1064	1002
60-64	**15465**	**7693**	**7772**	**186**	**175**	**11**	**13754**	**7071**	**6684**
60	3011	1533	1478	37	36	1	2710	1417	1293
61	3226	1633	1593	28	25	3	2885	1502	1383
62	3051	1504	1546	38	37	1	2735	1392	1343
63	3086	1519	1566	46	42	4	2714	1391	1323
64	3093	1504	1589	37	35	2	2710	1369	1341
65+	**30919**	**14594**	**16324**	**363**	**339**	**24**	**21365**	**11751**	**9614**

2-34 续表 2 continued

单位：人 (person)

年龄 Age	离婚 Divorced	男 Male	女 Female	丧偶 Widowed	男 Male	女 Female
总计 Total	**4317**	**2487**	**1830**	**12569**	**3269**	**9300**
15-19	**1**		**1**	**2**		**2**
15				1		1
16				1		1
17						
18	1		1			
19						
20-24	**47**	**22**	**25**	**1**		**1**
20	3	1	2			
21	1		1			
22	7	4	4	1		1
23	15	10	5			
24	20	7	12			
25-29	**366**	**201**	**165**	**19**	**3**	**15**
25	33	16	17	1		1
26	57	25	32			
27	62	35	27	6	2	4
28	79	50	29	10		10
29	135	74	61	2	2	
30-34	**652**	**377**	**276**	**44**	**11**	**32**
30	104	52	52	8	2	6
31	144	82	62	6	1	5
32	149	86	62	9	1	8
33	138	80	58	11	5	6
34	117	76	41	10	3	6
35-39	**638**	**378**	**260**	**60**	**9**	**51**
35	123	84	40	12	1	10
36	128	76	51	12	4	9
37	130	80	50	12	1	11
38	113	59	54	10	2	8
39	144	79	65	14	1	12

2-34 续表 3 continued

单位：人 (person)

年 龄 Age	离 婚 Divorced	男 Male	女 Female	丧 偶 Widowed	男 Male	女 Female
40-44	**651**	**372**	**280**	**162**	**37**	**124**
40	107	59	48	25	8	17
41	105	59	47	29	7	22
42	146	75	71	30	6	25
43	141	86	55	35	7	28
44	152	93	60	43	9	34
45-49	**718**	**413**	**305**	**354**	**87**	**266**
45	135	81	54	54	6	49
46	148	86	62	56	19	37
47	159	88	71	74	21	53
48	149	82	67	74	13	61
49	127	76	51	96	29	67
50-54	**523**	**306**	**218**	**729**	**187**	**543**
50	126	81	45	161	43	118
51	101	53	48	120	38	82
52	94	53	41	126	23	103
53	115	72	43	142	38	104
54	87	47	40	180	45	134
55-59	**306**	**179**	**127**	**897**	**223**	**674**
55	93	45	49	210	52	158
56	98	62	36	257	72	185
57	44	30	14	113	22	91
58	34	16	18	145	31	114
59	36	26	10	173	47	126
60-64	**186**	**113**	**73**	**1339**	**334**	**1004**
60	39	26	13	224	54	170
61	47	30	17	266	76	190
62	28	16	12	250	60	190
63	30	18	12	295	68	227
64	42	23	18	304	77	227
65+	**228**	**128**	**101**	**8962**	**2376**	**6586**

2-35 全国乡村15岁及以上人口分年龄、性别的婚姻状况
Rural Population Aged 15 and Over by Age, Sex and Marital Status

单位：人 (person)

年龄 Age	15岁及以上人口 Population Aged 15 and Over	男 Male	女 Female	未婚 Never Married	男 Male	女 Female	有配偶 First Married	男 Male	女 Female
总计 Total	**372487**	**188280**	**184207**	**66272**	**41659**	**24613**	**272839**	**133925**	**138914**
15-19	**25701**	**13925**	**11776**	**25247**	**13800**	**11447**	**449**	**124**	**325**
15	5497	2974	2523	5487	2970	2517	10	3	7
16	4983	2704	2279	4957	2694	2263	26	10	16
17	5346	2898	2448	5286	2876	2410	59	22	37
18	5089	2759	2330	4981	2735	2246	106	23	83
19	4786	2591	2195	4536	2525	2012	248	66	182
20-24	**26178**	**14035**	**12143**	**19983**	**11853**	**8130**	**6048**	**2110**	**3938**
20	5344	2884	2459	4860	2753	2108	473	128	346
21	5137	2768	2369	4334	2519	1815	780	233	547
22	5182	2779	2403	4003	2408	1594	1153	363	790
23	5389	2883	2505	3683	2272	1411	1674	598	1076
24	5127	2721	2406	3104	1901	1202	1969	788	1180
25-29	**31629**	**16213**	**15417**	**10567**	**7074**	**3493**	**20426**	**8764**	**11662**
25	5814	3067	2747	2923	1869	1054	2817	1161	1656
26	5618	2942	2676	2348	1550	797	3185	1330	1855
27	5599	2897	2702	1846	1280	567	3650	1560	2090
28	7872	3974	3897	2097	1408	689	5599	2461	3139
29	6726	3332	3394	1353	967	386	5175	2253	2922
30-34	**30696**	**15224**	**15472**	**3614**	**2665**	**949**	**25890**	**11799**	**14092**
30	6467	3180	3287	1043	733	310	5207	2320	2888
31	7065	3492	3574	932	697	235	5857	2622	3235
32	6064	2995	3069	654	484	170	5166	2348	2819
33	5598	2790	2808	523	397	126	4846	2250	2596
34	5502	2767	2735	463	354	109	4814	2259	2555
35-39	**27330**	**13986**	**13343**	**1510**	**1252**	**258**	**24646**	**11966**	**12679**
35	5296	2689	2607	306	250	57	4757	2293	2464
36	5999	3073	2926	389	313	77	5375	2601	2774
37	5233	2685	2548	294	251	43	4714	2287	2427
38	5453	2784	2669	270	225	45	4934	2407	2527
39	5349	2757	2592	249	213	36	4865	2377	2488

2-35 续表 1 continued

单位：人 (person)

年 龄 Age	15岁及以上人口 Population Aged 15 and Over	男 Male	女 Female	未 婚 Never Married	男 Male	女 Female	有配偶 First Married	男 Male	女 Female
40-44	**29058**	**14817**	**14241**	**1222**	**1089**	**133**	**26530**	**12893**	**13638**
40	5298	2707	2592	261	220	41	4798	2333	2465
41	5001	2567	2434	231	202	28	4542	2218	2323
42	5844	2983	2862	229	205	24	5345	2608	2738
43	6110	3110	3000	230	211	19	5606	2732	2874
44	6805	3451	3354	272	250	21	6239	3001	3238
45-49	**39135**	**19754**	**19381**	**1041**	**978**	**63**	**36433**	**17824**	**18609**
45	7163	3637	3526	200	183	17	6628	3253	3376
46	7520	3802	3718	227	216	11	6994	3415	3580
47	7782	3947	3835	211	202	9	7276	3576	3700
48	8640	4339	4301	219	209	11	8032	3901	4131
49	8030	4029	4001	183	168	15	7502	3679	3822
50-54	**40375**	**20183**	**20192**	**775**	**730**	**45**	**37516**	**18493**	**19023**
50	8788	4398	4390	173	162	11	8182	4017	4165
51	7178	3579	3599	129	115	14	6675	3289	3386
52	8338	4187	4151	150	142	8	7779	3863	3916
53	8192	4108	4084	148	145	3	7618	3771	3847
54	7878	3910	3968	175	166	9	7262	3553	3709
55-59	**27783**	**13911**	**13872**	**479**	**460**	**19**	**25308**	**12641**	**12667**
55	9002	4519	4484	176	169	8	8229	4093	4136
56	6132	3051	3081	104	99	4	5590	2775	2815
57	3608	1762	1846	36	34	2	3326	1622	1704
58	4696	2360	2337	84	82	2	4263	2144	2118
59	4344	2219	2125	80	76	3	3900	2007	1893
60-64	**30612**	**15537**	**15075**	**662**	**645**	**17**	**26653**	**13739**	**12914**
60	5709	2916	2793	141	138	3	5026	2593	2434
61	6458	3301	3157	119	116	3	5658	2959	2699
62	5871	2958	2912	142	138	4	5135	2601	2535
63	6276	3189	3087	137	134	3	5441	2815	2626
64	6298	3173	3125	124	120	4	5392	2772	2621
65+	**63989**	**30693**	**33296**	**1172**	**1112**	**60**	**42938**	**23571**	**19367**

2-35 续表 2 continued

单位：人 (person)

年龄 Age	离婚 Divorced	男 Male	女 Female	丧偶 Widowed	男 Male	女 Female
总计 Total	**6568**	**4605**	**1964**	**26807**	**8091**	**18716**
15-19	**5**	**1**	**3**			
15						
16						
17						
18	3	1	2			
19	2		2			
20-24	**133**	**69**	**65**	**13**	**3**	**10**
20	8	2	6	2	2	
21	23	17	6			
22	22	7	15	5		5
23	30	13	17	2		2
24	51	30	20	4	1	3
25-29	**603**	**361**	**242**	**33**	**13**	**20**
25	73	37	35	1		1
26	82	59	22	3	2	2
27	102	57	45	1	1	
28	165	102	63	10	3	7
29	181	106	76	17	7	10
30-34	**1119**	**741**	**378**	**73**	**20**	**53**
30	208	124	84	8	3	6
31	260	168	92	16	4	12
32	231	159	72	13	5	8
33	211	138	74	18	6	13
34	208	151	56	17	2	15
35-39	**1021**	**718**	**302**	**154**	**50**	**103**
35	217	139	78	15	7	8
36	204	148	56	31	11	20
37	196	143	52	29	3	26
38	210	137	73	39	14	25
39	194	150	44	40	16	24

2-35 续表 3 continued

单位：人 (person)

年 龄 Age	离 婚 Divorced	男 Male	女 Female	丧 偶 Widowed	男 Male	女 Female
40-44	**965**	**697**	**268**	**341**	**138**	**202**
40	189	131	57	51	22	29
41	171	126	45	57	20	37
42	209	151	58	61	19	43
43	202	137	65	72	29	42
44	194	151	43	100	48	51
45-49	**916**	**689**	**227**	**745**	**263**	**482**
45	202	148	53	133	53	81
46	190	135	55	109	37	72
47	166	121	45	129	48	81
48	212	174	38	177	56	121
49	147	111	36	198	70	127
50-54	**709**	**551**	**158**	**1375**	**409**	**966**
50	184	144	40	250	75	174
51	138	103	35	235	72	163
52	135	109	26	274	72	201
53	132	103	28	294	89	205
54	120	91	28	322	101	222
55-59	**365**	**290**	**75**	**1630**	**519**	**1111**
55	127	106	21	470	150	319
56	85	67	18	354	110	244
57	52	45	7	194	61	133
58	55	42	13	295	92	203
59	46	30	16	318	106	212
60-64	**304**	**221**	**83**	**2993**	**932**	**2061**
60	75	55	20	467	131	337
61	63	44	19	618	182	436
62	47	39	8	547	181	366
63	56	38	18	642	202	439
64	63	46	17	719	236	483
65+	**429**	**266**	**162**	**19451**	**5743**	**13708**

2-36 各地区分性别、婚姻状况的人口
Population by Sex, Marital Status and Region

单位：人 (person)

地 区	Region	15岁及以上人口 Population Aged 15 and Over	男 Male	女 Female	未 婚 Never Married	男 Male	女 Female	有配偶 First Married	男 Male	女 Female
全 国	**National Total**	**951684**	**481358**	**470326**	**172875**	**103409**	**69466**	**705367**	**352315**	**353052**
北 京	Beijing	15823	7805	8017	3290	1679	1611	11633	5859	5774
天 津	Tianjin	11480	6161	5319	2151	1260	891	8602	4640	3962
河 北	Hebei	50466	25094	25372	7444	4095	3349	39415	19685	19731
山 西	Shanxi	25728	13081	12647	4797	2915	1882	19149	9541	9609
内蒙古	Inner Mongolia	18023	9179	8844	2846	1746	1099	13950	6979	6970
辽 宁	Liaoning	32116	16024	16092	5125	2867	2259	23739	11947	11793
吉 林	Jilin	19448	9754	9694	2671	1572	1099	14829	7457	7373
黑龙江	Heilongjiang	27679	13984	13695	4099	2403	1695	20782	10471	10311
上 海	Shanghai	17922	9166	8756	3021	1703	1318	13708	7097	6611
江 苏	jiangsu	56934	28679	28255	8647	4836	3810	44001	22335	21667
浙 江	Zhejiang	40593	20899	19693	6345	3880	2465	31336	16095	15241
安 徽	Anhui	42181	21424	20757	7600	4922	2678	31367	15368	16000
福 建	Fujian	26907	13845	13063	4458	2885	1573	20555	10367	10188
江 西	Jiangxi	30355	15236	15119	5878	3463	2415	22318	11046	11273
山 东	Shandong	67566	33435	34131	8963	5277	3686	53211	26359	26852
河 南	Henan	61918	30535	31383	11082	6468	4614	46395	22493	23902
湖 北	Hubei	41053	20896	20158	8627	5343	3283	29243	14419	14824
湖 南	Hunan	45503	22539	22964	8027	4918	3110	33575	16272	17303
广 东	Guangdong	77295	41568	35726	19017	11858	7160	54072	28433	25639
广 西	Guangxi	31532	16285	15248	7126	4500	2627	21954	10962	10992
海 南	Hainan	6189	3107	3082	1743	931	812	4126	2081	2045
重 庆	Chongqing	21113	10459	10654	3691	2181	1509	15641	7638	8003
四 川	Sichuan	57159	28048	29111	9911	5724	4187	41848	20384	21464
贵 州	Guizhou	22929	11817	11112	4886	3008	1877	15881	7944	7937
云 南	Yunnan	32428	16725	15703	6783	4402	2381	23034	11394	11640
西 藏	Tibet	2154	1058	1096	614	339	275	1351	668	683
陕 西	Shaanxi	27129	13529	13600	5667	3269	2398	19412	9490	9922
甘 肃	Gansu	17812	8975	8837	3557	2187	1370	12811	6294	6518
青 海	Qinghai	3978	2061	1917	781	479	302	2835	1454	1382
宁 夏	Ningxia	4507	2200	2307	962	475	487	3231	1620	1611
新 疆	Xinjiang	15765	7790	7975	3066	1822	1244	11360	5526	5834

2-36 续表 continued

单位：人 (person)

地 区	Region	离 婚 Divorced	男 Male	女 Female	丧 偶 Widowed	男 Male	女 Female
全 国	**National Total**	**20082**	**11095**	**8986**	**53360**	**14538**	**38821**
北 京	Beijing	345	140	206	554	128	426
天 津	Tianjin	276	132	143	451	129	321
河 北	Hebei	818	515	303	2789	800	1990
山 西	Shanxi	436	262	174	1345	364	982
内蒙古	Inner Mongolia	420	244	176	807	209	599
辽 宁	Liaoning	1304	671	632	1947	539	1408
吉 林	Jilin	779	412	367	1169	313	856
黑龙江	Heilongjiang	1293	697	596	1505	413	1092
上 海	Shanghai	474	210	264	719	156	563
江 苏	jiangsu	1012	569	443	3275	940	2335
浙 江	Zhejiang	802	441	361	2109	483	1626
安 徽	Anhui	725	432	294	2488	702	1786
福 建	Fujian	470	261	209	1425	332	1093
江 西	Jiangxi	549	316	233	1609	411	1198
山 东	Shandong	893	511	382	4498	1288	3211
河 南	Henan	878	515	363	3562	1058	2504
湖 北	Hubei	796	446	350	2388	688	1700
湖 南	Hunan	1043	570	472	2858	779	2079
广 东	Guangdong	1038	543	495	3167	735	2433
广 西	Guangxi	495	309	186	1957	514	1443
海 南	Hainan	71	39	32	249	56	193
重 庆	Chongqing	548	284	264	1234	355	879
四 川	Sichuan	1536	850	686	3864	1090	2773
贵 州	Guizhou	677	435	243	1485	430	1055
云 南	Yunnan	747	408	339	1864	521	1343
西 藏	Tibet	57	15	42	132	36	96
陕 西	Shaanxi	474	285	189	1575	484	1091
甘 肃	Gansu	281	183	98	1163	311	852
青 海	Qinghai	148	77	71	213	50	163
宁 夏	Ningxia	112	56	56	202	49	153
新 疆	Xinjiang	583	267	316	756	175	581

2-37 各地区城市分性别、婚姻状况的人口
City Population by Sex, Marital Status and Region

单位：人 (person)

地 区	Region	15岁及以上人口 Population Aged 15 and Over	男 Male	女 Female	未 婚 Never Married	男 Male	女 Female	有配偶 First Married	男 Male	女 Female
全 国	**National Total**	**348053**	**176022**	**172031**	**67414**	**37927**	**29487**	**257459**	**130913**	**126546**
北 京	Beijing	12748	6229	6520	2740	1366	1374	9283	4655	4628
天 津	Tianjin	8767	4789	3978	1629	962	667	6607	3655	2952
河 北	Hebei	13414	6581	6832	1968	972	996	10505	5307	5198
山 西	Shanxi	9276	4711	4565	1722	1040	682	7028	3512	3516
内蒙古	Inner Mongolia	6244	3172	3072	1115	679	436	4766	2382	2385
辽 宁	Liaoning	17752	8900	8851	2710	1590	1119	13191	6692	6500
吉 林	Jilin	8125	4016	4109	1234	710	525	5943	2994	2949
黑龙江	Heilongjiang	11160	5586	5574	1775	1048	727	8111	4109	4002
上 海	Shanghai	14084	7101	6982	2615	1439	1176	10520	5385	5135
江 苏	Jiangsu	22149	11254	10895	4122	2069	2053	16713	8754	7960
浙 江	Zhejiang	18770	9706	9064	3324	1969	1355	14425	7452	6974
安 徽	Anhui	10812	5369	5443	1883	1102	781	8123	4027	4096
福 建	Fujian	10436	5497	4939	2163	1382	781	7770	3961	3809
江 西	Jiangxi	8146	3929	4218	1649	802	848	5967	2971	2996
山 东	Shandong	23395	11614	11780	3244	1828	1415	18678	9378	9300
河 南	Henan	13526	6647	6879	2192	1178	1013	10391	5179	5211
湖 北	Hubei	15003	7519	7484	4091	2262	1829	9979	4959	5020
湖 南	Hunan	13078	6127	6951	2284	1196	1088	9804	4643	5161
广 东	Guangdong	44179	24241	19939	11020	6811	4208	31506	16925	14580
广 西	Guangxi	7094	3614	3480	1524	904	620	5160	2591	2569
海 南	Hainan	1820	915	905	522	282	240	1234	618	616
重 庆	Chongqing	9410	4505	4905	1677	824	853	7096	3484	3612
四 川	Sichuan	16940	8073	8867	3324	1642	1682	12281	5997	6284
贵 州	Guizhou	5255	2653	2602	941	556	385	3773	1918	1855
云 南	Yunnan	6404	3314	3090	1343	850	494	4605	2326	2280
西 藏	Tibet	404	187	217	83	37	45	294	145	149
陕 西	Shaanxi	8692	4296	4396	2395	1248	1147	5779	2878	2901
甘 肃	Gansu	3213	1617	1596	752	420	332	2171	1099	1072
青 海	Qinghai	1209	620	589	191	110	81	912	479	433
宁 夏	Ningxia	1533	750	783	293	144	148	1131	572	559
新 疆	Xinjiang	5016	2492	2524	890	505	385	3713	1867	1846

2-37 续表 continued

单位：人 (person)

地 区	Region	离 婚 Divorced	男 Male	女 Female	丧 偶 Widowed	男 Male	女 Female
全 国	**National Total**	**9196**	**4003**	**5193**	**13984**	**3178**	**10805**
北 京	Beijing	293	110	183	432	98	335
天 津	Tianjin	207	85	123	323	87	237
河 北	Hebei	257	121	136	682	180	502
山 西	Shanxi	160	65	95	367	94	272
内蒙古	Inner Mongolia	161	71	90	202	40	161
辽 宁	Liaoning	918	403	515	933	215	718
吉 林	Jilin	478	216	262	470	96	373
黑龙江	Heilongjiang	702	313	389	572	116	456
上 海	Shanghai	380	162	218	569	116	453
江 苏	Jiangsu	435	204	231	878	227	652
浙 江	Zhejiang	342	145	197	678	140	538
安 徽	Anhui	283	136	147	524	105	419
福 建	Fujian	183	80	103	319	74	245
江 西	Jiangxi	197	88	109	333	67	265
山 东	Shandong	401	158	243	1072	250	822
河 南	Henan	324	141	183	620	149	472
湖 北	Hubei	369	179	189	564	119	445
湖 南	Hunan	369	146	223	621	141	480
广 东	Guangdong	632	271	361	1022	233	789
广 西	Guangxi	151	63	89	258	56	202
海 南	Hainan	19	8	11	45	8	37
重 庆	Chongqing	314	131	183	323	66	257
四 川	Sichuan	593	257	336	742	178	565
贵 州	Guizhou	249	116	134	291	63	228
云 南	Yunnan	188	76	112	267	62	205
西 藏	Tibet	11	2	8	16	2	14
陕 西	Shaanxi	168	81	87	350	89	260
甘 肃	Gansu	110	56	54	179	42	138
青 海	Qinghai	42	17	25	64	14	50
宁 夏	Ningxia	45	20	24	64	13	51
新 疆	Xinjiang	213	82	131	200	38	162

2-38 各地区镇分性别、婚姻状况的人口
Town Population by Sex, Marital Status and Region

单位：人 (person)

地区	Region	15岁及以上人口 Population Aged 15 and Over	男 Male	女 Female	未婚 Never Married	男 Male	女 Female	有配偶 First Married	男 Male	女 Female
全　国	**National Total**	**231144**	**117055**	**114089**	**39189**	**23822**	**15367**	**175070**	**87477**	**87593**
北　京	Beijing	891	486	405	147	97	50	709	377	331
天　津	Tianjin	838	413	425	204	97	106	576	289	287
河　北	Hebei	15323	7505	7817	2397	1173	1224	11910	5969	5942
山　西	Shanxi	5582	2785	2798	954	550	404	4254	2104	2150
内蒙古	Inner Mongolia	4904	2487	2417	766	436	331	3861	1957	1905
辽　宁	Liaoning	4127	2098	2029	565	373	192	3109	1552	1557
吉　林	Jilin	3053	1513	1540	388	209	179	2402	1217	1185
黑龙江	Heilongjiang	5498	2766	2732	746	436	310	4290	2164	2125
上　海	Shanghai	1556	822	734	203	126	77	1266	665	601
江　苏	Jiangsu	17569	8978	8591	2310	1417	893	14030	7107	6923
浙　江	Zhejiang	9033	4609	4424	1212	746	466	7166	3639	3527
安　徽	Anhui	12842	6785	6057	2643	1876	767	9337	4612	4725
福　建	Fujian	7318	3697	3621	1046	671	375	5707	2860	2847
江　西	Jiangxi	9154	4665	4489	1563	969	594	6923	3457	3466
山　东	Shandong	17690	8757	8932	2318	1358	959	14037	6984	7053
河　南	Henan	19144	9619	9524	3452	1977	1475	14502	7232	7270
湖　北	Hubei	10068	5199	4869	1924	1348	576	7393	3603	3790
湖　南	Hunan	12716	6303	6413	2112	1318	794	9618	4688	4930
广　东	Guangdong	11532	6131	5401	2751	1709	1041	7997	4198	3798
广　西	Guangxi	8974	4596	4377	1761	1079	681	6531	3295	3235
海　南	Hainan	1821	956	864	398	246	151	1322	682	640
重　庆	Chongqing	4503	2308	2196	810	569	241	3348	1609	1739
四　川	Sichuan	13506	6625	6881	2024	1166	859	10303	5037	5266
贵　州	Guizhou	5800	2976	2824	1249	739	510	4113	2068	2045
云　南	Yunnan	9377	4851	4526	1860	1205	655	6853	3419	3434
西　藏	Tibet	300	159	141	87	55	31	190	97	92
陕　西	Shaanxi	7163	3607	3556	1159	702	457	5426	2671	2755
甘　肃	Gansu	5303	2633	2670	972	579	392	3960	1939	2021
青　海	Qinghai	1009	533	476	195	117	79	731	389	342
宁　夏	Ningxia	1159	529	630	301	109	193	776	393	383
新　疆	Xinjiang	3391	1664	1726	673	369	304	2431	1204	1227

2-38 续表 continued

单位：人 (person)

地 区	Region	离 婚 Divorced	男 Male	女 Female	丧 偶 Widowed	男 Male	女 Female
全 国	**National Total**	**4317**	**2487**	**1830**	**12569**	**3269**	**9300**
北 京	Beijing	9	6	3	26	5	20
天 津	Tianjin	19	13	6	40	14	26
河 北	Hebei	258	161	97	757	203	554
山 西	Shanxi	98	63	35	276	68	209
内蒙古	Inner Mongolia	104	55	49	172	40	132
辽 宁	Liaoning	138	88	50	316	85	231
吉 林	Jilin	97	49	48	167	38	129
黑龙江	Heilongjiang	205	101	104	257	64	193
上 海	Shanghai	42	18	24	45	13	32
江 苏	Jiangsu	280	173	107	949	280	668
浙 江	Zhejiang	192	109	83	463	115	348
安 徽	Anhui	185	109	77	677	189	488
福 建	Fujian	128	75	53	437	91	346
江 西	Jiangxi	175	107	67	494	131	362
山 东	Shandong	177	111	66	1157	304	853
河 南	Henan	219	133	85	971	277	694
湖 北	Hubei	184	101	83	568	147	421
湖 南	Hunan	292	137	155	694	160	534
广 东	Guangdong	149	83	66	635	140	496
广 西	Guangxi	143	94	49	539	128	411
海 南	Hainan	19	8	11	82	20	62
重 庆	Chongqing	87	52	36	258	78	180
四 川	Sichuan	340	193	147	839	230	609
贵 州	Guizhou	156	101	55	282	69	214
云 南	Yunnan	213	116	97	450	111	340
西 藏	Tibet	14	4	10	9	2	7
陕 西	Shaanxi	146	94	53	432	140	292
甘 肃	Gansu	64	45	19	307	69	238
青 海	Qinghai	34	18	17	49	10	39
宁 夏	Ningxia	37	16	21	45	12	33
新 疆	Xinjiang	112	56	56	175	36	140

2-39 各地区农村分性别、婚姻状况的人口
Rural Population by Sex, Marital Status and Region

单位：人 (person)

地区	Region	15岁及以上人口 Population Aged 15 and Over	男 Male	女 Female	未婚 Never Married	男 Male	女 Female	有配偶 First Married	男 Male	女 Female
全国	**National Total**	**372487**	**188280**	**184207**	**66272**	**41659**	**24613**	**272839**	**133925**	**138914**
北京	Beijing	2184	1091	1093	403	215	187	1642	827	815
天津	Tianjin	1875	959	915	318	200	118	1419	696	723
河北	Hebei	21730	11008	10722	3078	1949	1129	17000	8409	8591
山西	Shanxi	10869	5586	5284	2121	1325	796	7868	3925	3943
内蒙古	Inner Mongolia	6875	3520	3355	964	632	332	5322	2641	2681
辽宁	Liaoning	10237	5025	5212	1851	903	948	7439	3703	3737
吉林	Jilin	8269	4224	4045	1048	654	395	6485	3245	3240
黑龙江	Heilongjiang	11020	5633	5388	1577	919	659	8381	4197	4183
上海	Shanghai	2282	1242	1039	203	138	65	1922	1047	874
江苏	Jiangsu	17216	8448	8769	2215	1350	864	13258	6473	6784
浙江	Zhejiang	12789	6584	6205	1809	1166	643	9745	5005	4740
安徽	Anhui	18527	9270	9257	3074	1945	1130	13907	6729	7178
福建	Fujian	9154	4651	4503	1249	832	417	7078	3546	3532
江西	Jiangxi	13054	6643	6411	2666	1692	973	9429	4618	4811
山东	Shandong	26482	13063	13419	3402	2091	1311	20496	9997	10499
河南	Henan	29247	14268	14979	5439	3313	2126	21503	10082	11421
湖北	Hubei	15982	8177	7805	2612	1734	879	11870	5856	6014
湖南	Hunan	19709	10109	9599	3631	2404	1228	14153	6941	7211
广东	Guangdong	21584	11197	10387	5247	3337	1910	14569	7310	7260
广西	Guangxi	15465	8075	7390	3841	2516	1325	10263	5076	5188
海南	Hainan	2549	1236	1313	824	404	421	1570	781	789
重庆	Chongqing	7200	3647	3554	1204	788	415	5197	2545	2652
四川	Sichuan	26712	13349	13363	4563	2917	1646	19264	9350	9914
贵州	Guizhou	11874	6188	5685	2696	1713	982	7995	3958	4037
云南	Yunnan	16647	8560	8087	3580	2347	1233	11576	5649	5927
西藏	Tibet	1451	713	738	445	247	198	867	426	441
陕西	Shaanxi	11274	5626	5648	2113	1319	794	8207	3941	4266
甘肃	Gansu	9297	4726	4571	1834	1188	646	6680	3256	3424
青海	Qinghai	1760	907	853	396	253	143	1193	586	607
宁夏	Ningxia	1814	921	893	368	222	146	1324	655	669
新疆	Xinjiang	7358	3634	3724	1502	948	554	5217	2455	2762

2-39 续表 continued

单位：人 (person)

地 区	Region	离 婚 Divorced	男 Male	女 Female	丧 偶 Widowed	男 Male	女 Female
全 国	**National Total**	**6568**	**4605**	**1964**	**26807**	**8091**	**18716**
北 京	Beijing	44	24	20	96	25	71
天 津	Tianjin	49	35	15	88	28	59
河 北	Hebei	303	233	70	1350	416	933
山 西	Shanxi	178	134	44	703	202	501
内蒙古	Inner Mongolia	155	118	37	434	129	305
辽 宁	Liaoning	248	181	68	699	239	460
吉 林	Jilin	204	147	57	532	178	354
黑龙江	Heilongjiang	386	283	103	676	234	443
上 海	Shanghai	52	30	22	105	27	78
江 苏	Jiangsu	297	191	105	1448	433	1015
浙 江	Zhejiang	267	187	81	968	227	741
安 徽	Anhui	257	187	70	1288	409	879
福 建	Fujian	159	106	52	668	167	502
江 西	Jiangxi	177	120	57	783	212	570
山 东	Shandong	315	242	73	2269	734	1535
河 南	Henan	336	241	95	1970	632	1338
湖 北	Hubei	244	166	78	1256	422	834
湖 南	Hunan	381	287	95	1543	477	1066
广 东	Guangdong	257	188	69	1510	362	1148
广 西	Guangxi	200	153	47	1160	330	830
海 南	Hainan	33	23	10	122	29	93
重 庆	Chongqing	147	102	45	653	211	441
四 川	Sichuan	603	400	203	2282	683	1600
贵 州	Guizhou	272	219	54	911	299	612
云 南	Yunnan	345	216	130	1146	348	798
西 藏	Tibet	32	8	24	107	32	75
陕 西	Shaanxi	160	111	49	793	255	538
甘 肃	Gansu	107	82	25	677	200	476
青 海	Qinghai	71	42	29	100	26	74
宁 夏	Ningxia	30	19	10	93	24	68
新 疆	Xinjiang	259	130	129	380	101	279

2-40 全国育龄妇女分年龄、孩次的生育状况
(2017年11月1日至2018年10月31日)
Age-specific Fertility Rate of Women at Childbearing Ages by Age of Mother and Birth Order (2017.11.1-2018.10.31)

年 龄 Age	平均育龄妇女人数(人) Average Number of Childbearing Women (person)	出生人数(人) Births (person)				生育率(‰) Fertility Rate (‰)			
			一孩 1st Birth	二孩 2nd Birth	三孩及以上 3rd Birth and Above		一孩 1st Birth	二孩 2nd Birth	三孩及以上 3rd Birth and Above
总计 Total	**285532**	**12566**	**5191**	**6272**	**1103**	**44.01**	**18.18**	**21.97**	**3.86**
15-19	**27274**	**273**	**219**	**51**	**3**	**10.01**	**8.02**	**1.88**	**0.11**
15	5364	4	4			0.80	0.80		
16	5336	17	16	1		3.24	2.98	0.25	
17	5352	36	32	3	2	6.77	5.96	0.48	0.33
18	5639	84	68	16		14.94	12.04	2.90	
19	5582	131	99	31	1	23.48	17.71	5.57	0.20
20-24	**32811**	**2270**	**1449**	**726**	**95**	**69.18**	**44.17**	**22.12**	**2.90**
20	5730	224	165	56	4	39.06	28.72	9.71	0.62
21	6059	337	243	85	8	55.59	40.15	14.08	1.35
22	6723	488	311	158	19	72.61	46.19	23.58	2.84
23	6899	599	359	209	31	86.87	52.09	30.32	4.46
24	7401	622	371	217	34	84.04	50.18	29.33	4.53
25-29	**46542**	**4932**	**2270**	**2312**	**350**	**105.96**	**48.77**	**49.67**	**7.52**
25	7528	854	440	368	46	113.42	58.40	48.92	6.10
26	8320	962	489	404	69	115.68	58.74	48.61	8.33
27	9286	1033	481	489	63	111.26	51.80	52.69	6.77
28	11004	1168	503	577	88	106.15	45.71	52.41	8.03
29	10404	914	357	473	84	87.86	34.35	45.48	8.03
30-34	**45297**	**3307**	**855**	**2057**	**396**	**73.02**	**18.87**	**45.41**	**8.74**
30	10605	943	322	531	90	88.87	30.40	50.03	8.44
31	9800	753	195	486	73	76.85	19.86	49.59	7.41
32	8862	680	152	428	100	76.67	17.11	48.30	11.26
33	8206	513	102	341	69	62.47	12.47	41.56	8.44
34	7823	420	84	271	65	53.63	10.73	34.65	8.25
35-39	**40285**	**1287**	**210**	**872**	**204**	**31.94**	**5.21**	**21.65**	**5.07**
35	8408	407	74	268	65	48.36	8.82	31.86	7.67
36	8850	313	51	215	47	35.34	5.74	24.25	5.35
37	7423	233	43	153	37	31.38	5.75	20.63	5.00
38	8031	193	20	138	34	24.00	2.51	17.21	4.28
39	7574	142	22	98	21	18.70	2.94	12.98	2.78
40-44	**41876**	**338**	**88**	**205**	**45**	**8.06**	**2.09**	**4.90**	**1.07**
40	7657	103	26	69	8	13.43	3.34	9.03	1.05
41	7583	98	20	64	13	12.93	2.69	8.48	1.76
42	8522	54	14	25	15	6.29	1.67	2.91	1.71
43	8734	40	11	26	3	4.57	1.25	2.92	0.40
44	9380	43	16	21	5	4.62	1.75	2.29	0.59
45-49	**51447**	**159**	**101**	**49**	**9**	**3.09**	**1.96**	**0.95**	**0.18**
45	9803	39	23	14	2	4.02	2.39	1.41	0.22
46	10061	25	12	11	2	2.51	1.16	1.12	0.23
47	10324	26	18	6	2	2.52	1.78	0.57	0.17
48	10307	41	29	9	3	4.03	2.83	0.92	0.28
49	10953	27	18	9		2.43	1.65	0.78	

2-41 全国城市育龄妇女分年龄、孩次的生育状况
(2017年11月1日至2018年10月31日)
Age-specific Fertility Rate of City Women at Childbearing Ages by Age of Mother and Birth Order (2017.11.1-2018.10.31)

年 龄 Age	平均育龄妇女人数(人) Average Number of Childbearing Women (person)	出生人数(人) Births (person)				生育率(‰) Fertility Rate (‰)			
			一孩 1st Birth	二孩 2nd Birth	三孩及以上 3rd Birth and Above		一孩 1st Birth	二孩 2nd Birth	三孩及以上 3rd Birth and Above
总计 Total	**112270**	**4562**	**2073**	**2312**	**177**	**40.63**	**18.46**	**20.59**	**1.58**
15-19	**9159**	**39**	**33**	**6**		**4.27**	**3.58**	**0.69**	
15	1527								
16	1672								
17	1576	9	9	1		5.99	5.51	0.49	
18	2128	11	10	1		5.19	4.77	0.42	
19	2257	19	14	5		8.27	6.20	2.06	
20-24	**12985**	**549**	**397**	**135**	**17**	**42.25**	**30.59**	**10.38**	**1.28**
20	2266	33	27	5	1	14.47	12.00	2.15	0.31
21	2311	73	53	18	3	31.73	22.78	7.63	1.31
22	2637	108	80	26	1	40.89	30.33	10.03	0.52
23	2796	157	109	41	6	55.98	39.11	14.64	2.22
24	2974	178	128	45	5	59.88	43.04	15.07	1.77
25-29	**18714**	**1719**	**935**	**734**	**50**	**91.83**	**49.94**	**39.23**	**2.66**
25	2921	238	134	99	4	81.4	45.95	33.92	1.52
26	3285	334	184	141	9	101.69	56.02	42.96	2.72
27	3739	350	198	142	11	93.73	52.98	37.88	2.87
28	4417	448	254	183	11	101.52	57.57	41.53	2.43
29	4353	348	164	169	15	79.93	37.67	38.81	3.45
30-34	**18842**	**1397**	**471**	**878**	**48**	**74.15**	**25.01**	**46.62**	**2.52**
30	4368	374	173	193	8	85.59	39.63	44.08	1.89
31	4072	322	117	195	10	79.04	28.78	47.82	2.44
32	3709	299	82	205	12	80.63	22.09	55.34	3.21
33	3406	212	48	155	9	62.26	14.12	45.38	2.76
34	3286	190	51	131	8	57.88	15.47	39.96	2.45
35-39	**17375**	**628**	**133**	**440**	**55**	**36.17**	**7.67**	**25.31**	**3.19**
35	3801	195	47	135	12	51.31	12.46	35.65	3.20
36	3924	154	33	110	10	39.24	8.47	28.13	2.65
37	3132	110	29	74	7	35.24	9.26	23.76	2.21
38	3341	85	9	64	12	25.44	2.81	19.17	3.47
39	3177	84	14	55	14	26.47	4.47	17.47	4.53
40-44	**16814**	**156**	**48**	**103**	**5**	**9.28**	**2.83**	**6.13**	**0.33**
40	3258	49	13	37		15.14	3.93	11.21	
41	3058	54	15	37	2	17.67	4.96	11.96	0.75
42	3499	17	7	8	3	4.9	1.89	2.16	0.86
43	3378	20	7	13		5.9	1.95	3.90	0.05
44	3621	16	6	9		4.31	1.77	2.55	
45-49	**18381**	**74**	**57**	**15**	**2**	**4.02**	**3.10**	**0.83**	**0.10**
45	3672	16	10	5	1	4.22	2.65	1.42	0.15
46	3648	7	4	3		1.98	1.23	0.75	
47	3729	15	12	3		4.07	3.22	0.80	0.05
48	3621	23	20	2	1	6.36	5.40	0.68	0.28
49	3713	13	11	2		3.47	2.99	0.47	

2-42 全国镇育龄妇女分年龄、孩次的生育状况
(2017年11月1日至2018年10月31日)
Age-specific Fertility Rate of Town Women at Childbearing Ages by Age of Mother and Birth Order (2017.11.1-2018.10.31)

年 龄 Age	平均育龄妇女人数(人) Average Number of Childbearing Women (person)	出生人数(人) Births (person)				生育率(‰) Fertility Rate (‰)			
			一孩 1st Birth	二孩 2nd Birth	三孩及以上 3rd Birth and Above		一孩 1st Birth	二孩 2nd Birth	三孩及以上 3rd Birth and Above
总计 Total	**70240**	**3184**	**1258**	**1631**	**296**	**45.33**	**17.91**	**23.22**	**4.21**
15-19	**6334**	**51**	**38**	**13**		**8.00**	**5.95**	**2.05**	
15	1343								
16	1384	1	1			0.99	0.99		
17	1375	6	6			4.27	4.27		
18	1207	19	13	6		16.06	11.05	5.01	
19	1025	24	17	7		23.45	16.67	6.78	
20-24	**7539**	**571**	**392**	**154**	**25**	**75.71**	**51.95**	**20.43**	**3.33**
20	1087	58	48	10		53.55	44.31	9.24	
21	1328	64	50	13	1	48.37	37.85	9.62	0.90
22	1576	118	91	23	4	74.76	57.44	14.87	2.46
23	1679	172	106	55	10	102.49	63.38	33.02	6.09
24	1869	158	96	52	10	84.75	51.51	28.01	5.23
25-29	**12112**	**1368**	**607**	**654**	**107**	**112.91**	**50.13**	**53.97**	**8.80**
25	1944	237	114	113	11	122.08	58.61	57.90	5.56
26	2272	289	159	105	25	127.24	69.83	46.30	11.11
27	2385	285	130	140	15	119.29	54.66	58.54	6.09
28	2782	309	117	160	33	111.23	41.96	57.37	11.90
29	2729	247	87	137	23	90.56	32.06	50.11	8.40
30-34	**11265**	**806**	**172**	**535**	**99**	**71.55**	**15.23**	**47.51**	**8.80**
30	2704	240	67	152	21	88.73	24.92	56.06	7.75
31	2473	206	36	145	25	83.25	14.44	58.73	10.08
32	2225	153	35	91	26	68.59	15.94	40.76	11.89
33	1982	119	26	82	10	59.91	13.33	41.51	5.06
34	1881	89	7	65	17	47.22	3.52	34.80	8.90
35-39	**9597**	**298**	**25**	**222**	**51**	**31.05**	**2.60**	**23.09**	**5.36**
35	1926	100	7	72	21	51.96	3.56	37.33	11.06
36	2114	72	7	53	12	34.10	3.37	25.25	5.49
37	1778	52	4	36	13	29.53	2.07	20.21	7.25
38	1908	44	3	39	2	23.01	1.63	20.32	1.05
39	1871	29	4	22	4	15.72	2.22	11.55	1.95
40-44	**10385**	**70**	**12**	**46**	**12**	**6.74**	**1.18**	**4.44**	**1.12**
40	1888	17	4	11	2	9.12	2.35	5.94	0.84
41	1921	19	2	12	5	9.71	0.90	6.13	2.68
42	2114	18	3	12	3	8.43	1.24	5.63	1.56
43	2169	9		8	1	4.32		3.66	0.66
44	2294	7	3	3		3.02	1.51	1.42	0.08
45-49	**13007**	**21**	**12**	**7**	**2**	**1.61**	**0.96**	**0.54**	**0.12**
45	2488	6	4	2		2.33	1.53	0.72	0.08
46	2601	2	2			0.94	0.94		
47	2565	3	2		1	1.28	0.73		0.54
48	2561	6	4	2		2.54	1.68	0.86	
49	2793	3		3		1.07		1.07	

2-43 全国乡村育龄妇女分年龄、孩次的生育状况 (2017年11月1日至2018年10月31日)

Age-specific Fertility Rate of Rural Women at Childbearing Ages by Age of Mother and Birth Order(2017.11.1-2018.10.31)

年 龄 Age	平均育龄妇女人数(人) Average Number of Childbearing Women (person)	出生人数(人) Births (person)				生育率(‰) Fertility Rate (‰)			
			一孩 1st Birth	二孩 2nd Birth	三孩及以上 3rd Birth and Above		一孩 1st Birth	二孩 2nd Birth	三孩及以上 3rd Birth and Above
总计 Total	**103022**	**4820**	**1860**	**2330**	**630**	**46.79**	**18.05**	**22.62**	**6.12**
15-19	**11781**	**183**	**148**	**32**	**3**	**15.56**	**12.59**	**2.72**	**0.24**
15	2494	4	4			1.73	1.73		
16	2281	16	15	1		6.97	6.38	0.59	
17	2401	21	17	2	2	8.72	7.23	0.75	0.73
18	2305	54	44	9		23.36	19.26	4.10	
19	2300	88	68	19	1	38.42	29.47	8.47	0.49
20-24	**12287**	**1151**	**660**	**437**	**53**	**93.65**	**53.74**	**35.56**	**4.35**
20	2377	133	89	41	3	55.88	37.53	17.14	1.20
21	2421	199	140	55	4	82.33	58.01	22.68	1.64
22	2509	262	140	109	14	104.59	55.80	43.28	5.51
23	2423	271	144	113	14	111.70	59.24	46.54	5.92
24	2558	285	147	120	18	111.61	57.52	46.87	7.22
25-29	**15715**	**1845**	**728**	**924**	**194**	**117.43**	**46.32**	**58.79**	**12.32**
25	2663	379	191	157	31	142.23	71.90	58.81	11.52
26	2763	339	146	158	35	122.80	52.84	57.24	12.72
27	3162	398	153	208	38	125.92	48.23	65.80	11.89
28	3805	410	132	234	45	107.82	34.69	61.41	11.72
29	3322	319	106	167	46	96.01	31.88	50.40	13.74
30-34	**15190**	**1104**	**212**	**643**	**249**	**72.71**	**13.97**	**42.34**	**16.40**
30	3533	329	82	186	60	93.04	23.18	52.78	17.07
31	3254	225	42	146	38	69.26	12.83	44.85	11.59
32	2929	228	34	132	61	77.80	11.68	45.12	20.99
33	2818	182	28	104	50	64.54	9.87	36.98	17.70
34	2656	141	26	74	40	52.93	9.96	27.99	14.97
35-39	**13313**	**360**	**52**	**211**	**98**	**27.05**	**3.90**	**15.83**	**7.33**
35	2680	111	20	60	31	41.59	7.45	22.56	11.58
36	2812	87	10	51	25	30.82	3.71	18.09	9.02
37	2513	70	10	43	17	27.89	3.98	17.01	6.90
38	2781	64	8	35	21	22.95	2.75	12.73	7.47
39	2526	28	4	21	3	11.13	1.54	8.39	1.19
40-44	**14677**	**112**	**28**	**56**	**28**	**7.61**	**1.89**	**3.82**	**1.90**
40	2511	36	8	21	6	14.46	3.34	8.54	2.58
41	2604	25	3	16	6	9.73	1.34	6.12	2.27
42	2910	19	5	5	8	6.40	1.71	1.84	2.85
43	3187	11	4	4	2	3.33	1.36	1.39	0.58
44	3465	21	7	9	5	5.99	1.88	2.58	1.53
45-49	**20058**	**64**	**31**	**27**	**6**	**3.19**	**1.56**	**1.34**	**0.29**
45	3643	18	10	7	1	4.96	2.71	1.88	0.37
46	3812	16	5	9	2	4.09	1.24	2.24	0.61
47	4030	8	4	3		1.87	1.11	0.72	0.04
48	4125	12	5	5	2	2.90	1.28	1.16	0.46
49	4447	11	7	4		2.43	1.57	0.85	

2-44 全国分年龄、性别的死亡人口状况 (2017年11月1日至2018年10月31日)

Status of Deaths by Age and Sex (2017.11.1-2018.10.31)

年龄 Age	年平均人口(人) Average Population (person)	男 Male	女 Female	死亡人口(人) Deaths (person)	男 Male	女 Female	死亡率(‰) Death Rate (‰)	男 Male	女 Female
总计 Total	**1142592**	**584445**	**558147**	**6709**	**3920**	**2789**	**5.87**	**6.71**	**5.00**
0-4	**61891**	**32971**	**28920**	**68**	**34**	**34**	**1.11**	**1.04**	**1.19**
0	6978	3731	3247	47	26	21	6.66	6.89	6.40
1	14101	7442	6659	12	4	8	0.83	0.48	1.21
2	14276	7605	6671	5	3	2	0.31	0.37	0.24
3	13140	7020	6120	4	2	2	0.32	0.31	0.34
4	13396	7172	6224	2		2	0.15	0.02	0.30
5-9	**63332**	**34285**	**29047**	**13**	**8**	**5**	**0.21**	**0.22**	**0.18**
5	13060	7044	6016	2	2		0.13	0.24	
6	13090	7061	6029	1	1		0.07	0.11	0.03
7	12916	6967	5949	2	1	1	0.16	0.14	0.19
8	11386	6161	5225	5	2	3	0.43	0.30	0.57
9	12882	7053	5829	3	2	1	0.27	0.34	0.19
10-14	**62254**	**33779**	**28475**	**13**	**7**	**6**	**0.21**	**0.21**	**0.20**
10	12853	6999	5854	1		1	0.09		0.19
11	12554	6807	5747	4	1	3	0.27	0.11	0.46
12	12530	6786	5744	1	1		0.09	0.16	
13	12130	6575	5555	4	2	2	0.30	0.29	0.32
14	12187	6611	5576	3	3		0.28	0.53	
15-19	**58268**	**31560**	**26708**	**14**	**13**	**1**	**0.24**	**0.40**	**0.05**
15	10968	5952	5016	2	1	1	0.21	0.22	0.20
16	11818	6415	5403	1	1		0.10	0.18	
17	11721	6351	5370	2	2		0.15	0.28	
18	12055	6528	5527	8	8		0.64	1.19	
19	11706	6314	5392	1	1		0.08	0.12	0.03
20-24	**68064**	**36094**	**31970**	**30**	**20**	**10**	**0.43**	**0.55**	**0.30**
20	12662	6810	5852	3	3		0.24	0.45	
21	12518	6705	5813	3	3		0.27	0.51	
22	13065	6950	6115	6	4	2	0.48	0.62	0.32
23	14804	7814	6990	8	4	4	0.57	0.55	0.58
24	15014	7815	7199	9	5	4	0.56	0.60	0.52
25-29	**93001**	**47725**	**45276**	**41**	**28**	**13**	**0.44**	**0.59**	**0.28**
25	15728	8135	7593	6	3	3	0.37	0.37	0.37
26	16255	8426	7829	6	4	2	0.35	0.44	0.25
27	17480	9043	8437	2	2		0.11	0.20	
28	21590	11014	10576	17	10	7	0.79	0.95	0.62
29	21947	11107	10840	10	9	1	0.48	0.82	0.13

2-44 续表 1 continued

年 龄 Age	年平均人口(人) Average Population (person)	男 Male	女 Female	死亡人口(人) Deaths (person)	男 Male	女 Female	死亡率(‰) Death Rate (‰)	男 Male	女 Female
30-34	**93240**	**46872**	**46368**	**60**	**46**	**14**	**0.65**	**0.98**	**0.31**
30	20221	10204	10017	12	8	4	0.58	0.75	0.40
31	21213	10684	10529	13	9	4	0.61	0.85	0.37
32	19176	9598	9578	7	6	1	0.38	0.63	0.13
33	16412	8234	8178	13	11	2	0.80	1.37	0.22
34	16218	8153	8065	15	12	3	0.93	1.45	0.40
35-39	**81931**	**41555**	**40376**	**75**	**58**	**17**	**0.91**	**1.39**	**0.42**
35	16016	8078	7938	15	10	5	0.90	1.19	0.60
36	18340	9279	9061	17	15	2	0.91	1.59	0.22
37	16268	8254	8014	10	6	4	0.59	0.73	0.45
38	15030	7632	7398	15	13	2	1.02	1.70	0.32
39	16276	8311	7965	18	14	4	1.15	1.71	0.55
40-44	**83629**	**42601**	**41028**	**113**	**82**	**31**	**1.36**	**1.93**	**0.77**
40	15926	8097	7829	8	5	3	0.50	0.56	0.44
41	14864	7590	7274	27	20	7	1.84	2.66	0.98
42	16886	8613	8273	21	12	9	1.21	1.38	1.03
43	17287	8805	8482	28	24	4	1.62	2.72	0.48
44	18665	9495	9170	29	21	8	1.60	2.26	0.91
45-49	**102504**	**52184**	**50320**	**234**	**157**	**77**	**2.27**	**3.00**	**1.52**
45	19524	9963	9561	36	26	10	1.87	2.64	1.07
46	20108	10249	9859	44	25	19	2.21	2.47	1.93
47	20464	10450	10014	43	29	14	2.09	2.75	1.40
48	22203	11278	10925	51	38	13	2.28	3.33	1.20
49	20204	10243	9961	59	39	20	2.91	3.78	2.01
50-54	**97035**	**49063**	**47972**	**348**	**228**	**120**	**3.59**	**4.65**	**2.51**
50	22094	11191	10903	65	37	28	2.95	3.31	2.59
51	17645	8905	8740	60	38	22	3.39	4.28	2.48
52	19338	9794	9544	67	50	17	3.42	5.07	1.73
53	19248	9756	9492	72	51	21	3.74	5.27	2.17
54	18711	9417	9294	85	52	33	4.56	5.52	3.59
55-59	**70038**	**35344**	**34694**	**331**	**213**	**118**	**4.73**	**6.02**	**3.41**
55	21542	10906	10636	87	49	38	4.04	4.49	3.57
56	17763	8956	8807	69	51	18	3.93	5.73	2.09
57	9363	4638	4725	39	24	15	4.20	5.16	3.25
58	11212	5667	5545	71	47	24	6.34	8.29	4.34
59	10157	5176	4981	65	42	23	6.31	8.03	4.53

2-44 续表 2 continued

年 龄 Age	年平均人口(人) Average Population (person)	男 Male	女 Female	死亡人口(人) Deaths (person)	男 Male	女 Female	死亡率(‰) Death Rate (‰)	男 Male	女 Female
60-64	**68307**	**34281**	**34026**	**560**	**361**	**199**	**8.19**	**10.52**	**5.85**
60	13111	6666	6445	108	65	43	8.22	9.76	6.63
61	14425	7297	7128	91	62	29	6.33	8.56	4.05
62	13354	6662	6692	102	74	28	7.66	11.18	4.16
63	13688	6847	6841	105	64	41	7.68	9.38	5.98
64	13731	6811	6920	153	94	59	11.14	13.84	8.49
65-69	**55180**	**27230**	**27950**	**717**	**464**	**253**	**12.99**	**17.05**	**9.04**
65	12687	6251	6436	146	92	54	11.44	14.65	8.33
66	12315	6069	6246	121	87	34	9.79	14.28	5.44
67	10344	5065	5279	147	101	46	14.19	19.87	8.74
68	10187	5035	5152	151	91	60	14.88	18.17	11.67
69	9647	4810	4837	153	94	59	15.84	19.53	12.17
70-74	**35197**	**17162**	**18035**	**742**	**470**	**272**	**21.08**	**27.37**	**15.10**
70	8240	4047	4193	142	89	53	17.24	21.97	12.68
71	7766	3818	3948	145	94	51	18.61	24.62	12.80
72	7037	3416	3621	145	93	52	20.67	27.35	14.38
73	6288	3031	3257	146	91	55	23.22	30.05	16.87
74	5866	2850	3016	164	102	62	27.95	35.88	20.46
75-79	**23277**	**11032**	**12245**	**949**	**563**	**386**	**40.77**	**51.07**	**31.49**
75	5282	2512	2770	151	95	56	28.62	37.93	20.18
76	5088	2453	2635	203	124	79	40.03	50.61	30.17
77	4773	2269	2504	207	120	87	43.45	52.87	34.92
78	4384	2059	2325	187	109	78	42.65	52.87	33.60
79	3751	1740	2011	200	115	85	53.27	66.22	42.07
80-84	**15351**	**6727**	**8624**	**1054**	**579**	**475**	**68.62**	**86.04**	**55.03**
80	3816	1705	2111	203	106	97	53.19	62.00	46.07
81	3351	1457	1894	212	124	88	63.14	84.87	46.44
82	3140	1430	1710	204	100	104	65.08	70.00	60.96
83	2676	1142	1534	225	143	82	84.19	125.09	53.75
84	2369	994	1375	210	107	103	88.33	107.18	74.70
85-89	**7333**	**3074**	**4259**	**807**	**379**	**428**	**110.14**	**123.42**	**100.55**
85	2234	991	1243	190	107	83	84.92	107.87	66.63
86	1618	672	946	170	94	76	104.84	139.60	80.16
87	1362	547	815	166	62	104	121.61	113.14	127.30
88	1216	495	721	147	60	87	120.39	120.41	120.39
89	904	370	534	136	57	79	150.84	154.90	148.03
90+	**2759**	**906**	**1853**	**540**	**211**	**329**	**195.72**	**232.89**	**177.55**

2-45 全国城市分年龄、性别的死亡人口状况
(2017年11月1日至2018年10月31日)
Status of City Deaths by Age and Sex (2017.11.1-2018.10.31)

年 龄 Age	年平均人口(人)			死亡人口(人)			死亡率(‰)		
	Average Population (person)	男 Male	女 Female	Deaths (person)	男 Male	女 Female	Death Rate (‰)	男 Male	女 Female
总计 Total	**401705**	**204682**	**197023**	**1549**	**906**	**643**	**3.86**	**4.43**	**3.27**
0-4	**19963**	**10568**	**9395**	**4**	**2**	**2**	**0.23**	**0.20**	**0.25**
0	1991	1052	939	2	1	1	1.16	1.08	1.25
1	4789	2537	2252	1	1		0.21	0.40	
2	4788	2551	2237						
3	4117	2188	1929						
4	4279	2241	2038	1		1	0.28		0.59
5-9	**17255**	**9212**	**8043**						
5	3840	2069	1771						
6	3882	2097	1785						
7	3646	1888	1758						
8	2715	1437	1278						
9	3172	1721	1451						
10-14	**15652**	**8408**	**7244**	**2**		**2**	**0.12**		**0.26**
10	3129	1684	1445	1		1	0.27		0.59
11	3156	1670	1486	1		1	0.33		0.70
12	3045	1637	1408						
13	3111	1678	1433						
14	3213	1740	1473						
15-19	**18006**	**9470**	**8536**	**1**	**1**		**0.07**	**0.14**	
15	2682	1442	1240						
16	3652	1918	1734						
17	3348	1813	1535	1	1		0.16	0.30	
18	3894	2041	1853	1	1		0.19	0.37	
19	4430	2257	2173						
20-24	**26438**	**13788**	**12650**	**4**	**1**	**3**	**0.14**	**0.08**	**0.22**
20	4855	2522	2333						
21	4713	2435	2278						
22	4903	2593	2310	1		1	0.16		0.34
23	5849	3028	2821	3	1	2	0.48	0.35	0.63
24	6118	3210	2908				0.03		0.07
25-29	**37433**	**19288**	**18145**	**6**	**3**	**3**	**0.14**	**0.14**	**0.15**
25	6140	3148	2992	1		1	0.11		0.23
26	6409	3326	3083	1	1		0.11	0.21	
27	7137	3705	3432	1	1		0.13	0.25	
28	8383	4317	4066	3	1	2	0.36	0.23	0.50
29	9363	4792	4571						

2-45 续表 1 continued

年 龄 Age	年平均人口(人) Average Population (person)	男 Male	女 Female	死亡人口(人) Deaths (person)	男 Male	女 Female	死亡率(‰) Death Rate (‰)	男 Male	女 Female
30-34	**39067**	**19791**	**19276**	**11**	**8**	**3**	**0.29**	**0.42**	**0.16**
30	8473	4336	4137				0.02	0.04	
31	8812	4506	4306	3	2	1	0.38	0.53	0.21
32	8189	4118	4071	3	2	1	0.37	0.48	0.26
33	6805	3399	3406	1	1		0.21	0.42	
34	6786	3431	3355	3	2	1	0.49	0.67	0.30
35-39	**35188**	**17724**	**17464**	**17**	**17**		**0.49**	**0.97**	
35	6984	3493	3491	3	3		0.37	0.73	
36	8039	4019	4020	7	7		0.85	1.71	
37	7132	3622	3510	1	1		0.14	0.29	
38	6035	3021	3014	4	4		0.61	1.22	
39	6997	3568	3429	3	3		0.44	0.87	
40-44	**33670**	**17106**	**16564**	**18**	**9**	**9**	**0.53**	**0.50**	**0.55**
40	6751	3462	3289	3	1	2	0.51	0.29	0.75
41	6096	3070	3026	2	2		0.26	0.52	
42	6755	3433	3322	2		2	0.33	0.05	0.63
43	6853	3439	3414	6	4	2	0.82	1.18	0.46
44	7215	3701	3514	5	2	3	0.66	0.46	0.87
45-49	**37585**	**19323**	**18262**	**50**	**32**	**18**	**1.33**	**1.64**	**0.99**
45	7543	3889	3654	6	5	1	0.80	1.29	0.27
46	7426	3833	3593	9	3	6	1.16	0.69	1.67
47	7534	3911	3623	10	5	5	1.29	1.20	1.38
48	7991	4072	3919	13	9	4	1.70	2.28	1.10
49	7089	3617	3472	12	10	2	1.68	2.77	0.53
50-54	**32062**	**16483**	**15579**	**73**	**43**	**30**	**2.27**	**2.58**	**1.93**
50	7590	3933	3657	13	4	9	1.66	0.97	2.40
51	5782	2953	2829	14	8	6	2.37	2.72	2.01
52	6145	3176	2969	13	11	2	2.06	3.43	0.60
53	6263	3214	3049	14	9	5	2.17	2.70	1.62
54	6282	3207	3075	20	11	9	3.19	3.47	2.89
55-59	**25064**	**12816**	**12248**	**70**	**47**	**23**	**2.80**	**3.65**	**1.91**
55	7409	3777	3632	17	11	6	2.30	3.03	1.54
56	6652	3451	3201	12	9	3	1.82	2.50	1.08
57	3481	1747	1734	8	4	4	2.36	2.25	2.47
58	4027	2060	1967	18	13	5	4.53	6.43	2.54
59	3496	1782	1714	15	10	5	4.21	5.38	2.99

2-45 续表 2 continued

年 龄 Age	年平均人口(人) Average Population (person)	男 Male	女 Female	死亡人口(人) Deaths (person)	男 Male	女 Female	死亡率(‰) Death Rate (‰)	男 Male	女 Female
60-64	**21998**	**10903**	**11095**	**126**	**84**	**42**	**5.72**	**7.67**	**3.80**
60	4348	2192	2156	20	14	6	4.59	6.48	2.68
61	4703	2338	2365	20	15	5	4.31	6.51	2.14
62	4388	2164	2224	26	15	11	5.74	6.71	4.81
63	4286	2114	2172	23	14	9	5.36	6.47	4.28
64	4273	2095	2178	37	26	11	8.74	12.41	5.20
65-69	**16714**	**8034**	**8680**	**152**	**95**	**57**	**9.07**	**11.81**	**6.54**
65	4052	1964	2088	28	17	11	6.91	8.52	5.40
66	3696	1739	1957	24	16	8	6.47	9.12	4.13
67	3069	1464	1605	35	26	9	11.59	17.85	5.89
68	3093	1494	1599	32	17	15	10.31	11.40	9.29
69	2805	1374	1431	32	19	13	11.51	13.92	9.19
70-74	**10281**	**4829**	**5452**	**164**	**100**	**64**	**16.04**	**20.80**	**11.83**
70	2393	1120	1273	24	14	10	10.34	12.91	8.08
71	2269	1078	1191	25	18	7	11.01	16.28	6.23
72	2135	1012	1123	46	25	21	21.67	24.76	18.88
73	1821	857	964	36	22	14	19.97	25.87	14.72
74	1664	762	902	32	21	11	19.56	27.80	12.62
75-79	**7089**	**3278**	**3811**	**229**	**142**	**87**	**32.40**	**43.41**	**22.93**
75	1483	671	812	27	17	10	18.30	25.30	12.52
76	1523	738	785	52	24	28	33.78	32.21	35.26
77	1434	651	783	50	34	16	35.05	52.06	20.91
78	1394	630	764	50	33	17	35.84	52.27	22.29
79	1255	588	667	51	35	16	40.54	59.12	24.17
80-84	**5016**	**2224**	**2792**	**243**	**138**	**105**	**48.39**	**61.90**	**37.63**
80	1247	538	709	43	21	22	34.44	39.39	30.69
81	1100	479	621	44	25	19	40.19	52.66	30.55
82	1010	469	541	54	26	28	53.18	55.30	51.34
83	889	398	491	65	48	17	73.24	119.65	35.59
84	770	339	431	37	18	19	47.69	51.95	44.33
85-89	**2376**	**1115**	**1261**	**217**	**116**	**101**	**91.36**	**103.83**	**80.33**
85	734	347	387	46	29	17	62.31	83.10	43.65
86	516	240	276	50	32	18	96.70	133.46	64.74
87	430	191	239	47	19	28	109.21	101.46	115.42
88	400	196	204	39	15	24	97.49	77.15	117.03
89	297	141	156	35	20	15	119.72	144.58	97.23
90+	**846**	**321**	**525**	**162**	**70**	**92**	**191.49**	**218.07**	**175.24**

2-46 全国镇分年龄、性别的死亡人口状况
(2017年11月1日至2018年10月31日)
Status of Town Deaths by Age and Sex (2017.11.1-2018.10.31)

年 龄 Age	年平均人口(人) Average Population (person)	男 Male	女 Female	死亡人口(人) Deaths (person)	男 Male	女 Female	死亡率(‰) Death Rate (‰)	男 Male	女 Female
总计 Total	**278653**	**142745**	**135908**	**1464**	**829**	**635**	**5.25**	**5.81**	**4.67**
0-4	**16242**	**8615**	**7627**	**18**	**8**	**10**	**1.11**	**0.97**	**1.28**
0	1807	966	841	13	8	5	6.97	8.35	5.38
1	3657	1885	1772	3		3	0.93	0.15	1.77
2	3695	1950	1745						
3	3423	1823	1600	2		2	0.61		1.30
4	3659	1991	1668						
5-9	**15831**	**8602**	**7229**	**2**	**2**		**0.12**	**0.20**	**0.03**
5	3550	1896	1654	1	1		0.21	0.39	
6	3358	1788	1570						
7	3440	1915	1525	1	1		0.28	0.50	
8	2558	1400	1158				0.08		0.17
9	2926	1603	1323						
10-14	**14722**	**8062**	**6660**	**3**	**3**		**0.19**	**0.31**	**0.04**
10	2991	1635	1356				0.09		0.20
11	2957	1636	1321						
12	2976	1624	1352						
13	2882	1575	1307						
14	2915	1591	1324	3	3		0.87	1.59	
15-19	**14553**	**8158**	**6395**	**1**	**1**		**0.08**	**0.14**	
15	2789	1537	1252						
16	3183	1793	1390	1	1		0.36	0.63	
17	3025	1639	1386						
18	3067	1723	1344						
19	2489	1466	1023						
20-24	**15439**	**8265**	**7174**	**12**	**11**	**1**	**0.74**	**1.27**	**0.13**
20	2463	1403	1060	1	1		0.41	0.72	
21	2669	1502	1167	3	3		1.29	2.29	
22	2977	1576	1401	3	3		0.94	1.77	
23	3566	1902	1664	1	1		0.34	0.63	
24	3764	1882	1882	3	2	1	0.81	1.11	0.51
25-29	**23925**	**12215**	**11710**	**11**	**7**	**4**	**0.44**	**0.55**	**0.33**
25	3772	1919	1853	3	2	1	0.80	0.94	0.65
26	4225	2157	2068	2	2		0.44	0.87	
27	4743	2439	2304						
28	5331	2719	2612	4	1	3	0.67	0.34	1.01
29	5853	2980	2873	2	2		0.37	0.72	

2-46 续表 1 continued

年 龄 Age	年平均人口(人) Average Population (person)	男 Male	女 Female	死亡人口(人) Deaths (person)	男 Male	女 Female	死亡率(‰) Death Rate (‰)	男 Male	女 Female
30-34	**23455**	**11843**	**11612**	**15**	**14**	**1**	**0.64**	**1.17**	**0.09**
30	5274	2685	2589	4	4		0.78	1.52	
31	5329	2682	2647	3	3		0.55	1.09	
32	4922	2483	2439	2	2		0.35	0.69	
33	4003	2040	1963	1	1		0.30	0.59	
34	3928	1953	1975	5	4	1	1.27	2.03	0.52
35-39	**19389**	**9824**	**9565**	**11**	**7**	**4**	**0.58**	**0.69**	**0.45**
35	3729	1889	1840	1		1	0.27		0.55
36	4297	2182	2115	1	1		0.22	0.44	
37	3901	1946	1955	4	2	2	0.95	1.06	0.83
38	3536	1824	1712	2	2		0.58	1.13	
39	3926	1982	1944	4	2	2	0.87	0.87	0.88
40-44	**20866**	**10649**	**10217**	**28**	**22**	**6**	**1.36**	**2.08**	**0.60**
40	3876	1927	1949	1	1		0.24	0.48	
41	3754	1941	1813	5	4	1	1.29	1.87	0.67
42	4283	2195	2088	4	2	2	0.93	0.91	0.96
43	4317	2250	2067	8	6	2	1.76	2.63	0.80
44	4638	2337	2301	11	10	1	2.36	4.16	0.54
45-49	**25713**	**13059**	**12654**	**56**	**35**	**21**	**2.16**	**2.67**	**1.64**
45	4807	2429	2378	10	8	2	2.07	3.10	1.00
46	5146	2605	2541	12	6	6	2.22	2.19	2.26
47	5133	2582	2551	6	3	3	1.30	1.33	1.28
48	5558	2858	2700	11	9	2	1.99	3.16	0.75
49	5070	2586	2484	16	9	7	3.24	3.53	2.94
50-54	**24495**	**12321**	**12174**	**92**	**53**	**39**	**3.74**	**4.31**	**3.16**
50	5698	2846	2852	16	10	6	2.81	3.44	2.19
51	4663	2358	2305	13	7	6	2.87	3.08	2.66
52	4835	2414	2421	22	13	9	4.49	5.20	3.79
53	4774	2421	2353	21	14	7	4.38	5.70	3.02
54	4525	2281	2244	20	10	10	4.32	4.25	4.39
55-59	**17071**	**8532**	**8539**	**74**	**40**	**34**	**4.35**	**4.70**	**4.01**
55	5100	2592	2508	21	8	13	4.05	3.04	5.10
56	4948	2426	2522	10	7	3	2.02	2.91	1.16
57	2258	1120	1138	11	8	3	4.77	6.83	2.75
58	2460	1229	1231	12	7	5	4.88	5.90	3.85
59	2305	1165	1140	21	10	11	9.06	8.77	9.35

2-46 续表 2 continued

年 龄 Age	年平均人口(人) Average Population (person)	男 Male	女 Female	死亡人口(人) Deaths (person)	男 Male	女 Female	死亡率(‰) Death Rate (‰)	男 Male	女 Female
60-64	**15525**	**7731**	**7794**	**115**	**77**	**38**	**7.39**	**9.96**	**4.83**
60	3026	1544	1482	27	20	7	8.94	12.69	5.03
61	3236	1640	1596	21	15	6	6.33	8.87	3.73
62	3063	1513	1550	17	12	5	5.64	8.05	3.29
63	3093	1523	1570	19	13	6	6.24	8.41	4.14
64	3107	1511	1596	31	18	13	9.85	11.85	7.95
65-69	**12545**	**6137**	**6408**	**161**	**102**	**59**	**12.90**	**16.68**	**9.28**
65	2968	1440	1528	34	18	16	11.49	12.43	10.61
66	2745	1379	1366	28	23	5	10.24	16.57	3.86
67	2357	1146	1211	30	17	13	12.89	15.10	10.80
68	2268	1110	1158	43	31	12	19.01	27.85	10.53
69	2207	1062	1145	26	13	13	11.85	12.64	11.12
70-74	**7993**	**3925**	**4068**	**157**	**108**	**49**	**19.61**	**27.49**	**12.00**
70	1863	922	941	29	16	13	15.27	16.97	13.60
71	1777	879	898	39	29	10	21.88	33.12	10.88
72	1539	746	793	27	17	10	17.85	23.28	12.75
73	1444	693	751	28	21	7	19.50	30.18	9.64
74	1369	685	684	34	25	9	24.66	36.32	13.01
75-79	**5269**	**2512**	**2757**	**204**	**113**	**91**	**38.77**	**45.10**	**33.01**
75	1239	597	642	39	23	16	32.02	38.95	25.59
76	1145	559	586	46	29	17	40.42	52.57	28.85
77	1056	503	553	41	24	17	38.75	48.02	30.31
78	1014	480	534	38	19	19	37.66	39.98	35.58
79	815	374	441	39	17	22	48.12	46.41	49.58
80-84	**3395**	**1462**	**1933**	**235**	**127**	**108**	**69.21**	**86.83**	**55.88**
80	852	382	470	41	22	19	48.68	58.01	41.09
81	744	316	428	42	25	17	55.83	78.58	39.04
82	672	301	371	51	27	24	75.27	88.58	64.46
83	624	261	363	56	31	25	90.54	119.02	70.08
84	503	202	301	45	22	23	89.21	110.06	75.19
85-89	**1654**	**663**	**991**	**169**	**70**	**99**	**102.26**	**106.08**	**99.71**
85	489	218	271	38	19	19	78.15	86.94	71.07
86	372	146	226	32	15	17	86.73	101.64	77.06
87	331	129	202	36	14	22	108.01	106.03	109.28
88	278	94	184	31	12	19	112.44	124.71	106.18
89	184	76	108	32	11	21	172.14	146.86	189.77
90+	**571**	**170**	**401**	**100**	**29**	**71**	**175.13**	**170.59**	**177.06**

2-47 全国乡村分年龄、性别的死亡人口状况
(2017年11月1日至2018年10月31日)
Status of Rural Deaths by Age and Sex (2017.11.1-2018.10.31)

年 龄 Age	年平均人口(人) Average Population (person)	男 Male	女 Female	死亡人口(人) Deaths (person)	男 Male	女 Female	死亡率(‰) Death Rate (‰)	男 Male	女 Female
总计 Total	**462233**	**237017**	**225216**	**3695**	**2184**	**1511**	**7.99**	**9.22**	**6.71**
0-4	**25686**	**13788**	**11898**	**46**	**24**	**22**	**1.80**	**1.73**	**1.87**
0	3180	1713	1467	31	16	15	9.93	9.63	10.28
1	5655	3020	2635	7	2	5	1.27	0.75	1.87
2	5793	3105	2688	5	3	2	0.77	0.91	0.60
3	5599	3009	2590	2	2		0.39	0.72	
4	5457	2940	2517	1		1	0.15	0.05	0.27
5-9	**30247**	**16472**	**13775**	**11**	**6**	**5**	**0.37**	**0.36**	**0.37**
5	5672	3080	2592	1	1		0.17	0.31	
6	5850	3176	2674	1	1		0.16	0.24	0.06
7	5830	3164	2666	1		1	0.19		0.42
8	6113	3324	2789	5	2	3	0.76	0.56	1.00
9	6783	3729	3054	3	2	1	0.52	0.65	0.36
10-14	**31880**	**17309**	**14571**	**8**	**5**	**3**	**0.25**	**0.27**	**0.23**
10	6734	3680	3054						
11	6440	3501	2939	3	1	2	0.37	0.22	0.55
12	6510	3526	2984	1	1		0.17	0.32	
13	6138	3323	2815	4	2	2	0.60	0.57	0.64
14	6059	3280	2779	1	1		0.15	0.29	
15-19	**25710**	**13933**	**11777**	**11**	**10**	**1**	**0.45**	**0.74**	**0.10**
15	5498	2974	2524	2	1	1	0.42	0.44	0.40
16	4983	2704	2279						
17	5347	2899	2448	1	1		0.23	0.43	
18	5094	2764	2330	7	7		1.38	2.53	
19	4786	2591	2195	1	1		0.20	0.30	0.09
20-24	**26188**	**14041**	**12147**	**14**	**8**	**6**	**0.54**	**0.58**	**0.50**
20	5344	2885	2459	2	2		0.38	0.71	
21	5137	2768	2369						
22	5185	2780	2405	3	2	1	0.52	0.54	0.49
23	5389	2884	2505	4	2	2	0.81	0.71	0.92
24	5132	2723	2409	6	3	3	1.00	0.94	1.06
25-29	**31643**	**16222**	**15421**	**25**	**19**	**6**	**0.79**	**1.15**	**0.40**
25	5815	3067	2748	2	1	1	0.37	0.40	0.34
26	5619	2942	2677	3	1	2	0.55	0.38	0.72
27	5600	2898	2702	1	1		0.16	0.32	
28	7877	3979	3898	11	9	2	1.32	2.14	0.48
29	6731	3335	3396	8	7	1	1.25	2.08	0.43

2-47 续表 1 continued

年 龄 Age	年平均人口(人)			死亡人口(人)			死亡率(‰)		
	Average Population (person)	男 Male	女 Female	Deaths (person)	男 Male	女 Female	Death Rate (‰)	男 Male	女 Female
30-34	**30718**	**15238**	**15480**	**34**	**24**	**10**	**1.11**	**1.55**	**0.67**
30	6474	3183	3291	7	3	4	1.14	1.06	1.23
31	7072	3495	3577	7	4	3	0.95	1.06	0.84
32	6066	2997	3069	2	2		0.43	0.80	0.06
33	5604	2795	2809	11	9	2	1.86	3.08	0.65
34	5504	2769	2735	7	6	1	1.23	2.00	0.45
35-39	**27355**	**14007**	**13348**	**47**	**34**	**13**	**1.69**	**2.39**	**0.96**
35	5303	2696	2607	11	7	4	2.03	2.62	1.42
36	6005	3078	2927	9	7	2	1.49	2.26	0.69
37	5236	2687	2549	5	3	2	0.93	1.08	0.76
38	5459	2787	2672	9	7	2	1.75	2.58	0.90
39	5353	2760	2593	12	9	3	2.27	3.41	1.04
40-44	**29092**	**14845**	**14247**	**67**	**51**	**16**	**2.32**	**3.45**	**1.14**
40	5300	2708	2592	4	3	1	0.68	0.96	0.38
41	5014	2579	2435	21	15	6	4.16	5.80	2.42
42	5848	2985	2863	14	10	4	2.42	3.25	1.55
43	6117	3116	3001	15	14	1	2.42	4.48	0.28
44	6813	3457	3356	14	10	4	2.07	2.91	1.21
45-49	**39205**	**19802**	**19403**	**128**	**90**	**38**	**3.26**	**4.55**	**1.94**
45	7174	3645	3529	21	14	7	2.87	3.77	1.93
46	7535	3811	3724	24	17	7	3.22	4.45	1.97
47	7797	3958	3839	27	21	6	3.38	5.20	1.50
48	8654	4348	4306	26	19	7	3.00	4.41	1.58
49	8045	4040	4005	31	20	11	3.79	4.84	2.72
50-54	**40477**	**20259**	**20218**	**185**	**133**	**52**	**4.56**	**6.55**	**2.56**
50	8805	4411	4394	36	23	13	4.16	5.31	3.00
51	7200	3594	3606	33	23	10	4.55	6.36	2.74
52	8358	4204	4154	32	26	6	3.80	6.24	1.34
53	8210	4121	4089	38	29	9	4.57	7.03	2.10
54	7903	3928	3975	46	31	15	5.80	7.93	3.68
55-59	**27902**	**13995**	**13907**	**187**	**126**	**61**	**6.69**	**9.00**	**4.36**
55	9032	4536	4496	50	30	20	5.46	6.54	4.36
56	6163	3079	3084	48	36	12	7.73	11.58	3.89
57	3625	1772	1853	20	12	8	5.60	6.99	4.28
58	4726	2379	2347	40	26	14	8.64	11.13	6.11
59	4356	2229	2127	29	22	7	6.55	9.77	3.18

2-47 续表 2 continued

年 龄 Age	年平均人口(人) Average Population (person)	男 Male	女 Female	死亡人口(人) Deaths (person)	男 Male	女 Female	死亡率(‰) Death Rate (‰)	男 Male	女 Female
60-64	**30784**	**15647**	**15137**	**319**	**200**	**119**	**10.37**	**12.77**	**7.88**
60	5737	2930	2807	61	31	30	10.60	10.67	10.52
61	6486	3319	3167	51	33	18	7.79	9.86	5.63
62	5903	2985	2918	60	48	12	10.14	16.01	4.14
63	6308	3209	3099	63	38	25	9.97	11.77	8.11
64	6350	3204	3146	85	50	35	13.39	15.71	11.04
65-69	**25920**	**13058**	**12862**	**403**	**267**	**136**	**15.57**	**20.45**	**10.61**
65	5667	2847	2820	83	57	26	14.66	20.00	9.27
66	5872	2950	2922	69	48	21	11.67	16.25	7.06
67	4918	2455	2463	81	57	24	16.43	23.30	9.59
68	4828	2432	2396	77	44	33	15.88	17.90	13.82
69	4634	2374	2260	94	61	33	20.37	25.87	14.59
70-74	**16922**	**8408**	**8514**	**420**	**261**	**159**	**24.84**	**31.08**	**18.69**
70	3984	2005	1979	89	59	30	22.31	29.33	15.21
71	3719	1860	1859	80	47	33	21.68	25.44	17.93
72	3363	1658	1705	72	51	21	21.33	30.76	12.17
73	3023	1481	1542	82	48	34	26.96	32.40	21.73
74	2833	1404	1429	97	56	41	34.46	40.04	28.98
75-79	**10919**	**5242**	**5677**	**515**	**308**	**207**	**47.16**	**58.73**	**36.49**
75	2561	1244	1317	84	55	29	32.95	44.27	22.25
76	2419	1156	1263	106	71	35	43.77	61.41	27.62
77	2282	1114	1168	116	62	54	50.90	55.52	46.49
78	1978	950	1028	99	57	42	50.01	59.79	40.98
79	1680	778	902	110	63	47	65.29	81.13	51.63
80-84	**6941**	**3042**	**3899**	**576**	**314**	**262**	**82.96**	**103.31**	**67.08**
80	1718	785	933	118	62	56	69.03	79.44	60.27
81	1506	661	845	126	74	52	83.51	111.21	61.84
82	1458	660	798	100	47	53	68.62	71.97	65.86
83	1163	483	680	104	64	40	89.16	132.84	58.14
84	1095	452	643	128	67	61	116.51	147.33	94.83
85-89	**3303**	**1296**	**2007**	**421**	**193**	**228**	**127.60**	**149.14**	**113.68**
85	1011	426	585	106	59	47	104.61	138.76	79.76
86	729	285	444	88	47	41	119.87	164.28	91.34
87	600	226	374	83	29	54	137.99	127.07	144.60
88	540	206	334	76	33	43	141.44	159.61	130.25
89	423	153	270	69	26	43	163.45	168.35	160.66
90+	**1342**	**415**	**927**	**278**	**112**	**166**	**207.15**	**269.88**	**179.07**

2-48 各地区分性别的各种户口状况人口

单位：人

地 区	Region	人口数 Population			住本乡、镇、街道，户口在本乡、镇、街道 Residing in the Townships, Towns and Street Communities with Permanent Household Registration There		
		合 计 Total	男 Male	女 Female	小 计 Sub-total	男 Male	女 Female
全 国	**National Total**	**1144648**	**585299**	**559349**	**902280**	**460014**	**442266**
北 京	Beijing	17673	8781	8892	8395	4154	4241
天 津	Tianjin	12794	6863	5931	8563	4363	4199
河 北	Hebei	61907	31210	30697	54545	27924	26621
山 西	Shanxi	30481	15593	14888	23867	12177	11690
内蒙古	Inner Mongolia	20781	10608	10174	14519	7410	7110
辽 宁	Liaoning	35744	17905	17839	28159	14315	13845
吉 林	Jilin	22173	11198	10975	16542	8464	8077
黑龙江	Heilongjiang	30946	15697	15249	26170	13370	12801
上 海	Shanghai	19877	10256	9621	9287	4666	4621
江 苏	Jiangsu	65996	33555	32441	50681	25393	25287
浙 江	Zhejiang	47034	24418	22616	29987	15100	14887
安 徽	Anhui	51812	26667	25145	43297	22141	21156
福 建	Fujian	32309	16806	15503	21844	11117	10727
江 西	Jiangxi	38080	19579	18500	34636	17898	16738
山 东	Shandong	82408	41363	41045	71072	35806	35266
河 南	Henan	78679	39815	38864	72571	36714	35857
湖 北	Hubei	48498	24973	23525	38188	19601	18586
湖 南	Hunan	56516	28469	28047	47037	24085	22952
广 东	Guangdong	93024	50209	42815	57201	29742	27458
广 西	Guangxi	40353	20996	19357	35069	18309	16760
海 南	Hainan	7658	3917	3741	5840	3117	2724
重 庆	Chongqing	25416	12730	12686	18510	9387	9123
四 川	Sichuan	68344	33944	34400	54488	27406	27082
贵 州	Guizhou	29487	15403	14084	25000	13187	11813
云 南	Yunnan	39584	20523	19061	34028	17573	16455
西 藏	Tibet	2817	1401	1416	2630	1294	1336
陕 西	Shaanxi	31684	15879	15804	26774	13394	13380
甘 肃	Gansu	21614	11001	10613	18865	9577	9288
青 海	Qinghai	4945	2571	2373	3832	1975	1856
宁 夏	Ningxia	5638	2794	2844	4298	2191	2108
新 疆	Xinjiang	20375	10175	10200	16386	8166	8220

Population by Sex, Household Registration Status and Region

(person)

住本乡、镇、街道，户口在外乡、镇、街道，离开户口登记地半年以上 Residing in Townships, Towns and Street Communities, with Permanent Household Registration Elsewhere, Having Been Away from That Places For More Than 6 Months.			住本乡、镇、街道，户口待定 Residing in Townships, Towns and Street Communities, with Place of Permanent Household Registration Unsettled			居住港澳台或国外，户口在本乡、镇、街道 Residing in Taiwan, Macao, Hong Kong Special Administrative Region and other countries, with Place of Permanent Household Registration in Township, Towns and Street Communities		
小 计 Sub-total	男 Male	女 Female	小 计 Sub-total	男 Male	女 Female	小 计 Sub-total	男 Male	女 Female
235999	**122062**	**113937**	**3958**	**1937**	**2021**	**2410**	**1286**	**1124**
9116	4555	4561	26	14	13	135	58	78
4160	2473	1687	57	18	38	15	9	6
7226	3220	4006	123	56	67	13	10	3
6500	3356	3144	108	57	51	6	2	4
6199	3167	3032	52	25	27	11	7	5
7356	3465	3891	32	17	15	196	108	88
5151	2496	2655	37	14	22	443	223	220
4674	2272	2402	37	16	21	64	39	25
10398	5499	4899	36	18	19	156	74	82
15025	8004	7021	171	90	82	119	68	51
16552	9058	7494	193	108	85	301	151	150
8242	4389	3853	254	128	127	19	10	9
9926	5405	4521	242	122	120	297	162	135
3249	1564	1686	176	107	70	18	11	7
11021	5409	5612	197	88	109	118	60	58
5866	2956	2910	179	97	82	63	48	15
10085	5257	4828	152	78	74	74	37	38
9262	4268	4994	186	101	85	31	15	15
35118	20118	15000	567	269	298	138	79	59
5017	2570	2446	244	107	136	24	10	14
1755	766	989	59	32	27	4	2	2
6805	3295	3510	78	39	39	23	10	14
13616	6423	7193	190	81	108	51	34	17
4322	2137	2185	150	70	80	14	9	5
5415	2883	2532	121	52	69	20	15	5
182	104	77	5	3	2			
4808	2436	2371	80	37	43	22	12	10
2672	1380	1291	71	37	34	6	6	
1084	582	502	25	12	13	4	2	1
1326	597	729	11	5	6	3	2	1
3871	1958	1913	99	40	59	20	12	8

2-49 各地区城市分性别的各种户口状况人口

单位：人

地 区	Region	人口数 Population			住本乡、镇、街道，户口在本乡、镇、街道 Residing in the Townships, Towns and Street Communities with Permanent Household Registration There		
		合计 Total	男 Male	女 Female	小计 Sub-total	男 Male	女 Female
全 国	**National Total**	**402917**	**205268**	**197649**	**232142**	**116327**	**115816**
北 京	Beijing	14266	7027	7239	5974	2934	3041
天 津	Tianjin	9647	5259	4388	5695	2882	2813
河 北	Hebei	15790	7820	7970	12077	6087	5990
山 西	Shanxi	11032	5645	5387	6374	3180	3193
内蒙古	Inner Mongolia	7226	3674	3553	3647	1827	1820
辽 宁	Liaoning	19537	9824	9713	13786	6921	6865
吉 林	Jilin	9114	4547	4566	5358	2676	2682
黑龙江	Heilongjiang	12255	6132	6123	9371	4709	4662
上 海	Shanghai	15719	7997	7722	7359	3705	3654
江 苏	Jiangsu	25122	12832	12290	15027	7474	7553
浙 江	Zhejiang	21665	11332	10333	10627	5274	5353
安 徽	Anhui	12717	6387	6330	7868	4001	3867
福 建	Fujian	12302	6524	5778	5374	2693	2681
江 西	Jiangxi	9694	4781	4913	7589	3814	3776
山 东	Shandong	28192	14079	14113	20106	10066	10041
河 南	Henan	16373	8223	8150	12549	6283	6266
湖 北	Hubei	16985	8600	8385	8918	4444	4475
湖 南	Hunan	15621	7456	8164	9498	4757	4741
广 东	Guangdong	51312	28111	23201	19511	10059	9451
广 西	Guangxi	8591	4414	4176	5213	2630	2582
海 南	Hainan	2218	1140	1078	1089	566	523
重 庆	Chongqing	11039	5334	5705	5375	2653	2722
四 川	Sichuan	19400	9378	10022	10691	5210	5481
贵 州	Guizhou	6492	3326	3165	3845	1993	1852
云 南	Yunnan	7331	3820	3511	4861	2418	2443
西 藏	Tibet	494	231	263	464	211	253
陕 西	Shaanxi	9903	4908	4995	5935	2904	3031
甘 肃	Gansu	3667	1864	1803	2217	1107	1110
青 海	Qinghai	1418	728	690	804	404	400
宁 夏	Ningxia	1821	906	915	1154	582	573
新 疆	Xinjiang	5977	2970	3007	3786	1864	1922

City Population by Sex, Household Registration Status and Region

(person)

住本乡、镇、街道，户口在外乡、镇、街道，离开户口登记地半年以上 Residing in Townships, Towns and Street Communities, with Permanent Household Registration Elsewhere, Having Been Away from That Places For More Than 6 Months.			住本乡、镇、街道，户口待定 Residing in Townships, Towns and Street Communities, with Place of Permanent Household Registration Unsettled			居住港澳台或国外，户口在本乡、镇、街道 Residing in Taiwan, Macao, Hong Kong Special Administrative Region and other countries, with Place of Permanent Household Registration in Township, Towns and Street Communities		
小　计 Sub-total	男 Male	女 Female	小　计 Sub-total	男 Male	女 Female	小　计 Sub-total	男 Male	女 Female
168411	**87765**	**80646**	**1412**	**715**	**696**	**953**	**461**	**492**
8134	4026	4109	22	10	12	135	58	77
3896	2356	1539	41	12	30	14	8	6
3689	1719	1970	21	13	9	3	2	2
4608	2439	2169	44	23	21	6	2	4
3553	1835	1718	23	10	13	3	2	2
5650	2849	2801	18	9	10	82	46	37
3660	1819	1840	14	8	6	82	44	38
2851	1404	1447	16	8	9	16	12	4
8184	4208	3976	26	12	14	150	72	78
9977	5301	4676	70	41	29	48	16	32
10869	5962	4907	108	69	39	62	28	35
4789	2358	2431	46	21	25	14	7	7
6792	3760	3032	85	45	40	52	26	26
2063	941	1122	32	20	12	10	6	4
7964	3961	4003	67	30	37	55	22	32
3783	1917	1866	30	18	12	11	4	7
7937	4096	3842	69	31	37	60	29	31
6076	2673	3403	35	20	15	11	6	5
31382	17851	13531	365	171	194	54	29	25
3312	1749	1563	57	33	24	9	2	7
1113	566	547	14	7	7	1	1	
5629	2663	2966	26	15	11	10	2	7
8653	4138	4514	39	20	19	18	10	7
2594	1306	1287	47	23	24	6	4	2
2445	1385	1060	18	12	6	6	4	2
30	20	10						
3924	1983	1940	30	13	17	15	8	7
1440	751	689	9	4	4	2	2	
607	321	287	4	2	3	2	1	1
661	321	340	4	2	2	2	1	1
2146	1086	1061	31	14	17	13	6	7

2-50 各地区镇分性别的各种户口状况人口

单位：人

地 区	Region	人 口 数 Population			住本乡、镇、街道，户口在本乡、镇、街道 Residing in the Townships, Towns and Street Communities with Permanent Household Registration There		
		合 计 Total	男 Male	女 Female	小 计 Sub-total	男 Male	女 Female
全 国	**National Total**	**279305**	**143068**	**136236**	**226992**	**115844**	**111148**
北 京	Beijing	976	534	442	397	206	190
天 津	Tianjin	952	472	480	729	371	358
河 北	Hebei	18810	9382	9427	15854	8097	7756
山 西	Shanxi	6609	3321	3288	5179	2610	2569
内蒙古	Inner Mongolia	5699	2893	2806	3345	1700	1645
辽 宁	Liaoning	4634	2348	2285	3707	1886	1820
吉 林	Jilin	3523	1776	1747	2318	1190	1128
黑龙江	Heilongjiang	6180	3129	3052	4856	2480	2375
上 海	Shanghai	1746	932	815	717	359	358
江 苏	Jiangsu	20510	10586	9924	16635	8464	8171
浙 江	Zhejiang	10519	5387	5131	6797	3421	3376
安 徽	Anhui	15336	8085	7251	12198	6161	6036
福 建	Fujian	8803	4526	4278	5970	3031	2939
江 西	Jiangxi	11432	5940	5492	10378	5354	5024
山 东	Shandong	21795	10987	10808	19137	9734	9403
河 南	Henan	23880	12248	11632	21988	11288	10700
湖 北	Hubei	12004	6268	5736	10413	5381	5031
湖 南	Hunan	15734	7946	7788	12799	6424	6375
广 东	Guangdong	14031	7532	6499	11385	5888	5497
广 西	Guangxi	11453	5936	5517	10042	5244	4799
海 南	Hainan	2265	1195	1069	1907	1012	895
重 庆	Chongqing	5482	2824	2658	4550	2293	2258
四 川	Sichuan	15961	7912	8050	12600	6360	6240
贵 州	Guizhou	7359	3839	3520	5875	3089	2787
云 南	Yunnan	11378	5894	5483	8889	4592	4297
西 藏	Tibet	370	198	172	223	116	107
陕 西	Shaanxi	8345	4214	4131	7761	3918	3843
甘 肃	Gansu	6523	3287	3236	5390	2703	2687
青 海	Qinghai	1244	654	589	847	435	411
宁 夏	Ningxia	1469	683	786	994	501	494
新 疆	Xinjiang	4284	2139	2145	3113	1535	1577

Town Population by Sex, Household Registration Status and Region

(person)

住本乡、镇、街道，户口在外乡、镇、街道，离开户口登记地半年以上 Residing in Townships, Towns and Street Communities, with Permanent Household Registration Elsewhere, Having Been Away from That Places For More Than 6 Months.			住本乡、镇、街道，户口待定 Residing in Townships, Towns and Street Communities, with Place of Permanent Household Registration Unsettled			居住港澳台或国外，户口在本乡、镇、街道 Residing in Taiwan, Macao, Hong Kong Special Administrative Region and other countries, with Place of Permanent Household Registration in Township, Towns and Street Communities		
小计 Sub-total	男 Male	女 Female	小计 Sub-total	男 Male	女 Female	小计 Sub-total	男 Male	女 Female
51187	**26649**	**24539**	**838**	**401**	**437**	**288**	**174**	**113**
576	325	251	3	2	1	1		1
217	98	120	5	3	2	1	1	
2904	1257	1647	45	23	23	7	5	1
1406	698	708	24	13	12			
2327	1179	1148	23	12	11	4	2	1
918	459	459	3	1	2	6	2	4
1194	580	614	6	3	4	5	4	1
1290	630	660	5	1	5	30	18	12
1024	570	453	3	2	2	2	1	1
3777	2066	1711	45	20	26	52	36	16
3647	1940	1707	33	10	23	42	17	25
3090	1902	1188	47	21	26	2	2	
2702	1425	1277	65	29	35	66	40	27
988	543	444	62	39	22	4	3	1
2582	1221	1361	65	26	40	11	7	4
1844	935	909	41	21	21	6	4	2
1564	869	694	22	12	9	6	5	1
2882	1487	1394	44	29	15	9	5	4
2588	1615	973	53	23	29	6	6	
1350	659	692	54	32	22	7	2	5
340	171	168	18	12	6			
914	521	393	15	8	7	2	2	
3319	1541	1779	38	8	30	4	3	1
1447	734	713	35	17	18	1		1
2456	1287	1169	27	11	16	6	4	1
146	82	65	1					
569	287	282	13	7	6	3	1	1
1115	576	539	16	7	9	1	1	
388	215	173	9	4	5			
472	181	291	2	1	1			
1153	596	557	15	5	10	4	3	1

2-51 各地区乡村分性别的各种户口状况人口

单位：人

地 区	Region	人口数 Population			住本乡、镇、街道，户口在本乡、镇、街道 Residing in the Townships, Towns and Street Communities with Permanent Household Registration There		
		合计 Total	男 Male	女 Female	小计 Sub-total	男 Male	女 Female
全 国	**National Total**	**462426**	**236963**	**225463**	**443146**	**227843**	**215303**
北 京	Beijing	2432	1220	1211	2024	1014	1010
天 津	Tianjin	2195	1133	1063	2138	1110	1028
河 北	Hebei	27307	14008	13299	26614	13740	12874
山 西	Shanxi	12840	6627	6213	12315	6387	5928
内蒙古	Inner Mongolia	7856	4041	3815	7527	3882	3645
辽 宁	Liaoning	11574	5733	5841	10666	5507	5159
吉 林	Jilin	9536	4874	4661	8866	4599	4268
黑龙江	Heilongjiang	12511	6435	6075	11943	6180	5763
上 海	Shanghai	2412	1328	1084	1210	602	608
江 苏	Jiangsu	20364	10137	10227	19019	9455	9564
浙 江	Zhejiang	14850	7698	7152	12564	6405	6158
安 徽	Anhui	23759	12195	11564	23232	11979	11253
福 建	Fujian	11204	5757	5447	10500	5393	5107
江 西	Jiangxi	16954	8858	8096	16669	8730	7939
山 东	Shandong	32422	16297	16124	31829	16006	15823
河 南	Henan	38425	19344	19081	38034	19143	18891
湖 北	Hubei	19510	10105	9405	18857	9776	9080
湖 南	Hunan	25162	13067	12095	24740	12905	11836
广 东	Guangdong	27681	14566	13115	26305	13795	12510
广 西	Guangxi	20309	10645	9664	19814	10435	9379
海 南	Hainan	3176	1582	1594	2844	1539	1305
重 庆	Chongqing	8895	4572	4323	8585	4441	4144
四 川	Sichuan	32982	16654	16328	31196	15835	15361
贵 州	Guizhou	15636	8238	7398	15280	8105	7174
云 南	Yunnan	20876	10809	10067	20277	10562	9715
西 藏	Tibet	1953	972	981	1943	967	976
陕 西	Shaanxi	13436	6757	6678	13079	6572	6507
甘 肃	Gansu	11425	5850	5575	11258	5767	5492
青 海	Qinghai	2283	1189	1094	2181	1136	1045
宁 夏	Ningxia	2348	1206	1143	2150	1108	1041
新 疆	Xinjiang	10114	5066	5048	9487	4767	4720

Rural Population by Sex, Household Registration Status and Region

(person)

住本乡、镇、街道，户口在外乡、镇、街道，离开户口登记地半年以上 Residing in Townships, Towns and Street Communities, with Permanent Household Registration Elsewhere, Having Been Away from That Places For More Than 6 Months.			住本乡、镇、街道，户口待定 Residing in Townships, Towns and Street Communities, with Place of Permanent Household Registration Unsettled			居住港澳台或国外，户口在本乡、镇、街道 Residing in Taiwan, Macao, Hong Kong Special Administrative Region and other countries, with Place of Permanent Household Registration in Township, Towns and Street Communities		
小 计 Sub-total	男 Male	女 Female	小 计 Sub-total	男 Male	女 Female	小 计 Sub-total	男 Male	女 Female
16401	**7649**	**8753**	**1709**	**820**	**888**	**1170**	**651**	**520**
406	204	202	2	2				
47	19	28	10	3	7			
634	245	389	57	21	36	3	3	
486	219	267	39	21	18			
319	153	166	6	3	3	4	2	2
788	157	631	11	7	4	108	61	47
297	96	201	16	3	13	356	176	180
533	238	295	15	7	8	19	9	9
1190	720	470	7	4	3	4	1	3
1271	637	634	56	29	27	19	16	3
2037	1157	880	53	29	23	197	106	91
362	130	233	162	86	76	3	1	2
432	220	212	93	47	45	179	96	82
198	79	119	83	47	36	4	2	2
475	227	248	65	33	32	53	31	21
239	104	135	107	58	49	46	40	6
584	292	292	62	34	27	8	2	6
304	107	197	107	52	55	10	4	6
1148	652	496	150	75	75	78	45	34
355	163	192	133	43	90	8	5	3
302	28	274	26	13	13	3	2	2
263	111	152	37	16	21	11	5	6
1644	744	899	113	53	59	29	21	8
282	97	184	68	30	38	7	5	2
514	211	303	76	29	47	9	6	2
5	3	3	5	3	2			
315	166	149	37	17	20	5	3	2
117	53	64	45	25	20	4	4	
89	46	43	12	6	6	1	1	
193	94	99	5	2	3			
572	276	296	52	20	32	4	3	1

第三部分

Chapter Three

2018 年全国月度劳动力调查主要数据

Main Data from
2018 Labor Force Survey

3-1 全国分地区就业人员受教育程度构成

单位：%

地区 Region	就业人员 Employed Persons	男 Male	女 Female	未上过学 No Schooling	小学 Primary School
全国 **National Total**	**100.0**	**56.3**	**43.7**	**2.3**	**16.4**
北京 Beijing	100.0	58.5	41.5	0.2	2.7
天津 Tianjin	100.0	58.2	41.8	0.5	6.8
河北 Hebei	100.0	59.2	40.8	1.0	11.7
山西 Shanxi	100.0	61.4	38.6	1.0	10.8
内蒙古 Inner Mongolia	100.0	58.4	41.6	1.8	15.9
辽宁 Liaoning	100.0	55.5	44.5	0.5	11.5
吉林 Jilin	100.0	55.4	44.6	0.5	17.2
黑龙江 Heilongjiang	100.0	56.6	43.4	0.8	15.1
上海 Shanghai	100.0	57.6	42.4	0.4	4.6
江苏 Jiangsu	100.0	54.3	45.7	2.2	12.8
浙江 Zhejiang	100.0	56.9	43.1	1.7	15.2
安徽 Anhui	100.0	55.3	44.7	6.9	18.3
福建 Fujian	100.0	57.8	42.2	2.3	19.0
江西 Jiangxi	100.0	56.1	43.9	1.9	18.8
山东 Shandong	100.0	56.1	43.9	2.3	14.2
河南 Henan	100.0	54.9	45.1	2.0	13.0
湖北 Hubei	100.0	55.5	44.5	2.7	16.7
湖南 Hunan	100.0	58.6	41.4	1.2	14.9
广东 Guangdong	100.0	57.0	43.0	0.6	10.4
广西 Guangxi	100.0	55.0	45.0	1.3	18.8
海南 Hainan	100.0	56.6	43.4	1.6	12.2
重庆 Chongqing	100.0	55.8	44.2	2.0	22.7
四川 Sichuan	100.0	54.2	45.8	3.6	30.1
贵州 Guizhou	100.0	54.0	46.0	8.9	30.9
云南 Yunnan	100.0	54.2	45.8	4.3	31.5
西藏 Tibet	100.0	58.6	41.4	21.9	44.0
陕西 Shaanxi	100.0	57.7	42.3	2.4	12.6
甘肃 Gansu	100.0	56.4	43.6	5.1	24.1
青海 Qinghai	100.0	57.3	42.7	6.1	24.4
宁夏 Ningxia	100.0	58.2	41.8	5.3	15.9
新疆 Xinjiang	100.0	56.2	43.8	1.4	15.7

注：劳动力调查自2015年开始使用新的受教育程度分类。
资料来源：2018年劳动力调查资料(下表同)。
Note:The new classification of Education attanment has been used since 2015 in the Labour Force Survey (same as below).
Data Source: Labor Force Survey in 2018. The same applies to the tables following.

Educational Attainment of Employed Persons by Region

(%)

初中 Junior Secondary School	高中 Senior Secondary School	中等职业教育 Medium Vocational Education	高等职业教育 High Vocational Education	大学专科 College	大学本科 University	研究生 Graduate and Higher Level
43.1	**12.8**	**5.2**	**1.1**	**9.7**	**8.5**	**0.9**
19.9	11.8	6.4	1.5	17.9	31.6	7.9
31.8	9.7	12.0	0.8	14.1	21.8	2.5
50.5	13.0	5.6	0.7	10.1	6.8	0.6
44.5	14.8	5.6	1.0	12.1	9.6	0.7
42.9	12.8	4.3	0.7	12.1	9.0	0.5
52.0	9.4	5.2	1.0	9.8	9.6	0.9
46.0	13.4	3.8	1.2	8.5	8.6	0.6
51.3	11.6	3.1	1.0	8.7	7.8	0.6
27.8	11.4	6.2	1.5	17.3	25.6	5.2
37.7	13.5	6.5	1.7	13.0	11.4	1.1
35.5	14.5	4.4	1.2	13.4	13.1	0.9
45.8	9.7	3.8	0.8	8.0	6.1	0.5
39.6	11.8	6.0	1.0	9.2	10.5	0.6
46.9	14.3	4.1	1.3	6.9	5.4	0.4
46.4	12.3	7.3	1.2	8.8	6.8	0.8
50.8	15.2	4.3	1.3	8.1	4.8	0.4
42.3	13.3	6.8	1.0	8.7	7.4	1.0
44.2	17.2	4.9	1.1	9.2	6.8	0.6
42.0	18.7	7.1	1.6	11.3	7.9	0.5
51.3	9.8	5.4	1.1	6.9	5.0	0.4
51.0	11.9	6.7	0.7	8.2	7.5	0.3
37.7	14.0	3.7	1.1	10.1	8.0	0.8
39.0	10.0	3.5	1.0	7.3	5.1	0.3
39.8	6.1	3.1	0.6	4.9	5.4	0.2
43.7	6.5	3.9	0.6	4.6	4.4	0.4
15.4	4.1	1.3	0.2	5.5	7.4	0.1
43.4	14.7	4.1	1.7	11.8	8.6	0.8
39.1	11.1	3.8	0.8	8.2	7.3	0.4
36.2	9.3	2.8	0.4	10.3	10.3	0.3
39.1	11.1	5.0	0.9	12.2	10.0	0.6
40.5	10.6	5.8	1.1	12.7	11.3	0.9

3-2 全国分地区男性就业人员受教育程度构成
Educational Attainment of Male Employed Persons by Region

单位：% (%)

地 区	Region	男性就业人员 Male Employed Persons	未上过学 No Schooling	小学 Primary School	初中 Junior Secondary School	高中 Senior Secondary School	中等职业教育 Medium Vocational Education	高等职业教育 High Vocational Education	大学专科 College	大学本科 University	研究生 Graduate and Higher Level
全 国	**National Total**	**100.0**	**1.1**	**14.2**	**45.4**	**14.3**	**5.4**	**1.2**	**9.5**	**8.0**	**0.8**
北 京	Beijing	100.0	0.1	2.4	21.6	12.8	7.1	1.7	17.0	29.7	7.7
天 津	Tianjin	100.0	0.4	6.6	34.5	10.5	13.0	0.7	13.6	18.7	2.0
河 北	Hebei	100.0	0.6	10.5	53.4	13.9	5.6	0.7	9.2	5.7	0.4
山 西	Shanxi	100.0	0.7	9.9	47.2	15.8	5.7	1.0	11.0	8.2	0.5
内蒙古	Inner Mongolia	100.0	0.9	13.9	46.1	13.7	4.5	0.7	12.1	7.6	0.4
辽 宁	Liaoning	100.0	0.3	10.2	53.6	10.2	5.6	1.0	9.5	8.6	0.9
吉 林	Jilin	100.0	0.4	15.9	47.1	14.5	4.0	1.1	8.3	8.2	0.5
黑龙江	Heilongjiang	100.0	0.5	13.6	53.5	12.4	3.1	0.9	8.2	7.2	0.5
上 海	Shanghai	100.0	0.3	3.8	28.8	13.0	6.9	1.7	16.7	23.7	5.3
江 苏	Jiangsu	100.0	0.9	10.1	39.6	15.5	6.9	1.8	13.2	10.8	1.2
浙 江	Zhejiang	100.0	0.8	14.5	37.1	15.8	4.8	1.3	12.9	11.9	0.9
安 徽	Anhui	100.0	3.5	15.4	49.0	11.7	4.0	0.9	8.5	6.4	0.6
福 建	Fujian	100.0	1.0	15.6	43.4	13.9	5.8	1.0	8.9	9.7	0.7
江 西	Jiangxi	100.0	0.8	14.9	49.1	16.5	3.8	1.2	7.4	5.9	0.4
山 东	Shandong	100.0	1.0	11.4	48.7	14.0	7.7	1.2	8.5	6.6	0.7
河 南	Henan	100.0	1.0	11.3	52.1	17.0	4.4	1.4	7.8	4.6	0.3
湖 北	Hubei	100.0	1.1	13.7	44.8	15.4	6.9	1.0	9.0	7.0	1.0
湖 南	Hunan	100.0	0.5	13.4	46.1	18.8	4.6	1.1	8.6	6.3	0.6
广 东	Guangdong	100.0	0.2	8.2	42.4	20.8	7.3	1.6	11.0	7.9	0.5
广 西	Guangxi	100.0	0.6	15.5	54.3	11.1	5.7	1.1	6.5	4.8	0.5
海 南	Hainan	100.0	0.4	8.8	52.5	14.1	6.9	0.8	8.4	7.6	0.3
重 庆	Chongqing	100.0	1.1	21.7	38.3	15.4	3.7	1.2	10.0	7.7	0.9
四 川	Sichuan	100.0	2.1	27.1	42.1	11.5	3.6	1.0	7.2	5.1	0.3
贵 州	Guizhou	100.0	3.2	29.0	45.4	7.6	3.1	0.7	5.4	5.4	0.2
云 南	Yunnan	100.0	2.2	28.5	48.0	7.5	3.9	0.6	4.5	4.3	0.4
西 藏	Tibet	100.0	16.6	48.2	18.0	3.9	1.2	0.1	5.5	6.2	0.2
陕 西	Shaanxi	100.0	1.3	11.1	45.3	16.7	3.8	1.6	11.2	8.3	0.7
甘 肃	Gansu	100.0	2.5	20.6	43.0	13.0	4.0	0.9	8.3	7.3	0.4
青 海	Qinghai	100.0	3.1	22.9	41.1	10.0	3.0	0.4	9.9	9.3	0.3
宁 夏	Ningxia	100.0	3.1	14.3	43.0	12.6	4.9	0.9	11.3	9.4	0.6
新 疆	Xinjiang	100.0	1.2	14.8	42.4	11.5	5.8	1.0	12.2	10.3	0.7

3-3 全国分地区女性就业人员受教育程度构成
Educational Attainment of Female Employed Persons by Region

单位：% (%)

地区	Region	女性就业人员 Female Employed Persons	未上过学 No Schooling	小学 Primary School	初中 Junior Secondary School	高中 Senior Secondary School	中等职业教育 Medium Vocational Education	高等职业教育 High Vocational Education	大学专科 College	大学本科 University	研究生 Graduate and Higher Level
全国	**National Total**	**100.0**	**3.8**	**19.3**	**40.2**	**10.7**	**5.0**	**1.1**	**10.0**	**9.0**	**0.9**
北京	Beijing	100.0	0.4	3.1	17.5	10.4	5.5	1.3	19.3	34.3	8.2
天津	Tianjin	100.0	0.5	7.2	28.0	8.6	10.6	0.9	14.9	26.1	3.2
河北	Hebei	100.0	1.6	13.5	46.4	11.6	5.7	0.7	11.4	8.3	0.9
山西	Shanxi	100.0	1.5	12.2	40.2	13.1	5.3	0.9	13.8	11.8	1.2
内蒙古	Inner Mongolia	100.0	3.1	18.8	38.5	11.4	4.0	0.5	12.2	10.9	0.8
辽宁	Liaoning	100.0	0.7	13.0	50.1	8.3	4.8	1.0	10.3	10.8	0.9
吉林	Jilin	100.0	0.7	18.8	44.7	12.0	3.6	1.3	8.8	9.2	0.8
黑龙江	Heilongjiang	100.0	1.2	17.1	48.4	10.6	3.2	1.0	9.3	8.5	0.7
上海	Shanghai	100.0	0.6	5.6	26.4	9.2	5.2	1.3	18.2	28.3	5.2
江苏	Jiangsu	100.0	3.6	15.9	35.4	11.2	6.1	1.7	12.8	12.1	1.0
浙江	Zhejiang	100.0	2.9	16.2	33.4	12.8	3.8	1.2	14.1	14.6	0.9
安徽	Anhui	100.0	11.0	21.8	41.9	7.3	3.4	0.8	7.5	5.8	0.5
福建	Fujian	100.0	4.0	23.7	34.4	9.0	6.3	1.0	9.7	11.5	0.5
江西	Jiangxi	100.0	3.4	23.8	44.1	11.4	4.5	1.3	6.3	4.7	0.4
山东	Shandong	100.0	3.8	17.9	43.4	10.0	6.8	1.1	9.1	7.0	0.8
河南	Henan	100.0	3.1	15.1	49.3	13.1	4.2	1.2	8.5	5.0	0.5
湖北	Hubei	100.0	4.5	20.4	39.1	10.7	6.6	1.1	8.4	8.0	1.1
湖南	Hunan	100.0	2.1	17.1	41.4	14.9	5.2	1.2	10.1	7.4	0.6
广东	Guangdong	100.0	1.0	13.3	41.4	15.8	6.8	1.5	11.7	7.9	0.5
广西	Guangxi	100.0	2.1	22.9	47.7	8.1	5.1	1.0	7.4	5.2	0.4
海南	Hainan	100.0	3.1	16.6	49.0	9.0	6.4	0.5	7.9	7.4	0.2
重庆	Chongqing	100.0	3.0	24.0	36.9	12.2	3.5	1.0	10.3	8.4	0.6
四川	Sichuan	100.0	5.5	33.6	35.4	8.3	3.3	0.8	7.4	5.2	0.3
贵州	Guizhou	100.0	15.6	33.3	33.3	4.5	3.0	0.5	4.4	5.4	0.2
云南	Yunnan	100.0	6.7	35.1	38.6	5.3	3.9	0.6	4.7	4.6	0.5
西藏	Tibet	100.0	29.5	38.1	11.7	4.3	1.5	0.3	5.5	9.1	0.0
陕西	Shaanxi	100.0	3.8	14.7	40.9	12.0	4.6	1.8	12.5	9.0	0.8
甘肃	Gansu	100.0	8.5	28.6	34.1	8.7	3.6	0.8	8.1	7.2	0.4
青海	Qinghai	100.0	10.3	26.3	29.5	8.4	2.4	0.5	10.8	11.5	0.2
宁夏	Ningxia	100.0	8.3	18.1	33.7	8.9	5.0	0.9	13.5	10.9	0.6
新疆	Xinjiang	100.0	1.7	16.8	38.0	9.5	5.7	1.3	13.4	12.6	1.0

3-4 全国按年龄、性别分的就业人员受教育程度构成
Educational Attainment of Employed Persons by Age and Sex

单位：% (%)

年 龄 Age	就业人员 Employed Persons	未上过学 No Schooling	小学 Primary School	初中 Junior Secondary School	高中 Senior Secondary School	中等职业教育 Medium Vocational Education	高等职业教育 High Vocational Education	大学专科 College	大学本科 University	研究生 Graduate and Higher Level
总计 Total	**100.0**	**2.3**	**16.4**	**43.1**	**12.8**	**5.2**	**1.1**	**9.7**	**8.5**	**0.9**
16–19	100.0	0.2	3.9	56.2	20.8	13.1	1.6	3.3	0.8	0.0
20–24	100.0	0.1	2.4	34.5	17.5	11.3	2.4	19.2	12.3	0.2
25–29	100.0	0.2	2.9	34.9	15.8	8.8	1.8	17.5	16.6	1.4
30–34	100.0	0.3	4.6	40.6	14.3	7.2	1.5	15.0	14.8	1.8
35–39	100.0	0.5	7.3	46.2	13.2	6.8	1.4	11.5	11.5	1.4
40–44	100.0	1.0	13.8	50.4	12.5	5.0	1.1	8.5	6.8	0.8
45–49	100.0	1.4	17.5	51.7	12.5	3.3	0.8	6.8	5.4	0.5
50–54	100.0	2.0	24.3	52.0	10.5	1.8	0.5	4.6	3.7	0.4
55–59	100.0	3.9	29.6	44.3	14.3	1.3	0.5	3.5	2.2	0.3
60–64	100.0	9.6	48.6	33.4	7.0	0.5	0.1	0.6	0.3	0.0
65+	100.0	17.4	61.4	18.4	2.1	0.3	0.0	0.2	0.1	0.0
男 Male	**100.0**	**1.1**	**14.2**	**45.4**	**14.3**	**5.4**	**1.2**	**9.5**	**8.0**	**0.8**
16–19	100.0	0.1	3.8	59.2	20.7	12.0	1.4	2.4	0.3	0.0
20–24	100.0	0.1	2.6	38.8	19.0	10.9	2.2	16.5	9.8	0.2
25–29	100.0	0.2	2.8	37.3	17.1	9.1	1.8	16.3	14.3	1.1
30–34	100.0	0.2	4.1	41.1	15.6	7.6	1.5	14.5	13.8	1.7
35–39	100.0	0.3	6.2	46.7	14.0	6.9	1.5	11.5	11.4	1.4
40–44	100.0	0.6	11.2	51.2	13.5	5.3	1.1	8.7	7.3	0.9
45–49	100.0	0.7	14.2	53.0	13.7	3.6	0.9	7.3	6.0	0.7
50–54	100.0	0.9	18.4	54.6	13.1	2.2	0.7	5.3	4.3	0.5
55–59	100.0	1.3	21.5	47.4	18.7	1.8	0.7	5.1	3.1	0.4
60–64	100.0	4.1	42.1	41.8	9.9	0.6	0.2	0.8	0.4	0.1
65+	100.0	9.1	62.1	24.8	3.0	0.5	0.1	0.3	0.1	0.0
女 Female	**100.0**	**3.8**	**19.3**	**40.3**	**10.7**	**5.0**	**1.1**	**10.0**	**9.0**	**0.9**
16–19	100.0	0.4	4.0	51.2	20.9	14.9	2.1	4.8	1.7	
20–24	100.0	0.2	2.2	28.7	15.3	11.9	2.6	22.9	15.8	0.3
25–29	100.0	0.3	3.1	31.9	14.2	8.5	1.7	19.0	19.4	1.9
30–34	100.0	0.4	5.2	40.0	12.7	6.7	1.5	15.6	15.9	2.0
35–39	100.0	0.8	8.7	45.6	12.3	6.7	1.4	11.5	11.7	1.5
40–44	100.0	1.5	16.8	49.4	11.4	4.7	1.0	8.3	6.3	0.6
45–49	100.0	2.2	21.5	50.1	11.0	3.1	0.8	6.3	4.7	0.4
50–54	100.0	3.7	32.9	48.3	6.8	1.3	0.3	3.5	2.9	0.2
55–59	100.0	8.1	42.5	39.2	7.4	0.6	0.2	1.1	0.9	0.1
60–64	100.0	17.0	57.2	22.1	3.1	0.2	0.0	0.3	0.1	0.0
65+	100.0	29.0	60.4	9.5	0.8	0.1	0.0	0.1	0.1	0.0

3-5 全国按受教育程度、性别分的就业人员年龄构成

Age Composition of Employed Persons by Educational Attainment and Sex

单位：% (%)

年 龄 Age	就业人员 Employed Persons	未上过学 No Schooling	小学 Primary School	初中 Junior Secondary School	高中 Senior Secondary School	中等职业教育 Medium Vocational Education	高等职业教育 High Vocational Education	大学专科 College	大学本科 University	研究生 Graduate and Higher Level
总计 Total	**100.0**	**100.0**	**100.0**	**100.0**	**100.0**	**100.0**	**100.0**	**100.0**	**100.0**	**100.0**
16-19	1.2	0.1	0.3	1.5	1.9	2.9	1.7	0.4	0.1	0.0
20-24	6.8	0.4	1.0	5.4	9.3	14.7	14.4	13.4	9.9	1.8
25-29	12.1	1.1	2.2	9.8	15.0	20.5	19.0	21.8	23.7	20.4
30-34	13.9	1.8	3.9	13.1	15.6	19.1	18.7	21.5	24.3	29.8
35-39	11.7	2.7	5.2	12.5	12.1	15.2	14.7	13.8	15.9	19.6
40-44	13.4	5.8	11.3	15.7	13.2	12.9	12.9	11.8	10.8	12.5
45-49	13.0	7.7	13.9	15.6	12.8	8.3	9.6	9.2	8.4	8.3
50-54	11.6	10.2	17.3	14.0	9.6	4.1	5.6	5.5	5.1	5.4
55-59	6.1	10.5	11.1	6.3	6.9	1.5	2.7	2.2	1.6	1.9
60-64	4.9	20.4	14.5	3.8	2.7	0.4	0.5	0.3	0.2	0.3
65+	5.2	39.3	19.4	2.2	0.8	0.3	0.2	0.1	0.1	0.1
男 Male	**100.0**	**100.0**	**100.0**	**100.0**	**100.0**	**100.0**	**100.0**	**100.0**	**100.0**	**100.0**
16-19	1.3	0.2	0.3	1.7	1.8	2.9	1.5	0.3	0.1	0.1
20-24	7.0	0.4	1.3	6.0	9.3	14.1	13.4	12.1	8.5	1.5
25-29	12.1	1.6	2.4	9.9	14.4	20.5	18.8	20.7	21.6	16.3
30-34	13.4	2.4	3.9	12.1	14.5	18.7	17.2	20.4	23.0	27.2
35-39	11.4	3.1	5.0	11.8	11.2	14.5	14.4	13.9	16.2	19.4
40-44	12.9	6.6	10.2	14.5	12.2	12.8	12.7	11.9	11.7	14.5
45-49	12.6	7.7	12.6	14.8	12.0	8.4	9.5	9.7	9.4	10.3
50-54	12.2	9.2	15.9	14.7	11.2	5.0	7.4	6.8	6.6	7.4
55-59	6.7	7.9	10.2	7.0	8.7	2.2	4.1	3.6	2.6	3.0
60-64	5.0	18.0	14.8	4.6	3.5	0.6	0.7	0.4	0.2	0.4
65+	5.3	42.9	23.4	2.9	1.1	0.5	0.3	0.1	0.1	0.1
女 Female	**100.0**	**100.0**	**100.0**	**100.0**	**100.0**	**100.0**	**100.0**	**100.0**	**100.0**	**100.0**
16-19	1.0	0.1	0.2	1.3	2.0	3.0	1.9	0.5	0.2	
20-24	6.5	0.4	0.7	4.6	9.3	15.5	15.8	14.9	11.4	2.2
25-29	12.1	0.9	1.9	9.6	16.1	20.5	19.4	23.1	26.1	25.3
30-34	14.6	1.5	3.9	14.5	17.4	19.6	20.7	22.7	25.7	32.9
35-39	12.0	2.5	5.4	13.6	13.8	16.1	15.1	13.8	15.5	19.9
40-44	14.1	5.5	12.3	17.4	15.1	13.1	13.1	11.7	9.9	10.2
45-49	13.6	7.7	15.1	16.9	14.0	8.3	9.8	8.6	7.1	6.0
50-54	10.9	10.6	18.6	13.0	6.9	2.8	3.3	3.8	3.4	3.0
55-59	5.4	11.5	11.9	5.3	3.7	0.6	0.8	0.6	0.5	0.5
60-64	4.8	21.3	14.2	2.6	1.4	0.2	0.1	0.1	0.1	0.1
65+	5.0	37.9	15.6	1.2	0.4	0.1	0.1	0.0	0.0	0.1

3-6 全国按行业、性别分的就业人员受教育程度构成
Educational Attainment of Employed Persons by Sector and Sex

单位：% (%)

受教育程度	Educational Attainment	就业人员 Employed Persons	农、林、牧、渔业 Agriculture, Forestry, Animal Husbandry and Fishery	采矿业 Mining	制造业 Manu-facturing	电力、热力、燃气及水生产和供应业 Production and Supply of Electricity Power, Heat Power, Gas and Water	建筑业 Construction	批发和零售业 Wholesale and Retail Trades
总　计	**Total**	**100.0**	**100.0**	**100.0**	**100.0**	**100.0**	**100.0**	**100.0**
未上过学	No Schooling	2.3	6.8	0.5	0.6	0.3	0.9	0.5
小　学	Primary School	16.4	37.7	7.4	9.6	4.4	16.8	7.4
初　中	Junior Secondary School	43.1	48.5	40.9	49.5	26.7	58.5	43.3
高　中	Senior Secondary School	12.8	5.2	18.4	15.7	17.3	10.9	21.0
中等职业教育	Medium Vocational Education	5.2	0.8	9.9	7.4	9.8	2.9	7.7
高等职业教育	High Vocational Education	1.1	0.1	2.1	1.4	2.0	0.6	1.6
大学专科	College	9.7	0.6	12.5	9.4	20.7	5.4	12.3
大学本科	University	8.5	0.2	7.6	5.9	17.3	3.7	6.0
研究生	Graduate and Higher Level	0.9	0.0	0.5	0.5	1.6	0.2	0.2
男	**Male**	**100.0**	**100.0**	**100.0**	**100.0**	**100.0**	**100.0**	**100.0**
未上过学	No Schooling	1.1	3.7	0.2	0.3	0.2	0.7	0.3
小　学	Primary School	14.2	34.8	7.6	7.2	4.4	15.9	7.1
初　中	Junior Secondary School	45.4	52.4	44.1	47.5	29.8	60.8	41.7
高　中	Senior Secondary School	14.3	6.9	18.3	17.7	18.3	11.5	21.4
中等职业教育	Medium Vocational Education	5.4	1.1	9.6	8.4	9.5	2.8	7.4
高等职业教育	High Vocational Education	1.2	0.1	1.9	1.5	2.0	0.5	1.8
大学专科	College	9.5	0.8	11.3	10.4	18.9	4.6	13.2
大学本科	University	8.0	0.2	6.5	6.3	15.5	3.1	6.9
研究生	Graduate and Higher Level	0.8	0.0	0.4	0.6	1.4	0.2	0.3
女	**Female**	**100.0**	**100.0**	**100.0**	**100.0**	**100.0**	**100.0**	**100.0**
未上过学	No Schooling	3.8	9.7	2.0	1.1	0.6	2.3	0.7
小　学	Primary School	19.3	40.4	6.6	12.9	4.4	22.5	7.7
初　中	Junior Secondary School	40.2	44.9	26.7	52.5	17.1	44.4	44.6
高　中	Senior Secondary School	10.7	3.7	18.9	12.8	14.2	7.2	20.6
中等职业教育	Medium Vocational Education	5.0	0.6	11.6	5.9	10.7	3.7	8.0
高等职业教育	High Vocational Education	1.1	0.1	2.6	1.2	1.9	0.9	1.5
大学专科	College	10.0	0.5	18.2	8.0	26.1	10.7	11.5
大学本科	University	9.0	0.2	12.3	5.3	22.9	7.9	5.2
研究生	Graduate and Higher Level	0.9	0.0	1.1	0.4	2.1	0.4	0.2

3-6 续表 1 continued

单位: % (%)

受教育程度	Educational Attainment	交通运输、仓储和邮政业 Transport, Storage and Post	住宿和餐饮业 Hotels and Catering Services	信息传输、软件和信息技术服务业 Information Transmission, Software and Information Technical Services	金融业 Financial Intermediation	房地产业 Real Estate	租赁和商务服务业 Leasing and Business Services	科学研究和技术服务业 Scientific Research and Technical Services
总　计	**Total**	**100.0**	**100.0**	**100.0**	**100.0**	**100.0**	**100.0**	**100.0**
未上过学	No Schooling	0.3	0.8	0.1	0.1	0.5	0.2	0.1
小　学	Primary School	7.1	10.5	1.1	0.8	5.7	4.5	1.4
初　中	Junior Secondary School	49.6	55.5	10.9	10.4	26.2	25.2	12.6
高　中	Senior Secondary School	18.3	17.3	11.5	12.1	19.4	15.5	10.2
中等职业教育	Medium Vocational Education	7.0	6.1	7.1	6.4	9.2	7.4	5.4
高等职业教育	High Vocational Education	1.5	1.2	2.2	1.7	2.4	2.1	2.0
大学专科	College	10.1	6.3	27.1	27.9	21.4	22.2	22.5
大学本科	University	5.9	2.2	35.9	36.5	14.3	20.8	36.2
研究生	Graduate and Higher Level	0.2	0.1	4.2	4.1	0.8	2.0	9.6
男	**Male**	**100.0**	**100.0**	**100.0**	**100.0**	**100.0**	**100.0**	**100.0**
未上过学	No Schooling	0.3	0.3	0.0	0.1	0.3	0.1	0.1
小　学	Primary School	7.3	7.1	1.3	0.7	5.5	4.6	1.5
初　中	Junior Secondary School	52.6	54.6	11.8	9.3	27.2	29.1	13.7
高　中	Senior Secondary School	18.6	20.1	11.0	12.4	20.8	17.4	11.7
中等职业教育	Medium Vocational Education	6.6	7.5	6.8	5.8	9.6	7.7	5.6
高等职业教育	High Vocational Education	1.4	1.3	1.9	1.8	2.7	2.1	2.2
大学专科	College	8.6	6.9	25.8	28.4	19.6	19.6	22.3
大学本科	University	4.5	2.1	37.1	36.8	13.4	17.7	34.3
研究生	Graduate and Higher Level	0.1	0.1	4.3	4.8	0.8	1.8	8.6
女	**Female**	**100.0**	**100.0**	**100.0**	**100.0**	**100.0**	**100.0**	**100.0**
未上过学	No Schooling	0.6	1.3	0.1	0.1	0.8	0.3	0.0
小　学	Primary School	5.5	13.8	0.7	0.9	6.1	4.4	1.0
初　中	Junior Secondary School	31.8	56.3	9.3	11.5	24.6	19.8	10.5
高　中	Senior Secondary School	17.1	14.7	12.4	11.8	17.3	12.8	7.4
中等职业教育	Medium Vocational Education	9.1	4.9	7.6	6.9	8.6	7.0	5.1
高等职业教育	High Vocational Education	2.3	1.0	2.7	1.6	2.0	2.1	1.8
大学专科	College	18.7	5.7	29.5	27.5	24.0	25.9	22.8
大学本科	University	14.3	2.2	33.8	36.2	15.6	25.1	39.7
研究生	Graduate and Higher Level	0.6	0.1	3.8	3.5	0.9	2.4	11.7

3-6 续表 2 continued

单位：% (%)

受教育程度	Educational Attainment	水利、环境和公共设施管理业 Management of Water Conservancy, Environment and Public Facilities	居民服务、修理和其他服务业 Services to Households, Repair and Other Services	教育 Education	卫生和社会工作 Health and Society	文化、体育和娱乐业 Culture, Sports and Entertainment	公共管理、社会保障和社会组织 Public Management Social Security and Social Organizations	国际组织 International Organizations
总 计	**Total**	**100.0**	**100.0**	**100.0**	**100.0**	**100.0**	**100.0**	**100.0**
未上过学	No Schooling	2.5	1.6	0.2	0.4	0.2	0.3	
小 学	Primary School	17.1	12.9	1.7	3.1	4.1	2.3	0.8
初 中	Junior Secondary School	35.8	48.5	10.9	12.2	26.2	13.4	27.4
高 中	Senior Secondary School	12.7	16.9	7.6	8.8	16.0	13.2	18.2
中等职业教育	Medium Vocational Education	5.7	6.5	7.1	12.4	8.5	6.3	6.1
高等职业教育	High Vocational Education	1.2	1.4	2.2	2.6	2.0	1.8	1.1
大学专科	College	12.7	7.9	23.3	28.3	19.8	27.2	29.7
大学本科	University	11.3	4.2	40.1	28.5	21.1	32.8	9.1
研究生	Graduate and Higher Level	1.0	0.2	6.8	3.7	2.1	2.6	7.8
男	**Male**	**100.0**	**100.0**	**100.0**	**100.0**	**100.0**	**100.0**	**100.0**
未上过学	No Schooling	1.5	0.7	0.1	0.3	0.1	0.2	
小 学	Primary School	14.6	10.7	1.8	4.1	3.1	2.1	1.1
初 中	Junior Secondary School	36.0	50.1	11.4	15.9	26.2	14.5	34.0
高 中	Senior Secondary School	15.0	18.6	8.1	11.6	18.2	14.5	22.5
中等职业教育	Medium Vocational Education	6.5	6.6	5.1	10.3	8.4	6.3	8.0
高等职业教育	High Vocational Education	1.1	1.4	2.1	2.0	1.9	1.8	
大学专科	College	13.1	7.6	21.4	20.7	20.8	26.9	23.4
大学本科	University	11.3	4.0	41.2	29.8	19.2	31.2	6.4
研究生	Graduate and Higher Level	1.0	0.1	8.8	5.3	2.0	2.4	4.5
女	**Female**	**100.0**	**100.0**	**100.0**	**100.0**	**100.0**	**100.0**	**100.0**
未上过学	No Schooling	4.2	2.6	0.3	0.4	0.4	0.5	
小 学	Primary School	21.3	15.5	1.7	2.5	5.3	2.5	
初 中	Junior Secondary School	35.6	46.5	10.6	10.1	26.1	11.5	12.4
高 中	Senior Secondary School	8.8	14.8	7.3	7.3	13.3	10.9	8.5
中等职业教育	Medium Vocational Education	4.3	6.2	8.0	13.6	8.6	6.3	1.7
高等职业教育	High Vocational Education	1.3	1.3	2.3	2.9	2.1	1.8	3.5
大学专科	College	12.1	8.3	24.3	32.5	18.6	27.9	43.6
大学本科	University	11.3	4.4	39.6	27.8	23.3	35.6	14.9
研究生	Graduate and Higher Level	1.0	0.2	5.9	2.9	2.3	3.1	15.3

3-7 全国按职业、性别分的就业人员受教育程度构成
Educational Attainment of Employed Persons by Occupation and Sex

单位：% (%)

受教育程度	Educational Attainment	就业人员 Employed Persons	单位负责人 Unit Heads	专业技术人员 Technical Personnel	办事人员和有关人员 Clerk and Related Workers	商业、服务业人员 Business Service Personnel	农林牧渔水利业生产人员 Producers of Agriculture, Forestry, Animal Husbandry, Fishery and Water Conservancy	生产运输设备操作人员及有关人员 Production, Transport Equipment Operators and Related Workers	其他 Others
总计	**Total**	**100.0**	**100.0**	**100.0**	**100.0**	**100.0**	**100.0**	**100.0**	**100.0**
未上过学	No Schooling	2.3	0.3	0.4	0.3	0.8	6.8	0.8	1.3
小学	Primary School	16.4	3.9	2.0	3.4	8.8	38.0	13.3	14.0
初中	Junior Secondary School	43.1	26.3	12.3	19.1	45.0	48.4	57.8	40.7
高中	Senior Secondary School	12.8	18.7	9.3	15.2	18.4	5.1	13.7	16.6
中等职业教育	Medium Vocational Education	5.2	6.6	8.2	7.5	7.2	0.8	5.6	4.1
高等职业教育	High Vocational Education	1.1	1.7	2.1	2.1	1.6	0.1	0.9	1.1
大学专科	College	9.7	20.5	25.1	25.0	11.1	0.5	5.4	14.2
大学本科	University	8.5	19.7	35.0	25.4	6.8	0.2	2.4	7.7
研究生	Graduate and Higher Level	0.9	2.4	5.6	2.0	0.4	0.0	0.1	0.2
男	**Male**	**100.0**	**100.0**	**100.0**	**100.0**	**100.0**	**100.0**	**100.0**	**100.0**
未上过学	No Schooling	1.1	0.2	0.3	0.2	0.4	3.7	0.5	0.7
小学	Primary School	14.2	3.8	2.8	4.0	7.4	35.1	11.9	13.3
初中	Junior Secondary School	45.4	27.0	16.2	21.5	45.1	52.4	57.7	42.8
高中	Senior Secondary School	14.3	19.1	10.4	16.5	19.3	6.8	14.8	17.4
中等职业教育	Medium Vocational Education	5.4	6.1	6.7	7.1	7.4	1.0	5.9	4.3
高等职业教育	High Vocational Education	1.2	1.6	1.8	1.9	1.7	0.1	1.0	0.7
大学专科	College	9.5	20.6	21.5	23.3	11.3	0.7	5.7	13.2
大学本科	University	8.0	19.3	33.8	23.6	7.0	0.2	2.5	7.6
研究生	Graduate and Higher Level	0.8	2.3	6.4	1.8	0.4	0.0	0.1	0.2
女	**Female**	**100.0**	**100.0**	**100.0**	**100.0**	**100.0**	**100.0**	**100.0**	**100.0**
未上过学	No Schooling	3.8	0.4	0.4	0.3	1.3	9.7	1.4	2.4
小学	Primary School	19.3	4.2	1.4	2.6	10.4	40.6	16.6	15.1
初中	Junior Secondary School	40.2	24.1	9.1	15.3	44.9	44.8	58.2	37.4
高中	Senior Secondary School	10.7	17.5	8.4	13.2	17.3	3.6	11.0	15.4
中等职业教育	Medium Vocational Education	5.0	7.8	9.4	8.1	7.1	0.6	4.8	3.9
高等职业教育	High Vocational Education	1.1	2.2	2.3	2.3	1.4	0.1	0.8	1.8
大学专科	College	10.0	20.4	28.0	27.7	10.8	0.4	4.7	15.8
大学本科	University	9.0	20.7	36.0	28.3	6.4	0.1	2.3	7.9
研究生	Graduate and Higher Level	0.9	2.7	4.9	2.2	0.4	0.0	0.1	0.3

3-8 全国按受教育程度、性别分的就业人员职业构成
Occupation of Employed Persons by Educational Attainment and Sex

单位：% (%)

受教育程度	Educational Attainment	就业人员 Employed Persons	单位负责人 Unit Heads	专业技术人员 Technical Personnel	办事人员和有关人员 Clerk and Related Workers	商业、服务业人员 Business Service Personnel	农林牧渔水利业生产人员 Producers of Agriculture, Forestry, Animal Husbandry, Fishery and Water Conservancy	生产运输设备操作人员及有关人员 Production, Transport Equipment Operators and Related	其他 Others
总　计	**Total**	**100.0**	**1.6**	**8.7**	**9.3**	**31.3**	**26.6**	**21.9**	**0.5**
未上过学	No Schooling	100.0	0.2	1.4	1.0	10.7	79.0	7.4	0.3
小　学	Primary School	100.0	0.4	1.1	2.0	16.7	61.6	17.8	0.5
初　中	Junior Secondary School	100.0	1.0	2.5	4.1	32.7	29.8	29.4	0.5
高　中	Senior Secondary School	100.0	2.3	6.3	11.1	45.2	10.7	23.5	0.7
中等职业教育	Medium Vocational Education	100.0	2.0	13.7	13.3	43.3	4.0	23.3	0.4
高等职业教育	High Vocational Education	100.0	2.5	16.1	17.2	43.2	2.4	18.2	0.5
大学专科	College	100.0	3.4	22.5	24.0	35.7	1.4	12.2	0.8
大学本科	University	100.0	3.7	36.0	28.0	25.0	0.5	6.3	0.5
研究生	Graduate and Higher Level	100.0	4.5	56.6	21.4	14.5	0.1	2.8	0.1
男	**Male**	**100.0**	**2.1**	**7.0**	**10.1**	**30.3**	**22.5**	**27.5**	**0.6**
未上过学	No Schooling	100.0	0.4	1.9	2.0	10.3	72.9	12.1	0.3
小　学	Primary School	100.0	0.6	1.4	2.9	15.9	55.8	23.0	0.5
初　中	Junior Secondary School	100.0	1.2	2.5	4.8	30.1	26.0	34.9	0.5
高　中	Senior Secondary School	100.0	2.8	5.1	11.6	40.7	10.7	28.4	0.7
中等职业教育	Medium Vocational Education	100.0	2.4	8.6	13.2	41.2	4.2	29.9	0.5
高等职业教育	High Vocational Education	100.0	2.9	11.0	16.8	43.4	2.5	23.2	0.3
大学专科	College	100.0	4.5	15.7	24.8	36.0	1.6	16.5	0.8
大学本科	University	100.0	5.0	29.3	29.7	26.5	0.5	8.5	0.5
研究生	Graduate and Higher Level	100.0	5.8	53.4	22.3	15.0	0.1	3.4	0.1
女	**Female**	**100.0**	**1.0**	**11.0**	**8.3**	**32.7**	**31.8**	**14.8**	**0.5**
未上过学	No Schooling	100.0	0.1	1.2	0.7	10.9	81.3	5.6	0.3
小　学	Primary School	100.0	0.2	0.8	1.1	17.6	67.2	12.8	0.4
初　中	Junior Secondary School	100.0	0.6	2.5	3.2	36.5	35.5	21.4	0.4
高　中	Senior Secondary School	100.0	1.6	8.6	10.3	52.9	10.7	15.2	0.7
中等职业教育	Medium Vocational Education	100.0	1.5	20.7	13.4	46.1	3.8	14.2	0.4
高等职业教育	High Vocational Education	100.0	1.9	23.1	17.7	42.9	2.3	11.2	0.8
大学专科	College	100.0	2.0	30.7	23.1	35.4	1.2	6.9	0.7
大学本科	University	100.0	2.2	43.7	26.1	23.2	0.5	3.8	0.4
研究生	Graduate and Higher Level	100.0	2.9	60.6	20.4	13.9	0.1	1.9	0.2

3-9　全国按年龄、性别分的就业人员就业身份构成
Employment Status of Employed Persons by Age and Sex

单位：%　　(%)

年　龄 Age	就业人员 Employed Persons	雇　员 Employee	雇　主 Employer	自营劳动者 Self-Employed	家庭帮工 Unpaid Familial Worker
总计　Total	**100.0**	**57.9**	**2.7**	**36.6**	**2.8**
16–19	100.0	75.3	0.5	19.9	4.3
20–24	100.0	81.7	1.1	14.7	2.6
25–29	100.0	75.7	2.2	19.5	2.6
30–34	100.0	69.8	3.2	24.4	2.6
35–39	100.0	64.6	3.9	29.1	2.4
40–44	100.0	59.0	3.7	34.8	2.5
45–49	100.0	56.1	3.4	37.7	2.7
50–54	100.0	47.9	2.7	46.4	3.0
55–59	100.0	39.9	1.9	54.8	3.4
60–64	100.0	23.2	1.1	71.7	3.9
65+	100.0	11.6	0.6	83.5	4.4
男　Male	**100.0**	**60.4**	**3.4**	**34.9**	**1.3**
16–19	100.0	75.8	0.6	19.4	4.1
20–24	100.0	80.9	1.3	15.3	2.5
25–29	100.0	76.1	2.6	19.8	1.5
30–34	100.0	70.6	3.9	24.5	1.0
35–39	100.0	65.2	4.9	29.2	0.7
40–44	100.0	60.6	4.6	34.0	0.8
45–49	100.0	58.7	4.3	36.2	0.8
50–54	100.0	55.3	3.5	40.2	1.1
55–59	100.0	50.4	2.5	45.6	1.4
60–64	100.0	30.2	1.6	65.9	2.3
65+	100.0	15.2	0.8	81.1	2.9
女　Female	**100.0**	**54.6**	**1.9**	**38.7**	**4.8**
16–19	100.0	74.4	0.4	20.7	4.5
20–24	100.0	82.6	0.8	13.9	2.7
25–29	100.0	75.2	1.7	19.1	4.0
30–34	100.0	69.0	2.4	24.2	4.4
35–39	100.0	63.8	2.8	29.0	4.4
40–44	100.0	57.2	2.6	35.7	4.5
45–49	100.0	53.1	2.3	39.5	5.1
50–54	100.0	37.2	1.6	55.5	5.7
55–59	100.0	23.2	1.0	69.3	6.5
60–64	100.0	13.8	0.6	79.5	6.2
65+	100.0	6.5	0.3	86.8	6.5

3-10 全国按就业身份、性别分的就业人员年龄构成
Age Composition of Employed Persons by Employment Status and Sex

单位：% (%)

年龄 Age	就业人员 Employed Persons	雇员 Employee	雇主 Employer	自营劳动者 Self-Employed	家庭帮工 Unpaid Familial Worker
总计 Total	**100.0**	**100.0**	**100.0**	**100.0**	**100.0**
16-19	1.2	1.5	0.2	0.6	1.8
20-24	6.8	9.6	2.7	2.7	6.2
25-29	12.1	15.9	9.9	6.5	11.2
30-34	13.9	16.8	16.4	9.3	12.6
35-39	11.7	13.0	16.9	9.3	9.7
40-44	13.4	13.7	18.4	12.8	11.7
45-49	13.0	12.7	16.4	13.4	12.6
50-54	11.6	9.6	11.5	14.8	12.2
55-59	6.1	4.2	4.4	9.2	7.3
60-64	4.9	2.0	2.1	9.6	6.8
65+	5.2	1.0	1.1	11.8	8.0
男 Male	**100.0**	**100.0**	**100.0**	**100.0**	**100.0**
16-19	1.3	1.6	0.2	0.7	4.1
20-24	7.0	9.4	2.7	3.1	13.2
25-29	12.1	15.2	9.3	6.9	14.0
30-34	13.4	15.6	15.6	9.4	10.3
35-39	11.4	12.3	16.6	9.6	5.9
40-44	12.9	12.9	17.8	12.6	7.4
45-49	12.6	12.3	16.4	13.1	7.3
50-54	12.2	11.2	12.6	14.1	10.1
55-59	6.7	5.6	5.1	8.8	7.2
60-64	5.0	2.5	2.4	9.4	8.6
65+	5.3	1.3	1.3	12.4	11.8
女 Female	**100.0**	**100.0**	**100.0**	**100.0**	**100.0**
16-19	1.0	1.4	0.2	0.5	1.0
20-24	6.5	9.9	2.7	2.3	3.7
25-29	12.1	16.7	11.0	6.0	10.2
30-34	14.6	18.5	18.3	9.1	13.4
35-39	12.0	14.0	17.6	9.0	11.0
40-44	14.1	14.8	19.6	13.0	13.2
45-49	13.6	13.2	16.5	13.8	14.4
50-54	10.9	7.4	9.0	15.6	13.0
55-59	5.4	2.3	2.8	9.7	7.3
60-64	4.8	1.2	1.4	9.8	6.1
65+	5.0	0.6	0.8	11.1	6.7

3-11 全国按受教育程度、性别分的就业人员就业身份构成
Employment Status of Employed Persons by Educational Attainment and Sex

单位：% (%)

受教育程度	Educational Attainment	就业人员 Employed Persons	雇员 Employee	雇主 Employer	自营劳动者 Self-Employed	家庭帮工 Unpaid Familial Worker
总计	**Total**	**100.0**	**57.9**	**2.7**	**36.6**	**2.8**
未上过学	No Schooling	100.0	14.4	0.5	79.7	5.4
小学	Primary School	100.0	27.4	1.3	67.2	4.1
初中	Junior Secondary School	100.0	51.1	2.9	42.8	3.3
高中	Senior Secondary School	100.0	68.0	4.1	25.2	2.7
中等职业教育	Medium Vocational Education	100.0	80.5	3.3	14.2	2.0
高等职业教育	High Vocational Education	100.0	81.9	3.7	12.5	1.9
大学专科	College	100.0	87.1	3.2	8.5	1.2
大学本科	University	100.0	93.5	2.1	4.0	0.4
研究生	Graduate and Higher Level	100.0	97.1	1.2	1.5	0.1
男	**Male**	**100.0**	**60.4**	**3.4**	**34.9**	**1.3**
未上过学	No Schooling	100.0	20.4	0.8	76.2	2.6
小学	Primary School	100.0	32.0	1.7	64.2	2.1
初中	Junior Secondary School	100.0	53.8	3.5	41.4	1.3
高中	Senior Secondary School	100.0	67.5	4.6	26.6	1.3
中等职业教育	Medium Vocational Education	100.0	79.6	3.8	15.3	1.2
高等职业教育	High Vocational Education	100.0	80.9	4.3	13.7	1.2
大学专科	College	100.0	85.1	4.0	10.1	0.8
大学本科	University	100.0	92.3	2.7	4.6	0.3
研究生	Graduate and Higher Level	100.0	96.0	1.8	2.1	0.1
女	**Female**	**100.0**	**54.6**	**1.9**	**38.7**	**4.8**
未上过学	No Schooling	100.0	12.1	0.4	81.0	6.4
小学	Primary School	100.0	23.0	0.9	70.1	6.0
初中	Junior Secondary School	100.0	47.0	2.2	44.8	6.1
高中	Senior Secondary School	100.0	68.9	3.2	22.7	5.2
中等职业教育	Medium Vocational Education	100.0	81.7	2.5	12.7	3.1
高等职业教育	High Vocational Education	100.0	83.3	3.0	10.8	2.9
大学专科	College	100.0	89.6	2.3	6.5	1.6
大学本科	University	100.0	94.9	1.3	3.3	0.6
研究生	Graduate and Higher Level	100.0	98.4	0.6	0.9	0.1

3-12 全国按就业身份、性别分的就业人员受教育程度构成
Educational Attainment of Employed Persons by Employment Status and Sex

单位：% (%)

受教育程度	Educational Attainment	就业人员 Employed Persons	雇 员 Employee	雇 主 Employer	自营劳动者 Self-Employed	家庭帮工 Unpaid Familial Worker
总 计	**Total**	**100.0**	**100.0**	**100.0**	**100.0**	**100.0**
未上过学	No Schooling	2.3	0.6	0.4	5.0	4.4
小 学	Primary School	16.4	7.8	7.7	30.2	23.9
初 中	Junior Secondary School	43.1	38.1	46.7	50.4	49.5
高 中	Senior Secondary School	12.8	15.0	19.1	8.8	12.4
中等职业教育	Medium Vocational Education	5.2	7.3	6.3	2.0	3.7
高等职业教育	High Vocational Education	1.1	1.6	1.5	0.4	0.8
大学专科	College	9.7	14.6	11.4	2.3	4.0
大学本科	University	8.5	13.7	6.4	0.9	1.3
研究生	Graduate and Higher Level	0.9	1.4	0.4	0.0	0.0
男	**Male**	**100.0**	**100.0**	**100.0**	**100.0**	**100.0**
未上过学	No Schooling	1.1	0.4	0.3	2.5	2.3
小 学	Primary School	14.2	7.5	7.2	26.1	23.2
初 中	Junior Secondary School	45.4	40.5	47.0	53.8	46.0
高 中	Senior Secondary School	14.3	16.0	19.6	10.9	14.6
中等职业教育	Medium Vocational Education	5.4	7.1	6.2	2.4	5.1
高等职业教育	High Vocational Education	1.2	1.6	1.5	0.5	1.0
大学专科	College	9.5	13.4	11.2	2.8	5.6
大学本科	University	8.0	12.3	6.6	1.1	2.1
研究生	Graduate and Higher Level	0.8	1.3	0.4	0.0	0.1
女	**Female**	**100.0**	**100.0**	**100.0**	**100.0**	**100.0**
未上过学	No Schooling	3.8	0.8	0.8	7.9	5.1
小 学	Primary School	19.3	8.1	8.7	34.9	24.2
初 中	Junior Secondary School	40.2	34.6	45.9	46.5	50.8
高 中	Senior Secondary School	10.7	13.5	18.0	6.3	11.6
中等职业教育	Medium Vocational Education	5.0	7.5	6.6	1.6	3.2
高等职业教育	High Vocational Education	1.1	1.7	1.7	0.3	0.7
大学专科	College	10.0	16.4	11.8	1.7	3.4
大学本科	University	9.0	15.7	6.1	0.8	1.0
研究生	Graduate and Higher Level	0.9	1.6	0.3	0.0	0.0

3-13 城镇按年龄、性别分的就业人员就业身份构成

Employment Status of Urban Employed Persons by Age and Sex

单位：% (%)

年 龄 Age	城 镇 就业人员 Urban Employed Persons	雇 员 Employee	雇 主 Employer	自营劳动者 Self-Employed	家庭帮工 Unpaid Familial Worker
总计 Total	**100.0**	**73.3**	**3.8**	**20.3**	**2.7**
16-19	100.0	87.2	0.7	7.9	4.2
20-24	100.0	87.9	1.3	8.2	2.6
25-29	100.0	82.9	2.7	12.1	2.3
30-34	100.0	78.3	3.8	15.6	2.2
35-39	100.0	74.6	4.9	18.4	2.2
40-44	100.0	71.9	4.9	20.9	2.4
45-49	100.0	70.6	4.6	22.1	2.7
50-54	100.0	66.4	4.0	26.5	3.1
55-59	100.0	61.9	3.1	31.3	3.6
60-64	100.0	40.9	2.4	51.5	5.2
65+	100.0	24.9	1.6	67.3	6.2
男 Male	**100.0**	**73.2**	**4.5**	**21.2**	**1.1**
16-19	100.0	86.3	1.0	8.2	4.5
20-24	100.0	86.6	1.5	9.3	2.6
25-29	100.0	81.7	3.2	13.6	1.4
30-34	100.0	76.9	4.6	17.7	0.8
35-39	100.0	73.0	5.9	20.5	0.6
40-44	100.0	71.2	5.9	22.4	0.6
45-49	100.0	70.2	5.5	23.7	0.7
50-54	100.0	70.2	4.7	24.2	0.9
55-59	100.0	69.6	3.5	25.7	1.2
60-64	100.0	48.5	3.0	45.9	2.6
65+	100.0	30.6	2.1	63.2	4.2
女 Female	**100.0**	**73.4**	**2.8**	**19.0**	**4.7**
16-19	100.0	88.6	0.3	7.3	3.7
20-24	100.0	89.6	1.0	6.8	2.6
25-29	100.0	84.4	2.1	10.2	3.4
30-34	100.0	80.0	2.9	13.2	3.8
35-39	100.0	76.5	3.6	15.8	4.1
40-44	100.0	72.8	3.7	19.0	4.5
45-49	100.0	71.1	3.4	20.1	5.4
50-54	100.0	59.5	2.9	30.7	7.0
55-59	100.0	42.7	2.1	45.5	9.6
60-64	100.0	28.3	1.3	60.8	9.6
65+	100.0	16.0	0.9	73.7	9.3

3-14 城镇按就业身份、性别分的就业人员年龄构成
Age Composition of Urban Employed Persons by Employment Status and Sex

单位：% (%)

年 龄 Age	城 镇 就业人员 Urban Employed Persons	雇 员 Employee	雇 主 Employer	自营劳动者 Self-Employed	家庭帮工 Unpaid Familial Worker
总计 Total	**100.0**	**100.0**	**100.0**	**100.0**	**100.0**
16-19	0.9	1.0	0.2	0.3	1.4
20-24	7.0	8.4	2.5	2.9	6.8
25-29	13.9	15.7	9.8	8.3	12.1
30-34	16.9	18.1	17.2	13.0	14.0
35-39	13.5	13.7	17.3	12.2	11.0
40-44	14.5	14.2	18.7	14.9	12.9
45-49	13.9	13.4	16.8	15.2	14.4
50-54	10.6	9.6	11.3	13.8	12.2
55-59	4.7	3.9	3.8	7.2	6.4
60-64	2.3	1.3	1.5	6.0	4.6
65+	1.9	0.6	0.8	6.2	4.3
男 Male	**100.0**	**100.0**	**100.0**	**100.0**	**100.0**
16-19	1.0	1.1	0.2	0.4	3.9
20-24	6.9	8.2	2.4	3.1	16.1
25-29	13.4	14.9	9.5	8.6	17.1
30-34	16.0	16.7	16.3	13.3	11.5
35-39	13.0	12.9	17.0	12.6	6.6
40-44	14.0	13.6	18.2	14.8	7.2
45-49	13.6	13.0	16.7	15.2	8.0
50-54	11.9	11.5	12.5	13.6	9.7
55-59	5.8	5.5	4.5	7.1	6.5
60-64	2.6	1.7	1.7	5.5	5.9
65+	2.0	0.8	0.9	5.9	7.4
女 Female	**100.0**	**100.0**	**100.0**	**100.0**	**100.0**
16-19	0.8	0.9	0.1	0.3	0.6
20-24	7.2	8.8	2.6	2.6	3.9
25-29	14.5	16.7	10.6	7.8	10.5
30-34	18.2	19.8	18.9	12.6	14.8
35-39	14.1	14.7	18.0	11.7	12.3
40-44	15.2	15.1	19.8	15.2	14.6
45-49	14.4	13.9	17.2	15.2	16.3
50-54	8.8	7.1	8.9	14.1	13.0
55-59	3.1	1.8	2.3	7.4	6.3
60-64	2.1	0.8	1.0	6.6	4.2
65+	1.7	0.4	0.6	6.5	3.4

3-15 城镇按受教育程度、性别分的就业人员就业身份构成

Employment Status of Urban Employed Persons by Educational Attainment and Sex

单位：% (%)

受教育程度	Educational Attainment	城镇就业人员 Urban Employed Persons	雇员 Employee	雇主 Employer	自营劳动者 Self-Employed	家庭帮工 Unpaid Familial Worker
总 计	**Total**	**100.0**	**73.3**	**3.8**	**20.3**	**2.7**
未上过学	No Schooling	100.0	32.1	1.5	58.5	7.8
小 学	Primary School	100.0	44.8	2.8	46.8	5.6
初 中	Junior Secondary School	100.0	61.7	4.5	29.9	3.9
高 中	Senior Secondary School	100.0	73.4	4.9	18.9	2.7
中等职业教育	Medium Vocational Education	100.0	82.2	3.7	12.2	1.8
高等职业教育	High Vocational Education	100.0	82.3	4.2	11.7	1.9
大学专科	College	100.0	87.6	3.4	7.9	1.1
大学本科	University	100.0	93.7	2.2	3.8	0.4
研究生	Graduate and Higher Level	100.0	97.2	1.3	1.5	0.1
男	**Male**	**100.0**	**73.2**	**4.5**	**21.2**	**1.1**
未上过学	No Schooling	100.0	41.7	2.7	53.0	2.6
小 学	Primary School	100.0	47.7	3.4	46.4	2.5
初 中	Junior Secondary School	100.0	62.5	5.2	30.9	1.4
高 中	Senior Secondary School	100.0	72.8	5.4	20.5	1.2
中等职业教育	Medium Vocational Education	100.0	81.4	4.3	13.4	1.0
高等职业教育	High Vocational Education	100.0	81.5	4.7	12.7	1.1
大学专科	College	100.0	85.7	4.2	9.4	0.7
大学本科	University	100.0	92.6	2.8	4.4	0.3
研究生	Graduate and Higher Level	100.0	96.1	1.8	2.0	0.1
女	**Female**	**100.0**	**73.4**	**2.8**	**19.0**	**4.7**
未上过学	No Schooling	100.0	28.2	1.1	60.7	10.0
小 学	Primary School	100.0	41.8	2.1	47.2	8.9
初 中	Junior Secondary School	100.0	60.4	3.5	28.4	7.6
高 中	Senior Secondary School	100.0	74.5	4.0	16.4	5.1
中等职业教育	Medium Vocational Education	100.0	83.3	3.0	10.8	2.9
高等职业教育	High Vocational Education	100.0	83.3	3.4	10.3	3.0
大学专科	College	100.0	90.0	2.4	6.1	1.5
大学本科	University	100.0	95.0	1.4	3.1	0.5
研究生	Graduate and Higher Level	100.0	98.5	0.7	0.8	0.0

3-16 城镇按就业身份、性别分的就业人员受教育程度构成
Educational Attainment of Urban Employed Persons by Employment Status and Sex

单位：% (%)

受教育程度	Educational Attainment	城镇就业人员 Urban Employed Persons	雇员 Employee	雇主 Employer	自营劳动者 Self-Employed	家庭帮工 Unpaid Familial Worker
总 计	**Total**	**100.0**	**100.0**	**100.0**	**100.0**	**100.0**
未上过学	No Schooling	0.8	0.4	0.3	2.4	2.4
小 学	Primary School	7.8	4.8	5.7	18.0	16.6
初 中	Junior Secondary School	33.7	28.3	40.2	49.7	49.6
高 中	Senior Secondary School	16.5	16.5	21.4	15.5	16.9
中等职业教育	Medium Vocational Education	7.4	8.3	7.3	4.5	5.0
高等职业教育	High Vocational Education	1.7	1.9	1.8	1.0	1.2
大学专科	College	15.8	18.9	14.3	6.2	6.3
大学本科	University	14.7	18.8	8.4	2.8	2.0
研究生	Graduate and Higher Level	1.6	2.1	0.5	0.1	0.0
男	**Male**	**100.0**	**100.0**	**100.0**	**100.0**	**100.0**
未上过学	No Schooling	0.4	0.2	0.2	1.0	1.0
小 学	Primary School	6.9	4.5	5.3	15.2	15.3
初 中	Junior Secondary School	34.9	29.8	40.2	50.9	43.0
高 中	Senior Secondary School	18.0	17.9	21.8	17.4	20.2
中等职业教育	Medium Vocational Education	7.5	8.3	7.1	4.7	6.4
高等职业教育	High Vocational Education	1.7	1.9	1.8	1.0	1.6
大学专科	College	15.3	17.9	14.3	6.8	9.3
大学本科	University	13.9	17.6	8.7	2.9	3.1
研究生	Graduate and Higher Level	1.5	2.0	0.6	0.1	0.1
女	**Female**	**100.0**	**100.0**	**100.0**	**100.0**	**100.0**
未上过学	No Schooling	1.4	0.5	0.5	4.3	2.9
小 学	Primary School	9.0	5.1	6.6	22.2	17.0
初 中	Junior Secondary School	32.0	26.4	40.1	47.9	51.6
高 中	Senior Secondary School	14.6	14.8	20.4	12.6	15.9
中等职业教育	Medium Vocational Education	7.4	8.4	7.9	4.2	4.6
高等职业教育	High Vocational Education	1.7	1.9	2.0	0.9	1.0
大学专科	College	16.5	20.2	14.3	5.3	5.3
大学本科	University	15.9	20.6	7.8	2.6	1.7
研究生	Graduate and Higher Level	1.6	2.2	0.4	0.1	0.0

3-17 城镇按年龄、性别分的就业人员行业构成
Urban Employed Persons by Age, Sex and Sector

单位：% (%)

年龄 Age	城镇就业人员 Urban Employed Persons	农、林、牧、渔业 Agriculture, Forestry, Animal Husbandry and Fishery	采矿业 Mining	制造业 Manu-facturing	电力、热力、燃气及水生产和供应业 Production and Supply of Electricity Power, Heat Power, Gas and Water	建筑业 Construction	批发和零售业 Wholesale and Retail Trades
总计 Total	**100.0**	**7.6**	**1.4**	**18.9**	**1.5**	**7.4**	**17.8**
16-19	100.0	5.1	0.4	25.5	0.2	4.3	18.0
20-24	100.0	2.8	0.5	21.0	0.8	5.7	18.5
25-29	100.0	2.5	0.9	19.6	1.3	6.1	19.2
30-34	100.0	3.1	1.3	20.3	1.3	6.3	20.1
35-39	100.0	3.9	1.5	19.6	1.6	7.0	19.6
40-44	100.0	5.6	2.1	19.5	1.8	8.1	18.6
45-49	100.0	7.4	1.9	19.6	1.8	8.7	17.5
50-54	100.0	12.0	1.8	16.7	1.6	10.1	14.4
55-59	100.0	18.0	1.3	14.7	1.7	9.2	12.5
60-64	100.0	40.2	0.4	10.9	0.5	8.1	10.5
65+	100.0	60.1	0.2	6.6	0.3	4.1	8.3
男 Male	**100.0**	**6.5**	**2.0**	**20.3**	**1.9**	**11.0**	**14.0**
16-19	100.0	5.0	0.4	28.3	0.2	6.1	12.9
20-24	100.0	2.8	0.7	24.8	1.1	8.2	15.3
25-29	100.0	2.4	1.3	22.3	1.7	9.2	15.3
30-34	100.0	2.8	1.8	22.7	1.7	9.6	15.7
35-39	100.0	3.6	2.0	20.5	2.0	10.5	14.9
40-44	100.0	4.6	3.0	20.0	2.2	12.2	14.0
45-49	100.0	6.2	2.7	20.0	2.3	13.0	13.8
50-54	100.0	8.4	2.5	18.0	2.1	13.9	12.2
55-59	100.0	11.7	1.8	16.0	2.2	11.9	10.9
60-64	100.0	31.3	0.6	12.4	0.8	11.9	10.6
65+	100.0	53.6	0.3	7.9	0.4	6.5	8.7
女 Female	**100.0**	**9.1**	**0.7**	**16.9**	**0.9**	**2.7**	**22.8**
16-19	100.0	5.2	0.2	21.0	0.2	1.3	26.2
20-24	100.0	2.7	0.2	16.0	0.5	2.5	22.6
25-29	100.0	2.6	0.5	16.3	0.7	2.4	24.0
30-34	100.0	3.3	0.6	17.4	0.9	2.4	25.3
35-39	100.0	4.2	0.8	18.5	1.2	2.7	25.3
40-44	100.0	6.8	1.1	19.0	1.4	3.0	24.1
45-49	100.0	8.9	0.9	19.0	1.2	3.2	22.1
50-54	100.0	18.6	0.5	14.2	0.6	3.3	18.4
55-59	100.0	33.8	0.2	11.5	0.5	2.5	16.5
60-64	100.0	54.8	0.1	8.2	0.1	1.7	10.3
65+	100.0	70.4	0.1	4.5	0.1	0.5	7.7

3-17 续表 1 continued

单位：% (%)

年 龄 Age	交通运输、仓储和邮政业 Transport, Storage and Post	住宿和餐饮业 Hotels and Catering Services	信息传输、软件和信息技术服务业 Information Transmission, Software and Information Technical Services	金融业 Financial Intermediation	房地产业 Real Estate	租赁和商务服务业 Leasing and Business Services	科学研究和技术服务业 Scientific Research and Technical Services
总计 Total	**6.0**	**5.6**	**2.3**	**2.8**	**1.7**	**2.3**	**0.9**
16-19	2.7	15.2	2.3	1.4	1.4	2.4	0.6
20-24	4.4	7.2	4.0	3.5	2.0	3.4	1.1
25-29	5.2	5.5	4.5	4.5	2.1	3.1	1.3
30-34	5.9	5.8	3.5	3.9	1.8	2.7	1.2
35-39	6.6	5.5	2.3	2.5	1.6	2.3	1.0
40-44	6.9	5.8	1.4	2.4	1.5	1.7	0.6
45-49	6.5	5.7	1.0	2.3	1.4	1.8	0.6
50-54	6.9	5.0	0.7	1.9	1.8	1.7	0.7
55-59	6.0	4.3	0.6	1.7	2.1	1.7	0.6
60-64	2.7	3.9	0.2	0.5	2.0	1.4	0.2
65+	1.2	2.1	0.1	0.1	1.2	1.1	0.1
男 Male	**8.7**	**4.8**	**2.6**	**2.4**	**1.8**	**2.3**	**1.0**
16-19	3.5	17.8	2.0	0.9	1.2	2.8	0.7
20-24	5.8	8.1	4.6	3.2	2.3	2.9	1.3
25-29	7.5	5.6	5.2	4.0	2.3	2.9	1.4
30-34	8.8	5.4	4.0	3.1	1.8	2.8	1.3
35-39	10.0	4.8	2.7	2.2	1.5	2.4	1.2
40-44	10.3	4.5	1.7	1.9	1.4	1.7	0.7
45-49	9.8	3.9	1.2	1.9	1.4	1.9	0.7
50-54	9.6	3.3	0.9	1.8	1.9	1.9	0.8
55-59	7.9	3.0	0.7	1.9	2.3	2.1	0.7
60-64	4.0	3.2	0.2	0.6	2.4	1.7	0.3
65+	1.7	1.9	0.1	0.1	1.4	1.4	0.2
女 Female	**2.4**	**6.7**	**1.9**	**3.4**	**1.7**	**2.2**	**0.7**
16-19	1.4	10.8	2.8	2.1	1.7	1.6	0.5
20-24	2.5	6.1	3.2	3.9	1.7	4.0	0.8
25-29	2.5	5.4	3.6	5.1	1.9	3.4	1.2
30-34	2.6	6.3	2.9	4.9	1.9	2.5	1.0
35-39	2.5	6.5	1.9	3.0	1.7	2.2	0.8
40-44	2.7	7.3	1.1	3.0	1.5	1.7	0.4
45-49	2.4	8.0	0.9	2.8	1.4	1.7	0.4
50-54	1.8	8.3	0.5	2.2	1.5	1.2	0.4
55-59	1.1	7.4	0.2	1.2	1.6	0.8	0.2
60-64	0.6	5.2	0.1	0.3	1.3	0.8	0.0
65+	0.4	2.5	0.1	0.2	0.9	0.6	0.0

3-17 续表 2 continued

单位：% (%)

年 龄 Age	水利、环境和公共设施管理业 Management of Water Conservancy, Environment and Public Facilities	居民服务、修理和其他服务业 Services to Households, Repair and Other Services	教 育 Education	卫生和社会工作 Health and Society	文化、体育和娱乐业 Culture, Sports and Entertainment	公共管理、社会保障和社会组织 Public Management Social Security and Social Organizations	国际组织 International Organizations
总计 Total	**0.8**	**6.3**	**5.5**	**3.3**	**1.2**	**6.8**	**0.0**
16-19	0.0	10.5	3.6	2.4	2.2	1.9	
20-24	0.6	6.7	6.3	4.7	2.1	4.9	0.0
25-29	0.6	6.0	5.6	4.1	1.8	6.0	0.0
30-34	0.6	5.7	5.4	3.6	1.3	6.3	0.0
35-39	0.6	5.6	6.7	3.4	1.1	7.4	0.0
40-44	0.8	5.8	5.8	2.9	0.9	7.8	0.0
45-49	1.0	6.4	5.3	2.7	0.9	7.5	0.0
50-54	1.1	6.8	5.3	2.6	0.8	8.1	0.0
55-59	1.6	7.2	4.5	2.6	0.9	8.9	0.0
60-64	1.9	9.0	1.8	2.0	0.6	3.3	
65+	1.6	7.5	0.8	1.8	0.3	2.5	0.0
男 Male	**0.9**	**5.9**	**3.3**	**1.9**	**1.1**	**7.6**	**0.0**
16-19	0.0	12.1	0.8	0.7	1.9	2.6	
20-24	0.8	7.4	2.1	1.6	2.0	5.0	0.0
25-29	0.7	6.1	2.5	2.0	1.7	6.1	0.0
30-34	0.7	5.5	2.4	1.8	1.3	6.7	0.0
35-39	0.7	5.3	4.1	2.2	1.1	8.3	0.0
40-44	0.9	5.0	4.1	2.0	0.8	8.8	0.0
45-49	0.9	5.5	3.8	1.9	0.8	8.4	0.0
50-54	1.1	5.6	4.2	1.9	0.8	9.1	0.0
55-59	1.7	6.4	4.7	2.4	0.8	10.9	0.0
60-64	1.9	9.3	2.1	1.9	0.6	4.2	
65+	1.7	7.9	0.9	2.0	0.3	3.1	0.0
女 Female	**0.7**	**6.7**	**8.3**	**5.0**	**1.3**	**5.8**	**0.0**
16-19		7.9	8.3	5.2	2.6	0.8	
20-24	0.3	5.7	11.6	8.8	2.2	4.7	**0.0**
25-29	0.4	5.9	9.6	6.7	1.9	5.9	0.0
30-34	0.5	5.9	8.8	5.6	1.3	5.8	
35-39	0.6	6.0	9.9	5.0	1.1	6.2	0.0
40-44	0.6	6.8	7.9	4.0	1.0	6.6	0.0
45-49	1.0	7.6	7.2	3.8	1.0	6.3	0.0
50-54	1.2	9.0	7.2	3.8	0.9	6.3	0.0
55-59	1.4	9.2	3.9	3.0	1.1	3.9	
60-64	1.8	8.7	1.3	2.2	0.6	1.9	
65+	1.5	6.8	0.6	1.5	0.4	1.5	

3-18 城镇按行业、性别分的就业人员年龄构成
Age Composition of Urban Employed Persons by Sector and Sex

单位：% (%)

年 龄 Age	城 镇 就业人员 Urban Employed Persons	农、林、牧、渔业 Agriculture, Forestry, Animal Husbandry and Fishery	采矿业 Mining	制造业 Manu-facturing	电力、热力、燃气及水生产和供应业 Production and Supply of Electricity Power, Heat Power, Gas and Water	建筑业 Construction	批发和零售业 Wholesale and Retail Trades
总计 Total	**100.0**	**100.0**	**100.0**	**100.0**	**100.0**	**100.0**	**100.0**
16-19	0.9	0.6	0.2	1.2	0.1	0.5	0.9
20-24	7.0	2.6	2.5	7.8	4.0	5.4	7.3
25-29	13.9	4.5	9.3	14.4	11.9	11.4	15.0
30-34	16.9	6.8	15.0	18.2	15.3	14.3	19.1
35-39	13.5	6.9	13.9	14.0	15.1	12.6	14.8
40-44	14.5	10.6	21.9	15.0	18.3	15.8	15.1
45-49	13.9	13.5	18.7	14.4	17.1	16.2	13.7
50-54	10.6	16.7	13.2	9.3	11.5	14.4	8.5
55-59	4.7	11.0	4.3	3.6	5.5	5.8	3.3
60-64	2.3	12.3	0.7	1.3	0.9	2.6	1.4
65+	1.9	14.6	0.2	0.7	0.4	1.0	0.9
男 Male	**100.0**	**100.0**	**100.0**	**100.0**	**100.0**	**100.0**	**100.0**
16-19	1.0	0.7	0.2	1.3	0.1	0.5	0.9
20-24	6.9	3.0	2.5	8.5	4.1	5.2	7.6
25-29	13.4	4.9	9.0	14.7	11.9	11.1	14.6
30-34	16.0	6.9	14.5	17.8	14.7	13.9	17.8
35-39	13.0	7.2	13.3	13.1	14.0	12.4	13.7
40-44	14.0	9.8	20.9	13.7	16.8	15.5	14.0
45-49	13.6	12.8	18.6	13.4	16.4	16.0	13.4
50-54	11.9	15.5	14.8	10.6	13.6	15.1	10.3
55-59	5.8	10.5	5.1	4.6	6.9	6.3	4.5
60-64	2.6	12.3	0.7	1.6	1.1	2.8	1.9
65+	2.0	16.3	0.3	0.8	0.4	1.2	1.2
女 Female	**100.0**	**100.0**	**100.0**	**100.0**	**100.0**	**100.0**	**100.0**
16-19	0.8	0.4	0.2	1.0	0.2	0.4	0.9
20-24	7.2	2.1	2.4	6.8	3.5	6.7	7.1
25-29	14.5	4.2	10.5	14.0	11.8	12.9	15.3
30-34	18.2	6.6	17.1	18.7	16.9	16.5	20.2
35-39	14.1	6.5	16.2	15.4	18.1	14.0	15.6
40-44	15.2	11.3	25.8	17.1	22.6	17.1	16.1
45-49	14.4	14.1	19.4	16.1	18.8	17.3	13.9
50-54	8.8	17.8	6.6	7.4	6.0	10.8	7.1
55-59	3.1	11.5	1.1	2.1	1.6	2.9	2.2
60-64	2.1	12.4	0.4	1.0	0.3	1.3	0.9
65+	1.7	13.0	0.1	0.5	0.2	0.3	0.6

3-18 续表 1 continued

单位：% (%)

年 龄 Age	交通运输、仓储和邮政业 Transport, Storage and Post	住宿和餐饮业 Hotels and Catering Services	信息传输、软件和信息技术服务业 Information Transmission, Software and Information Technical Services	金融业 Financial Intermediation	房地产业 Real Estate	租赁和商务服务业 Leasing and Business Services	科学研究和技术服务业 Scientific Research and Technical Services
总计 Total	**100.0**	**100.0**	**100.0**	**100.0**	**100.0**	**100.0**	**100.0**
16-19	0.4	2.4	0.9	0.4	0.7	0.9	0.6
20-24	5.2	9.1	12.3	8.6	8.3	10.5	9.0
25-29	12.2	13.5	27.0	21.9	17.1	19.0	20.6
30-34	16.8	17.4	26.1	23.4	17.9	20.0	22.8
35-39	15.0	13.3	13.7	12.0	12.3	14.0	15.9
40-44	16.8	14.9	9.0	12.3	12.2	10.9	9.7
45-49	15.3	14.2	6.3	11.1	11.1	10.9	9.2
50-54	12.2	9.5	3.3	7.2	10.7	7.8	8.3
55-59	4.7	3.5	1.1	2.7	5.6	3.6	3.0
60-64	1.1	1.6	0.2	0.4	2.7	1.4	0.6
65+	0.4	0.7	0.1	0.1	1.3	0.9	0.3
男 Male	**100.0**	**100.0**	**100.0**	**100.0**	**100.0**	**100.0**	**100.0**
16-19	0.4	3.6	0.8	0.4	0.6	1.2	0.6
20-24	4.7	11.8	12.5	9.2	8.7	8.8	9.2
25-29	11.5	15.6	27.0	22.1	17.2	16.8	18.4
30-34	16.2	17.8	25.1	20.8	15.8	19.7	21.0
35-39	15.0	12.9	13.6	11.7	10.8	13.7	15.5
40-44	16.7	13.1	9.1	11.1	11.2	10.5	10.3
45-49	15.4	11.0	6.2	10.6	10.5	10.9	9.8
50-54	13.3	8.1	4.0	8.8	12.7	10.0	10.0
55-59	5.3	3.6	1.6	4.6	7.3	5.3	4.0
60-64	1.2	1.7	0.2	0.6	3.5	1.9	0.8
65+	0.4	0.8	0.1	0.1	1.6	1.2	0.4
女 Female	**100.0**	**100.0**	**100.0**	**100.0**	**100.0**	**100.0**	**100.0**
16-19	0.4	1.3	1.2	0.5	0.8	0.6	0.5
20-24	7.7	6.5	12.0	8.1	7.6	13.0	8.7
25-29	15.5	11.6	27.0	21.6	16.8	22.1	24.8
30-34	20.2	16.9	27.8	25.7	21.0	20.5	26.2
35-39	14.8	13.6	14.0	12.2	14.6	14.3	16.8
40-44	17.4	16.6	8.9	13.3	13.7	11.4	8.6
45-49	14.8	17.2	6.6	11.6	12.0	10.9	8.2
50-54	6.9	10.8	2.2	5.7	7.8	4.8	4.9
55-59	1.5	3.4	0.3	1.0	3.0	1.2	1.0
60-64	0.5	1.6	0.1	0.2	1.6	0.7	0.1
65+	0.3	0.6	0.0	0.1	0.9	0.5	0.1

3-18 续表 2 continued

单位：% (%)

年龄 Age	水利、环境和公共设施管理业 Management of Water Conservancy, Environment and Public Facilities	居民服务、修理和其他服务业 Services to Households, Repair and Other Services	教育 Education	卫生和社会工作 Health and Society	文化、体育和娱乐业 Culture, Sports and Entertainment	公共管理、社会保障和社会组织 Public Management Social Security and Social Organizations	国际组织 International Organizations
总计 Total	**100.0**	**100.0**	**100.0**	**100.0**	**100.0**	**100.0**	**100.0**
16-19	0.0	1.5	0.6	0.6	1.6	0.2	
20-24	4.9	7.5	8.1	10.2	12.3	5.1	5.7
25-29	9.6	13.2	14.3	17.3	20.9	12.2	16.2
30-34	12.2	15.4	16.6	18.5	18.9	15.6	11.2
35-39	10.3	12.1	16.5	14.2	12.4	14.6	8.1
40-44	13.9	13.5	15.3	12.9	11.1	16.6	14.4
45-49	16.6	14.3	13.5	11.7	10.3	15.2	21.9
50-54	14.6	11.5	10.2	8.4	7.4	12.5	15.5
55-59	9.0	5.4	3.8	3.6	3.3	6.1	5.1
60-64	5.4	3.4	0.8	1.4	1.2	1.2	
65+	3.6	2.2	0.3	1.0	0.5	0.7	1.9
男 Male	**100.0**	**100.0**	**100.0**	**100.0**	**100.0**	**100.0**	**100.0**
16-19	0.0	2.0	0.2	0.3	1.7	0.3	
20-24	6.0	8.7	4.4	5.7	12.3	4.6	6.1
25-29	10.2	13.7	9.8	13.6	20.5	10.7	17.3
30-34	11.7	15.0	11.4	15.0	18.8	14.2	15.4
35-39	9.7	11.7	15.9	14.6	12.3	14.2	7.5
40-44	14.0	11.9	17.1	14.5	10.5	16.2	11.3
45-49	14.2	12.6	15.6	13.2	9.3	15.0	17.8
50-54	14.5	11.4	15.1	11.6	8.6	14.3	14.8
55-59	10.7	6.4	8.3	7.1	4.0	8.3	7.1
60-64	5.5	4.0	1.6	2.5	1.3	1.4	
65+	3.6	2.6	0.5	2.1	0.6	0.8	2.6
女 Female	**100.0**	**100.0**	**100.0**	**100.0**	**100.0**	**100.0**	**100.0**
16-19		0.9	0.8	0.8	1.6	0.1	
20-24	3.0	6.1	10.1	12.6	12.4	5.8	4.6
25-29	8.7	12.7	16.7	19.3	21.3	14.9	13.4
30-34	13.1	15.9	19.3	20.3	19.0	18.2	
35-39	11.4	12.6	16.9	14.0	12.4	15.2	9.6
40-44	13.7	15.3	14.4	12.1	11.8	17.4	22.4
45-49	20.7	16.3	12.4	10.9	11.5	15.6	32.6
50-54	14.7	11.7	7.6	6.7	6.0	9.5	17.5
55-59	6.1	4.2	1.4	1.8	2.5	2.1	
60-64	5.2	2.7	0.3	0.9	1.0	0.7	
65+	3.4	1.7	0.1	0.5	0.5	0.4	

3-19 城镇按受教育程度、性别分的就业人员行业构成
Urban Employed Persons by Sex, Educational Attainment and Sector

单位：% (%)

受教育程度	Educational Attainment	城镇就业人员 Urban Employed Persons	农、林、牧、渔业 Agriculture, Forestry, Animal Husbandry and Fishery	采矿业 Mining	制造业 Manu-facturing	电力、热力、燃气及水生产和供应业 Production and Supply of Electricity Power, Heat Power, Gas and Water	建筑业 Construction	批发和零售业 Wholesale and Retail Trades
总 计	**Total**	**100.0**	**7.6**	**1.4**	**18.9**	**1.5**	**7.4**	**17.8**
未上过学	No Schooling	100.0	54.0	0.2	9.1	0.4	6.1	8.7
小 学	Primary School	100.0	32.1	0.7	15.9	0.4	11.9	13.1
初 中	Junior Secondary School	100.0	11.5	1.4	22.7	0.8	10.8	20.0
高 中	Senior Secondary School	100.0	3.1	1.9	21.0	1.6	6.6	24.7
中等职业教育	Medium Vocational Education	100.0	1.6	2.3	24.0	2.1	4.6	20.5
高等职业教育	High Vocational Education	100.0	1.0	2.2	19.5	2.2	4.1	20.3
大学专科	College	100.0	0.7	1.4	15.8	2.3	4.7	16.9
大学本科	University	100.0	0.4	1.0	11.5	2.1	3.7	9.0
研究生	Graduate and Higher Level	100.0	0.2	0.7	10.1	1.9	1.9	3.3
男	**Male**	**100.0**	**6.5**	**2.0**	**20.3**	**1.9**	**11.0**	**14.0**
未上过学	No Schooling	100.0	45.5	0.5	9.2	0.7	14.5	7.2
小 学	Primary School	100.0	27.6	1.1	14.4	0.7	19.1	11.3
初 中	Junior Secondary School	100.0	10.0	2.0	22.3	1.1	16.3	14.4
高 中	Senior Secondary School	100.0	3.2	2.4	22.7	2.1	9.5	18.0
中等职业教育	Medium Vocational Education	100.0	1.8	3.1	27.9	2.6	6.5	15.1
高等职业教育	High Vocational Education	100.0	1.1	2.9	22.1	2.8	5.6	17.2
大学专科	College	100.0	0.8	1.9	19.0	2.8	6.2	14.9
大学本科	University	100.0	0.4	1.3	13.7	2.7	4.9	8.6
研究生	Graduate and Higher Level	100.0	0.3	0.7	12.7	2.3	2.7	3.3
女	**Female**	**100.0**	**9.1**	**0.7**	**16.9**	**0.9**	**2.7**	**22.8**
未上过学	No Schooling	100.0	57.4	0.1	9.1	0.3	2.7	9.3
小 学	Primary School	100.0	36.7	0.2	17.5	0.2	4.5	15.1
初 中	Junior Secondary School	100.0	13.7	0.5	23.2	0.3	2.8	28.0
高 中	Senior Secondary School	100.0	2.8	0.9	18.2	0.9	1.9	35.7
中等职业教育	Medium Vocational Education	100.0	1.3	1.2	18.7	1.5	2.1	27.8
高等职业教育	High Vocational Education	100.0	0.9	1.2	15.8	1.3	2.2	24.5
大学专科	College	100.0	0.6	0.9	12.0	1.6	2.9	19.3
大学本科	University	100.0	0.3	0.6	9.0	1.5	2.4	9.4
研究生	Graduate and Higher Level	100.0	0.2	0.5	7.0	1.4	1.0	3.3

3-19 续表 1 continued

单位：% (%)

受教育程度	Educational Attainment	交通运输、仓储和邮政业 Transport, Storage and Post	住宿和餐饮业 Hotels and Catering Services	信息传输、软件和信息技术服务业 Information Transmission, Software and Information Technical Services	金融业 Financial Intermediation	房地产业 Real Estate	租赁和商务服务业 Leasing and Business Services	科学研究和技术服务业 Scientific Research and Technical Services
总　计	**Total**	**6.0**	**5.6**	**2.3**	**2.8**	**1.7**	**2.3**	**0.9**
未上过学	No Schooling	1.6	4.8	0.1	0.4	1.1	0.6	0.1
小　学	Primary School	4.1	6.7	0.2	0.2	1.2	1.0	0.1
初　中	Junior Secondary School	7.2	8.2	0.6	0.7	1.2	1.4	0.2
高　中	Senior Secondary School	7.6	7.0	1.5	2.0	2.1	2.2	0.5
中等职业教育	Medium Vocational Education	6.8	5.6	2.1	2.3	2.1	2.2	0.6
高等职业教育	High Vocational Education	6.9	5.2	2.8	2.8	2.0	2.9	1.1
大学专科	College	5.1	3.0	4.0	5.2	2.5	3.4	1.2
大学本科	University	3.4	1.2	6.1	7.5	1.9	3.6	2.3
研究生	Graduate and Higher Level	1.2	0.4	6.8	8.3	1.0	3.5	5.8
男	**Male**	**8.7**	**4.8**	**2.6**	**2.4**	**1.8**	**2.3**	**1.0**
未上过学	No Schooling	3.3	2.7	0.1	0.2	1.2	0.9	0.2
小　学	Primary School	7.0	4.4	0.3	0.2	1.3	1.2	0.2
初　中	Junior Secondary School	10.9	6.5	0.6	0.5	1.3	1.6	0.3
高　中	Senior Secondary School	10.5	6.2	1.5	1.6	2.2	2.3	0.6
中等职业教育	Medium Vocational Education	9.5	5.5	2.3	1.8	2.2	2.4	0.7
高等职业教育	High Vocational Education	9.5	5.0	2.6	2.2	2.1	3.0	1.3
大学专科	College	6.7	2.8	4.4	4.5	2.5	3.3	1.5
大学本科	University	4.0	1.1	7.6	6.8	2.0	3.4	2.6
研究生	Graduate and Higher Level	1.2	0.3	8.4	8.4	1.1	3.2	6.2
女	**Female**	**2.4**	**6.7**	**1.9**	**3.4**	**1.7**	**2.2**	**0.7**
未上过学	No Schooling	0.9	5.6	0.1	0.4	1.0	0.5	0.0
小　学	Primary School	1.1	9.0	0.1	0.2	1.0	0.8	0.1
初　中	Junior Secondary School	1.8	10.6	0.5	0.9	1.2	1.1	0.1
高　中	Senior Secondary School	2.9	8.2	1.5	2.6	2.0	2.0	0.4
中等职业教育	Medium Vocational Education	3.1	5.8	1.8	2.9	2.0	2.0	0.4
高等职业教育	High Vocational Education	3.3	5.5	3.0	3.6	1.9	2.8	0.8
大学专科	College	3.1	3.1	3.5	6.0	2.5	3.7	0.9
大学本科	University	2.6	1.3	4.4	8.3	1.7	3.9	1.8
研究生	Graduate and Higher Level	1.1	0.5	4.9	8.3	0.9	3.9	5.4

3-19 续表 2 continued

单位：% (%)

受教育程度	Educational Attainment	水利、环境和公共设施管理业 Management of Water Conservancy, Environment and Public Facilities	居民服务、修理和其他服务业 Services to Households, Repair and Other Services	教育 Education	卫生和社会工作 Health and Society	文化、体育和娱乐业 Culture, Sports and Entertainment	公共管理、社会保障和社会组织 Public Management Social Security and Social Organizations	国际组织 International Organizations
总　计	**Total**	**0.8**	**6.3**	**5.5**	**3.3**	**1.2**	**6.8**	**0.0**
未上过学	No Schooling	1.5	7.1	1.0	1.0	0.3	1.9	
小　学	Primary School	1.3	7.9	0.7	0.7	0.5	1.3	0.0
初　中	Junior Secondary School	0.8	8.0	1.2	0.9	0.7	2.0	0.0
高　中	Senior Secondary School	0.7	7.5	2.2	1.6	1.2	5.0	0.0
中等职业教育	Medium Vocational Education	0.7	6.6	4.2	4.7	1.4	5.7	0.0
高等职业教育	High Vocational Education	0.8	6.8	6.1	4.6	1.4	7.3	0.0
大学专科	College	0.8	4.3	8.2	6.2	1.7	12.5	0.0
大学本科	University	0.8	2.5	16.7	7.4	2.0	16.9	0.0
研究生	Graduate and Higher Level	0.7	0.9	28.8	9.3	1.9	13.1	0.0
男	**Male**	**0.9**	**5.9**	**3.3**	**1.9**	**1.1**	**7.6**	**0.0**
未上过学	No Schooling	1.3	7.1	0.4	0.8	0.4	3.6	
小　学	Primary School	1.2	7.3	0.5	0.6	0.3	1.5	0.0
初　中	Junior Secondary School	0.8	7.3	0.7	0.6	0.6	2.2	0.0
高　中	Senior Secondary School	0.8	7.0	1.4	1.2	1.2	5.5	0.0
中等职业教育	Medium Vocational Education	0.9	6.2	1.9	2.1	1.3	6.3	0.0
高等职业教育	High Vocational Education	0.9	6.6	3.5	2.2	1.3	8.0	
大学专科	College	1.0	4.0	4.6	2.9	1.7	14.4	0.0
大学本科	University	1.0	2.4	11.0	5.2	1.9	19.4	0.0
研究生	Graduate and Higher Level	0.8	0.9	22.8	8.7	1.8	14.2	0.0
女	**Female**	**0.7**	**6.8**	**8.3**	**5.0**	**1.3**	**5.8**	**0.0**
未上过学	No Schooling	1.6	7.0	1.2	1.1	0.3	1.2	
小　学	Primary School	1.3	8.5	1.0	0.9	0.6	1.2	
初　中	Junior Secondary School	0.7	8.9	2.0	1.2	0.9	1.6	0.0
高　中	Senior Secondary School	0.5	8.3	3.5	2.3	1.2	4.2	
中等职业教育	Medium Vocational Education	0.5	7.0	7.4	8.1	1.6	4.9	0.0
高等职业教育	High Vocational Education	0.8	7.2	9.6	7.8	1.5	6.2	0.0
大学专科	College	0.7	4.6	12.6	10.3	1.6	10.0	0.0
大学本科	University	0.7	2.7	23.3	10.0	2.2	14.0	0.0
研究生	Graduate and Higher Level	0.5	1.0	36.0	10.1	2.1	11.8	0.0

3-20 城镇按行业、性别分的就业人员受教育程度构成
Educational Attainment of Urban Employed Persons by Sector and Sex

单位：%　　(%)

受教育程度	Educational Attainment	城镇就业人员 Urban Employed Persons	农、林、牧、渔业 Agriculture, Forestry, Animal Husbandry and Fishery	采矿业 Mining	制造业 Manu-facturing	电力、热力、燃气及水生产和供应业 Production and Supply of Electricity Power, Heat Power, Gas and Water	建筑业 Construction	批发和零售业 Wholesale and Retail Trades
总　计	**Total**	**100.0**	**100.0**	**100.0**	**100.0**	**100.0**	**100.0**	**100.0**
未上过学	No Schooling	0.8	5.8	0.1	0.4	0.2	0.7	0.4
小　学	Primary School	7.8	32.8	3.7	6.6	2.3	12.4	5.8
初　中	Junior Secondary School	33.7	50.9	32.6	40.4	17.8	48.8	37.7
高　中	Senior Secondary School	16.5	6.6	21.7	18.4	18.3	14.7	22.9
中等职业教育	Medium Vocational Education	7.4	1.5	12.0	9.4	10.8	4.6	8.6
高等职业教育	High Vocational Education	1.7	0.2	2.6	1.7	2.5	0.9	1.9
大学专科	College	15.8	1.5	16.2	13.3	24.4	10.0	15.0
大学本科	University	14.7	0.7	10.5	9.0	21.6	7.4	7.4
研究生	Graduate and Higher Level	1.6	0.0	0.7	0.8	2.1	0.4	0.3
男	**Male**	**100.0**	**100.0**	**100.0**	**100.0**	**100.0**	**100.0**	**100.0**
未上过学	No Schooling	0.4	2.9	0.1	0.2	0.1	0.5	0.2
小　学	Primary School	6.9	29.3	3.9	4.9	2.5	12.0	5.5
初　中	Junior Secondary School	34.9	53.8	35.1	38.2	20.0	51.6	35.8
高　中	Senior Secondary School	18.0	8.8	22.1	20.1	19.8	15.5	23.1
中等职业教育	Medium Vocational Education	7.5	2.0	11.7	10.2	10.4	4.4	8.1
高等职业教育	High Vocational Education	1.7	0.3	2.5	1.8	2.5	0.9	2.1
大学专科	College	15.3	1.9	14.7	14.2	22.7	8.6	16.3
大学本科	University	13.9	0.9	9.2	9.4	20.0	6.2	8.5
研究生	Graduate and Higher Level	1.5	0.1	0.6	0.9	1.9	0.4	0.4
女	**Female**	**100.0**	**100.0**	**100.0**	**100.0**	**100.0**	**100.0**	**100.0**
未上过学	No Schooling	1.4	8.5	0.2	0.7	0.5	1.4	0.6
小　学	Primary School	9.0	36.0	2.7	9.3	1.8	14.9	5.9
初　中	Junior Secondary School	32.0	48.1	22.4	43.9	12.0	33.6	39.3
高　中	Senior Secondary School	14.6	4.5	20.0	15.6	14.5	10.2	22.8
中等职业教育	Medium Vocational Education	7.4	1.1	12.8	8.1	11.7	5.7	9.0
高等职业教育	High Vocational Education	1.7	0.2	3.0	1.5	2.3	1.3	1.8
大学专科	College	16.5	1.1	21.9	11.7	28.8	18.0	13.9
大学本科	University	15.9	0.5	15.6	8.4	26.0	14.3	6.5
研究生	Graduate and Higher Level	1.6	0.0	1.4	0.7	2.5	0.6	0.2

3-20 续表 1 continued

单位：% (%)

受教育程度	Educational Attainment	交通运输、仓储和邮政业 Transport, Storage and Post	住宿和餐饮业 Hotels and Catering Services	信息传输、软件和信息技术服务业 Information Transmission, Software and Information Technical Services	金融业 Financial Intermediation	房地产业 Real Estate	租赁和商务服务业 Leasing and Business Services	科学研究和技术服务业 Scientific Research and Technical Services
总 计	**Total**	**100.0**	**100.0**	**100.0**	**100.0**	**100.0**	**100.0**	**100.0**
未上过学	No Schooling	0.2	0.7	0.0	0.1	0.5	0.2	0.1
小 学	Primary School	5.4	9.3	0.7	0.6	5.2	3.4	1.1
初 中	Junior Secondary School	40.7	49.0	8.1	7.8	23.5	20.7	8.8
高 中	Senior Secondary School	21.2	20.5	10.7	11.5	20.4	16.0	10.2
中等职业教育	Medium Vocational Education	8.4	7.4	6.7	5.9	9.0	7.3	5.2
高等职业教育	High Vocational Education	1.9	1.6	2.0	1.7	2.0	2.2	2.1
大学专科	College	13.5	8.3	27.5	28.8	22.8	24.1	23.0
大学本科	University	8.3	3.1	39.4	39.0	15.7	23.8	38.9
研究生	Graduate and Higher Level	0.3	0.1	4.7	4.6	0.9	2.4	10.7
男	**Male**	**100.0**	**100.0**	**100.0**	**100.0**	**100.0**	**100.0**	**100.0**
未上过学	No Schooling	0.2	0.2	0.0	0.0	0.3	0.2	0.1
小 学	Primary School	5.6	6.4	0.7	0.6	4.9	3.5	1.2
初 中	Junior Secondary School	43.9	47.5	8.1	6.8	24.3	23.9	10.1
高 中	Senior Secondary School	21.9	23.4	10.4	11.8	22.4	18.1	11.3
中等职业教育	Medium Vocational Education	8.2	8.6	6.7	5.7	9.1	7.7	5.6
高等职业教育	High Vocational Education	1.9	1.8	1.7	1.6	2.0	2.2	2.2
大学专科	College	11.8	9.0	26.2	28.6	21.1	21.7	23.2
大学本科	University	6.5	3.0	41.2	39.7	15.0	20.6	36.9
研究生	Graduate and Higher Level	0.2	0.1	5.0	5.3	0.9	2.1	9.5
女	**Female**	**100.0**	**100.0**	**100.0**	**100.0**	**100.0**	**100.0**	**100.0**
未上过学	No Schooling	0.5	1.1	0.1	0.2	0.8	0.3	0.0
小 学	Primary School	4.2	12.0	0.7	0.6	5.7	3.2	0.8
初 中	Junior Secondary School	25.0	50.4	8.2	8.7	22.4	16.2	6.3
高 中	Senior Secondary School	18.0	17.8	11.3	11.2	17.6	13.0	8.0
中等职业教育	Medium Vocational Education	9.8	6.3	6.9	6.2	8.8	6.8	4.6
高等职业教育	High Vocational Education	2.3	1.4	2.6	1.7	1.9	2.1	1.9
大学专科	College	22.0	7.7	29.9	29.0	25.2	27.4	22.6
大学本科	University	17.5	3.1	36.2	38.5	16.7	28.1	42.7
研究生	Graduate and Higher Level	0.8	0.1	4.2	4.0	0.9	2.9	13.1

3-20 续表 2 continued

单位：% (%)

受教育程度	Educational Attainment	水利、环境和公共设施管理业 Management of Water Conservancy, Environment and Public Facilities	居民服务、修理和其他服务业 Services to Households, Repair and Other Services	教育 Education	卫生和社会工作 Health and Society	文化、体育和娱乐业 Culture, Sports and Entertainment	公共管理、社会保障和社会组织 Public Management Social Security and Social Organizations	国际组织 International Organizations
总计	**Total**	**100.0**	**100.0**	**100.0**	**100.0**	**100.0**	**100.0**	**100.0**
未上过学	No Schooling	1.5	0.9	0.1	0.2	0.2	0.2	
小学	Primary School	11.9	9.8	1.0	1.8	3.0	1.5	1.0
初中	Junior Secondary School	31.2	42.9	7.6	8.9	19.8	9.7	25.3
高中	Senior Secondary School	14.5	19.7	6.6	8.0	16.4	12.2	14.0
中等职业教育	Medium Vocational Education	6.5	7.8	5.8	10.6	8.9	6.2	7.6
高等职业教育	High Vocational Education	1.7	1.8	1.9	2.3	2.0	1.8	1.4
大学专科	College	16.2	10.8	23.7	30.2	22.2	28.9	32.5
大学本科	University	15.1	6.0	45.0	33.4	24.9	36.5	11.4
研究生	Graduate and Higher Level	1.3	0.2	8.3	4.5	2.6	3.0	6.8
男	**Male**	**100.0**	**100.0**	**100.0**	**100.0**	**100.0**	**100.0**	**100.0**
未上过学	No Schooling	0.6	0.5	0.1	0.2	0.2	0.2	
小学	Primary School	9.5	8.6	0.9	2.3	1.7	1.4	1.3
初中	Junior Secondary School	31.1	43.4	7.7	10.9	18.5	10.2	28.3
高中	Senior Secondary School	16.6	21.4	7.5	10.7	19.1	13.1	19.4
中等职业教育	Medium Vocational Education	7.6	7.9	4.2	8.1	8.7	6.2	9.6
高等职业教育	High Vocational Education	1.6	1.9	1.8	1.9	2.0	1.8	
大学专科	College	16.3	10.4	21.3	22.5	24.0	29.0	28.2
大学本科	University	15.3	5.7	46.1	36.8	23.3	35.4	7.7
研究生	Graduate and Higher Level	1.4	0.2	10.4	6.7	2.4	2.8	5.4
女	**Female**	**100.0**	**100.0**	**100.0**	**100.0**	**100.0**	**100.0**	**100.0**
未上过学	No Schooling	3.1	1.4	0.2	0.3	0.3	0.3	
小学	Primary School	15.8	11.2	1.1	1.6	4.5	1.8	
初中	Junior Secondary School	31.4	42.3	7.6	7.8	21.4	8.8	17.4
高中	Senior Secondary School	11.0	17.8	6.1	6.7	13.3	10.7	
中等职业教育	Medium Vocational Education	4.8	7.7	6.6	12.0	9.2	6.2	2.4
高等职业教育	High Vocational Education	1.8	1.8	1.9	2.6	1.9	1.8	4.9
大学专科	College	16.0	11.3	25.0	34.1	20.1	28.6	43.7
大学本科	University	15.0	6.3	44.4	31.6	26.7	38.5	21.0
研究生	Graduate and Higher Level	1.2	0.2	7.1	3.3	2.7	3.4	10.6

3-21 城镇按年龄、性别分的就业人员职业构成
Occupation of Urban Employed Persons by Age and Sex

单位：% (%)

年 龄 Age	城镇就业人员 Urban Employed Persons	单位负责人 Unit Heads	专业技术人员 Technical Personnel	办事人员和有关人员 Clerk and Related Workers	商业、服务业人员 Business Service Personnel	农林牧渔水利业生产人员 Producers of Agriculture, Forestry, Animal Husbandry, Fishery and Water Conservancy	生产运输设备操作人员及有关人员 Production, Transport Equipment Operators and Related Workers	其他 Others
总计 Total	**100.0**	**2.6**	**13.2**	**14.8**	**41.1**	**7.4**	**20.3**	**0.6**
16-19	100.0	0.3	7.9	6.5	53.2	5.1	26.5	0.6
20-24	100.0	0.8	16.8	13.5	45.5	2.7	20.0	0.7
25-29	100.0	1.9	17.0	15.3	44.4	2.3	18.3	0.8
30-34	100.0	2.7	15.5	15.9	43.4	2.9	19.0	0.6
35-39	100.0	3.0	15.2	15.9	41.7	3.6	20.0	0.5
40-44	100.0	3.1	12.5	15.1	41.1	5.3	22.5	0.5
45-49	100.0	3.3	11.2	14.7	40.3	7.1	22.8	0.6
50-54	100.0	3.0	10.0	14.8	37.7	11.6	22.3	0.6
55-59	100.0	2.7	8.7	16.0	35.0	17.7	19.2	0.7
60-64	100.0	1.6	3.5	8.3	31.1	39.7	15.3	0.6
65+	100.0	0.8	2.3	5.0	23.5	59.8	7.9	0.7
男 Male	**100.0**	**3.3**	**10.3**	**15.6**	**38.8**	**6.2**	**25.2**	**0.7**
16-19	100.0	0.4	3.2	6.4	53.2	5.0	31.0	0.8
20-24	100.0	1.0	10.5	12.4	46.2	2.7	26.5	0.6
25-29	100.0	2.3	12.2	14.2	44.3	2.2	24.0	0.8
30-34	100.0	3.4	11.6	15.3	41.7	2.6	24.6	0.7
35-39	100.0	3.8	11.7	16.8	39.4	3.3	24.3	0.6
40-44	100.0	4.1	10.2	16.2	37.5	4.2	27.2	0.5
45-49	100.0	4.4	9.5	16.3	35.9	5.8	27.5	0.7
50-54	100.0	3.7	9.1	17.3	34.3	7.9	27.0	0.6
55-59	100.0	3.4	9.4	20.0	32.5	11.4	22.7	0.6
60-64	100.0	2.1	4.2	11.5	31.0	30.8	19.8	0.6
65+	100.0	1.0	2.8	7.3	24.5	53.2	10.5	0.8
女 Female	**100.0**	**1.6**	**17.2**	**13.7**	**44.2**	**8.9**	**13.7**	**0.6**
16-19	100.0	0.3	15.6	6.5	53.1	5.2	19.1	0.3
20-24	100.0	0.6	24.8	14.9	44.5	2.7	11.7	0.8
25-29	100.0	1.4	22.8	16.6	44.5	2.5	11.4	0.8
30-34	100.0	1.8	20.0	16.6	45.4	3.2	12.5	0.6
35-39	100.0	2.0	19.5	14.8	44.4	4.1	14.7	0.5
40-44	100.0	1.9	15.2	13.6	45.5	6.5	16.8	0.5
45-49	100.0	2.0	13.5	12.8	45.7	8.7	17.0	0.5
50-54	100.0	1.6	11.8	10.2	43.8	18.2	13.8	0.6
55-59	100.0	1.0	7.0	6.1	41.1	33.5	10.6	0.7
60-64	100.0	0.7	2.4	2.9	31.3	54.3	7.9	0.5
65+	100.0	0.4	1.7	1.5	21.9	70.0	4.0	0.6

3-22 城镇按职业、性别分的就业人员年龄构成
Age Composition of Urban Employed Persons by Occupation and Sex

单位：% (%)

年龄 Age	城镇就业人员 Urban Employed Persons	单位负责人 Unit Heads	专业技术人员 Technical Personnel	办事人员和有关人员 Clerk and Related Workers	商业、服务业人员 Business Service Personnel	农林牧渔水利业生产人员 Producers of Agriculture, Forestry, Animal Husbandry, Fishery and Water Conservancy	生产运输设备操作人员及有关人员 Production, Transport Equipment Operators and Related Workers	其他 Others
总计 Total	**100.0**	**100.0**	**100.0**	**100.0**	**100.0**	**100.0**	**100.0**	**100.0**
16-19	0.9	0.1	0.5	0.4	1.1	0.6	1.2	0.9
20-24	7.0	2.3	8.9	6.4	7.8	2.5	7.0	8.0
25-29	13.9	10.0	17.8	14.3	15.0	4.4	12.5	18.0
30-34	16.9	17.6	19.8	18.2	17.9	6.6	15.8	17.4
35-39	13.5	15.6	15.5	14.5	13.6	6.6	13.3	11.7
40-44	14.5	17.6	13.7	14.8	14.5	10.3	16.1	11.7
45-49	13.9	17.7	11.8	13.8	13.6	13.3	15.7	13.1
50-54	10.6	12.2	8.0	10.6	9.7	16.6	11.7	10.2
55-59	4.7	4.9	3.1	5.0	4.0	11.2	4.4	4.9
60-64	2.3	1.4	0.6	1.3	1.8	12.6	1.8	2.1
65+	1.9	0.6	0.3	0.6	1.1	15.1	0.7	2.1
男 Male	**100.0**	**100.0**	**100.0**	**100.0**	**100.0**	**100.0**	**100.0**	**100.0**
16-19	1.0	0.1	0.3	0.4	1.3	0.8	1.2	1.2
20-24	6.9	2.1	7.1	5.5	8.3	3.0	7.3	6.6
25-29	13.4	9.3	15.9	12.2	15.2	4.8	12.7	17.3
30-34	16.0	16.5	18.1	15.7	17.2	6.8	15.6	17.3
35-39	13.0	15.0	14.8	14.0	13.2	6.8	12.5	11.6
40-44	14.0	17.4	13.9	14.5	13.5	9.5	15.0	10.7
45-49	13.6	17.9	12.5	14.2	12.6	12.6	14.8	14.0
50-54	11.9	13.5	10.5	13.2	10.6	15.3	12.8	10.8
55-59	5.8	6.0	5.3	7.5	4.9	10.7	5.2	5.8
60-64	2.6	1.6	1.0	1.9	2.0	12.7	2.0	2.2
65+	2.0	0.6	0.5	0.9	1.2	17.0	0.8	2.5
女 Female	**100.0**	**100.0**	**100.0**	**100.0**	**100.0**	**100.0**	**100.0**	**100.0**
16-19	0.8	0.1	0.7	0.4	0.9	0.5	1.1	0.5
20-24	7.2	2.8	10.4	7.8	7.2	2.1	6.1	9.9
25-29	14.5	12.1	19.3	17.6	14.6	4.0	12.1	19.0
30-34	18.2	20.6	21.1	22.0	18.7	6.4	16.5	17.5
35-39	14.1	17.3	16.1	15.3	14.2	6.4	15.0	11.8
40-44	15.2	18.1	13.5	15.1	15.7	11.1	18.6	13.2
45-49	14.4	17.2	11.3	13.3	14.9	14.0	17.7	11.8
50-54	8.8	8.6	6.0	6.5	8.7	17.9	8.8	9.3
55-59	3.1	2.0	1.3	1.4	2.9	11.7	2.4	3.6
60-64	2.1	0.9	0.3	0.4	1.5	12.6	1.2	1.8
65+	1.7	0.4	0.2	0.2	0.8	13.3	0.5	1.6

3-23 城镇按受教育程度、性别分的就业人员职业构成
Occupation of Urban Employed Persons by Educational Attainment and Sex

单位：% (%)

受教育程度	Educational Attainment	城镇就业人员 Urban Employed Persons	单位负责人 Unit Heads	专业技术人员 Technical Personnel	办事人员和有关人员 Clerk and Related Workers	商业、服务业人员 Business Service Personnel	农林牧渔水利业生产人员 Producers in the Sectors of Agriculture, Forestry,Animal Husbandry, Fishery and Water Conservancy	生产运输设备操作人员及有关人员 Production, Transport Equipment Operators and Related Workers	其他 Others
总计	**Total**	**100.0**	**2.6**	**13.2**	**14.8**	**41.1**	**7.4**	**20.3**	**0.6**
未上过学	No Schooling	100.0	0.5	1.4	3.0	27.5	53.4	13.6	0.7
小学	Primary School	100.0	1.1	1.4	4.1	35.6	31.9	25.1	0.8
初中	Junior Secondary School	100.0	1.7	3.1	6.5	47.0	11.2	29.9	0.5
高中	Senior Secondary School	100.0	2.8	6.9	13.7	51.6	2.8	21.5	0.8
中等职业教育	Medium Vocational Education	100.0	2.4	13.1	15.1	45.3	1.3	22.4	0.4
高等职业教育	High Vocational Education	100.0	2.8	15.7	18.2	45.5	0.9	16.4	0.5
大学专科	College	100.0	3.6	22.1	25.3	36.4	0.5	11.2	0.8
大学本科	University	100.0	3.9	36.0	28.8	24.8	0.2	5.8	0.5
研究生	Graduate and Higher Level	100.0	4.5	56.7	21.5	14.5	0.1	2.6	0.1
男	**Male**	**100.0**	**3.3**	**10.3**	**15.6**	**38.8**	**6.2**	**25.2**	**0.7**
未上过学	No Schooling	100.0	1.0	1.3	5.4	25.7	44.8	21.3	0.6
小学	Primary School	100.0	1.5	1.5	5.8	32.4	27.3	30.7	0.9
初中	Junior Secondary School	100.0	2.2	3.0	7.4	42.0	9.6	35.2	0.6
高中	Senior Secondary School	100.0	3.3	5.7	14.3	46.5	2.9	26.3	0.8
中等职业教育	Medium Vocational Education	100.0	2.9	8.5	15.1	42.8	1.5	28.8	0.4
高等职业教育	High Vocational Education	100.0	3.2	11.2	18.4	45.0	0.9	20.9	0.4
大学专科	College	100.0	4.8	15.5	26.2	36.7	0.6	15.3	0.9
大学本科	University	100.0	5.2	29.6	30.5	26.1	0.2	7.8	0.5
研究生	Graduate and Higher Level	100.0	5.6	53.5	22.3	15.2	0.0	3.2	0.1
女	**Female**	**100.0**	**1.6**	**17.2**	**13.7**	**44.2**	**8.9**	**13.7**	**0.6**
未上过学	No Schooling	100.0	0.3	1.4	2.1	28.3	56.8	10.4	0.8
小学	Primary School	100.0	0.7	1.3	2.4	39.0	36.6	19.4	0.7
初中	Junior Secondary School	100.0	1.1	3.3	5.2	54.3	13.4	22.2	0.5
高中	Senior Secondary School	100.0	2.0	8.8	12.5	59.8	2.7	13.5	0.8
中等职业教育	Medium Vocational Education	100.0	1.7	19.3	15.0	48.7	1.2	13.8	0.4
高等职业教育	High Vocational Education	100.0	2.2	21.8	18.0	46.2	0.8	10.2	0.8
大学专科	College	100.0	2.1	30.2	24.1	36.0	0.4	6.3	0.8
大学本科	University	100.0	2.3	43.6	26.9	23.2	0.2	3.5	0.4
研究生	Graduate and Higher Level	100.0	3.0	60.5	20.6	13.7	0.1	1.9	0.2

3-24 城镇按职业、性别分的就业人员受教育程度构成
Educational Attainment of Urban Employed Persons by Occupation and Sex

单位：% (%)

受教育程度	Educational Attainment	城镇就业人员 Urban Employed Persons	单位负责人 Unit Heads	专业技术人员 Technical Personnel	办事人员和有关人员 Clerk and Related Workers	商业、服务业人员 Business Service Personnel	农林牧渔水利业生产人员 Producers in the Sectors of Agriculture, Forestry,Animal Husbandry, Fishery and Water Conservancy	生产运输设备操作人员及有关人员 Production, Transport Equipment Operators and Related Workers	其他 Others
总计	**Total**	**100.0**	**100.0**	**100.0**	**100.0**	**100.0**	**100.0**	**100.0**	**100.0**
未上过学	No Schooling	0.8	0.2	0.1	0.2	0.5	5.9	0.5	0.9
小学	Primary School	7.8	3.4	0.8	2.2	6.8	33.7	9.6	10.2
初中	Junior Secondary School	33.7	22.7	7.9	14.7	38.5	51.0	49.6	28.9
高中	Senior Secondary School	16.5	18.1	8.6	15.2	20.7	6.3	17.5	21.1
中等职业教育	Medium Vocational Education	7.4	6.9	7.4	7.6	8.2	1.3	8.2	4.7
高等职业教育	High Vocational Education	1.7	1.8	2.0	2.1	1.8	0.2	1.3	1.4
大学专科	College	15.8	22.2	26.4	27.0	14.0	1.1	8.8	21.3
大学本科	University	14.7	22.2	40.2	28.7	8.9	0.4	4.2	11.1
研究生	Graduate and Higher Level	1.6	2.7	6.7	2.3	0.6	0.0	0.2	0.3
男	**Male**	**100.0**	**100.0**	**100.0**	**100.0**	**100.0**	**100.0**	**100.0**	**100.0**
未上过学	No Schooling	0.4	0.1	0.1	0.1	0.3	3.0	0.3	0.4
小学	Primary School	6.9	3.2	1.0	2.6	5.8	30.4	8.4	9.8
初中	Junior Secondary School	34.9	23.2	10.1	16.5	37.8	54.2	48.8	30.2
高中	Senior Secondary School	18.0	18.2	10.0	16.5	21.6	8.4	18.8	22.4
中等职业教育	Medium Vocational Education	7.5	6.6	6.2	7.3	8.2	1.8	8.5	4.5
高等职业教育	High Vocational Education	1.7	1.6	1.8	2.0	2.0	0.2	1.4	1.0
大学专科	College	15.3	22.3	23.0	25.7	14.5	1.5	9.2	20.4
大学本科	University	13.9	22.0	40.0	27.2	9.3	0.5	4.3	11.2
研究生	Graduate and Higher Level	1.5	2.6	7.9	2.2	0.6	0.0	0.2	0.3
女	**Female**	**100.0**	**100.0**	**100.0**	**100.0**	**100.0**	**100.0**	**100.0**	**100.0**
未上过学	No Schooling	1.4	0.2	0.1	0.2	0.9	8.6	1.0	1.7
小学	Primary School	9.0	3.8	0.7	1.6	7.9	36.8	12.6	10.8
初中	Junior Secondary School	32.0	21.3	6.2	12.1	39.4	48.1	51.7	27.1
高中	Senior Secondary School	14.6	17.6	7.4	13.3	19.7	4.4	14.3	19.3
中等职业教育	Medium Vocational Education	7.4	7.5	8.3	8.1	8.1	1.0	7.4	4.8
高等职业教育	High Vocational Education	1.7	2.3	2.1	2.2	1.7	0.2	1.2	2.1
大学专科	College	16.5	21.7	29.1	29.1	13.5	0.7	7.5	22.7
大学本科	University	15.9	22.6	40.3	31.1	8.3	0.3	4.0	10.9
研究生	Graduate and Higher Level	1.6	3.1	5.8	2.5	0.5	0.0	0.2	0.4

3-25 城镇就业人员调查周平均工作时间
Weekly Working Hours of Urban Employed Persons

单位：小时/周 (hours/per week)

分 组	Group	2013	2014	2015	2016	2017	2018
全 部	**Total**	**46.6**	**46.6**	**45.5**	**46.1**	**46.2**	**46.5**
一、按年龄分组	**By Age**						
	16-19	49.3	49.3	48.4	48.4	48.6	48.3
	20-24	47.6	47.7	46.2	46.7	46.5	46.8
	25-29	47.0	47.2	45.8	46.3	46.5	46.6
	30-34	47.2	47.0	45.7	46.4	46.5	46.8
	35-39	47.6	47.5	45.9	46.4	46.6	46.9
	40-44	47.6	47.5	46.1	46.6	46.7	47.0
	45-49	46.8	46.7	45.7	46.3	46.4	46.8
	50-54	45.5	45.6	44.9	45.6	45.9	46.4
	55-59	43.8	44.1	43.9	44.7	44.8	45.2
	60-64	41.2	41.2	42.4	42.8	43.3	44.1
	65+	35.7	35.6	37.2	38.4	38.9	39.1
二、按职业分组	**By Occupation**						
单位负责人	Unit Head	48.4	48.4	46.9	47.8	47.5	47.8
专业技术人员	Technical Personnel	43.9	43.9	42.9	43.4	43.0	43.2
办事人员和有关人员	Clerk and Related Workers	44.0	43.8	43.1	43.7	43.5	43.6
商业、服务业人员	Business Service Personnel	49.9	49.9	47.7	48.4	48.3	48.5
农林牧渔水利业生产人员	Producers in the Sectors of Agriculture, Forestry,Animal Husbandry,Fishery and Water Conservancy	38.2	37.6	38.9	39.4	39.2	39.4
生产、运输设备操作人员及有关人员	Production, Transport Equipment Operators and Related Workers	49.5	49.5	47.9	48.5	48.9	49.2
其 他	Others	49.2	44.0	44.6	50.6	44.6	44.9
三、按受教育程度分组	**By Educational Attainment**						
未上过学	No Schooling	39.6	40.1	42.1	41.9	41.8	42
小 学	Primary School	44.8	44.6	45.3	46.1	46.2	46.5
初 中	Junior Secondary School	48.8	48.7	48.1	48.6	48.9	49.2
高 中	Senior Secondary School	47.6	47.8	46.2	47.0	47.2	47.6
中等职业教育	Medium Vocational Education			45.6	46.1	46.2	46.7
高等职业教育	High Vocational Education			44.6	45.2	45.2	45.5
大学专科	College	44.3	44.5	43.2	43.8	43.9	44.2
大学本科	University	42.5	42.6	41.7	42.3	42.1	42.3
研究生	Graduate and Higher Level	41.8	41.4	41.0	41.7	41.5	41.5

3-26 城镇男性就业人员调查周平均工作时间
Weekly Working Hours of Urban Male Employed Persons

单位：小时／周 (hours/per week)

分组	Group	2013	2014	2015	2016	2017	2018
全 部	**Total**	**47.5**	**47.5**	**46.1**	**46.8**	**47.0**	**47.3**
一、按年龄分组	**By Age**						
	16-19	49.5	49.8	49.1	48.9	49.2	49.2
	20-24	48.5	48.5	46.9	47.5	47.4	47.6
	25-29	47.8	48.1	46.6	47.1	47.3	47.5
	30-34	47.9	47.8	46.4	47.2	47.3	47.8
	35-39	48.3	48.2	46.5	47.2	47.5	47.8
	40-44	48.4	48.3	46.7	47.2	47.3	47.6
	45-49	47.7	47.7	46.2	46.9	47.1	47.5
	50-54	46.4	46.5	45.3	46.1	46.4	46.9
	55-59	45.4	45.5	44.6	45.3	45.4	45.8
	60-64	43.8	43.8	44.2	44.6	45.2	45.7
	65+	38.3	37.9	39.0	40.1	40.6	40.8
二、按职业分组	**By Occupation**						
单位负责人	Unit Head	48.5	48.5	47.0	47.8	47.7	48.0
专业技术人员	Technical Personnel	44.6	44.5	43.4	44.0	43.6	43.9
办事人员和有关人员	Clerk and Related Workers	44.6	44.4	43.6	44.3	44.1	44.2
商业、服务业人员	Business Service Personnel	50.3	50.3	48.2	49.0	48.8	49.1
农林牧渔水利业生产人员	Producers in the Sectors of Agriculture, Forestry,Animal Husbandry,Fishery and Water Conservancy	40.8	40.5	40.9	41.3	41.2	41.4
生产、运输设备操作人员及有关人员	Production, Transport Equipment Operators and Related Workers	49.7	49.6	47.9	48.6	49.0	49.3
其 他	Others	48.9	45.6	45.2	51.1	45.3	45.9
三、按受教育程度分组	**By Educational Attainment**						
未上过学	No Schooling	42.9	43.3	44.3	44.7	44.2	43.6
小 学	Primary School	46.8	46.3	46.3	47.2	47.4	47.6
初 中	Junior Secondary School	49.7	49.8	48.7	49.3	49.6	50.0
高 中	Senior Secondary School	48.1	48.2	46.5	47.4	47.7	48.2
中等职业教育	Medium Vocational Education			46.2	46.7	46.9	47.3
高等职业教育	High Vocational Education			45.1	45.5	45.7	46.0
大学专科	College	44.7	44.9	43.7	44.3	44.4	44.8
大学本科	University	42.9	43.0	42.0	42.6	42.4	42.7
研究生	Graduate and Higher Level	42.4	41.5	41.2	42.0	41.7	41.8

3-27 城镇女性就业人员调查周平均工作时间
Weekly Working Hours of Urban Female Employed Persons

单位：小时／周 (hours/per week)

分 组	Group	2013	2014	2015	2016	2017	2018
全 部	**Total**	**45.5**	**45.5**	**44.7**	**45.2**	**45.2**	**45.5**
一、按年龄分组	**By Age**						
	16-19	49.2	48.5	47.6	47.7	47.6	46.8
	20-24	46.7	46.7	45.4	45.7	45.4	45.7
	25-29	46.0	46.1	44.8	45.3	45.4	45.4
	30-34	46.3	46.2	44.8	45.4	45.6	45.7
	35-39	46.6	46.6	45.2	45.5	45.6	45.8
	40-44	46.6	46.6	45.2	45.8	45.8	46.1
	45-49	45.6	45.5	45.1	45.6	45.6	46.0
	50-54	43.7	44.0	44.0	44.6	44.8	45.4
	55-59	40.2	40.8	42.0	42.9	43.3	43.9
	60-64	36.9	37.0	39.1	39.8	40.3	41.6
	65+	31.4	31.9	33.9	35.5	36.1	36.3
二、按职业分组	**By Occupation**						
单位负责人	Unit Head	48.1	48.2	46.7	47.9	46.9	47.5
专业技术人员	Technical Personnel	43.3	43.4	42.3	42.8	42.4	42.6
办事人员和有关人员	Clerk and Related Workers	43.0	42.8	42.3	42.7	42.6	42.8
商业、服务业人员	Business Service Personnel	49.4	49.5	47.2	47.8	47.7	47.8
农林牧渔水利业生产人员	Producers in the Sectors of Agriculture, Forestry,Animal Husbandry,Fishery and Water Conservancy	35.6	34.9	37.1	37.5	37.4	37.6
生产、运输设备操作人员及有关人员	Production, Transport Equipment Operators and Related Workers	49.0	49.1	47.7	48.1	48.7	49.0
其 他	Others	49.6	42.0	43.9	49.8	43.5	43.5
三、按受教育程度分组	**By Educational Attainment**						
未上过学	No Schooling	38.0	38.4	41.0	40.6	40.7	41.3
小 学	Primary School	42.9	42.9	44.3	44.9	44.9	45.3
初 中	Junior Secondary School	47.5	47.3	47.3	47.6	47.8	48.0
高 中	Senior Secondary School	46.8	47.3	45.6	46.2	46.4	46.7
中等职业教育	Medium Vocational Education			44.7	45.3	45.2	45.9
高等职业教育	High Vocational Education			43.8	44.7	44.5	44.8
大学专科	College	43.8	44.0	42.7	43.2	43.2	43.5
大学本科	University	42.1	42.0	41.2	41.9	41.7	41.9
研究生	Graduate and Higher Level	41.0	41.2	40.8	41.3	41.2	41.2

3-28 城镇按年龄、性别分的就业人员工作时间构成
Working Hours of Urban Employed Persons by Age and Sex

单位：% (%)

年 龄 Age	城 镇 就业人员 Urban Employed Persons	1-8小时 1-8 Hours	9-19小时 9-19 Hours	20-39小时 20-39 Hours	40小时 40 Hours	41-48小时 41-48 Hours	48小时以上 48 Hours Above
总计 Total	**100.0**	**0.8**	**0.9**	**4.8**	**42.1**	**19.7**	**31.7**
16-19	100.0	0.9	1.3	4.8	28.3	24.2	40.5
20-24	100.0	0.7	0.6	3.5	41.1	23.5	30.5
25-29	100.0	0.7	0.5	3.0	44.2	22.0	29.7
30-34	100.0	0.7	0.6	2.9	44.6	20.3	31.0
35-39	100.0	0.7	0.6	3.2	44.7	19.3	31.6
40-44	100.0	0.8	0.6	4.1	42.5	18.6	33.3
45-49	100.0	0.7	0.8	4.6	42.4	18.8	32.6
50-54	100.0	0.9	1.2	6.3	40.6	17.7	33.2
55-59	100.0	1.2	1.9	8.7	39.6	17.9	30.8
60-64	100.0	1.8	3.7	16.3	25.8	18.2	34.2
65+	100.0	3.3	7.5	26.0	22.9	15.5	25.0
男 Male	**100.0**	**0.8**	**0.8**	**4.0**	**40.7**	**19.4**	**34.4**
16-19	100.0	0.8	1.1	5.2	25.7	24.1	43.1
20-24	100.0	0.7	0.5	3.1	38.0	23.6	34.0
25-29	100.0	0.7	0.4	2.5	41.1	21.6	33.6
30-34	100.0	0.6	0.5	2.2	41.4	20.1	35.1
35-39	100.0	0.6	0.5	2.5	42.5	18.9	35.0
40-44	100.0	0.8	0.5	3.4	41.6	18.0	35.8
45-49	100.0	0.7	0.6	3.8	41.6	18.4	34.9
50-54	100.0	0.8	0.9	4.6	42.1	17.8	33.9
55-59	100.0	1.0	1.2	6.3	43.6	17.7	30.4
60-64	100.0	1.3	2.6	13.3	27.2	18.6	36.9
65+	100.0	2.5	6.5	22.6	23.6	16.2	28.5
女 Female	**100.0**	**0.9**	**1.2**	**5.9**	**44.0**	**20.1**	**28.0**
16-19	100.0	1.1	1.6	4.2	32.4	24.6	36.2
20-24	100.0	0.8	0.7	3.9	45.2	23.4	26.0
25-29	100.0	0.7	0.6	3.5	47.9	22.5	24.7
30-34	100.0	0.7	0.6	3.6	48.3	20.6	26.1
35-39	100.0	0.7	0.7	4.0	47.4	19.8	27.4
40-44	100.0	0.9	0.8	4.9	43.8	19.4	30.2
45-49	100.0	0.8	1.1	5.7	43.4	19.2	29.9
50-54	100.0	1.2	1.8	9.4	38.0	17.7	31.9
55-59	100.0	1.7	3.8	14.6	29.7	18.4	31.7
60-64	100.0	2.7	5.4	21.3	23.5	17.5	29.7
65+	100.0	4.4	9.0	31.3	21.7	14.3	19.3

3-29 城镇按受教育程度、性别分的就业人员工作时间构成
Working Hours of Urban Employed Persons by Educational Attainment and Sex

单位：% (%)

受教育程度	Educational Attainment	城镇就业人员 Urban Employed Persons	1-8小时 1-8 Hours	9-19小时 9-19 Hours	20-39小时 20-39 Hours	40小时 40 Hours	41-48小时 41-48 Hours	48小时以上 48 Hours Above
总 计	**Total**	**100.0**	**0.8**	**0.9**	**4.8**	**42.1**	**19.7**	**31.7**
未上过学	No Schooling	100.0	3.0	5.8	21.2	22.1	16.1	31.8
小 学	Primary School	100.0	1.5	3.1	13.5	22.3	18.9	40.7
初 中	Junior Secondary School	100.0	1.0	1.2	6.1	25.9	20.3	45.4
高 中	Senior Secondary School	100.0	0.9	0.7	3.1	37.7	22.4	35.3
中等职业教育	Medium Vocational Education	100.0	0.7	0.5	2.7	42.8	23.9	29.5
高等职业教育	High Vocational Education	100.0	0.4	0.6	2.6	49.5	22.6	24.3
大学专科	College	100.0	0.6	0.3	2.4	58.7	20.0	18.1
大学本科	University	100.0	0.5	0.3	2.2	72.3	14.1	10.5
研究生	Graduate and Higher Level	100.0	0.3	0.3	1.5	81.0	9.6	7.3
男	**Male**	**100.0**	**0.8**	**0.8**	**4.0**	**40.7**	**19.4**	**34.4**
未上过学	No Schooling	100.0	2.3	4.8	16.2	24.5	17.1	35.2
小 学	Primary School	100.0	1.3	2.6	11.8	22.1	18.2	44.0
初 中	Junior Secondary School	100.0	0.9	1.0	5.1	25.2	19.6	48.2
高 中	Senior Secondary School	100.0	0.8	0.6	2.7	36.8	21.6	37.5
中等职业教育	Medium Vocational Education	100.0	0.7	0.4	2.3	41.8	23.4	31.4
高等职业教育	High Vocational Education	100.0	0.3	0.4	2.6	47.9	22.5	26.3
大学专科	College	100.0	0.6	0.3	2.0	56.7	19.8	20.7
大学本科	University	100.0	0.5	0.2	2.1	70.8	14.6	11.8
研究生	Graduate and Higher Level	100.0	0.3	0.1	1.3	79.3	10.8	8.1
女	**Female**	**100.0**	**0.9**	**1.2**	**5.9**	**44.0**	**20.1**	**28.0**
未上过学	No Schooling	100.0	3.3	6.2	23.2	21.1	15.8	30.5
小 学	Primary School	100.0	1.7	3.6	15.3	22.6	19.6	37.3
初 中	Junior Secondary School	100.0	1.1	1.6	7.6	27.0	21.3	41.4
高 中	Senior Secondary School	100.0	1.0	0.7	3.8	39.1	23.9	31.6
中等职业教育	Medium Vocational Education	100.0	0.7	0.6	3.3	44.1	24.6	26.8
高等职业教育	High Vocational Education	100.0	0.5	0.9	2.5	51.7	22.8	21.7
大学专科	College	100.0	0.6	0.3	2.9	61.1	20.2	14.9
大学本科	University	100.0	0.5	0.4	2.4	74.2	13.6	8.9
研究生	Graduate and Higher Level	100.0	0.3	0.5	1.6	83.1	8.2	6.2

3-30 城镇按户口性质、性别分的就业人员工作时间构成
Working Hours of Urban Employed Persons by Household Registration and Sex

单位：% (%)

户口性质	Household Registration	城镇就业人员 Urban Employed Persons	1-8小时 1-8 Hours	9-19小时 9-19 Hours	20-39小时 20-39 Hours	40小时 40 Hours	41-48小时 41-48 Hours	48小时以上 48 Hours Above
总　计	**Total**	**100.0**	**0.8**	**0.9**	**4.8**	**42.1**	**19.7**	**31.7**
农　业	Agriculture	100.0	1.2	1.8	8.9	25.1	20.6	42.4
非农业	Non-Agriculture	100.0	0.7	0.5	2.8	50.1	19.3	26.6
男	**Male**	**100.0**	**0.8**	**0.8**	**4.0**	**40.7**	**19.4**	**34.4**
农　业	Agriculture	100.0	1.0	1.3	7.2	24.0	20.2	46.3
非农业	Non-Agriculture	100.0	0.7	0.5	2.3	49.0	19.0	28.6
女	**Female**	**100.0**	**0.9**	**1.2**	**5.9**	**44.0**	**20.1**	**28.0**
农　业	Agriculture	100.0	1.4	2.5	11.4	26.7	21.2	36.9
非农业	Non-Agriculture	100.0	0.7	0.6	3.4	51.7	19.6	24.0

注：农业人口是指本人户口所在家庭拥有农村土地承包权的人口。
Note:Agricultural population refer to the people who register in the families which own farmland contracts.

3-31 城镇按就业身份、性别分的就业人员工作时间构成
Working Hours of Urban Employed Persons by Employment Status and Sex

单位：% (%)

就业身份	Employment Status	城镇就业人员 Urban Employed Persons	1-8小时 1-8 Hours	9-19小时 9-19 Hours	20-39小时 20-39 Hours	40小时 40 Hours	41-48小时 41-48 Hours	48小时以上 48 Hours Above
总　计	**Total**	**100.0**	**0.8**	**0.9**	**4.8**	**42.1**	**19.7**	**31.7**
雇　员	Employee	100.0	0.7	0.4	2.8	48.4	21.0	26.8
雇　主	Employer	100.0	0.7	0.8	3.1	30.2	15.0	50.1
自营劳动者	Self-Employed	100.0	1.4	2.7	11.6	23.8	16.4	44.1
家庭帮工	Unpaid Familial Worker	100.0	1.8	2.0	11.1	23.6	15.0	46.5
男	**Male**	**100.0**	**0.8**	**0.8**	**4.0**	**40.7**	**19.4**	**34.4**
雇　员	Employee	100.0	0.7	0.4	2.5	46.6	20.5	29.4
雇　主	Employer	100.0	0.7	0.8	2.7	29.9	15.4	50.6
自营劳动者	Self-Employed	100.0	1.1	1.9	9.0	23.4	16.6	48.0
家庭帮工	Unpaid Familial Worker	100.0	3.2	2.5	9.6	24.0	15.8	44.9
女	**Female**	**100.0**	**0.9**	**1.2**	**5.9**	**44.0**	**20.1**	**28.0**
雇　员	Employee	100.0	0.7	0.5	3.1	50.8	21.7	23.2
雇　主	Employer	100.0	0.7	1.0	4.1	30.9	14.1	49.2
自营劳动者	Self-Employed	100.0	1.8	3.9	15.5	24.5	16.0	38.4
家庭帮工	Unpaid Familial Worker	100.0	1.4	1.8	11.5	23.4	14.8	47.0

3-32 城镇按行业、性别分的就业人员工作时间构成
Working Hours of Urban Employed Persons by Sector and Sex

单位：% (%)

项 目	Item	城镇就业人员 Urban Employed Persons	1-8小时 1-8 Hours	9-19小时 9-19 Hours	20-39小时 20-39 Hours	40小时 40 Hours	41-48小时 41-48 Hours	48小时以上 48 Hours Above
总 计	**National Total**	**100.0**	**0.8**	**0.9**	**4.8**	**42.1**	**19.7**	**31.7**
农、林、牧、渔业	Agriculture,Forestry,Animal Husbandry and Fishery	100.0	2.9	6.0	23.8	25.5	17.4	24.4
采矿业	Mining	100.0	0.8	0.3	2.6	48.2	16.7	31.4
制造业	Manufacturing	100.0	0.6	0.4	2.4	35.1	25.9	35.7
电力、热力、燃气及水生产和供应业	Production and Supply of Electricity Power, Heat Power, Gas and Water	100.0	0.7	0.1	2.8	65.0	14.9	16.6
建筑业	Construction	100.0	0.8	0.7	5.0	32.3	19.4	41.9
批发和零售业	Wholesale and Retail Trades	100.0	0.8	0.6	3.2	32.6	21.0	41.9
交通运输、仓储和邮政业	Transport,Storage and Post	100.0	0.7	0.7	3.5	38.6	18.0	38.6
住宿和餐饮业	Hotels and Catering Services	100.0	0.6	0.9	3.3	26.6	19.4	49.3
信息传输、软件和信息技术服务业	Information Transmission, Software and Information Technical Services	100.0	0.4	0.2	1.6	63.3	17.4	17.0
金融业	Financial Intermediation	100.0	0.5	0.5	2.7	68.6	15.9	11.8
房地产业	Real Estate	100.0	0.5	0.5	2.2	47.0	24.6	25.2
租赁和商务服务业	Leasing and Business Services	100.0	0.5	0.5	2.7	54.2	20.1	22.0
科学研究和技术服务业	Scientific Research and Technical Services	100.0	0.5	0.3	1.7	69.4	16.1	12.0
水利、环境和公共设施管理业	Management of Water Conservancy, Environment and Public Facilities	100.0	0.8	0.6	3.4	52.6	17.9	24.7
居民服务、修理和其他服务业	Services to Households, Repair and Other Services	100.0	0.9	0.9	5.1	34.3	19.8	39.0
教育	Education	100.0	0.8	0.5	3.5	70.9	13.1	11.3
卫生和社会工作	Health and Society	100.0	0.6	0.3	2.8	55.9	20.4	19.9
文化体育和娱乐业	Culture, Sports and Entertainment	100.0	0.5	0.4	3.9	50.9	19.4	24.9
公共管理、社会保障和社会组织	Public Management, Social Security and Social	100.0	0.7	0.3	3.6	73.2	11.6	10.7
国际组织	Organizations International Organizations	100.0				74.1	11.8	14.0
男	**Male**	**100.0**	**0.8**	**0.8**	**4.0**	**40.7**	**19.4**	**34.4**
农、林、牧、渔业	Agriculture,Forestry,Animal Husbandry and Fishery	100.0	2.4	4.6	20.1	25.8	18.1	29.0
采矿业	Mining	100.0	0.9	0.3	2.6	44.1	16.8	35.4
制造业	Manufacturing	100.0	0.6	0.3	1.9	35.5	25.6	36.1
电力、热力、燃气及水生产和供应业	Production and Supply of Electricity Power, Heat Power, Gas and Water	100.0	0.8	0.2	2.5	62.9	15.2	18.4
建筑业	Construction	100.0	0.8	0.7	4.9	30.1	19.2	44.4
批发和零售业	Wholesale and Retail Trades	100.0	0.7	0.6	2.6	32.1	19.1	44.9
交通运输、仓储和邮政业	Transport,Storage and Post	100.0	0.7	0.8	3.4	35.6	17.6	41.9
住宿和餐饮业	Hotels and Catering Services	100.0	0.5	0.9	2.5	25.8	18.4	51.9
信息传输、软件和信息技术服务业	Information Transmission, Software and Information Technical Services	100.0	0.5	0.2	1.4	62.3	17.0	18.6
金融业	Financial Intermediation	100.0	0.4	0.4	2.0	67.7	16.4	13.1

3-32 续表 continued

单位：%　　(%)

项 目	Item	城镇就业人员 Urban Employed Persons	1-8小时 1-8 Hours	9-19小时 9-19 Hours	20-39小时 20-39 Hours	40小时 40 Hours	41-48小时 41-48 Hours	48小时以上 48 Hours Above
房地产业	Real Estate	100.0	0.5	0.4	1.8	44.5	23.3	29.4
租赁和商务服务业	Leasing and Business Services	100.0	0.5	0.4	2.6	49.7	20.7	26.0
科学研究和技术服务业	Scientific Research and Technical Services	100.0	0.6	0.4	1.5	66.5	17.0	14.0
水利、环境和公共设施管理业	Management of Water Conservancy, Environment and Public Facilities	100.0	0.8	0.6	3.1	52.5	18.2	24.7
居民服务、修理和其他服务业	Services to Households, Repair and Other Services	100.0	0.9	0.8	3.6	32.6	19.4	42.6
教育	Education	100.0	0.8	0.4	3.1	69.2	13.4	13.1
卫生和社会工作	Health and Society	100.0	0.6	0.4	2.7	56.3	18.4	21.7
文化体育和娱乐业	Culture, Sports and Entertainment	100.0	0.4	0.3	3.4	49.2	19.3	27.5
公共管理、社会保障和社会组织	Public Management, Social Security and Social Organizations	100.0	0.6	0.2	3.3	71.5	12.5	11.9
国际组织	International Organizations	100.0				74.1	12.6	13.3
女	**Female**	**100.0**	**0.9**	**1.2**	**5.9**	**44.0**	**20.1**	**28.0**
农、林、牧、渔业	Agriculture,Forestry,Animal Husbandry and Fishery	100.0	3.3	7.4	27.3	25.2	16.8	20.1
采矿业	Mining	100.0	0.5	0.3	2.6	64.6	16.5	15.4
制造业	Manufacturing	100.0	0.6	0.5	3.0	34.5	26.4	35.0
电力、热力、燃气及水生产和供应业	Production and Supply of Electricity Power, Heat Power, Gas and Water	100.0	0.5	0.0	3.3	70.7	13.8	11.6
建筑业	Construction	100.0	0.7	0.8	5.4	44.2	20.6	28.3
批发和零售业	Wholesale and Retail Trades	100.0	0.8	0.6	3.7	32.9	22.6	39.4
交通运输、仓储和邮政业	Transport,Storage and Post	100.0	0.5	0.6	3.6	53.6	19.6	22.1
住宿和餐饮业	Hotels and Catering Services	100.0	0.7	0.9	4.0	27.3	20.2	46.8
信息传输、软件和信息技术服务业	Information Transmission, Software and Information Technical Services	100.0	0.4	0.2	2.0	65.0	18.2	14.2
金融业	Financial Intermediation	100.0	0.5	0.6	3.4	69.5	15.5	10.6
房地产业	Real Estate	100.0	0.6	0.6	2.8	50.7	26.3	18.9
租赁和商务服务业	Leasing and Business Services	100.0	0.5	0.6	2.8	60.4	19.3	16.4
科学研究和技术服务业	Scientific Research and Technical Services	100.0	0.3	0.2	2.1	75.1	14.3	8.0
水利、环境和公共设施管理业	Management of Water Conservancy, Environment and Public Facilities	100.0	0.9	0.5	4.0	52.7	17.3	24.6
居民服务、修理和其他服务业	Services to Households, Repair and Other Services	100.0	0.8	1.0	6.8	36.3	20.3	34.9
教育	Education	100.0	0.8	0.6	3.7	71.7	12.9	10.3
卫生和社会工作	Health and Society	100.0	0.6	0.3	2.8	55.7	21.5	19.0
文化体育和娱乐业	Culture, Sports and Entertainment	100.0	0.7	0.5	4.4	53.0	19.5	21.9
公共管理、社会保障和社会组织	Public Management, Social Security and Social Organizations	100.0	0.8	0.4	4.2	76.1	9.9	8.6
国际组织	International Organizations	100.0				74.3	9.7	16.0

3-33 城镇按职业、性别分的就业人员工作时间构成
Working Hours of Urban Employed Persons by Occupation and Sex

单位：% (%)

职业	Occupation	城镇就业人员 Urban Employed Persons	1-8小时 1-8 Hours	9-19小时 9-19 Hours	20-39小时 20-39 Hours	40小时 40 Hours	41-48小时 41-48 Hours	48小时以上 48 Hours Above
合　计	**Total**	**100.0**	**0.8**	**0.9**	**4.8**	**42.1**	**19.7**	**31.7**
单位负责人	Unit Head	100.0	0.3	0.2	2.2	46.7	16.0	34.6
专业技术人员	Technical Personnel	100.0	0.6	0.4	2.8	64.6	16.9	14.7
办事人员和有关人员	Clerk and Related Workers	100.0	0.7	0.3	2.5	63.6	16.6	16.2
商业、服务业人员	Business Service Personnel	100.0	0.8	0.7	3.6	35.6	20.4	38.9
农林牧渔水利业生产人员	Producers in the Sectors of Agriculture, Forestry, Animal Husbandry, Fishery and Water Conservancy	100.0	2.9	6.3	24.5	25.0	17.5	23.8
生产运输设备操作人员及有关人员	Production,Transport Equipment Operators and Related Workers	100.0	0.6	0.5	3.5	29.9	23.5	41.9
其　他	Others	100.0	0.9	0.7	4.9	53.3	15.2	25.0
男	**Male**	**100.0**	**0.8**	**0.8**	**4.0**	**40.7**	**19.4**	**34.4**
单位负责人	Unit Head	100.0	0.2	0.3	2.0	45.9	16.6	35.1
专业技术人员	Technical Personnel	100.0	0.5	0.3	2.4	62.3	17.1	17.4
办事人员和有关人员	Clerk and Related Workers	100.0	0.7	0.3	2.3	61.5	16.6	18.6
商业、服务业人员	Business Service Personnel	100.0	0.7	0.7	3.0	35.2	19.4	41.0
农林牧渔水利业生产人员	Producers in the Sectors of Agriculture, Forestry, Animal Husbandry, Fishery and Water Conservancy	100.0	2.4	4.9	20.9	25.3	18.2	28.2
生产运输设备操作人员及有关人员	Production,Transport Equipment Operators and Related Workers	100.0	0.7	0.5	3.3	30.1	22.8	42.7
其　他	Others	100.0	1.1	0.7	3.3	51.6	14.6	28.8
女	**Female**	**100.0**	**0.9**	**1.2**	**5.9**	**44.0**	**20.1**	**28.0**
单位负责人	Unit Head	100.0	0.4	0.2	2.7	49.0	14.5	33.3
专业技术人员	Technical Personnel	100.0	0.6	0.4	3.1	66.5	16.8	12.6
办事人员和有关人员	Clerk and Related Workers	100.0	0.6	0.3	2.9	66.9	16.7	12.6
商业、服务业人员	Business Service Personnel	100.0	0.8	0.7	4.2	36.0	21.7	36.5
农林牧渔水利业生产人员	Producers in the Sectors of Agriculture, Forestry, Animal Husbandry, Fishery and Water Conservancy	100.0	3.3	7.5	27.9	24.7	16.8	19.7
生产运输设备操作人员及有关人员	Production,Transport Equipment Operators and Related Workers	100.0	0.6	0.5	3.9	29.7	25.4	39.9
其　他	Others	100.0	0.7	0.7	7.3	55.8	16.0	19.5

3-34 城镇按年龄、性别分的失业人员未工作原因构成
Reason for Unemployment of Urban Unemployed Persons by Age and Sex

单位：% (%)

年 龄 Age	城 镇 失业人员 Urban Unemployed Persons	正在上学 Studying	毕业后 未工作 Job-off after Graduated	因单位原因 失去工作 Lose Job for Working Unit Reasons	因个人原因 失去工作 Lose Job for Individual Reasons	承包土地 被 征 用 Land Expropriated	离退休 Retired	料理家务 Take Care of Housework	其 他 Others
总计 Total	**100.0**	**1.8**	**14.0**	**13.5**	**36.4**	**1.1**	**4.7**	**21.1**	**7.5**
16-19	100.0	18.6	50.8	2.1	19.6	0.0		2.0	7.0
20-24	100.0	6.4	55.8	3.8	24.3	0.0		3.6	6.2
25-29	100.0	1.3	16.3	8.2	46.6	0.3		19.4	7.9
30-34	100.0	0.0	2.6	10.1	47.9	0.5		31.7	7.1
35-39	100.0		1.3	11.1	47.8	0.8		31.1	8.1
40-44	100.0		0.7	19.7	39.9	1.4	0.2	30.3	7.7
45-49	100.0		0.5	26.4	36.7	2.3	2.0	23.6	8.4
50-54	100.0		0.3	23.7	26.6	2.4	18.9	19.7	8.3
55-59	100.0		0.2	24.8	24.1	1.5	23.2	19.5	6.7
60-64	100.0		0.0	5.7	14.0	3.8	50.3	19.8	6.4
65+	100.0		0.1	6.0	9.4	4.6	50.2	20.6	9.2
男 Male	**100.0**	**2.2**	**18.3**	**19.1**	**40.0**	**1.5**	**3.8**	**3.7**	**11.3**
16-19	100.0	16.9	52.3	1.5	19.9			1.4	8.0
20-24	100.0	6.1	56.7	4.5	24.0	0.0		1.0	7.7
25-29	100.0	1.6	23.1	11.6	51.0	0.6		1.6	10.5
30-34	100.0	0.1	3.6	19.3	60.1	0.9		3.5	12.4
35-39	100.0		1.5	16.7	61.4	1.3		3.6	15.6
40-44	100.0		0.5	27.3	51.2	2.5		4.0	14.5
45-49	100.0		0.2	33.2	43.3	3.6	0.1	5.6	14.0
50-54	100.0		0.1	40.5	34.1	3.5	2.9	5.4	13.6
55-59	100.0		0.4	37.5	30.5	1.5	13.5	7.3	9.3
60-64	100.0		0.1	6.7	16.6	3.2	55.6	10.0	7.9
65+	100.0		0.1	5.7	10.2	5.3	52.3	15.2	11.1
女 Female	**100.0**	**1.5**	**10.7**	**9.3**	**33.8**	**0.7**	**5.4**	**34.1**	**4.6**
16-19	100.0	21.2	48.3	2.9	19.1	0.1		3.0	5.3
20-24	100.0	6.9	54.7	2.9	24.6	0.0		6.6	4.2
25-29	100.0	1.1	11.7	5.8	43.6	0.0		31.6	6.1
30-34	100.0		2.1	5.6	42.0	0.4		45.3	4.6
35-39	100.0		1.2	8.4	41.3	0.5		44.2	4.5
40-44	100.0		0.8	16.0	34.4	0.9	0.3	43.3	4.3
45-49	100.0		0.7	22.3	32.8	1.5	3.2	34.4	5.1
50-54	100.0		0.4	7.6	19.3	1.5	34.5	33.6	3.2
55-59	100.0		0.0	5.8	14.5	1.5	37.6	37.8	2.7
60-64	100.0			3.6	9.0	4.8	40.3	38.7	3.5
65+	100.0			6.5	7.8	3.0	45.7	31.8	5.1

3-35 城镇按未工作原因、性别分的失业人员年龄构成
Age Composition of Urban Unemployed Persons by Reason and Sex

单位：%　　　　(%)

年龄 Age	城镇失业人员 Urban Unemployed Persons	正在上学 Studying	毕业后未工作 Job-off after Graduated	因单位原因失去工作 Lose Job for Working Unit Reasons	因个人原因失去工作 Lose Job for Individual Reasons	承包土地被征用 Land Expropriated	离退休 Retired	料理家务 Take Care of Housework	其他 Others
总计 Total	**100.0**	**100.0**	**100.0**	**100.0**	**100.0**	**100.0**	**100.0**	**100.0**	**100.0**
16-19	2.7	28.1	9.9	0.4	1.5	0.1		0.3	2.5
20-24	17.0	60.9	67.9	4.7	11.3	0.1		2.9	14.0
25-29	14.8	10.8	17.4	9.0	19.0	3.6		13.7	15.7
30-34	14.4	0.2	2.7	10.8	18.9	7.3		21.6	13.7
35-39	10.3		0.9	8.5	13.6	7.7		15.2	11.2
40-44	12.0		0.6	17.6	13.2	16.3	0.6	17.3	12.3
45-49	11.4		0.4	22.3	11.5	24.6	4.9	12.8	12.8
50-54	9.5		0.2	16.7	6.9	21.8	38.1	8.9	10.5
55-59	4.7		0.1	8.7	3.1	6.7	23.2	4.4	4.2
60-64	2.2		0.0	0.9	0.8	7.7	23.4	2.1	1.9
65+	0.9		0.0	0.4	0.2	4.0	9.9	0.9	1.1
男 Male	**100.0**	**100.0**	**100.0**	**100.0**	**100.0**	**100.0**	**100.0**	**100.0**	**100.0**
16-19	3.9	30.0	11.2	0.3	2.0			1.5	2.8
20-24	21.8	59.6	67.6	5.1	13.1	0.2		6.1	14.9
25-29	14.1	9.9	17.8	8.5	17.9	5.4		6.1	13.1
30-34	10.9	0.4	2.2	11.0	16.4	6.5		10.3	12.0
35-39	7.8		0.6	6.8	11.9	6.7		7.4	10.7
40-44	9.2		0.3	13.2	11.8	14.9		9.8	11.9
45-49	10.0		0.1	17.4	10.8	23.6	0.2	15.0	12.4
50-54	10.9		0.1	23.0	9.3	24.4	8.1	15.8	13.0
55-59	6.6		0.1	13.0	5.0	6.4	23.2	13.0	5.4
60-64	3.4		0.0	1.2	1.4	6.9	48.5	9.0	2.3
65+	1.5		0.0	0.4	0.4	5.1	20.0	6.0	1.4
女 Female	**100.0**	**100.0**	**100.0**	**100.0**	**100.0**	**100.0**	**100.0**	**100.0**	**100.0**
16-19	1.8	26.0	8.2	0.6	1.0	0.2		0.2	2.1
20-24	13.4	62.2	68.1	4.1	9.8	0.1		2.6	12.3
25-29	15.4	11.7	16.8	9.7	19.9	0.7		14.3	20.5
30-34	17.0		3.4	10.3	21.1	8.7		22.6	16.8
35-39	12.3		1.3	11.1	15.0	9.3		15.9	12.0
40-44	14.1		1.0	24.3	14.4	18.5	0.9	17.9	13.1
45-49	12.5		0.8	30.0	12.1	26.4	7.4	12.6	13.7
50-54	8.4		0.3	6.9	4.8	17.5	54.1	8.3	5.8
55-59	3.3		0.0	2.1	1.4	7.2	23.2	3.7	1.9
60-64	1.3			0.5	0.4	9.0	9.9	1.5	1.0
65+	0.5			0.4	0.1	2.3	4.5	0.5	0.6

3-36 城镇按受教育程度、性别分的失业人员未工作原因构成
Reason for Unemployment of Urban Unemployed Persons by Educational Attainment and Sex

单位：% (%)

受教育程度	Educational Attainment	城镇失业人员 Urban Unemployed Persons	正在上学 Studying	毕业后未工作 Job-off after Graduated	因单位原因失去工作 Lose Job for Working Unit Reasons	因个人原因失去工作 Lose Job for Individual Reasons	承包土地被征用 Land Expropriated	离退休 Retired	料理家务 Take Care of Housework	其他 Others
总计	**Total**	**100.0**	**1.8**	**14.0**	**13.5**	**36.4**	**1.1**	**4.7**	**21.1**	**7.5**
未上过学	No Schooling	100.0			7.0	22.5	3.7	9.2	41.0	16.5
小学	Primary School	100.0		0.8	10.9	29.0	3.8	6.3	39.2	10.1
初中	Junior Secondary School	100.0	0.0	3.4	14.9	39.2	1.6	5.3	27.5	8.0
高中	Senior Secondary School	100.0	0.9	6.6	17.5	38.8	0.6	7.3	19.0	9.2
中等职业教育	Medium Vocational Education	100.0	1.1	12.3	15.8	41.5	0.3	3.6	17.8	7.6
高等职业教育	High Vocational Education	100.0	2.4	22.9	11.7	36.5	1.1	4.5	16.1	4.6
大学专科	College	100.0	2.6	25.8	11.5	36.7	0.2	2.8	14.6	5.9
大学本科	University	100.0	7.9	48.8	6.1	26.3	0.1	1.2	6.2	3.3
研究生	Graduate and Higher Level	100.0	18.8	49.5	4.0	17.4		1.1	1.3	7.9
男	**Male**	**100.0**	**2.2**	**18.3**	**19.1**	**40.0**	**1.5**	**3.8**	**3.7**	**11.3**
未上过学	No Schooling	100.0			13.8	23.5	3.2	19.8	0.6	39.1
小学	Primary School	100.0		1.0	16.2	37.4	6.7	7.1	12.6	19.1
初中	Junior Secondary School	100.0	0.0	4.8	22.7	47.1	2.4	4.7	5.3	13.0
高中	Senior Secondary School	100.0	1.7	10.0	24.2	42.0	0.7	5.0	2.7	13.7
中等职业教育	Medium Vocational Education	100.0	1.4	18.0	22.3	43.1	0.3	2.3	1.4	11.0
高等职业教育	High Vocational Education	100.0	2.8	28.4	13.2	39.1	2.4	5.2	1.0	8.0
大学专科	College	100.0	2.6	33.7	15.4	36.1	0.4	2.2	2.2	7.5
大学本科	University	100.0	8.6	54.3	7.2	23.6	0.0	0.9	1.2	4.2
研究生	Graduate and Higher Level	100.0	23.7	40.3	6.0	24.7				5.3
女	**Female**	**100.0**	**1.5**	**10.7**	**9.3**	**33.8**	**0.7**	**5.4**	**34.1**	**4.6**
未上过学	No Schooling	100.0			5.1	22.3	3.9	6.1	52.8	9.9
小学	Primary School	100.0		0.6	7.2	23.3	1.9	5.8	57.3	3.9
初中	Junior Secondary School	100.0	0.0	2.4	9.5	33.7	1.1	5.7	43.0	4.5
高中	Senior Secondary School	100.0	0.3	4.0	12.2	36.3	0.5	9.2	31.9	5.6
中等职业教育	Medium Vocational Education	100.0	0.8	8.0	10.7	40.2	0.3	4.5	30.3	5.1
高等职业教育	High Vocational Education	100.0	2.2	18.0	10.5	34.2		3.8	29.7	1.6
大学专科	College	100.0	2.6	19.8	8.5	37.1	0.0	3.2	24.0	4.7
大学本科	University	100.0	7.4	43.7	5.1	28.9	0.1	1.4	10.9	2.5
研究生	Graduate and Higher Level	100.0	15.6	55.6	2.6	12.5		1.8	2.2	9.7

3-37 城镇按未工作原因、性别分的失业人员受教育程度构成
Educational Attainment of Urban Unemployed Persons by Reason and Sex

单位：% (%)

受教育程度	Educational Attainment	城镇失业人员 Urban Unemployed Persons	正在上学 Studying	毕业后未工作 Job-off after Graduated	因单位原因失去工作 Lose Job for Working Unit Reasons	因个人原因失去工作 Lose Job for Individual Reasons	承包土地被征用 Land Exprop-riated	离退休 Retired	料理家务 Take Care of Housework	其他 Others
总　计	**Total**	**100.0**	**100.0**	**100.0**	**100.0**	**100.0**	**100.0**	**100.0**	**100.0**	**100.0**
未上过学	No Schooling	0.6			0.3	0.4	2.2	1.2	1.2	1.4
小　学	Primary School	6.9		0.4	5.6	5.5	25.0	9.3	12.9	9.3
初　中	Junior Secondary School	34.8	0.6	8.5	38.6	37.5	53.8	39.2	45.5	37.3
高　中	Senior Secondary School	18.9	9.2	9.0	24.6	20.2	10.9	29.4	17.1	23.2
中等职业教育	Medium Vocational Education	9.4	5.7	8.3	11.0	10.7	2.9	7.2	8.0	9.6
高等职业教育	High Vocational Education	1.9	2.6	3.2	1.7	1.9	2.1	1.8	1.5	1.2
大学专科	College	15.1	22.1	27.8	12.9	15.2	2.5	8.9	10.5	11.9
大学本科	University	11.3	49.8	39.4	5.1	8.2	0.7	2.8	3.3	5.0
研究生	Graduate and Higher Level	1.0	10.1	3.4	0.3	0.5		0.2	0.1	1.0
男	**Male**	**100.0**	**100.0**	**100.0**	**100.0**	**100.0**	**100.0**	**100.0**	**100.0**	**100.0**
未上过学	No Schooling	0.3			0.2	0.2	0.7	1.7	0.1	1.2
小　学	Primary School	6.6		0.3	5.6	6.1	28.3	12.0	22.2	11.1
初　中	Junior Secondary School	33.3	0.3	8.8	39.7	39.2	52.4	40.9	47.1	38.2
高　中	Senior Secondary School	19.5	14.6	10.7	24.7	20.5	9.3	25.2	13.9	23.6
中等职业教育	Medium Vocational Education	9.5	6.1	9.4	11.1	10.2	2.0	5.8	3.6	9.2
高等职业教育	High Vocational Education	2.1	2.6	3.3	1.5	2.1	3.3	2.8	0.6	1.5
大学专科	College	15.1	17.8	27.9	12.2	13.7	3.7	8.5	8.8	10.0
大学本科	University	12.7	49.0	37.7	4.8	7.5	0.3	3.0	3.9	4.7
研究生	Graduate and Higher Level	0.9	9.5	2.0	0.3	0.6				0.4
女	**Female**	**100.0**	**100.0**	**100.0**	**100.0**	**100.0**	**100.0**	**100.0**	**100.0**	**100.0**
未上过学	No Schooling	0.9			0.5	0.6	4.8	1.0	1.3	1.9
小　学	Primary School	7.2		0.4	5.6	5.0	19.5	7.8	12.1	6.1
初　中	Junior Secondary School	36.0	0.9	8.1	36.9	35.9	56.0	38.2	45.4	35.5
高　中	Senior Secondary School	18.5	3.1	6.9	24.4	19.9	13.6	31.7	17.3	22.4
中等职业教育	Medium Vocational Education	9.3	5.2	7.0	10.8	11.1	4.3	7.9	8.3	10.4
高等职业教育	High Vocational Education	1.8	2.6	3.0	2.0	1.8		1.3	1.6	0.6
大学专科	College	15.1	26.8	27.8	13.9	16.6	0.4	9.1	10.6	15.4
大学本科	University	10.2	50.7	41.6	5.6	8.8	1.3	2.7	3.3	5.5
研究生	Graduate and Higher Level	1.0	10.7	5.3	0.3	0.4		0.3	0.1	2.1

3-38 城镇按年龄、性别分的失业人员受教育程度构成
Educational Attainment of Urban Unemployed Persons by Age and Sex

单位：% (%)

年 龄 Age	城 镇 失业人员 Urban Unemployed Persons	未 上 过 学 No Schooling	小 学 Primary School	初 中 Junior Secondary School	高 中 Senior Secondary School	中等职 业教育 Medium Vocational Education	高等职 业教育 High Vocational Education	大 学 专 科 College	大 学 本 科 University	研究生 Graduate and Higher Level
总计 Total	**100.0**	**0.6**	**6.9**	**34.8**	**18.9**	**9.4**	**1.9**	**15.1**	**11.3**	**1.0**
16-19	100.0		1.1	32.1	25.8	22.4	4.6	7.8	6.3	
20-24	100.0	0.1	0.7	15.1	10.9	8.6	3.4	27.8	32.2	1.2
25-29	100.0	0.3	1.6	28.2	14.4	12.2	1.5	21.3	16.6	4.0
30-34	100.0	0.2	3.9	32.4	18.9	11.3	2.0	19.2	11.5	0.6
35-39	100.0	0.3	4.7	38.8	20.2	14.0	2.4	13.5	6.0	0.1
40-44	100.0	0.5	8.4	44.9	21.1	9.8	1.2	10.2	3.7	0.2
45-49	100.0	0.7	11.2	46.9	24.3	6.8	1.6	6.8	1.6	0.1
50-54	100.0	1.6	15.6	47.8	23.9	3.0	0.8	5.3	1.7	0.3
55-59	100.0	2.0	14.1	44.4	30.0	2.5	0.7	4.6	1.6	0.1
60-64	100.0	3.6	30.4	41.2	15.7	2.4	0.9	4.1	1.6	
65+	100.0	5.9	43.4	29.1	9.1	4.3	1.9	5.0	1.2	
男 Male	**100.0**	**0.3**	**6.6**	**33.3**	**19.5**	**9.5**	**2.1**	**15.1**	**12.7**	**0.9**
16-19	100.0		1.5	27.0	27.9	28.0	4.3	6.5	4.7	
20-24	100.0	0.2	1.0	15.9	13.4	7.8	4.3	26.5	30.4	0.7
25-29	100.0	0.1	2.1	25.7	13.8	12.3	1.9	21.4	19.0	3.7
30-34	100.0	0.1	4.5	30.3	17.5	13.6	2.3	17.4	13.4	0.8
35-39	100.0	0.1	4.8	41.0	19.5	12.6	1.5	14.6	5.8	
40-44	100.0	0.3	7.2	42.4	20.1	11.7	0.7	11.1	6.0	0.6
45-49	100.0	0.2	9.1	45.7	25.6	8.1	0.5	7.9	2.5	0.4
50-54	100.0	0.5	13.1	47.9	25.1	2.8	1.0	6.5	2.7	0.3
55-59	100.0	0.8	9.3	46.1	34.2	2.2	0.9	4.3	2.0	0.1
60-64	100.0	1.9	25.4	45.7	16.4	2.8	1.4	4.8	1.5	
65+	100.0	3.2	43.5	30.7	9.9	4.2	2.9	5.3	0.3	
女 Female	**100.0**	**0.9**	**7.2**	**36.0**	**18.5**	**9.3**	**1.8**	**15.1**	**10.2**	**1.0**
16-19	100.0		0.5	40.4	22.3	13.3	5.1	9.8	8.7	
20-24	100.0	0.1	0.4	14.1	8.0	9.5	2.3	29.4	34.3	1.9
25-29	100.0	0.4	1.3	30.0	14.8	12.1	1.2	21.2	14.9	4.1
30-34	100.0	0.2	3.5	33.4	19.6	10.3	1.8	20.1	10.5	0.5
35-39	100.0	0.3	4.6	37.8	20.5	14.7	2.8	13.0	6.1	0.2
40-44	100.0	0.6	8.9	46.1	21.6	8.9	1.5	9.8	2.5	0.0
45-49	100.0	0.9	12.5	47.7	23.5	6.0	2.2	6.1	1.2	
50-54	100.0	2.7	18.0	47.8	22.8	3.3	0.5	4.0	0.8	0.2
55-59	100.0	3.8	21.3	41.8	23.9	2.8	0.3	5.2	1.0	
60-64	100.0	7.0	39.9	32.6	14.3	1.6		2.6	1.9	
65+	100.0	11.4	43.2	25.9	7.5	4.6		4.3	3.1	

3-39 城镇按受教育程度、性别分的失业人员年龄构成
Age Composition of Urban Unemployed Persons by Educational Attainment and Sex

单位：% (%)

年 龄 Age	城镇失业人员 Urban Unemployed Persons	未上过学 No Schooling	小学 Primary School	初中 Junior Secondary School	高中 Senior Secondary School	中等职业教育 Medium Vocational Education	高等职业教育 High Vocational Education	大学专科 College	大学本科 University	研究生 Graduate and Higher Level
总计 Total	**100.0**	**100.0**	**100.0**	**100.0**	**100.0**	**100.0**	**100.0**	**100.0**	**100.0**	**100.0**
16-19	2.7		0.4	2.5	3.7	6.5	6.5	1.4	1.5	
20-24	17.0	3.9	1.8	7.4	9.8	15.5	29.9	31.3	48.5	21.2
25-29	14.8	6.0	3.5	12.0	11.3	19.3	11.2	20.9	21.8	60.8
30-34	14.4	4.8	8.0	13.3	14.4	17.3	14.9	18.3	14.6	9.2
35-39	10.3	4.2	7.0	11.5	11.0	15.4	13.0	9.2	5.5	1.2
40-44	12.0	9.7	14.5	15.5	13.4	12.5	7.7	8.1	3.9	2.8
45-49	11.4	11.7	18.4	15.3	14.6	8.3	9.3	5.1	1.7	1.7
50-54	9.5	23.7	21.3	13.0	12.0	3.1	3.9	3.3	1.4	2.7
55-59	4.7	14.8	9.6	6.0	7.5	1.2	1.7	1.5	0.7	0.4
60-64	2.2	12.5	9.6	2.6	1.8	0.6	1.1	0.6	0.3	
65+	0.9	8.6	5.8	0.8	0.5	0.4	0.9	0.3	0.1	
男 Male	**100.0**	**100.0**	**100.0**	**100.0**	**100.0**	**100.0**	**100.0**	**100.0**	**100.0**	**100.0**
16-19	3.9		0.9	3.2	5.6	11.6	7.9	1.7	1.5	
20-24	21.8	10.2	3.3	10.4	15.0	17.9	44.2	38.2	52.3	16.2
25-29	14.1	4.0	4.6	10.8	10.0	18.3	12.5	19.9	21.0	58.9
30-34	10.9	4.8	7.5	9.9	9.8	15.6	11.9	12.5	11.6	9.4
35-39	7.8	3.0	5.8	9.6	7.8	10.3	5.6	7.5	3.5	
40-44	9.2	9.1	10.1	11.7	9.5	11.3	2.9	6.7	4.4	6.2
45-49	10.0	5.8	13.9	13.7	13.1	8.5	2.5	5.2	1.9	4.2
50-54	10.9	15.0	21.8	15.6	14.0	3.2	5.3	4.7	2.3	4.0
55-59	6.6	15.3	9.4	9.1	11.6	1.6	2.9	1.9	1.0	1.1
60-64	3.4	18.8	13.0	4.6	2.8	1.0	2.3	1.1	0.4	
65+	1.5	13.9	9.7	1.4	0.7	0.7	2.0	0.5	0.0	
女 Female	**100.0**	**100.0**	**100.0**	**100.0**	**100.0**	**100.0**	**100.0**	**100.0**	**100.0**	**100.0**
16-19	1.8		0.1	2.0	2.2	2.6	5.2	1.2	1.5	
20-24	13.4	2.1	0.8	5.2	5.8	13.6	17.1	26.0	44.9	24.6
25-29	15.4	6.5	2.8	12.9	12.4	20.0	10.1	21.7	22.5	62.1
30-34	17.0	4.8	8.3	15.7	17.9	18.6	17.5	22.6	17.4	9.0
35-39	12.3	4.6	7.8	12.9	13.6	19.3	19.5	10.5	7.3	2.0
40-44	14.1	9.9	17.5	18.1	16.5	13.4	11.9	9.2	3.5	0.5
45-49	12.5	13.5	21.5	16.5	15.8	8.1	15.4	5.0	1.4	
50-54	8.4	26.3	21.0	11.2	10.4	2.9	2.6	2.3	0.6	1.8
55-59	3.3	14.7	9.8	3.9	4.3	1.0	0.6	1.1	0.3	
60-64	1.3	10.7	7.3	1.2	1.0	0.2		0.2	0.2	
65+	0.5	7.0	3.2	0.4	0.2	0.3		0.2	0.2	

3-40 城镇按年龄、性别分的失业人员寻找工作方式构成
Method of Job-seeking of Urban Unemployed Persons by Age and Sex

单位：% (%)

年 龄 Age	城 镇 失业人员 Urban Unemployed Persons	在职业介绍机构登记 Register in Employment Agency Office	委托亲友找 工 作 Ask Friends Relatives about Job	直接与单位或雇主联系 Contact Directly with Employers	应 答 或刊登广告 Answer or Advertise	浏 览招聘广告 Scan and Want Ads	参 加招聘会 Take Part in Employment Advertise Meeting	为自己经营作准备 Prepare for Own Business	其 他 Others
总计 Total	**100.0**	**4.9**	**48.3**	**7.6**	**0.7**	**16.5**	**6.1**	**6.4**	**9.6**
16-19	100.0	5.5	49.0	7.2	0.5	19.5	5.1	2.9	10.3
20-24	100.0	8.1	32.9	8.9	0.7	21.6	17.5	4.1	6.1
25-29	100.0	5.1	42.1	8.8	0.8	19.1	8.2	6.4	9.5
30-34	100.0	4.8	45.3	7.3	0.9	20.4	3.7	6.7	10.9
35-39	100.0	4.1	50.4	6.8	0.4	17.1	2.8	9.5	8.9
40-44	100.0	3.2	53.0	7.5	0.7	14.5	3.0	8.2	9.9
45-49	100.0	4.2	57.3	6.4	0.5	11.8	2.7	8.2	8.9
50-54	100.0	4.1	59.8	6.0	0.5	10.2	2.2	5.7	11.4
55-59	100.0	3.6	60.6	7.5	0.4	9.9	1.0	3.7	13.4
60-64	100.0	1.8	64.0	8.3	1.3	7.9	0.6	2.9	13.2
65+	100.0	0.9	61.1	10.0	2.3	5.4	0.7	2.7	16.9
男 Male	**100.0**	**5.7**	**46.0**	**8.5**	**0.8**	**14.9**	**7.1**	**8.3**	**8.8**
16-19	100.0	4.3	49.9	6.0	0.8	16.3	6.8	3.9	11.9
20-24	100.0	8.2	34.1	9.6	0.7	19.6	16.4	4.6	6.9
25-29	100.0	6.0	41.4	8.8	0.6	16.6	10.6	8.1	7.9
30-34	100.0	6.4	44.0	8.9	1.0	17.9	3.7	9.6	8.5
35-39	100.0	5.0	47.1	7.5	0.5	13.7	3.7	16.1	6.4
40-44	100.0	4.2	48.5	8.4	1.1	12.1	2.9	13.1	9.7
45-49	100.0	5.0	50.0	7.5	0.7	12.2	3.5	12.3	8.8
50-54	100.0	5.1	55.2	8.3	0.5	11.2	3.0	7.7	9.1
55-59	100.0	5.0	57.9	7.6	0.4	10.5	1.6	3.9	13.1
60-64	100.0	1.0	61.5	10.2	0.8	9.9	0.7	3.3	12.6
65+	100.0	1.3	66.3	7.7	3.4	4.2	0.8	2.1	14.4
女 Female	**100.0**	**4.2**	**50.0**	**6.9**	**0.6**	**17.7**	**5.4**	**5.0**	**10.2**
16-19	100.0	7.5	47.7	9.0		24.6	2.2	1.3	7.7
20-24	100.0	8.0	31.6	7.9	0.7	24.2	18.9	3.5	5.2
25-29	100.0	4.5	42.7	8.8	0.8	20.8	6.6	5.2	10.6
30-34	100.0	4.1	45.9	6.5	0.8	21.6	3.8	5.2	12.1
35-39	100.0	3.6	51.9	6.4	0.4	18.7	2.4	6.4	10.2
40-44	100.0	2.7	55.1	7.0	0.4	15.7	3.0	5.9	10.0
45-49	100.0	3.7	61.7	5.8	0.3	11.6	2.3	5.8	8.9
50-54	100.0	3.2	64.3	3.8	0.4	9.3	1.4	3.8	13.7
55-59	100.0	1.6	64.7	7.3	0.3	9.0		3.3	13.9
60-64	100.0	3.4	68.7	4.6	2.3	4.1	0.5	2.2	14.2
65+	100.0		50.3	14.9		7.9	0.7	4.1	22.1

3-41 城镇按受教育程度、性别分的失业人员寻找工作方式构成
Method of Job-seeking of Urban Unemployed Persons by Educational Attainment and Sex

单位：% (%)

受教育程度	Educational Attainment	城镇失业人员 Urban Unemployed Persons	在职业介绍机构登记 Register in Employment Agency Office	委托亲友找工作 Ask Friends Relatives about Job	直接与单位或雇主联系 Contact Directly with Employers	应答或刊登广告 Answer or Advertise	浏览招聘广告 Scan and Want Ads	参加招聘会 Take Part in Employment Advertise Meeting	为自己经营作准备 Prepare for Own Business	其他 Others
总 计	**Total**	**100.0**	**4.9**	**48.3**	**7.6**	**0.7**	**16.5**	**6.1**	**6.4**	**9.6**
未上过学	No Schooling	100.0	2.1	70.6	6.8		4.5	1.7	3.6	10.7
小 学	Primary School	100.0	2.9	64.8	8.3	0.2	7.4	0.8	4.8	10.9
初 中	Junior Secondary School	100.0	3.3	57.5	7.9	0.7	12.0	1.9	6.0	10.7
高 中	Senior Secondary School	100.0	3.9	52.1	7.6	0.5	14.8	3.4	7.3	10.3
中等职业教育	Medium Vocational Education	100.0	5.4	47.6	7.4	0.8	18.8	5.1	6.6	8.5
高等职业教育	High Vocational Education	100.0	3.6	45.1	7.7	0.6	22.1	6.5	7.3	7.1
大学专科	College	100.0	7.7	35.8	6.6	0.8	24.7	10.1	6.5	7.7
大学本科	University	100.0	8.6	22.6	6.8	0.7	25.0	21.0	6.8	8.6
研究生	Graduate and Higher Level	100.0	6.5	16.8	16.4	1.2	23.9	24.7	7.5	3.1
男	**Male**	**100.0**	**5.7**	**46.0**	**8.5**	**0.8**	**14.9**	**7.1**	**8.3**	**8.8**
未上过学	No Schooling	100.0		66.8	7.1		3.3		5.5	17.3
小 学	Primary School	100.0	3.0	67.7	10.0	0.1	4.7	0.3	5.3	8.9
初 中	Junior Secondary School	100.0	3.9	55.6	9.2	0.7	10.7	2.3	8.1	9.5
高 中	Senior Secondary School	100.0	4.3	49.4	9.1	0.7	13.2	4.4	10.1	8.8
中等职业教育	Medium Vocational Education	100.0	6.7	46.1	8.0	1.1	16.9	5.5	6.4	9.3
高等职业教育	High Vocational Education	100.0	2.9	46.0	11.1	0.8	19.2	9.8	6.4	3.7
大学专科	College	100.0	9.0	32.9	5.8	1.1	22.3	11.9	9.2	7.9
大学本科	University	100.0	9.8	21.4	8.2	0.5	22.2	21.8	7.9	8.2
研究生	Graduate and Higher Level	100.0	7.3	16.5	11.3	2.2	25.3	21.2	11.8	4.3
女	**Female**	**100.0**	**4.2**	**50.0**	**6.9**	**0.6**	**17.7**	**5.4**	**5.0**	**10.2**
未上过学	No Schooling	100.0	2.7	71.8	6.7		4.8	2.1	3.1	8.8
小 学	Primary School	100.0	2.8	62.8	7.1	0.3	9.3	1.0	4.4	12.3
初 中	Junior Secondary School	100.0	2.9	58.8	7.1	0.6	12.9	1.7	4.5	11.5
高 中	Senior Secondary School	100.0	3.6	54.3	6.5	0.4	16.0	2.7	5.1	11.5
中等职业教育	Medium Vocational Education	100.0	4.3	48.7	6.8	0.5	20.2	4.8	6.7	7.8
高等职业教育	High Vocational Education	100.0	4.3	44.2	4.7	0.3	24.7	3.5	8.2	10.2
大学专科	College	100.0	6.7	38.1	7.3	0.7	26.5	8.7	4.4	7.5
大学本科	University	100.0	7.4	23.6	5.4	0.9	27.6	20.2	5.9	8.9
研究生	Graduate and Higher Level	100.0	6.0	17.0	19.7	0.6	22.9	26.9	4.6	2.3

3-42 城镇按年龄、性别分的失业人员失业前的行业构成
Sector of Urban Unemployed Persons (Prior to Unemployment) by Age and Sex

单位：% (%)

年龄 Age	城镇失业人员 Urban Unemployed Persons	农、林、牧、渔业 Agriculture, Forestry, Animal Husbandry and Fishery	采矿业 Mining	制造业 Manufacturing	电力、热力、燃气及水生产和供应业 Production and Supply of Electricity Power, Heat Power, Gas and Water	建筑业 Construction	批发和零售业 Wholesale and Retail Trades
总计 Total	**100.0**	**4.4**	**1.6**	**22.7**	**0.9**	**7.2**	**24.3**
16-19	100.0	7.5		23.0		8.0	19.9
20-24	100.0	2.9	0.4	20.5	0.4	5.9	21.4
25-29	100.0	2.1	0.9	21.0	0.4	4.8	26.2
30-34	100.0	2.6	0.7	17.6	0.9	4.7	31.1
35-39	100.0	2.8	2.4	21.5	0.8	6.7	28.4
40-44	100.0	3.6	2.0	23.8	1.1	7.4	27.7
45-49	100.0	4.6	1.5	26.9	1.2	8.8	23.9
50-54	100.0	6.6	2.8	27.7	1.0	10.4	16.7
55-59	100.0	9.0	2.1	24.7	1.0	10.4	16.6
60-64	100.0	14.1	2.2	24.9	2.6	10.9	9.1
65+	100.0	23.0	2.2	19.4	1.1	13.7	4.0
男 Male	**100.0**	**3.9**	**2.6**	**23.5**	**1.4**	**12.6**	**14.5**
16-19	100.0	8.8		27.8		9.3	14.0
20-24	100.0	2.9	0.6	20.4	0.6	9.7	15.0
25-29	100.0	2.8	1.8	21.6	0.5	9.0	14.6
30-34	100.0	2.0	1.4	19.2	2.2	9.0	15.5
35-39	100.0	1.3	5.2	18.6	1.4	13.6	13.9
40-44	100.0	3.4	3.4	24.2	1.7	13.0	17.7
45-49	100.0	4.5	2.0	27.0	1.9	16.1	14.4
50-54	100.0	3.7	4.1	28.4	1.1	16.1	14.1
55-59	100.0	5.9	2.8	28.6	1.2	14.2	14.9
60-64	100.0	10.2	3.1	24.1	2.8	14.1	8.4
65+	100.0	19.8	1.4	19.2	1.7	19.3	5.0
女 Female	**100.0**	**4.7**	**0.8**	**22.1**	**0.6**	**3.1**	**31.8**
16-19	100.0	5.4		15.4		6.1	29.2
20-24	100.0	3.0	0.1	20.5	0.2	1.0	29.7
25-29	100.0	1.7	0.4	20.7	0.4	2.0	33.8
30-34	100.0	2.9	0.3	16.8	0.3	2.3	39.6
35-39	100.0	3.6	0.9	23.0	0.5	3.0	36.2
40-44	100.0	3.7	1.2	23.6	0.8	4.3	33.3
45-49	100.0	4.6	1.2	26.9	0.7	4.0	30.1
50-54	100.0	9.6	1.5	26.9	0.9	4.3	19.4
55-59	100.0	14.1	0.9	18.2	0.6	4.0	19.5
60-64	100.0	23.1		26.7	2.3	3.5	10.7
65+	100.0	29.5	3.7	19.7		2.5	2.1

3-42 续表 1 continued

单位：% (%)

年 龄 Age	交通运输、仓储和邮政业 Transport, Storage and Post	住宿和餐饮业 Hotels and Catering Services	信息传输、软件和信息技术服务业 Information Transmission, Software and Information Technical Services	金融业 Financial Intermediation	房地产业 Real Estate	租赁和商务服务业 Leasing and Business Services	科学研究和技术服务业 Scientific Research and Technical Services
总计 Total	**4.8**	**8.4**	**1.9**	**2.4**	**1.9**	**2.4**	**0.5**
16-19	1.5	18.2	4.4	0.3	0.2	1.8	
20-24	3.3	7.8	3.0	3.2	2.6	3.2	0.5
25-29	3.8	8.6	4.1	4.4	2.4	3.7	0.6
30-34	4.7	8.3	3.4	3.5	2.0	3.1	0.9
35-39	5.9	9.4	1.5	1.9	1.5	2.3	0.5
40-44	5.4	10.1	0.9	2.3	1.4	1.9	0.3
45-49	5.0	9.0	0.5	1.0	1.5	1.8	0.2
50-54	5.6	6.4	0.3	1.9	2.2	1.2	0.4
55-59	4.3	6.3	0.2	1.0	1.9	2.2	0.7
60-64	5.8	4.4	0.2	0.5	1.1	1.8	0.2
65+	5.1	2.7		1.5	0.6		1.2
男 Male	**8.8**	**7.2**	**2.2**	**2.3**	**2.4**	**2.8**	**0.5**
16-19	1.8	14.6	5.8	0.5		1.6	
20-24	4.5	8.5	3.5	3.2	3.6	3.2	0.6
25-29	7.9	8.7	4.2	5.9	2.6	4.8	0.7
30-34	10.8	8.9	4.6	3.7	2.3	4.7	0.3
35-39	13.2	9.8	1.9	1.3	2.4	2.8	0.3
40-44	11.7	6.9	1.4	1.4	1.7	2.3	0.3
45-49	9.6	6.0	0.9	0.7	2.5	1.9	0.1
50-54	8.5	5.0	0.3	1.6	2.9	1.2	0.5
55-59	6.3	4.2	0.1	0.9	2.1	2.3	1.2
60-64	7.1	3.8	0.1	0.7	1.6	2.4	0.2
65+	5.6	1.9		1.0	0.8		1.1
女 Female	**1.8**	**9.3**	**1.7**	**2.5**	**1.4**	**2.1**	**0.5**
16-19	1.0	23.9	2.1		0.5	2.2	
20-24	1.7	6.9	2.3	3.1	1.2	3.2	0.4
25-29	1.1	8.5	4.1	3.4	2.3	2.9	0.5
30-34	1.4	8.0	2.8	3.3	1.8	2.2	1.1
35-39	1.9	9.2	1.3	2.3	1.1	2.1	0.5
40-44	1.9	11.9	0.7	2.7	1.3	1.7	0.3
45-49	2.0	11.0	0.2	1.2	1.0	1.7	0.2
50-54	2.5	8.0	0.3	2.3	1.5	1.1	0.3
55-59	1.1	9.9	0.3	1.1	1.5	2.2	
60-64	2.7	5.6	0.6		0.1	0.5	0.3
65+	4.0	4.2		2.5	0.3		1.2

3-42 续表 2 continued

单位：% (%)

年 龄 Age	水利、环境和公共设施管理业 Management of Water Conservancy, Environment and Public Facilities	居民服务、修理和其他服务业 Services to Households, Repair and Other Services	教 育 Education	卫生和社会工作 Health and Society	文化、体育和娱乐业 Culture, Sports and Entertainment	公共管理、社会保障和社会组织 Public Management Social Security and Social Organizations	国际组织 International Organizations
总计 Total	**0.5**	**7.6**	**3.2**	**1.3**	**1.3**	**2.6**	**0.0**
16-19		5.0	6.7	0.1	2.8	0.4	
20-24	0.1	9.7	6.9	1.9	2.3	4.1	
25-29	0.2	6.9	3.9	1.7	1.7	2.4	
30-34	0.3	7.3	4.0	1.1	2.1	1.7	0.0
35-39	0.2	7.3	3.0	1.0	1.1	1.9	
40-44	0.8	6.4	2.1	0.8	0.6	1.4	0.0
45-49	0.6	7.3	1.6	1.2	0.9	2.4	
50-54	0.8	9.5	1.6	1.1	0.5	3.3	
55-59	1.2	9.2	2.1	1.6	1.2	4.4	
60-64	1.7	7.1	3.7	2.9	0.7	6.0	
65+	2.1	5.8	6.7	1.4	0.5	9.0	
男 Male	**0.6**	**7.0**	**1.7**	**0.8**	**1.5**	**3.7**	
16-19		3.8	6.6		4.7	0.6	
20-24		10.6	4.6	0.7	2.4	5.4	
25-29	0.3	5.9	1.9	0.6	1.9	4.3	
30-34	0.3	6.5	1.1	1.1	2.8	3.6	
35-39	0.4	7.9	0.3	1.0	1.0	3.7	
40-44	0.9	5.9	0.7	0.5	1.0	2.0	
45-49	0.5	6.7	0.7	0.9	0.9	2.7	
50-54	0.7	7.5	1.0	0.6	0.6	2.1	
55-59	0.9	7.2	0.6	1.0	1.1	4.5	
60-64	2.3	5.6	3.6	1.7	0.2	7.8	
65+	1.2	4.4	7.8	0.7	0.6	8.4	
女 Female	**0.5**	**8.1**	**4.3**	**1.6**	**1.2**	**1.8**	**0.0**
16-19		7.0	7.0	0.3			
20-24	0.2	8.5	9.9	3.5	2.2	2.5	
25-29	0.2	7.6	5.2	2.4	1.6	1.2	
30-34	0.3	7.8	5.5	1.1	1.7	0.7	0.0
35-39	0.1	6.9	4.4	1.0	1.1	0.9	
40-44	0.7	6.7	2.9	1.0	0.4	1.1	0.0
45-49	0.8	7.7	2.2	1.4	0.9	2.3	
50-54	0.9	11.6	2.2	1.7	0.5	4.7	
55-59	1.6	12.5	4.4	2.6	1.2	4.4	
60-64	0.4	10.4	3.9	5.7	1.7	1.9	
65+	3.9	8.7	4.5	2.8	0.3	10.1	

3-43 城镇按受教育程度、性别分的失业人员失业前的行业构成

of Urban Unemployed Persons (Prior to Unemployment) by Educational Attainment a

单位：% (%)

受教育程度	Educational Attainment	城镇失业人员 Urban Unemployed Persons	农、林、牧、渔业 Agriculture, Forestry, Animal Husbandry and Fishery	采矿业 Mining	制造业 Manufacturing	电力、热力、燃气及水生产和供应业 Production and Supply of Electricity Power, Heat Power, Gas and Water	建筑业 Construction	批发和零售业 Wholesale and Retail Trades
总 计	**Total**	**100.0**	**4.4**	**1.6**	**22.7**	**0.9**	**7.2**	**24.3**
未上过学	No Schooling	100.0	24.1		17.2		15.2	10.4
小 学	Primary School	100.0	15.9	2.0	20.6	1.1	13.3	14.0
初 中	Junior Secondary School	100.0	5.6	2.0	25.7	0.8	9.2	23.3
高 中	Senior Secondary School	100.0	2.3	1.5	24.4	0.9	5.0	30.1
中等职业教育	Medium Vocational Education	100.0	1.7	1.9	24.6	1.3	4.1	26.6
高等职业教育	High Vocational Education	100.0	2.1	0.5	23.8	0.7	3.6	30.0
大学专科	College	100.0	0.8	0.9	15.9	1.1	4.3	26.6
大学本科	University	100.0	0.7	0.5	14.4	0.5	6.1	17.2
研究生	Graduate and Higher Level	100.0			20.6		5.7	11.1
男	**Male**	**100.0**	**3.9**	**2.6**	**23.5**	**1.4**	**12.6**	**14.5**
未上过学	No Schooling	100.0	20.4		10.0		25.1	6.0
小 学	Primary School	100.0	12.8	3.7	16.6	1.5	23.6	8.1
初 中	Junior Secondary School	100.0	4.5	3.0	25.2	1.4	16.2	12.0
高 中	Senior Secondary School	100.0	2.5	2.1	27.3	1.3	9.4	19.0
中等职业教育	Medium Vocational Education	100.0	1.7	3.9	27.5	2.2	7.1	15.2
高等职业教育	High Vocational Education	100.0	4.2	1.0	25.3	1.4	6.8	20.1
大学专科	College	100.0	1.5	1.7	17.8	1.3	6.5	17.9
大学本科	University	100.0	1.3	0.2	15.3	0.4	9.6	15.2
研究生	Graduate and Higher Level	100.0			12.7			8.2
女	**Female**	**100.0**	**4.7**	**0.8**	**22.1**	**0.6**	**3.1**	**31.8**
未上过学	No Schooling	100.0	25.5		19.8		11.6	12.0
小 学	Primary School	100.0	18.2	0.7	23.6	0.7	5.5	18.6
初 中	Junior Secondary School	100.0	6.4	1.1	26.1	0.4	3.7	32.4
高 中	Senior Secondary School	100.0	2.1	0.9	22.1	0.6	1.4	39.1
中等职业教育	Medium Vocational Education	100.0	1.7	0.5	22.5	0.7	2.0	34.9
高等职业教育	High Vocational Education	100.0	0.1		22.5		0.7	39.1
大学专科	College	100.0	0.3	0.4	14.6	1.0	2.9	32.4
大学本科	University	100.0	0.2	0.6	13.7	0.6	3.5	18.7
研究生	Graduate and Higher Level	100.0			27.0		10.3	13.4

3-43 续表 1 continued

单位：% (%)

受教育程度	Educational Attainment	交通运输、仓储和邮政业 Transport, Storage and Post	住宿和餐饮业 Hotels and Catering Services	信息传输、软件和信息技术服务业 Information Transmission, Software and Information Technical Services	金融业 Financial Intermediation	房地产业 Real Estate	租赁和商务服务业 Leasing and Business Services	科学研究和技术服务业 Scientific Research and Technical Services
总　计	**Total**	**4.8**	**8.4**	**1.9**	**2.4**	**1.9**	**2.4**	**0.5**
未上过学	No Schooling	1.6	6.4			6.9	5.8	
小　学	Primary School	5.4	10.2	0.0	0.6	1.0	1.2	0.1
初　中	Junior Secondary School	5.7	10.6	0.8	0.9	1.2	1.2	0.2
高　中	Senior Secondary School	5.1	8.4	0.9	2.4	1.3	2.0	0.3
中等职业教育	Medium Vocational Education	5.0	7.1	1.6	3.2	2.2	2.2	0.6
高等职业教育	High Vocational Education	1.6	5.1	2.8	3.6	2.3	4.2	1.2
大学专科	College	3.0	5.6	4.7	5.5	4.0	4.5	1.1
大学本科	University	2.9	3.1	7.7	5.9	2.6	6.7	1.5
研究生	Graduate and Higher Level		2.0	3.8	6.9	1.8	11.1	4.9
男	**Male**	**8.8**	**7.2**	**2.2**	**2.3**	**2.4**	**2.8**	**0.5**
未上过学	No Schooling	4.1	3.5			10.9	10.0	
小　学	Primary School	10.5	8.3		0.3	1.2	1.9	0.1
初　中	Junior Secondary School	10.8	8.8	1.0	1.0	1.8	1.8	0.2
高　中	Senior Secondary School	9.0	7.0	0.8	1.8	2.1	2.3	0.4
中等职业教育	Medium Vocational Education	9.2	6.4	1.5	2.4	3.3	2.8	1.1
高等职业教育	High Vocational Education	3.0	3.1	3.8	5.7	2.6	6.3	1.4
大学专科	College	5.5	5.8	5.9	6.2	4.4	4.6	0.5
大学本科	University	2.8	2.2	9.3	6.0	2.6	6.4	1.7
研究生	Graduate and Higher Level		4.5	2.7	9.0	4.1	19.2	7.2
女	**Female**	**1.8**	**9.3**	**1.7**	**2.5**	**1.4**	**2.1**	**0.5**
未上过学	No Schooling	0.6	7.5			5.4	4.2	
小　学	Primary School	1.5	11.6	0.1	0.8	0.7	0.7	0.0
初　中	Junior Secondary School	1.7	12.0	0.7	0.9	0.8	0.7	0.3
高　中	Senior Secondary School	2.0	9.5	0.9	2.9	0.7	1.8	0.2
中等职业教育	Medium Vocational Education	2.0	7.5	1.7	3.8	1.5	1.8	0.3
高等职业教育	High Vocational Education	0.3	7.0	1.8	1.7	2.1	2.2	1.0
大学专科	College	1.3	5.5	3.8	5.0	3.7	4.4	1.6
大学本科	University	2.9	3.8	6.5	5.8	2.7	6.9	1.3
研究生	Graduate and Higher Level			4.7	5.2		4.6	3.0

3-43 续表 2 continued

单位：%　　　　(%)

受教育程度	Educational Attainment	水利、环境和公共设施管理业 Management of Water Conservancy, Environment and Public Facilities	居民服务、修理和其他服务业 Services to Households, Repair and Other Services	教育 Education	卫生和社会工作 Health and Society	文化、体育和娱乐业 Culture, Sports and Entertainment	公共管理、社会保障和社会组织 Public Management Social Security and Social Organizations	国际组织 International Organizations
总　计	**Total**	**0.5**	**7.6**	**3.2**	**1.3**	**1.3**	**2.6**	**0.0**
未上过学	No Schooling	0.4	9.6	1.2	1.2			
小　学	Primary School	1.0	9.5	0.8	1.0	0.6	1.7	
初　中	Junior Secondary School	0.5	7.9	1.4	0.5	0.9	1.5	
高　中	Senior Secondary School	0.8	8.3	1.8	0.7	0.9	2.9	
中等职业教育	Medium Vocational Education	0.4	6.3	2.9	2.4	2.4	3.3	
高等职业教育	High Vocational Education		6.7	3.9	2.5	1.2	4.4	
大学专科	College	0.1	6.3	6.8	2.6	1.8	4.5	0.1
大学本科	University	0.5	6.7	12.7	2.9	3.1	4.2	
研究生	Graduate and Higher Level		3.2	17.9	2.2	4.1	4.6	
男	**Male**	**0.6**	**7.0**	**1.7**	**0.8**	**1.5**	**3.7**	
未上过学	No Schooling	0.5	6.6		2.8			
小　学	Primary School	0.8	7.7	0.1	0.4	0.6	1.9	
初　中	Junior Secondary School	0.5	7.5	0.6	0.5	0.9	2.4	
高　中	Senior Secondary School	1.0	7.9	1.0	0.6	1.0	3.3	
中等职业教育	Medium Vocational Education	0.4	5.0	1.9	0.6	2.6	5.3	
高等职业教育	High Vocational Education		4.4	2.7		1.9	6.5	
大学专科	College	0.3	7.2	3.3	1.2	2.5	6.0	
大学本科	University	0.8	4.7	8.0	3.1	3.6	6.7	
研究生	Graduate and Higher Level			11.8	4.8	5.4	10.3	
女	**Female**	**0.5**	**8.1**	**4.3**	**1.6**	**1.2**	**1.8**	**0.0**
未上过学	No Schooling	0.4	10.6	1.6	0.6			
小　学	Primary School	1.2	10.9	1.3	1.6	0.6	1.6	
初　中	Junior Secondary School	0.6	8.2	2.0	0.6	0.8	0.8	
高　中	Senior Secondary School	0.6	8.7	2.5	0.7	0.9	2.5	
中等职业教育	Medium Vocational Education	0.4	7.3	3.6	3.7	2.3	1.8	
高等职业教育	High Vocational Education		8.8	5.1	4.8	0.5	2.4	
大学专科	College	0.0	5.7	9.2	3.5	1.3	3.5	0.1
大学本科	University	0.3	8.2	16.2	2.8	2.7	2.4	
研究生	Graduate and Higher Level		5.8	23.0		3.1		

3-44 城镇按年龄、性别分的失业人员失业前的职业构成
Occupation of Urban Unemployed Persons (Prior to Unemployment) by Age and Sex

单位：%　　(%)

年龄 Age	城镇失业人员 Urban Unemployed Persons	单位负责人 Unit Heads	专业技术人员 Technical Personnel	办事人员和有关人员 Clerk and Related Workers	商业、服务业人员 Business Service Personnel	农林牧渔水利业生产人员 Producers in the Sectors of Agriculture, Forestry, Animal Husbandry, Fishery and Water Conservancy	生产运输设备操作人员及有关人员 Production, Transport Equipment Operators and Related Workers	其他 Others
总计 Total	**100.0**	**1.2**	**8.2**	**11.3**	**50.4**	**4.2**	**23.7**	**1.1**
16-19	100.0		7.7	5.1	49.7	7.4	28.7	1.4
20-24	100.0	0.7	12.3	12.4	49.1	3.0	20.2	2.4
25-29	100.0	1.0	10.7	13.0	52.5	1.9	19.7	1.3
30-34	100.0	0.8	9.9	11.5	58.6	2.5	16.0	0.6
35-39	100.0	1.2	8.0	10.2	53.8	2.7	22.9	1.3
40-44	100.0	1.2	6.6	8.9	54.3	3.3	24.8	0.8
45-49	100.0	1.6	6.3	9.7	48.8	4.2	28.7	0.8
50-54	100.0	1.8	4.6	12.0	42.3	6.4	31.9	1.0
55-59	100.0	2.4	5.5	14.4	40.4	8.4	27.6	1.4
60-64	100.0	1.0	7.9	14.4	33.0	13.3	29.7	0.6
65+	100.0	1.3	10.7	15.6	23.8	22.1	25.4	1.2
男 Male	**100.0**	**1.8**	**6.3**	**13.0**	**44.1**	**3.6**	**30.1**	**1.1**
16-19	100.0		7.1	5.0	40.4	8.3	36.9	2.2
20-24	100.0	0.8	9.3	13.0	47.5	3.0	23.9	2.5
25-29	100.0	0.9	7.0	13.9	48.3	2.3	26.0	1.5
30-34	100.0	1.1	6.3	12.3	57.0	2.2	20.7	0.5
35-39	100.0	1.6	5.5	11.7	47.2	1.2	32.2	0.6
40-44	100.0	2.5	5.3	11.3	45.9	3.0	31.1	0.9
45-49	100.0	2.3	6.7	11.5	40.4	3.7	34.6	0.9
50-54	100.0	2.5	4.8	13.2	36.8	3.6	38.0	1.0
55-59	100.0	3.0	5.0	16.0	35.8	5.1	34.2	0.9
60-64	100.0	1.5	6.2	18.6	30.9	9.7	32.5	0.6
65+	100.0	2.0	9.0	17.1	23.8	18.9	27.9	1.3
女 Female	**100.0**	**0.8**	**9.5**	**10.0**	**55.2**	**4.6**	**18.8**	**1.1**
16-19	100.0		8.5	5.2	64.5	6.0	15.8	
20-24	100.0	0.5	16.1	11.5	51.2	3.0	15.4	2.3
25-29	100.0	1.0	13.2	12.3	55.2	1.7	15.5	1.1
30-34	100.0	0.7	11.9	11.1	59.5	2.7	13.5	0.6
35-39	100.0	0.9	9.4	9.3	57.3	3.5	17.8	1.7
40-44	100.0	0.5	7.4	7.6	59.1	3.5	21.2	0.7
45-49	100.0	1.1	6.0	8.4	54.4	4.5	24.8	0.8
50-54	100.0	1.1	4.5	10.7	48.1	9.3	25.2	1.0
55-59	100.0	1.3	6.3	11.8	47.9	13.9	16.6	2.2
60-64	100.0		11.9	4.9	37.9	21.6	23.2	0.4
65+	100.0		14.0	12.5	23.8	28.6	20.3	0.8

3-45 城镇按受教育程度、性别分的失业人员失业前的职业构成
Occupation of Urban Unemployed Persons (Prior to Unemployment) by Educational Attainment and Sex

单位：% (%)

受教育程度	Educational Attainment	城镇失业人员 Urban Unemployed Persons	单位负责人 Unit Heads	专业技术人员 Technical Personnel	办事人员和有关人员 Clerk and Related Workers	商业、服务业人员 Business Service Personnel	农林牧渔水利业生产人员 Producers in the Sectors of Agriculture, Forestry, Animal Husbandry, Fishery and Water Conservancy	生产运输设备操作人员及有关人员 Production, Transport Equipment Operators and Related Workers	其他 Others
总　计	**Total**	**100.0**	**1.2**	**8.2**	**11.3**	**50.4**	**4.2**	**23.7**	**1.1**
未上过学	No Schooling	100.0			8.0	36.7	25.1	28.8	1.4
小　学	Primary School	100.0	0.8	1.9	5.2	43.3	15.5	32.3	1.0
初　中	Junior Secondary School	100.0	1.1	3.3	7.5	51.8	5.4	30.4	0.4
高　中	Senior Secondary School	100.0	1.4	5.9	10.6	55.5	2.0	22.6	2.0
中等职业教育	Medium Vocational Education	100.0	1.3	10.5	12.8	50.3	1.5	22.5	1.1
高等职业教育	High Vocational Education	100.0	1.0	10.5	14.1	55.7	2.1	16.5	0.2
大学专科	College	100.0	1.4	17.9	20.0	48.0	0.7	10.6	1.3
大学本科	University	100.0	1.1	25.8	21.9	40.3	0.5	8.2	2.1
研究生	Graduate and Higher Level	100.0	1.9	34.8	14.3	37.9		10.4	0.7
男	**Male**	**100.0**	**1.8**	**6.3**	**13.0**	**44.1**	**3.6**	**30.1**	**1.1**
未上过学	No Schooling	100.0			11.6	36.4	20.4	29.1	2.4
小　学	Primary School	100.0	1.5	2.4	6.8	36.4	12.4	39.6	0.8
初　中	Junior Secondary School	100.0	1.6	3.3	10.0	43.3	4.3	36.9	0.6
高　中	Senior Secondary School	100.0	2.0	4.9	12.1	46.8	2.3	30.0	1.8
中等职业教育	Medium Vocational Education	100.0	1.6	7.7	13.8	44.5	1.1	29.8	1.5
高等职业教育	High Vocational Education	100.0	1.1	10.1	15.1	50.7	4.2	18.7	
大学专科	College	100.0	2.0	11.7	21.7	47.3	1.3	14.9	1.0
大学本科	University	100.0	1.9	19.2	21.6	41.9	0.9	12.2	2.3
研究生	Graduate and Higher Level	100.0	4.2	31.8	25.9	33.1		5.0	
女	**Female**	**100.0**	**0.8**	**9.5**	**10.0**	**55.2**	**4.6**	**18.8**	**1.1**
未上过学	No Schooling	100.0			6.7	36.8	26.8	28.6	1.1
小　学	Primary School	100.0	0.3	1.4	4.0	48.5	17.9	26.7	1.2
初　中	Junior Secondary School	100.0	0.8	3.3	5.5	58.6	6.2	25.3	0.4
高　中	Senior Secondary School	100.0	0.9	6.7	9.4	62.6	1.8	16.5	2.0
中等职业教育	Medium Vocational Education	100.0	1.2	12.5	12.1	54.4	1.8	17.2	0.9
高等职业教育	High Vocational Education	100.0	0.9	10.8	13.1	60.3	0.1	14.5	0.4
大学专科	College	100.0	1.1	22.0	18.9	48.5	0.3	7.8	1.4
大学本科	University	100.0	0.5	30.8	22.2	39.1	0.2	5.3	1.9
研究生	Graduate and Higher Level	100.0		37.3	4.8	41.7		14.8	1.3

3-46 城镇按受教育程度、性别分的失业人员失业时间构成
Unemployment Duration of Urban Unemployed Persons by Educational Attainment and Sex

单位：% (%)

受教育程度	Educational Attainment	城镇失业人员 Urban Unemployed Persons	1个月 1 Month	2-3个月 2-3 Months	4-6个月 4-6 Months	7-12个月 7-12 Months	13-24个月 13-24 Months	25个月以上 25+ Months+
总　计	**Total**	**100.0**	**12.7**	**23.4**	**18.5**	**27.4**	**15.5**	**2.5**
未上过学	No Schooling	100.0	14.8	24.4	14.3	31.7	14.0	0.7
小　学	Primary School	100.0	12.7	22.8	19.6	27.7	14.5	2.7
初　中	Junior Secondary School	100.0	11.6	22.8	19.0	28.4	15.4	2.8
高　中	Senior Secondary School	100.0	10.1	21.4	19.3	29.5	17.4	2.3
中等职业教育	Medium Vocational Education	100.0	10.6	20.2	19.4	29.6	16.6	3.6
高等职业教育	High Vocational Education	100.0	12.5	18.6	20.9	27.2	19.2	1.7
大学专科	College	100.0	13.7	25.7	17.3	26.0	14.9	2.4
大学本科	University	100.0	20.2	28.8	14.8	21.5	12.8	2.0
研究生	Graduate and Higher Level	100.0	20.8	26.0	22.5	16.4	13.0	1.2
男	**Male**	**100.0**	**14.0**	**25.3**	**18.9**	**25.4**	**13.9**	**2.5**
未上过学	No Schooling	100.0	20.3	35.2	17.2	8.6	18.7	
小　学	Primary School	100.0	15.6	25.1	19.2	23.4	13.1	3.6
初　中	Junior Secondary School	100.0	12.4	24.4	20.7	26.3	13.3	2.8
高　中	Senior Secondary School	100.0	11.5	23.2	20.0	27.0	15.8	2.5
中等职业教育	Medium Vocational Education	100.0	13.3	22.7	17.6	27.2	16.0	3.2
高等职业教育	High Vocational Education	100.0	14.9	18.6	22.1	24.7	18.0	1.7
大学专科	College	100.0	14.2	27.7	16.9	25.4	14.1	1.8
大学本科	University	100.0	20.8	30.4	14.9	21.7	10.8	1.4
研究生	Graduate and Higher Level	100.0	24.1	30.5	22.7	12.3	9.0	1.4
女	**Female**	**100.0**	**11.7**	**22.0**	**18.1**	**28.9**	**16.6**	**2.6**
未上过学	No Schooling	100.0	13.2	21.3	13.5	38.5	12.6	0.9
小　学	Primary School	100.0	10.7	21.3	19.9	30.6	15.5	2.0
初　中	Junior Secondary School	100.0	11.1	21.7	17.8	29.9	16.8	2.7
高　中	Senior Secondary School	100.0	8.9	20.0	18.8	31.5	18.6	2.1
中等职业教育	Medium Vocational Education	100.0	8.6	18.3	20.8	31.4	17.0	3.9
高等职业教育	High Vocational Education	100.0	10.3	18.6	19.8	29.4	20.2	1.8
大学专科	College	100.0	13.4	24.2	17.6	26.5	15.5	2.9
大学本科	University	100.0	19.6	27.3	14.7	21.4	14.6	2.5
研究生	Graduate and Higher Level	100.0	18.7	23.0	22.4	19.2	15.7	1.1

3-47 城镇按年龄、性别分的失业人员失业时间构成

Unemployment Duration of Urban Unemployed Persons by Age and Sex

单位：% (%)

年 龄 Age	城 镇 失业人员 Urban Unemployed Persons	1个月 1 Month	2-3个月 2-3 Months	4-6个月 4-6 Months	7-12个月 7-12 Months	13-24个月 13-24 Months	25个月以上 25+ Months+
总计 Total	**100.0**	**12.7**	**23.4**	**18.5**	**27.4**	**15.5**	**2.5**
16-19	100.0	22.9	32.6	16.0	18.8	8.5	1.2
20-24	100.0	20.4	30.9	16.8	19.3	11.4	1.2
25-29	100.0	13.4	24.0	19.4	26.2	14.8	2.2
30-34	100.0	10.6	22.0	19.0	28.7	16.5	3.2
35-39	100.0	9.8	20.8	19.6	29.9	17.7	2.3
40-44	100.0	10.2	21.5	19.0	30.7	16.4	2.2
45-49	100.0	10.1	21.5	18.2	29.8	16.8	3.5
50-54	100.0	10.0	19.4	17.9	32.0	16.8	3.9
55-59	100.0	9.4	17.4	19.9	31.3	18.5	3.5
60-64	100.0	11.1	22.4	16.7	29.5	17.3	2.9
65+	100.0	10.0	20.0	16.8	32.0	18.9	2.3
男 Male	**100.0**	**14.0**	**25.3**	**18.9**	**25.4**	**13.9**	**2.5**
16-19	100.0	23.0	34.0	15.8	20.1	6.9	0.2
20-24	100.0	19.6	32.3	16.5	18.9	11.6	1.0
25-29	100.0	15.7	26.6	18.8	24.8	11.8	2.2
30-34	100.0	13.0	24.6	21.2	26.8	11.1	3.3
35-39	100.0	12.2	22.2	19.9	28.1	15.4	2.2
40-44	100.0	10.1	24.7	20.0	26.9	16.3	2.0
45-49	100.0	12.3	21.4	20.7	27.7	14.8	3.1
50-54	100.0	9.6	20.4	18.3	30.0	17.2	4.5
55-59	100.0	9.0	17.8	20.7	30.2	18.6	3.8
60-64	100.0	10.2	18.7	19.5	28.7	19.8	3.1
65+	100.0	10.2	21.1	16.1	29.1	20.5	3.0
女 Female	**100.0**	**11.7**	**22.0**	**18.1**	**28.9**	**16.6**	**2.6**
16-19	100.0	22.7	30.3	16.3	16.8	11.2	2.7
20-24	100.0	21.4	29.2	17.3	19.7	11.1	1.4
25-29	100.0	11.7	22.3	19.8	27.2	16.8	2.1
30-34	100.0	9.5	20.7	17.9	29.6	19.2	3.1
35-39	100.0	8.7	20.1	19.5	30.7	18.7	2.3
40-44	100.0	10.2	19.9	18.5	32.6	16.5	2.3
45-49	100.0	8.8	21.6	16.8	31.0	18.1	3.8
50-54	100.0	10.4	18.5	17.4	33.8	16.4	3.4
55-59	100.0	10.1	16.9	18.7	32.9	18.3	3.1
60-64	100.0	12.8	29.5	11.4	31.2	12.5	2.7
65+	100.0	9.6	17.7	18.2	38.1	15.5	0.9

第四部分

Chapter Four

2018 年城镇单位就业人员统计数据

Data from Statistics on Employment in Urban Units in 2018

4-1 各地区分行业国有单位就业人员数
Employed Persons in State-owned Units by Sector and Region

单位：人 (person)

地 区	Region	国有单位合计 Total	(一)中央 I. Under Central Government	(二)地方 II. Under Provincial Government	(五)其他 V. Other	(一)企业 I. Enterprises	(二)事业 II. Institutions
总 计	**National Total**	**57397053**	**6311119**	**48135112**	**2950822**	**11274431**	**30716236**
北 京	Beijing	1777890	710156	962636	105098	406175	968037
天 津	Tianjin	621277	84354	468740	68183	138036	327369
河 北	Hebei	2739647	194026	2418271	127350	376506	1577385
山 西	Shanxi	1765594	126577	1586573	52444	278061	1014307
内蒙古	Inner Mongolia	1583097	134969	1364332	83796	401305	754504
辽 宁	Liaoning	2098752	282032	1628439	188281	592729	1045711
吉 林	Jilin	1369223	193247	1156530	19446	300154	769500
黑龙江	Heilongjiang	2464248	336139	2015717	112392	1215584	863731
上 海	Shanghai	916522	188666	691246	36610	230995	506420
江 苏	Jiangsu	2595062	184513	1965695	444854	522829	1365252
浙 江	Zhejiang	2127554	91070	1800795	235689	223587	1249680
安 徽	Anhui	1811552	187365	1579509	44678	312918	1025044
福 建	Fujian	1557511	158501	1347910	51100	319867	818736
江 西	Jiangxi	1710830	158889	1489409	62532	288675	917223
山 东	Shandong	3599285	417492	3060826	120967	645897	2018273
河 南	Henan	3543997	330269	3092072	121656	628983	1996646
湖 北	Hubei	2468833	343141	2014718	110974	516559	1422218
湖 南	Hunan	2321097	248895	1982487	89715	377470	1268403
广 东	Guangdong	3751072	186288	3213250	351534	637985	2024690
广 西	Guangxi	1991062	153785	1784598	52679	325287	1180079
海 南	Hainan	411333	23705	354862	32766	59633	222122
重 庆	Chongqing	1126451	120935	943910	61606	153883	678372
四 川	Sichuan	3275758	447451	2740802	87505	647423	1690468
贵 州	Guizhou	1674128	142217	1454442	77469	228882	875098
云 南	Yunnan	1810558	107999	1656682	45877	222680	1026325
西 藏	Tibet	303651	8630	293962	1059	34547	101873
陕 西	Shaanxi	2077826	265508	1738670	73648	530465	1050155
甘 肃	Gansu	1418514	162697	1225658	30159	293343	721039
青 海	Qinghai	366328	51753	308351	6224	69656	179116
宁 夏	Ningxia	358948	45526	298062	15360	62535	201791
新 疆	Xinjiang	1759453	224324	1495958	39171	231782	856669

4-1 续表 1 continued

单位：人 (person)

地 区	Region	(三)机关 III. Agencies and Organizations	(四)民间非营利组织 IV. Civil Nonprofit Organizations	(五)其他 V. Other	(一)农、林、牧、渔业 I. Agriculture, Forestry, Animal Husbandry and Fishery	1.农业 1.Farming	2.林业 2.Forestry	3.畜牧业 3.Animal Husbandry
总 计	**National Total**	**15119773**	**56512**	**230101**	**1726968**	**936837**	**500076**	**81335**
北 京	Beijing	382657	15343	5678	3153	959	1048	268
天 津	Tianjin	153802	1538	532	616	180	326	38
河 北	Hebei	784018	1633	105	23166	16590	4183	722
山 西	Shanxi	470762	883	1581	11604	628	6508	123
内蒙古	Inner Mongolia	426160	334	794	176436	76067	67060	11152
辽 宁	Liaoning	453977		6335	183809	168981	7368	457
吉 林	Jilin	296787	1121	1661	81214	16878	46442	4757
黑龙江	Heilongjiang	369143	1378	14412	650035	386486	216110	8000
上 海	Shanghai	173932	2608	2567	3838	1706	134	698
江 苏	Jiangsu	673649	2408	30924	30301	20821	4249	3932
浙 江	Zhejiang	625884	4330	24073	2485	559	1186	186
安 徽	Anhui	468454	113	5023	30005	21941	4020	160
福 建	Fujian	417406	345	1157	29746	7457	9723	338
江 西	Jiangxi	501938	1935	1059	36851	19151	11787	169
山 东	Shandong	925596	318	9201	5607	969	2066	21
河 南	Henan	890844	3940	23584	8652	2085	2797	392
湖 北	Hubei	526024	102	3930	94608	81604	3946	533
湖 南	Hunan	617457	2291	55476	13987	1154	9796	175
广 东	Guangdong	1075110	4312	8975	38731	20605	11733	346
广 西	Guangxi	483823	537	1336	52199	28705	20738	381
海 南	Hainan	121521	1308	6749	13269	1340	9672	812
重 庆	Chongqing	289678	1182	3336	1918	62	1137	
四 川	Sichuan	930792	1612	5463	19723	707	12729	788
贵 州	Guizhou	562433	3704	4011	4286	598	1810	56
云 南	Yunnan	560552	668	333	43142	7006	18944	96
西 藏	Tibet	167231			2296	370	1522	143
陕 西	Shaanxi	494905	1476	825	16332	3169	6052	412
甘 肃	Gansu	403656	72	404	38646	9177	10077	577
青 海	Qinghai	117415		141	9733	2938	2650	1536
宁 夏	Ningxia	94534		88	6798	3135	1389	272
新 疆	Xinjiang	659633	1021	10348	93782	34809	2874	43795

4-1 续表 2 continued

单位：人 (person)

地 区	Region	4.渔业 4.Fishery	5.农、林、牧、渔服务业 5.Service in Support of Agriculture	(二)采矿业 II. Mining	1.煤炭开采和洗选业 1.Mining and Washing of Coal	2.石油和天然气开采业 2.Extraction of Petroleum and Natural Gas	3.黑色金属矿采选业 3.Mining and Processing of Ferrous Metal Ores	4.有色金属矿采选业 4.Mining and Processing of Non-ferrous Metal Ores	5.非金属矿采选业 5.Mining and Processing of Non-metal Ores
总 计	**National Total**	**9813**	**198907**	**173326**	**78658**	**37208**	**2599**	**4479**	**7877**
北 京	Beijing	192	686	696		696			
天 津	Tianjin	17	55						
河 北	Hebei	11	1660	2614	837		1138	52	561
山 西	Shanxi	85	4260	18940	18221		123	124	352
内蒙古	Inner Mongolia	1928	20229	6079	5591			225	263
辽 宁	Liaoning	370	6633	1340	35		995	120	112
吉 林	Jilin	1745	11392	238	36			122	11
黑龙江	Heilongjiang	1113	38326	23386	1485		5	16	43
上 海	Shanghai	23	1277	324					324
江 苏	Jiangsu	160	1139						
浙 江	Zhejiang	20	534						
安 徽	Anhui	289	3595	1974	882			974	118
福 建	Fujian	59	12169	2274	883		8	108	1275
江 西	Jiangxi	452	5292	798	508			270	20
山 东	Shandong	199	2352	13476	12784			148	544
河 南	Henan	306	3072	4231	4053				178
湖 北	Hubei	1425	7100	558					555
湖 南	Hunan	448	2414	3522	2982			529	
广 东	Guangdong	619	5428	3981		2294		695	992
广 西	Guangxi	162	2213	827			18	70	739
海 南	Hainan	43	1402	400					400
重 庆	Chongqing		719	492	492				
四 川	Sichuan	25	5474	6463	1815	3829	49	89	668
贵 州	Guizhou		1822	2508	2098		82		328
云 南	Yunnan	18	17078	13785	13332		3	179	271
西 藏	Tibet		261	98			89	9	
陕 西	Shaanxi	48	6651	32565	7732	13039	89		30
甘 肃	Gansu	17	18798	21996	4031	17350		615	
青 海	Qinghai	1	2608	36					36
宁 夏	Ningxia	22	1980	1370				134	
新 疆	Xinjiang	16	12288	8355	861				57

4-1 续表 3 continued

单位：人 (person)

地 区	Region	6.开采辅助活动 6.Support Activities for Mining	7.其他采矿业 7.Mining of Other Ores	(三) 制造业 III. Manufacturing	1.农副食品加工业 1.Processing of Food from Agricultural Products	2.食品制造业 2.Manufacture of Foods	3.酒、饮料和精制茶制造业 3.Manufacture of Liquor, Beverages and Refined Tea	4.烟草制品业 4.Manufacture of Tobacco	5.纺织业 5.Manufacture of Textile
总 计	**National Total**	**42347**	**158**	**733405**	**42480**	**8598**	**7743**	**23603**	**14820**
北 京	Beijing			28534	56	26	48	841	6
天 津	Tianjin			19472	43	12			76
河 北	Hebei	26		22668	686	273	187	140	283
山 西	Shanxi	120		29182	809	591	20		1660
内蒙古	Inner Mongolia			17889	631	305	11		
辽 宁	Liaoning		78	43589	202	175	96		332
吉 林	Jilin		69	17146	152		14		
黑龙江	Heilongjiang	21837		28965	1856	169	70	1440	1577
上 海	Shanghai			18768	118	148			125
江 苏	Jiangsu			16870	862	28	236		328
浙 江	Zhejiang			5536	362	480	150		
安 徽	Anhui			18407	255	276	156	3671	4
福 建	Fujian			7129	314	23	463	238	4
江 西	Jiangxi			14997	1382	18	21		84
山 东	Shandong			30438	2120	422	707	16	1156
河 南	Henan			23742	13316	1637	100		13
湖 北	Hubei	3		37970	1626	931	819	1684	2289
湖 南	Hunan		11	16986	1646	505	70	8735	220
广 东	Guangdong			30573	5812	1066	1046	2104	3494
广 西	Guangxi			14595	3010	208	500		32
海 南	Hainan			2213	909	120			
重 庆	Chongqing			3460	357		23		46
四 川	Sichuan	13		47065	581	239	255	2050	2127
贵 州	Guizhou			22352	111	35	435		17
云 南	Yunnan			21876	3890	27	1346	965	6
西 藏	Tibet			837	68	168			
陕 西	Shaanxi	11675		164988	340	332	151	1020	150
甘 肃	Gansu			18134	157	4	657	699	
青 海	Qinghai			1340	110	48	25		
宁 夏	Ningxia	1236		701					
新 疆	Xinjiang	7437		6983	699	332	137		791

4-1 续表 4 continued

单位：人 (person)

地区	Region	6.纺织服装、服饰业 6.Manufacture of Textile Wearing Apparel, and Accessories	7.皮革、毛皮、羽毛及其制品和制鞋业 7.Manufacture of Leather, Fur, Feather and Related Products and Footwear	8.木材加工和木、竹、藤、棕、草制品业 8.Processing of Timbers, Manufacture of Wood, Bamboo, Rattan, Palm and Straw Products	9.家具制造业 9.Manufacture of Furniture	10.造纸和纸制品业 10.Manufacture of Paper and Paper Products	11.印刷和记录媒介复制业 11.Printing and Reproduction of Recording Media	12.文教工美、体育和娱乐用品制造业 12.Manufacture of Articles for Culture, Education, Arts and Crafts, Sport and Entertainment Activities	13.石油加工、炼焦和核燃料加工业 13.Processing of Petroleum, Coking, Processing of Nuclear Fuel
总 计	**National Total**	**11670**	**3855**	**4491**	**1493**	**1612**	**25201**	**2235**	**19065**
北 京	Beijing	75		2	2	20	3059	106	
天 津	Tianjin	100	3	24			69	5	
河 北	Hebei	2					1658		89
山 西	Shanxi	277	2	44	22		981	157	57
内蒙古	Inner Mongolia				209	1	575		
辽 宁	Liaoning	353	171	96	77	45	880	35	4612
吉 林	Jilin	384	47	89			201		8
黑龙江	Heilongjiang	890	1284	533	7	11	644	239	1
上 海	Shanghai	137	31	302	18	111	645	259	
江 苏	Jiangsu	101	55			94	1073	197	8
浙 江	Zhejiang	126	8				111	25	
安 徽	Anhui	32	9	11			68	158	
福 建	Fujian			34	110	19	769		2141
江 西	Jiangxi	5574		159		191	339		
山 东	Shandong		5	293		434	1714	113	22
河 南	Henan	133	265	32			1806		64
湖 北	Hubei	809	1052	85	28	28	514	16	374
湖 南	Hunan	2	11	1178		172	207		
广 东	Guangdong	726	680	151	559	239	1265	747	19
广 西	Guangxi	90	41	231	18	37	999	41	111
海 南	Hainan			4			331		
重 庆	Chongqing			39	46	41	118		
四 川	Sichuan	637		132	14	110	670	38	127
贵 州	Guizhou	2		175	34	3	878		
云 南	Yunnan	585	160	657	20	16	1178	23	
西 藏	Tibet		31	180	26		243	16	
陕 西	Shaanxi	259		36	20	36	252	60	4275
甘 肃	Gansu	249					1642		7157
青 海	Qinghai						563		
宁 夏	Ningxia	91			263		111		
新 疆	Xinjiang	36		4	20	4	1638		

4-1 续表 5 continued

单位：人 (person)

地 区	Region	14.化学原料和化学制品制造业 14.Manufacture of Chemical Raw Material and Chemical Products	15.医药制造业 15.Manufacture of Medicines	16.化学纤维制造业 16.Manufacture of Chemical Fibres	17.橡胶和塑料制品业 17.Manufacture of Rubber and Plastics Products	18.非金属矿物制品业 18.Manufacture of Non-metallic Mineral Products	19.黑色金属冶炼和压延加工业 19.Smelting and Processing of Ferrous Metals	20.有色金属冶炼和压延加工业 20.Smelting and Processing of Non-ferrous Metals	21.金属制品业 21.Manufacture of Metal Products
总 计	**National Total**	**37626**	**9647**	**339**	**21407**	**39102**	**27592**	**5963**	**24436**
北 京	Beijing	1403	999		108	141		169	120
天 津	Tianjin	264	4		52	120	9417	43	101
河 北	Hebei	242	565			770	3900		983
山 西	Shanxi	2027	237	9	657	571	6592	7	2862
内蒙古	Inner Mongolia					69	3041		10434
辽 宁	Liaoning	3792	306		43	1842	1	167	254
吉 林	Jilin	7016	518		154	183	159		1108
黑龙江	Heilongjiang	4242	661	8	1237	4010	1474	9	71
上 海	Shanghai	268	396		293	426	343		832
江 苏	Jiangsu	1923			95	125		11	
浙 江	Zhejiang	9				49			
安 徽	Anhui		8		123	19			1748
福 建	Fujian	1349	106		47	157			14
江 西	Jiangxi	38	1104		15	2026		17	70
山 东	Shandong	1725	596		17	1332	232		413
河 南	Henan	913	169			1572		23	205
湖 北	Hubei	356				13971	707		497
湖 南	Hunan	6	2			915		669	
广 东	Guangdong	395	1829		39	116	105	2	1277
广 西	Guangxi	737	566		1022	1898		13	158
海 南	Hainan					95	29		
重 庆	Chongqing	33	14			50		554	13
四 川	Sichuan	1105			75	857	131	385	1559
贵 州	Guizhou	95	141		63	605		2171	15
云 南	Yunnan	2884	923		2991	1079	1456	31	867
西 藏	Tibet		105						
陕 西	Shaanxi	3863	105		14137	5051	5	22	301
甘 肃	Gansu	1686	146	322	32	504		1670	279
青 海	Qinghai		138						
宁 夏	Ningxia	75	9						
新 疆	Xinjiang	1180			207	549			255

4-1 续表 6 continued

单位：人 (person)

地区	Region	22.通用设备制造业 22.Manufacture of General Purpose Machinery	23.专用设备制造业 23.Manufacture of Special Purpose Machinery	24.汽车制造业 24.Manufacture of Automobiles	25.铁路、船舶、航空航天和其他运输设备制造业 25. Manufacture of Railway,Ship, Aerospace and Other Transport Equipment	26.电气机械和器材制造业 26.Manufacture of Electrical Machinery and Apparatus	27.计算机、通信和其他电子设备制造业 27.Manufacture of Computers, Communication and Other Electronic Equipment	28.仪器仪表制造业 28.Manufacture of Measuring Instruments and Machinery	29.其他制造业 29. Other Manufature
总 计	**National Total**	**55314**	**37962**	**36762**	**170004**	**15466**	**22879**	**22575**	**15007**
北 京	Beijing	792	660	109	16513	112	273	306	2536
天 津	Tianjin	496	181	609	2930	35			
河 北	Hebei	3536	1739		1501	697	396	1245	
山 西	Shanxi	2131	1640	1718	4191	351	123	379	971
内蒙古	Inner Mongolia			2418		155			
辽 宁	Liaoning	544	2954	734	22168	118	25	43	3400
吉 林	Jilin	3231	356	929	367	355	20		39
黑龙江	Heilongjiang	4421	2181	37	579	264	919	79	3
上 海	Shanghai	438	1616	232	6162	187	617	510	122
江 苏	Jiangsu	314	605	2475	6067	1625	6	275	363
浙 江	Zhejiang	358	212		1737	48	30	747	
安 徽	Anhui	3537	44		1415		3509		1006
福 建	Fujian	134	115	70	940	1	51	16	14
江 西	Jiangxi	741	1542	56	334	707	25	546	
山 东	Shandong	1907	9071	622	976	5566	347	508	5
河 南	Henan	1519	812	62	972	76	20	11	
湖 北	Hubei	2102	1615	1729	3053	542	1631	1443	
湖 南	Hunan	1178	274	141	985	58	12		
广 东	Guangdong	269	942	380	3056	559	1973	16	79
广 西	Guangxi	34	377	49	3914	344	16	24	
海 南	Hainan					94	599		
重 庆	Chongqing	594	418	196	48	139		673	
四 川	Sichuan	498	1535	239	22958	1096	1065	72	6253
贵 州	Guizhou	1301	789	88	9719	30	58	5523	
云 南	Yunnan	304	260	41	723	7	1230	55	95
西 藏	Tibet								
陕 西	Shaanxi	24321	6945	23828	58046	1476	9739	10104	
甘 肃	Gansu	472	60		650	795	123		121
青 海	Qinghai		2						
宁 夏	Ningxia	142	10						
新 疆	Xinjiang		1007			29	72		

4-1 续表 7 continued

单位：人 (person)

地 区	Region	30.废弃资源综合利用业 30. Utilization of Waste Resources	31.金属制品、机械和设备修理业 31. Repair Service of Metal Products, Machinery and Eguipment	(四) 电力、热力、燃气及水生产和供应业 Production and Supply of Electricity, Heat, Gas and Water	1.电力、热力生产和供应业 1.Production and Supply of Electric Power and Heat Power	2.燃气生产和供应业 2.Production and Supply of Gas	3.水的生产和供应业 3.Production and Supply of Water	(五) 建筑业 V. Construction	1.房屋建筑业 1. Construction of Buildings
总 计	**National Total**	**436**	**24022**	**1340660**	**1102313**	**24421**	**213926**	**1130993**	**634232**
北 京	Beijing	14	38	11507	9436	1793	278	3992	1061
天 津	Tianjin	6	4882	10114	9545	8	561	3586	507
河 北	Hebei	23	3753	81141	65524	1679	13938	42715	16509
山 西	Shanxi	51	45	47091	31250	2819	13022	24459	13995
内蒙古	Inner Mongolia		40	17825	8693	22	9110	6557	4524
辽 宁	Liaoning	84	40	29324	18243	734	10347	27397	10143
吉 林	Jilin		1816	22858	12910	583	9365	11275	5339
黑龙江	Heilongjiang	39	10	49661	39146	216	10299	39066	18927
上 海	Shanghai	10	4422	3720	2101	212	1407	7495	4093
江 苏	Jiangsu	3	1	13674	6463	116	7095	111716	73731
浙 江	Zhejiang		1084	24270	22817	49	1404	17340	1661
安 徽	Anhui		2358	48089	42100		5989	23492	12292
福 建	Fujian			8675	4722	21	3932	44272	34463
江 西	Jiangxi	8		7912	2990	40	4882	67706	55780
山 东	Shandong	14	105	132550	118229	326	13995	66731	29281
河 南	Henan	22		144208	126304	2610	15294	43962	12140
湖 北	Hubei		69	95761	84138	317	11306	57385	17342
湖 南	Hunan			93873	79062	107	14704	64269	23407
广 东	Guangdong	12	1616	59257	43920		15337	98658	67760
广 西	Guangxi	29	96	15293	9141	1	6151	62998	48128
海 南	Hainan		32	5907	3612	5	2290	5698	5524
重 庆	Chongqing	58		3900	1110	608	2182	21232	8336
四 川	Sichuan		2257	123993	104256	10498	9239	122168	87942
贵 州	Guizhou	4	60	55016	51706		3310	20219	13975
云 南	Yunnan	28	29	23142	18984	120	4038	19200	5967
西 藏	Tibet			7024	6519	11	494	7475	1379
陕 西	Shaanxi		114	50164	38852	1335	9977	39725	21958
甘 肃	Gansu	8	701	87839	80313		7526	49873	26407
青 海	Qinghai		454	10547	9526	109	912	6978	2135
宁 夏	Ningxia			14563	13499		1064	3511	1317
新 疆	Xinjiang	23		41762	37202	82	4478	9843	8209

4-1 续表 8 continued

单位：人 (person)

地 区	Region	2.土木工程建筑业 2. Civil Engineering	3.建筑安装业 3.Building Installation	4.建筑装饰和其他建筑业 4.Building Decoration and Other Constructions	(六)批发和零售业 VI. Wholesale and Retail Trades	1.批发业 1.Wholesale Trade	2.零售业 2.Retail Trade	(七)交通运输、仓储和邮政业 VII. Transport, Storage and Post	1.铁路运输业 1.Railway Transport
总 计	**National Total**	**415076**	**52145**	**29540**	**605558**	**459735**	**145823**	**2641492**	**1066399**
北 京	Beijing	2015	351	565	17798	8937	8861	21548	1538
天 津	Tianjin	2889	90	100	4643	3078	1565	33277	4842
河 北	Hebei	24609	474	1123	24952	15684	9268	136783	46530
山 西	Shanxi	8786	460	1218	28903	21718	7185	53446	4216
内蒙古	Inner Mongolia	1885	148		11898	10049	1849	137916	95427
辽 宁	Liaoning	12656	3672	926	19402	14899	4503	153172	99356
吉 林	Jilin	5342	131	463	12168	10679	1489	95779	57390
黑龙江	Heilongjiang	14055	4519	1565	36741	26755	9986	211133	123511
上 海	Shanghai	2789	153	460	7389	4020	3369	73106	34434
江 苏	Jiangsu	35229	1010	1746	28654	23234	5420	93568	13078
浙 江	Zhejiang	12646	515	2518	11182	10159	1023	57500	10491
安 徽	Anhui	8553	689	1958	21762	18605	3157	85109	38454
福 建	Fujian	7738	777	1294	22535	18170	4365	78236	40361
江 西	Jiangxi	10688	392	846	18003	15848	2155	42482	
山 东	Shandong	34618	861	1971	24676	14604	10072	189051	94205
河 南	Henan	27361	4071	390	59165	47308	11857	209220	104335
湖 北	Hubei	38519	1088	436	37270	23137	14133	100594	687
湖 南	Hunan	39191	721	950	26409	19736	6673	120056	70842
广 东	Guangdong	27125	1809	1964	26834	20292	6542	107705	534
广 西	Guangxi	12982	1019	869	17776	14020	3756	92485	57750
海 南	Hainan	40	4	130	2637	1979	658	14833	109
重 庆	Chongqing	3486	8645	765	8991	8247	744	60889	29705
四 川	Sichuan	27294	3723	3209	26873	22459	4414	176474	63976
贵 州	Guizhou	5456	268	520	25442	21849	3593	57550	34346
云 南	Yunnan	10194	1510	1529	29679	27010	2669	29792	38
西 藏	Tibet	6080		16	3191	1918	1273	5807	20
陕 西	Shaanxi	16868	257	642	26699	17585	9114	82141	111
甘 肃	Gansu	8475	14273	718	9206	6458	2748	23722	6
青 海	Qinghai	4450	368	25	2241	1515	726	35437	23219
宁 夏	Ningxia	2129	6	59	2522	2165	357	26259	16860
新 疆	Xinjiang	928	141	565	9917	7618	2299	36422	28

4-1 续表 9 continued

单位：人 (person)

地 区	Region	2.道路运输业 2.Road Transport	3.水上运输业 3.Water Transport	4.航空运输业 4.Air Transport	5.管道运输业 5.Transport Via Pipeline	6.装卸搬运和运输代理业 6.Loading Unloading and Forwarding Ageney	7.仓储业 7.Storage	8.邮政业 8.Post	(八)住宿和餐饮业 VIII. Hotels and Catering Services
总 计	**National Total**	**729436**	**48354**	**58411**	**2906**	**6728**	**86581**	**642677**	**260116**
北 京	Beijing	1924	8	31		87	1019	16941	27400
天 津	Tianjin	17200	1166	3007		152	1098	5812	3179
河 北	Hebei	63208	260	1034		376	3254	22121	12725
山 西	Shanxi	28689	79	468		546	3370	16078	11029
内蒙古	Inner Mongolia	27181	27	776		123	2344	12038	5226
辽 宁	Liaoning	28652	2917	5082		305	2665	14195	14057
吉 林	Jilin	11763	37	5718		31	8348	12492	7183
黑龙江	Heilongjiang	44330	2712	737	613	569	9924	28737	17986
上 海	Shanghai	7399	12206	2583		270	825	15389	8000
江 苏	Jiangsu	30724	5922	948	943	301	3003	38649	10555
浙 江	Zhejiang	24426	2603	1003		128	657	18192	7766
安 徽	Anhui	15589	133	713		378	4993	24849	2770
福 建	Fujian	11736	1718	517	6	582	1306	22010	6217
江 西	Jiangxi	18171	600	3628	16	19	4521	15527	5103
山 东	Shandong	46620	4297	460	305	444	3047	39673	24243
河 南	Henan	56273	196	577		116	11393	36330	13838
湖 北	Hubei	37847	3893	4408	342	425	2771	50221	6971
湖 南	Hunan	21958	187				2102	24967	7003
广 东	Guangdong	49293	6420	1097		330	5016	45015	16759
广 西	Guangxi	9930	1189	2737		135	2472	18272	7123
海 南	Hainan	8322	111	713		70	274	5234	3590
重 庆	Chongqing	5596	271				340	24977	1903
四 川	Sichuan	36266	737	9965		666	4436	60428	5309
贵 州	Guizhou	11754	434			26	1279	9711	2378
云 南	Yunnan	13715	29	1914		390	583	13123	7754
西 藏	Tibet	4259		1095			236	197	1842
陕 西	Shaanxi	49014	57	1276	681	73	2499	28430	6546
甘 肃	Gansu	13687	119			54	922	8934	5052
青 海	Qinghai	9371		289			536	2022	1365
宁 夏	Ningxia	5227	26	291			553	3302	1526
新 疆	Xinjiang	19312		7344		132	795	8811	7718

4-1 续表 10 continued

单位：人 (person)

地 区	Region	1.住宿业 1.Hotels	2.餐饮业 2.Catering Services	(九)信息传输、软件和信息技术服务业 Information Transmission, Software and Information Technology	1.电信、广播电视和卫星传输服务 1.Telecommunication, Radio and Television and Satellite Transmission Service	2.互联网和相关服务 2.Internet and Related Service	3.软件和信息技术服务业 3.Software and Information Technology	(十)金融业 X. Financial Intermediation	1.货币金融服务 1.Monetay and Financial Service
总 计	**National Total**	**216133**	**43983**	**248522**	**213165**	**10186**	**25171**	**1258255**	**909235**
北 京	Beijing	24641	2759	12316	1831	2754	7731	10683	7213
天 津	Tianjin	2648	531	1107	520	139	448	13284	11548
河 北	Hebei	10980	1745	10209	9414	353	442	26662	22044
山 西	Shanxi	8857	2172	6878	6171	290	417	42648	36335
内蒙古	Inner Mongolia	3912	1314	6657	6409		248	45614	35762
辽 宁	Liaoning	13006	1051	11353	9401	510	1442	50608	38318
吉 林	Jilin	5891	1292	10517	9938	286	293	37666	29443
黑龙江	Heilongjiang	15771	2215	16769	15077	801	891	54447	32493
上 海	Shanghai	6611	1389	1993	733	212	1048	24065	20286
江 苏	Jiangsu	8005	2550	12604	10915	105	1584	84434	60350
浙 江	Zhejiang	6572	1194	11140	9603	630	907	17394	14097
安 徽	Anhui	2219	551	8405	7999	346	60	78398	37329
福 建	Fujian	5718	499	7016	6453	248	315	56960	33768
江 西	Jiangxi	4208	895	2980	2636	174	170	51747	42059
山 东	Shandong	18122	6121	18909	17996	122	791	73592	52060
河 南	Henan	12386	1452	14732	13854	651	227	49758	33035
湖 北	Hubei	5050	1921	13184	12374	457	353	54216	40627
湖 南	Hunan	6413	590	3284	2829	141	314	11059	10391
广 东	Guangdong	12376	4383	23918	20006	453	3459	87155	60424
广 西	Guangxi	6270	853	3610	2592	303	715	50952	27432
海 南	Hainan	1627	1963	4646	4284	16	346	9575	7751
重 庆	Chongqing	1600	303	1626	993	15	618	34052	33452
四 川	Sichuan	4150	1159	14181	13256	397	528	106337	74108
贵 州	Guizhou	2029	349	4029	3834	73	122	17521	14506
云 南	Yunnan	7324	430	6569	6093	159	317	43883	33247
西 藏	Tibet	1842		2149	2140		9	8456	8329
陕 西	Shaanxi	5663	883	4187	3339	171	677	37400	25407
甘 肃	Gansu	4323	729	8788	8595	123	70	28748	24233
青 海	Qinghai	1365		365	360		5	15039	13150
宁 夏	Ningxia	896	630	1034	926	56	52	9030	7868
新 疆	Xinjiang	5658	2060	3367	2594	201	572	26872	22170

4-1 续表 11 continued

单位：人 (person)

地区	Region	2.资本市场服务 2.Capital Market Service	3.保险业 3.Insurance	4.其他金融业 4.Other Financial Activities	(十一) 房地产业 XI. Real Estate	#房地产开发经营 Development and Management of Real Estate	#物业管理 Property Management	#房地产中介服务 Agency Services for Real Estate	(十二) 租赁和商务服务业 XII. Leasing and Business Services
总　计	**National Total**	**28934**	**310967**	**9119**	**195908**	**55833**	**70815**	**9418**	**1041743**
北　京	Beijing	2765	540	165	18362	1528	9654	187	201246
天　津	Tianjin	1499	62	175	5006	1442	2050	32	26613
河　北	Hebei	284	4319	15	5824	1104	2038	716	24753
山　西	Shanxi	122	5668	523	5124	1774	1310	488	28021
内蒙古	Inner Mongolia	123	9637	92	3230	373	554	355	19296
辽　宁	Liaoning	637	11305	348	10239	1027	4197	243	32981
吉　林	Jilin	4771	3399	53	5663	471	2198	409	27985
黑龙江	Heilongjiang	64	21687	203	9106	1150	5126	282	31369
上　海	Shanghai	2304	898	577	7932	1811	4896	123	56975
江　苏	Jiangsu	258	23819	7	6925	2370	1927	358	61516
浙　江	Zhejiang	454	2759	84	7315	1760	2071	409	56485
安　徽	Anhui	1825	38482	762	7454	3834	1546	310	14774
福　建	Fujian	1379	21124	689	10801	4112	3796	404	48123
江　西	Jiangxi	430	8856	402	6130	2523	1253	403	21921
山　东	Shandong	1301	20033	198	10185	3557	4572	938	34042
河　南	Henan	700	15905	118	6562	2438	703	617	37119
湖　北	Hubei	277	13109	203	6602	3219	1537	483	31195
湖　南	Hunan	248	395	25	5423	2014	1345	43	19182
广　东	Guangdong	4257	22179	295	17485	2819	10502	555	126115
广　西	Guangxi	230	22740	550	4478	1261	1009	312	19549
海　南	Hainan	58	1717	49	3471	1104	1505	123	3641
重　庆	Chongqing	145	134	321	2294	445	1226	100	5545
四　川	Sichuan	531	31523	175	5413	2052	782	518	28625
贵　州	Guizhou	578	1649	788	3242	1380	383	164	8621
云　南	Yunnan	510	9977	149	3673	1494	788	151	10055
西　藏	Tibet	115	12		166	161			1085
陕　西	Shaanxi	2987	7460	1546	9441	5622	1259	408	17101
甘　肃	Gansu	64	4343	108	3295	932	553	109	19366
青　海	Qinghai	12	1558	319	513	250	216	10	1182
宁　夏	Ningxia		1121	41	1671	1433	207	31	5761
新　疆	Xinjiang	6	4557	139	2883	373	1612	137	21501

4-1 续表 12 continued

单位：人 (person)

地 区	Region	1.租赁业 1.Leasing	2.商务服务业 2.Business Services	(十三) 科学研究和技术服务业 XIII. Scientific Research and Technical Services	1.研究和试验发展 1.Research and Experimental Development	2.专业技术服务业 2.Professional Technical Services	3.科技推广和应用服务业 3.Science and Technology Popularization and Application Services	(十四) 水利、环境和公共设施管理业 XIV. Management of Water Conservancy, Enviroment and Public Facilities
总 计	**National Total**	**9134**	**1032609**	**1827225**	**598077**	**969366**	**259782**	**1676451**
北 京	Beijing	362	200884	214735	148530	48517	17688	64363
天 津	Tianjin	518	26095	34527	6480	24112	3935	21753
河 北	Hebei	240	24513	61994	18880	39107	4007	93073
山 西	Shanxi	1037	26984	55836	15028	35695	5113	76844
内蒙古	Inner Mongolia	2859	16437	36220	6801	23548	5871	60963
辽 宁	Liaoning	37	32944	61530	20743	31750	9037	71950
吉 林	Jilin	108	27877	48559	12074	29382	7103	56626
黑龙江	Heilongjiang	13	31356	77070	6077	62805	8188	90943
上 海	Shanghai	110	56865	56218	35304	14564	6350	16305
江 苏	Jiangsu	502	61014	63859	17134	35349	11376	61510
浙 江	Zhejiang	270	56215	56016	11442	38510	6064	50420
安 徽	Anhui	174	14600	43547	9295	27201	7051	45505
福 建	Fujian	3	48120	37831	5092	27288	5451	28363
江 西	Jiangxi	117	21804	41970	9275	26798	5897	38318
山 东	Shandong	443	33599	70948	17388	47318	6242	103659
河 南	Henan	220	36899	69157	21205	38538	9414	77721
湖 北	Hubei	186	31009	74663	21770	40068	12825	89391
湖 南	Hunan	57	19125	45774	8915	31634	5225	65233
广 东	Guangdong	938	125177	87651	16747	62797	8107	102128
广 西	Guangxi		19549	55634	12649	33377	9608	61088
海 南	Hainan	58	3583	9552	2352	5764	1436	8721
重 庆	Chongqing	120	5425	36419	8061	23514	4844	32036
四 川	Sichuan	161	28464	130602	68220	52005	10377	79616
贵 州	Guizhou	36	8585	46192	4090	20458	21644	26891
云 南	Yunnan	80	9975	68733	7694	33712	27327	45120
西 藏	Tibet		1085	8278	1400	5985	893	1398
陕 西	Shaanxi	391	16710	115689	63745	39082	12862	75022
甘 肃	Gansu	22	19344	47592	11330	27440	8822	57498
青 海	Qinghai		1182	18708	2979	11028	4701	9253
宁 夏	Ningxia		5761	8941	1146	5163	2632	17390
新 疆	Xinjiang	72	21429	42780	6231	26857	9692	47350

4-1 续表 13 continued

单位：人 (person)

地 区	Region	1.水利管理业 1.Management of Water Conservancy	2.生态保护和环境治理业 2.Ecological Protection and Environmental Treatment	3.公共设施管理业 3.Management of Public Facilities	4.土地管理业 4.Management of Land	（十五）居民服务、修理和其他服务业 XV. Service to Households, Repair and Other Services	1.居民服务业 1.Service to Households	2.机动车、电子产品和日用产品修理业 2.Repair of Motor Vehicle, Electronics and Household Products
总 计	**National Total**	**346960**	**75319**	**1216570**	**37602**	**193319**	**115800**	**19698**
北 京	Beijing	7942	2054	54065	302	11785	7746	1192
天 津	Tianjin	3375	688	17192	498	2461	1999	220
河 北	Hebei	16098	2814	74137	24	3620	2946	298
山 西	Shanxi	12072	2226	62207	339	3857	1694	322
内蒙古	Inner Mongolia	11051	3251	44440	2221	4138	4127	
辽 宁	Liaoning	12438	2876	55641	995	22808	8829	207
吉 林	Jilin	11862	1486	41812	1466	8886	6385	282
黑龙江	Heilongjiang	12339	3390	73976	1238	38022	24155	8034
上 海	Shanghai	2548	454	11232	2071	6195	3370	1858
江 苏	Jiangsu	17558	1206	41360	1386	9130	7269	138
浙 江	Zhejiang	6106	1222	42519	573	4949	4246	227
安 徽	Anhui	16098	1147	27753	507	2777	2551	162
福 建	Fujian	4778	1598	20999	988	2904	2238	249
江 西	Jiangxi	6668	1279	30104	267	1239	992	33
山 东	Shandong	22284	2614	78752	9	6830	3922	421
河 南	Henan	21908	2197	53418	198	6167	4184	247
湖 北	Hubei	24804	3122	40593	20872	5547	3631	434
湖 南	Hunan	15183	1208	48341	501	1784	1267	30
广 东	Guangdong	19892	5792	76160	284	25667	12156	651
广 西	Guangxi	8813	1520	50287	468	2127	1247	133
海 南	Hainan	2469	1637	4061	554	1096	244	25
重 庆	Chongqing	2082	1767	27689	498	1017	846	
四 川	Sichuan	9334	5987	63857	438	3689	2875	124
贵 州	Guizhou	3652	1000	22138	101	1823	1430	123
云 南	Yunnan	9727	9718	25333	342	3277	1786	62
西 藏	Tibet	560	100	738		281	50	
陕 西	Shaanxi	20482	3946	50429	165	6420	1170	3670
甘 肃	Gansu	19128	4792	33505	73	2367	918	285
青 海	Qinghai	3650	524	5017	62	214	164	50
宁 夏	Ningxia	5043	1308	10954	85	85	66	6
新 疆	Xinjiang	17016	2396	27861	77	2157	1297	215

4-1 续表 14 continued

单位：人 (person)

地区	Region	3.其他服务业 3.Other Sevices	(十六)教育 XVI. Education	#初等教育 Primary Education	#中等教育 Secondary Education	#高等教育 Senior Education	(十七)卫生和社会工作 XVII. Health and Social Service	1.卫生 1.Health
总 计	**National Total**	**57821**	**15647818**	**5556977**	**6799479**	**2052352**	**7861659**	**7588720**
北 京	Beijing	2847	358321	65414	91070	145236	231890	223216
天 津	Tianjin	242	165930	43219	48842	49926	92456	90529
河 北	Hebei	376	857721	355535	367175	78637	357064	348645
山 西	Shanxi	1841	480845	165696	212365	55624	193943	189843
内蒙古	Inner Mongolia	11	336250	127123	139425	37870	164197	95787
辽 宁	Liaoning	13772	441436	127672	190030	81118	276502	258510
吉 林	Jilin	2219	341341	122340	139731	57148	178355	171230
黑龙江	Heilongjiang	5833	404386	119002	177025	74320	213393	175939
上 海	Shanghai	967	250699	39369	78873	74029	152891	147592
江 苏	Jiangsu	1723	793289	253195	312933	145521	371926	365677
浙 江	Zhejiang	476	637017	196103	244759	102032	410595	403569
安 徽	Anhui	64	588462	202764	292328	68443	236409	233501
福 建	Fujian	417	479928	179781	195189	56012	186813	182836
江 西	Jiangxi	214	521701	230514	199752	56550	234587	231755
山 东	Shandong	2487	1027519	320836	528357	119027	551184	545615
河 南	Henan	1736	1008701	357564	507581	83597	528906	520205
湖 北	Hubei	1482	649327	194038	293115	121983	397190	391314
湖 南	Hunan	487	612241	169734	352835	66450	365734	360809
广 东	Guangdong	12860	1071264	404320	489052	108681	582834	568172
广 西	Guangxi	747	609629	280603	248941	48636	325191	318781
海 南	Hainan	827	108559	44929	46673	10074	51258	50654
重 庆	Chongqing	171	379647	144898	167694	46519	170126	165532
四 川	Sichuan	690	895511	360574	373304	103205	426505	419917
贵 州	Guizhou	270	530624	227713	231037	36642	204854	201315
云 南	Yunnan	1429	557514	263358	219143	34151	248134	241943
西 藏	Tibet	231	61875	24809	22328	9599	16569	16282
陕 西	Shaanxi	1580	510481	167758	200444	100942	250322	242657
甘 肃	Gansu	1164	352744	129379	156177	37028	158038	150833
青 海	Qinghai		73853	31736	31238	5552	45632	44652
宁 夏	Ningxia	13	86245	31183	40455	5803	44745	44020
新 疆	Xinjiang	645	454758	175818	201608	31997	193416	187390

4-1 续表 15 continued

单位：人 (person)

地 区	Region	2.社会工作 2.Social Service	(十八) 文化、体育和娱乐业 XVIII. Culture, Sports and Entertainment	1.新闻和出版业 1.Journalism and Publishing Activities	2.广播、电视、电影和影视录音制作业 2.Radio, Television, Motion Picture and Videotape Programme Production Services	3.文化艺术业 3.Cultural and Art Activities	4.体育 4.Sports Activities	5.娱乐业 5.Enter-tainment
总 计	**National Total**	**272939**	**915143**	**194580**	**308488**	**337596**	**48796**	**25683**
北 京	Beijing	8674	97822	44023	22242	24724	5925	908
天 津	Tianjin	1927	13647	2804	3474	5429	1470	470
河 北	Hebei	8419	39699	5479	19047	13378	709	1086
山 西	Shanxi	4100	39219	6537	14119	16001	1812	750
内蒙古	Inner Mongolia	68410	29429	5914	9463	12640	1059	353
辽 宁	Liaoning	17992	30219	5374	11883	11136	588	1238
吉 林	Jilin	7125	29112	4673	9833	11349	2573	684
黑龙江	Heilongjiang	37454	28431	3189	11506	9861	3103	772
上 海	Shanghai	5299	17542	3706	1408	7520	4425	483
江 苏	Jiangsu	6249	40321	6737	14000	15202	2669	1713
浙 江	Zhejiang	7026	44437	6890	16239	18193	1689	1426
安 徽	Anhui	2908	20758	3869	9267	6344	840	438
福 建	Fujian	3977	27601	4999	8842	10864	2191	705
江 西	Jiangxi	2832	21507	3947	8296	8299	596	369
山 东	Shandong	5569	44624	8456	15443	18001	1363	1361
河 南	Henan	8701	47854	8218	19907	16545	2193	991
湖 北	Hubei	5876	44284	14370	16184	11417	1212	1101
湖 南	Hunan	4925	32455	4427	16023	10093	1517	395
广 东	Guangdong	14662	49833	9626	16829	17283	3867	2228
广 西	Guangxi	6410	21614	3290	6769	9808	1090	657
海 南	Hainan	604	5705	1063	2416	1895	100	231
重 庆	Chongqing	4594	15501	4671	3203	6857	654	116
四 川	Sichuan	6588	41418	8221	12906	15669	1744	2878
贵 州	Guizhou	3539	14744	3537	4579	5724	449	455
云 南	Yunnan	6191	21562	2774	5797	10751	559	1681
西 藏	Tibet	287	7758	1595	3671	1950	499	43
陕 西	Shaanxi	7665	29387	3549	7717	16499	1133	489
甘 肃	Gansu	7205	21207	2461	7015	10381	1158	192
青 海	Qinghai	980	6699	1688	1933	2487	534	57
宁 夏	Ningxia	725	6416	1526	2077	2167	402	244
新 疆	Xinjiang	6026	24338	6967	6400	9129	673	1169

4-1 续表 16 continued

单位：人 (person)

地 区	Region	(十九) 公共管理、社会保障和社会组织 XIX.Public Management, Social Security and Social Organization	#中国共产党机关 Organs of Communist Party of China	#国家机构 Government Agencies	#人民政协、民主党派 People's Political Consultative Conference and Democratic Parties	#社会保障 Social Security	#群众社团、社会团体和其他成员组织 Non-Governmental Organizations, Social Organizations and Membership Organizations
总 计	**National Total**	**17918492**	**845981**	**16483152**	**100445**	**153894**	**242468**
北 京	Beijing	441739	12173	407556	2175	1497	18338
天 津	Tianjin	169606	6326	160194	439	1032	1615
河 北	Hebei	912264	45444	836241	4522	15720	8970
山 西	Shanxi	607725	34790	549936	3759	9787	9453
内蒙古	Inner Mongolia	497277	25925	450849	3203	6013	10789
辽 宁	Liaoning	617036	21782	575678	3217	5167	7243
吉 林	Jilin	376652	13025	351797	2010	4263	5274
黑龙江	Heilongjiang	443339	19710	410603	2366	5213	5259
上 海	Shanghai	203067	3225	190469	766	5010	3169
江 苏	Jiangsu	784210	45731	720177	3308	7300	7694
浙 江	Zhejiang	705707	22004	666793	3627	5266	8017
安 徽	Anhui	533455	17900	502446	2662	3045	6573
福 建	Fujian	472087	39472	416795	3398	4121	8301
江 西	Jiangxi	574878	19805	539233	4215	5332	6293
山 东	Shandong	1171021	46595	1102208	5549	3299	13254
河 南	Henan	1190302	38957	1124501	5463	6302	13510
湖 北	Hubei	672117	29515	549076	4166	7750	12904
湖 南	Hunan	812823	37394	755188	4173	7699	8369
广 东	Guangdong	1194524	35684	1132987	4548	8303	13002
广 西	Guangxi	573894	21579	531563	2919	9574	8259
海 南	Hainan	156562	6031	147345	573	441	1860
重 庆	Chongqing	345403	12400	324157	1370	2567	4909
四 川	Sichuan	1015793	87401	898921	7234	8080	14126
贵 州	Guizhou	625836	38999	574625	4509	1364	6339
云 南	Yunnan	613668	61421	527138	8207	5689	9524
西 藏	Tibet	167066	10745	151599	852	381	3489
陕 西	Shaanxi	603216	24885	560237	3559	5816	8658
甘 肃	Gansu	464403	24777	427151	4165	1971	6225
青 海	Qinghai	127193	7033	115563	1234	1581	1782
宁 夏	Ningxia	120380	3188	111524	742	1686	3240
新 疆	Xinjiang	725249	32065	670602	1515	2625	6030

4-2 各地区分行业城镇集体单位就业人员数
Employed Persons in Urban Collective-owned Units by Sector and Region

单位：人 (person)

地区	Region	城镇集体单位合计 Total	(一)企业 I. Enterprises	(二)事业 II. Institutions	(三)机关 III. Agencies and Organizations	(四)民间非营利组织 IV. Civil Nonprofit Organizations	(五)其他 V. Other	(一)农、林、牧、渔业 I. Agriculture, Forestry, Animal Husbandry and Fishery
总　计	**National Total**	**3473982**	**2675535**	**729900**	**7760**	**29261**	**31526**	**15563**
北　京	Beijing	131196	97174	19913		7730	6379	2617
天　津	Tianjin	26344	23464	1768	146	946	20	127
河　北	Hebei	113267	82863	29691	483		230	709
山　西	Shanxi	132194	111212	20287	333	51	311	483
内蒙古	Inner Mongolia	41004	28944	12020	22		18	185
辽　宁	Liaoning	146469	131975	12548	591	945	410	534
吉　林	Jilin	37114	26245	10563	248	12	46	3218
黑龙江	Heilongjiang	95469	87796	7353	183	3	134	531
上　海	Shanghai	112775	69459	39893		2573	850	304
江　苏	Jiangsu	250119	128966	117526	893	1076	1658	577
浙　江	Zhejiang	148846	115562	24388		5056	3840	52
安　徽	Anhui	125410	71195	53453	303	347	112	300
福　建	Fujian	99694	57515	38779	71	264	3065	183
江　西	Jiangxi	109244	101447	7704	46	47		156
山　东	Shandong	289640	210076	77505	280	514	1265	302
河　南	Henan	214918	135553	73811	1566	1572	2416	1790
湖　北	Hubei	111692	84790	24796	1239	428	439	798
湖　南	Hunan	132764	108095	23339		153	1177	731
广　东	Guangdong	426193	370892	46220	319	2466	6296	248
广　西	Guangxi	108519	104183	2998	89	642	607	163
海　南	Hainan	13856	9313	4242	8	198	95	289
重　庆	Chongqing	55978	39706	13690	74	2188	320	162
四　川	Sichuan	202495	151504	49600	567	288	536	403
贵　州	Guizhou	39960	38059	262	50	1483	106	211
云　南	Yunnan	74078	71696	2271	67	17	27	103
西　藏	Tibet	1670	1616	54				19
陕　西	Shaanxi	136053	125003	10045	83	245	677	224
甘　肃	Gansu	62278	59496	2451	60		271	
青　海	Qinghai	9587	9208	379				63
宁　夏	Ningxia	4589	3203	1196		2	188	
新　疆	Xinjiang	20567	19325	1155	39	15	33	81

4-2 续表 1 continued

单位：人 (person)

地 区	Region	1.农业 1.Farming	2.林业 2.Forestry	3.畜牧业 3.Animal Husbandry	4.渔业 4.Fishery	5.农、林、牧、渔服务业 5.Service in Support of Agriculture	(二)采矿业 II. Mining	1.煤炭开采和洗选业 1.Mining and Washing of Coal
总 计	**National Total**	**4985**	**5622**	**669**	**831**	**3456**	**40655**	**23578**
北 京	Beijing	1674	543	90	35	275	145	
天 津	Tianjin	36	6	4		81		
河 北	Hebei	43	380	35		251	2444	2132
山 西	Shanxi	331	13	9		130	5213	5143
内蒙古	Inner Mongolia	126		46		13	511	179
辽 宁	Liaoning	250	30	30	169	55	2942	188
吉 林	Jilin	17	3130			71	1407	
黑龙江	Heilongjiang	125	65	52		289	7460	4681
上 海	Shanghai					304		
江 苏	Jiangsu	107	219	93	86	72	102	
浙 江	Zhejiang	4			38	10	82	
安 徽	Anhui	265			35		618	
福 建	Fujian	1	115		17	50	2309	852
江 西	Jiangxi		83		2	71	209	204
山 东	Shandong		11		229	62	1841	317
河 南	Henan	1169	5			616	1074	
湖 北	Hubei	525	12	8	76	177	786	
湖 南	Hunan	51	404	90	62	124	5252	4128
广 东	Guangdong		71	28	65	84	64	
广 西	Guangxi	6	121	28		8	228	
海 南	Hainan		251			38	11	
重 庆	Chongqing	14	39		17	92	396	1
四 川	Sichuan	8		4		391	428	150
贵 州	Guizhou	110	47	48		6	1121	460
云 南	Yunnan	26		75		2	1915	1725
西 藏	Tibet		19				195	
陕 西	Shaanxi	49	58	9		108	2010	1700
甘 肃	Gansu						1586	1478
青 海	Qinghai	11				52	7	
宁 夏	Ningxia							
新 疆	Xinjiang	37		20		24	299	240

4-2 续表 2 continued

单位：人 (person)

地区 Region	2.石油和天然气开采业 2.Extraction of Petroleum and Natural Gas	3.黑色金属矿采选业 3.Mining and Processing of Ferrous Metal Ores	4.有色金属矿采选业 4.Mining and Processing of Non-ferrous Metal Ores	5.非金属矿采选业 5.Mining and Processing of Non-metal Ores	6.开采辅助活动 6.Support Activities for Mining	7.其他采矿业 7.Mining of Other Ores	(三)制造业 III. Manufacturing
总 计 National Total		**5764**	**3768**	**3396**	**4149**		**384270**
北 京 Beijing		123		22			10891
天 津 Tianjin							3201
河 北 Hebei		312					14345
山 西 Shanxi		20	12	4	34		25906
内蒙古 Inner Mongolia		332					2440
辽 宁 Liaoning		2066	213	475			45096
吉 林 Jilin		76			1331		2600
黑龙江 Heilongjiang				2	2777		33156
上 海 Shanghai							14017
江 苏 Jiangsu				102			18527
浙 江 Zhejiang				82			2727
安 徽 Anhui		618					4457
福 建 Fujian		501	276	680			12922
江 西 Jiangxi				5			9244
山 东 Shandong			1210	314			23411
河 南 Henan			979	95			18799
湖 北 Hubei		532	97	157			19699
湖 南 Hunan		219	352	553			13603
广 东 Guangdong				64			55612
广 西 Guangxi		41		187			6845
海 南 Hainan				11			25
重 庆 Chongqing			213	182			4069
四 川 Sichuan		75	144	59			6573
贵 州 Guizhou		512	97	52			2714
云 南 Yunnan				190			4681
西 藏 Tibet		195					444
陕 西 Shaanxi		142	26	142			23141
甘 肃 Gansu			108				4239
青 海 Qinghai					7		232
宁 夏 Ningxia							146
新 疆 Xinjiang			41	18			508

4-2 续表 3 continued

单位：人 (person)

地 区	Region	1.农副食品加工业 1.Processing of Food from Agricultural Products	2.食品制造业 2.Manufacture of Foods	3.酒、饮料和精制茶制造业 3.Manufacture of Liquor, Beverages and Refined Tea	4.烟草制品业 4.Manufacture of Tobacco	5.纺织业 5.Manufacture of Textile	6.纺织服装、服饰业 6.Manufacture of Textile Wearing Apparel, and Accessories	7.皮革、毛皮、羽毛及其制品和制鞋业 7.Manufacture of Leather, Fur, Feather and Related Products and Footwear
总 计	**National Total**	**8899**	**4317**	**4373**	**2001**	**17238**	**12030**	**5865**
北 京	Beijing	182	117	123		71	881	69
天 津	Tianjin	148	26	20		8	55	3
河 北	Hebei	50	53				325	56
山 西	Shanxi	38	77	315		148	621	37
内蒙古	Inner Mongolia	3				27	31	
辽 宁	Liaoning	68	382	76		194	573	58
吉 林	Jilin						92	
黑龙江	Heilongjiang	391	1177	299		5205	2855	50
上 海	Shanghai		185			487	259	231
江 苏	Jiangsu	162	15	570		1119	1097	187
浙 江	Zhejiang	16	13			113		
安 徽	Anhui	48		80	817	87	7	58
福 建	Fujian	577	193	1475		2034	40	131
江 西	Jiangxi	51	166	11		89	70	60
山 东	Shandong	2351	189	271		662	826	547
河 南	Henan	1205		199	306	845	152	327
湖 北	Hubei	1880	213	357	18	4565	216	23
湖 南	Hunan	765	45			4	302	3
广 东	Guangdong	452	835	66		1073	2769	3515
广 西	Guangxi	24	164	169		46	60	25
海 南	Hainan							
重 庆	Chongqing	77	47	68		17	88	4
四 川	Sichuan	8	11	64	135	23	392	
贵 州	Guizhou	10	107	32		5	17	318
云 南	Yunnan	132	146	29	724	91	54	95
西 藏	Tibet			35		97	17	
陕 西	Shaanxi	66	138	75	1	142	72	2
甘 肃	Gansu	194		30		74	124	66
青 海	Qinghai							
宁 夏	Ningxia						17	
新 疆	Xinjiang	1	18	9		12	18	

4-2 续表 4 continued

单位：人 (person)

地 区	Region	8.木材加工和木、竹、藤、棕、草制品业 8.Processing of Timbers, Manufacture of Wood, Bamboo, Rattan, Palm and Straw Products	9.家具制造业 9.Manufacture of Furniture	10.造纸和纸制品业 10.Manufacture of Paper and Paper Products	11.印刷和记录媒介复制业 11.Printing and Reproduction of Recording Media	12.文教工美、体育和娱乐用品制造业 12.Manufacture of Articles for Culture, Education, Arts and Crafts, Sport and Entertainment Activities	13.石油加工、炼焦和核燃料加工业 13.Processing of Petroleum, Coking, Processing of Nuclear Fuel	14.化学原料和化学制品制造业 14.Manufacture of Chemical Raw Material and Chemical Products
总 计	**National Total**	**3915**	**979**	**14851**	**24846**	**14883**	**4568**	**24093**
北 京	Beijing	103	15	557	1636	171	4	218
天 津	Tianjin	132		142	49			394
河 北	Hebei	51	169	993	275	11	73	683
山 西	Shanxi	21	50	189	800	60		311
内蒙古	Inner Mongolia			163	81	24		132
辽 宁	Liaoning	190	31	282	820	230	4247	4831
吉 林	Jilin	128		16	531	35		787
黑龙江	Heilongjiang	235	101	3136	558	234		6762
上 海	Shanghai	125	17	16	525	522		361
江 苏	Jiangsu	372	118	114	621	532	19	802
浙 江	Zhejiang	25	12	60	280	30	17	83
安 徽	Anhui			393	469	38		49
福 建	Fujian	117	117	1334	524	1381		145
江 西	Jiangxi	25	3	43	352	4		262
山 东	Shandong	598	119	1466	244	153	81	1138
河 南	Henan	15		631	2368	537	62	838
湖 北	Hubei	628		2658	240			468
湖 南	Hunan	231		325	2150	280		1211
广 东	Guangdong	121	85	1155	1353	10112		709
广 西	Guangxi	210	6	214	262	47		687
海 南	Hainan		3		14			
重 庆	Chongqing	533		313	20	7		366
四 川	Sichuan	10		7	272	45		665
贵 州	Guizhou	23		75	237	16		133
云 南	Yunnan	22	74	409	108	7		308
西 藏	Tibet		37			245		
陕 西	Shaanxi		6	160	9748	47		188
甘 肃	Gansu		12		156	29	40	1358
青 海	Qinghai				108			6
宁 夏	Ningxia				33			
新 疆	Xinjiang		4		12	86	25	198

4-2 续表 5 continued

单位：人 (person)

地区	Region	15.医药制造业 15.Manufacture of Medicines	16.化学纤维制造业 16.Manufacture of Chemical Fibres	17.橡胶和塑料制品业 17.Manufacture of Rubber and Plastics Products	18.非金属矿物制品业 18.Manufacture of Non-metallic Mineral Products	19.黑色金属冶炼和压延加工业 19.Smelting and Processing of Ferrous Metals	20.有色金属冶炼和压延加工业 20.Smelting and Processing of Non-ferrous Metals	21.金属制品业 21.Manufacture of Metal Products
总 计	**National Total**	**3644**	**395**	**17452**	**32305**	**6840**	**4741**	**40289**
北 京	Beijing	219		416	1343	4	99	1412
天 津	Tianjin	30	14	452	31	80		768
河 北	Hebei			23	1489	56	10	340
山 西	Shanxi	15		220	439	229	155	3664
内蒙古	Inner Mongolia			115	171		136	60
辽 宁	Liaoning	8		1233	2546	1850	257	12715
吉 林	Jilin	58			471	59		54
黑龙江	Heilongjiang			3984	2770	524	4	445
上 海	Shanghai	101	21	495	399	23		750
江 苏	Jiangsu		70	973	1677	736	413	1531
浙 江	Zhejiang			142	167	51	25	1084
安 徽	Anhui			255	394			544
福 建	Fujian	165		97	1044	23		1890
江 西	Jiangxi			614	1141	50	75	210
山 东	Shandong	368	254	621	1640	197	1236	3344
河 南	Henan	1827		920	1509	101	772	2815
湖 北	Hubei			562	2886	522	89	828
湖 南	Hunan	536		1360	1612	1597	353	181
广 东	Guangdong		7	3704	1246	8	401	876
广 西	Guangxi			330	2347			322
海 南	Hainan			8				
重 庆	Chongqing			35	372	6		187
四 川	Sichuan		29	75	373	309		1451
贵 州	Guizhou	58		71	358	135	81	301
云 南	Yunnan	183		110	109	280	453	625
西 藏	Tibet							
陕 西	Shaanxi	76		417	4115		182	3720
甘 肃	Gansu			210	1604			33
青 海	Qinghai				18			67
宁 夏	Ningxia							61
新 疆	Xinjiang			10	34			11

4-2 续表 6 continued

单位：人 (person)

地 区	Region	22.通用设备制造业 22.Manufacture of General Purpose Machinery	23.专用设备制造业 23.Manufacture of Special Purpose Machinery	24.汽车制造业 24.Manufacture of Automobiles	25.铁路、船舶、航空航天和其他运输设备制造业 25. Manufacture of Railway,Ship, Aerospace and Other Transport Equipment	26.电气机械和器材制造业 26.Manufacture of Electrical Machinery and Apparatus	27.计算机、通信和其他电子设备制造业 27.Manufacture of Computers, Communication and Other Electronic Equipment	28.仪器仪表制造业 28.Manufacture of Measuring Instruments and Machinery
总 计	**National Total**	**31454**	**26581**	**4738**	**15155**	**20206**	**22803**	**3035**
北 京	Beijing	927	781	470	19	373	123	208
天 津	Tianjin	183	156	4	71	74	30	9
河 北	Hebei	1462	2218	296	1728	1140		113
山 西	Shanxi	3031	10304	23	2296	2406		131
内蒙古	Inner Mongolia	97	50	193	449	6		
辽 宁	Liaoning	4422	869	331	5674	809	484	242
吉 林	Jilin	104	13	92	66	14	3	34
黑龙江	Heilongjiang	849	1040	23	219	1988	13	17
上 海	Shanghai	7455	760	443	173	368	28	116
江 苏	Jiangsu	1560	1021	376	664	2988	365	331
浙 江	Zhejiang	214	20		85	90	63	56
安 徽	Anhui	209	219		135	379	44	
福 建	Fujian	1011	83	211	2	73	131	
江 西	Jiangxi	376	195	189	47	4601	73	69
山 东	Shandong	1703	1537	330	159	2395	209	451
河 南	Henan	1608	861	379	33	92	47	141
湖 北	Hubei	677	924	229	402	96		145
湖 南	Hunan	772	266	50	261	340	37	
广 东	Guangdong	2649	1839	95	82	766	21033	90
广 西	Guangxi	157	97	135	948	73	20	486
海 南	Hainan							
重 庆	Chongqing	577	12	417	269	5		94
四 川	Sichuan	347	452	256	1066	540	15	21
贵 州	Guizhou	140	133			73		58
云 南	Yunnan	251	75	80		34	54	173
西 藏	Tibet		13					
陕 西	Shaanxi	590	2591	86	264	424	31	
甘 肃	Gansu	48			43	59		50
青 海	Qinghai			12				
宁 夏	Ningxia	35						
新 疆	Xinjiang		52	18				

4-2 续表 7 continued

单位：人 (person)

地 区	Region	29.其他制造业 29. Other Manufature	30.废弃资源综合利用业 30. Utilization of Waste Resources	31.金属制品、机械和设备修理业 31. Repair Service of Metal Products, Machinery and Eguipment	(四) 电力、热力、燃气及水生产和供应业 Production and Supply of Electricity, Heat, Gas and Water	1.电力、热力生产和供应业 1.Production and Supply of Electric Power and Heat Power	2.燃气生产和供应业 2.Production and Supply of Gas	3.水的生产和供应业 3.Production and Supply of Water
总 计	**National Total**	**1239**	**2076**	**8459**	**29133**	**15410**	**387**	**13336**
北 京	Beijing	66	89	195	560	397	1	162
天 津	Tianjin			322	576	394		182
河 北	Hebei			2731	135	29	11	95
山 西	Shanxi	38		288	812	757	7	48
内蒙古	Inner Mongolia	702			594	94		500
辽 宁	Liaoning	29	313	1332	1110	750		360
吉 林	Jilin		43		134			134
黑龙江	Heilongjiang	14	71	192	804	643		161
上 海	Shanghai	42		115	1133	1080		53
江 苏	Jiangsu	16		78	994	19	13	962
浙 江	Zhejiang	4		77	1840	935	115	790
安 徽	Anhui			232	572	484		88
福 建	Fujian	85		39	1674	1284		390
江 西	Jiangxi	5	14	449	8			8
山 东	Shandong	32	39	251	1935	1629		306
河 南	Henan			209	1051	73		978
湖 北	Hubei		923	150	1330	213		1117
湖 南	Hunan		2	920	1476	1203		273
广 东	Guangdong	121	414	36	7582	3251	90	4241
广 西	Guangxi			16	191			191
海 南	Hainan				9		9	
重 庆	Chongqing	16	42	497	1044	507		537
四 川	Sichuan		1	6	2029	433	141	1455
贵 州	Guizhou	30		303	365	296		69
云 南	Yunnan	39	16		567	477		90
西 藏	Tibet							
陕 西	Shaanxi				363	348		15
甘 肃	Gansu		109		104	89		15
青 海	Qinghai			21				
宁 夏	Ningxia							
新 疆	Xinjiang				141	25		116

4-2 续表 8 continued

单位：人 (person)

地区	Region	(五) 建筑业 V. Construction	1.房屋 建筑业 1. Construction of Buildings	2.土木 工程 建筑业 2. Civil Engineering	3.建筑 安装业 3.Building Installation	4.建筑 装饰和其他 建筑业 4.Building Decoration and Other Constructions	(六) 批发和 零售业 VI. Wholesale and Retail Trades	1.批发业 1.Wholesale Trade
总　计	**National Total**	**1167857**	**995314**	**110493**	**36438**	**25612**	**177910**	**76562**
北　京	Beijing	6242	4008	1009	465	760	7478	2473
天　津	Tianjin	6222	3928	833	1318	143	1675	711
河　北	Hebei	17930	16426	619	688	197	12777	5869
山　西	Shanxi	15804	11554	1512	2413	325	18568	7662
内蒙古	Inner Mongolia	1061	184	673	134	70	934	267
辽　宁	Liaoning	44139	18747	16025	8265	1102	6091	3257
吉　林	Jilin	5168	3081	1061	1022	4	1150	495
黑龙江	Heilongjiang	12213	6723	3589	1736	165	6871	2851
上　海	Shanghai	9401	8329	199	755	118	4817	1724
江　苏	Jiangsu	36096	19387	8394	2035	6280	8219	2701
浙　江	Zhejiang	82369	73735	8281	315	38	2791	1034
安　徽	Anhui	32218	22530	1763	3714	4211	3116	1466
福　建	Fujian	18239	17336	270	168	465	6323	2458
江　西	Jiangxi	73472	67818	4933	514	207	2004	708
山　东	Shandong	117737	110675	3669	1751	1642	12599	5094
河　南	Henan	55877	40885	7984	1943	5065	11380	7115
湖　北	Hubei	34881	30429	3066	1043	343	13200	1944
湖　南	Hunan	72062	70270	1098	669	25	4494	611
广　东	Guangdong	164738	152429	8139	2220	1950	25089	13524
广　西	Guangxi	69186	66035	2760	372	19	4682	3469
海　南	Hainan	6299	5785	504	10		451	44
重　庆	Chongqing	25349	23627	1317	173	232	2715	1308
四　川	Sichuan	105876	81691	21966	1879	340	3509	1843
贵　州	Guizhou	15589	15054	21	407	107	2832	2063
云　南	Yunnan	33151	28924	4023	129	75	3754	1660
西　藏	Tibet	854	563	291			36	
陕　西	Shaanxi	64630	60069	2836	488	1237	5608	1703
甘　肃	Gansu	34238	32043	1111	592	492	2894	1172
青　海	Qinghai	4545	1248	2158	1139		347	66
宁　夏	Ningxia	1533	1491	42			88	55
新　疆	Xinjiang	738	310	347	81		1418	1215

4-2 续表 9 continued

单位：人 (person)

地 区	Region	2.零售业 2.Retail Trade	(七) 交通运输、仓储和邮政业 VII. Transport, Storage and Post	1.铁路运输业 1.Railway Transport	2.道路运输业 2.Road Transport	3.水上运输业 3.Water Transport	4.航空运输业 4.Air Transport	5.管道运输业 5.Transport Via Pipeline
总 计	**National Total**	**101348**	**92749**	**2993**	**54158**	**10812**	**74**	
北 京	Beijing	5005	4499		3885			
天 津	Tianjin	964	1201		740	45		
河 北	Hebei	6908	3698	35	2651			
山 西	Shanxi	10906	2382	93	1205			
内蒙古	Inner Mongolia	667	1153		119			
辽 宁	Liaoning	2834	3289	259	1893	32		
吉 林	Jilin	655	874		567			
黑龙江	Heilongjiang	4020	587		474	29		
上 海	Shanghai	3093	4999	800	3329	62		
江 苏	Jiangsu	5518	12389	819	5146	3025	74	
浙 江	Zhejiang	1757	2189	12	1283	364		
安 徽	Anhui	1650	6645		3443	2300		
福 建	Fujian	3865	1714	74	803	219		
江 西	Jiangxi	1296	2377	21	1223	822		
山 东	Shandong	7505	4970	296	3828			
河 南	Henan	4265	9275	245	5615	1250		
湖 北	Hubei	11256	3663		1630	481		
湖 南	Hunan	3883	4048	51	2599	203		
广 东	Guangdong	11565	6171		3755	875		
广 西	Guangxi	1213	1620		1022	540		
海 南	Hainan	407	180		151			
重 庆	Chongqing	1407	3626		3247	72		
四 川	Sichuan	1666	6485	70	4221	493		
贵 州	Guizhou	769	1138		106			
云 南	Yunnan	2094	651		384			
西 藏	Tibet	36						
陕 西	Shaanxi	3905	2048		547			
甘 肃	Gansu	1722	534		248			
青 海	Qinghai	281	241	218	23			
宁 夏	Ningxia	33						
新 疆	Xinjiang	203	103		21			

4-2 续表 10 continued

单位：人 (person)

地 区	Region	6.装卸搬运和运输代理业 6.Loading Unloading and Forwarding Ageney	7.仓储业 7.Storage	8.邮政业 8.Post	(八) 住宿和餐饮业 VIII. Hotels and Catering Services	1.住宿业 1.Hotels	2.餐饮业 2.Catering Services	(九) 信息传输、软件和信息技术服务业 Information Transmission, Software and Information Technology
总 计	**National Total**	**2925**	**19437**	**2350**	**38594**	**22242**	**16352**	**5699**
北 京	Beijing	106	508		6051	4320	1731	321
天 津	Tianjin	23	393		708	584	124	114
河 北	Hebei	123	889		1041	901	140	207
山 西	Shanxi		1084		1002	613	389	63
内蒙古	Inner Mongolia	170	847	17	194	158	36	
辽 宁	Liaoning	85	891	129	926	687	239	215
吉 林	Jilin	39	103	165	261	84	177	
黑龙江	Heilongjiang	20	64		1051	507	544	64
上 海	Shanghai	405	258	145	2608	1130	1478	18
江 苏	Jiangsu	60	2709	556	1906	1061	845	1124
浙 江	Zhejiang	228	250	52	1263	1168	95	579
安 徽	Anhui	71	134	697	395	194	201	192
福 建	Fujian	39	579		494	353	141	100
江 西	Jiangxi		311		117	6	111	405
山 东	Shandong		846		2087	1316	771	184
河 南	Henan	503	1463	199	2395	1951	444	726
湖 北	Hubei	181	1190	181	1184	999	185	
湖 南	Hunan	13	1182		586	570	16	54
广 东	Guangdong	475	857	209	8976	1717	7259	900
广 西	Guangxi		58		621	500	121	77
海 南	Hainan		29		17	17		5
重 庆	Chongqing	5	302		1128	472	656	
四 川	Sichuan	206	1495		757	570	187	72
贵 州	Guizhou	11	1021		437	367	70	61
云 南	Yunnan	62	205		1056	939	117	73
西 藏	Tibet				63	63		
陕 西	Shaanxi	100	1401		628	461	167	89
甘 肃	Gansu		286		453	371	82	56
青 海	Qinghai				121	99	22	
宁 夏	Ningxia				3	3		
新 疆	Xinjiang		82		65	61	4	

4-2 续表 11 continued

单位：人 (person)

地 区	Region	1.电信、广播电视和卫星传输服务 1.Telecommunication, Radio and Television and Satellite Transmission Service	2.互联网和相关服务 2.Internet and Related Service	3.软件和信息技术服务业 3.Software and Information Technology	(十) 金融业 X. Financial Intermediation	1.货币金融服务 1.Monetay and Financial Service	2.资本市场服务 2.Capital Market Service	3.保险业 3.Insurance
总 计	**National Total**	**3447**	**341**	**1911**	**330832**	**324873**	**1309**	**1216**
北 京	Beijing	51	13	257	32			
天 津	Tianjin			114				
河 北	Hebei	87	34	86	18130	17866	264	
山 西	Shanxi	42		21	30074	27502		
内蒙古	Inner Mongolia				18988	18979		
辽 宁	Liaoning	132		83	12041	11068	634	62
吉 林	Jilin				8714	8702		12
黑龙江	Heilongjiang	39		25	14662	14660		
上 海	Shanghai			18	64	12		
江 苏	Jiangsu	923	143	58	11096	11091		
浙 江	Zhejiang	563		16	2147	2147		
安 徽	Anhui	175	17		15531	15518		13
福 建	Fujian		3	97	6969	6938	31	
江 西	Jiangxi	395		10	8556	8556		
山 东	Shandong	136		48	18282	18015	11	256
河 南	Henan	593	107	26	20843	19980		532
湖 北	Hubei				6994	6969	25	
湖 南	Hunan	54			1671	1671		
广 东	Guangdong	96		804	34812	34812		
广 西	Guangxi			77	13463	13463		
海 南	Hainan		5		805	805		
重 庆	Chongqing				112	101	11	
四 川	Sichuan	55		17	17661	17481	150	21
贵 州	Guizhou			61	9839	9839		
云 南	Yunnan	7	19	47	18059	17731	183	
西 藏	Tibet							
陕 西	Shaanxi	43		46	15295	15214		81
甘 肃	Gansu	56			12985	12803		182
青 海	Qinghai				3204	3204		
宁 夏	Ningxia				1469	1469		
新 疆	Xinjiang				8334	8277		57

4-2 续表 12 continued

单位：人 (person)

地 区	Region	4.其他金融业 4.Other Financial Activities	(十一) 房地产业 XI. Real Estate	#房地产开发经营 Development and Management of Real Estate	#物业管理 Property Management	#房地产中介服务 Agency Services for Real Estate	#房地产租赁经营	(十二) 租赁和商务服务业 XII. Leasing and Business Services
总 计	**National Total**	**3434**	**72429**	**9372**	**28452**	**1640**	**30536**	**232761**
北 京	Beijing	32	21627	290	8792	33	12383	30708
天 津	Tianjin		2203	90	649	5	1459	5996
河 北	Hebei		1237		322	274	604	9148
山 西	Shanxi	2572	1053	357	74		408	5208
内蒙古	Inner Mongolia	9	66		62		4	644
辽 宁	Liaoning	277	1323	47	781	18	391	7522
吉 林	Jilin		208		7	77	110	727
黑龙江	Heilongjiang	2	650	377	173	10	24	6992
上 海	Shanghai	52	5942	246	3779	37	1880	22248
江 苏	Jiangsu	5	2433	535	1012	44	812	20577
浙 江	Zhejiang		1636	180	596	107	699	14415
安 徽	Anhui		564	61	234	13	221	3773
福 建	Fujian		2383	358	1075	31	740	4052
江 西	Jiangxi		873	470	74		202	2523
山 东	Shandong		5718	2589	1874	173	1070	9269
河 南	Henan	331	1564	92	1202	82	130	3284
湖 北	Hubei		1107	283	557	15	48	4051
湖 南	Hunan		1345	45	181		1103	1650
广 东	Guangdong		14367	2491	4173	375	7112	46785
广 西	Guangxi		747	86	366	123	139	5506
海 南	Hainan		423	88	161	46	65	212
重 庆	Chongqing		274		99	19	103	1053
四 川	Sichuan	9	1421	180	945	102	194	6455
贵 州	Guizhou		430	72	65		216	2264
云 南	Yunnan	145	1018	80	578	35	22	1591
西 藏	Tibet							5
陕 西	Shaanxi		624	237	131		184	7032
甘 肃	Gansu		575	95	331		149	1847
青 海	Qinghai							384
宁 夏	Ningxia		46		18	21	7	114
新 疆	Xinjiang		572	23	141		57	6726

4-2 续表 13 continued

单位：人 (person)

地 区	Region	1.租赁业 1.Leasing	2.商务服务业 2.Business Services	(十三) 科学研究和技术服务业 XIII. Scientific Research and Technical Services	1.研究和试验发展 1.Research and Experimental Development	2.专业技术服务业 2.Professional Technical Services	3.科技推广和应用服务业 3.Science and Technology Popularization and Application Services
总 计	**National Total**	**2233**	**230528**	**39090**	**4327**	**27770**	**6993**
北 京	Beijing	147	30561	6102	2371	2745	986
天 津	Tianjin	58	5938	405	1	400	4
河 北	Hebei	78	9070	777		710	67
山 西	Shanxi	44	5164	593		588	5
内蒙古	Inner Mongolia	170	474	425		424	1
辽 宁	Liaoning	14	7508	2084	83	1768	233
吉 林	Jilin		727	524	64	364	96
黑龙江	Heilongjiang	6	6986	450	23	212	215
上 海	Shanghai	59	22189	1489	261	466	762
江 苏	Jiangsu	263	20314	3909	326	2860	723
浙 江	Zhejiang		14415	1738	12	1443	283
安 徽	Anhui		3773	664	87	384	193
福 建	Fujian	10	4042	1096		730	366
江 西	Jiangxi	22	2501	401	131	263	7
山 东	Shandong	543	8726	1774	240	1237	297
河 南	Henan	27	3257	2547	155	2201	191
湖 北	Hubei		4051	2455	94	1500	861
湖 南	Hunan		1650	404		316	88
广 东	Guangdong	622	46163	3108	196	2747	165
广 西	Guangxi	33	5473	790	110	573	107
海 南	Hainan		212	472	120	309	43
重 庆	Chongqing	5	1048	525	2	428	95
四 川	Sichuan	48	6407	1416	1	741	674
贵 州	Guizhou	22	2242	243	13	198	32
云 南	Yunnan	16	1575	2013	14	1803	196
西 藏	Tibet		5				
陕 西	Shaanxi	14	7018	1914	23	1632	259
甘 肃	Gansu	32	1815	238		194	44
青 海	Qinghai		384	40		40	
宁 夏	Ningxia		114	10		10	
新 疆	Xinjiang		6726	484		484	

4-2 续表 14 continued

单位：人 (person)

地 区	Region	（十四）水利、环境和公共设施管理业 XIV. Management of Water Conservancy, Enviroment and Public Facilities	1.水利管理业 1.Management of Water Conservancy	2.生态保护和环境治理业 2.Ecological Protection and Environmental Treatment	3.公共设施管理业 3.Management of Public Facilities	4.土地管理业 4.Management of Land	（十五）居民服务、修理和其他服务业 XV. Service to Households, Repair and Other Services
总 计	**National Total**	**79500**	**8266**	**1622**	**68857**	**755**	**32751**
北 京	Beijing	4038	158	9	3869	2	6268
天 津	Tianjin	169	133		36		507
河 北	Hebei	1780	272	29	1479		777
山 西	Shanxi	6203	41		6162		987
内蒙古	Inner Mongolia	2688	46		2630	12	1580
辽 宁	Liaoning	1653	150		1452	51	994
吉 林	Jilin	5471	121		5350		914
黑龙江	Heilongjiang	3299	933	3	2267	96	1534
上 海	Shanghai	5489			5263	226	4101
江 苏	Jiangsu	16241	750	595	14728	168	4281
浙 江	Zhejiang	1997	37	12	1948		1614
安 徽	Anhui	1082	123	5	940	14	515
福 建	Fujian	784	178		606		491
江 西	Jiangxi	2449	42		2407		39
山 东	Shandong	2265	43		2222		682
河 南	Henan	2157	665	49	1338	105	1171
湖 北	Hubei	5936	1405	136	4395		589
湖 南	Hunan	1441	950	10	481		166
广 东	Guangdong	8522	1531	47	6884	60	1637
广 西	Guangxi	1123	250		873		975
海 南	Hainan	108		98	10		41
重 庆	Chongqing	1184	76	28	1080		373
四 川	Sichuan	1907	100		1807		174
贵 州	Guizhou	55	12	8	35		196
云 南	Yunnan	278	123		155		1422
西 藏	Tibet	21				21	
陕 西	Shaanxi	502	127		375		492
甘 肃	Gansu						79
青 海	Qinghai	65			65		38
宁 夏	Ningxia	593		593			
新 疆	Xinjiang						114

4-2 续表 15 continued

单位：人 (person)

地区	Region	1.居民服务业 1.Service to Households	2.机动车、电子产品和日用产品修理业 2.Repair of Motor Vehicle, Electronics and Household Products	3.其他服务业 3.Other Sevices	(十六)教育 XVI. Education	#初等教育 Primary Education	#中等教育 Secondary Education
总 计	**National Total**	**15058**	**6101**	**11592**	**228815**	**71166**	**86446**
北 京	Beijing	2585	1248	2435	8535	393	580
天 津	Tianjin	234	154	119	1508	453	479
河 北	Hebei	169	530	78	4426	2802	581
山 西	Shanxi	356	312	319	1805	54	994
内蒙古	Inner Mongolia	215	17	1348	726	164	295
辽 宁	Liaoning	587	281	126	6604	1565	1505
吉 林	Jilin	388	47	479	246		181
黑龙江	Heilongjiang	1091	131	312	994	528	170
上 海	Shanghai	2157	1031	913	4323	136	908
江 苏	Jiangsu	2740	211	1330	46551	15059	19400
浙 江	Zhejiang	666	152	796	13344	2913	3899
安 徽	Anhui	206	47	262	2489	494	1625
福 建	Fujian	369	73	49	6879	2028	2158
江 西	Jiangxi	32	7		1286	418	618
山 东	Shandong	230	311	141	29015	10580	13552
河 南	Henan	950	110	111	51466	23168	26692
湖 北	Hubei	489	16	84	5122	2462	1328
湖 南	Hunan	65	101		6661	2389	3331
广 东	Guangdong	426	463	748	24734	1435	5056
广 西	Guangxi	3	101	871	1652	404	837
海 南	Hainan		34	7	398	93	189
重 庆	Chongqing	92	253	28	1244	617	163
四 川	Sichuan	63	85	26	3129	1247	864
贵 州	Guizhou	120	41	35	233		83
云 南	Yunnan	363	274	785	2174	94	173
西 藏	Tibet						
陕 西	Shaanxi	334	46	112	2686	1600	770
甘 肃	Gansu	32	25	22	218		
青 海	Qinghai	38					
宁 夏	Ningxia				261	70	
新 疆	Xinjiang	58		56	106		15

4-2 续表 16 continued

单位：人 (person)

地 区	Region	#高等教育 Senior Education	(十七) 卫生和社会工作 XVII. Health and Social Service	1.卫生 1.Health	2.社会工作 2.Social Service	(十八) 文化、体育和娱乐业 XVIII. Culture, Sports and Entertainment	1.新闻和出版业 1.Journalism and Publishing Activities
总 计	**National Total**	**6580**	**462101**	**447695**	**14406**	**13232**	**1359**
北 京	Beijing	2302	12421	10067	2354	1155	422
天 津	Tianjin		1203	1066	137	134	15
河 北	Hebei		21778	21575	203	784	50
山 西	Shanxi		14784	12824	1960	1216	53
内蒙古	Inner Mongolia	64	8739	8074	665	38	
辽 宁	Liaoning	122	9586	9028	558	167	118
吉 林	Jilin		5107	4841	266	71	7
黑龙江	Heilongjiang		3881	3183	698	197	12
上 海	Shanghai		20579	20149	430	1332	2
江 苏	Jiangsu	1668	61782	60477	1305	1610	5
浙 江	Zhejiang	452	17356	16578	778	228	26
安 徽	Anhui	4	49432	49316	116	516	24
福 建	Fujian	649	32604	32604		462	159
江 西	Jiangxi		4243	4221	22	151	34
山 东	Shandong	16	55123	53334	1789	669	
河 南	Henan	144	25381	25348	33	958	40
湖 北	Hubei	702	8857	8308	549	544	100
湖 南	Hunan	8	16794	16518	276	300	36
广 东	Guangdong	378	21544	20466	1078	1137	73
广 西	Guangxi		245	200	45	33	
海 南	Hainan		4008	4008		82	
重 庆	Chongqing	6	10360	10030	330	90	67
四 川	Sichuan	7	43620	43136	484	541	37
贵 州	Guizhou		805	752	53	12	
云 南	Yunnan		1308	1265	43	40	10
西 藏	Tibet					33	
陕 西	Shaanxi	58	7656	7422	234	344	
甘 肃	Gansu		1661	1661		362	69
青 海	Qinghai		300	300			
宁 夏	Ningxia		309	309			
新 疆	Xinjiang		635	635		26	

4-2 续表 17 continued

单位：人 (person)

地 区	Region	2.广播、电视、电影和影视录音制作业 2.Radio, Television, Motion Picture and Videotape Programme Production Services	3.文化艺术业 3.Cultural and Art Activities	4.体育 4.Sports Activities	5.娱乐业 5.Entertainment	(十九)公共管理、社会保障和社会组织 XIX.Public Management, Social Security and Social Organization	#群众社团、社会团体和其他成员组织 Non-Governmental Organizations, Social Organizations and Membership Organizations
总 计	**National Total**	**2401**	**7542**	**1153**	**777**	**30041**	**7354**
北 京	Beijing	29	174	385	145	1506	658
天 津	Tianjin	1	18	95	5	395	30
河 北	Hebei	22	589	123		1144	30
山 西	Shanxi	41	1078		44	38	38
内蒙古	Inner Mongolia	28	10			38	
辽 宁	Liaoning		33		16	153	91
吉 林	Jilin	16	32		16	320	12
黑龙江	Heilongjiang	39	7		139	73	
上 海	Shanghai	168	1128	34		9911	1646
江 苏	Jiangsu	226	1088	245	46	1705	166
浙 江	Zhejiang	19	96	50	37	479	270
安 徽	Anhui	107	385			2331	235
福 建	Fujian	83	220			16	16
江 西	Jiangxi	21	96			731	330
山 东	Shandong	37	336	127	169	1777	134
河 南	Henan	663	230		25	3180	162
湖 北	Hubei	72	331	5	36	496	20
湖 南	Hunan	13	222		29	26	26
广 东	Guangdong	666	296	32	70	167	165
广 西	Guangxi		33			372	41
海 南	Hainan		82			21	21
重 庆	Chongqing		8	15		2274	1707
四 川	Sichuan	90	414			39	
贵 州	Guizhou	7	5			1415	1390
云 南	Yunnan		14	16		224	31
西 藏	Tibet	33					
陕 西	Shaanxi	13	331			767	67
甘 肃	Gansu	7	286			209	18
青 海	Qinghai						
宁 夏	Ningxia					17	17
新 疆	Xinjiang			26		217	33

4-3 各地区分行业其他单位就业人员数
Employed Persons in Units of Other Types of Ownership by Sector and Region

单位：人 (person)

地区	Region	其他单位合计 Total	(一)内资 I. Domestic Funded	1.股份合作 1.Coopera-tive Units	2.联营 2.Joint Ownership Units	#国有联营 State Joint Ownership Units	#集体联营 Collective Joint Ownership Units	3.有限责任公司 3.Limited Liability Corporations	#国有独资 State Funded Corporations
总计	**National Total**	**111710941**	**88059727**	**662651**	**119583**	**38673**	**29212**	**65545600**	**9547804**
北京	Beijing	6283933	4839412	36802	4075	826	1372	3302414	542674
天津	Tianjin	1952248	1320229	8492	2586	1529	248	990070	179161
河北	Hebei	2650463	2325156	29187	977	14	343	1602576	296970
山西	Shanxi	2360459	2195085	3048	1068	445	553	1853664	384865
内蒙古	Inner Mongolia	1100203	1042683	8205	112	58	49	809150	201083
辽宁	Liaoning	2771046	2232029	14675	2316	472	908	1559293	378476
吉林	Jilin	1386896	1267443	7153	1603	842	173	909207	247044
黑龙江	Heilongjiang	1366843	1263318	40510	3855	549	1855	985212	218489
上海	Shanghai	5377360	2773780	22875	8723	2671	1697	1915011	340108
江苏	Jiangsu	11880721	8215487	23186	6883	1607	1589	6146550	539100
浙江	Zhejiang	7858924	6191261	64199	3814	503	517	4362519	337989
安徽	Anhui	3986337	3703561	24778	2897	278	989	2910133	375868
福建	Fujian	5396363	3965271	54124	4460	717	2792	3327638	335530
江西	Jiangxi	2537357	2154556	18031	1871	740	128	1736550	244049
山东	Shandong	7400613	6291665	46414	4825	863	2122	4615615	652180
河南	Henan	5914526	5426907	51497	16597	9189	2818	4161614	287636
湖北	Hubei	3952970	3499546	14913	5289	1790	1332	2686243	410769
湖南	Hunan	3008874	2657697	10451	5635	1530	2287	1877065	277371
广东	Guangdong	15764104	9334572	61021	19961	6842	2928	6752873	671309
广西	Guangxi	1768215	1550578	15099	717	266	175	1252849	357395
海南	Hainan	570608	518528	5524	1452	940	116	362825	26641
重庆	Chongqing	2729604	2376290	11916	2118	450	498	1935911	307149
四川	Sichuan	4328128	3943683	35564	3470	615	268	3080313	472291
贵州	Guizhou	1371319	1317555	12820	2499	859	551	1066360	309299
云南	Yunnan	2385637	2298674	11768	4457	2035	1761	1241395	216969
西藏	Tibet	63628	59060	16	14	14		43915	12855
陕西	Shaanxi	2717776	2551843	14892	4971	813	719	2048226	436467
甘肃	Gansu	986039	962622	5232	940	583	60	733129	124136
青海	Qinghai	251303	245364	3657	38	38		163496	46084
宁夏	Ningxia	316151	289942	2562	146	96		207885	95599
新疆	Xinjiang	1272293	1245930	4040	1214	499	364	905899	222248

4-3 续表 1 continued

单位：人 (person)

地 区	Region	4.股份有限公司 4.Share-holding Corporations Ltd	5.其他 5.Others	(二)港、澳、台商投资 II.Units with funds Entrepreneurs from Hong Kong, Macao and Taiwan	(三)外商投资 III. Foreign Funded Units	(一)企业 I. Enterprises	(二)事业 II. Institutions	(三)机关 III. Agencies and Organi-zations	(四)民间非营利组织 IV. Civil Nonprofit Organi-zations
总 计	**National Total**	**18749244**	**2982649**	**11534703**	**12116511**	**110289344**	**537699**	**32723**	**467643**
北 京	Beijing	1282080	214041	676929	767592	6121280	38889		74420
天 津	Tianjin	273376	45705	236797	395222	1917299	13072	1742	14416
河 北	Hebei	662218	30198	141838	183469	2629356	15256	242	3947
山 西	Shanxi	312248	25057	91075	74299	2344759	5205	229	5457
内蒙古	Inner Mongolia	215086	10130	28283	29237	1092938	3984	178	1290
辽 宁	Liaoning	565262	90483	137973	401044	2699627	28037	4733	27880
吉 林	Jilin	282776	66704	32389	87064	1362704	11127	2432	6335
黑龙江	Heilongjiang	219154	14587	34838	68687	1357880	1321	560	1215
上 海	Shanghai	753587	73584	921130	1682450	5323665	17226		28592
江 苏	Jiangsu	1905155	133713	1357131	2308103	11803419	47453	1406	20027
浙 江	Zhejiang	1608995	151734	874761	792902	7689563	22009		76391
安 徽	Anhui	696546	69207	123939	158837	3942854	20752		12360
福 建	Fujian	511685	67364	876116	554976	5351532	19883	1046	18164
江 西	Jiangxi	351192	46912	264486	118315	2517370	13366	1351	4027
山 东	Shandong	1481352	143459	333510	775438	7345005	21234	2273	17681
河 南	Henan	994648	202551	353481	134138	5779729	76098	7489	23026
湖 北	Hubei	730230	62871	178871	274553	3912805	22183	438	1408
湖 南	Hunan	664895	99651	216951	134226	2968993	11428		15650
广 东	Guangdong	2242203	258514	4014884	2414648	15653289	42156	1030	49002
广 西	Guangxi	254133	27780	112709	104928	1744494	8395	1091	9191
海 南	Hainan	115436	33291	25612	26468	537028	12803		12512
重 庆	Chongqing	373031	53314	142941	210373	2710402	8554	203	5198
四 川	Sichuan	727053	97283	171695	212750	4279457	34911	442	6678
贵 州	Guizhou	206612	29264	23777	29987	1355424	1151	70	7268
云 南	Yunnan	264249	776805	43968	42995	2358927	17439	810	7701
西 藏	Tibet	15085	30	1716	2852	63020	608		
陕 西	Shaanxi	433063	50691	78708	87225	2691233	11307	1473	9244
甘 肃	Gansu	210795	12526	6058	17359	982889	2405	122	191
青 海	Qinghai	73778	4395	4387	1552	247335	162		3544
宁 夏	Ningxia	72316	7033	15822	10387	310278	3731	402	991
新 疆	Xinjiang	251005	83772	11928	14435	1194790	5554	2961	3837

4-3 续表 2 continued

单位：人 (person)

地 区	Region	(五) 其他 V.Other	(一) 农、林、牧、渔业 I. Agriculture, Forestry, Animal Husbandry and Fishery	1.农业 1.Farming	2.林业 2.Forestry	3.畜牧业 3.Animal Husbandry	4.渔业 4.Fishery	5.农、林、牧、渔服务业 5.Service in support of Agriculture	(二) 采矿业 II. Mining
总 计	**National Total**	**383532**	**183639**	**63883**	**25146**	**36756**	**19302**	**38552**	**3930334**
北 京	Beijing	49344	20869	9784	1887	7199	438	1561	35116
天 津	Tianjin	5719	4566	3157	162	890	186	171	60011
河 北	Hebei	1662	1552	135	14	1185		218	175450
山 西	Shanxi	4809	1480	1262	48	141		29	859578
内蒙古	Inner Mongolia	1813	5701	1647	71	665	11	3307	128980
辽 宁	Liaoning	10769	10309	2309	18	683	6758	541	212061
吉 林	Jilin	4298	12605	435	11416	567	42	145	92660
黑龙江	Heilongjiang	5867	5648	4692	86	489	150	231	237668
上 海	Shanghai	7877	26853	10381	486	7080	8415	491	338
江 苏	Jiangsu	8416	7694	3127	2423	1325	87	732	64852
浙 江	Zhejiang	70961	1788	1119	145	201	270	53	4112
安 徽	Anhui	10371	866	250	69	280	65	202	187757
福 建	Fujian	5738	5854	1321	1013	3349	79	92	8671
江 西	Jiangxi	1243	531	30	193	265	11	32	30397
山 东	Shandong	14420	1227	331	29	122	667	78	387616
河 南	Henan	28184	3084	478	341	1256	11	998	336823
湖 北	Hubei	16136	1839	1168	147	164	138	222	43877
湖 南	Hunan	12803	6945	2585	1730	926	758	946	44623
广 东	Guangdong	18627	2221	621	258	758	299	285	17746
广 西	Guangxi	5044	6579	3397	1043	1619	8	512	28642
海 南	Hainan	8265	25933	1908	78	1156	59	22732	4141
重 庆	Chongqing	5247	6628	3844	312	907	563	1002	40382
四 川	Sichuan	6640	1226	308	448	261	15	194	128104
贵 州	Guizhou	7406	3236	2000	163	722	66	285	110033
云 南	Yunnan	760	4125	1547	890	552	157	979	99421
西 藏	Tibet								4766
陕 西	Shaanxi	4519	1101	295	56	721		29	303370
甘 肃	Gansu	432	1205	475	58	8		664	60212
青 海	Qinghai	262	2411	2193		214		4	30344
宁 夏	Ningxia	749	1380	1089	231	57		3	54204
新 疆	Xinjiang	65151	8183	1995	1331	2994	49	1814	138379

4-3 续表 3 continued

单位：人 (person)

地 区	Region	1.煤炭开采和洗选业 1.Mining and Washing of Coal	2.石油和天然气开采业 2.Extraction of Petroleum and Natural Gas	3.黑色金属矿采选业 3.Mining and Processing of Ferrous Metal Ores	4.有色金属矿采选业 4.Mining and Processing of Non-ferrous Metal Ores	5.非金属矿采选业 5.Mining and Processing of Nonmetal Ores	6.开采辅助活动 6.Support Activities for Mining	7.其他采矿业 7.Mining of Other Ores	(三)制造业 III. Manufacturing
总 计	**National Total**	**2636509**	**590834**	**173338**	**180240**	**104227**	**243798**	**1388**	**40665420**
北 京	Beijing	2621	1377	14264	35	3	16802	14	704710
天 津	Tianjin	145	19381	10		5129	35346		666889
河 北	Hebei	116641	25865	23798		9146			946721
山 西	Shanxi	849377	5430	3349	864	363	195		548263
内蒙古	Inner Mongolia	106474	2979	10116	6905	2306	10	190	305085
辽 宁	Liaoning	93822	41961	17474	6494	3730	48580		1032345
吉 林	Jilin	39456	27731	3537	6639	103	15194		549190
黑龙江	Heilongjiang	124556	107790	479	2593	1556	688	6	323976
上 海	Shanghai		164			174			1584445
江 苏	Jiangsu	48305	7856	2367	740	5356	228		4940057
浙 江	Zhejiang			812	1037	2263			2885099
安 徽	Anhui	157556		23923	3684	1376	1218		1372367
福 建	Fujian	3420		486	612	4138	5	10	2116428
江 西	Jiangxi	14959		361	12112	2965			1040413
山 东	Shandong	244009	79924	16183	25610	3960	17930		3364777
河 南	Henan	276488	33351	1492	9007	2557	13866	62	2291080
湖 北	Hubei	553	12852	10733	1861	6813	10266	799	1343170
湖 南	Hunan	23294		261	14232	6836			922063
广 东	Guangdong		5834	418	4811	5362	1305	16	8738593
广 西	Guangxi	12410	123	5321	6784	3972		32	508256
海 南	Hainan		66	3611	395	69			69875
重 庆	Chongqing	34279	1603	4		4496			791074
四 川	Sichuan	48073	30339	6546	5501	8257	29388		1219291
贵 州	Guizhou	101335	44	4623	430	3589	12		290373
云 南	Yunnan	53338	118	6197	30042	9678		48	600215
西 藏	Tibet			591	3953	222			7743
陕 西	Shaanxi	140842	105812	8131	20266	4385	23895	39	729614
甘 肃	Gansu	49734	480	2827	4467	1655	1049		269105
青 海	Qinghai	4637	20255	715	2783	1954			88324
宁 夏	Ningxia	53942				262			98110
新 疆	Xinjiang	36243	59499	4709	8383	1552	27821	172	317769

4-3 续表 4 continued

单位：人 (person)

地 区	Region	1.农副食品加工业 1.Processing of Food from Agricultural Products	2.食品制造业 2.Manufacture of Foods	3.酒、饮料和精制茶制造业 3.Manufacture of Liquor, Beverages and Refined Tea	4.烟草制品业 4.Manufacture of Tobacco	5.纺织业 5.Manufacture of Textile	6.纺织服装、服饰业 6.Manufacture of Textile Wearing Apparel,and Accessories	7.皮革、毛皮、羽毛及其制品和制鞋业 7.Manufacture of Leather, Fur, Feather and Related Products and Footwear	8.木材加工和木、竹、藤、棕、草制品业 8.Processing of Timbers, Manufacture of Wood, Bamboo, Rattan, Palm and Straw Products
总 计	**National Total**	**1364204**	**1041720**	**809115**	**147707**	**1354177**	**1710245**	**1098302**	**236701**
北 京	Beijing	16099	35948	25044		2166	21199	1067	599
天 津	Tianjin	10298	19950	6832	799	5908	4152	3482	944
河 北	Hebei	35199	31451	13029	5093	17190	15037	16308	1897
山 西	Shanxi	11236	6870	20764	923	3492	3393	71	
内蒙古	Inner Mongolia	15928	35567	8990	2656	2110	7726	1521	979
辽 宁	Liaoning	48751	16530	15304	1683	6989	35240	5106	6812
吉 林	Jilin	33707	10724	13136	3807	2581	13749	356	19467
黑龙江	Heilongjiang	36509	14787	12681	5013	7478	1046	69	3889
上 海	Shanghai	12848	58089	11736	3754	19559	51036	13448	5088
江 苏	Jiangsu	51903	51581	59049	5564	231189	230226	39567	15953
浙 江	Zhejiang	32284	42330	22875	3916	196140	207051	67685	14167
安 徽	Anhui	55043	27373	42893	6386	45500	89738	24760	13022
福 建	Fujian	73823	57075	36029	5947	103318	196574	371507	20860
江 西	Jiangxi	30062	19262	14198	5758	26394	68826	54977	8405
山 东	Shandong	286692	84907	51043	6137	239762	177043	41889	20675
河 南	Henan	165004	154958	54723	15103	82584	83076	36507	13768
湖 北	Hubei	56752	40447	49403	7014	68108	45457	14250	13578
湖 南	Hunan	50920	32171	23024	3780	17092	10146	50908	8767
广 东	Guangdong	80194	130933	55525	6199	153492	398173	306758	24717
广 西	Guangxi	59309	13101	12269	3587	17721	5160	12094	13579
海 南	Hainan	10267	5622	3379	576	707	169	35	1300
重 庆	Chongqing	19295	15830	9060	5055	4122	6559	7953	2991
四 川	Sichuan	40739	40733	107160	5045	22109	15690	20350	6808
贵 州	Guizhou	8027	4793	47965	8635	534	1884	1729	3236
云 南	Yunnan	57552	26106	42670	23414	4579	4559	2616	11666
西 藏	Tibet	148	535	1453		49			
陕 西	Shaanxi	28745	26608	25497	8013	22014	4292	2578	2944
甘 肃	Gansu	10834	4834	11590	2669	1984	697	664	131
青 海	Qinghai	994	1712	2786		7	1671		
宁 夏	Ningxia	2465	13296	1159	429	2308	2437	11	5
新 疆	Xinjiang	22577	17597	7849	752	46991	8239	36	454

4-3 续表 5 continued

单位：人 (person)

地 区	Region	9.家具制造业 9.Manufacture of Furniture	10.造纸及纸制品业 10.Manufacture of Paper and Paper Products	11.印刷和记录媒介复制业 11.Printing and Reproduction of Recording Media	12.文教工美、体育和娱乐用品制造业 12.Manufacture of Articles for Culture, Education, Arts and Crafts, Sport and Entertainment Activities	13.石油加工、炼焦和核燃料加工业 13.Processing of Petroleum , Coking, Processing of Nuclear Fuel	14.化学原料和化学制品制造业 14.Manufacture of Chemical Raw Material and Chemical Products	15.医药制造业 15.Manufacture of Medicines	16.化学纤维制造业 16.Manufacture of Chemical Fibres
总 计	**National Total**	**467179**	**504612**	**444318**	**1035422**	**589251**	**2031490**	**1444616**	**244878**
北 京	Beijing	5138	3879	16303	5287	11565	18609	71606	657
天 津	Tianjin	14390	8869	7562	7843	11799	36166	38278	417
河 北	Hebei	4422	5902	8419	6848	27432	49450	65378	20738
山 西	Shanxi	125	588	3528	993	56338	74935	21744	412
内蒙古	Inner Mongolia	30	3340	712	763	22382	42595	11580	
辽 宁	Liaoning	10703	6781	2961	3750	66332	34215	25646	1545
吉 林	Jilin	1438	3413	3479	480	3661	41457	44064	8079
黑龙江	Heilongjiang	3996	2735	2052	1082	35216	14345	31674	19
上 海	Shanghai	22112	15434	17846	24767	14834	75139	46668	1598
江 苏	Jiangsu	22519	40758	43058	101342	15521	260859	147811	72585
浙 江	Zhejiang	83078	44540	27627	75425	13737	131214	104392	51850
安 徽	Anhui	11981	9478	14369	21922	4838	74910	49200	6151
福 建	Fujian	28705	38248	19500	128835	2100	36455	19386	17334
江 西	Jiangxi	5516	10290	11185	33147	14390	41789	36078	3328
山 东	Shandong	18235	69974	26483	73334	82283	243522	186176	8549
河 南	Henan	12241	27160	20829	43753	13747	117131	80851	16088
湖 北	Hubei	6847	13074	16349	11072	8257	96195	81696	3408
湖 南	Hunan	2988	17533	7395	14117	10348	52945	26141	1839
广 东	Guangdong	189657	122026	139393	452083	23651	200301	115003	6129
广 西	Guangxi	1755	7570	2847	8939	2978	23036	18900	17
海 南	Hainan	111	4170	701	209	1920	3739	15090	
重 庆	Chongqing	2439	12939	9440	4991	929	34511	26997	
四 川	Sichuan	13264	13482	16701	4002	4180	61267	64225	12918
贵 州	Guizhou	1098	1724	3163	812	2885	33794	23094	90
云 南	Yunnan	1155	10676	10379	7302	12742	62725	30543	409
西 藏	Tibet		99		30		876	1239	
陕 西	Shaanxi	2574	6381	9190	963	45913	57814	37857	782
甘 肃	Gansu	367	187	353	432	26272	15566	10521	198
青 海	Qinghai			254	333	85	23283	3262	
宁 夏	Ningxia	11	1950	1250	55	15720	11811	2825	445
新 疆	Xinjiang	284	1412	990	511	37196	60836	6691	9293

4-3 续表 6 continued

单位：人 (person)

地 区	Region	17.橡胶和塑料制品业 17.Manufacture of Rubber and Plastics Products	18.非金属矿物制品业 18.Manu-facture of Non-metallic Mineral Products	19.黑色金属冶炼和压延加工业 19.Smelting and Processing of Ferrous Metals	20.有色金属冶炼和压延加工业 20.Smelting and Processing of Non-ferrous Metals	21.金属制品业 21.Manu-facture of Metal Products	22.通用设备制造业 22.Manu-facture of General Purpose Machinery	23.专用设备制造业 23.Manu-facture of Special Purpose Machinery	24.汽车制造业 24.Manu-facture of Automobiles
总 计	**National Total**	**1494212**	**1845805**	**1405678**	**1063427**	**1575401**	**2139224**	**1720109**	**3181105**
北 京	Beijing	8287	29461	1942	3512	27371	42400	56190	111597
天 津	Tianjin	25643	18186	37500	5440	32962	42846	41960	107721
河 北	Hebei	21622	47999	161224	10280	45878	23299	45298	125594
山 西	Shanxi	5581	26645	51950	34950	20604	13012	34921	19610
内蒙古	Inner Mongolia	2468	13978	52958	45490	2525	2481	2414	4206
辽 宁	Liaoning	30409	30900	149650	35601	69945	109469	48240	113874
吉 林	Jilin	6999	14718	17902	7216	6767	8458	10735	234099
黑龙江	Heilongjiang	8251	15773	11204	4144	9384	23887	19925	12665
上 海	Shanghai	68231	35343	54019	8395	60342	155088	78684	176721
江 苏	Jiangsu	162388	110868	98280	50523	181525	353916	262694	306244
浙 江	Zhejiang	132241	73140	24071	30028	127243	276629	119340	217359
安 徽	Anhui	67523	72254	49535	29821	50899	85905	60128	132894
福 建	Fujian	94331	122478	55232	39387	67787	66969	54726	70157
江 西	Jiangxi	20772	81751	42446	60052	24052	36787	18051	80018
山 东	Shandong	110938	169777	128752	113210	118866	220289	147606	221983
河 南	Henan	50302	166909	72727	125904	68119	116677	113595	99000
湖 北	Hubei	25314	73663	55037	22027	45238	36650	47839	277744
湖 南	Hunan	11807	74227	35936	43948	31001	32702	47856	77095
广 东	Guangdong	534239	284078	36641	74653	476750	330040	336914	350289
广 西	Guangxi	11403	34082	26695	27285	6214	16207	24247	69530
海 南	Hainan	2055	7936		518	1014	295	803	3509
重 庆	Chongqing	16730	49370	11212	15653	18488	33677	20721	188030
四 川	Sichuan	25277	68748	78712	16693	30398	52262	51514	79584
贵 州	Guizhou	10667	36301	16409	10089	11085	5090	5033	8010
云 南	Yunnan	14008	63251	46501	77358	13662	8875	9940	13104
西 藏	Tibet		3133			127			
陕 西	Shaanxi	13864	53171	26208	46112	16685	27796	39551	77415
甘 肃	Gansu	3251	26622	29518	68797	3620	11364	14346	939
青 海	Qinghai	36	6897	12467	26082	888	862	186	
宁 夏	Ningxia	2501	5108	3874	10422	2226	4485	3812	411
新 疆	Xinjiang	7074	29038	17076	19837	3736	807	2840	1703

4-3 续表 7 continued

单位：人 (person)

地区	Region	25.铁路、船舶、航空航天和其他运输设备制造业 25. Manufacture of Railway,Ship, Aerospace and Other Transport Equipment	26.电气机械和器材制造业 26.Manu-facture of Electrical Machinery and Apparatus	27.计算机、通信和其他电子设备制造业 27.Manufacture of Computers, Communication and Other Electronic Equipment	28.仪器仪表制造业 28.Manu-facture of Measuring Instruments and Machinery	29.其他制造业 29. Other Manufature	30.废弃资源综合利用业 30. Utilization of Waste Resources	31.金属制品、机械和设备修理业 31. Repair Service of Metal Products, Machinery and Eguipment
总 计	**National Total**	**784796**	**3288440**	**6762397**	**574360**	**141221**	**70766**	**94542**
北 京	Beijing	24139	36282	85495	23178	4929	537	14224
天 津	Tianjin	22307	43441	95888	7082	2757	1521	3946
河 北	Hebei	34191	36165	54767	9850	2279	3027	1455
山 西	Shanxi	13440	11649	104211	3692	30	351	2205
内蒙古	Inner Mongolia	712	3415	12828		145	1566	3020
辽 宁	Liaoning	41385	46181	48377	10917	2333	3052	3664
吉 林	Jilin	19562	4123	7648	5605	199	747	814
黑龙江	Heilongjiang	24915	13580	2883	3446	498	122	708
上 海	Shanghai	44643	112127	332616	36855	6291	2261	18873
江 苏	Jiangsu	121338	484616	1299747	105640	8813	3042	938
浙 江	Zhejiang	33592	340924	289775	73519	20464	5324	3139
安 徽	Anhui	8599	160155	139382	6687	5342	4290	1389
福 建	Fujian	16830	102757	219172	17447	25100	1464	6895
江 西	Jiangxi	16003	93091	166016	8637	4482	4521	129
山 东	Shandong	72487	149633	258812	27581	5550	1696	893
河 南	Henan	43015	125252	340528	18082	3405	4496	5546
湖 北	Hubei	21826	86602	97340	14387	364	4011	3221
湖 南	Hunan	32725	44884	147920	5809	1117	3568	1354
广 东	Guangdong	73642	1187341	2433013	152069	42662	12907	9121
广 西	Guangxi	881	16607	63382	2310	1140	2584	2827
海 南	Hainan	279	3593	92				1786
重 庆	Chongqing	49156	31580	174177	15137	407	2200	1425
四 川	Sichuan	26022	55916	270632	11346	962	1934	618
贵 州	Guizhou	5550	11732	23846	1662	436	122	878
云 南	Yunnan	3724	10125	23805	3536	379	2053	801
西 藏	Tibet		54					
陕 西	Shaanxi	33119	51018	49764	7676	1048	2085	1937
甘 肃	Gansu	290	9143	11315	247	19	712	1623
青 海	Qinghai	85	4328	1721	385			
宁 夏	Ningxia	115	2566	4586	1452	70	280	25
新 疆	Xinjiang	224	9560	2659	126		293	1088

4-3 续表 8 continued

单位：人 (person)

地区	Region	(四) 电力、热力、燃气及水生产和供应业 Production and Supply of Electricity, Heat, Gas and Water	1.电力、热力生产和供应业 1.Production and Supply of Electric Power and Heat Power	2.燃气生产和供应业 2.Production and Supply of Gas	3.水的生产和供应业 3.Production and Supply of Water	(五) 建筑业 V. Construction	1.房屋建筑业 1. Construction of Buildings	2.土木工程建筑业 2. Civil Engineering	3.建筑安装业 3.Building Installation
总　计	**National Total**	**2322070**	**1695855**	**266781**	**359434**	**24809866**	**17198523**	**4877693**	**1225976**
北　京	Beijing	85319	59774	10718	14827	467888	177395	161771	61648
天　津	Tianjin	29660	16602	6429	6629	256483	76761	104430	27167
河　北	Hebei	97107	70453	13051	13603	420590	241760	126247	37847
山　西	Shanxi	82314	55927	19256	7131	256862	100373	130564	15450
内蒙古	Inner Mongolia	121513	106328	7522	7663	126499	77407	41203	5880
辽　宁	Liaoning	133058	100057	14339	18662	306219	121158	115997	48558
吉　林	Jilin	78909	67152	4974	6783	168764	81816	51178	23683
黑龙江	Heilongjiang	86056	69513	5717	10826	163582	72164	68304	14112
上　海	Shanghai	35093	20219	6733	8141	287852	141396	76580	34095
江　苏	Jiangsu	127247	85463	15344	26440	4192626	3424295	415798	193128
浙　江	Zhejiang	95953	60272	9090	26591	2699534	2151903	394672	48067
安　徽	Anhui	54041	34153	9829	10059	1338248	819673	329799	60032
福　建	Fujian	104712	86123	5849	12740	1907644	1289158	294781	40118
江　西	Jiangxi	82208	62303	6713	13192	728407	539334	148715	19877
山　东	Shandong	121799	84334	17440	20025	1406491	1009255	271695	88348
河　南	Henan	99502	64570	16491	18441	1594545	1013174	361315	92204
湖　北	Hubei	53894	30369	8227	15298	1153437	788405	242175	66439
湖　南	Hunan	53281	36508	5492	11281	931866	687867	172088	39328
广　东	Guangdong	212714	158384	18104	36226	1426888	827923	295688	109628
广　西	Guangxi	86157	75064	3171	7922	535568	430041	87714	15509
海　南	Hainan	15678	10649	1720	3309	45258	34612	3038	4020
重　庆	Chongqing	55739	38478	7439	9822	842201	612256	159669	30886
四　川	Sichuan	97842	58524	19334	19984	1375815	1062804	233371	48929
贵　州	Guizhou	35950	24646	3201	8103	414879	253749	107415	32413
云　南	Yunnan	79577	67366	5415	6796	686154	484432	148751	23064
西　藏	Tibet	5916	5621	200	95	12984	8219	4451	83
陕　西	Shaanxi	70992	51768	12702	6522	507629	310681	168267	22290
甘　肃	Gansu	32547	26289	3262	2996	271838	196232	61036	9156
青　海	Qinghai	13170	11502	350	1318	46013	11419	31984	2120
宁　夏	Ningxia	20206	16260	1469	2477	30001	18076	10087	1643
新　疆	Xinjiang	53916	41184	7200	5532	207101	134785	58910	10254

4-3 续表 9 continued

单位：人 (person)

地 区	Region	4.建筑装饰和其他建筑业 4.Building Decoration and Other Constructions	(六)批发和零售业 VI. Wholesale and Retail Trades	1.批发业 1.Wholesale Trade	2.零售业 2.Retail Trade	(七)交通运输、仓储和邮政业 VII. Transport, Storage and Post	1.铁路运输业 1.Railway Transport	2.道路运输业 2.Road Transport	3.水上运输业 3.Water Transport
总 计	**National Total**	**1507674**	**7449303**	**3266353**	**4182950**	**5455774**	**764408**	**2859376**	**298532**
北 京	Beijing	67074	711150	387969	323181	575931	104395	273965	296
天 津	Tianjin	48125	185686	121437	64249	97864	6479	43621	11309
河 北	Hebei	14736	151999	44656	107343	105321	4507	55148	20984
山 西	Shanxi	10475	109693	49413	60280	158341	100396	46767	
内蒙古	Inner Mongolia	2009	70183	21897	48286	61885	8406	38506	
辽 宁	Liaoning	20506	176640	55293	121347	173252	7966	91990	12808
吉 林	Jilin	12087	99109	31466	67643	52003	971	36721	17
黑龙江	Heilongjiang	9002	113196	42775	70421	38580	2878	21237	660
上 海	Shanghai	35781	832481	468044	364437	427733	3106	171265	39017
江 苏	Jiangsu	159405	518933	235332	283601	354439	6212	210812	53124
浙 江	Zhejiang	104892	354251	163407	190844	241440	9918	147398	24760
安 徽	Anhui	128744	205190	66989	138201	153426	273	114416	8490
福 建	Fujian	283587	266633	107654	158979	150430	301	84108	13299
江 西	Jiangxi	20481	131606	57501	74105	145038	59648	73738	3169
山 东	Shandong	37193	461658	166037	295621	281841	1630	174486	42372
河 南	Henan	127852	296757	93460	203297	174197	4749	139732	252
湖 北	Hubei	56418	317243	132296	184947	243808	85131	117717	10354
湖 南	Hunan	32583	171472	40549	130923	94728	2037	73035	2002
广 东	Guangdong	193649	1026236	552662	473574	750217	58566	344847	34992
广 西	Guangxi	2304	102078	38286	63792	93900	5924	56555	3475
海 南	Hainan	3588	51700	21410	30290	61283	6252	15520	6218
重 庆	Chongqing	39390	182750	56480	126270	160961		125145	10000
四 川	Sichuan	30711	244788	75250	169538	190946	2625	133081	172
贵 州	Guizhou	21302	91317	36310	55007	60112	232	44147	152
云 南	Yunnan	29907	203053	64170	138883	140749	39530	61111	268
西 藏	Tibet	231	5768	2478	3290	4630	16	932	
陕 西	Shaanxi	6391	194864	55445	139419	188640	101024	61395	100
甘 肃	Gansu	5414	57800	19432	38368	121562	83276	30953	55
青 海	Qinghai	490	17891	6504	11387	10047	184	6132	
宁 夏	Ningxia	195	21150	6613	14537	12397	2038	7031	98
新 疆	Xinjiang	3152	76028	45138	30890	130073	55738	57865	89

4-3 续表 10 continued

单位：人 (person)

地区	Region	4.航空运输业 4.Air Transport	5.管道运输业 5.Transport Via Pipeline	6.装卸搬运和运输代理业 6.Loading Unloading and Forwarding Ageney	7.仓储业 7.Storage	8.邮政业 8.Post	(八)住宿和餐饮业 VIII. Hotels and Catering Services	1.住宿业 1.Hotels	2.餐饮业 2.Catering Services
总 计	**National Total**	**587472**	**30977**	**304124**	**326753**	**284132**	**2399754**	**1008435**	**1391319**
北 京	Beijing	83091	4287	29025	13014	67858	278668	78351	200317
天 津	Tianjin	5916	525	12915	13836	3263	51659	10335	41324
河 北	Hebei	4846	1453	1405	10407	6571	27283	17017	10266
山 西	Shanxi	6046		1611	2478	1043	22818	10751	12067
内蒙古	Inner Mongolia	4476	104	630	3591	6172	25600	12496	13104
辽 宁	Liaoning	15024	808	12587	29763	2306	41074	22844	18230
吉 林	Jilin	766	935	1570	4016	7007	15991	10865	5126
黑龙江	Heilongjiang	3930		1059	8249	567	13401	10383	3018
上 海	Shanghai	88853	1443	84096	31300	8653	294203	62140	232063
江 苏	Jiangsu	14039	7784	19282	30926	12260	167897	58709	109188
浙 江	Zhejiang	12912	50	12903	19661	13838	128927	66423	62504
安 徽	Anhui	4188	69	5482	5750	14758	60355	21174	39181
福 建	Fujian	25743	57	10777	9766	6379	103922	53890	50032
江 西	Jiangxi	671		533	2697	4582	27891	18647	9244
山 东	Shandong	7827	3512	15636	28836	7542	97104	44805	52299
河 南	Henan	8400	280	4660	12114	4010	62867	40348	22519
湖 北	Hubei	5203	4215	2836	8510	9842	74809	25974	48835
湖 南	Hunan	8982	306	1634	3323	3409	55100	30890	24210
广 东	Guangdong	131134	450	71273	45077	63878	380831	144005	236826
广 西	Guangxi	5955		1419	10445	10127	36495	20971	15524
海 南	Hainan	24695	28	1069	3129	4372	56939	50864	6075
重 庆	Chongqing	15011	46	2328	5371	3060	56802	22949	33853
四 川	Sichuan	41989	612	1933	6263	4271	89537	37664	51873
贵 州	Guizhou	12351	117	515	1361	1237	23166	17304	5862
云 南	Yunnan	25144	261	2815	6102	5518	71628	45681	25947
西 藏	Tibet	3040				642	2936	2683	253
陕 西	Shaanxi	10736	88	2645	6883	5769	88561	40706	47855
甘 肃	Gansu	3686		329	2659	604	21102	12513	8589
青 海	Qinghai	2229		93	212	1197	3409	2973	436
宁 夏	Ningxia	2466		26	199	539	3743	2170	1573
新 疆	Xinjiang	8123	3547	1038	815	2858	15036	11910	3126

4-3 续表 11 continued

单位：人 (person)

地 区	Region	(九) 信息传输、软件和信息技术服务业 Information Transmission, software and Information Technology	1.电信、广播电视和卫星传输服务 1.Telecommunication, Radio and Television and Satellite Transmission Service	2.互联网和相关服务 2.Internet and Related Service	3.软件和信息技术服务业 3.Software and Information Technology	(十) 金融业 X. Financial Intermediation	1.货币金融服务 1.Monetay and Financial Service	2.资本市场服务 2.Capital Market Service	3.保险业 3.Insurance
总 计	**National Total**	**3988356**	**1451182**	**496478**	**2040696**	**5403898**	**2283580**	**232109**	**2834151**
北 京	Beijing	827663	82455	160904	584304	536155	197370	69786	232480
天 津	Tianjin	63020	15388	9318	38314	157230	99032	1236	55845
河 北	Hebei	73342	52098	1610	19634	316642	121441	2506	192571
山 西	Shanxi	41793	36229	1374	4190	135343	55062	2284	77774
内蒙古	Inner Mongolia	42166	37085	225	4856	80710	29324	544	50564
辽 宁	Liaoning	116483	45313	3674	67496	222080	95952	1125	124647
吉 林	Jilin	47711	37007	1046	9658	87945	46516	5487	35371
黑龙江	Heilongjiang	62823	51453	2343	9027	148064	33169	508	114253
上 海	Shanghai	353801	42053	58717	253031	309783	153310	22974	132037
江 苏	Jiangsu	306315	123689	60004	122622	298471	125984	10320	161968
浙 江	Zhejiang	206748	48430	40304	118014	430173	217483	11532	199641
安 徽	Anhui	84715	46863	4815	33037	147070	57738	2372	86069
福 建	Fujian	115553	49853	11883	53817	136409	62300	2406	71557
江 西	Jiangxi	51978	38067	2846	11065	83461	34723	720	47915
山 东	Shandong	161050	103253	5801	51996	372746	165045	4693	201743
河 南	Henan	112844	68402	13126	31316	211312	116404	3224	90856
湖 北	Hubei	121852	49424	6631	65797	138135	58405	3140	75616
湖 南	Hunan	64587	50611	3210	10766	263721	97107	11578	154674
广 东	Guangdong	583013	124939	81633	376441	491026	200114	55165	233114
广 西	Guangxi	45712	33586	414	11712	91415	45995	799	44610
海 南	Hainan	17335	5140	7126	5069	39594	12736	463	25586
重 庆	Chongqing	47219	23051	4139	20029	106633	40018	5185	60224
四 川	Sichuan	179085	118130	8816	52139	199972	53491	4983	140650
贵 州	Guizhou	30614	22015	1409	7190	60951	33686	2847	23838
云 南	Yunnan	42171	31348	1398	9425	43461	23256	1509	18304
西 藏	Tibet	2272	2064		208	1753		1699	54
陕 西	Shaanxi	122831	57680	3242	61909	163496	52159	2443	108832
甘 肃	Gansu	20922	18106	125	2691	35153	17711	11	17431
青 海	Qinghai	8150	7825	23	302	4828	3134		1644
宁 夏	Ningxia	6476	6105	21	350	30105	15412	88	14605
新 疆	Xinjiang	28112	23520	301	4291	60061	19503	482	39678

4-3 续表 12 continued

单位：人 (person)

地 区	Region	4.其他金融业 4.Other Financial Activities	(十一) 房地产业 XI. Real Estate	#房地产开发经营 Development and Management of Real Estate	#物业管理 Property Management	#房地产中介服务 Agency Services for Real Estate	(十二) 租赁和商务服务业 XII. Leasing and Business Services	1.租赁业 1.Leasing
总 计	**National Total**	**54058**	**4391735**	**1792455**	**2191109**	**223622**	**4020724**	**121333**
北 京	Beijing	36519	432520	60638	274273	36168	581015	35064
天 津	Tianjin	1117	96701	25217	54829	9504	99555	11834
河 北	Hebei	124	76152	43603	30665	844	73470	2698
山 西	Shanxi	223	30317	17502	11187	156	53053	419
内蒙古	Inner Mongolia	278	47059	19496	26764	73	30338	204
辽 宁	Liaoning	356	93254	32521	47562	6489	79241	966
吉 林	Jilin	571	54708	25898	27310	1173	37762	1019
黑龙江	Heilongjiang	134	54447	27982	24467	941	70013	451
上 海	Shanghai	1462	252104	61524	169914	9114	499521	15527
江 苏	Jiangsu	199	244317	92955	141158	5867	252918	8589
浙 江	Zhejiang	1517	215258	57126	136535	10161	219934	6289
安 徽	Anhui	891	138688	91331	40543	5868	69156	1956
福 建	Fujian	146	157922	65966	80913	5797	134147	1748
江 西	Jiangxi	103	72937	47493	22054	1291	33358	1171
山 东	Shandong	1265	237340	140168	81626	8533	133298	3096
河 南	Henan	828	226669	172045	46804	4760	123272	3744
湖 北	Hubei	974	156081	79527	68837	6609	99225	2461
湖 南	Hunan	362	117829	71249	41966	3051	77170	714
广 东	Guangdong	2633	738829	188711	444132	64156	615059	12794
广 西	Guangxi	11	73076	42122	27924	1478	92832	1265
海 南	Hainan	809	82000	38882	34987	6554	16302	1135
重 庆	Chongqing	1206	143337	53045	78118	10298	136886	1209
四 川	Sichuan	848	212127	93809	94119	20350	149894	1405
贵 州	Guizhou	580	82746	55273	24954	1145	63384	1621
云 南	Yunnan	392	134345	83029	48993	1484	111224	1071
西 藏	Tibet		1937	940	905	18	5997	492
陕 西	Shaanxi	62	108512	54965	50880	819	60972	726
甘 肃	Gansu		41436	22261	18185	589	12893	1141
青 海	Qinghai	50	8984	4494	4380	93	5165	138
宁 夏	Ningxia		12030	5026	6775	135	11764	
新 疆	Xinjiang	398	48073	17657	29350	104	71906	386

4-3 续表 13 continued

单位：人 (person)

地区	Region	2.商务服务业 2.Business Services	(十三) 科学研究和技术服务业 XIII. Scientific Research and Technical Services	1.研究和试验发展 1.Research and Experimental Development	2.专业技术服务业 2.Professional Technical Services	3.科技推广和应用服务业 3.Science and Technology Popularization and Application Services	(十四) 水利、环境和公共设施管理业 XIV. Management of Water Conservancy, Enviroment and Public Facilities	1.水利管理业 1.Management of Water Conservancy
总 计	**National Total**	**3899391**	**2248986**	**238888**	**1688815**	**321283**	**850372**	**29538**
北 京	Beijing	545951	496312	48567	286286	161459	54022	1413
天 津	Tianjin	87721	73068	5978	61228	5862	11337	415
河 北	Hebei	70772	96523	3437	89718	3368	27275	2239
山 西	Shanxi	52634	16847	548	15586	713	7253	434
内蒙古	Inner Mongolia	30134	19633	385	18686	562	18521	3335
辽 宁	Liaoning	78275	40466	2747	34229	3490	26852	1709
吉 林	Jilin	36743	23862	1859	20026	1977	9597	474
黑龙江	Heilongjiang	69562	14222	2115	10367	1740	9682	1629
上 海	Shanghai	483994	211231	47666	141478	22087	70845	1526
江 苏	Jiangsu	244329	150288	22039	110976	17273	44307	947
浙 江	Zhejiang	213645	108687	14652	83653	10382	48671	1406
安 徽	Anhui	67200	49040	3061	41841	4138	14637	202
福 建	Fujian	132399	38281	721	36126	1434	27845	710
江 西	Jiangxi	32187	19031	624	17506	901	17243	135
山 东	Shandong	130202	100106	13690	77708	8708	98491	656
河 南	Henan	119528	67939	5089	54404	8446	54246	1813
湖 北	Hubei	96764	80555	2540	68734	9281	20064	192
湖 南	Hunan	76456	65608	3719	38873	23016	15930	1114
广 东	Guangdong	602265	287551	31435	231849	24267	75685	1396
广 西	Guangxi	91567	14536	87	14239	210	8370	396
海 南	Hainan	15167	10077	1186	8297	594	27544	176
重 庆	Chongqing	135677	45199	9877	32495	2827	25053	1368
四 川	Sichuan	148489	71568	5969	62916	2683	32953	1975
贵 州	Guizhou	61763	21033	1186	18435	1412	24528	513
云 南	Yunnan	110153	27858	796	25692	1370	26500	237
西 藏	Tibet	5505	204		204		3876	
陕 西	Shaanxi	60246	52842	7308	43491	2043	26652	1522
甘 肃	Gansu	11752	17157	690	16147	320	6596	270
青 海	Qinghai	5027	3544	164	3257	123	1803	336
宁 夏	Ningxia	11764	4295	277	3916	102	1919	
新 疆	Xinjiang	71520	21423	476	20452	495	12075	1000

4-3 续表 14 continued

单位：人 (person)

地 区	Region	2.生态保护和环境治理业 2.Ecological Protection and Environmental Treatment	3.公共设施管理业 3.Management of Public Facilities	4.土地管理业 4.Management of Land	(十五) 居民服务、修理和其他服务业 XV. Service to Households, Repair and Other Services	1.居民服务业 1.Service to Households	2.机动车、电子产品和日用产品修理业 2.Repair of Motor Vehicle, Electronics and Household Products	3.其他服务业 3.Other Service
总 计	**National Total**	**51035**	**736507**	**33292**	**547989**	**201312**	**89908**	**256769**
北 京	Beijing	8979	42267	1363	95519	40517	16690	38312
天 津	Tianjin	856	9221	845	43753	5269	2461	36023
河 北	Hebei	1012	23827	197	15249	10778	611	3860
山 西	Shanxi	452	6367		3809	707	452	2650
内蒙古	Inner Mongolia	801	14379	6	1780	735	303	742
辽 宁	Liaoning	1018	24012	113	8736	3841	1274	3621
吉 林	Jilin	190	8830	103	9986	2115	831	7040
黑龙江	Heilongjiang	263	7074	716	2793	1991	688	114
上 海	Shanghai	4347	61920	3052	61012	12565	16436	32011
江 苏	Jiangsu	2825	39277	1258	23662	4342	7656	11664
浙 江	Zhejiang	3666	36667	6932	17418	8714	2601	6103
安 徽	Anhui	704	13535	196	9857	3600	817	5440
福 建	Fujian	1399	25491	245	28031	21269	2934	3828
江 西	Jiangxi	335	16517	256	5812	3371	808	1633
山 东	Shandong	2327	94975	533	21632	9205	4153	8274
河 南	Henan	4196	46672	1565	14834	7681	3243	3910
湖 北	Hubei	3081	15626	1165	10372	4900	1517	3955
湖 南	Hunan	941	8332	5543	12813	9414	526	2873
广 东	Guangdong	6326	67488	475	79474	15524	9769	54181
广 西	Guangxi	1308	5919	747	3856	1720	834	1302
海 南	Hainan	170	27090	108	2962	1211	626	1125
重 庆	Chongqing	2379	16861	4445	13475	5772	1669	6034
四 川	Sichuan	502	29087	1389	14430	3930	4763	5737
贵 州	Guizhou	495	23091	429	12422	6516	1433	4473
云 南	Yunnan	801	25092	370	19959	7986	4344	7629
西 藏	Tibet		3876		160	61	19	80
陕 西	Shaanxi	932	23144	1054	8923	4526	2034	2363
甘 肃	Gansu		6326		1510	1002	3	505
青 海	Qinghai	17	1263	187	291	181	80	30
宁 夏	Ningxia	377	1542		193	161	32	
新 疆	Xinjiang	336	10739		3266	1708	301	1257

4-3 续表 15 continued

单位：人 (person)

地区	Region	(十六) 教育 XVI. Education	#初等教育 Primary Education	#中等教育 Secondary Education	#高等教育 Senior Education	(十七) 卫生和社会工作 XVII. Health and Social Service	1.卫生 1.Health	2.社会工作 2.Social Service	(十八) 文化、体育和娱乐业 XVIII. Culture, Sports and Entertainment
总 计	**National Total**	**1479186**	**196323**	**416871**	**208850**	**799981**	**750866**	**49115**	**537454**
北 京	Beijing	190907	8752	11356	19695	60210	52135	8075	91304
天 津	Tianjin	16894	2819	3881	1984	14564	11854	2710	8859
河 北	Hebei	17253	3619	6921	3614	17255	16896	359	10866
山 西	Shanxi	17788	2881	8483	1298	8396	8122	274	6185
内蒙古	Inner Mongolia	5433	1040	1787	221	5355	4654	701	3079
辽 宁	Liaoning	42388	2292	8631	8811	25379	21480	3899	10219
吉 林	Jilin	17896	2923	5259	4138	15629	14965	664	7705
黑龙江	Heilongjiang	3656	150	611	390	12647	12355	292	6389
上 海	Shanghai	63734	3137	15724	18475	20109	19435	674	39762
江 苏	Jiangsu	81378	11042	22583	15536	66166	62566	3600	36925
浙 江	Zhejiang	102184	11994	37988	5931	46224	41045	5179	26439
安 徽	Anhui	49974	4243	25701	6198	38744	38310	434	12005
福 建	Fujian	59937	8036	20964	8278	18216	17589	627	15347
江 西	Jiangxi	33355	3463	13287	4989	22324	21595	729	7578
山 东	Shandong	73061	13500	18028	7870	50982	47477	3505	25669
河 南	Henan	135122	38241	51514	18083	72066	70359	1707	22334
湖 北	Hubei	38542	2995	11887	5660	32041	31151	890	22603
湖 南	Hunan	57337	8757	22785	8207	28333	26000	2333	22370
广 东	Guangdong	205442	36726	49886	25820	74402	68080	6322	54362
广 西	Guangxi	20161	2112	6087	3714	9432	9014	418	9964
海 南	Hainan	22063	3834	6641	3141	13517	13400	117	7722
重 庆	Chongqing	38997	2505	8217	8735	22970	20995	1975	12897
四 川	Sichuan	62714	8154	23389	9990	43417	42387	1030	13457
贵 州	Guizhou	21895	2299	7628	1373	14650	14234	416	8747
云 南	Yunnan	46981	5637	11302	5411	31562	31053	509	16308
西 藏	Tibet	474	162	312		1255	1255		957
陕 西	Shaanxi	37353	2801	11789	10140	20375	19811	564	26000
甘 肃	Gansu	2966	206	980		6659	6624	35	5103
青 海	Qinghai	3770		338		1631	1631		1528
宁 夏	Ningxia	3482	296	1250	697	1923	1504	419	2611
新 疆	Xinjiang	6049	1707	1662	451	3548	2890	658	2160

4-3 续表 16 continued

单位：人 (person)

地 区	Region	1.新闻和出版业 1.Journalism and Publishing Activities	2.广播、电视、电影和影视录音制作业 2.Radio, Television, Motion Picture and Videotape Programme Production Services	3.文化艺术业 3.Cultural and Art Activities	4.体育 4.Sports Activities	5.娱乐业 5.Entertainment	(十九)公共管理、社会保障和社会组织 XIX.Public Management, Social Security and Social Organization	#群众社团、社会团体和其他成员组织 Non-Governmental Organizations, Social Organizations and Membership Organizations
总 计	**National Total**	**108532**	**140149**	**97631**	**71875**	**119267**	**226100**	**41867**
北 京	Beijing	24527	24145	12243	15778	14611	38655	13218
天 津	Tianjin	1065	3343	2020	1244	1187	14449	1085
河 北	Hebei	3674	1913	2011	1769	1499	413	169
山 西	Shanxi	1780	975	2215	195	1020	326	308
内蒙古	Inner Mongolia	597	1643	665	38	136	683	93
辽 宁	Liaoning	3406	1953	977	1124	2759	20990	5018
吉 林	Jilin	1930	2379	1038	1652	706	4864	140
黑龙江	Heilongjiang	1475	2357	788	216	1553		
上 海	Shanghai	5245	11679	4150	5913	12775	6460	863
江 苏	Jiangsu	7686	10323	6631	3916	8369	2229	1494
浙 江	Zhejiang	3922	12271	3034	3025	4187	26084	3581
安 徽	Anhui	2348	2850	3400	530	2877	201	24
福 建	Fujian	2062	3226	2679	2510	4870	381	324
江 西	Jiangxi	1987	1437	1419	752	1983	3789	271
山 东	Shandong	6114	5534	3343	2342	8336	3725	949
河 南	Henan	6818	4293	4117	1161	5945	15033	2944
湖 北	Hubei	7018	4815	3661	675	6434	1423	115
湖 南	Hunan	3129	6743	5054	1175	6269	3098	3098
广 东	Guangdong	6333	15639	5309	16890	10191	3815	3815
广 西	Guangxi	3076	1428	2082	1535	1843	1186	56
海 南	Hainan	1610	1990	774	2067	1281	685	178
重 庆	Chongqing	3080	2421	2939	762	3695	401	340
四 川	Sichuan	2017	4541	2410	899	3590	962	443
贵 州	Guizhou	658	1399	2277	2265	2148	1283	1275
云 南	Yunnan	1759	1180	6301	2220	4848	346	85
西 藏	Tibet		133	667		157		
陕 西	Shaanxi	2379	7275	11879	871	3596	5049	651
甘 肃	Gansu	1977	694	1638	35	759	273	23
青 海	Qinghai	92	864	392		180		
宁 夏	Ningxia	208	294	851		1258	162	74
新 疆	Xinjiang	560	412	667	316	205	69135	1233

第五部分

Chapter Five

2018 年全国户籍统计人口数据

Data from Household Registration in 2018

5-1　各地区总户数、总人口
Households and Population by Region

地 区	Region	总户数 (户) Number of Households (household)	总人口 (人) Total Population (person)	男 Male	女 Female	平均每户人数 (人/户) Average Family Size (person/household)	性别比 (女=100) Sex Ratio (Female=100)
全 国	**National Total**	**455619035**	**1404404141**	**719731238**	**684672903**	**3.08**	**105.12**
北 京	Beijing	5486312	13736995	6835994	6901001	2.50	99.06
天 津	Tianjin	3965705	10816263	5385516	5430747	2.73	99.17
河 北	Hebei	24625020	77310738	39288420	38022318	3.14	103.33
山 西	Shanxi	13048698	35336599	17984673	17351926	2.71	103.65
内蒙古	Inner Mongolia	10201000	24405178	12368514	12036664	2.39	102.76
辽 宁	Liaoning	15293331	41919158	20952776	20966382	2.74	99.94
吉 林	Jilin	10255137	26089418	13110450	12978968	2.54	101.01
黑龙江	Heilongjiang	15013390	35743060	17955275	17787785	2.38	100.94
上 海	Shanghai	5519457	14623780	7241438	7382342	2.65	98.09
江 苏	Jiangsu	24973345	78318552	39562779	38755773	3.14	102.08
浙 江	Zhejiang	16947968	49998360	25179485	24818875	2.95	101.45
安 徽	Anhui	21575427	70828949	36762319	34066630	3.28	107.91
福 建	Fujian	11227307	38613154	19865223	18747931	3.44	105.96
江 西	Jiangxi	15222219	50260800	26297322	23963478	3.30	109.74
山 东	Shandong	33235395	100956358	51294215	49662143	3.04	103.29
河 南	Henan	32873881	114436292	59109479	55326813	3.48	106.84
湖 北	Hubei	20977471	61729149	32064763	29664386	2.94	108.09
湖 南	Hunan	23838444	73266241	37962402	35303839	3.07	107.53
广 东	Guangdong	25195627	95021196	48776369	46244827	3.77	105.47
广 西	Guangxi	16004197	56591769	29803567	26788202	3.54	111.26
海 南	Hainan	2673772	9251024	4833056	4417968	3.46	109.40
重 庆	Chongqing	12695803	34036408	17458852	16577556	2.68	105.32
四 川	Sichuan	32521536	91210604	46783941	44426663	2.80	105.31
贵 州	Guizhou	13336372	45286291	23657139	21629152	3.40	109.38
云 南	Yunnan	15155037	47693110	24576709	23116401	3.15	106.32
西 藏	Tibet	882618	3324078	1664115	1659963	3.77	100.25
陕 西	Shaanxi	13181847	40229159	20718982	19510177	3.05	106.20
甘 肃	Gansu	8473267	27827366	14324773	13502593	3.28	106.09
青 海	Qinghai	1775379	5871602	2967663	2903939	3.31	102.19
宁 夏	Ningxia	2359246	6837914	3455895	3382019	2.90	102.18
新 疆	Xinjiang	7084827	22834576	11489134	11345442	3.22	101.27

5-2 各地区市总户数、总人口
Households and Population in Cities by Region

地 区	Region	总户数 (户) Number of Households (household)	总人口 (人) Total Population (person)	男 Male	女 Female	平均每户人数 (人/户) Average Family Size (person/household)	性别比 (女=100) Sex Ratio (Female=100)
全 国	**National Total**	**243102991**	**724975053**	**366713773**	**358261280**	**2.98**	**102.36**
北 京	Beijing	5486312	13736995	6835994	6901001	2.53	99.06
天 津	Tianjin	3965705	10816263	5385516	5430747	2.75	99.17
河 北	Hebei	10432043	32854776	16508280	16346496	3.21	100.99
山 西	Shanxi	4984502	14204568	7166502	7038066	2.85	101.82
内蒙古	Inner Mongolia	3583127	9020459	4500604	4519855	2.47	99.57
辽 宁	Liaoning	11635212	31129934	15452168	15677766	2.71	98.56
吉 林	Jilin	7460184	18905936	9451388	9454548	2.59	99.97
黑龙江	Heilongjiang	9372258	21906424	10910517	10995907	2.40	99.22
上 海	Shanghai	5519457	14623780	7241438	7382342	2.70	98.09
江 苏	Jiangsu	19368250	58275870	29163959	29111911	3.04	100.18
浙 江	Zhejiang	12004764	35284450	17624947	17659503	2.96	99.80
安 徽	Anhui	8215982	25274184	12934524	12339660	3.07	104.82
福 建	Fujian	6164512	20649173	10491777	10157396	3.41	103.29
江 西	Jiangxi	5834649	18774801	9747303	9027498	3.25	107.97
山 东	Shandong	19755571	59445974	29898614	29547360	3.03	101.19
河 南	Henan	11996988	40849304	20746505	20102799	3.38	103.20
湖 北	Hubei	13732125	39721593	20497969	19223624	2.92	106.63
湖 南	Hunan	9024249	26294722	13407860	12886862	2.94	104.04
广 东	Guangdong	19566580	72544797	37117190	35427607	3.67	104.77
广 西	Guangxi	6748912	23524178	12257394	11266784	3.49	108.79
海 南	Hainan	1677870	5758650	2986560	2772090	3.41	107.74
重 庆	Chongqing	9049343	23315327	11841584	11473743	2.59	103.21
四 川	Sichuan	14638535	39113975	19712200	19401775	2.72	101.60
贵 州	Guizhou	4087087	13428421	6874899	6553522	3.16	104.90
云 南	Yunnan	4960477	14622409	7398425	7223984	2.92	102.41
西 藏	Tibet	287627	776449	387837	388612	2.43	99.80
陕 西	Shaanxi	5537845	16798065	8479348	8318717	3.07	101.93
甘 肃	Gansu	3020382	8955552	4547838	4407714	3.02	103.18
青 海	Qinghai	579944	1735823	859063	876760	3.00	97.98
宁 夏	Ningxia	1327285	3646137	1820761	1825376	2.77	99.75
新 疆	Xinjiang	3085214	8986064	4464809	4521255	3.15	98.75

注：市，指经国务院批准设立市建制的市，本表中市的各项数字不包括市辖县的数字(表5-6、5-9、5-10同)。

5-3 各地区县总户数、总人口
Households and Population in Counties by Region

地 区	Region	总户数 (户) Number of Households (household)	总人口 (人) Total Population (person)	男 Male	女 Female	平均每户人数 (人/户) Average Family Size (person/household)	性别比 (女=100) Sex Ratio (Female=100)
全 国	**National Total**	**212509128**	**679425223**	**353015892**	**326409331**	**3.20**	**108.15**
北 京	Beijing						
天 津	Tianjin						
河 北	Hebei	14192977	44455962	22780140	21675822	3.13	105.09
山 西	Shanxi	8064196	21132031	10818171	10313860	2.62	104.89
内蒙古	Inner Mongolia	6617873	15384719	7867910	7516809	2.32	104.67
辽 宁	Liaoning	3658119	10789224	5500608	5288616	2.95	104.01
吉 林	Jilin	2794953	7183482	3659062	3524420	2.57	103.82
黑龙江	Heilongjiang	5641132	13836636	7044758	6791878	2.45	103.72
上 海	Shanghai						
江 苏	Jiangsu	5605095	20042682	10398820	9643862	3.58	107.83
浙 江	Zhejiang	4943204	14713910	7554538	7159372	2.98	105.52
安 徽	Anhui	13359445	45554765	23827795	21726970	3.41	109.67
福 建	Fujian	5062795	17963981	9373446	8590535	3.55	109.11
江 西	Jiangxi	9387570	31485999	16550019	14935980	3.35	110.81
山 东	Shandong	13479824	41510384	21395601	20114783	3.08	106.37
河 南	Henan	20876893	73586988	38362974	35224014	3.52	108.91
湖 北	Hubei	7245346	22007556	11566794	10440762	3.04	110.78
湖 南	Hunan	14814195	46971519	24554542	22416977	3.17	109.54
广 东	Guangdong	5629047	22476399	11659179	10817220	3.99	107.78
广 西	Guangxi	9255285	33067591	17546173	15521418	3.57	113.04
海 南	Hainan	995902	3492374	1846496	1645878	3.51	112.19
重 庆	Chongqing	3646460	10721081	5617268	5103813	2.94	110.06
四 川	Sichuan	17883001	52096629	27071741	25024888	2.91	108.18
贵 州	Guizhou	9249285	31857870	16782240	15075630	3.44	111.32
云 南	Yunnan	10194560	33070701	17178284	15892417	3.24	108.09
西 藏	Tibet	594991	2547629	1276278	1271351	4.28	100.39
陕 西	Shaanxi	7644002	23431094	12239634	11191460	3.07	109.37
甘 肃	Gansu	5452885	18871814	9776935	9094879	3.46	107.50
青 海	Qinghai	1188519	4131914	2107027	2024887	3.48	104.06
宁 夏	Ningxia	1031961	3191777	1635134	1556643	3.09	105.04
新 疆	Xinjiang	3999613	13848512	7024325	6824187	3.46	102.93

5-4 各地区区县人口数

Population in Counties by Region

单位：人 (person)

城 市	City	人 数 Population	城 市	City	人 数 Population
全 国	**National Total**	**1404400276**	井陉矿区	Xiangyang	88652
北京市	**Beijing**	**13736995**	裕华区	Yuhua	636481
市辖区	District	13736995	藁城区	Gaocheng	861593
东城区	Dongcheng	973149	鹿泉区	Luquan	441266
西城区	Xicheng	1464210	栾城区	Luancheng	358253
朝阳区	Chaoyang	2117652	井陉县	Jingxing	331333
丰台区	Fengtai	1154712	正定县	Zhengding	513518
石景山区	Shijingshan	385708	行唐县	Xingtang	461762
海淀区	Haidian	2363863	灵寿县	Lingshou	350397
门头沟区	Mentougou	251566	高邑县	Gaoyi	203818
房山区	Fangshan	829192	深泽县	Shenze	258065
通州区	Tongzhou	786662	赞皇县	Zanhuang	279590
顺义区	Shunyi	644111	无极县	Wuji	537486
昌平区	Changping	633067	平山县	Pingshan	502981
大兴区	Daxing	715083	元氏县	Yuanshi	444902
怀柔区	Huairou	285137	赵 县	Zhaoxian	619500
平谷区	Pinggu	406689	晋州市	Jinzhou	575092
密云区	Miyun	438773	新乐市	Xinle	517278
延庆区	Yanqing	287421	**唐山市**	**Tangshan**	**7580752**
天津市	**Tianjin**	**10816263**	市辖区	District	3350364
市辖区	District	10816263	路南区	Lunan	351716
和平区	Heping	437543	路北区	Lubei	838305
河东区	Hedong	756201	古冶区	Guye	339462
河西区	Hexi	854884	开平区	Kaiping	252383
南开区	Nankai	873061	丰南区	Fengnan	536928
河北区	Hebei	630156	丰润区	Fengrun	817973
红桥区	Hongqiao	506682	曹妃甸区	Caofeidian	213597
东丽区	Dongli	404666	滦 县	Luanxian	573876
西青区	Xiqing	438567	滦南县	Luannan	572189
津南区	Jinnan	490150	乐亭县	Leting	445806
北辰区	Beichen	429361	迁西县	Qianxi	397456
武清区	Wuqing	994821	玉田县	Yutan	705994
宝坻区	Baodi	732523	遵化市	Zunhua	758356
滨海新区	Binhaixinqu	1382567	迁安市	Qian'an	776711
宁河区	Ninghe	405076	**秦皇岛市**	**Qinhuangdao**	**3000817**
静海区	Jinghai	607894	市辖区	District	1456901
蓟州区	Jizhou	872111	海港区	Haigang	835974
河北省	**Hebei**	**77310738**	山海关区	Shanhaiguan	145493
石家庄市	**Shijiazhuang**	**9816006**	北戴河区	Beidaihe	125572
市辖区	District	4220284	抚宁区	Funing	349862
长安区	Chang'an	654175	青龙满族自治县	Qinglong	566577
桥西区	Qiaoxi	674958	昌黎县	Changli	560229
新华区	Xinhua	504906	卢龙县	Lulong	417110

5-4 续表 1 continued

单位：人 (person)

城　市	City	人　数 Population	城　市	City	人　数 Population
邯郸市	**Handan**	**10575370**	莲池区	Lianchi	632006
市辖区	District	2424890	满城区	Mancheng	408008
邯山区	Hanshan	760275	清苑区	Qiangyuan	691395
丛台区	Congtai	817260	徐水区	Xushui	633589
复兴区	Fuxing	374871	涞水县	Laishui	361655
峰峰矿区	Fengfengkuangqu	472484	阜平县	Fuping	229732
临漳县	Linzhang	756154	定兴县	Dingxing	605934
成安县	Cheng'an	465336	唐　县	Tangxian	595123
大名县	Daming	935297	高阳县	Gaoyang	357012
涉　县	Shexian	430261	容城县	Rongcheng	276372
磁　县	Cixian	492292	涞源县	Laiyuan	287774
肥乡县	Fenxiang	413236	望都县	Wangdu	272423
永年县	Yongnian	965658	安新县	Anxin	474927
邱　县	Qiuxian	258460	易　县	Yixian	581244
鸡泽县	Jize	339576	曲阳县	Quyang	655398
广平县	Guangping	313428	蠡　县	Lixian	545510
馆陶县	Guantao	362781	顺平县	Shunping	315155
魏　县	Weixian	1039293	博野县	Boye	271965
曲周县	Quzhou	532889	雄　县	Xiongxian	401248
武安市	Wu'an	845819	涿州市	Zhuozhou	701491
邢台市	**Xingtai**	**7966344**	安国市	Anguo	410953
市辖区	District	905208	高碑店市	Gaobeidian	626239
桥东区	Qiaodong	484060	**张家口市**	**Zhangjiakou**	**4654477**
桥西区	Qiaoxi	421148	市辖区	District	1559475
邢台县	Xingtai	361708	桥东区	Qiaodong	285869
临城县	Lincheng	220588	桥西区	Qiaoxi	238538
内丘县	Neiqiu	296741	宣化区	Xuanhua	614249
柏乡县	Boxiang	206050	下花园区	Xiahuayuan	64936
隆尧县	Longrao	569381	万全区	Wanquan	225024
任　县	Renxian	388965	崇礼区	Chongli	130859
南和县	Nanhe	396657	张北县	Zhangbei	381129
宁晋县	Ningjin	861326	康保县	Tangbao	269425
巨鹿县	Julu	431416	沽源县	Guyuan	231504
新河县	Xinhe	177181	尚义县	Shangyi	186222
广宗县	Guangzong	335242	蔚　县	Weixian	500938
平乡县	Pingxiang	366357	阳原县	Yangyuan	272610
威　县	Weixian	646229	怀安县	Huaian	240873
清河县	Qinghe	446253	怀来县	Huailai	366927
临西县	Linxi	393269	涿鹿县	Zhuolu	350994
南宫市	Nangong	506263	赤城县	Chicheng	294380
沙河市	Shahe	457510	**承德市**	**Chengde**	**3815924**
保定市	**Baoding**	**10846331**	市辖区	District	599045
市辖区	District	2876176	双桥区	Shuangqiao	388756
竞秀区	Jingxiu	511178	双滦区	Shuangruan	148096

5-4 续表 2 continued

单位：人 (person)

城　　市	City	人　数 Population	城　　市	City	人　数 Population
鹰手营子矿区	Yingshouyingzikuangqu	62193	武邑县	Wuyi	318554
承德县	Chengde	425866	武强县	Wuqiang	216284
兴隆县	Xinglong	327670	饶阳县	Raoyang	290772
平泉县	Pingquan	479226	安平县	Anping	336719
滦平县	Luanping	330072	故城县	Gucheng	525962
隆化县	Longhua	448028	景　县	Jingxian	547723
丰宁满族自治县	Fengning	408470	阜城县	Fucheng	354296
宽城满族自治县	Kuancheng	261941	深州市	Shenzhou	568088
围场满族蒙古族自治县	Weichang	535606	省直辖县级行政单位	Shengzhiguan	1872870
沧州市	**Cangzhou**	**7831297**	定州市	Dingzhou	1237831
市辖区	District	579591	辛集市	Xinji	635039
新华区	Xinhua	226391	**山西省**	**Shanxi**	**35336599**
运河区	Yunhe	353200	**太原市**	**Taiyuan**	**3767165**
沧　县	Cangxian	740889	市辖区	District	2934605
青　县	Qingxian	439413	小店区	Xiaodian	665365
东光县	Dongguang	384736	迎泽区	Yingze	540607
海兴县	Haixing	236162	杏花岭区	Xinghualing	608534
盐山县	Yanshan	495170	尖草坪区	Jiancaoping	331434
肃宁县	Suning	369551	万柏林区	Wanbailin	577997
南皮县	Nanpi	399490	晋源区	Jinyuan	210668
吴桥县	Wuqiao	281237	清徐县	Qingxu	337134
献　县	Xianxian	661330	阳曲县	Yangqu	152402
孟村回族自治县	Mengcun	232487	娄烦县	Loufan	126057
泊头市	Potou	631330	古交市	Gujiao	216967
任丘市	Renqiu	900987	**大同市**	**Datong**	**3182855**
黄骅市	Huanghua	576418	市辖区	District	1594494
河间市	Hejian	902506	城　区	Chengqu	684512
廊坊市	**Langfang**	**4794686**	矿　区	Kuangqu	469657
市辖区	District	875267	南郊区	Nanjiao	338924
安次区	Anci	376507	新荣区	Xinrong	101401
广阳区	Guangyang	498760	阳高县	Yanggao	270182
固安县	Gu'an	522113	天镇县	Tianzhen	227048
永清县	Yongqing	412921	广灵县	Guangling	182701
香河县	Yongqing	374349	灵丘县	Lingqiu	245858
大城县	Dacheng	535823	浑源县	Hunyuan	349072
文安县	Wen'an	554165	左云县	Zuoyun	138772
大厂回族自治县	Daguang	132483	大同县	Datong	174728
霸州市	Bazhou	656313	**阳泉市**	**Yangquan**	**1323283**
三河市	Sanhe	731252	市辖区	District	696091
衡水市	**Hengshui**	**4555864**	城　区	Chengqu	237845
市辖区	District	992099	矿　区	Kuangqu	266631
桃城区	Taocheng	647441	郊　区	Jiaoqu	191615
冀州区	Jizhou	344658	平定县	Pingding	318089
枣强县	Zaoqiang	405367	盂　县	Yuxian	309103

5-4 续表 3 continued

单位：人 (person)

城　市	City	人　数 Population	城　市	City	人　数 Population
长治市	**Changzhi**	**3392519**	**运城市**	**Yuncheng**	**5133195**
市辖区	District	748659	市辖区	District	699650
城　区	Chengqu	426161	盐湖区	Yanhu	699650
郊　区	Jiaoqu	322498	临猗县	Linyi	557434
长治县	Changzhi	348261	万荣县	Wanrong	441877
襄垣县	Xiangyuan	266145	闻喜县	Wenxi	403255
屯留县	Tunliu	278938	稷山县	Jishan	360928
平顺县	Pingshun	152517	新绛县	Xinjiang	332729
黎城县	Licheng	164772	绛　县	Jiangxian	278896
壶关县	Huguan	298015	垣曲县	Yuanqu	223552
长子县	Changzi	366492	夏　县	Xiaxian	364506
武乡县	Wuxiang	209837	平陆县	Pinglu	247759
沁　县	Qinxian	173828	芮城县	Ruicheng	380503
沁源县	Qinyuan	158894	永济市	Yongji	442456
潞城市	Lucheng	226161	河津市	Hejing	399650
晋城市	**Jincheng**	**2214862**	**忻州市**	**Xinzhou**	**3081943**
市辖区	District	396850	市辖区	District	548179
城　区	Chengqu	396850	忻府区	Xinfu	548179
沁水县	Qinshui	202168	定襄县	Dingxiang	221790
阳城县	Yangcheng	383106	五台县	Wutai	314533
陵川县	Linchuan	253353	代　县	Daixian	204816
泽州县	Zezhou	492717	繁峙县	Fanshi	284325
高平市	Gaoping	486668	宁武县	Ningwu	160682
朔州市	**Shuozhou**	**1633953**	静乐县	Qingle	158614
市辖区	District	679945	神池县	Shenchi	96248
朔城区	Shuocheng	452622	五寨县	Wuzhai	112692
平鲁区	Pinglu	227323	岢岚县	Kelan	81051
山阴县	Shanyin	242921	河曲县	Hequ	144399
应　县	Yingxian	307977	保德县	Baode	164765
右玉县	Youyu	110979	偏关县	Piangu	104014
怀仁县	Huairen	292131	原平市	Yuanping	485835
晋中市	**Jinzhong**	**3340426**	**临汾市**	**Linfen**	**4328056**
市辖区	District	630740	市辖区	District	817493
榆次区	Yuci	630740	尧都区	Raodu	817493
榆社县	Yushe	145662	曲沃县	Quwo	234668
左权县	Zuoquan	164673	翼城县	Yicheng	308938
和顺县	Heshun	139946	襄汾县	Xiangfen	504227
昔阳县	Xiyang	235948	洪洞县	Hongtong	767671
寿阳县	Shouyang	211432	古　县	Guxian	90644
太谷县	Taigu	292088	安泽县	Anze	82451
祁　县	Qixian	275690	浮山县	Fushan	127393
平遥县	Pingyao	542514	吉　县	Jixian	108840
灵石县	Lingshi	262964	乡宁县	Xiangning	238781
介休市	Jiexiu	438769	大宁县	Daning	66229

5-4 续表 4 continued

单位：人 (person)

城　市	City	人数 Population	城　市	City	人数 Population
隰　县	Xixian	108542	**乌海市**	**Wuhai**	**441903**
永和县	Yonghe	65712	市辖区	District	441903
蒲　县	Puxian	108269	海勃湾区	Haibowan	242836
汾西县	Fenxi	148779	海南区	Hainan	83226
侯马市	Houma	240531	乌达区	Wuda	115841
霍州市	Huozhou	308888	**赤峰市**	**Chifeng**	**4594142**
吕梁市	**Lvliang**	**3938342**	**市辖区**	**District**	**1268403**
市辖区	District	287294	红山区	Hongshan	350133
离石区	Lishi	287294	元宝山区	Yuanbaoshan	318086
文水县	Wenshui	454285	松山区	Songshan	600184
交城县	Jiaocheng	233720	阿鲁科尔沁旗	Ar Horqin Banner	292285
兴　县	Xingxian	290049	巴林左旗	Balinzuoqi	340020
临　县	Linxian	659524	巴林右旗	Balinyouqi	182152
柳林县	Liulin	346105	林西县	Linxi	230088
石楼县	Shilou	122470	克什克腾旗	Hexigten Banner	247899
岚　县	Lanxian	188223	翁牛特旗	Wengniuteqi	476996
方山县	Fangshan	157394	喀喇沁旗	Kalaqinqi	345253
中阳县	Zhongyang	156013	宁城县	Ningcheng	605563
交口县	Jiaokou	118622	敖汉旗	Aohan	605483
孝义市	Xiaoyi	491578	**通辽市**	**Tongliao**	**3164913**
汾阳市	Fenyang	433065	市辖区	District	839828
内蒙古自治区	**Inner Mongolia**	**24405178**	科尔沁区	Horqin	839828
呼和浩特市	**Hohhot**	**2458471**	科尔沁左翼中旗	Horqin Middle Banner	520903
市辖区	District	1376205	科尔沁左翼后旗	Horqin zyoyi houqi	401539
新城区	District	415028	开鲁县	Kailu	391134
回民区	Huimin	236121	库伦旗	Kulun	177711
玉泉区	Yuquan	202457	奈曼旗	Naiman	445328
赛罕区	Saihan	522599	扎鲁特旗	Jarud Banner	305728
土默特左旗	Tumd Left Banner	363393	霍林郭勒市	Holingola	82742
托克托县	Tuoketuo	202439	**鄂尔多斯市**	**Ordos**	**1622676**
和林格尔县	Helingeer	204003	市辖区	District	304043
清水河县	Qingshuihe	141331	东胜区	Dongsheng	268473
武川县	Wuchuan	171100	康巴什区	Kangbashi	35570
包头市	**Baotou**	**2236765**	达拉特旗	Dalad Banner	370933
市辖区	District	1563820	准格尔旗	Jungar Banner	330651
东河区	Donghe	408697	鄂托克前旗	Otog Front Banner	80920
昆都仑区	Kundulun	517263	鄂托克旗	Otog Banner	98140
青山区	Qingshan	404640	杭锦旗	Hangjin	144051
石拐区	Shiguai	48032	乌审旗	Wushen	116277
白云鄂博矿区	Baiyunerbo	15853	伊金霍洛旗	Yijinhuoluo	177661
九原区	Jiuyuan	169335	**呼伦贝尔市**	**Hulunbuir**	**2563775**
土默特右旗	Tumd Right Banner	362914	市辖区	District	371272
固阳县	Guyang	199040	海拉尔区	Hailaer	285654
达尔罕茂明安联合旗	Darhan Muminggan	110991	扎赉诺尔区	Zhalainuoer	85618

5-4 续表 5 continued

单位：人 (person)

城　　市	City	人　数 Population	城　　市	City	人　数 Population
阿荣旗	Arun Banner	321339	阿巴嘎旗	Obagaqi	43788
莫力达瓦达斡尔族自治旗	Daur Autonomous	319569	苏尼特左旗	Sunitezuoqi	34494
鄂伦春自治旗	Oroqen Autonomous	248462	苏尼特右旗	Suniteyouqi	66985
鄂温克族自治旗	Ewenki Autonomous	137863	东乌珠穆沁旗	Dongwuzhumuqinqi	81481
陈巴尔虎旗	Prairie Chenbarhu	55239	西乌珠穆沁旗	Xiwuzhumuqinqi	80415
新巴尔虎左旗	Xin Barag Left	41991	太仆寺旗	Taipusiqi	208383
新巴尔虎右旗	Xin Barag Right	35223	镶黄旗	Xianghuangqi	31435
满洲里市	Manzhouli	86753	正镶白旗	Zhengxiangbaiqi	71177
牙克石市	Yakeshi	325815	正蓝旗	Zhenglanqi	84485
扎兰屯市	ZhaLanTun	406596	多伦县	Duolun	111540
额尔古纳市	Erguna	79942	**阿拉善盟**	**Alxa**	**189117**
根河市	Genhe	133711	阿拉善左旗	Alxa League	145152
巴彦淖尔市	**Bayan nur**	**1741241**	阿拉善右旗	Alxa Left Banner	25209
市辖区	District	520840	额济纳旗	Alxa Right Banner	18756
临河区	Linhe	520840	**辽宁省**	**Liaoning**	**41919158**
五原县	Wuyuan	280455	**沈阳市**	**Shenyang**	**7451349**
磴口县	Dengkou	113670	市辖区	District	6004626
乌拉特前旗	Wulateqianqi	332604	和平区	Heping	718153
乌拉特中旗	Wulatezhongqi	142902	沈河区	Shenhe	713776
乌拉特后旗	Wulatehouqi	58361	大东区	Dadong	647045
杭锦后旗	Hangjinhouqi	292409	皇姑区	Huanggu	837860
乌兰察布市	**Ulanqab**	**2712569**	铁西区	Tiexi	935550
市辖区	District	314222	苏家屯区	Sujiatun	423977
集宁区	Jining	314222	浑南区	Hunnan	405801
卓资县	Zhuozi	200008	沈北新区	Shenbeixinqu	328970
化德县	Huade	163069	于洪区	Yuhong	479068
商都县	Shangdu	331505	辽中区	Liaozhong	514426
兴和县	Xinghe	319415	康平县	Kangping	342306
凉城县	Liangcheng	234897	法库县	Faku	438317
察哈尔右翼前旗	Chahar Right Front Banner	215504	新民市	Xinmin	666100
察哈尔右翼中旗	Chahar Right Middle Banner	202192	**大连市**	**Dalian**	**5952057**
察哈尔右翼后旗	Chahar Right Back Banner	206753	市辖区	District	4003811
四子王旗	Siziwangqi	212361	中山区	Zhongshan	360821
丰镇市	Fengzhen	312643	西岗区	Xigang	282110
兴安盟	**Xing'anmeng**	**1639077**	沙河口区	Shahekou	628709
乌兰浩特市	Ulanhot	320106	甘井子区	Ganjingzi	907174
阿尔山市	Arxan	45269	旅顺口区	Lvshunkou	221463
科尔沁右翼前旗	Horqin Right Wing Front Banner	332474	金州区	Jinzhou	787211
科尔沁右翼中旗	Horqin Right Wing Middle Banner	252599	普兰店区	Pulandian	816323
扎赉特旗	Jalaid Banner	389019	长海县	Changhai	71226
突泉县	Tuquan	299610	瓦房店市	Wafangdian	988501
锡林郭勒盟	**Xilin Gol League**	**1040529**	庄河市	Zhuanghe	888519
二连浩特市	Erenhot	34182	**鞍山市**	**Anshan**	**3417777**
锡林浩特市	Xilin hot	192164	市辖区	District	1475793

5-4 续表 6 continued

单位：人 (person)

城　　市	City	人　数 Population	城　　市	City	人　数 Population
铁东区	Tiedong	564092	西市区	Xishi	168571
铁西区	Tiexi	289689	鲅鱼圈区	Bayuquan	384081
立山区	Lishan	397650	老边区	Laobian	107529
千山区	Qianshan	224362	盖州市	Gaizhou	687276
台安县	Taian	365110	大石桥市	Dashiqiao	690337
岫岩满族自治县	Youyan	505674	**阜新市**	**Fuxin**	**1850039**
海城市	Haicheng	1071200	市辖区	District	744173
抚顺市	**Fushun**	**2088637**	海州区	Haizhou	256487
市辖区	District	1364661	新邱区	Xinqiu	77225
新抚区	Xinfu	283831	太平区	Taiping	152311
东洲区	Dongzhou	276060	清河门区	Qinghemen	63060
望花区	Wanghua	371036	细河区	Xihe	195090
顺城区	Shuncheng	433734	阜新蒙古族自治县	Fuxin	707310
抚顺县	Fushun	113088	彰武县	Zhangwu	398556
新宾满族自治县	Xinbin	290343	**辽阳市**	**Liaoyang**	**1754251**
清原满族自治县	Qingyuan	320545	市辖区	District	853779
本溪市	**Benxi**	**1461496**	白塔区	Baita	357884
市辖区	District	890860	文圣区	Wensheng	125227
平山区	Pingshan	288333	宏伟区	Hongwei	137071
溪湖区	Xihu	189445	弓长岭区	Gongchangling	86018
明山区	Mingshan	343368	太子河区	Taizihe	147579
南芬区	Nanfen	69714	辽阳县	Liaoyang	464407
本溪满族自治县	Benxi	280956	灯塔市	Dengta	436065
桓仁满族自治县	Huanren	289680	**盘锦市**	**Panjin**	**1299289**
丹东市	**Dandong**	**2341164**	**市辖区**	**District**	**1025503**
市辖区	District	780160	双台子区	Shuangtaizi	195028
元宝区	Yuanbao	179693	兴隆台区	Xinglongtai	439189
振兴区	Zhenxing	432034	大洼区	Dawa	391286
振安区	Zhen'an	168433	盘山县	Panshan	273786
宽甸满族自治县	Kuandian	417462	**铁岭市**	**Tieling**	**2916144**
东港市	Donggang	589715	市辖区	District	425809
凤城市	Fengcheng	553827	银州区	Yinzhou	333133
锦州市	**Jinzhou**	**2949648**	清河区	Qinghe	92676
市辖区	District	954372	铁岭县	Tieling	378601
古塔区	Guta	237931	西丰县	Xifeng	332079
凌河区	Linghe	358659	昌图县	Changtu	992620
太和区	Taihe	357782	调兵山市	Diaobingshan	226227
黑山县	Heishan	587239	开原市	Kaiyuan	560808
义　县	Yixian	404913	**朝阳市**	**Chaoyang**	**3358980**
凌海市	Linghai	502331	市辖区	District	613586
北镇市	Beizhen	500793	双塔区	Shuangta	407798
营口市	**Yingkou**	**2314302**	龙城区	Longcheng	205788
市辖区	District	936689	朝阳县	Chaoyang	555097
站前区	Zhanqian	276508	建平县	Jianping	577573

5-4 续表 7 continued

单位：人 (person)

城　　市	City	人　数 Population	城　　市	City	人　数 Population
喀喇沁左翼蒙古族自治县	Harqin Left Wing	419872	市辖区	District	450610
			龙山区	Longshan	298500
北票市	Beipiao	555567	西安区	Xi'an	152110
凌源市	Lingyuan	637285	东丰县	Dongfeng	386029
葫芦岛市	**Huludao**	**2764025**	东辽县	Dongliao	335731
市辖区	District	968993	**通化市**	**Tonghua**	**2159428**
连山区	Lianshan	456538	市辖区	District	433818
龙港区	Longgang	236901	东昌区	Dongchang	315967
南票区	Nanpiao	275554	二道江区	Erdaojiang	117851
绥中县	Suizhong	639109	通化县	Tonghua	236063
建昌县	Jianchang	623355	辉南县	Huinan	327334
兴城市	Xingcheng	532568	柳河县	Liuhe	359095
吉林省	**Jilin**	**26089418**	梅河口市	Meihekou	591428
长春市	**Changchun**	**7512896**	集安市	Ji'an	211690
市辖区	District	4415230	**白山市**	**Baishan**	**1180980**
南关区	Nanguan	744357	市辖区	District	531603
宽城区	Kuancheng	651892	浑江区	Hunjiang	326325
朝阳区	Chaoyang	747508	江源区	Jiangyuan	205278
二道区	Erdao	579356	抚松县	Fusong	282228
绿园区	Luyuan	654046	靖宇县	Jingyu	134939
双阳区	Shuangyang	366780	长白朝鲜族自治县	Changba	77969
九台区	Jiutai	671291	临江市	Linjiang	154241
农安县	Nong'an	1060200	**松原市**	**Songyuan**	**2750010**
榆树市	Yushu	1229647	市辖区	District	564067
德惠市	Dehui	807819	宁江区	Ningjiang	564067
吉林市	**Jilin**	**4135218**	前郭尔罗斯蒙古族自治县	Mongolian Autonomous County of Qian Gorlos	572492
市辖区	District	1798035			
昌邑区	Changyi	608539	长岭县	Changling	631162
龙潭区	Longtan	437925	乾安县	Qian'an	271822
船营区	Chuanying	459794	扶余市	Fuyu	710467
丰满区	Fengman	291777	**白城市**	**Baicheng**	**1899050**
永吉县	Yongji	379664	市辖区	District	485758
蛟河市	Jiaohe	421830	洮北区	Taobei	485758
桦甸市	Huadian	421509	镇赉县	Zhenlai	264606
舒兰市	Shulan	607753	通榆县	Tongyu	356552
磐石市	Panshi	506427	洮南市	Taonan	410118
四平市	**Siping**	**3192864**	大安市	Daan	382016
市辖区	District	677895	**延边朝鲜族自治州**	**Yanbian**	**2086602**
铁西区	Tiexi	358365	延吉市	Yanji	552786
铁东区	Tiedong	319530	图们市	Tumen	110436
梨树县	Lishu	642631	敦化市	Dunhua	456708
伊通满族自治县	Yitong	448564	珲春市	Huichun	228455
公主岭市	Gongzhuling	1031238	龙井市	Longjing	154043
双辽市	Shuangliao	392536	和龙市	Longjing	167773
辽源市	**Liaoyuan**	**1172370**	汪清县	Wangqing	218922

5-4 续表 8 continued

单位：人 (person)

城　市	City	人　数 Population	城　市	City	人　数 Population
安图县	Antu	197479	滴道区	Didao	96067
黑龙江省	**Heilongjiang**	**35743060**	梨树区	Lishu	68365
哈尔滨市	**Harbin**	**9515392**	城子河区	Chengzihe	110686
市辖区	District	5509471	麻山区	Mashan	27120
道里区	Daoli	771028	鸡东县	Jidong	270716
南岗区	Nangang	1037239	虎林市	Hulin	275326
道外区	Daowai	653316	密山市	Mishan	396504
平房区	Pingfang	159890	**鹤岗市**	**Hegang**	**995038**
松北区	Songbei	222422	市辖区	District	605038
香坊区	Xiangfang	741751	向阳区	Xiangyang	86855
呼兰区	Hulan	609287	工农区	Gongnong	169808
阿城区	Acheng	544514	南山区	Nanshan	118854
双城区	Shuangcheng	770024	兴安区	Xing'an	131910
依兰县	Yilan	379765	东山区	Dongshan	59479
方正县	Fangzheng	220989	兴山区	Xingshan	38132
宾县	Bingxian	569697	萝北县	Luobei	213964
巴彦县	Bayan	645615	绥滨县	Suibin	176036
木兰县	Mulan	249428	**双鸭山市**	**Shuangyashan**	**1408544**
通河县	Tonghe	235487	市辖区	District	465156
延寿县	Yanshou	246787	尖山区	Jianshan	238741
尚志市	Shangzhi	560448	岭东区	Lingdong	56719
五常市	Wuchang	897705	四方台区	Sifangtai	57558
齐齐哈尔市	**Qiqihar**	**5296879**	宝山区	Baoshan	112138
市辖区	District	1321003	集贤县	Jixian	294415
龙沙区	Longsha	280810	友谊县	Youyi	108323
建华区	Jianhua	252586	宝清县	Baoqing	401556
铁锋区	Tiefeng	266320	饶河县	Raohe	139094
昂昂溪区	Ananxiqu	72093	**大庆市**	**Daqing**	**2755174**
富拉尔基区	Fularjiqu	214843	市辖区	District	1382839
碾子山区	Nianzishanqu	70291	萨尔图区	Sartu	381670
梅里斯达斡尔族区	Meirhysdaur district	164060	龙凤区	Longfeng	193024
龙江县	Longjiang	580847	让胡路区	Ranghulu	481084
依安县	Yi'an	464931	红岗区	Honggang	107877
泰来县	Tailai	303490	大同区	Datong	219184
甘南县	Gannan	375508	肇州县	Zhaozhou	429815
富裕县	Fuyu	279955	肇源县	Zhaoyuan	443397
克山县	Keshan	459566	林甸县	Lindian	254565
克东县	Kedong	277110	杜尔伯特蒙古族自治县	Dorbod	244558
拜泉县	Baiquan	553219	**伊春市**	**Yichun**	**1140938**
讷河市	Nehe	681250	市辖区	District	724978
鸡西市	**Jixi**	**1726524**	伊春区	Yichun	158795
市辖区	District	783978	南岔区	Nancha	112373
鸡冠区	Jiguan	343718	友好区	Youhao	56017
恒山区	Hengshan	138022	西林区	Xilin	41673

5-4 续表 9 continued

单位：人 (person)

城 市	City	人 数 Population	城 市	City	人 数 Population
翠峦区	Cuiruan	45145	市辖区	District	184064
新青区	Xinqing	42599	爱辉区	Aihui	184064
美溪区	Meixi	37497	嫩江县	Neijiang	464733
金山屯区	Jinshantun	40520	逊克县	Xunke	95456
五营区	Wuying	32371	孙吴县	Sunwu	92582
乌马河区	Wumahe	32444	北安市	Beian	420494
汤旺河区	Tangwanghe	31143	五大连池市	Wudalianchi	335288
带岭区	Dailing	31435	**绥化市**	**Suihua**	**5246989**
乌伊岭区	Wuyiling	21190	市辖区	District	813016
红星区	Hongxing	22373	北林区	Beilin	813016
上甘岭区	Shangganling	19403	望奎县	Wangkui	444755
嘉荫县	Jiayin	70389	兰西县	Lanxi	484699
铁力市	Tieli	345571	青冈县	Qinggang	445557
佳木斯市	**Jiamusi**	**2333311**	庆安县	Qing'an	365882
市辖区	District	764429	明水县	Mingshui	332909
向阳区	Xiangyang	216518	绥棱县	Suiling	293632
前进区	Qianjin	162960	安达市	Anda	450922
东风区	Dongfeng	124806	肇东市	Zhaodong	859001
郊区	Jiaoqu	260145	海伦市	Hailun	756616
桦南县	Huanan	411128	**大兴安岭地区**	**Daxing'anling**	**429776**
桦川县	Huachuan	203737	呼玛县	Huma	286161
汤原县	Tangyuan	241604	塔河县	Tahe	73083
同江市	Tongjiang	175525	漠河县	Mohe	70532
富锦市	Fujin	453454	**上海市**	**Shanghai**	**14623780**
抚远市	Fuyuan	83434	市辖区	District	14623780
七台河市	**Qitaihe**	**777097**	黄浦区	Huangpu	832063
市辖区	District	472653	徐汇区	Xuhui	921451
新兴区	Xinxing	171623	长宁区	Changning	578930
桃山区	Taoshan	186017	静安区	Jing'an	925790
茄子河区	Qiezihe	115013	普陀区	Putuo	894332
勃利县	Bolil	304444	虹口区	Hongkou	731220
牡丹江市	**Mudanjiang**	**2524781**	杨浦区	Yangpu	1073536
市辖区	District	867377	闵行区	Minxing	1134860
东安区	Dong'an	194618	宝山区	Baoshan	990584
阳明区	Yangming	217002	嘉定区	Jiading	639268
爱民区	Aimin	214512	浦东新区	Pudongxinqu	3029377
西安区	Xi'an	241245	金山区	Jinshan	523487
林口县	Linkou	336520	松江区	Songjiang	643118
绥芬河市	Suifenhe	69607	青浦区	Qingpu	488688
海林市	Hailin	365797	奉贤区	Fengxian	538483
宁安市	Ning'an	411182	崇明区	Chongming	678593
穆棱市	Muling	271325	**江苏省**	**Jiangsu**	**78318552**
东宁市	Dongning	202973	**南京市**	**Nanjing**	**6969405**
黑河市	**Heihe**	**1592617**	市辖区	District	6969405

5-4 续表 10 continued

单位：人 (person)

城 市	City	人 数 Population	城 市	City	人 数 Population
玄武区	Xuanwu	473210	相城区	Xiangcheng	434897
秦淮区	Qinhuai	690555	姑苏区	Gusu	734824
建邺区	Jianye	378932	吴江区	Wujiang	840768
鼓楼区	Gulou	924180	常熟市	Changshu	1067968
浦口区	Pukou	743182	张家港市	Zhangjiagang	929429
栖霞区	Qixia	512448	昆山市	Kunshan	903238
雨花台区	Yuhuatai	297850	太仓市	Taicang	493970
江宁区	Jiangning	1123270	**南通市**	**Nantong**	**7625227**
六合区	Liuhe	932669	市辖区	District	2151086
溧水区	Lishui	443821	崇川区	Chongchuan	696463
高淳区	Gaochun	449288	港闸区	Gangzha	197666
无锡市	**Wuxi**	**4972056**	通州区	Tongzhou	1256957
市辖区	District	2631254	如东县	Rudong	1020821
锡山区	Xishan	461748	启东市	Qidong	1110350
惠山区	Huishan	489092	如皋市	Rugao	1419728
滨湖区	Binhu	525776	海门市	Haimen	995883
梁溪区	Liangxi	783348	海安市	Haian	927359
新吴区	Xinwu	371290	**连云港市**	**Lianyungang**	**5343410**
江阴市	Jiangyin	1259504	市辖区	District	2240602
宜兴市	Yixing	1081298	连云区	Lianyun	249382
徐州市	**Xuzhou**	**10447739**	海州区	Haizhou	791496
市辖区	District	3474935	赣榆区	Ganyu	1199724
鼓楼区	Gulou	632843	东海县	Donghai	1246162
云龙区	Yunlong	368559	灌云县	Guanyun	1037435
贾汪区	Jiawang	522707	灌南县	Guannan	819211
泉山区	Quanshan	625397	**淮安市**	**Huaian**	**5613324**
铜山区	Tongshan	1325429	市辖区	District	3333375
丰县	Fengxian	1214770	淮安区	Huaian	1149413
沛县	Penxian	1241240	淮阴区	Huaiyin	911764
睢宁县	Suining	1441015	清江浦区	Qingpu	903889
新沂市	Xinyi	1132134	洪泽区	Hongze	368309
邳州市	Pizhou	1943645	涟水县	Lianshui	1132750
常州市	**Changzhou**	**3822027**	盱眙县	Yutai	798211
市辖区	District	3031650	金湖县	Jinhu	348988
天宁区	Tianning	476748	**盐城市**	**Yancheng**	**8247259**
钟楼区	Gulou	434517	市辖区	District	2441094
新北区	Xinbei	601298	亭湖区	Tinghu	1018843
武进区	Wujin	970409	盐都区	Yandu	711322
金坛区	Jintan	548678	大丰区	Dafeng	710929
溧阳市	Liyang	790377	响水县	Xiangshui	623556
苏州市	**Suzhou**	**7035490**	滨海县	Binghai	1225691
市辖区	District	3640885	阜宁县	Funing	1122827
虎丘区	Huqu	947479	射阳县	Sheyang	951771
吴中区	Wuzhong	682917	建湖县	Jianhu	784201

5-4 续表 11 continued

单位：人 (person)

城　市	City	人　数 Population	城　市	City	人　数 Population
东台市	Dongtai	1098119	临安区	Tonglu	537599
扬州市	**Yangzhou**	**4588341**	桐庐县	Chun'an	417174
市辖区	District	2301032	淳安县	Jiande	459653
广陵区	Guangling	494013	建德市	Lin'an	511184
邗江区	Hanjiang	762288	**宁波市**	**Ningbo**	**6029568**
江都区	Jiangdu	1044731	市辖区	District	2955704
宝应县	Baoying	887550	海曙区	Haishu	629970
仪征市	Yizheng	591570	江北区	Jiangbei	257730
高邮市	Gaoyou	808189	北仑区	Beilun	423717
镇江市	**Zhenjiang**	**2707796**	镇海区	Zhenhai	260828
市辖区	District	1029993	鄞州区	Yinzhou	902151
京口区	Jingkou	497409	奉化区	Xiangshan	481308
润州区	Runzhou	242051	象山县	Ninghai	548600
丹徒区	Dantu	290533	宁海县	Yuyao	633256
丹阳市	Danyang	806321	余姚市	Cixi	836306
扬中市	Yangzhong	282459	慈溪市	Fenghua	1055702
句容市	Jurong	589023	**温州市**	**Wenzhou**	**8287449**
泰州市	**Taizhou**	**5033878**	市辖区	District	1723740
市辖区	District	1639532	鹿城区	Lucheng	775884
海陵区	Hailing	598777	龙湾区	Longwan	337671
高港区	Gaogang	262671	瓯海区	Ouhai	455442
姜堰区	Jiangyan	778084	洞头区	Dongtou	154743
兴化市	Xinghua	1556748	永嘉县	Yongjia	983669
靖江市	Jingjiang	658783	平阳县	Pingyang	886195
泰兴市	Taixing	1178815	苍南县	Cangnan	1349464
宿迁市	**Suqian**	**5912600**	文成县	Wencheng	408586
市辖区	District	1766117	泰顺县	Taishun	373478
宿城区	Sucheng	1107413	瑞安市	Ruian	1253384
宿豫区	Suyu	658704	乐清市	Leqing	1308933
沭阳县	Muyang	1982781	**嘉兴市**	**Jiaxing**	**3604370**
泗阳县	Siyang	1067907	市辖区	District	924069
泗洪县	Sihong	1095795	南湖区	Nanhu	519320
浙江省	**Zhejiang**	**49998360**	秀洲区	Xiuzhou	404749
杭州市	**Hangzhou**	**7741016**	嘉善县	Jiashan	399259
市辖区	District	6353005	海盐县	Haiyan	382097
上城区	Shangcheng	318678	海宁市	Haining	697717
下城区	Xiacheng	410519	平湖市	Pinghu	499923
江干区	Jianggan	601533	桐乡市	Tongxiang	701305
拱墅区	Gongshu	380879	**湖州市**	**Huzhou**	**2670612**
西湖区	Xihu	739784	市辖区	District	1121156
滨江区	Bingjiang	261377	吴兴区	Wuxing	629879
萧山区	Xiaoshan	1320579	南浔区	Nanxun	491277
余杭区	Yuhang	1098603	德清县	Deqing	442407
富阳区	Fuyang	683454	长兴县	Changxing	636389

5-4 续表 12 continued

单位：人 (person)

城 市	City	人 数 Population	城 市	City	人 数 Population
安吉县	Ji'an	470660	玉环市	Yuhuan	435295
绍兴市	**Shaoxing**	**4472101**	**丽水市**	**Lishui**	**2701876**
市辖区	District	2225624	市辖区	District	413887
越城区	Yuecheng	763936	莲都区	Liandu	413887
柯桥区	Keqiao	681299	青田县	Qingtian	564984
上虞区	Shangyu	780389	缙云县	Jinyun	469957
新昌县	Xinchang	434806	遂昌县	Suichang	230912
诸暨市	Zhuji	1085367	松阳县	Songyang	241184
嵊州市	Shengzhou	726304	云和县	Yunhe	114093
金华市	**Jinhua**	**4889662**	庆元县	Qingyuan	205069
市辖区	District	988494	景宁畲族自治县	Jingning	170954
婺城区	Wucheng	651069	龙泉市	Longquan	290836
金东区	Jindong	337425	**安徽省**	**Anhui**	**70828949**
武义县	Wuyi	345006	**合肥市**	**Hefeng**	**7579582**
浦江县	Pujiang	401200	市辖区	District	2812691
磐安县	Pan'an	213070	瑶海区	Yaohai	665717
兰溪市	Lanxi	660489	庐阳区	Luyang	500164
义乌市	Yiwu	818362	蜀山区	Shushan	991102
东阳市	Dongyang	847814	包河区	Baohe	655708
永康市	Yongkang	615227	长丰县	Changyang	784064
衢州市	**Quzhou**	**2578752**	肥东县	Feidong	1076996
市辖区	District	852030	肥西县	Feixi	838091
柯城区	Kecheng	439368	庐江县	Lujiang	1208579
衢江区	Jujiang	412662	巢湖市	Chaohu	859161
常山县	Changshan	344267	**芜湖市**	**Wuhu**	**3888515**
开化县	Kaihua	362158	市辖区	District	1502603
龙游县	Longyou	403909	镜湖区	Jinghu	456099
江山市	Jiangshan	616388	弋江区	Yijiang	241238
舟山市	**Zhoushan**	**968983**	鸠江区	Jiujiang	604329
市辖区	District	714917	三山区	Sanshan	200937
定海区	Dinghai	397569	芜湖县	Wuhu	348522
普陀区	Putuo	317348	繁昌县	Fanchang	276066
岱山县	Daishan	178845	南陵县	Nanling	550849
嵊泗县	Shengsi	75221	无为县	Wuwei	1210475
台州市	**Taizhou**	**6053971**	**蚌埠市**	**Bengbu**	**3839399**
市辖区	District	1624970	市辖区	District	1156701
椒江区	Jiaojiang	549676	龙子湖区	Longzihu	174904
黄岩区	Huangyan	615197	蚌山区	Bangshan	342970
路桥区	Luqiao	460097	禹会区	Yuhui	360267
三门县	Sanmen	447491	淮上区	Huaishang	278560
天台县	Tiantai	602520	怀远县	Huaiyuan	1330726
仙居县	Xianju	517377	五河县	Wuhe	693369
温岭市	Wenling	1221381	固镇县	Guzhen	658603
临海市	Linhai	1204937	**淮南市**	**Huainan**	**3896616**

5-4 续表 13 continued

单位：人 (person)

城　　市	City	人　数 Population	城　　市	City	人　数 Population
市辖区	District	1686002	徽州区	Huizhou	95317
大通区	Datong	186236	歙县	Shexian	473150
田家庵区	Tianjiaan	580583	休宁县	Xiuning	268349
谢家集区	Xiejiaji	308817	黟县	Yixian	93419
八公山区	Bagongshan	154018	祁门县	Qimen	187007
潘集区	Panji	456348	**滁州市**	**Chuzhou**	**4537452**
凤台县	Fengtai	814334	市辖区	District	557572
寿县	Shouxian	1396280	琅琊区	Langya	280539
马鞍山市	**Maanshan**	**2291133**	南谯区	Nanqiao	277033
市辖区	District	824908	来安县	Laian	486831
花山区	Huashan	376824	全椒县	Quanjiao	452799
雨山区	Yushan	259694	定远县	Dingyuan	976253
博望区	Bowang	188390	凤阳县	Fengyang	786526
当涂县	Dangtu	478485	天长市	Tianchang	632828
含山县	Hanshan	445548	明光市	Mingguang	644643
和县	Hexian	542192	**阜阳市**	**Fuyang**	**10708250**
淮北市	**Huaibei**	**2178619**	市辖区	District	2298786
市辖区	District	1049116	颍州区	Yingzhou	890626
杜集区	Duji	300553	颍东区	Yingdong	666559
相山区	Xiangshan	423599	颍泉区	Yingquan	741601
烈山区	Lieshan	324964	临泉县	Linquan	2295346
濉溪县	Suixi	1129503	太和县	Taihe	1773291
铜陵市	**Tongling**	**1707849**	阜南县	Funan	1727539
市辖区	District	737664	颍上县	Yingshang	1783792
铜官区	Tongguan	361023	界首市	Jieshou	829496
义安区	Yi'an	294705	**宿州市**	**Suzhou**	**6565576**
郊区	Jiaoqu	81936	市辖区	District	1918218
枞阳县	Zongyang	970185	埇桥区	Yongqiao	1918218
安庆市	**Anqing**	**5284431**	砀山县	Dangshan	1002141
市辖区	District	738262	萧县	Xiaoxian	1395776
迎江区	Yingjiang	212849	灵璧县	Lingbi	1288365
大观区	Daguan	259370	泗县	Sixian	961076
宜秀区	Yixiu	266043	**六安市**	**Lu'an**	**5885695**
怀宁县	Huaining	706124	市辖区	District	2204788
潜山县	Qianshan	583969	金安区	Jin'an	884669
太湖县	Taihu	579396	裕安区	Yu'an	1042571
宿松县	Susong	870440	叶集区	Yeji	277548
望江县	Wangjiang	640054	霍邱县	Huoqiu	1638401
岳西县	Yuexi	412418	舒城县	Shucheng	996376
桐城市	Tongcheng	753768	金寨县	Jinzhai	683502
黄山市	**Huangshan**	**1485835**	霍山县	Huoshan	362628
市辖区	District	463910	**亳州市**	**Bozhou**	**6568296**
屯溪区	Tunxi	206544	市辖区	District	1683350
黄山区	Huangshan	162049	谯城区	Qiaocheng	1683350

5-4 续表 14 continued

单位：人 (person)

城　市	City	人数 Population	城　市	City	人数 Population
涡阳县	Guoyang	1703506	城厢区	Chengxiang	429844
蒙城县	Mengcheng	1448488	涵江区	Hanjiang	448638
利辛县	Lixin	1732952	荔城区	Licheng	595260
池州市	**Chizhou**	**1622333**	秀屿区	Xiuyu	957080
市辖区	District	671706	仙游县	Xianyou	1171738
贵池区	Guichi	671706	**三明市**	**Sanming**	**2890420**
东至县	Dongzhi	549013	市辖区	District	283710
石台县	Shitai	107776	梅列区	Meilie	147763
青阳县	Qingyang	293838	三元区	Sanyuan	135947
宣城市	**Xuancheng**	**2789368**	明溪县	Mingxi	119010
市辖区	District	863993	清流县	Qingliu	156030
宣州区	Xuanzhou	863993	宁化县	Ninghua	377635
郎溪县	Langxi	347532	大田县	Datian	415409
广德县	Guangde	518579	尤溪县	Youxi	452974
泾　县	Jingxian	351327	沙　县	Shaxian	272134
绩溪县	Jixi	174854	将乐县	Jiangle	187250
旌德县	Jingde	149065	泰宁县	Taining	138627
宁国市	Ningguo	384018	建宁县	Jian'an	156227
福建省	**Fujian**	**38613154**	永安市	Yong'an	331414
福州市	**Fuzhou**	**7026617**	**泉州市**	**Quanzhou**	**7551224**
市辖区	District	2845942	市辖区	District	1160620
鼓楼区	Gulou	582371	鲤城区	Licheng	265611
台江区	Taijiang	319224	丰泽区	Fengze	272218
仓山区	Cangshan	599235	洛江区	Luojiang	202067
马尾区	Mawei	178958	泉港区	Quangang	420724
晋安区	Jin'an	415976	惠安县	Huian	1039884
长乐区	Changle	750178	安溪县	Anxi	1219532
闽侯县	Minhou	694229	永春县	Yongcun	605478
连江县	Lianjiang	676654	德化县	Dehua	348644
罗源县	Luoyuan	269244	金门县	Jinmen	
闽清县	Minqing	325214	石狮市	Shishi	345500
永泰县	Yongtai	385139	晋江市	Jinjiang	1176326
平潭县	Pingtan	448733	南安市	Nan'an	1655240
福清市	Fuqing	1381462	**漳州市**	**Zhangzhou**	**5207960**
厦门市	**Xiamen**	**2411532**	市辖区	District	630994
市辖区	District	2411532	芗城区	Xiangcheng	468942
思明区	Siming	808826	龙文区	Longwen	162052
海沧区	Haicang	205351	云霄县	Yunxiao	467105
湖里区	Huli	336705	漳浦县	Zhangpu	940316
集美区	Jimei	311675	诏安县	Zhaoan	682460
同安区	Tong'an	389613	长泰县	Changtai	212677
翔安区	Xiang'an	359362	东山县	Dongshan	220753
莆田市	**Putian**	**3602560**	南靖县	Nanjing	362403
市辖区	District	2430822	平和县	Pinghe	623856

5-4 续表 15 continued

单位：人 (person)

城市	City	人数 Population	城市	City	人数 Population
华安县	Huaan	169491	安义县	Anyi	306546
龙海市	Longhai	897905	进贤县	Jinxian	850474
南平市	**Nanping**	**3198312**	**景德镇市**	**Jingdezhen**	**1703737**
市辖区	District	859141	市辖区	District	477849
延平区	Yanping	500334	昌江区	Changjiang	155279
建阳区	Jianyang	358807	珠山区	Zhushan	322570
顺昌县	Shunchang	235009	浮梁县	Fuliang	280710
浦城县	Pucheng	429953	乐平市	Leping	945178
光泽县	Guangze	163173	**萍乡市**	**Pingxiang**	**2001027**
松溪县	Songxi	168465	市辖区	District	886180
政和县	Zhenghe	237848	安源区	Anyuan	475368
邵武市	Shaowu	305978	湘东区	Xiangdong	410812
武夷山市	Wuyishan	245939	莲花县	Lianhua	279451
建瓯市	Jianou	552806	上栗县	Shangli	522231
龙岩市	**Longyan**	**3186745**	芦溪县	Luxi	313165
市辖区	District	1055746	**九江市**	**Jiujiang**	**5233855**
新罗区	Xinluo	551315	市辖区	District	667253
永定区	Yongding	504431	濂溪区	Lianxi	379104
长汀县	Tingchow	551350	浔阳区	Xunyang	288149
上杭县	Shanghang	531041	九江县	Jiujiang	335628
武平县	Wuping	402868	武宁县	Wuning	408322
连城县	Liancheng	348443	修水县	Xiushui	889876
漳平市	Zhangping	297297	永修县	Yongxiu	399417
宁德市	**Ningde**	**3537784**	德安县	Dean	176323
市辖区	District	507099	都昌县	Duchang	816949
蕉城区	Jiaocheng	507099	湖口县	Hukou	297308
霞浦县	Xiapu	548550	彭泽县	Pengze	379636
古田县	Gutian	429864	瑞昌市	Ruichang	462756
屏南县	Pingnan	191244	共青城市	Gongqingcheng	122832
寿宁县	Shouning	265645	庐山市	Lushan	277555
周宁县	Zhouning	211920	**新余市**	**Xinyu**	**1249668**
柘荣县	Tuorong	109762	市辖区	District	904189
福安市	Fu'an	672477	渝水区	Yushui	904189
福鼎市	Fuding	601223	分宜县	Fenyi	345479
江西省	**Jiangxi**	**50260800**	**鹰潭市**	**Yingtan**	**1288615**
南昌市	**Nanchang**	**5318840**	市辖区	District	241523
市辖区	District	2899253	月湖区	Yuehu	241523
东湖区	Donghu	578969	余江县	Yujiang	399852
西湖区	Xihu	456164	贵溪市	Guixi	647240
青云谱区	Qingyunpu	265302	**赣州市**	**Ganzhou**	**9814586**
湾里区	Wanli	80530	市辖区	District	1625015
青山湖区	Qingshanhu	644683	章贡区	Zhanggong	768996
新建区	Xinjian	873605	南康区	Nankang	856019
南昌县	Nanchang	1262567	赣　县	Ganxian	658847

5-4 续表 16 continued

单位：人 (person)

城　市	City	人数 Population	城　市	City	人数 Population
信丰县	Xinfeng	779371	南城县	Nancheng	340359
大余县	Dayu	310315	黎川县	Lichuan	253045
上犹县	Shangyou	324655	南丰县	Nanfeng	316301
崇义县	Chongyi	216676	崇仁县	Chongren	388886
安远县	Anyuan	406846	乐安县	Lean	389192
龙南县	Longnan	338709	宜黄县	Yihuang	237211
定南县	Diangnan	222365	金溪县	Jinxi	320294
全南县	Quannan	197227	资溪县	Zixi	115964
宁都县	Ningdu	850600	东乡县	Dongxiang	483382
于都县	Yudu	1119211	广昌县	Guangchang	251988
兴国县	Xingguo	856515	**上饶市**	**Shangrao**	**7890839**
会昌县	Huichang	531640	市辖区	District	1420511
寻乌县	Xunwu	331934	信州区	Xinzhou	439292
石城县	Shicheng	334564	广丰区	Guangfeng	981219
瑞金市	Ruijin	710096	上饶县	Guangfeng	857156
吉安市	**Ji'an**	**5389947**	**玉山县**	**Yushan**	**647369**
市辖区	District	595936	铅山县	Qianshan	481299
吉州区	Jizhou	368426	横峰县	Hengfeng	228972
青原区	Qingyuan	227510	弋阳县	Yiyang	428484
吉安县	Jian	526381	余干县	Yugan	1090192
吉水县	Jishui	566494	鄱阳县	Poyang	1583934
峡江县	Xiajiang	190477	万年县	Wannian	439131
新干县	Xingan	354791	婺源县	Wuyuan	376419
永丰县	Yongfeng	492577	德兴市	Dexing	337372
泰和县	Taihe	600448	**山东省**	**Shandong**	**100956358**
遂川县	Suichuan	622623	**济南市**	**Jinan**	**6558957**
万安县	Wanan	318529	市辖区	District	4949073
永新县	Yongxin	529328	历下区	Lixia	683696
井冈山市	Jinggangshan	170915	市中区	Shizhong	648352
宜春市	**Yichun**	**6048700**	**槐荫区**	**Huaiyin**	**435995**
市辖区	District	1162658	天桥区	Tianqiao	525999
袁州区	Yuanzhou	1162658	历城区	Licheng	1034719
奉新县	Fengxin	336781	长清区	Changqing	568464
万载县	Wanzai	577327	章丘区	Zhangqiu	1051848
上高县	Shanggao	384014	平阴县	Pingyin	374896
宜丰县	Yifeng	300179	济阳县	Jiyang	592243
靖安县	Jing'an	152999	商河县	Shanghe	642745
铜鼓县	Tonggu	138616	**青岛市**	**Qingdao**	**8177879**
丰城市	Fengcheng	1507402	市辖区	District	4007170
樟树市	Zhangshu	610424	市南区	Shinan	549937
高安市	Gaoan	878300	市北区	Shibei	901703
抚州市	**Fuzhou**	**4320986**	**黄岛区**	**Huangdao**	**1297759**
市辖区	District	1224364	崂山区	Laoshan	305117
临川区	Linchuan	1224364	李沧区	Licang	401030

5-4 续表 17 continued

单位：人 (person)

城　市	City	人　数 Population	城　市	City	人　数 Population
城阳区	Chengyang	551624	**潍坊市**	**Weifang**	**9141521**
胶州市	Jiaozhou	858952	市辖区	District	1941721
即墨市	Jimo	1176300	潍城区	Weicheng	370941
平度市	Pingdong	1391015	寒亭区	Hanting	446575
莱西市	Laixi	744442	坊子区	Fangzi	553812
淄博市	**Zibo**	**4339614**	奎文区	Kuiwen	570393
市辖区	District	2889234	临朐县	Linqu	925567
淄川区	Zichuan	662903	昌乐县	Changle	638556
张店区	Zhangdian	850650	青州市	Qingzhou	954835
博山区	Boshan	442252	诸城市	Zhucheng	1118684
临淄区	Linzi	614530	寿光市	Shouguang	1103110
周村区	Zhoucun	318899	安丘市	Anqiu	975816
桓台县	Huantai	504701	高密市	Gaomi	896444
高青县	Gaoqing	369902	昌邑市	Changyi	586788
沂源县	Yiyuan	575777	**济宁市**	**Jining**	**8907267**
枣庄市	**Zaozhuang**	**4225602**	市辖区	District	1890512
市辖区	District	2473596	任城区	Rencheng	1237244
市中区	Shizhong	588632	兖州区	Yanzhou	653268
薛城区	Xuecheng	577655	微山县	Weishan	734008
峄城区	Yicheng	427542	鱼台县	Yutai	483819
台儿庄区	Taierzhuang	342143	金乡县	Jinxiang	680037
山亭区	Shanting	537624	嘉祥县	Jiaxiang	932598
滕州市	Tengzhou	1752006	汶上县	Wenshang	823179
东营市	**Dongying**	**1966811**	泗水县	Sishui	645900
市辖区	District	1126375	梁山县	Liangshan	845927
东营区	Dongying	668128	曲阜市	Qufu	655721
河口区	Hekou	219488	邹城市	Zoucheng	1215566
垦利区	Kenli	238759	**泰安市**	**Taian**	**5729804**
利津县	Lijin	309035	市辖区	District	1638475
广饶县	Guangrao	531401	泰山区	Taishan	633499
烟台市	**Yantai**	**6538659**	岱岳区	Daiyue	1004976
市辖区	District	1916653	宁阳县	Ningyang	837370
芝罘区	Zhifu	704239	东平县	Dongping	813220
福山区	Fushan	499048	新泰市	Xintai	1451839
牟平区	Mouping	449855	肥城市	Feicheng	988900
莱山区	Laishan	263511	**威海市**	**Weihai**	**2565361**
长岛县	Changdao	41489	市辖区	District	1358480
龙口市	Longkou	635839	环翠区	Huancui	784223
莱阳市	Laiyang	856860	文登区	Wendeng	574257
莱州市	Laizhou	843617	荣成市	Rongcheng	659395
蓬莱市	Penglai	445000	乳山市	Rushan	547486
招远市	Zhaoyuan	562820	**日照市**	**Rizhao**	**3066460**
栖霞市	Qixia	593738	市辖区	District	1392265
海阳市	Haiyang	642643	东港区	Donggang	956423

5-4 续表 18 continued

单位：人 (person)

城　市	City	人数 Population	城　市	City	人数 Population
岚山区	Lanshan	435842	**滨州市**	**Binzhou**	**3967040**
五莲县	Wulian	513610	市辖区	District	1103225
莒县	Juxian	1160585	滨城区	Bincheng	703285
莱芜市	**Laiwu**	**1294017**	沾化区	Zhanhua	399940
市辖区	District	1294017	惠民县	Huimin	653004
莱城区	Laicheng	992320	阳信县	Yangxin	471888
钢城区	Gangcheng	301697	无棣县	Wudi	489672
临沂市	**Linyi**	**11797925**	博兴县	Boxing	504998
市辖区	District	2811817	邹平县	Zouping	744253
兰山区	Lanshan	1298140	**菏泽市**	**Heze**	**10254042**
罗庄区	Luozhuang	668551	市辖区	District	2358000
河东区	Hedong	845126	牡丹区	Mudan	1647127
沂南县	Yinan	976473	定陶区	Dingtao	710873
郯城县	Tancheng	1034484	曹县	Caoxian	1704606
沂水县	Yishui	1188763	单县	Shanxian	1275489
兰陵县	Lanling	1448803	成武县	Chengwu	727062
费县	Feixian	910548	巨野县	Juye	1098155
平邑县	Pingyi	1106694	郓城县	Yuncheng	1282554
莒南县	Junan	1065917	鄄城县	Juancheng	931580
蒙阴县	Mengyin	580416	东明县	Dongming	876596
临沭县	Linshu	674010	**河南省**	**Henansheng**	**114436292**
德州市	**Dezhou**	**5978415**	**郑州市**	**Zhengzhou**	**8639657**
市辖区	District	1251860	市辖区	District	3740519
德城区	Decheng	656664	中原区	Zhongyuan	845148
陵城区	Lingcheng	595196	二七区	Erqi	637271
宁津县	Ningjin	492136	管城回族区	Guancheng	551440
庆云县	Qingyun	344046	金水区	Jinshui	1325778
临邑县	Linyi	555243	上街区	Shangjie	116615
齐河县	Qihe	641984	惠济区	Huiji	264267
平原县	Pingyuan	475962	中牟县	Zhongmou	894404
夏津县	Xiajin	549766	巩义市	Gongyi	846662
武城县	Wucheng	402409	荥阳市	Xingyang	708108
乐陵市	Laoling	724015	新密市	Xinmi	895178
禹城市	Yucheng	540994	新郑市	Xinzheng	826000
聊城市	**Liaocheng**	**6446984**	登封市	Dengfeng	728786
市辖区	District	1281593	**开封市**	**Kaifeng**	**5602083**
东昌府区	Dongchangfu	1281593	市辖区	District	1713181
阳谷县	Yanggu	834599	龙亭区	Longting	127383
莘县	Shenxian	1112987	顺河回族区	Shunhe	238671
茌平县	Chiping	573229	鼓楼区	Gulou	147887
东阿县	Dong'e	413162	禹王台区	Yuwangtai	129801
冠县	Guanxian	877299	金明区	Jinming	248163
高唐县	Gaotang	515032	祥符区	Xiangfu	821276
临清市	Linqing	839083	杞县	Qixian	1229299

5-4 续表 19 continued

单位：人 (person)

城　市	City	人数 Population
通许县	Tongxu	686567
尉氏县	Weishi	1028758
兰考县	Lankao	944278
洛阳市	**Luoyang**	**7399844**
市辖区	District	2067076
老城区	Laocheng	168733
西工区	Xigong	319760
瀍河回族区	Chanhe	174488
涧西区	Jianxi	605320
吉利区	Jili	68167
洛龙区	Luolong	730608
孟津县	Mengjin	481390
新安县	Xinan	539758
栾川县	Luanchuan	355734
嵩县	Songxian	640267
汝阳县	Ruyang	527476
宜阳县	Yiyang	715377
洛宁县	Luoning	512420
伊川县	Yichuan	927277
偃师市	Yanshi	633069
平顶山市	**Pingdingshan**	**5698976**
市辖区	District	1112822
新华区	Xinhua	415660
卫东区	Weidong	366902
石龙区	Shilong	63161
湛河区	Zhanhe	267099
宝丰县	Baofeng	555420
叶县	Yexian	877109
鲁山县	Lushan	979951
郏县	Jiaxian	656291
舞钢市	Wugang	341762
汝州市	Ruzhou	1175621
安阳市	**Anyang**	**6271735**
市辖区	District	1182486
文峰区	Wenfeng	484427
北关区	Beiguan	249057
殷都区	Yindong	227999
龙安区	Longan	221003
安阳县	Anyang	1082804
汤阴县	Tangyin	523214
滑县	Huaxian	1488467
内黄县	Neihuang	855931
林州市	Linzhou	1138833
鹤壁市	**Hebi**	**1705012**
市辖区	District	651827
鹤山区	Heshan	86611
山城区	Shancheng	177895
淇滨区	Qibin	387321
浚县	Xunxian	752241
淇县	Qixian	300944
新乡市	**Xinxiang**	**6559382**
市辖区	District	1087580
红旗区	Hongqi	386061
卫滨区	Weibin	229600
凤泉区	Fengquan	145707
牧野区	Muye	326212
新乡县	Xinxiang	374371
获嘉县	Huojia	451006
原阳县	Yuanyang	813526
延津县	Yanjin	511396
封丘县	Fengqiu	867983
长垣县	Changyuan	1002888
卫辉市	Weihui	542824
辉县市	Huixian	907808
焦作市	**Jiaozuo**	**3725812**
市辖区	District	982691
解放区	Jiefang	301104
中站区	Zhongzhan	113328
马村区	Macun	137030
山阳区	Shanyang	431229
修武县	Xiuwu	272727
博爱县	Boai	397460
武陟县	Wuzhi	734876
温县	Wenxian	461549
沁阳市	Qinyang	493165
孟州市	Mengzhou	383344
濮阳市	**Puyang**	**4345404**
市辖区	District	745123
华龙区	Hualong	745123
清丰县	Qingfeng	755179
南乐县	Nanle	584380
范县	Fanxian	605167
台前县	Taiqian	424452
濮阳县	Puyang	1231103
许昌市	**Xuchang**	**5090419**
市辖区	District	412063
魏都区	Weidu	412063
许昌县	Xuchang	926601

5-4 续表 20 continued

单位：人 (person)

城　市	City	人 数 Population	城　市	City	人 数 Population
鄢陵县	Yanling	730081	永城市	Yongcheng	1641153
襄城县	Xiangcheng	907559	**信阳市**	**xinyang**	**9121131**
禹州市	Yuzhou	1333368	市辖区	District	1565164
长葛市	Changge	780747	浉河区	Shihe	665985
漯河市	**Luohe**	**2675184**	平桥区	Pingqiao	899179
市辖区	District	1347806	罗山县	Luoshan	787370
源汇区	Yuanhui	313724	光山县	Guangshan	**939346**
郾城区	Yancheng	506650	新　县	Xinxian	382508
召陵区	Zhaoling	527432	商城县	Shangcheng	804906
舞阳县	Wuyang	598568	固始县	Gushi	1793086
临颍县	Linying	728810	潢川县	Huangchuan	895696
三门峡市	**Sanmenxia**	**2271241**	淮滨县	Huaibin	824828
市辖区	District	630144	息　县	Xixian	1128227
湖滨区	Hubin	290026	**周口市**	**Zhoukou**	**12590622**
陕州区	Shanzhou	340118	市辖区	District	642230
渑池县	Mianchi	358585	川汇区	Chuanhui	642230
卢氏县	Xiaxian	380526	扶沟县	Fugou	789202
义马市	Lushi	155246	西华县	Xihua	967715
灵宝市	Yima	746740	商水县	Shangshui	1322460
南阳市	**Nanyang**	**12380768**	沈丘县	Shenqiu	1400113
市辖区	District	2027552	郸城县	Dancheng	1588111
宛城区	Wancheng	954722	淮阳县	Huaiyang	1491402
卧龙区	Wolong	1072830	太康县	Taikang	1648298
南召县	Nanzhao	692367	鹿邑县	Luyi	1384072
方城县	Fangcheng	1177606	项城市	Xiangcheng	1357019
西峡县	Xixia	489175	**驻马店市**	**Zhumadian**	**9640712**
镇平县	Zhenping	1091228	市辖区	District	850756
内乡县	Neixiang	723664	驿城区	Yicheng	850756
淅川县	Xichuan	725812	西平县	Xiping	888637
社旗县	Sheqi	768935	上蔡县	Shangcai	1603629
唐河县	Tanghe	1475237	平舆县	Pingyu	1163713
新野县	Xinye	854604	正阳县	Zhengyang	873746
桐柏县	Tongbo	500696	确山县	Queshan	564020
邓州市	Dengzhou	1853892	泌阳县	Biyang	965518
商丘市	**Shangqiu**	**9992786**	汝南县	Runan	897796
市辖区	District	1875435	遂平县	Suiping	581573
梁园区	Liangyuan	905587	新蔡县	Xincai	1251324
睢阳区	Suiyang	969848	**省直辖县级行政单位**	**Shengzhiguan**	**725524**
民权县	Minquan	1017285	济源市	Jiyuan	725524
睢　县	Suixian	930299	**湖北省**	**Hubei**	**61729149**
宁陵县	Ningling	723883	**武汉市**	**Wuhan**	**8837299**
柘城县	Zhecheng	1104882	市辖区	District	8837299
虞城县	Yucheng	1365795	江岸区	Jiang'an	764636
夏邑县	Xiayi	1334054	江汉区	Jianghan	507789

5-4 续表 21 continued

单位：人 (person)

城 市	City	人 数 Population	城 市	City	人 数 Population
硚口区	Qiaokou	533730	**襄阳市**	**Xiangyang**	**5923546**
汉阳区	Hanyang	678739	市辖区	District	2275705
武昌区	Wuchang	1097617	襄城区	Xiangcheng	462045
青山区	Qingshan	460506	樊城区	Fancheng	812174
洪山区	Hongshan	1124363	襄州区	Xiangzhou	1001486
东西湖区	Dongxihu	335592	南漳县	Nanzhang	573719
汉南区	Hannan	116343	谷城县	Gucheng	598648
蔡甸区	Caidian	466731	保康县	Baokang	267698
江夏区	Jiangxia	632165	老河口市	Laohekou	515492
黄陂区	Huangpi	1151159	枣阳市	Zaoyang	1132465
新洲区	Xinzhou	967929	宜城市	Yicheng	559819
黄石市	**Huangshi**	**2729633**	**鄂州市**	**Ezhou**	**1113846**
市辖区	District	622142	市辖区	District	1113846
黄石港区	Huangshigang	207975	梁子湖区	Liangzihu	191774
西塞山区	Xisaishan	206771	华容区	Huarong	267070
下陆区	Xialu	158645	鄂城区	Echengqu	655002
铁山区	Tieshan	48751	**荆门市**	**Jingmen**	**2928482**
阳新县	Yangxin	1112243	市辖区	District	653243
大冶市	Daye	995248	东宝区	Dongbao	357894
十堰市	**Shiyan**	**3465958**	掇刀区	Duodao	295349
市辖区	District	1188592	京山县	Jingshan	630520
茅箭区	Maojian	298000	沙洋县	Shayang	597450
张湾区	Zhangwan	258524	钟祥市	Zhongxiang	1047269
郧阳区	Yunyang	632068	**孝感市**	**Xiaogan**	**5175373**
郧西县	Yunxi	517442	市辖区	District	957399
竹山县	Zhushan	461128	孝南区	Xiaonan	957399
竹溪县	Zhuxi	359106	孝昌县	Xiaochang	670042
房 县	Fangshan	476085	大悟县	Dawu	628742
丹江口市	Danjiangkou	463605	云梦县	Yunmeng	575611
宜昌市	**Yichang**	**3918697**	应城市	Yingcheng	650191
市辖区	District	1270372	安陆市	Anlu	615273
西陵区	Xiling	405359	汉川市	Hanchuan	1078115
伍家岗区	Wujiagang	188793	**荆州市**	**Jingzhou**	**6412837**
点军区	Dianjun	103670	市辖区	District	1079750
猇亭区	Xiaoting	50227	沙市区	Shashi	526497
夷陵区	Yiling	522323	荆州区	Jingzhou	553253
远安县	Yuan'an	191042	公安县	Gongan	997192
兴山县	Xingshan	165495	监利县	Jianli	1571470
秭归县	Zigui	370788	江陵县	Jiangling	393224
长阳土家族自治县	Changyang	388724	石首市	Shishou	623405
五峰土家族自治县	Wufeng	197292	洪湖市	Honghu	918206
宜都市	Yidu	388332	松滋市	Songzi	829590
当阳市	Dangyang	466615	**黄冈市**	**Huanggang**	**7406446**
枝江市	Zhijiang	480037	市辖区	District	349969

5-4 续表 22 continued

单位：人 (person)

城 市	City	人 数 Population	城 市	City	人 数 Population
黄州区	Huangzhou	349969	雨花区	Yuhua	720819
团风县	Tuanfeng	370238	望城区	Wangcheng	588537
红安县	Hongan	652957	长沙县	Changsha	806327
罗田县	Luotian	597561	宁乡县	Ningxiang	1430937
英山县	Yingshan	398934	浏阳市	Liuyang	1493770
浠水县	Xishui	1007490	**株洲市**	**Zhuzhou**	**4026755**
蕲春县	Qichun	1011096	市辖区	District	973126
黄梅县	Huangmei	1035492	荷塘区	Hetang	207788
麻城市	Macheng	1159273	芦淞区	Lusong	235322
武穴市	Wuxue	823436	石峰区	Shifeng	242598
咸宁市	**Xianning**	**3051397**	天元区	Tianyuan	287418
市辖区	District	628465	株洲县	Zhuzhou	351073
咸安区	Xianan	628465	攸 县	Youxian	810823
嘉鱼县	Jiayu	366577	茶陵县	Chaling	646041
通城县	Tongcheng	527190	炎陵县	Yanling	192612
崇阳县	Chongyang	510219	醴陵市	Liling	1053080
通山县	Tongshan	485889	**湘潭市**	**Xiangtan**	**2888042**
赤壁市	Chibi	533057	市辖区	District	865317
随州市	**Suizhou**	**2505698**	雨湖区	Yuhu	512047
市辖区	District	657780	岳塘区	Yuetang	353270
曾都区	Zengdong	657780	湘潭县	Xiangtan	974580
随 县	Suixian	927279	湘乡市	Xiangxiang	928302
广水市	Guangshui	920639	韶山市	Shaoshan	119843
恩施土家族苗族自治州	**Enshi**	**4020368**	**衡阳市**	**Hengyang**	**8005298**
恩施市	Enshi	809210	市辖区	District	1014717
利川市	Lichuan	917097	珠晖区	Zhuhui	285325
建始县	Jianshi	511142	雁峰区	Yanfeng	188894
巴东县	Badong	488006	石鼓区	Shigu	197557
宣恩县	Xuandong	358109	蒸湘区	Zhenxiang	282714
咸丰县	Xianfeng	385596	南岳区	Nanyue	60227
来凤县	Laifeng	334019	衡阳县	Hengyang	1245588
鹤峰县	Hefeng	217189	衡南县	Hengnan	1095673
省直辖县级行政单位	**Shengzhiguan**	**4239569**	衡山县	Hengshan	449023
仙桃市	Xiantao	1542975	衡东县	Hengdong	758118
潜江市	Qianjiang	1008470	祁东县	Qidong	1058383
天门市	Tianmen	1609212	耒阳市	Leiyang	1421656
神农架林区	Shennongjia	78912	常宁市	Changning	962140
湖南省	**Hunan**	**73266241**	**邵阳市**	**Shaoyang**	**8282777**
长沙市	**Changsha**	**7288583**	市辖区	District	698636
市辖区	District	3557549	双清区	Shuanqing	272814
芙蓉区	Furong	424671	大祥区	Daxiang	325520
天心区	Tianxin	496128	北塔区	Beita	100302
岳麓区	Yuelu	821823	邵东县	Shaodong	1341905
开福区	Kaifu	505571	新邵县	Xinshao	830792

5-4 续表 23 continued

单位：人 (person)

城　　市	City	人　数 Population	城　　市	City	人　数 Population
邵阳县	Shaoyang	1063969	市辖区	District	795845
隆回县	Longhui	1291947	北湖区	Beihu	407565
洞口县	Dongkou	901237	苏仙区	Suxian	388280
绥宁县	Suining	384799	桂阳县	Guiyang	918492
新宁县	Xinning	650874	宜章县	Yizhang	654794
城步苗族自治县	Chengbu	278940	永兴县	Yongxing	709903
武冈市	Wugang	839678	嘉禾县	Jiahe	436532
岳阳市	**Yueyang**	**5686995**	临武县	Linwu	384158
市辖区	District	1104479	汝城县	Rucheng	422386
岳阳楼区	Yueyanglou	689014	桂东县	Guidong	186920
云溪区	Yunxi	168858	安仁县	Anren	466914
君山区	Junshan	246607	资兴市	Zixing	377258
岳阳县	Yueyang	728930	**永州市**	**Yongzhou**	**6446106**
华容县	Huarong	719705	市辖区	District	1179292
湘阴县	Xiangyin	712434	零陵区	Lingling	617632
平江县	Pingjiang	1117764	冷水滩区	Lengshuitan	561660
汨罗市	Miluo	761324	祁阳县	Qiyang	1052643
临湘市	Linxiang	542359	东安县	Dong'an	646512
常德市	**Changde**	**6052851**	双牌县	Shuangpai	182273
市辖区	District	1406660	道　县	Daoxian	799461
武陵区	Wuling	612799	江永县	Jiangyong	285625
鼎城区	Dingcheng	793861	宁远县	Ningyuan	895698
安乡县	Anxiang	540872	蓝山县	Lanshan	416914
汉寿县	Hanshou	872813	新田县	Xintian	450171
澧　县	Lixian	916435	江华瑶族自治县	Jianghua	537517
临澧县	Linli	446302	**怀化市**	**Huaihua**	**5235227**
桃源县	Taoyuan	968697	市辖区	District	398623
石门县	Shimen	667658	鹤城区	Hecheng	398623
津市市	Jinshi	233414	中方县	Zhongfang	294589
张家界市	**Zhangjiajie**	**1701322**	沅陵县	Yuanling	641968
市辖区	District	534232	辰溪县	Chenxi	535144
永定区	Yongding	478340	溆浦县	Xupu	944597
武陵源区	Wulingyuan	55892	会同县	Huitong	369585
慈利县	Cili	699597	麻阳苗族自治县	Mayang	398852
桑植县	Sangzhi	467493	新晃侗族自治县	Xinhuang	258788
益阳市	**Yiyang**	**4775000**	芷江侗族自治县	Zhijiang	377984
市辖区	District	1357601	靖州苗族侗族自治县	Jingzhou	275971
资阳区	Ziyang	423716	通道侗族自治县	Tongdao	240563
赫山区	Haoshan	933885	洪江市	Hongjiang	498563
南　县	Nanxian	777142	**娄底市**	**Loudi**	**4551697**
桃江县	Taojiang	886051	市辖区	District	615629
安化县	Anhua	1018559	娄星区	Louxing	615629
沅江市	Yuanjiang	735647	双峰县	Shuangfeng	903200
郴州市	**Chenzhou**	**5353202**	新化县	Xinhua	1518487

5-4 续表 24 continued

单位：人 (person)

城 市	City	人 数 Population	城 市	City	人 数 Population
冷水江市	Lengshuijiang	368497	盐田区	Yantian	83793
涟源市	Lianyuan	1145884	龙华区	Longhua	378840
湘西土家族苗族自治州	**Xiangxi**	**2972386**	坪山区	Pingshan	82256
吉首市	Jishou	311601	**珠海市**	**Zhuhai**	**1273963**
泸溪县	Luxi	317465	市辖区	District	1273963
凤凰县	Fenghuang	431068	香洲区	Xiangzhou	719848
花垣县	Huayuan	312917	斗门区	Doumen	382462
保靖县	Baojing	308437	金湾区	Jinwan	171653
古丈县	Guzhang	143757	**汕头市**	**Shantou**	**5694209**
永顺县	Yongshun	540743	市辖区	District	5617961
龙山县	Longshan	606398	龙湖区	Longhu	462125
广东省	**Guangdong**	**95021196**	金平区	Jinping	740061
广州市	**Guangzhou**	**9276914**	濠江区	Haojiang	303115
市辖区	District	9276914	潮阳区	Chaoyang	1844324
荔湾区	Liwan	745446	潮南区	Chaonan	1480661
越秀区	Yuexiu	1177903	澄海区	Chenghai	787675
海珠区	Haizhu	1055923	南澳县	Nan'ao	76248
天河区	Tianhe	939201	**佛山市**	**Feshan**	**4369767**
白云区	Baiyun	1033413	市辖区	District	4369767
黄埔区	Huangpu	527625	禅城区	Chancheng	682380
番禺区	Panyu	989353	南海区	Nanhai	1478144
花都区	Huadu	782351	顺德区	Shunde	1452553
南沙区	Nansha	439265	三水区	Sanshui	436197
从化区	Conghua	634893	高明区	Gaoming	320493
增城区	Zengcheng	951541	**江门市**	**Jiangmen**	**3989099**
韶关市	**Shaoguan**	**3365768**	市辖区	District	1450443
市辖区	District	917254	蓬江区	Pengjiang	513840
武江区	Wujiang	280209	江海区	Jianghai	172477
浈江区	Zhenjiang	322964	新会区	Xinhui	764126
曲江区	Qujiang	314081	台山市	Taishan	970660
始兴县	Shixing	262858	开平市	Kaiping	688893
仁化县	Renhua	244775	鹤山市	Heshan	379099
翁源县	Wengyuan	420457	恩平市	Enping	500004
乳源瑶族自治县	Ruyuan	229570	**湛江市**	**Zhanjiang**	**8480218**
新丰县	Xinfeng	268696	市辖区	District	1682749
乐昌市	Lechang	529931	赤坎区	Chikan	257351
南雄市	Nanxiong	492227	霞山区	Xiashan	429984
深圳市	**Shenzhen**	**4975038**	坡头区	Potou	431449
市辖区	District	4975038	麻章区	Mazhang	563965
罗湖区	Luohu	673823	遂溪县	Suixi	1108409
福田区	Futian	1158027	徐闻县	Xuwen	783496
南山区	Nanshan	1023952	廉江市	Lianjiang	1845402
宝安区	Baoan	722545	雷州市	Lenzhou	1840539
龙岗区	Longgang	851802	吴川市	Wuchuan	1219623

5-4 续表 25 continued

单位：人 (person)

城　市	City	人　数 Population	城　市	City	人　数 Population
茂名市	**Maoming**	**8105470**	龙川县	Longchuan	986583
市辖区	District	3012665	连平县	Lianping	413845
茂南区	Maonan	890667	和平县	Heping	560648
电白区	Dianbai	2121998	东源县	Dongyuan	585906
高州市	Gaozhou	1832727	**阳江市**	**Yangjiang**	**2998820**
化州市	Huazhou	1767052	市辖区	District	1229288
信宜市	Xinyi	1493026	江城区	Jiangcheng	715250
肇庆市	**Zhaoqing**	**4501527**	阳东区	Yangdong	514038
市辖区	District	1394993	阳西县	Yangxi	549457
端州区	Duanzhou	413697	阳春市	Yangchun	1220075
鼎湖区	Dinghu	165916	**清远市**	**Qingyuan**	**4429479**
高要区	Gaoyao	815380	市辖区	District	1467079
广宁县	Guangning	589180	清城区	Qingcheng	750825
怀集县	Huaiji	1112377	清新区	Qingxin	716254
封开县	Fengkai	524787	佛冈县	Fogang	353002
德庆县	Deqing	408705	阳山县	Yangshan	575638
四会市	Sihui	471485	连山壮族瑶族自治县	Lianshan	123976
惠州市	**Huizhou**	**3809000**	连南瑶族自治县	Liannan	176067
市辖区	District	1640549	英德市	Yingde	1187234
惠城区	Huicheng	1123101	连州市	Lianzhou	546483
惠阳区	Huiyang	517448	东莞市	Dongguan	2315867
博罗县	Boluo	916693	中山市	Zhongshan	1769199
惠东县	Huidong	891378	**潮州市**	**Chaozhou**	**2757862**
龙门县	Longmen	360380	市辖区	District	1689044
梅州市	**Meizhou**	**5482931**	湘桥区	Xiangqiao	515696
市辖区	District	972924	潮安区	Chaoan	1173348
梅江区	Meijiang	356628	饶平县	Raoping	1068818
梅县区	Meixian	616296	**揭阳市**	**Jieyang**	**7054347**
大埔县	Dapu	564655	市辖区	District	2115600
丰顺县	Fengshun	739547	榕城区	Rongcheng	998406
五华县	Wuhua	1524090	揭东区	Jiedong	1117194
平远县	Pingyuan	265037	揭西县	Jiexi	987184
蕉岭县	Jiaoling	233524	惠来县	Huilai	1477141
兴宁市	Xingning	1183154	普宁市	Puning	2474422
汕尾市	**Shanwei**	**3634967**	**云浮市**	**Yunfu**	**3009107**
市辖区	District	500457	市辖区	District	687846
城区	Chengqu	500457	云城区	Yuncheng	343179
海丰县	Haifeng	854689	云安区	Yun'an	344667
陆河县	Luhe	354863	新兴县	Xinxing	492782
陆丰市	Lufeng	1924958	郁南县	Yunan	535657
河源市	**Heyuan**	**3727644**	罗定市	Luoding	1292822
市辖区	District	325381	**广西壮族自治区**	**Guangxi**	**56591769**
源城区	Yuancheng	325381	**南宁市**	**Nanning**	**7708223**
紫金县	Zijin	855281	市辖区	District	3871306

5-4 续表 26 continued

单位：人 (person)

城　市	City	人　数 Population	城　市	City	人　数 Population
兴宁区	Xingning	349414	市辖区	District	801233
青秀区	Qingxiu	766918	万秀区	Wanxiu	295346
江南区	Jiangnan	542138	长洲区	Changzhou	191428
西乡塘区	Xixiangtang	813335	龙圩区	Longxu	314459
良庆区	Liangqing	305167	苍梧县	Cangwu	410732
邕宁区	Yongning	371252	藤县	Tengxian	1115044
武鸣区	Wuming	723082	蒙山县	Mengshan	224970
隆安县	Long'an	424476	岑溪市	Cenxi	967921
马山县	Mashan	575172	**北海市**	**Beihai**	**1781831**
上林县	Shanglin	502129	市辖区	District	686397
宾阳县	Binyang	1060558	海城区	Haicheng	320740
横县	Hengxian	1274582	银海区	Yinhai	179020
柳州市	**Liuzhou**	**3904713**	铁山港区	Tieshangang	186637
市辖区	District	1827348	合浦县	Hepu	1095434
城中区	Chengzhong	170263	**防城港市**	**Fangchenggang**	**993233**
鱼峰区	Yufeng	414128	市辖区	District	588076
柳南区	Liunan	355122	港口区	Gangkou	142669
柳北区	Liubei	354700	防城区	Fangcheng	445407
柳江区	Liujiang	533135	上思县	Shangsi	251346
柳城县	Liucheng	410900	东兴市	Dongxing	153811
鹿寨县	Luzhai	411905	**钦州市**	**Qinzhou**	**4153691**
融安县	Rong'an	328079	市辖区	District	1524818
融水苗族自治县	Rongshui	522694	钦南区	Qinnan	653379
三江侗族自治县	Sanjiang	403787	钦北区	Qinbei	871439
桂林市	**Guilin**	**5381488**	灵山县	Lingshan	1677319
市辖区	District	1323331	浦北县	Pubei	951554
秀峰区	Xiufeng	113358	**贵港市**	**Guigang**	**5612862**
叠彩区	Diecai	153432	市辖区	District	2039008
象山区	Xiangshan	243221	港北区	Gangbei	724583
七星区	Qixing	222272	港南区	Gangnan	704499
雁山区	Yanshan	69849	覃塘区	Tantang	609926
临桂区	Lingui	521199	平南县	Pingnan	1539645
阳朔县	Yangshuo	330515	桂平市	Guiping	2034209
灵川县	Lingchuan	393940	**玉林市**	**Yulin**	**7327346**
全州县	Quanzhou	845306	市辖区	District	1138183
兴安县	Xing'an	392583	玉州区	Yuzhou	696235
永福县	Yongfu	290698	福绵区	Fumian	441948
灌阳县	Guanyang	297007	容县	Rongxian	873780
龙胜各族自治县	Longsheng	173253	陆川县	Luchuan	1112368
资源县	Ziyuan	181155	博白县	Bobai	1903187
平乐县	Pingle	464508	兴业县	Xingye	762926
荔浦县	Lipu	384345	北流市	Beiliu	1536902
恭城瑶族自治县	Gongcheng	304847	**百色市**	**Baise**	**4209609**
梧州市	**Wuzhou**	**3519900**	市辖区	District	368031

5-4 续表 27 continued

单位：人 (person)

城 市	City	人 数 Population	城 市	City	人 数 Population
右江区	Youjiang	368031	宁明县	Ningming	443983
田阳县	Tianyang	358014	龙州县	Longzhou	274130
田东县	Tiandong	439209	大新县	Daxin	385013
平果县	Pingguo	520412	天等县	Tiandeng	458668
德保县	Debao	369695	凭祥市	Pingxiang	116084
那坡县	Napo	218648	**海南省**	**Hainan**	**9251024**
凌云县	Lingyun	226587	**海口市**	**Haikou**	**1776141**
乐业县	Leye	179946	市辖区	District	1776141
田林县	Tianlin	267389	秀英区	Xiuying	343749
西林县	Xilin	163350	龙华区	Longhua	491759
隆林各族自治县	Longlin	435451	琼山区	Qiongshan	401282
靖西市	Jingxi	662877	美兰区	Meilan	539351
贺州市	**Hezhou**	**2459122**	**三亚市**	**Sanya**	**614647**
市辖区	District	1215474	市辖区	District	614647
八步区	Babu	751004	海棠区	Haitang	78600
平桂区	Pinggui	464470	吉阳区	Jiyang	176430
昭平县	Zhaoping	451015	天涯区	Tianya	257282
钟山县	Zhongshan	452871	崖州区	Yazhou	102335
富川瑶族自治县	Fuchuan	339762	三沙市	Sansha	000630
河池市	**Hechi**	**4329496**	儋州市	Danzhou	1055199
市辖区	District	346414	**省直辖县级行政单位**	**Shengzhiguan**	**5804407**
金城江区	Jinchengjiang	346414	五指山市	Wuzhishan	105919
南丹县	Nandan	326756	琼海市	Qionghai	519291
天峨县	Tian'e	176477	文昌市	Wenchang	600644
凤山县	Fengshan	221803	万宁市	Wanning	629914
东兰县	Donglan	313787	东方市	Dongfang	456265
罗城仫佬族自治县	Luocheng	388439	定安县	Ding'an	346688
环江毛南族自治县	Huanjiang	379480	屯昌县	Tunchang	309125
巴马瑶族自治县	Bama	297119	澄迈县	Chengmai	568137
都安瑶族自治县	Du'an	725340	临高县	Lingao	504846
大化瑶族自治县	Dahua	484776	白沙黎族自治县	Baisha	195142
宜州市	Yizhou	669105	昌江黎族自治县	Changjiang	255938
来宾市	**Laibin**	**2693254**	乐东黎族自治县	Ledong	542763
市辖区	District	1141362	陵水黎族自治县	Lingshui	385062
兴宾区	Xingbin	1141362	保亭黎族苗族自治县	Baoting	167717
忻城县	Xincheng	431207	琼中黎族苗族自治县	Qiongzhong	216956
象州县	Xiangzhou	370599	**重庆市**	**Chongqing**	**34036408**
武宣县	Wuxuan	457760	市辖区	District	23315327
金秀瑶族自治县	Jinxiu	157294	万州区	Wanzhou	1739026
合山市	Heshan	135032	涪陵区	Fuling	1151312
崇左市	**Chongzuo**	**2517001**	渝中区	Yuzhong	504380
市辖区	District	377256	大渡口区	Dadukou	269115
江州区	Jiangzhou	377256	江北区	Jiangbei	622835
扶绥县	Fusui	461867	沙坪坝区	Shapingba	858245

5-4 续表 28 continued

单位：人 (person)

城 市	City	人 数 Population	城 市	City	人 数 Population
九龙坡区	Jiulongpo	950167	温江区	Wenjiang	487709
南岸区	Nan'an	736767	双流区	Shuangliu	1316550
北碚区	Beibei	635650	金堂县	Jintang	902657
綦江区	Qijiang	1196881	郫 县	Pixian	632861
大足区	Dazu	1071585	大邑县	Dayi	510016
渝北区	Yubei	1367505	蒲江县	Pujiang	268193
巴南区	Banan	930214	新津县	Xinjin	318898
黔江区	Qianjiang	556648	都江堰市	Dujiangyan	622233
长寿区	Changshou	892556	彭州市	Pengzhou	802446
江津区	Jiangjin	1492652	邛崃市	Qionglai	654661
合川区	Hechuan	1525894	崇州市	Chongzhou	662809
永川区	Yongchuan	1140884	简阳市	Jianyang	1506975
南川区	Nanchuan	686777	**自贡市**	**Zigong**	**3227844**
璧山区	Bishan	647658	市辖区	District	1482085
铜梁区	Tongliang	851072	自流井区	Ziliujing	404417
潼南区	Tongnan	952017	贡井区	Gongjing	285672
荣昌区	Rongchang	850143	大安区	Daan	434900
开州区	Kaizhou	1685344	沿滩区	Yantan	357096
县	**Xian**	**10721081**	荣 县	Rongxian	671002
梁平县	Liangping	928008	富顺县	Fushun	1074757
城口县	Chengkou	251488	**攀枝花市**	**Panzhihua**	**1083432**
丰都县	Fengdu	820107	市辖区	District	652672
垫江县	Dianjiang	970917	东 区	Dongqu	289287
武隆县	Wulong	411487	西 区	Xiqu	129180
忠 县	Zhongxian	990216	仁和区	Renhe	234205
云阳县	Yunyang	1341208	米易县	Miyi	222399
奉节县	Fengjie	1058191	盐边县	Yanbian	208361
巫山县	Wushan	634926	**泸州市**	**Luzhou**	**5096128**
巫溪县	Wuxi	542187	市辖区	District	1522886
石柱土家族自治县	Shizhu	548625	江阳区	Jiangyang	684339
秀山土家族苗族自治县	Xiushan	667830	纳溪区	Naxi	466287
酉阳土家族苗族自治县	Youyang	854435	龙马潭区	Longmatan	372260
彭水苗族土家族自治县	Pengshui	701456	泸 县	Luxian	1072720
四川省	**Sichuan**	**91210604**	合江县	Hejiang	898339
成都市	**Chendu**	**14760480**	叙永县	Xuyong	724134
市辖区	District	7878731	古蔺县	Gulin	878049
锦江区	Jinjiang	597071	**德阳市**	**Deyang**	**3870493**
青羊区	Qingyang	707084	市辖区	District	698366
金牛区	Jinniu	765798	旌阳区	Jingyang	698366
武侯区	Wuhou	1292548	中江县	Zhongjiang	1394765
成华区	Chenghua	776114	罗江县	Luojiang	245805
龙泉驿区	Longquanyi	714406	广汉市	Guanghan	603823
青白江区	Qingbaijiang	422003	什邡市	Shifang	428199
新都区	Xindu	799448	绵竹市	Mianzhu	499535

5-4 续表 29 continued

单位：人 (person)

城 市	City	人 数 Population	城 市	City	人 数 Population
绵阳市	**Mianyang**	**5361977**	峨边彝族自治县	Ebian	147256
市辖区	District	1744346	马边彝族自治县	Mabian	221209
涪城区	Fucheng	741870	峨眉山市	Emeishan	429044
游仙区	Youxian	558240	**南充市**	**Nanchong**	**7282527**
安州区	Anzhou	444236	市辖区	District	1943711
三台县	Santai	1414295	顺庆区	Shunqing	660780
盐亭县	Anxian	549443	高坪区	Gaoping	597172
梓潼县	Zitong	377136	嘉陵区	Jialing	685759
北川羌族自治县	Beichuan	234442	南部县	Nanbu	1247996
平武县	Pingwu	177412	营山县	Yingshan	906662
江油市	Jiangyou	864903	蓬安县	Peng'an	677586
广元市	**Guangyuan**	**3006818**	仪陇县	Yilong	1075855
市辖区	District	924868	西充县	Xichong	600725
利州区	Lizhou	491251	阆中市	Langzhong	829992
昭化区	Zhaohua	231716	**眉山市**	**Meishan**	**3446754**
朝天区	Chaotian	201901	市辖区	District	1204063
旺苍县	Wangcang	442591	东坡区	Dongpo	876254
青川县	Qingchuan	227480	彭山区	Pengshan	327809
剑阁县	Jiange	653456	仁寿县	Renshou	1540446
苍溪县	Cangxi	758423	洪雅县	Hongya	345753
遂宁市	**Suining**	**3653503**	丹棱县	Danling	162751
市辖区	District	1471253	青神县	Qingshen	193741
船山区	Chuanshan	696787	**宜宾市**	**Yibin**	**5522722**
安居区	Anju	774466	市辖区	District	1274093
蓬溪县	Pengxi	687238	翠屏区	Cuiping	845971
射洪县	Shehong	958343	南溪区	Nanxi	428122
大英县	Daying	536669	宜宾县	Yibin	1020621
内江市	**Neijiang**	**4123172**	江安县	Jiang'an	557013
市辖区	District	1398735	长宁县	Changning	462701
市中区	Shizhong	514806	高 县	Gaoxian	529576
东兴区	Dongxing	883929	珙 县	Gongxian	430132
威远县	Weiyuan	708339	筠连县	Junlian	450904
资中县	Zizhong	1246074	兴文县	Xingwen	485696
隆昌县	Longchang	770024	屏山县	Pingshan	311986
乐山市	**Leshan**	**3506806**	**广安市**	**Guang'an**	**4622398**
市辖区	District	1159963	市辖区	District	1264916
市中区	Shizhong	637204	广安区	Guang'an	896192
沙湾区	Shawan	175073	前锋区	Qianfeng	368724
五通桥区	Wutongqiao	298508	岳池县	Yuechi	1160380
金口河区	Jinkouhe	49178	武胜县	Wusheng	823072
犍为县	Qianwei	556473	邻水县	Linshui	1017339
井研县	Jingyan	396549	华蓥市	Huaying	356691
夹江县	Jiajiang	345058	**达州市**	**Dazhou**	**6660023**
沐川县	Muchuan	251254	市辖区	District	1768879

5-4 续表 30 continued

单位：人 (person)

城 市	City	人 数 Population	城 市	City	人 数 Population
通川区	Tongchuan	594093	康定市	Kangding	107563
达川区	Dachuan	1174786	泸定县	Luding	86796
宣汉县	Xuanhan	1294815	丹巴县	Danba	57594
开江县	Kaijiang	586306	九龙县	Jiulong	64945
大竹县	Dazhu	1092694	雅江县	Yajiang	49006
渠县	Quxian	1343760	道孚县	Daofu	56299
万源市	Wanyuan	573569	炉霍县	Luhuo	47678
雅安市	**Yaan**	**1533860**	甘孜县	Ganzi	067753
市辖区	District	618991	新龙县	Xinlong	51663
雨城区	Yucheng	340332	德格县	Dege	90859
名山区	Mingshan	278659	白玉县	Baiyu	56930
荥经县	Yingjing	146498	石渠县	Shiqu	97484
汉源县	Hanyuan	319283	色达县	Seda	57434
石棉县	Shimian	121146	理塘县	Litang	68220
天全县	Tianquan	150804	巴塘县	Batang	53208
芦山县	Lushan	119021	乡城县	Xiangcheng	29369
宝兴县	Baoxing	58117	稻城县	Daocheng	31929
巴中市	**Bazhong**	**3682907**	得荣县	Derong	025789
市辖区	District	1353101	**凉山彝族自治州**	**Liangshan**	**5299435**
巴州区	Bazhou	786804	西昌市	Xichang	678738
恩阳区	Enyang	566297	木里藏族自治县	Muli	139428
通江县	Tongjiang	728554	盐源县	Yanyuan	387622
南江县	Nanjiang	655926	德昌县	Dechang	217099
平昌县	Pingchang	945326	会理县	Huili	462878
资阳市	**Ziyang**	**3463906**	会东县	Huidong	427821
市辖区	District	1076973	宁南县	Ningnan	199647
雁江区	Yanjiang	1076973	普格县	Puge	218790
安岳县	Anyue	1575121	布拖县	Butuo	215296
乐至县	Lezhi	811812	金阳县	Jinyang	213320
阿坝藏族羌族自治州	**Tibetan Qiang Autonomous Prefecture of Ngawa**	**904900**	昭觉县	Zhaojue	341750
			喜德县	Xide	226736
马尔康市	Aba	54162	冕宁县	Mianning	405525
汶川县	Wenchuan	93553	越西县	Yuexi	371015
理县	Lixian	43537	甘洛县	Ganluo	235047
茂县	Maoxian	110051	美姑县	Meigu	275479
松潘县	Songpan	73878	雷波县	Leibo	283244
九寨沟县	Jiuzhaigou	67064	**贵州省**	**Guizhousheng**	**45286291**
金川县	Jinchuan	69473	**贵阳市**	**Guiyang**	**4184520**
小金县	Xiaojin	77816	市辖区	District	2588917
黑水县	Heishui	58612	南明区	Nanming	643985
壤塘县	Xiangtang	46373	云岩区	Yunyan	661428
阿坝县	Aba	81669	花溪区	Huaxi	524037
若尔盖县	Ruoergai	79985	乌当区	Wudang	220306
红原县	Hongyuan	48727	白云区	Baiyun	226179
甘孜藏族自治州	**Ganzi**	**1100519**			

5-4 续表 31 continued

单位：人 (person)

城 市	City	人 数 Population	城 市	City	人 数 Population
观山湖区	Guanshanhu	312982	赫章县	Hezhang	869124
开阳县	Kaiyang	454611	**铜仁市**	**Tongren**	**4438555**
息烽县	Xifeng	274744	市辖区	District	497687
修文县	Xiuwen	327966	碧江区	Bijiang	326831
清镇市	Qingzhen	538282	万山区	Wanshan	170856
六盘水市	**Liupanshui**	**3485475**	江口县	Jiangkou	248495
市辖区	District	1231941	玉屏侗族自治县	Yuping	165123
钟山区	Zhongshan	487772	石阡县	Shiqian	415746
六枝特区	Liuzhite	744169	思南县	Sinan	684517
水城县	Shuicheng	966909	印江土家族苗族自治县	Yinjiang	454452
盘县	Panxian	1286625	德江县	Dejiang	551184
遵义市	**Zunyi**	**8127476**	沿河土家族自治县	Yanhe	690810
市辖区	District	2241372	松桃苗族自治县	Songtao	730541
红花岗区	Honghuagang	804306	**黔西南布依族苗族自治州**	**Qianxinan**	**3651720**
汇川区	Huichuan	563697	兴义市	Xingyi	893648
播州区	Bozhou	873369	兴仁县	Xingren	568674
桐梓县	Tongzi	745367	普安县	Puan	353216
绥阳县	Suiyang	565201	晴隆县	Qinglong	346832
正安县	Zhengan	660792	贞丰县	Zhenfeng	426368
道真仡佬族苗族自治县	Daozhen	352149	望谟县	Wangmo	325529
务川仡佬族苗族自治县	Wuchuan	477806	册亨县	Ceheng	246542
凤冈县	Fenggang	448143	安龙县	Anlong	490911
湄潭县	Meitan	510390	**黔东南苗族侗族自治州**	**Qiandongnan**	**4811876**
余庆县	Yuqing	308766	凯里市	Kaili	573711
习水县	Xishui	774206	黄平县	Huangping	388681
赤水市	Chishui	318320	施秉县	Shibing	176240
仁怀市	Renhuai	724964	三穗县	Sansui	231037
安顺市	**Anshun**	**3044439**	镇远县	Zhenyuan	276156
市辖区	District	1309070	岑巩县	Cengong	237039
西秀区	Xixiu	930688	天柱县	Tianzhu	417571
平坝区	Pingba	378382	锦屏县	Jinping	236320
普定县	Puding	512794	剑河县	Jianhe	273970
镇宁布依族苗族自治县	Zhenning	411364	台江县	Taijiang	169943
关岭布依族苗族自治县	Guanling	405973	黎平县	Liping	566492
紫云苗族布依族自治县	Ziyun	405238	榕江县	Rongjiang	376106
毕节市	**Bijie**	**9302819**	从江县	Congjiang	379227
市辖区	District	1668231	雷山县	Leishan	163229
七星关区	Qixingguan	1668231	麻江县	Majiang	169226
大方县	Dafang	1208369	丹寨县	Danzhai	176928
黔西县	Qianxi	1008102	**黔南布依族苗族自治州**	**Qiannan**	**4239411**
金沙县	Jinsha	707543	都匀市	Duyun	504370
织金县	Zhijin	1236645	福泉市	Fuan	337908
纳雍县	Nayong	1055402	荔波县	Libo	183290
威宁彝族回族苗族自治县	Weining	1549403	贵定县	Guiding	301820

5-4 续表 32 continued

单位：人 (person)

城　市	City	人　数 Population	城　市	City	人　数 Population
瓮安县	Wengan	494261	峨山彝族自治县	Eshan	155828
独山县	Dushan	356065	新平彝族傣族自治县	Xinping	279769
平塘县	Pingtang	335163	元江哈尼族彝族傣族自治县	Yuanjiang	211157
罗甸县	Luodian	363396	**保山市**	**Baoshan**	**2638216**
长顺县	Changshun	271846	市辖区	District	944545
龙里县	Longli	239877	隆阳区	Longyang	944545
惠水县	Huishui	473225	施甸县	Shidian	347941
三都水族自治县	Sandu	378190	龙陵县	Longling	304662
云南省	**Yunnan**	**47693110**	昌宁县	Changning	354871
昆明市	**Kunming**	**5690932**	腾冲市	Tengchong	686197
市辖区	District	2911017	**昭通市**	**Zhaotong**	**6248882**
五华区	Wuhua	651728	市辖区	District	944066
盘龙区	Panlong	571078	昭阳区	Zhaoyang	944066
官渡区	Guandong	592399	鲁甸县	Ludian	474846
西山区	Xishan	558129	巧家县	Qiaojia	622777
东川区	Dongchuan	319134	盐津县	Yanjin	398418
呈贡区	Chenggong	218549	大关县	Daguan	290056
晋宁县	Jinning	286045	永善县	Yongshan	479894
富民县	Fumin	153127	绥江县	Suijiang	170661
宜良县	Yiliang	435799	镇雄县	Zhenxiong	1681152
石林彝族自治县	Shilin	253722	彝良县	Yiliang	627868
嵩明县	Songming	310010	威信县	Weixin	451678
禄劝彝族苗族自治县	Luquan	488731	水富县	Shuifu	107466
寻甸回族彝族自治县	Xundian	572752	**丽江市**	**Lijiang**	**1232105**
安宁市	Anning	279729	市辖区	District	159126
曲靖市	**Qujing**	**6638035**	古城区	Gucheng	159126
市辖区	District	1196586	玉龙纳西族自治县	Yulong	223897
麒麟区	Qilin	758475	永胜县	Yongsheng	406256
沾益区	Zhanyi	438111	华坪县	Huaping	162009
马龙县	Malong	212676	宁蒗彝族自治县	Ninglang	280817
陆良县	Luliang	693220	**普洱市**	**Puer**	**2543072**
师宗县	Shizong	435989	市辖区	District	238942
罗平县	Luoping	653016	思茅区	Simao	238942
富源县	Fuyuan	833591	宁洱哈尼族彝族自治县	Ninger	192665
会泽县	Huize	1064372	墨江哈尼族自治县	Mojiang	372825
宣威市	Xuanwei	1548585	景东彝族自治县	Jingdong	366266
玉溪市	**Yuxi**	**2228270**	景谷傣族彝族自治县	Jinggu	322168
市辖区	District	739173	镇沅彝族哈尼族拉祜族自治县	Zhenyuan	213812
红塔区	Hongta	454364	江城哈尼族彝族自治县	Jiangcheng	117928
江川区	Jiangchuan	284809	孟连傣族拉祜族佤族自治县	Menglian	131630
澄江县	Chengjiang	172774	澜沧拉祜族自治县	Lancang	492151
通海县	Tonghai	290700	西盟佤族自治县	Ximeng	94685
华宁县	Huaning	213215	**临沧市**	**Lincang**	**2407866**
易门县	Yimen	165654	市辖区	District	328295

5-4 续表 33 continued

单位：人 (person)

城　　市	City	人　数 Population	城　　市	City	人　数 Population
临翔区	Lingxiang	328295	勐海县	Menghai	334435
凤庆县	Fengqing	443425	勐腊县	Mengla	244404
云县	Yunxian	445175	**大理白族自治州**	**Dali**	**3635232**
永德县	Yongde	361907	大理市	Dali	638054
镇康县	Zhenkang	184343	漾濞彝族自治县	Yangbi	107247
双江拉祜族佤族布朗族傣族自治县	Shuangjiang	177014	祥云县	Xiangyun	481811
耿马傣族佤族自治县	Gengma	296746	宾川县	Binchuan	367695
沧源佤族自治县	Cangyuan	170961	弥渡县	Midong	329040
楚雄彝族自治州	**Chuxiong**	**2654798**	南涧彝族自治县	Nanjian	228213
楚雄市	Chuxiong	535986	巍山彝族回族自治县	Weishan	322674
双柏县	Shuangbai	152437	永平县	Yongping	185568
牟定县	Mouding	203358	云龙县	Yunlong	208858
南华县	Nanhua	242755	洱源县	Eryuan	300129
姚安县	Yaoan	210841	剑川县	Jianchuan	184789
大姚县	Dayao	281285	鹤庆县	Heqing	281154
永仁县	Yongren	106399	**德宏傣族景颇族自治州**	**Dehong**	**1219353**
元谋县	Yuanmou	218202	瑞丽市	Ruili	139225
武定县	Wuding	280708	芒市	Mangshi	400458
禄丰县	Lufeng	422827	梁河县	Lianghe	172888
红河哈尼族彝族自治州	**Honghe**	**4657802**	盈江县	Yingjiang	312227
个旧市	Gejiu	381794	陇川县	Longchuan	194555
开远市	Kaiyuan	286790	**怒江傈僳族自治州**	**Nujiang**	**557225**
蒙自市	Mengzi	424670	泸水市	Lushui	185879
弥勒市	Mile	547800	福贡县	Fugong	117508
屏边苗族自治县	Pingbian	160889	贡山独龙族怒族自治县	Gongshan	35498
建水县	Jianshui	546562	兰坪白族普米族自治县	Lanping	218340
石屏县	Shiping	317748	**迪庆藏族自治州**	**Diqing**	**369198**
泸西县	Luxi	447597	香格里拉市	Xianggelila	150988
元阳县	Yuanyang	458168	德钦县	Deqin	61026
红河县	Honghe	352371	维西傈僳族自治县	Weixi	157184
金平苗族瑶族傣族自治县	Jinping	393561	**西藏自治区**	**Xizang**	**3324078**
绿春县	Lvchun	246664	**拉萨市**	**Lasa**	**554382**
河口瑶族自治县	Hekou	93188	市辖区	District	307986
文山壮族苗族自治州	**Wenshan**	**3963437**	城关区	Chengguan	219971
文山市	Wenshan	524656	堆龙德庆区	Duilongdeqing	56790
砚山县	Yanshan	533885	达孜区	Dazi	31225
西畴县	Xichou	264634	林周县	Linzhou	64555
麻栗坡县	Malipo	298466	当雄县	Dangxiong	54373
马关县	Maguan	389113	尼木县	Nimu	34470
丘北县	Qiubei	572209	曲水县	Qushui	37038
广南县	Guangnan	919610	墨竹工卡县	Mozhugongka	55960
富宁县	Funing	460864	**日喀则市**	**Rikaze**	**802124**
西双版纳傣族自治州	**Xishuangbanna**	**1008687**	市辖区	District	124146
景洪市	Jinghong	429848	桑珠孜区	Sangzhuzi	124146

5-4 续表 34 continued

单位：人 (person)

城　　市	City	人　数 Population	城　　市	City	人　数 Population
南木林县	Nanmulin	90140	桑日县	Sangri	17841
江孜县	Jiangzi	73240	琼结县	Qiongjie	18359
定日县	Dingri	59213	曲松县	Qusong	16635
萨迦县	Sajia	53108	措美县	Cuomei	15007
拉孜县	Lazi	59354	洛扎县	Luozha	20287
昂仁县	Angren	58461	加查县	Jiacha	22797
谢通门县	Xietongmen	49751	隆子县	Longzi	36074
白朗县	Bailang	49552	错那县	Cuona	15673
仁布县	Renbu	35782	浪卡子县	Langkazi	38566
康马县	Kangma	23196	**那曲市**	**Naqu**	**535025**
定结县	Dingjie	21491	市辖区	District	112301
仲巴县	Zhongba	26027	色尼区	Seni	112301
亚东县	Yadong	13944	嘉黎县	Jiali	39744
吉隆县	Jilong	16977	比如县	Biru	78602
聂拉木县	Nielamu	19741	聂荣县	Nierong	37568
萨嘎县	Saga	16178	安多县	Andong	42938
岗巴县	Gangba	11823	申扎县	Shenzha	21951
昌都市	**Changdu**	**771139**	索　县	Suoxian	53910
市辖区	District	119772	班戈县	Bange	42622
卡若区	Karuo	119772	巴青县	Baqing	56955
江达县	Jiangda	97182	尼玛县	Nima	34346
贡觉县	Gongjue	49437	双湖县	Shuanghu	14088
类乌齐县	Leiwuqi	58420	**阿里地区**	**Ali**	**109434**
丁青县	Dingqing	92880	普兰县	Pulan	10121
察雅县	Chaya	66112	札达县	Zhada	7710
八宿县	Basu	49116	噶尔县	Gadong	20275
左贡县	Zuogong	51253	日土县	Ritu	10630
芒康县	Mangkang	88603	革吉县	Geji	18362
洛隆县	Luolong	55874	改则县	Gaize	25887
边坝县	Bianba	42490	措勤县	Cuoqin	16449
林芝市	**Linzhi**	**196433**	**陕西省**	**Shanxi**	**40229159**
市辖区	District	47610	**西安市**	**Xi'an**	**9228242**
巴宜区	Bayi	47610	市辖区	District	7255791
工布江达县	Gongbujiangda	34199	新城区	District	528293
米林县	Milin	23422	碑林区	Beilin	717497
墨脱县	Motuo	12792	莲湖区	Lianhu	731797
波密县	Bomi	32645	灞桥区	Baqiao	625453
察隅县	Chayu	28614	未央区	Weiyang	893870
朗县	Langxian	17151	雁塔区	Yanta	1183757
山南市	**Shannan**	**355541**	阎良区	Yanliang	271345
市辖区	District	64634	临潼区	Lintong	725161
乃东区	Naidong	64634	长安区	Chang'an	1220880
扎囊县	Zhanang	39017	高陵区	Gaoling	357738
贡嘎县	Konggar	50651	蓝田县	Lantian	655284

5-4 续表 35 continued

单位：人 (person)

城　市	City	人　数 Population	城　市	City	人　数 Population
周至县	Zhouzhi	691682	合阳县	Heyang	447208
户　县	Huxian	625485	澄城县	Chengcheng	379707
铜川市	**Tongchuan**	**797953**	蒲城县	Pucheng	778315
市辖区	District	707824	白水县	Baishui	278590
王益区	Wangyi	175225	富平县	Fuping	794483
印台区	Yintai	189356	韩城市	Hancheng	397020
耀州区	Yaozhou	343243	华阴市	Huayin	242959
宜君县	Yijun	90129	**延安市**	**Yan'an**	**2340968**
宝鸡市	**Baoji**	**3781363**	**市辖区**	**District**	**668529**
市辖区	District	1392023	宝塔区	Baota	471879
渭滨区	Weibin	424043	安塞区	Yanchang	196650
金台区	Jintai	366850	延长县	Yanchuan	154400
陈仓区	Chencang	601130	延川县	Zichang	188623
凤翔县	Fengg	521675	子长县	Ansai	266920
岐山县	Qishan	464389	志丹县	Zhidan	160351
扶风县	Fufeng	443071	吴起县	Wuqi	145430
眉　县	Meixian	326177	甘泉县	Ganquan	88424
陇　县	Longxian	272437	富　县	Fuxian	156260
千阳县	Qianyang	133737	洛川县	Luochuan	218761
麟游县	Linyou	86081	宜川县	Yichuan	123690
凤　县	Fengxian	93328	黄龙县	Huanglong	48731
太白县	Taibai	48445	黄陵县	Huangling	120849
咸阳市	**Xianyang**	**5424849**	**汉中市**	**Hanzhong**	**3806825**
市辖区	District	1136928	市辖区	District	566688
秦都区	Qindu	529221	汉台区	Hantai	566688
杨陵区	Yangling	189239	南郑县	Nanzheng	563110
渭城区	Weicheng	418468	城固县	Chenggu	542493
三原县	Sanyuan	408165	洋　县	Yangxian	446434
泾阳县	Jingyang	530435	西乡县	Xixiang	415399
乾　县	Qianxian	589935	勉　县	Mianxian	411976
礼泉县	Liquan	475520	宁强县	Ningqiang	324888
永寿县	Yongshou	205405	略阳县	Lueyang	180727
彬　县	Binxian	364039	镇巴县	Zhenba	280644
长武县	Changwu	186708	留坝县	Liuba	41882
旬邑县	Xunyi	292850	佛坪县	Foping	32584
淳化县	Chunhua	193101	**榆林市**	**Yulin**	**3838354**
武功县	Wugong	440678	市辖区	District	981131
兴平市	Xingping	601085	榆阳区	Yuyang	599099
渭南市	**Weinan**	**5463306**	横山区	Hengshan	382032
市辖区	District	1276190	神木县	Shenmu	451545
临渭区	Linwei	952718	府谷县	Fugu	248196
华州区	Huaxian	323472	靖边县	Jingbian	361346
潼关县	Tongguan	149955	定边县	Dingbian	356601
大荔县	Dali	718879	绥德县	Suide	354103

5-4 续表 36 continued

单位：人 (person)

城 市	City	人 数 Population	城 市	City	人 数 Population
米脂县	Mizhi	221847	市辖区	District	498928
佳县	Jiaxian	267676	白银区	Baiyin	290761
吴堡县	Wubao	82314	平川区	Pingchuan	208167
清涧县	Qingjian	214105	靖远县	Jingyuan	503622
子洲县	Zizhou	299490	会宁县	Huining	575283
安康市	**Ankang**	**3037028**	景泰县	Jingtai	239617
市辖区	District	1011523	**天水市**	**Tianshui**	**3719380**
汉滨区	Hanbin	1011523	市辖区	District	1316785
汉阴县	Hanyin	311556	秦州区	Qinzhou	699196
石泉县	Shiquan	182441	麦积区	Maiji	617589
宁陕县	Ningshan	71070	清水县	Qingshui	331674
紫阳县	Ziyang	335108	秦安县	Qinan	587677
岚皋县	Langao	167161	甘谷县	Gangu	642450
平利县	Pingli	231067	武山县	Wushan	468544
镇坪县	Zhenping	59111	张家川回族自治县	Zhangjiachuan	372250
旬阳县	Xunyang	453037	**武威市**	**Wuwei**	**1894482**
白河县	Baihe	214954	市辖区	District	1038074
商洛市	**Shangluo**	**2510271**	凉州区	Liangzhou	1038074
市辖区	District	560374	民勤县	Minqin	266564
商州区	Shangzhou	560374	古浪县	Gulang	384100
洛南县	Luonan	457431	天祝藏族自治县	Tianzhu	205744
丹凤县	Danfeng	314002	**张掖市**	**Zhangye**	**1310897**
商南县	Shangnan	248249	市辖区	District	514583
山阳县	Shanyang	467331	甘州区	Ganzhou	514583
镇安县	Zhenan	301045	肃南裕固族自治县	Su'nan	39046
柞水县	Zhashui	161839	民乐县	Minle	248570
甘肃省	**Gansu**	**27827366**	临泽县	Linze	149523
兰州市	**Lanzhou**	**3284678**	高台县	Gaotai	158360
市辖区	District	2091522	山丹县	Shandan	200815
城关区	Chengguan	946996	**平凉市**	**Pingliang**	**2341758**
七里河区	Qilihe	470798	市辖区	District	524795
西固区	Xigu	322336	崆峒区	Kongtong	524795
安宁区	Anning	207278	泾川县	Jingchuan	356233
红古区	Honggu	144114	灵台县	Lingtai	230616
永登县	Yongdeng	539137	崇信县	Chongxin	101555
皋兰县	Gaolan	196009	华亭县	Huating	190706
榆中县	Yuzhong	458010	庄浪县	Zhuanglang	453767
嘉峪关市	**Jiayuguan**	**208295**	静宁县	Jingning	484086
市辖区	District	208295	**酒泉市**	**Jiuquan**	**1017031**
金昌市	Jinchang	453842	市辖区	District	418926
市辖区	District	211173	肃州区	Suzhou	418926
金川区	Jinchuan	211173	金塔县	Jinta	146177
永昌县	Yongchang	242669	瓜州县	Guazhou	128133
白银市	**Baiyin**	**1817450**	肃北蒙古族自治县	Subei	12228

5-4 续表 37 continued

单位：人 (person)

城　　市	City	人　数 Population	城　　市	City	人　数 Population
阿克塞哈萨克族自治县	Akesai	9360	临潭县	Lintan	161235
玉门市	Yumen	158083	卓尼县	Zhuoni	110698
敦煌市	Dunhuang	144124	舟曲县	Zhouqu	143953
庆阳市	**Qingyang**	**2699848**	迭部县	Diebu	57479
市辖区	District	392183	玛曲县	Maqu	54995
西峰区	Xifeng	392183	碌曲县	Luqu	37627
庆城县	Qingcheng	289761	夏河县	Xiahe	92230
环　县	Huanxian	363217	**青海省**	**Qinghai**	**5867737**
华池县	Huachi	138680	**西宁市**	**Xining**	**2073822**
合水县	Heshui	181778	市辖区	District	994980
正宁县	Zhengning	244913	城东区	Chengdong	259557
宁　县	Ningxian	561240	城中区	Chengzhong	248283
镇原县	Zhenyuan	528076	城西区	Chengxi	252426
定西市	**Dingxi**	**3042661**	城北区	Chengbei	234714
市辖区	District	468231	大通回族土族自治县	Datong	467429
安定区	Anding	468231	湟中县	Hongzhong	481735
通渭县	Tongwei	438583	湟源县	Huangyuan	129678
陇西县	Longxi	524897	**海东市**	**Haidong**	**1726313**
渭源县	Weiyuan	347234	市辖区	District	415449
临洮县	Lintao	555222	乐都区	Ledu	288040
漳　县	Zhangxian	212583	平安区	Pingan	127409
岷　县	Minxian	495911	民和回族土族自治县	Minhe	438517
陇南市	**Longnan**	**2881567**	互助土族自治县	Huzhu	401659
市辖区	District	605468	化隆回族自治县	Hualong	307035
武都区	Wudu	605468	循化撒拉族自治县	Xunhua	163653
成　县	Chengxian	264295	**海北藏族自治州**	**Haibei**	**295609**
文　县	Wenxian	245377	门源回族自治县	Menyuan	162073
宕昌县	Tanchang	309168	祁连县	Qilian	52633
康　县	Kangxian	199180	海晏县	Haiyan	35793
西和县	Xihe	445223	刚察县	Gangcha	45110
礼　县	Lixian	539577	**黄南藏族自治州**	**Huangnan**	**278523**
徽　县	Huixian	225098	同仁县	Tongren	98442
两当县	Liangdang	48181	尖扎县	Jianzha	61826
临夏回族自治州	**Linxia**	**2406886**	泽库县	Zeku	77826
临夏市	Linxia	274008	河南蒙古族自治县	Henan	40429
临夏县	Linxia	426680	**海南藏族自治州**	**Hainan**	**470309**
康乐县	Kangle	302549	共和县	Gonghe	132486
永靖县	Yongjing	209590	同德县	Tongde	63015
广河县	Guanghe	297751	贵德县	Guide	111395
和政县	Hezheng	239171	兴海县	Xinghai	82126
东乡族自治县	Dongxiang	374607	贵南县	Guinan	81287
积石山保安族东乡族撒拉族自治县	Jishishan	282530	**果洛藏族自治州**	**Guoluo**	**203793**
甘南藏族自治州	**Gannan**	**748591**	玛沁县	Maqin	48468
合作市	Hezuo	90374	班玛县	Banma	31595

5-4 续表 38 continued

单位：人 (person)

城　　市	City	人　数 Population
甘德县	Gande	39922
达日县	Dari	39539
久治县	Jiuzhi	28583
玛多县	Madong	15686
玉树藏族自治州	**Yushu**	**414476**
玉树市	Yushu	114000
杂多县	Zaduo	69218
称多县	Chengduo	61226
治多县	Zhiduo	34740
囊谦县	Nangqian	101226
曲麻莱县	Qumalai	34066
海西蒙古族藏族自治州	**Haixi**	**404892**
格尔木市	Gedongmu	137675
德令哈市	Delingha	73719
乌兰县	Wulan	98530
都兰县	Dulan	71922
天峻县	Tianjun	23046
宁夏回族自治区	**Ningxia**	**6837914**
银川市	**Yinchuan**	**1934207**
市辖区	District	1203992
兴庆区	Xingqing	585138
西夏区	Xixia	244850
金凤区	Jinfeng	374004
永宁县	Yongning	240610
贺兰县	Helan	241245
灵武市	Lingwu	248360
石嘴山市	**Shizuishan**	**739018**
市辖区	District	426931
大武口区	Dawukou	255934
惠农区	Huinong	170997
平罗县	Pingluo	312087
吴忠市	**Wuzhong**	**1437838**
市辖区	District	599429
利通区	Litong	423508
红寺堡区	Hongsibao	175921
盐池县	Yanchi	173109
同心县	Tongxin	381853
青铜峡市	Qingtongxia	283447
固原市	**Guyuan**	**1507732**
市辖区	District	468258
原州区	Yuanzhou	468258
西吉县	Xiji	496004
隆德县	Longde	174358
泾源县	Jingyuan	118785
彭阳县	Pengyang	250327
中卫市	**Zhongwei**	**1219119**
市辖区	District	415720
沙坡头区	Shapotou	415720
中宁县	Zhongning	350090
海原县	Haiyuan	453309
新疆维吾尔自治区	**Xinjiang**	**22834576**
乌鲁木齐市	**Urumqi**	**2222558**
市辖区	District	2169795
天山区	Tianshan	460494
沙依巴克区	Shayibake	467109
新市区	Xinshi	505313
水磨沟区	Shuimogou	232544
头屯河区	Toutunhe	196177
达坂城区	Daban	32518
米东区	Midong	275640
乌鲁木齐县	Urumqi	52763
克拉玛依市	**Karamay**	**307743**
市辖区	District	307743
独山子区	Dushanzi	58512
克拉玛依区	Karamay	210582
白碱滩区	Baijiantan	36405
乌尔禾区	Wuerhe	2244
吐鲁番市	**Turpan**	**633416**
市辖区	District	290302
高昌区	Gaochang	290302
鄯善县	Shanshan	223431
托克逊县	Tuokexun	119683
哈密市	**Hami**	**559352**
市辖区	District	432166
伊州区	Yizhou	432166
巴里坤哈萨克自治县	Balikun	105968
伊吾县	Yiwu	21218
昌吉回族自治州	**Changji**	**1393718**
昌吉市	Changji	387977
阜康市	Fukang	163961
呼图壁县	Hutubi	210618
玛纳斯县	Manasi	170178
奇台县	Qitai	236572
吉木萨尔县	Jimusaer	137445
木垒哈萨克自治县	Mulei	86967
博尔塔拉蒙古自治州	**Boertala**	**478509**
博乐市	Bole	260314
阿拉山口市	Alashankou	1878

5-4 续表 39 continued

单位：人 (person)

城 市	City	人 数 Population
精河县	Jinghe	143346
温泉县	Wenquan	72971
巴音郭楞蒙古自治州	**Bayinguoleng**	**1242125**
库尔勒市	Korla	472645
轮台县	Luntai	116228
尉犁县	Weili	106857
若羌县	Ruoqiang	34355
且末县	Qiemo	70991
焉耆回族自治县	Yanqi	131240
和静县	Hejing	184647
和硕县	Heshuo	66233
博湖县	Bohu	58929
阿克苏地区	**Aksu**	**2561674**
阿克苏市	Aksu	551112
温宿县	Wensu	266514
库车县	Kuche	488627
沙雅县	Shaya	264139
新和县	Xinhe	194200
拜城县	Baicheng	240339
乌什县	Wushi	233034
阿瓦提县	Awat	268397
柯坪县	Keping	55312
克孜勒苏柯尔克孜自治州	**Kizilsu Kirghiz**	**624496**
阿图什市	Atushi	285507
阿克陶县	Aketao	234125
阿合奇县	Aheqi	45977
乌恰县	Wuqia	58887
喀什地区	**Kashgar**	**4633781**
喀什市	Kashgar	651477
疏附县	Shufu	284134
疏勒县	Shule	382163
英吉沙县	Yingjisha	309522
泽普县	Zepu	223623
莎车县	Shache	892015
叶城县	Yecheng	552263
麦盖提县	Maigaiti	272424
岳普湖县	Yuepuhu	179665
伽师县	Jiashi	460961
巴楚县	Bachu	384535
塔什库尔干塔吉克自治县	Taxkorgan	40999
和田地区	**Hetian**	**2530562**
和田市	Hetian	408894
和田县	Hetian	356116
墨玉县	Moyu	648995
皮山县	Pishan	322161
洛浦县	Luopu	297056
策勒县	Cele	169206
于田县	Yutian	289688
民丰县	Minfeng	38446
伊犁哈萨克自治州	**Yili**	**2930616**
伊宁市	Yining	571122
奎屯市	Kuitun	290990
霍尔果斯市	Huoerguosi	64821
伊宁县	Yining	425365
察布查尔锡伯自治县	Chabuchaerxibo	194416
霍城县	Huocheng	337972
巩留县	Gongliu	195937
新源县	Xinyuan	317596
昭苏县	Zhaosu	181541
特克斯县	Zhaosu	169009
尼勒克县	Tekesi	181847
塔城地区	**Nileke**	**992444**
塔城市	Tacheng	163732
乌苏市	Tacheng	216381
额敏县	Tacheng	205428
沙湾县	Wusu	202460
托里县	Emin	94857
裕民县	Shawan	57236
和布克赛尔蒙古自治县	Mongolian Autonomous County of Hoboksar	52350
阿勒泰地区	**Yumin**	**659502**
阿勒泰市	Hebukesaier	231167
布尔津县	Aletai	71561
富蕴县	Aletai	96444
福海县	Buerjin	74237
哈巴河县	Fuyun	85106
青河县	Fuhai	63077
吉木乃县	Habahe	37910
省直辖县级行政单位	**Shengzhiguan**	**1064080**
石河子市	Jeminay	592954
阿拉尔市	Alaer	170040
图木舒克市	Tumushuke	165850
五家渠市	Wujiaqu	96788
铁门关市	Tiemenguan	38448

5-5 按总人口排序的市及人口数
Cities and Population by Size of Total Population

单位：人 (person)

城　市	City	人 数 Population	城　市	City	人 数 Population
全　国	**National Total**	**724975053**	贵阳市	Guiyang	2588917
400万以上	**over 4 million**	**157135941**	普宁市	Puning	2474422
重庆市	Chongqing	23315327	枣庄市	Zaozhuang	2473596
上海市	Shanghai	14623780	盐城市	Yancheng	2441094
北京市	Beijing	13736995	莆田市	Putian	2430822
天津市	Tianjin	10816263	邯郸市	Handan	2424890
广州市	Guangzhou	9276914	厦门市	Xiamen	2411532
武汉市	Wuhan	8837299	菏泽市	Heze	2358000
成都市	Chengdu	7878731	东莞市	Dongguan	2315867
西安市	Xi'an	7255791	扬州市	Yangzhou	2301032
南京市	Nanjing	6969405	阜阳市	Fuyang	2298786
杭州市	Hangzhou	6353005	襄阳市	Xiangyang	2275705
沈阳市	Shenyang	6004626	遵义市	Zunyi	2241372
汕头市	Shantou	5617961	连云港市	Lianyungang	2240602
哈尔滨市	Harbin	5509471	绍兴市	Shaoxing	2225624
深圳市	Shenzhen	4975038	六安市	Lu'an	2204788
济南市	Jinan	4949073	乌鲁木齐市	Wulumuqi	2169795
长春市	Changchun	4415230	南通市	Nantong	2151086
佛山市	Foshan	4369767	揭阳市	Jieyang	2115600
石家庄市	Shijiazhuang	4220284	兰州市	Lanzhou	2091522
青岛市	Qingdao	4007170	洛阳市	Luoyang	2067076
大连市	Dalian	4003811	贵港市	Guigang	2039008
200-400万	**from 2 million to 4 million**	**113983838**	桂平市	Guiping	2034209
南宁市	Nanning	3871306	南阳市	Nanyang	2027552
郑州市	Zhengzhou	3740519	**100-200万**	**from 1 million to 2 million**	**219646021**
苏州市	Suzhou	3640885	南充市	Nanchong	1943711
长沙市	Changsha	3557549	邳州市	Pizhou	1943645
徐州市	Xuzhou	3474935	潍坊市	Weifang	1941721
唐山市	Tangshan	3350364	陆丰市	Lufeng	1924958
淮安市	Huaian	3333375	宿州市	Suzhou	1918218
常州市	Changzhou	3031650	烟台市	Yantai	1916653
茂名市	Maoming	3012665	济宁市	Jining	1890512
宁波市	Ningbo	2955704	商丘市	Shangqiu	1875435
太原市	Taiyuan	2934605	邓州市	Dengzhou	1853892
昆明市	Kunming	2911017	廉江市	Lianjiang	1845402
南昌市	Nanchang	2899253	雷州市	Leizhou	1840539
淄博市	Zibo	2889234	高州市	Gaozhou	1832727
保定市	Baoding	2876176	柳州市	Liuzhou	1827348
福州市	Fuzhou	2845942	吉林市	Jilin	1798035
合肥市	Hefei	2812691	海口市	Haikou	1776141
临沂市	Linyi	2811817	中山市	Zhongshan	1769199
无锡市	Wuxi	2631254	达州市	Dazhou	1768879

5-5 续表 1 continued

单位：人 (person)

城市	City	人数 Population	城市	City	人数 Population
化州市	Huazhou	1767052	上饶市	Shangrao	1420511
宿迁市	Suqian	1766117	如皋市	Rugao	1419728
滕州市	Tengzhou	1752006	常德市	Changde	1406660
绵阳市	Mianyang	1744346	内江市	Neijiang	1398735
温州市	Wenzhou	1723740	肇庆市	Changde	1394993
开封市	Kaifeng	1713181	日照市	Rizhao	1392265
潮州市	Chaozhou	1689044	宝鸡市	Baoji	1392023
淮南市	Wenzhou	1686002	平度市	Pingdu	1391015
亳州市	Bozhou	1683350	大庆市	Daqing	1382839
湛江市	Zhanjiang	1682749	福清市	Fuqing	1381462
毕节市	Bijie	1668231	呼和浩特市	Huhehot	1376205
南安市	Nan'an	1655240	抚顺市	Fushun	1364661
永城市	Yongcheng	1641153	威海市	Weihai	1358480
惠州市	Huizhou	1640549	益阳市	Yiyang	1357601
泰州市	Taizhou	1639532	项城市	Xiangcheng	1357019
泰安市	Taian	1638475	巴中市	Bazhong	1353101
赣州市	Ganzhou	1625015	漯河市	Luohe	1347806
台州市	Taizhou	1624970	禹州市	Yuzhou	1333368
天门市	Tianmen	1609212	桂林市	Guilin	1323331
大同市	Datong	1594494	齐齐哈尔市	Qiqihar	1321003
信阳市	Xinyang	1565164	天水市	Tianshui	1316785
包头市	Baotou	1563820	安顺市	Anshun	1309070
张家口市	Zhangjiakou	1559475	乐清市	Leqing	1308933
兴化市	Xinghua	1556748	莱芜市	Laiwu	1294017
宣威市	Xuanwei	1548585	罗定市	Luoding	1292822
仙桃市	Xiantao	1542975	聊城市	Liaocheng	1281593
北流市	Beiliu	1536902	渭南市	Weinan	1276190
钦州市	Qinzhou	1524818	宜宾市	Yibin	1274093
泸州市	Luzhou	1522886	珠海市	Zhuhai	1273963
丰城市	Fengcheng	1507402	宜昌市	Yichang	1270372
简阳市	Jianyang	1506975	赤峰市	Chifeng	1268403
芜湖市	Wuhu	1502603	广安市	Guangan	1264916
浏阳市	Liuyang	1493770	江阴市	Jiangyin	1259504
信宜市	Xinyi	1493026	瑞安市	Ruian	1253384
自贡市	Zigong	1482085	德州市	Dezhou	1251860
鞍山市	Anshan	1475793	定州市	Dingzhou	1237831
遂宁市	Suining	1471253	六盘水市	Liupanshui	1231941
清远市	Qingyuan	1467079	榆树市	Yushu	1229647
秦皇岛市	Qinhuangdao	1456901	阳江市	Yangjiang	1229288
新泰市	Xintai	1451839	抚州市	Fuzhou	1224364
江门市	Jiangmen	1450443	温岭市	Wenling	1221381
耒阳市	Leiyang	1421656	阳春市	Yangchun	1220075

5-5 续表 2 continued

单位：人 (person)

城　市	City	人数 Population	城　市	City	人数 Population
吴川市	Wuchuan	1219623	汉川市	Hanchuan	1078115
邹城市	Zoucheng	1215566	资阳市	Ziyang	1076973
贺州市	Hezhou	1215474	海城市	Haicheng	1071200
临海市	Linhai	1204937	常熟市	Changshu	1067968
眉山市	Meishan	1204063	龙岩市	Longyan	1055746
银川市	Yinchuan	1203992	慈溪市	Cixi	1055702
曲靖市	Qujing	1196586	儋州市	Danzhou	1055199
十堰市	Shiyan	1188592	醴陵市	Liling	1053080
英德市	Yingde	1187234	淮北市	Huaibei	1049116
兴宁市	Xingning	1183154	钟祥市	Zhongxiang	1047269
安阳市	Anyang	1182486	武威市	Wuwei	1038074
永州市	Yongzhou	1179292	公主岭市	Gongzhuling	1031238
泰兴市	Taixing	1178815	镇江市	Zhenjiang	1029993
晋江市	Jinjiang	1176326	盘锦市	Panjin	1025503
即墨市	Jimo	1176300	衡阳市	Hengyang	1014717
汝州市	Ruzhou	1175621	安康市	Ankang	1011523
宜春市	Yichun	1162658	潜江市	Qianjiang	1008470
泉州市	Quanzhou	1160620	**80-100万**	**from 800 thousand to 1 million**	**74265344**
乐山市	Leshan	1159963	海门市	Haimen	995883
麻城市	Macheng	1159273	大冶市	Daye	995248
蚌埠市	Bengbu	1156701	西宁市	Xining	994980
涟源市	Lianyuan	1145884	衡水市	Hengshui	992099
来宾市	Laibin	1141362	肥城市	Feicheng	988900
林州市	Linzhou	1138833	瓦房店市	Wafangdian	988501
玉林市	Yulin	1138183	金华市	Jinhua	988494
咸阳市	Xianyang	1136928	焦作市	Jiaozuo	982691
枣阳市	Zaoyang	1132465	榆林市	Yulin	981131
新沂市	Xinyi	1132134	安丘市	Anqiu	975816
东营市	Dongying	1126375	株洲市	Zhuzhou	973126
湖州市	Huzhou	1121156	梅州市	Meizhou	972924
诸城市	Zhucheng	1118684	台山市	Taishan	970660
鄂州市	Ezhou	1113846	葫芦岛市	Huludao	968993
平顶山市	Pingdingshan	1112822	岑溪市	Cenxi	967921
启东市	Qidong	1110350	常宁市	Changning	962140
岳阳市	Yueyang	1104479	孝感市	Xiaogan	957399
滨州市	Binzhou	1103225	青州市	Qingzhou	954835
寿光市	Shouguang	1103110	锦州市	Jinzhou	954372
东台市	Dongtai	1098119	乐平市	Leping	945178
新乡市	Xinxiang	1087580	保山市	Baoshan	944545
诸暨市	Zhuji	1085367	昭通市	Zhaotong	944066
宜兴市	Yixing	1081298	营口市	Yingkou	936689
荆州市	Jingzhou	1079750	张家港市	Zhangjiagang	929429

5-5 续表 3 continued

单位：人 (person)

城 市	City	人 数 Population	城 市	City	人 数 Population
湘乡市	Xiangxiang	928302	临清市	Linqing	839083
海安市	Haian	927359	余姚市	Yuyao	836306
广元市	Guangyuan	924868	阆中市	Langzhong	829992
嘉兴市	Jiaxing	924069	松滋市	Songzi	829590
广水市	Guangshui	920639	界首市	Jieshou	829496
洪湖市	Honghu	918206	新郑市	Xinzheng	826000
韶关市	Shaoguan	917254	马鞍山市	Maanshan	824908
利川市	Lichuan	917097	武穴市	Wuxue	823436
辉县市	Huixian	907808	义乌市	Yiwu	818362
邢台市	Xingtai	905208	临汾市	Linfen	817493
新余市	Xinyu	904189	绥化市	Suihua	813016
昆山市	Kunshan	903238	恩施市	Enshi	809210
河间市	Hejian	902506	高邮市	Gaoyou	808189
任丘市	Renqiu	900987	德惠市	Dehui	807819
龙海市	Longhai	897905	丹阳市	Danyang	806321
五常市	Wuchang	897705	彭州市	Pengzhou	802446
高密市	Gaomi	896444	梧州市	Wuzhou	801233
新密市	Xinmi	895178	**50-80万**	**From 500 thousand to 800 thousand**	**18094060**
兴义市	Xingyi	893648	郴州市	Chenzhou	795845
本溪市	Benxi	890860	溧阳市	Liyang	790377
庄河市	Zhuanghe	888519	鸡西市	Jixi	783978
萍乡市	Pingxiang	886180	长葛市	Changge	780747
高安市	Gaoan	878300	丹东市	Dandong	780160
廊坊市	Langfang	875267	迁安市	Qianan	776711
牡丹江市	Mudanjiang	867377	佳木斯市	Jiamusi	764429
湘潭市	Xiangtan	865317	汨罗市	Miluo	761324
江油市	Jiangyou	864903	遵化市	Zunhua	758356
宣城市	Xuancheng	863993	海伦市	Hailun	756616
巢湖市	Chaohu	859161	桐城市	Tongcheng	753768
南平市	Nanping	859141	长治市	Changzhi	748659
肇东市	Zhaodong	859001	灵宝市	Lingbao	746740
胶州市	Jiaozhou	858952	濮阳市	Puyang	745123
莱阳市	Laiyang	856860	莱西市	Laixi	744442
辽阳市	Liaoyang	853779	阜新市	Fuxin	744173
衢州市	Quzhou	852030	玉溪市	Yuxi	739173
驻马店市	Zhumadian	850756	安庆市	Anqing	738262
东阳市	Dongyang	847814	铜陵市	Tongling	737664
巩义市	Gongyi	846662	沅江市	Yuanjiang	735647
武安市	Wuan	845819	三河市	Sanhe	731252
莱州市	Laizhou	843617	登封市	Dengfeng	728786
通辽市	Tongliao	839828	嵊州市	Shengzhou	726304
武冈市	Wugang	839678	济源市	Jiyuan	725524

5-5 续表 4 continued

单位：人 (person)

城　市	City	人　数 Population	城　市	City	人　数 Population
伊春市	Yichun	724978	鹤壁市	Hebi	651827
仁怀市	Renhuai	724964	喀什市	Kashar	651477
乐陵市	Laoling	724015	应城市	Yingcheng	650191
舟山市	Zhoushan	714917	贵溪市	Guixi	647240
扶余市	Fuyu	710467	明光市	Mingguang	644643
瑞金市	Ruijin	710096	海阳市	Haiyang	642643
荥阳市	Xingyang	708108	周口市	Zhoukou	642230
铜川市	#N/A	707824	大理市	Dali	638054
涿州市	Zhuzhou	701491	凌源市	Lingyuan	637285
桐乡市	Tongxiang	701305	龙口市	Longkou	635839
运城市	Yuncheng	699650	辛集市	Xinji	635039
邵阳市	Shaoyang	698636	偃师市	Yanshi	633069
德阳市	Deyang	698366	天长市	Tianchang	632828
海宁市	Haining	697717	泊头市	Botou	631330
阳泉市	Yangquan	696091	漳州市	Zhangzhou	630994
大石桥市	Dashiqiao	690337	晋中市	Jinzhong	630740
开平市	Kaiping	688893	三门峡市	Sanmenxia	630144
云浮市	Yunfu	687846	万宁市	Wanning	629914
盖州市	Gaizhou	687276	咸宁市	Xianning	628465
北海市	Beihai	686397	高碑店市	Gaobeidian	626239
腾冲市	Tengchong	686197	石首市	Shishou	623405
讷河市	Nehe	681250	都江堰市	Dujiangyan	622233
朔州市	Shuozhou	679945	黄石市	Huangshi	622142
西昌市	Xichang	678738	雅安市	Ya'an	618991
四平市	Siping	677895	江山市	Jiangshan	616388
福安市	Fu'an	672477	娄底市	Loudi	615629
池州市	Chizhou	671706	安陆市	Anlu	615273
宜州市	Yizhou	669105	永康市	Yongkang	615227
延安市	Yan'an	668529	三亚市	Sanya	614647
九江市	Jiujiang	667253	朝阳市	Chaoyang	613586
新民市	Xinmin	666100	樟树市	Zhangshu	610424
靖西市	Jingxi	662877	舒兰市	Shulan	607753
崇州市	Chongzhou	662809	陇南市	Longnan	605468
兰溪市	Lanxi	660489	鹤岗市	Hegang	605038
荣成市	Rongcheng	659395	广汉市	Guanghan	603823
靖江市	Jingjiang	658783	福鼎市	Fuding	601223
随州市	#N/A	657780	兴平市	Xingping	601085
霸州市	#N/A	656313	文昌市	Wenchang	600644
曲阜市	#N/A	655721	吴忠市	Wuzhong	599429
邛崃市	Qionglai	654661	承德市	Chengde	599045
荆门市	#N/A	653243	吉安市	Ji'an	595936
攀枝花市	Panzhihua	652672	栖霞市	Qixia	593738

5-5 续表 5 continued

单位：人 (person)

城 市	City	人 数 Population	城 市	City	人 数 Population
石河子市	Shihezi	592954	文山市	Wenshan	524656
仪征市	Yizheng	591570	巴彦淖尔市	Bayannaoer	520840
梅河口市	Meihekou	591428	琼海市	Qionghai	519291
东港市	Donggang	589715	新乐市	Xinle	517278
句容市	Jurong	589023	老河口市	Laohekou	515492
防城港市	Fangchenggang	588076	张掖市	Zhangye	514583
昌邑市	Changyi	586788	建德市	Jiande	511184
沧州市	Cangzhou	579591	宁德市	Ningde	507099
黄骅市	Huanghua	576418	磐石市	Panshi	506427
晋州市	Jinzhou	575092	南宫市	Nangong	506263
凯里市	Kaili	573711	都匀市	Duyun	504370
万源市	Wanyuan	573569	凌海市	Linghai	502331
伊宁市	Yining	571122	北镇市	Beizhen	500793
深州市	Shenzhou	568088	汕尾市	Shanwei	500457
汉中市	Hanzhong	566688	恩平市	Enping	500004
松原市	Songyuan	564067	**50万以下**	**under 500 thousand**	**55851733**
招远市	Zhaoyuan	562820	平湖市	Pinghu	499923
开原市	Kaiyuan	560808	绵竹市	Mianzhu	499535
尚志市	Shangzhi	560448	白银市	Baiyin	498928
商洛市	Shangluo	560374	洪江市	Hongjiang	498563
宜城市	Yicheng	559819	铜仁市	Tongren	497687
滁州市	Chuzhou	557572	太仓市	Taicang	493970
北票市	Beipiao	555567	沁阳市	Qinyang	493165
凤城市	Fengcheng	553827	南雄市	Nanxiong	492227
建瓯市	Jian'ou	552806	孝义市	Xiaoyi	491578
延吉市	Yanji	552786	高平市	Gaoping	486668
阿克苏市	Akesu	551112	原平市	Yuanping	485835
忻州市	Xinzhou	548179	白城市	Baicheng	485758
弥勒市	Mile	547800	枝江市	Zhijiang	480037
乳山市	Rushan	547486	景德镇市	Jingdezhen	477849
连州市	Lianzhou	546483	七台河市	Qitaihe	472653
卫辉市	Weihui	542824	库尔勒市	Korla	472645
临湘市	Linxiang	542359	四会市	Sihui	471485
禹城市	Yucheng	540994	固原市	Guyuan	468258
清镇市	Qingzhen	538282	定西市	Dingxi	468231
楚雄市	Chuxiong	535986	当阳市	Dangyang	466615
张家界市	Zhangjiajie	534232	双鸭山市	Shuangyashan	465156
赤壁市	Chibi	533057	黄山市	Huangshan	463910
兴城市	Xingcheng	532568	丹江口市	Danjiangkou	463605
白山市	Baishan	531603	瑞昌市	Ruichang	462756
乐昌市	Lechang	529931	沙河市	Shahe	457510
平凉市	Pingliang	524795	敦化市	Dunhua	456708

5-5 续表 6 continued

单位：人 (person)

城 市	City	人 数 Population	城 市	City	人 数 Population
东方市	Dongfang	456265	宁国市	Ningguo	384018
富锦市	Fujin	453454	孟州市	Mengzhou	383344
安达市	Anda	450922	大安市	Da'an	382016
辽源市	Liaoyuan	450610	个旧市	Gejiu	381794
蓬莱市	Penglai	445000	鹤山市	Heshan	379099
永济市	Yongji	442456	资兴市	Zixing	377258
乌海市	Wuhai	441903	崇左市	Chongzuo	377256
介休市	Jiexiu	438769	呼伦贝尔市	Hulunbeidong	371272
灯塔市	Dengta	436065	冷水江市	Lengshuijiang	368497
玉环市	Yuhuan	435295	百色市	Baise	368031
通化市	Tonghua	433818	海林市	Hailin	365797
汾阳市	Fenyang	433065	华蓥市	Huaying	356691
哈密市	Hami	432166	黄冈市	Huanggang	349969
景洪市	Jinghong	429848	河池市	Hechi	346414
峨眉山市	Ermeishan	429044	铁力市	Tieli	345571
什邡市	Shifang	428199	石狮市	Shishi	345500
石嘴山市	Shizuishan	426931	舞钢市	Wugang	341762
铁岭市	Tieling	425809	福泉市	Fuquan	337908
蒙自市	Mengzi	424670	德兴市	Dexing	337372
蛟河市	Jiaohe	421830	五大连池市	Wudalianchi	335288
桦甸市	Huadian	421509	永安市	Yongan	331414
北安市	Beian	420494	临沧市	Lincang	328295
酒泉市	Jiuquan	418926	牙克石市	Yakeshi	325815
中卫市	Zhongwei	415720	河源市	Heyuan	325381
海东市	Haidong	415449	乌兰浩特市	Wulanhot	320106
丽水市	Lishui	413887	赤水市	Chishui	318320
许昌市	Xuchang	412063	乌兰察布市	Ulanqab	314222
宁安市	Ningan	411182	丰镇市	Fengzhen	312643
安国市	Anguo	410953	吉首市	Jishou	311601
洮南市	Taonan	410118	霍州市	Huozhou	308888
和田市	Hetian	408894	拉萨市	Lasa	307986
扎兰屯市	Zhalantun	406596	克拉玛依市	Karamay	307743
芒市	Mangshi	400458	邵武市	Shaowu	305978
河津市	Hejin	399650	鄂尔多斯市	Ordos	304043
怀化市	Huaihua	398623	漳平市	Zhangping	297297
韩城市	Hancheng	397020	奎屯市	Kuitun	290990
晋城市	Jincheng	396850	龙泉市	Longquan	290836
密山市	Mishan	396504	吐鲁番市	Turpan	290302
双辽市	Shuangliao	392536	吕梁市	Lvliang	287294
庆阳市	Qingyang	392183	开远市	Kaiyuan	286790
宜都市	Yidu	388332	阿图什市	Atushi	285507
昌吉市	Changji	387977	三明市	Sanming	283710

5-5 续表 7 continued

单位：人 (person)

城　市	City	人　数 Population	城　市	City	人　数 Population
青铜峡市	Qingtongxia	283447	义马市	Yima	155246
扬中市	Yangzhong	282459	临江市	Linjiang	154241
安宁市	Anning	279729	龙井市	Longjing	154043
庐山市	Lushan	277555	东兴市	Dongxing	153811
虎林市	Hulin	275326	香格里拉市	Shangari-la	150988
临夏市	Linxia	274008	敦煌市	Dunhuang	144124
穆棱市	Muleng	271325	瑞丽市	Ruili	139225
博乐市	Bole	260314	格尔木市	Ge'ermu	137675
灵武市	Lingwu	248360	合山市	Heshan	135032
武夷山市	Wuyishan	245939	根河市	Genhe	133711
华阴市	Huayin	242959	日喀则市	Shigatse	124146
鹰潭市	Yingtan	241523	共青城市	Gongqingcheng	122832
侯马市	Houma	240531	韶山市	Shaoshan	119843
普洱市	Pu'er	238942	昌都市	Changdu	119772
津市市	Jinshi	233414	凭祥市	Pingxiang	116084
阿勒泰市	Altay	231167	玉树市	Yushu	114000
珲春市	Huichun	228455	那曲市	Naqu	112301
调兵山市	Diaobingshan	226227	图们市	Tumen	110436
潞城市	Lucheng	226161	康定市	Kangding	107563
古交市	Gujiao	216967	五指山市	Wuzhishan	105919
乌苏市	Wusu	216381	五家渠市	Wujiaqu	96788
集安市	Ji'an	211690	合作市	Hezuo	90374
金昌市	Jinchang	211173	满洲里市	Manzhouli	86753
嘉峪关市	Jiayuguan	208295	抚远市	Fuyuan	83434
东宁市	Dongning	202973	霍林郭勒市	Holingola	82742
锡林浩特市	Xilinhot	192164	额尔古纳市	Ergun	79942
泸水市	Lushui	185879	德令哈市	Delingha	73719
黑河市	Heihe	184064	绥芬河市	Suifenhe	69607
同江市	Tongjiang	175525	霍尔果斯市	Huoerguosi	64821
井冈山市	Jinggangshan	170915	山南市	Shannan	64634
阿拉尔市	Alal	170040	马尔康市	Maerkang	54162
和龙市	Helong	167773	林芝市	Linzhi	47610
图木舒克市	Tumxuk	165850	阿尔山市	Arxan	45269
阜康市	Fukang	163961	铁门关市	Tiemenguan	38448
塔城市	Tacheng	163732	二连浩特市	Erenhot	34182
丽江市	Lijiang	159126	阿拉山口市	Alashankou	1878
玉门市	Yumen	158083	三沙市	Sansha	630

第六部分

Chapter Six

世界部分国家及地区人口和就业统计数据

Population and Employment Data of Selected Countries and Territories of the World

一、世界部分国家人口和就业统计数据

I.Population and Employment Data of Other Countries/Regions

6-1 人口数
Total Population

单位：百万人 (millions)

国 家	Country	2003	2004	2005	2006	2007	2008
世界总计	**Total**	**6211.1**	**6377.6**	**6464.7**	**6540.3**	**6615.9**	**6749.7**
亚洲	**Asia**						
中国	China	1304.2	1313.3	1315.8	1323.6	1331.4	1336.3
阿富汗	Afghanistan	23.9	24.9	29.9	31.1	32.3	28.2
孟加拉国	Bangladesh	146.7	149.7	141.8	144.4	147.1	161.3
缅甸	Myanmar	49.5	50.1	50.5	51.0		49.2
柬埔寨	Cambodia	14.1	14.6	14.1	14.4	14.6	14.7
印度	India	1065.5	1081.2	1103.4	1119.5	1135.6	1186.2
印度尼西亚	Indonesia	219.9	222.6	222.8	225.5	228.1	234.3
伊朗	Iran	68.9	69.8	69.5	70.3	71.2	72.2
伊拉克	Iraq	25.2	25.9	28.8	29.6	30.3	29.5
日本	Japan	127.7	127.8	128.1	128.2	128.3	127.9
约旦	Jordan	5.5	5.6	5.7	5.8	6.0	6.1
朝鲜	Korea D.P.Rep.	22.7	22.8	22.5	22.6	22.7	23.9
韩国	Korea Rep.	47.7	48.0	47.8	48.0	48.1	48.4
科威特	Kuwait	2.5	2.6	2.7	2.8	2.8	2.9
老挝	Laos	5.7	5.8	5.9	6.1	6.2	6.0
黎巴嫩	Lebanon	3.7	3.7	3.6	3.6	3.7	4.1
马来西亚	Malaysia	24.4	24.9	25.3	25.8	26.2	27.0
蒙古	Mongolia	2.6	2.6	2.6	2.7	2.7	2.7
尼泊尔	Nepal	25.2	25.7	27.1	27.7	28.2	28.8
巴基斯坦	Pakistan	153.6	157.3	157.9	161.2	164.6	167.0
菲律宾	Philippines	80.0	81.4	83.1	84.5	85.9	89.7
沙特阿拉伯	Saudi Arabia	24.2	24.9	24.6	25.2	25.8	25.3
新加坡	Singapore	4.3	4.3	4.3	4.4	4.4	4.5
斯里兰卡	Sri Lanka	19.1	19.2	20.7	20.9	21.1	19.4
叙利亚	Syrian Arab Rep.	17.8	18.2	19.0	19.5	20.0	20.4
泰国	Thailand	62.8	63.5	64.2	64.8	65.3	64.3
土耳其	Turkey	71.3	72.3	73.2	74.2	75.2	75.8
越南	Viet Nam	81.4	82.5	84.2	85.3	86.4	88.5
也门	Yemen	20.0	20.7	21.0	21.6	22.3	23.1
欧洲	**Europe**						
阿尔巴尼亚	Albania	3.2	3.2	3.1	3.1	3.2	3.2
奥地利	Austria	8.1	8.1	8.2	8.2	8.2	8.4

资料来源：《世界人口状况》2003-2018年，联合国人口基金编。
Sources: UNFPA, State of World Population 2003-2018.

6-1 续表 1 continued

单位：百万人 (millions)

国　家	Country	2003	2004	2005	2006	2007	2008
保加利亚	Bulgaria	7.9	7.8	7.7	7.7	7.6	7.6
捷克共和国	Czech Rep.	10.2	10.2	10.2	10.2	10.2	10.2
丹麦	Denmark	5.4	5.4	5.4	5.4	5.5	5.5
芬兰	Finland	5.2	5.2	5.2	5.3	5.3	5.3
法国	France	60.1	60.4	60.5	60.7	60.9	61.9
德国	Germany	82.5	82.5	82.7	82.7	82.7	82.5
希腊	Greece	11.0	11.0	11.1	11.1	11.2	11.2
匈牙利	Hungary	9.9	9.8	10.1	10.1	10.0	10.0
意大利	Italy	60.1	57.3	58.1	68.1	58.2	58.9
荷兰	Netherlands	16.1	16.2	16.3	16.4		16.5
挪威	Norway	4.5	4.6	4.6	4.6	4.7	4.7
波兰	Poland	38.6	38.6	38.5	38.5	38.5	38.0
葡萄牙	Portugal	10.1	10.1	10.5	10.5	10.6	10.7
罗马尼亚	Romania	22.3	22.3	21.7	21.6	21.5	21.3
西班牙	Spain	41.1	41.1	43.1	43.3	43.6	44.6
瑞士	Switzerland	7.2	7.2	7.3	7.3	7.3	7.5
英国	United Kingdom	59.3	59.4	59.7	59.8	60.0	61.0
俄罗斯	Russian Federation	143.2	142.4	143.2	142.5	141.9	141.8
非洲	**Africa**						
阿尔及利亚	Algeria	31.8	32.3	32.9	33.4	33.9	34.4
安哥拉	Angola	13.6	14.1	15.9	16.4	16.9	17.5
布隆迪	Burundi	6.8	7.1	7.5	7.8	8.1	8.9
中非共和国	Central African Rep.	3.9	3.9	4.0	4.1	4.2	4.4
刚果共和国	Congo, Republic of the	3.7	3.8	4.0	4.1	4.2	3.8
埃及	Egypt	71.9	73.4	74.0	75.4	76.9	76.8
埃塞俄比亚	Ethiopia	70.7	72.4	77.4	79.3	81.2	85.2
加蓬	Gabon	1.3	1.4	1.4	1.4	1.4	1.4
加纳	Ghana	20.9	21.4	22.1	22.6	23.0	23.9
几内亚	Guinea	8.5	8.6	9.4	9.6	9.8	9.6
肯尼亚	Kenya	32.0	32.4	34.3	35.1	36.0	38.6
利比亚	Libya	5.6	5.7	5.9	6.0	6.1	6.3
利比里亚	Liberia	3.4	3.5	3.3	3.4	3.5	3.9
马达加斯加	Madagascar	17.4	17.9	18.6	19.1	19.6	20.2
马里	Mali	13.0	13.4	13.5	13.9	14.3	12.7
毛里塔尼亚	Mauritania	2.9	3.0	3.1	3.2	3.2	3.2
摩洛哥	Morocco	30.6	31.1	31.5	31.9	32.4	31.6
莫桑比克	Mozambique	18.9	19.2	19.8	20.2	20.5	21.8
尼日利亚	Nigeria	124.0	127.1	131.5	134.4	137.2	151.5

6-1 续表 2 continued

单位：百万人 (millions)

国 家	Country	2003	2004	2005	2006	2007	2008
卢旺达	Rwanda	8.4	8.5	9.0	9.2	9.4	10.0
索马里	Somalia	9.9	10.3	8.2	8.5	8.8	9.0
南非	South Africa	45.0	45.2	47.4	47.6	47.7	48.8
苏丹	Sudan	33.6	34.3	36.2	37.0	37.8	39.4
突尼斯	Tunisia	9.8	9.9	10.1	10.2	10.3	10.4
乌干达	Uganda	25.8	26.7	28.8	29.9	30.9	31.9
喀麦隆	Cameroon, Republic of	16.0	16.3	16.3	16.6	16.9	18.9
坦桑尼亚	Tanzania, United Republic of	37.0	37.7	38.3	39.0	39.7	41.5
赞比亚	Zambia	10.8	10.9	13.0	11.9	12.1	12.2
大洋洲	**Oceania**						
澳大利亚	Australia	19.7	19.9	20.2	20.4	20.6	21.0
新西兰	New Zealand	3.9	3.9	4.0	4.1	4.1	4.2
北美洲	**North America**						
加拿大	Canada	31.5	31.7	32.3	32.6	32.9	33.2
美国	United States of America	294.0	297.0	298.2	301.0	303.9	308.8
拉丁美洲	**Latin America**						
阿根廷	Argentina	38.4	38.9	38.7	39.1	39.5	39.9
玻利维亚	Bolivia	8.8	9.0	9.2	9.4	9.5	9.7
巴西	Brazil	178.5	180.7	186.4	188.9	191.3	194.2
智利	Chile	15.8	16.0	16.3	16.5	16.6	16.8
哥伦比亚	Colombia	44.2	44.9	45.6	46.3	47.0	46.7
古巴	Cuba	11.3	11.3	11.3	11.3	11.3	11.3
多米尼加共和国	Dominican Republic	8.7	8.9	8.9	9.0	9.1	9.9
厄瓜多尔	Ecuador	13.0	13.2	13.2	13.4	13.6	13.5
危地马拉	Guatemala	12.3	12.7	12.6	12.9	13.2	13.7
墨西哥	Mexico	103.5	104.9	107.0	108.3	109.6	107.8
巴拿马	Panama	3.1	3.2	3.2	3.3	3.3	3.4
巴拉圭	Paraguay	5.9	6.0	6.2	6.3	6.4	6.2
秘鲁	Peru	27.2	27.6	28.0	28.4	28.8	28.2
波多黎各	Puerto Rico	3.9	3.9	4.0	4.0	4.0	4.0
乌拉圭	Uruguay	3.4	3.4	3.5	3.5	3.5	3.4
委内瑞拉	Venezuela (Bolivarian Republic of)	25.7	26.2	26.7	27.2	27.7	28.1

6-1 续表 3 continued

单位：百万人 (millions)

国 家	Country	2009	2010	2011	2012	2013
世界总计	**Total**	**6829.4**	**6908.7**	**6974.0**	**7052.1**	**7162**
亚洲	**Asia**					
中国	China	1345.8	1354.1	1347.6	1353.6	1385.6
阿富汗	Afghanistan	28.2	29.1	32.4	33.4	30.6
孟加拉国	Bangladesh	162.2	164.4	150.5	152.4	156.6
缅甸	Myanmar	50.0	50.5	48.3	48.7	53.3
柬埔寨	Cambodia	14.8	15.1	14.3	14.5	15.1
印度	India	1198.0	1214.5	1241.5	1258.4	1252.1
印度尼西亚	Indonesia	230.0	232.5	242.3	244.8	249.9
伊朗	Iran	74.2	75.1	74.8	75.6	77.4
伊拉克	Iraq	30.7	31.5	32.7	33.7	33.8
日本	Japan	127.2	127.0	126.5	126.4	127.1
约旦	Jordan	6.3	6.5	6.3	6.5	7.3
朝鲜	Korea D.P.Rep.	23.9	24.0	24.5	24.6	24.9
韩国	Korea Rep.	48.3	48.5	48.4	48.6	49.3
科威特	Kuwait	3.0	3.1	2.8	2.9	3.4
老挝	Laos	6.3	6.4	6.3	6.4	6.8
黎巴嫩	Lebanon	4.2	4.3	4.3	4.3	4.8
马来西亚	Malaysia	27.5	27.9	28.9	29.3	29.7
蒙古	Mongolia	2.7	2.7	2.8	2.8	2.8
尼泊尔	Nepal	29.3	29.9	30.5	31.0	27.8
巴基斯坦	Pakistan	180.8	184.8	176.7	180.0	182.1
菲律宾	Philippines	92.0	93.6	94.9	96.5	98.4
沙特阿拉伯	Saudi Arabia	25.7	26.2	28.1	28.7	28.8
新加坡	Singapore	4.7	4.8	5.2	5.3	5.4
斯里兰卡	Sri Lanka	20.2	20.4	21.0	21.2	21.3
叙利亚	Syrian Arab Rep.	21.9	22.5	20.8	21.1	21.9
泰国	Thailand	67.8	68.1	69.5	69.9	67.0
土耳其	Turkey	74.8	75.7	73.6	74.5	74.9
越南	Viet Nam	88.1	89.0	88.8	89.7	91.7
也门	Yemen	23.6	24.3	24.8	25.6	24.4
欧洲	**Europe**					
阿尔巴尼亚	Albania	3.2	3.2	3.2	3.2	3.2
奥地利	Austria	8.4	8.4	8.4	8.4	8.5

6-1 续表 4 continued

单位：百万人 (millions)

国 家	Country	2009	2010	2011	2012	2013
保加利亚	Bulgaria	7.5	7.5	7.4	7.4	7.2
捷克共和国	Czech Rep.	10.4	10.4	10.5	10.6	10.7
丹麦	Denmark	5.5	5.5	5.6	5.6	5.6
芬兰	Finland	5.3	5.3	5.4	5.4	5.4
法国	France	62.3	62.6	63.1	63.5	64.3
德国	Germany	82.2	82.1	82.2	82.0	82.7
希腊	Greece	11.2	11.2	11.4	11.4	11.1
匈牙利	Hungary	10.0	10.0	10.0	9.9	10.0
意大利	Italy	59.9	60.1	60.8	61.0	61.0
荷兰	Netherlands	16.6	16.7	16.7	16.7	16.8
挪威	Norway	4.8	4.9	4.9	5.0	5.0
波兰	Poland	38.1	38.0	38.3	38.3	38.2
葡萄牙	Portugal	10.7	10.7	10.7	10.7	10.6
罗马尼亚	Romania	21.3	21.2	21.4	21.4	21.7
西班牙	Spain	44.9	45.3	46.5	46.8	46.9
瑞士	Switzerland	7.6	7.6	7.7	7.7	8.1
英国	United Kingdom	61.6	61.9	62.4	62.8	63.1
俄罗斯	Russian Federation	140.9	140.4	142.8	142.7	142.8
非洲	**Africa**					
阿尔及利亚	Algeria	34.9	35.4	36.0	36.5	39.2
安哥拉	Angola	18.5	19.0	19.6	20.2	21.5
布隆迪	Burundi	8.3	8.5	8.6	8.7	10.2
中非共和国	Central African Rep.	4.4	4.5	4.5	4.6	4.6
刚果共和国	Congo, Republic of the	3.7	3.8	4.1	4.2	4.4
埃及	Egypt	83.0	84.5	82.5	84.0	82.1
埃塞俄比亚	Ethiopia	82.8	85.0	84.7	86.5	94.1
加蓬	Gabon	1.5	1.5	1.5	1.6	1.7
加纳	Ghana	23.8	24.3	25.0	25.5	25.9
几内亚	Guinea	10.1	10.3	10.2	10.5	11.7
肯尼亚	Kenya	39.8	40.9	41.6	42.7	44.4
利比亚	Libya	6.4	6.5	6.4	6.5	6.2
利比里亚	Liberia	4.0	4.1	4.1	4.2	4.3
马达加斯加	Madagascar	19.6	20.1	21.3	21.9	22.9
马里	Mali	13.0	13.3	15.8	16.3	15.3
毛里塔尼亚	Mauritania	3.3	3.4	3.5	3.6	3.9
摩洛哥	Morocco	32.0	32.4	32.3	32.6	33.0
莫桑比克	Mozambique	22.9	23.4	23.9	24.5	25.8
尼日利亚	Nigeria	154.7	158.3	162.5	166.6	173.6

6-1 续表 5 continued

单位: 百万人 (millions)

国　家	Country	2009	2010	2011	2012	2013
卢旺达	Rwanda	10.0	10.3	10.9	11.3	11.8
索马里	Somalia	9.1	9.4	9.6	9.8	10.5
南非	South Africa	50.1	50.5	50.5	50.7	52.8
苏丹	Sudan	42.3	43.2	44.6	35.0	38.0
突尼斯	Tunisia	10.3	10.4	10.6	10.7	11.0
乌干达	Uganda	32.7	33.8	34.5	35.6	37.6
喀麦隆	Cameroon, Republic of	19.5	20.0	20.0	20.5	22.3
坦桑尼亚	Tanzania, United Republic of	43.7	45.0	46.2	47.7	49.3
赞比亚	Zambia	12.9	13.3	13.5	13.9	14.5
大洋洲	**Oceania**					
澳大利亚	Australia	21.3	21.5	22.6	22.9	23.3
新西兰	New Zealand	4.3	4.3	4.4	4.5	4.5
北美洲	**North America**					
加拿大	Canada	33.6	33.9	34.3	34.7	35.2
美国	United States of America	314.7	317.6	313.1	315.8	320.1
拉丁美洲	**Latin America**					
阿根廷	Argentina	40.3	40.7	40.8	41.1	41.4
玻利维亚	Bolivia	9.9	10.0	10.1	10.2	10.7
巴西	Brazil	193.7	195.4	196.7	198.4	200.4
智利	Chile	17.0	17.1	17.3	17.4	17.6
哥伦比亚	Colombia	45.7	46.3	46.9	47.6	48.3
古巴	Cuba	11.2	11.2	11.3	11.2	11.3
多米尼加共和国	Dominican Republic	10.1	10.2	10.1	10.2	10.4
厄瓜多尔	Ecuador	13.6	13.8	14.7	14.9	15.7
危地马拉	Guatemala	14.0	14.4	14.8	15.1	15.5
墨西哥	Mexico	109.6	110.6	114.8	116.1	122.3
巴拿马	Panama	3.5	3.5	3.6	3.6	3.9
巴拉圭	Paraguay	6.3	6.5	6.6	6.7	6.8
秘鲁	Peru	29.2	29.5	29.4	29.7	30.4
波多黎各	Puerto Rico	4.0	4.0			3.7
乌拉圭	Uruguay	3.4	3.4	3.4	3.4	3.4
委内瑞拉	Venezuela (Bolivarian Republic of)	28.6	29.0	29.4	29.9	30.4

6-1 续表 6 continued

单位：百万人 (millions)

国家	Country	2014	2015	2016	2017	2018
世界总计	**Total**	**7244**	**7349**	**7433**	**7550**	**7633**
亚洲	**Asia**					
中国	China	1393.8	1376.0	1382.3	1409.5	1415
阿富汗	Afghanistan	31.3	32.5	33.4	35.5	36.4
孟加拉国	Bangladesh	158.5	161.0	162.9	164.7	166.4
缅甸	Myanmar	53.7	53.9	54.4	53.4	53.9
柬埔寨	Cambodia	15.4	15.6	15.8	16.0	16.2
印度	India	1267.4	1311.1	1326.8	1339.2	1354.1
印度尼西亚	Indonesia	252.8	257.6	260.6	264.0	266.8
伊朗	Iran	78.5	79.1	80.0	81.2	82.0
伊拉克	Iraq	34.8	36.4	37.5	38.3	39.3
日本	Japan	127.0	126.6	126.3	127.5	127.2
约旦	Jordan	7.5	7.6	7.7	9.7	9.9
朝鲜	Korea D.P.Rep.	25.0	25.2	25.3	25.5	25.6
韩国	Korea Rep.	49.5	50.3	50.5	51.0	51.2
科威特	Kuwait	3.5	3.9	4.0	4.1	4.2
老挝	Laos	6.9	6.8	6.9	6.9	7.0
黎巴嫩	Lebanon	5.0	5.9	6.0	6.1	6.1
马来西亚	Malaysia	30.2	30.3	30.8	31.6	32.0
蒙古	Mongolia	2.9	3.0	3.0	3.1	3.1
尼泊尔	Nepal	28.1	28.5	28.9	29.3	29.6
巴基斯坦	Pakistan	185.1	188.9	192.8	197.0	200.8
菲律宾	Philippines	100.1	100.7	102.3	104.9	106.5
沙特阿拉伯	Saudi Arabia	29.4	31.5	32.2	32.9	33.6
新加坡	Singapore	5.5	5.6	5.7	5.7	5.8
斯里兰卡	Sri Lanka	21.4	20.7	20.8	20.9	21.0
叙利亚	Syrian Arab Rep.	22.0	18.5	18.6	18.3	18.3
泰国	Thailand	67.2	68.0	68.1	69.0	69.2
土耳其	Turkey	75.8	78.7	79.6	80.7	81.9
越南	Viet Nam	92.5	93.4	94.4	95.5	96.5
也门	Yemen	25.0	26.8	27.5	28.3	28.9
欧洲	**Europe**					
阿尔巴尼亚	Albania	3.2	2.9	2.9	2.9	2.9
奥地利	Austria	8.5	8.5	8.6	8.7	8.8

6-1 续表 7 continued

单位: 百万人 (millions)

国　家	Country	2014	2015	2016	2017	2018
保加利亚	Bulgaria	7.2	7.1	7.1	7.1	7.0
捷克共和国	Czech Rep.	10.7	10.5	10.5	10.6	10.6
丹麦	Denmark	5.6	5.7	5.7	5.7	5.8
芬兰	Finland	5.4	5.5	5.5	5.5	5.5
法国	France	64.6	64.4	64.7	65.0	65.2
德国	Germany	82.7	80.7	80.7	82.1	82.3
希腊	Greece	11.1	11.0	10.9	11.2	11.1
匈牙利	Hungary	9.9	9.9	9.8	9.7	9.7
意大利	Italy	61.1	59.8	59.8	59.4	59.3
荷兰	Netherlands	16.8	16.9	17.0	17.0	17.1
挪威	Norway	5.1	5.2	5.3	5.3	5.4
波兰	Poland	38.2	38.6	38.6	38.2	38.1
葡萄牙	Portugal	10.6	10.3	10.3	10.3	10.3
罗马尼亚	Romania	21.6	19.5	19.4	19.7	19.6
西班牙	Spain	47.1	46.1	46.1	46.4	46.4
瑞士	Switzerland	8.2	8.3	8.4	8.5	8.5
英国	United Kingdom	63.5	64.7	65.1	66.2	66.6
俄罗斯	Russian Federation	142.5	143.5	143.4	144.0	144.0
非洲	**Africa**					
阿尔及利亚	Algeria	39.9	39.7	40.4	41.3	42.0
安哥拉	Angola	22.1	25.0	25.8	29.8	30.8
布隆迪	Burundi	10.5	11.2	11.6	10.9	11.2
中非共和国	Central African Rep.	4.7	4.9	5.0	4.7	4.7
刚果共和国	Congo, Republic of the	4.6	4.6	4.7	5.3	5.4
埃及	Egypt	83.4	91.5	93.4	97.6	99.4
埃塞俄比亚	Ethiopia	96.5	99.4	101.9	105.0	107.5
加蓬	Gabon	1.7	1.7	1.8	2.0	2.1
加纳	Ghana	26.4	27.4	28.0	28.8	29.5
几内亚	Guinea	12.0	12.6	12.9	12.7	13.1
肯尼亚	Kenya	45.5	46.1	47.3	49.7	51.0
利比亚	Libya	6.3	6.3	6.3	6.4	6.5
利比里亚	Liberia	4.4	4.5	4.6	4.7	4.9
马达加斯加	Madagascar	23.6	24.2	24.9	25.6	26.3
马里	Mali	15.8	17.6	18.1	18.5	19.1
毛里塔尼亚	Mauritania	4.0	4.1	4.2	4.4	4.5
摩洛哥	Morocco	33.5	34.4	34.8	35.7	36.2
莫桑比克	Mozambique	26.5	28.0	28.8	29.7	30.5
尼日利亚	Nigeria	178.5	182.2	187.0	190.9	195.9

6-1 续表 8 continued

单位：百万人 (millions)

国　　家	Country	2014	2015	2016	2017	2018
卢旺达	Rwanda	12.1	11.6	11.9	12.2	12.5
索马里	Somalia	10.8	10.8	11.1	14.7	15.2
南非	South Africa	53.1	54.5	55.0	56.7	57.4
苏丹	Sudan	38.8	40.2	41.2	40.5	41.5
突尼斯	Tunisia	11.1	11.3	11.4	11.5	11.7
乌干达	Uganda	38.8	39.0	40.3	42.9	44.3
喀麦隆	Cameroon, Republic of	22.8	23.3	23.9	24.1	24.7
坦桑尼亚	Tanzania, United Republic of	50.8	53.5	55.2	57.3	59.1
赞比亚	Zambia	15.0	16.2	16.7	17.1	17.6
大洋洲	**Oceania**					
澳大利亚	Australia	23.6	24.0	24.3	24.5	24.8
新西兰	New Zealand	4.6	4.5	4.6	4.7	4.7
北美洲	**North America**					
加拿大	Canada	35.5	35.9	36.3	36.6	37.0
美国	United States of America	322.6	321.8	324.1	324.5	326.8
拉丁美洲	**Latin America**					
阿根廷	Argentina	41.8	43.4	43.8	44.3	44.7
玻利维亚	Bolivia	10.8	10.7	10.9	11.1	11.2
巴西	Brazil	202.0	207.8	209.6	209.3	210.9
智利	Chile	17.8	17.9	18.1	18.1	18.2
哥伦比亚	Colombia	48.9	48.2	48.7	49.1	49.5
古巴	Cuba	11.3	11.4	11.4	11.5	11.5
多米尼加共和国	Dominican Republic	10.5	10.5	10.6	10.8	10.9
厄瓜多尔	Ecuador	16.0	16.1	16.4	16.6	16.9
危地马拉	Guatemala	15.9	16.3	16.7	16.9	17.2
墨西哥	Mexico	123.8	127.0	128.6	129.2	130.8
巴拿马	Panama	3.9	3.9	4.0	4.1	4.2
巴拉圭	Paraguay	6.9	6.6	6.7	6.8	6.9
秘鲁	Peru	30.8	31.4	31.8	32.2	32.6
波多黎各	Puerto Rico	3.7	3.7	3.7	3.7	3.7
乌拉圭	Uruguay	3.4	3.4	3.4	3.5	3.5
委内瑞拉	Venezuela (Bolivarian Republic of)	30.9	31.1	31.5	32.0	32.4

6-2 人口出生率、死亡率、自然增长率
Crude Birth Rate, Crude Death Rate and Rate of Natural Increase

国 家	Country	出生率 Crude Birth Rate(‰)	死亡率 Crude Death Rate(‰)	自然增长率 Rate of Natural Increase(%)
美国	United States	12	9	0.3
日本	Japan	8	11	-0.3
德国	Germany	9	11	-0.2
英国	United Kingdom	12	9	0.3
法国	France	11	9	0.2
意大利	Italy	8	11	-0.3
加拿大	Canada	11	8	0.3
俄罗斯	Russia	12	12	-0.1
澳大利亚	Australia	13	7	0.6
波兰	Poland	11	11	0.0
匈牙利	Hungary	9	14	-0.4
罗马尼亚	Romania	10	13	-0.4
保加利亚	Bulgaria	9	16	-0.7
印度	India	20	6	1.4
印度尼西亚	Indonesia	19	7	1.2
巴基斯坦	Pakistan	26	7	1.9
孟加拉国	Bangladesh	19	5	1.4
泰国	Thailand	11	8	0.2
菲律宾	Philippines	21	6	1.5
马来西亚	Malaysia	16	5	1.1
韩国	Korea Rep.	7	6	0.1
新加坡	Singapore	9	5	0.4
伊朗	Iran	19	5	1.4
土耳其	Turkey	16	5	1.1
尼日利亚	Nigeria	39	12	2.6
埃及	Egypt	27	6	2.1
埃塞俄比亚	Ethiopia	33	7	2.6
坦桑尼亚	Tanzania	39	7	3.3
肯尼亚	Kenya	31	6	2.6
巴西	Brazil	14	6	0.8
墨西哥	Mexico	19	6	1.3
阿根廷	Argentina	17	8	1.0
哥伦比亚	Colombia	15	6	0.9

资料来源：《2018年世界人口数据表》美国人口咨询局编。
Sources:Population Reference Bureau of United States, 2017 World Population Data Sheet.

6-3 人口年龄构成
Age Composition

单位：%　　(%)

国家	Country	0-14岁 Aged 0-14	15-64岁 Aged 15-64	65岁及以上 Aged 65 and Over
美国	United States	19	65	16
日本	Japan	13	60	27
德国	Germany	13	65	22
英国	United Kingdom	18	64	19
法国	France	18	62	20
意大利	Italy	13	63	23
加拿大	Canada	16	67	17
俄罗斯	Russia	18	68	15
澳大利亚	Australia	19	65	16
波兰	Poland	15	68	17
匈牙利	Hungary	14	67	19
罗马尼亚	Romania	15	66	18
保加利亚	Bulgaria	14	65	21
印度	India	27	66	6
印度尼西亚	Indonesia	27	68	5
巴基斯坦	Pakistan	35	61	4
孟加拉国	Bangladesh	28	67	5
泰国	Thailand	17	71	12
菲律宾	Philippines	31	64	5
马来西亚	Malaysia	24	69	7
韩国	Korea Rep.	13	72	14
新加坡	Singapore	15	72	14
伊朗	Iran	24	71	6
土耳其	Turkey	25	67	8
尼日利亚	Nigeria	44	53	3
埃及	Egypt	33	61	5
埃塞俄比亚	Ethiopia	40	56	4
坦桑尼亚	Tanzania	45	52	3
肯尼亚	Kenya	40	57	3
巴西	Brazil	21	70	9
墨西哥	Mexico	26	67	7
阿根廷	Argentina	25	64	11
哥伦比亚	Colombia	23	69	8

资料来源：《世界人口状况》2018年，联合司人口基金编。
Sources: UNFPA, State of World Population 2018.

6-4 人口指标
Demographic Indicators

国 家	Country	预期寿命(岁) Life Expectancy at Birth(years)		总和生育率 Total Fertility Rate	城镇化率(%) Persent Urban(%)
		男 Male	女 Female		
美国	United States	76	81	1.8	82
日本	Japan	81	87	1.4	92
德国	Germany	78	83	1.6	77
英国	United Kingdom	79	83	1.8	83
法国	France	80	85	1.9	80
意大利	Italy	81	85	1.3	70
加拿大	Canada	80	84	1.5	81
俄罗斯	Russia	68	78	1.6	74
澳大利亚	Australia	80	85	1.7	86
波兰	Poland	74	82	1.4	60
匈牙利	Hungary	72	79	1.5	71
罗马尼亚	Romania	72	79	1.4	54
保加利亚	Bulgaria	71	78	1.6	73
印度	India	67	70	2.3	34
印度尼西亚	Indonesia	67	71	2.4	54
巴基斯坦	Pakistan	66	68	3.1	37
孟加拉国	Bangladesh	70	73	2.1	37
泰国	Thailand	72	79	1.5	50
菲律宾	Philippines	66	73	2.7	47
马来西亚	Malaysia	73	77	1.9	75
韩国	Korea,Republic of	79	85	1.1	82
新加坡	Singapore	81	85	1.2	100
伊朗	Iran	75	77	2.0	74
土耳其	Turkey	75	81	2.1	75
尼日利亚	Nigeria	53	54	5.5	50
埃及	Egypt	71	74	3.4	43
埃塞俄比亚	Ethiopia	64	67	4.4	20
坦桑尼亚	Tanzania	64	67	5.2	34
肯尼亚	Kenya	65	69	3.9	32
巴西	Brazil	72	79	1.7	86
墨西哥	Mexico	75	80	2.2	73
阿根廷	Argentina	74	80	2.3	92
哥伦比亚	Colombia	73	79	2.0	77

资料来源：《2018年世界人口数据表》美国人口咨询局编。
Sources:Population Reference Bureau of United States, 2017 World Population Data Sheet.

6-5 全部就业人数
Employment

单位：千人 (1000 persons)

国 家	Country	2010	2011	2012	2013	2014	2015	2016	2017	2018
阿根廷	Argentina	10532	10766	10844	10943	11047			11568	
澳大利亚	Australia	11022	11214	11351	11457	11540	11766	11973	12252	
巴西	Brazil			89165	90495	91850	91726	89505	89793	91051
加拿大	Canada	16964	17221	17438	17691	17802	17947	18080	18416	18658
埃及	Egypt	23829	23346	23564	23975	24331	24779	25371	26051	
法国	France	25731	25759	25804	25785	26376	26424	26584	26880	27122
德国	Germany	37993	38787	39126	39531	39871	40211	41267	41664	41915
匈牙利	Hungary	3732	3759	3827	3893	4101	4210	4352	4421	4469
印度尼西亚	Indonesia	107807	109724	113537	114345	116399	117833	119530	122781	
意大利	Italy	22527	22598	22566	22191	22279	22465	22758	23023	23215
日本	Japan	62570	59760	62700	63110	63510	63760	64400	65300	66640
韩国	Korea, Republic of	23829	24244	24681	25066	25599	25936	26235	26552	
马来西亚	Malaysia	11777	12352	12821	13545	13853	14068	14164	14496	
墨西哥	Mexico	46122	47139	48707	49227	49415	50611	51595	52341	53721
荷兰	Netherlands	8290	8291	8345	8285	8236	8319	8427	8605	8798
新西兰	New Zealand	2157	2188	2184	2227	2305	2357	2466	2568	
挪威	Norway	2501	2536	2585	2602	2627	2641	2638	2644	2686
菲律宾	Philippines	36035	37192	37600	38118	38093		40839	40334	
葡萄牙	Portugal	4898	4740	4547	4429	4500	4549	4605	4757	4867
罗马尼亚	Romania	8713	8528	8605	8549	8614	8535	8449	8671	8689
俄罗斯	Russian Federation	69934	70857	71545	71391	71539	72324	72393	72316	
南非	South Africa	13942	14198	14551	15027	15317	15928	15968	16364	16610
西班牙	Spain	18724	18421	17633	17139	17344	17866	18342	18825	19328
瑞典	Sweden	4524	4626	4657	4705	4772	4837	4910	5022	5113
泰国	Thailand	38037	39317	39578	38907	38077	38016	37693		
英国	United Kingdom	29125	29282	29596	29954	30671	31193	31628	31963	32354
美国	United States	139064	139869	95466	143929	146305	148834	151436	153337	155761

资料来源：国际劳工组织劳动统计数据库中劳动力调查数据(表6-7同)。
注：巴西数据来源由年度劳动力调查更换为季度劳动力调查(表6-7同)。
Source: ILO Labour Statistics Database. The same applies in the table 6-7.
Note: Data source of Brazil has been changed from Annual Labour Force Survey to Quarterly Labour Force Survey. The same applies in the table 6-7.

6-6 按三次产业分就业人员构成
Employment by Type of Industry

单位：% (%)

国 家	Country	第一产业 Primary Industry		第二产业 Secondary Industry		第三产业 Tertiary Industry	
		2017	2018	2017	2018	2017	2018
孟加拉国	Bangladesh	40.6	40.2	20.4	20.5	39.0	39.4
文 莱	Brunei Darussalam	1.4	1.3	16.1	16.1	82.5	82.6
柬 埔 寨	Cambodia	30.8	30.4	26.8	26.9	42.4	42.7
印 度	India	44.5	43.9	24.5	24.7	31.0	31.5
印度尼西亚	Indonesia	30.8	30.5	22.0	22.0	47.2	47.5
伊 朗	Iran	17.6	17.4	32.0	32.0	50.4	50.6
以 色 列	Israel	1.0	1.0	17.5	17.3	81.6	81.7
日 本	Japan	3.4	3.4	24.6	24.5	71.9	72.1
哈萨克斯坦	Kazakhstan	15.1	15.0	21.3	21.3	63.6	63.7
韩 国	Korea, Rep.	4.8	4.7	25.1	25.0	70.1	70.3
老 挝	Laos	68.4	68.0	9.0	9.1	22.6	22.9
马来西亚	Malaysia	11.2	11.1	27.4	27.3	61.4	61.6
蒙 古	Mongolia	28.8	28.7	19.2	19.1	52.0	52.2
缅 甸	Myanmar	50.6	50.1	15.9	16.0	33.5	33.9
巴基斯坦	Pakistan	42.0	41.7	23.6	23.6	34.4	34.7
菲 律 宾	Philippines	25.4	25.2	18.3	18.3	56.3	56.5
新 加 坡	Singapore	0.5	0.5	16.7	16.6	82.8	82.9
斯里兰卡	Sri Lanka	26.1	25.9	28.4	28.3	45.5	45.8
泰 国	Thailand	30.9	30.7	23.6	23.5	45.5	45.8
越 南	Viet Nam	40.2	39.8	25.8	25.8	34.1	34.4
埃 及	Egypt	25.0	24.9	26.6	26.6	48.4	48.6
尼日利亚	Nigeria	36.8	36.6	11.6	11.6	51.6	51.8
南 非	South Africa	5.2	5.2	23.3	23.2	71.5	71.6
加 拿 大	Canada	1.5	1.5	19.5	19.5	79.0	79.0
墨 西 哥	Mexico	13.1	13.0	26.0	26.0	60.9	61.1
美 国	United States	1.4	1.4	19.7	19.4	78.8	79.1
阿 根 廷	Argentina	0.1	0.1	22.4	22.4	77.5	77.5
巴 西	Brazil	9.5	9.4	20.5	20.4	70.0	70.2
委内瑞拉	Venezuela	7.2	7.2	21.2	21.1	71.6	71.7
捷 克	Czech Rep.	2.8	2.8	38.1	37.9	59.1	59.4
法 国	France	2.6	2.6	20.5	20.3	76.9	77.1
德 国	Germany	1.3	1.3	27.4	27.1	71.3	71.6
意 大 利	Italy	3.8	3.8	26.0	25.8	70.2	70.4
荷 兰	Netherlands	2.3	2.2	16.5	16.3	81.2	81.4
波 兰	Poland	10.2	10.1	31.7	31.5	58.1	58.4
俄 罗 斯	Russia	5.9	5.8	27.0	26.9	67.1	67.2
西 班 牙	Spain	4.4	4.3	20.1	19.9	75.6	75.8
土 耳 其	Turkey	19.4	19.2	26.5	26.3	54.1	54.5
乌 克 兰	Ukraine	15.4	15.3	24.3	24.3	60.3	60.4
英 国	United Kingdom	1.2	1.1	18.2	18.1	80.6	80.7
澳大利亚	Australia	2.6	2.6	19.4	19.4	78.0	78.1
新 西 兰	New Zealand	6.2	6.2	20.5	20.4	73.3	73.4

资料来源：世界银行数据库。
Source:World Bank Database.

6-7 失业人数
Unemployment

单位：千人 (1000 persons)

国　家	Country	2010	2011	2012	2013	2014	2015	2016	2017	2018
阿根廷	Argentina	880.3	832.7	843.4	836.3	865.8			1053.6	
澳大利亚	Australia	606.0	600.3	625.6	687.6	746.6	758.3	725.1	725.6	
巴西	Brazil			6910.6	6795.9	6564.2	8451.8	11755.8	13212.8	12815.2
加拿大	Canada	1486.3	1398.5	1371.6	1346.7	1322.3	1331.4	1360.6	1246.6	1155.2
埃及	Egypt	2286.8	3138.2	3396.3	3631.3	3669.5	3719.7	3593.6	3464.3	
法国	France	2504.9	2489.0	2677.4	2839.8	3026.2	3053.7	2972.4	2787.9	2701.7
德国	Germany	2845.0	2398.8	2224.4	2181.8	2089.9	1949.6	1774.1	1621.2	1467.8
匈牙利	Hungary	469.4	466.0	473.2	441.0	343.3	307.8	234.6	191.7	172.1
印度尼西亚	Indonesia	6411.6	5961.5	5310.3	5182.5	4911.3	5570.4	5371.7	5362.6	
意大利	Italy	2055.7	2061.3	2691.0	3068.7	3236.0	3033.3	3012.0	2906.9	2755.5
日本	Japan	3340.0	2830.0	2850.0	2650.0	2360.0	2220.0	2080.0	1900.0	1660.0
韩国	Korea, Republic of	919.6	854.7	819.9	806.9	936.5	976.3	1011.9	1027.6	
马来西亚	Malaysia	395.8	389.1	401.3	435.2	411.2	450.3	504.0	511.4	
墨西哥	Mexico	2583.0	2569.8	2502.6	2544.0	2496.7	2281.1	2070.9	1853.2	1823.5
荷兰	Netherlands	435.3	434.3	515.8	647.0	659.7	613.8	538.5	437.5	350.4
新西兰	New Zealand	151.3	151.9	162.6	148.8	140.7	133.6	132.5	126.7	
挪威	Norway	91.3	84.2	83.3	92.2	94.8	118.5	129.5	114.8	106.1
菲律宾	Philippines	1347.7	1385.8	1365.4	1381.4	1422.5		1136.6	1056.2	
葡萄牙	Portugal	591.2	688.2	835.7	855.2	726.0	646.5	573.0	462.8	365.9
罗马尼亚	Romania	651.7	659.4	627.2	653.0	628.7	623.9	529.9	449.3	379.7
俄罗斯	Russian Federation	5563.2	4954.6	4113.0	4121.3	3892.4	4266.8	4261.1	3976.6	
南非	South Africa	4571.7	4645.3	4781.0	4894.3	5077.8	5353.7	5772.0	6074.2	6118.4
西班牙	Spain	4640.1	5012.7	5811.0	6051.1	5610.4	5056.1	4481.3	3916.9	3479.2
瑞典	Sweden	426.2	391.6	403.7	412.0	412.4	388.3	369.0	361.7	346.5
泰国	Thailand	237.9	262.4	230.8	191.3	220.4	228.2	261.1		
英国	United Kingdom	2459.4	2559.2	2533.5	2437.5	1996.1	1746.2	1599.3	1448.4	1346.7
美国	United States	14824.8	13747.5	8190.2	11459.8	9616.5	8296.4	7751.1	6982.3	6313.9

6-8 失业率
Unemployment Rate

单位：% (%)

国　家	Country	2000	2010	2015	2016	2017	2018
文　莱	Brunei Darussalam		2.7				
以色列	Israel	8.8	6.6	5.3	4.8	4.2	4.0
日　本	Japan	4.7	5.1	3.4	3.1	2.8	2.4
哈萨克斯坦	Kazakhstan	12.8	5.8	5.0	5.0	4.9	
韩　国	Korea, Rep.	4.4	3.7	3.6	3.7	3.7	3.8
马来西亚	Malaysia	3.1	3.3	3.2	3.5	3.4	3.4
巴基斯坦	Pakistan	7.8	5.6			5.8	
菲律宾	Philippines	11.2	7.4	6.3	5.5	5.7	5.3
新加坡	Singapore	3.7	3.1	2.8	3.0	2.2	
斯里兰卡	Sri Lanka	7.6	4.9	4.6	4.4		
泰　国	Thailand	2.4	1.0	0.9	1.0	1.2	1.1
埃　及	Egypt	9.0	9.0	12.8	12.6		
南　非	South Africa	26.1	24.9	25.4	26.7	27.5	27.1
加拿大	Canada	6.8	8.1	6.9	7.0	6.3	5.8
墨西哥	Mexico	1.6	5.3	4.3	3.9		
美　国	United States	4.0	9.6	5.3	4.9	4.4	3.9
阿根廷	Argentina	14.7	7.7				
巴　西	Brazil	9.2		8.3	11.3	12.8	12.3
委内瑞拉	Venezuela	14.0	8.5	6.8			
捷　克	Czech Rep.	8.8	7.3	5.1	4.0	2.9	2.3
法　国	France	8.5	9.3	10.4	10.1	9.4	9.1
德　国	Germany	6.9	7.0	4.6	4.1	3.8	3.4
意大利	Italy	10.1	8.4	11.9	11.7	11.2	10.6
荷　兰	Netherlands	3.7	5.0	6.9	6.0	4.9	3.8
波　兰	Poland	16.1	9.7	7.5	6.2		
俄罗斯	Russia	10.7	7.4	5.6	5.5	5.2	4.8
西班牙	Spain	11.9	19.9	22.1	19.7	17.2	15.3
土耳其	Turkey	6.6	11.2	10.3	10.9	10.9	
乌克兰	Ukraine	11.7	8.1	9.1	9.4	9.5	8.8
英　国	United Kingdom	3.6	7.9	5.4	4.9	4.4	4.1
澳大利亚	Australia	6.3	5.2	6.1	5.7	5.6	5.4
新西兰	New Zealand	6.2	6.2	5.4	5.1	4.7	4.3

资料来源：国际货币基金组织IFS数据库。
Source: IMF IFS Database.

6-9 消费价格指数
Consumer Price Indices

(2010年=100) (2010=100)

国 家	Country	2005	2014	2015	2016	2017	2018
孟加拉国	Bangladesh	69.2	136.1	144.6	152.5	161.2	170.2
文 莱	Brunei Darussalam	95.5	100.4	100.0	99.3	99.1	99.3
柬埔寨	Cambodia	67.8	116.1	117.5	121.1	124.6	
印 度	India	66.0	140.4	148.6	155.9	159.8	167.6
印度尼西亚	Indonesia	68.7	124.4	132.3	137.0	142.2	146.7
伊 朗	Iran	49.4	248.1	282.1	306.5	337.1	
以色列	Israel	87.8	107.4	106.7	106.1	106.4	107.2
日 本	Japan	100.4	102.8	103.6	103.5	104.0	105.0
韩 国	Korea, Rep.	86.2	109.1	109.8	110.9	113.1	114.7
老 挝	Laos	78.5	124.2	125.8	127.8	128.9	131.5
马来西亚	Malaysia	87.8	110.5	112.8	115.1	119.6	120.7
蒙 古	Mongolia	57.3	153.7	163.8	165.5	172.2	183.9
缅 甸	Myanmar	44.5	118.1	129.3	138.3	144.6	154.5
巴基斯坦	Pakistan	55.3	141.7	145.3	150.8	156.9	164.9
菲律宾	Philippines	78.7	114.7	115.4	116.9	120.2	126.5
新加坡	Singapore	88.0	113.8	113.2	112.6	113.3	113.8
斯里兰卡	Sri Lanka	58.3	126.6	131.4	136.6	147.1	150.2
泰 国	Thailand	86.6	111.3	110.3	110.6	111.3	112.5
埃 及	Egypt	57.8	142.1	156.8	178.5	231.1	
尼日利亚	Nigeria	61.9	145.8	158.9	183.9	214.2	240.1
南 非	South Africa	74.3	124.6	130.3	138.9	146.1	152.6
加拿大	Canada	91.9	107.5	108.7	110.2	112.0	114.5
墨西哥	Mexico	80.5	116.2	119.4	122.8	130.2	136.6
美 国	United States	89.6	108.6	108.7	110.1	112.4	115.2
巴 西	Brazil	79.5	126.9	138.4	150.5	155.7	161.4
捷 克	Czech Rep.	87.0	107.1	107.5	108.2	110.9	113.3
法 国	France	92.8	105.5	105.6	105.8	106.9	108.8
德 国	Germany	92.5	106.7	107.2	107.7	109.4	111.2
意大利	Italy	91.0	107.5	107.5	107.4	108.7	110.0
荷 兰	Netherlands	92.7	108.5	109.2	109.5	111.0	112.9
波 兰	Poland	86.9	109.1	108.1	107.4	109.6	111.6
俄罗斯	Russia	61.4	131.2	151.5	162.2	168.2	173.0
西班牙	Spain	89.0	107.0	106.5	106.3	108.4	110.2
土耳其	Turkey	65.9	135.7	146.1	157.4	175.0	203.5
乌克兰	Ukraine	51.2	121.4	180.5	205.6	235.3	261.1
英 国	United Kingdom	88.1	110.6	111.0	112.1	114.9	117.6
澳大利亚	Australia	91.4	109.7	110.7	111.7	114.0	116.3
新西兰	New Zealand	87.0	107.6	107.9	108.6	110.7	112.4

资料来源：国际货币基金组织IFS数据库。
Source:IFS Database,IMF.

二、香港特别行政区人口和就业统计数据

II.Population and Employment Data of Hong Kong Special Administrative Region

6-10 人口主要指标
Main Indicators of Population

项　目	Item	2014	2015	2016	2017	2018
年中人口　(万人)	Mid-year Population (10 000 persons)	723.0	729.1	733.7	739.2	745.1
粗出生率　(‰)	Crude Birth Rate　(‰)	8.6	8.2	8.3	7.7	7.2
粗死亡率　(‰)	Crude Death Rate　(‰)	6.2	6.3	6.4	6.3	6.3#
婴儿死亡率　(‰)	Infant Mortality Rate　(‰)	1.7	1.4	1.8	1.7	1.5#
自然增长率　(‰)	Rate of Natural Increase　(‰)	2.4	1.9	1.9	1.3	0.9#
总和生育率①	Total Fertility Rate①	1235	1196	1205	1125	1072
登记结婚数　(对)	Registered Marriages　(couple)	56454	51609	50008	51817	49331
登记离婚数　(对)	Divorce Decrees　(couple)	20019	20075	17196	19394	20321
出生时平均预期寿命 (年)	Expectation of Life at Birth (years)					
男	Male	81.2	81.4	81.3	81.9	82.2#
女	Female	86.9	87.3	87.3	87.6	87.6#

注：“#”表示临时数字。
①不包括女性外籍家庭佣工。每千名女性的活产婴儿数目。
Notes: “#” indicates provisional figure.
①Excluding female foreign domestic helpers. Refers to live births per 1000 women.

6-11 劳动人口及失业状况
Labour Force and Unemployment

项　目	Item	2014	2015	2016	2017	2018
劳动人口数目(万人)	Labour Force　(10 000 persons)	387.1	390.3	392.0	394.7	397.9
男	Male	199.0	199.7	199.6	199.4	200.7
女	Female	188.1	190.6	192.4	195.2	197.2
劳动人口参与率 (%)	Labour Force Participation Rate　(%)	61.1	61.1	61.1	61.1	61.2
就业人口　(万人)	Employed Persons　(10 000 persons)	374.3	377.4	378.7	382.3	386.7
失业人口　(万人)	Unemployed Persons (10 000 persons)	12.8	12.9	13.3	12.3	11.2
失业率　(%)	Unemployment Rate　(%)	3.3	3.3	3.4	3.1	2.8

注：数字是根据该年1月至12月进行的“综合住户统计调查”结果，以及年中人口估计数字而编制。
Note: Figures are compiled based on data collected in the General Household Survey from January to December of the year concerned as well as mid-year population estimates.

6-12 按行业划分的就业人数
Employed Persons by Industry

单位：万人 (10000 persons)

行　业	Industry	2014	2015	2016	2017	2018
制造	Manufacturing	13.0	11.3	11.8	11.1	10.3
建筑	Construction	31.0	31.7	32.8	34.2	35.2
进出口贸易及批发	Import/Export Trade and Wholesale	50.2	48.0	46.5	45.0	44.3
零售、住宿①及膳食服务②	Retail, Accommodation① and Food Services②	63.3	62.5	62.0	63.8	63.1
运输、仓库、邮政及速递	Transportation, Storage, Postal and Courier	44.6	45.5	45.0	45.3	45.1
服务、资讯及通讯	Services, Information and Communications					
金融、保险、地产、专业及商用服务	Financing, Insurance, Real Estate, Professional and Business Services	73.3	75.0	76.2	77.9	79.4
公共行政、社会及个人服务	Public Administration, Social and Personal Services	96.7	100.8	101.8	102.9	107.0
其它	Others	2.3	2.5	2.6	2.1	2.4
总计	**Total**	**374.3**	**377.4**	**378.7**	**382.3**	**386.7**

注：数字是根据该年1月至12月进行的“综合住户统计调查”结果，以及年中人口估计数字而编制。
① 住宿服务包括酒店、宾馆、旅舍及其他提供短期住宿服务的机构单位。
② 零售、住宿及膳食服务业合计通常被称为「与消费及旅游相关行业」。

Notes: Figures are compiled based on data collected in the General Household Survey from January to December of the year concerned as well as mid-year population estimates.
① Accommodation services cover hotels, guesthouses, boarding houses and other establishments providing short term accommodation.
② The retail, accommodation and food services industries as a whole is generally referred to as the consumption- and tourism-related segment.

6-13 按每月就业收入划分的就业人数
Employed Persons by Monthly Employment Earnings

单位：万人，另有注明除外 (10 000 persons, unless otherwise specified)

每月就业收入(港元)	Monthly Employment Earnings (HKD)	2014	2015	2016	2017	2018
< 3000	< 3000	11.5	10.8	10.2	9.7	9.4
3000 - 3999	3000 - 3999	17.4	7.2	4.6	4.3	4.3
4000 - 4999	4000 - 4999	19.2	29.6	32.7	32.7	33.4
5000 - 5999	5000 - 5999	5.8	6.0	6.3	6.6	6.8
6000 - 6999	6000 - 6999	6.9	6.4	6.0	5.5	5.3
7000 - 7999	7000 - 7999	11.6	8.8	6.9	5.9	5.5
8000 - 8999	8000 - 8999	18.1	14.8	12.5	9.9	8.5
9000 - 9999	9000 - 9999	22.3	19.0	15.2	12.5	10.9
10000 - 11999	10000 - 11999	39.2	37.4	34.0	29.2	25.8
12000 - 13999	12000 - 13999	38.9	39.4	39.5	39.1	36.6
14000 - 15999	14000 - 15999	33.9	34.9	35.8	37.5	34.6
16000 - 17999	16000 - 17999	16.1	17.2	19.0	21.0	23.7
18000 - 19999	18000 - 19999	13.7	14.3	15.5	17.5	19.5
20000 - 24999	20000 - 24999	33.8	36.8	38.5	40.8	45.3
25000 - 29999	25000 - 29999	18.0	20.0	21.1	23.0	23.8
30000 - 34999	30000 - 34999	17.9	19.6	20.4	21.4	22.6
35000 - 39999	35000 - 39999	9.3	10.3	11.0	12.1	12.7
40000 - 44999	40000 - 44999	8.3	9.0	9.7	10.1	11.0
45000 - 49999	45000 - 49999	5.7	6.4	6.9	7.0	8.0
50000 - 59999	50000 - 59999	9.8	10.0	11.1	12.2	12.7
60000 - 79999	60000 - 79999	7.7	8.9	10.0	11.4	11.7
80000 - 99999	80000 - 99999	3.4	3.9	4.5	4.7	5.3
≧ 100000	≧ 100000	5.9	6.9	7.4	8.4	9.5
总 计	Total	374.3	377.4	378.7	382.3	386.7
每月就业收入中位数(港元)	**Median Monthly Employment Earnings (HKD)**	**13400**	**14500**	**15000**	**15500**	**16500**

注：数字是根据该年1月至12月进行的“综合住户统计调查”结果，以及年中人口估计数字而编制。

Note: Figures are compiled based on data collected in the General Household Survey from January to December of the year concerned as well as mid-year population estimates.

6-14 按行业划分督导级(不包括经理级与专业雇员)及以下雇员的工资指数 Wage Indices for Employees up to Supervisory Level (Managerial and Professional Employees Are Not Included) by Industry

(1992年9月 = 100) (September 1992 = 100)

行业主类	Industry Section	2014	2015	2016	2017	2018
名义工资指数	**Nominal Wage Index**					
制造	Manufacturing	191.1	199.1	206.8	214.8	223.4
进出口贸易、批发及零售	Import/Export, Wholesale and Retail Trades	204.7	210.5	216.3	222.8	229.5
运输	Transportation	181.7	189.1	195.3	200.8	212.7
住宿及餐饮服务活动①	Accommodation and Food Service Activities①	176.8	186.2	195.1	204.2	214.0
金融及保险活动	Financial and Insurance Activities	215.4	222.8	230.0	238.2	247.3
地产租赁及保养管理	Real Estate Leasing and Maintenance Management	223.6	231.7	239.9	250.8	261.4
专业及商业服务	Professional and Business Services	221.3	236.8	247.5	258.8	269.8
个人服务	Personal Services	271.9	287.8	301.9	313.9	326.1
所有选定行业②	All Selected Industries②	203.3	211.9	219.6	227.9	237.3
实际工资指数③	**Real Wage Index③**					
制造	Manufacturing	108.8	110.5	113.6	116.1	117.2
进出口贸易、批发及零售	Import/Export, Wholesale and Retail Trades	116.6	116.9	118.8	120.4	120.4
运输	Transportation	103.5	105.0	107.3	108.5	111.6
住宿及餐饮服务活动①	Accommodation and Food Service Activities①	100.7	103.4	107.2	110.4	112.2
金融及保险活动	Financial and Insurance Activities	122.7	123.7	126.3	128.7	129.7
地产租赁及保养管理	Real Estate Leasing and Maintenance Management	127.3	128.7	131.8	135.6	137.1
专业及商业服务	Professional and Business Services	126.0	131.5	135.9	139.9	141.5
个人服务	Personal Services	154.8	159.8	165.8	169.6	171.1
所有选定行业②	All Selected Industries②	115.8	117.7	120.7	123.2	124.5

注：指有关年度12月份的数字。

①住宿服务包括酒店、宾馆、旅舍及其他提供短期住宿服务的机构单位。

②指“劳工收入统计调查”内工资统计调查所涵盖的所有行业，包括并没有列出其统计数字的电力及燃气供应业、污水处理及废弃物管理业与出版活动业。

③实际工资指数是按其名义指数扣除以2014/15年为基期的甲类消费价格指数而计算出来。

Notes : Figures refer to December of the year.

①Accommodation services cover hotels, guesthouses, boarding houses and other establishments providing short term accommodation.

②Figures refer to all industries covered by the wage enquiry of the Labour Earnings Survey, including the electricity and gas supply industry, sewerage and waste management activities industry and publishing activities industry, the statistics of which are not separately shown.

③The Real Wage Index is derived by deflating the corresponding nominal index by the 2014/15-based Consumer Price Index (A).

6-15 消费价格指数（2014年10月-2015年9月=100）
Consumer Price Indices (Oct. 2014 - Sep. 2015=100)

项　目	Item	权数 Weight	2014	2015	2016	2017	2018
综合消费价格指数	**Composite Consumer Price Index**						
总指数	**All Items**	**100.00**	**97.7**	**100.6**	**103.0**	**104.5**	**107.0**
食品	Food	27.29	97.2	101.0	104.4	106.7	110.2
外出用膳	Meals Bought away from Home	17.74	96.9	101.0	104.3	107.2	110.2
食品(不包括外出用膳)	Food(Excluding Meals Bought away from Home)	9.55	97.7	100.9	104.5	105.7	110.2
住屋①	Housing①	34.29	96.0	101.0	104.7	106.8	109.5
私人房屋租金	Private Housing Rent	29.92	96.6	101.1	104.5	106.4	108.8
公营房屋租金	Public Housing Rent	1.94	90.2	100.0	107.2	110.5	115.0
电力、燃气及水	Electricity, Gas and Water	2.67	92.0	99.7	100.8	99.1	104.0
烟酒	Alcoholic Drinks and Tobacco	0.54	98.9	100.2	101.8	102.4	103.8
衣履	Clothing and Footwear	3.21	101.4	99.6	96.2	95.8	97.4
耐用物品	Durable Goods	4.65	104.4	98.5	93.3	90.3	88.4
杂项物品	Miscellaneous Goods	3.56	99.3	100.1	101.7	103.0	104.4
交通	Transport	7.98	100.3	99.9	101.5	103.8	105.4
杂项服务②	Miscellaneous Services②	15.81	99.2	100.3	102.6	103.5	105.7
教育服务	Educational Services	3.91	97.3	100.9	104.8	105.3	103.6
资讯及通讯服务	Information and Communications Services	2.33	100.0	99.5	99.8	98.5	94.8
医疗服务	Medical Services	2.60	97.5	101.0	106.0	110.5	114.7
甲类消费价格指数	**Consumer Price Index (A)**						
总指数	**All Items**	**100.00**	**96.8**	**100.6**	**103.5**	**105.1**	**107.9**
食品	Food	34.37	97.3	101.0	104.6	106.7	110.3
外出用膳	Meals Bought away from Home	20.99	96.9	101.0	104.5	107.5	110.7
食品(不包括外出用膳)	Food(Excluding Meals Bought away from Home)	13.38	97.7	100.9	104.7	105.5	109.8
住屋①	Housing①	33.77	94.9	101.0	105.2	107.6	110.9
私人房屋租金	Private Housing Rent	26.51	96.2	101.2	104.8	106.8	109.8
公营房屋租金	Public Housing Rent	5.44	90.2	100.0	107.2	110.5	115.0
电力、燃气及水	Electricity, Gas and Water	3.85	90.2	99.9	101.4	100.5	105.8
烟酒	Alcoholic Drinks and Tobacco	0.75	98.8	100.2	102.3	103.4	104.9
衣履	Clothing and Footwear	2.57	100.8	99.5	95.6	95.1	96.6
耐用物品	Durable Goods	3.41	104.3	98.5	93.3	89.9	88.1

注：2014年10月起的消费价格指数是根据2014/15年住户开支统计调查所得的开支权数编制。较早的指数则是根据旧的开支权数而经过按比例换算与新基期的指数拼接。

①除“私人房屋租金”及“公营房屋租金”外，“住屋”类别还包括“管理费及其他住屋杂费”和“保养住所材料”。而丙类消费价格指数中的“住屋”类别并不包括“公营房屋租金”。

②“杂项服务”类别包括“教育服务”、“资讯及通讯服务”、“医疗服务”及其他杂项服务。

Notes: The CPIs from October 2014 onwards are compiled based on expenditure weights obtained from the 2014/15 Household Expenditure Survey. The CPIs for earlier periods are compiled based on old weights and have been re-scaled to the new base period for linking with the new index series.

①Apart from "Private Housing Rent" and "Public Housing Rent", the "Housing" section also includes "Management Fees and Other Housing Charges" and "Materials for House Maintenance". For CPI(C), the "Housing" section does not include "Public Housing Rent".

②"Miscellaneous Services" section includes "Educational Services", "Information and Communications Services", "Medical Services" and other miscellaneous services.

6-15 续表 continued

项 目	Item	权 数 Weight	2014	2015	2016	2017	2018
杂项物品	Miscellaneous Goods	3.28	99.0	100.2	101.8	103.8	105.6
交通	Transport	6.75	99.2	100.2	101.7	103.1	104.4
杂项服务②	Miscellaneous Services②	11.25	99.0	100.1	102.2	102.7	104.0
教育服务	Educational Services	2.89	97.4	100.7	103.7	103.6	101.4
资讯及通讯服务	Information and Communications Services	3.13	100.0	99.4	99.6	98.6	94.9
医疗服务	Medical Services	1.90	97.4	101.0	106.0	110.6	115.2
乙类消费价格指数	**Consumer Price Index (B)**						
总指数	**All Items**	**100.00**	**97.8**	**100.6**	**102.9**	**104.3**	**106.7**
食品	Food	26.26	97.2	101.0	104.4	106.6	110.1
外出用膳	Meals Bought away from Home	17.88	96.9	101.0	104.3	107.1	110.2
食品(不包括外出用膳)	Food(Excluding Meals Bought away from Home)	8.38	97.7	100.9	104.6	105.7	110.0
住屋①	Housing①	35.24	96.4	101.1	104.8	106.8	109.4
私人房屋租金	Private Housing Rent	32.15	96.5	101.1	104.7	106.5	108.9
公营房屋租金	Public Housing Rent	0.49	90.1	100.0	107.3	110.5	115.0
电力、燃气及水	Electricity, Gas and Water	2.38	93.0	99.6	100.4	98.4	103.0
烟酒	Alcoholic Drinks and Tobacco	0.57	98.9	100.3	101.2	101.4	102.5
衣履	Clothing and Footwear	3.26	100.5	99.5	95.6	95.2	96.7
耐用物品	Durable Goods	5.03	104.5	98.5	92.8	89.7	87.7
杂项物品	Miscellaneous Goods	3.64	99.5	100.1	101.5	102.6	103.7
交通	Transport	7.60	100.2	99.9	101.6	104.0	105.5
杂项服务②	Miscellaneous Services②	16.02	99.3	100.2	102.4	103.1	105.2
教育服务	Educational Services	4.03	97.5	100.9	104.6	105.0	102.9
资讯及通讯服务	Information and Communications Services	2.23	100.0	99.5	99.8	98.5	94.7
医疗服务	Medical Services	2.70	97.2	101.0	106.2	110.2	114.3
丙类消费价格指数	**Consumer Price Index (C)**						
总指数	**All Items**	**100.00**	**98.4**	**100.5**	**102.6**	**104.2**	**106.5**
食品	Food	20.85	96.9	100.9	104.0	106.5	110.2
外出用膳	Meals Bought away from Home	13.98	96.6	101.0	103.9	106.6	109.5
食品(不包括外出用膳)	Food(Excluding Meals Bought away from Home)	6.87	97.5	100.9	104.2	106.3	111.7
住屋①	Housing①	33.60	97.0	100.9	104.1	106.1	108.1
私人房屋租金	Private Housing Rent	30.72	97.1	100.9	104.0	105.8	107.6
电力、燃气及水	Electricity, Gas and Water	1.76	94.9	99.6	100.1	97.1	101.3
烟酒	Alcoholic Drinks and Tobacco	0.26	99.4	100.4	101.0	101.2	103.0
衣履	Clothing and Footwear	3.88	102.8	99.8	97.5	97.2	98.7
耐用物品	Durable Goods	5.53	104.4	98.5	93.7	91.2	89.5
杂项物品	Miscellaneous Goods	3.77	99.3	100.1	101.7	102.9	104.1
交通	Transport	9.84	101.2	99.8	101.2	104.1	106.0
杂项服务②	Miscellaneous Services②	20.51	99.2	100.5	103.1	104.4	107.2
教育服务	Educational Services	4.91	97.0	101.1	105.5	106.8	105.7
资讯及通讯服务	Information and Communications Services	1.57	100.0	99.5	100.0	98.6	95.1
医疗服务	Medical Services	3.24	97.8	100.9	105.7	110.6	114.8

三、澳门特别行政区人口和就业统计数据

III.Population and Employment Data of Macao Special Administrative Region

6-16 人口主要指标 Main Demographic Indicator

项目		Item		2014	2015	2016	2017	2018
年中人口	(万人)	Mid-year Population	(10 000 persons)	62.2	64.3	65.3	64.8	65.9
出生率	(‰)	Crude Birth Rate	(‰)	11.8	11.0	11.0	10.1	9.0
死亡率	(‰)	Crude Death Rate	(‰)	3.1	3.1	3.4	3.3	3.1
婴儿死亡率	(‰)	Infant Mortality Rate	(‰)	2.0	1.6	1.7	2.3	3.4
自然增长率	(‰)	Natural Growth Rate	(‰)	8.7	7.9	7.5	6.8	5.9
总和生育率		Total Fertility Rate		1.2	1.1	1.1	1.0	0.9
登记结婚	(宗)	Registered Marriages	(case)	4085	3719	3891	3883	3842
离婚	(宗)	Registered Divorces	(case)	1308	1168	1245	1479	1544
项目		Item		2011-2014	2012-2015	2013-2016	2014-2017	2015-2018
出生时平均预期寿命(岁)		Life Expectancy at Birth	(years)	82.9	83.2	83.3	83.4	83.7
男		Male		79.6	79.9	80.2	80.3	80.6
女		Female		86.0	86.3	86.4	86.4	86.6

6-17 经济活动人口及失业状况 Labour Force and Unemployment

项目		Item		2014	2015	2016	2017	2018
劳动人口	(万人)	Labour Force	(10 000 persons)	39.5	40.4	39.7	38.7	39.2
男		Male		20.7	21.3	20.6	19.3	19.2
女		Female		18.7	19.1	19.1	19.4	20.1
就业人口	(万人)	Employed Population	(10 000 persons)	38.8	39.7	39.0	38.0	38.5
失业人口	(万人)	Unemployed Population	(10 000 persons)	0.7	0.7	0.8	0.8	0.7
失业率	(%)	Unemployment Rate	(%)	1.7	1.8	1.9	2.0	1.8

6-18 按行业划分的就业人口
Employed Population by Industry

单位：万人 (10 000 persons)

行业	Industry	2014	2015	2016	2017	2018
总数	**Total**	**38.81**	**39.65**	**38.97**	**37.98**	**38.54**
制造业	Manufacturing	0.74	0.69	0.79	0.65	0.64
水电及气体生产供应业	Electricity, Gas & Water Supply	0.11	0.12	0.12	0.11	0.11
建筑业	Construction	5.25	5.48	4.44	3.27	3.11
批发及零售业	Wholesale & Retail Trades	4.52	4.50	4.41	4.58	4.37
酒店及饮食业	Hotels, Restaurants & Similar Activities	5.48	5.50	5.72	5.46	5.61
运输、仓储及通信业	Transport, Storage & Communications	1.92	1.75	1.93	1.91	1.92
金融业	Financial Intermediation	1.07	1.08	1.04	1.13	1.08
不动产及工商服务业	Real Estate & Business Activities	3.04	2.98	3.04	3.02	3.19
公共行政及社保事务	Public Administration & Social Security	2.55	2.94	2.83	2.87	2.98
教育	Education	1.48	1.66	1.59	1.70	1.75
医疗卫生及社会福利	Health & Social Welfare	1.01	1.13	1.21	1.29	1.24
文娱博彩及其他服务业	Recreational, Cultural, Gaming & Other Services	9.40	9.42	9.27	9.23	9.64
家务工作	Domestic Work	2.19	2.36	2.53	2.68	2.85
其他及不详	Others and Unknown	0.07	0.05	0.05	0.06	0.06

6-19 按行业划分的月工作收入中位数
Median Monthly Employment Earnings by Industry

单位：澳门元 (MOP)

行业	Industry	2014	2015	2016	2017	2018
总数	**Total**	**13300**	**15000**	**15000**	**15000**	**16000**
制造业	Manufacturing	9000	10300	11300	12000	11500
水电及气体生产供应业	Electricity, Gas & Water Supply	21000	26000	23000	29000	30000
建筑业	Construction	13000	13000	15000	15000	15000
批发及零售业	Wholesale & Retail Trade	10000	12000	12000	13000	13000
酒店及饮食业	Hotels, Restaurants & Similar Activities	10000	10000	10000	10000	11000
运输、仓储及通信业	Transport, Storage & Communications	13000	14000	14000	15300	16000
金融业	Financial Intermediation	17000	18000	20000	20000	20000
不动产及工商服务业	Real Estate & Business Activities	9500	9500	10000	10000	10000
公共行政及社保事务	Public Administration & Social Security	30000	34800	35000	37400	39500
教育	Education	20000	22000	22000	25000	25000
医疗卫生及社会福利	Health & Social Welfare	16000	20000	20500	21000	24000
文娱博彩及其他服务业	Recreational, Cultural, Gaming & Other Services	17000	18000	19000	19000	20000
家务工作	Domestic Work	3500	3800	4000	4000	4000

6-20 消费物价指数
Consumer Price Index

2013年10月至2014年9月=100 (10/2013-09/2014=100)

项　目	Items	权数 Weight	2014	2015	2016	2017	2018
综合消费价格指数	**Composite Consumer Price Index**						
总指数	**Global Index**	**100.00**	**101.11**	**105.72**	**108.23**	**109.56**	**112.85**
食品及非酒精饮料	Food and Non-alcoholic Beverages	28.97	101.16	106.09	109.14	110.82	113.88
烟酒	Alcoholic Beverages and Tobacco	0.92	100.56	117.99	143.62	147.93	147.80
服装、鞋	Clothing and Footwear	6.46	100.55	100.47	98.13	99.13	105.64
住房及燃料	Housing and Fuels	26.70	101.95	110.17	110.85	109.98	112.33
家居设备及用品	Household Goods and Furnishings	3.29	100.53	105.56	108.24	110.55	113.62
医疗	Health	3.06	101.03	106.75	111.17	116.08	121.66
交通	Transport	10.96	100.75	101.58	108.68	112.76	118.76
通讯	Communications	2.53	99.76	99.50	98.61	94.00	86.03
康乐及文化	Recreation and Culture	4.79	100.98	102.21	102.74	104.01	106.66
教育	Education	2.91	98.51	103.33	112.00	119.08	124.75
其他商品及服务	Miscellaneous Goods and Services	9.41	100.72	103.13	104.19	105.75	109.35
甲类消费价格指数	**Consumer Price Index (A)**						
总指数	**Global Index**	**100.00**	**100.99**	**105.92**	**108.35**	**109.66**	**112.97**
食品及非酒精饮料	Food and Non-alcoholic Beverages	29.62	101.13	106.08	109.16	110.82	113.89
烟酒	Alcoholic Beverages and Tobacco	0.90	100.46	119.46	147.27	151.89	151.98
服装、鞋	Clothing and Footwear	6.43	100.44	100.49	98.04	99.07	105.57
住房及燃料	Housing and Fuels	27.76	102.03	110.19	110.84	109.96	112.32
家居设备及用品	Household Goods and Furnishings	3.26	100.45	105.55	108.20	110.46	113.53
医疗	Health	3.02	100.93	106.77	111.23	116.30	121.97
交通	Transport	9.75	100.72	101.76	108.64	112.89	119.50
通讯	Communications	2.63	99.74	99.51	98.62	94.01	86.17
康乐及文化	Recreation and Culture	4.73	100.74	102.09	102.58	103.89	106.54
教育	Education	2.99	98.43	103.24	111.68	118.62	124.16
其他商品及服务	Miscellaneous Goods and Services	8.91	100.59	103.85	105.03	106.78	110.46
乙类消费价格指数	**Consumer Price Index (B)**						
总指数	**Global Index**	**100.00**	**100.42**	**104.10**	**107.20**	**108.73**	**111.87**
食品及非酒精饮料	Food and Non-alcoholic Beverages	23.51	101.19	106.19	109.01	110.79	113.75
烟酒	Alcoholic Beverages and Tobacco	1.05	101.41	107.40	117.33	119.38	117.75
服装、鞋	Clothing and Footwear	6.69	100.45	100.35	98.82	99.61	106.22
住房及燃料	Housing and Fuels	17.84	101.83	109.98	110.96	110.15	112.49
家居设备及用品	Household Goods and Furnishings	3.54	100.53	105.60	108.60	111.24	114.27
医疗	Health	3.45	101.13	106.63	110.69	114.42	119.18
交通	Transport	21.05	100.67	100.88	108.87	112.25	115.92
通讯	Communications	1.71	99.74	99.35	98.44	93.90	84.28
康乐及文化	Recreation and Culture	5.28	101.35	103.13	104.11	105.12	107.65
教育	Education	2.20	98.25	104.32	115.67	124.41	131.45
其他商品及服务	Miscellaneous Goods and Services	13.67	99.44	99.28	99.63	100.21	103.39

四、台湾省人口和就业统计数据

IV.Population and Employment Data of Taiwan Province

6-21 面积和人口主要指标
Main Indicators of Area and Population

项 目	Item	2014	2015	2016	2017	2018
土地面积（万平方公里）	Area (10 000 sq.km)	3.6	3.6	3.6	3.6	3.6
户籍登记人口数（万人）	Year-end Population (10 000 persons)	2343.4	2349.2	2354.0	2357.1	2358.9
男	Male	1169.8	1171.2	1171.9	1172.0	1171.3
女	Female	1173.6	1178.0	1182.1	1185.2	1187.6
粗出生率 (‰)	Crude Birth Rate (‰)	8.99	9.10	8.86	8.23	7.70
粗死亡率 (‰)	Crude Death Rate (‰)	7.00	6.98	7.33	7.27	7.33
人口自然增长率 (‰)	Natural Population Growth Rate (‰)	1.98	2.12	1.53	0.96	0.37
一般生育率 (‰)	Fertility Rate (‰)	34	35	34	33	31
结婚率 (对/千人)	Marriage Rate (couple/1000 persons)	6.38	6.58	6.29	5.86	5.74
离婚率 (对/千人)	Divorce Rate (couple/1000 persons)	2.27	2.28	2.29	2.31	2.31
期望寿命 (岁)	Life Expectancy at Birth (years)					
男	Male	76.72	77.01	76.81	77.28	
女	Female	83.19	83.62	83.42	83.70	
人口的年龄分布 (%)	Age-specific Distribution (%)					
0-14岁	0-14	13.99	13.57	13.35	13.12	12.92
15-64岁	15-64	74.03	73.92	73.46	73.02	72.52
65岁及以上	65 and Over	11.99	12.51	13.20	13.86	14.56
性别比 (女=100)	Sex Ratio (female=100)	99.68	99.42	99.14	98.89	98.63
人口密度(人/平方公里)	Population Density (persons/sq.km)	647.5	649.0	650.3	651.2	651.7

资源来源：台湾省统计网站（以下各表同）。
Source: Taiwan Province Statistics Website. The same applies in the following tables.

6-22 劳动力和就业状况
Labour Force and Employment

项　目	Item	2014	2015	2016	2017	2018
劳动力总计　(万人)	Labour Force　(10 000 persons)	1153.5	1163.8	1172.7	1179.5	1187.4
男	Male	644.1	649.7	654.1	656.8	660.2
女	Female	509.4	514.1	518.6	522.7	527.2
就业人数　(万人)	Employment　(10 000 persons)	1107.9	1119.8	1126.7	1135.2	1143.4
男	Male	616.6	623.4	626.7	630.5	634.6
女	Female	491.3	496.4	500.0	504.7	508.9
就业者行业构成　(%)	Distribution of Employment by Industry(%)	100.0	100.0	100.0	100.0	100.0
农、林、渔、牧业	Agriculture, Forestry, Fishery and Animal Husbandry	4.9	5.0	4.9	4.9	4.9
工业	Industry	36.1	36.0	35.9	35.8	35.7
矿业及土石采取业	Mining and Quarrying	0.04	0.04	0.04	0.04	0.03
制造业	Manufacturing	27.1	27.0	26.9	26.8	26.8
电力及燃气供应业	Electricity, Gas	0.3	0.3	0.3	0.3	0.3
用水供应及污染整治业	Water Supply and Pollution Management	0.7	0.7	0.7	0.7	0.7
建筑业	Construction	8.0	8.0	8.0	7.9	7.9
服务业	Services	58.9	59.0	59.2	59.3	59.4
批发及零售业	Wholesale and Retail Trades	16.5	16.4	16.4	16.5	16.6
运输及仓储业	Transport, Storage, Communications	3.9	3.9	3.9	3.9	3.9
金融及保险业	Finance, Insurance	3.8	3.8	3.8	3.8	3.8
咨讯及通讯传播	Information and Communication	2.2	2.2	2.2	2.2	2.3
住宿及餐饮业	Hotels and Restaurants	7.1	7.3	7.3	7.3	7.3
教育服务业	Education	5.8	5.8	5.8	5.7	5.7
公共行政	Public Administration	3.4	3.3	3.3	3.3	3.2
失业人数　(万人)	Unemployment　(10 000 persons)	45.7	44.0	46.0	44.3	44.0
失业率　(%)	Unemployment Rate　(%)	4.0	3.8	3.9	3.8	3.7

6-23 居民消费价格分类指数
Consumer Price Indices

2016年=100 (2016=100)

年份 Year	总指数 General Index	食品 Food	服装 Clothing	居住 Housing	交通&通讯 Transportation & Communications	医药保健 Medicines and Medical Care	教育娱乐 Education and Entertainment	杂项 Miscellaneous
2009	92.9	81.8	92.6	97.2	103.3	94.0	98.5	91.0
2010	93.8	82.4	94.1	97.6	106.2	94.6	98.5	93.4
2011	95.2	84.2	96.8	98.5	107.7	96.5	99.0	94.5
2012	97.0	87.7	99.3	99.6	108.2	97.2	99.7	96.6
2013	97.8	88.8	99.1	100.5	108.7	98.2	100.0	97.1
2014	98.9	92.2	100.4	101.4	107.4	98.9	99.9	98.4
2015	98.6	95.0	99.8	100.2	101.1	99.1	99.9	98.6
2016	100.0	100.0	100.0	100.0	100.0	100.0	100.0	100.0
2017	100.6	99.6	99.8	100.9	101.8	101.7	100.3	101.9
2018	102.0	100.6	100.1	101.8	104.1	102.8	100.5	106.7

第七部分

Chapter Seven

2018 年人口变动情况抽样调查和全国月度劳动力调查制度说明及主要指标解释

Explanatory Notes on Main Statistical Indicators

人口变动情况抽样调查制度

（2018年统计年报）

一、总 说 明

(一) 调查目的

为了准确、及时地掌握全国和各省（自治区、直辖市）人口发展变化情况，为国家和省级人民政府掌握人口增长情况、制定国民经济和社会发展计划提供可靠的人口数据，根据国办发[1992]57号文件的要求，进行2018年人口变动情况抽样调查。

(二) 调查对象和登记原则

本次调查对象为抽中调查小区内具有中华人民共和国国籍的人。调查以户为单位进行，既调查家庭户，也调查集体户。应在抽中调查小区内各户登记的人包括：①2018年10月31日晚居住在本户的人；②户口在本户，2018年10月31日晚未居住在本户的人。

抽中调查小区内2017年11月1日至2018年10月31日死亡的人口也要登记相关项目。

(三) 调查项目

1.按户填报的项目有：

户编号、户别、应在本户登记的人数、本户2017年11月1日至2018年10月31日出生人口、本户2017年11月1日至2018年10月31日死亡人口、住宅类型、住房来源共7个项目。

2.按人填报的项目有：

居民身份证号码、姓名、与户主关系、性别、出生年月、母亲姓名编号、民族、调查时点居住地、户口登记地、在本市居住时间、离开户口登记地时间、离开户口登记地原因、土地承包权、一年前常住地、一年前常住地类型、是否识字、受教育程度、学业完成情况、上周工作情况、行业、职业、婚姻状况共22个项目。已婚育龄妇女填报的2017年11月1日至2018年10月31日生育情况、夫妇为独生子女情况、存活子女数、是否打算生育下一个孩子、打算生育下一个孩子的时间、不打算生育下一个孩子的原因、理想子女数等共8个项目。

死亡人口填报的项目有户编号、姓名、性别、出生年月、死亡月份、身份证号码。

《2018年人口调查村、居委会（社区）基本情况表》

填报项目有常住人口数、户籍人口数、外来人口、外出人口、出生人口、死亡人口、家庭户人数、集体户人数、是否有集体宿舍集中区域、农林牧渔从业人员占从业人员比例、主要饮用水来源、市政排水情况、生活垃圾处理系统共13个项目。

（四）调查标准时间

本次调查的标准时间为2018年11月1日0时。

（五）抽样方法

以全国为总体，各省（自治区、直辖市）为子总体，按照多阶段、分层、整群、概率比例的方法进行抽样设计，在2015年调查样本中，按50%比例轮换的要求选取本次调查的样本，调查小区为最终样本单位。全国约调查5000个调查小区。

调查的调查小区样本由国家统计局统一抽取下发。

（六）调查的组织实施

1. 组织领导。本次调查在当地政府的领导下，以统计机构为主组织实施，并在基层组织的协助下，选派调查员到抽中的调查小区，进行入户登记。各级统计机构要积极争取有关部门的支持和配合，确保调查数据质量。

2. 调查指导员、调查员的选聘、培训与管理。调查指导员、调查员的选聘工作由县级统计机构负责。调查指导员、调查员主要从政府统计系统和基层组织人员中选调，也可从社会招聘，应尽可能保持调查员队伍的稳定。各级统计机构要加强对调查员的培训，应尽可能减少培训层次，以提高培训效果。各级统计机构要加强对调查员工作的监督检查。

3. 调查的宣传工作。为使调查工作顺利进行，各级统计机构和调查工作人员要向调查样本点所在地政府领导做好宣传工作，讲明抽样调查的意义，特别要讲清抽样调查数据对本地、县、乡、村没有代表性，不作为考核本地、县、乡、村人口情况和政绩的依据；要做好对被调查户的宣传工作，使他们解除思想顾虑，如实申报调查资料。

4. 调查摸底、登记与复查工作。调查采用调查员手持PDA摸底和入户填报的登记方式为主，调查员要按照要求，对所负责调查小区开展调查摸底工作，在此基础上，进行入户登记工作。数据采集完毕后，要采取议查和个别访问的方法认真进行复查。

（七）质量控制

为了保证人口变动调查的质量，各级统计机构应对调查各阶段进行质量控制。质量控制工作由各级统计机构组织开展，采用检查、督导、验收等方式进行。

（八）事后质量抽查

事后质量抽查工作由省级统计机构统一组织，对抽中的调查小区进行入户调查登记，开展数据采集工作。比对和汇总工作由国家统计局人口和就业统计司负责。

(九)数据处理与资料管理

1. 数据采集和汇总程序由国家统计局数管中心负责统一编制并下发。

2. 各省（自治区、直辖市）统计局人口就业处要在规定的时间内，做好调查数据的报送工作。调查原始数据通过PDA进行数据采集后直接上报。社区表通过平台录入，2018年11月20日前完成录入上报工作。PDA和上网卡由各省统筹配备。

3. 全国数据由国家统计局人口和就业统计司负责汇总，各省（自治区、直辖市）的数据要按照国家统计局统一的部署和安排进行汇总。调查数据需经国家统计局审定后方可使用。

4. 报送推算的主要数据。各省（自治区、直辖市）对2018年年底本地常住人口总量；出生率、死亡率；

城镇人口比重；0-14岁、15-64岁、65岁及以上；0-15岁、16-59岁和60岁及以上两种三个年龄段的常住人口数做初步推算，于2018年12月20日前将初步测算结果及测算方法的简要说明通过电子邮件或传真的方式报送国家统计局人口和就业统计司专项调查处。

（十）调查工作要求

1. 为了保证全国调查数据的范围、分类和计算方法的统一性，各地区必须严格执行调查制度的规定。遇到特殊情况要向上级有关部门请示，不得按照个人的理解擅自处理。

2. 各省（自治区、直辖市）要制定详细的各级职责分工，明确工作责任，并于2018年10月15日前报国家统计局人口和就业司。

3. 调查员要对其所负责的调查小区的数据质量负责，如果发现调查数据有不实的情况，必须返工重做。

4. 调查员、调查指导员以及各级统计机构及其工作人员都要按照《统计法》的规定，对调查结果、特别是被调查户的情况保守秘密，不得向调查机构以外的任何单位和个人泄漏。

5. 各省（自治区、直辖市）统计局人口就业处要在2019年3月1日前，将本次调查的工作总结报国家统计局人口和就业统计司。

二、调查表式

（一）2018 年人口变动情况抽样调查表

根据《**中华人民共和国统计法**》的规定，公民有义务提供国家统计调查所需要的情况；我们对您提供的信息负有保密义务。

表　　号：R 1 0 1 表
制表机关：国 家 统 计 局
文　　号：国统字[2018] 116 号
有效期至：2 0 1 9 年 6 月

本户基本情况

户地址：

________县（市、区）______乡（镇、街道）_______村（居）委会_______调查小区______门牌号

<table>
<tr><th>H1. 户编号</th><th>H2. 户别</th><th colspan="2">H3. 应在本户登记的人数</th></tr>
<tr><td>□□□</td><td>1. 家庭户
2. 集体户
□</td><td>2018 年 10 月 31 日晚居住在本户的人数：
_____ 人
□□</td><td>户口在本户，2018 年 10 月 31 日晚未居住在本户的人数：
_____ 人
□□</td></tr>
<tr><th colspan="2">H4. 本户 2017 年 11 月 1 日至 2018 年 10 月 31 日出生人口</th><th colspan="2">H5. 本户 2017 年 11 月 1 日至 2018 年 10 月 31 日死亡人口</th></tr>
<tr><td colspan="2">男 ____ 人 女 ____ 人
□ □</td><td colspan="2">男 ____ 人 女 ____ 人
□ □</td></tr>
<tr><th colspan="2">H6. 住宅类型</th><th colspan="2">H7. 住房来源</th></tr>
<tr><td colspan="2">1. 普通住宅
2. 集体宿舍和工棚 } R1
3. 工作地住宿 }
4. 无住宅
□</td><td colspan="2">1. 购买新建商品房
2. 购买二手房
3. 购买原公有住房
4. 购买经济适用房、两限房
5. 自建住房
6. 租赁廉租房、公租房
7. 租赁其他住房
8. 其他
□</td></tr>
</table>

本户人口情况

本户第1人

每个人都填报

R0. 居民身份证号码：

R1. 姓名	R2. 与户主关系	R3. 性别	R4. 出生年月	R40. 母亲姓名编号	R5. 民族	R6. 调查时点居住地
	0. 户主 1. 配偶 2. 子女 3. 父母 4. 岳父母或公婆 5. 祖父母 6. 媳婿 7. 孙子女 8. 兄弟姐妹 9. 其他	1. 男 2. 女	______年 ______月	（2003 年 10 月后出生者填报） 如果母亲在本户登记，请填写母亲编号__________ 如果母亲不在本户，则填 00	____族	1. 本调查小区 2. 本乡（镇、街道）其他调查小区 3. 本县（市、区）其他乡（镇、街道） 4. 其他县（市、区）： ______省(区、市) ______市(地) ______县(市、区)

R7. 户口登记地	R8. 在本市居住时间	R9. 离开户口登记地时间	R10. 离开户口登记地原因	R11. 土地承包权
1. 本村（居）委会→R9 2. 其他地区： ______省(区、市) ______市(地) ______县(市、区) ______乡（镇、街道） ______村（居）委会 3. 户口待定→R12	1. 不满半年 2. 半年及以上 __________年 跨地（市）或直辖市人口填报	1. 没有离开户口登记地→R11 2. 半年以下 3. 半年及以上 __________年	0. 务工经商 1. 工作就业 2. 学习培训 3. 随同迁移 4. 房屋拆迁 5. 改善住房 6. 寄挂户口 7. 婚姻嫁娶 8. 为子女上学 9. 其他	1. 有 2. 无

2017 年 11 月前出生者填报		2015 年 11 月前出生者填报		
R12. 一年前常住地	**R13. 一年前常住地类型**	**R14. 是否识字**	**R15. 受教育程度**	**R16. 学业完成情况**
1. 本村（居）委会→R14 2. 其他地区 ______省(区、市) ______市(地) ______县(市、区) ______乡（镇、街道） ______村（居）委会→R14 若乡级及以下填写不清楚继续填报 R13 港澳台跳填 R14	1. 城区 2. 城乡结合区 3. 镇中心区 4. 镇乡结合区 5. 特殊区域 6. 乡中心区 7. 其他村（社区）	1. 是 2. 否	1. 未上过学→R17 2. 学前教育→R17 3. 小学 4. 初中 5. 普通高中 6. 中职 7. 大学专科 8. 大学本科 9. 研究生	1. 在校 2. 毕业 3. 肄业 4. 辍学 5. 其他

2003 年 11 月前出生者填报				1967 年 11 月至 2003 年 10 月出生的妇女填报	
R17. 上周工作情况	R18. 行业	R19. 职业	R20. 婚姻状况	R21. 2017 年 11 月 1 日至 2018 年 10 月 31 日生育情况	
1. 在工作 2. 在职休假、在职学习培训、临时停工或季节性歇业 3. 未做任何工作→R20	（填写行业分类代码） ________ 20 门类可选	（填写职业分类代码） ________ 7 大类可选	1. 未婚（结束） 2. 有配偶 3. 离婚（结束） 4. 丧偶（结束）	1. 未生育 2. 有生育 生育月份: ______月 婴儿性别: 1. 男 2. 女 属于第_____孩	（12 个月内生育两个以上孩子的第二个孩子的状况） 生育月份: _____月 婴儿性别: 1. 男 2. 女
□	□□	□	□	□□□□□	□□□

1967 年 11 月至 2003 年 10 月出生的妇女填报			
R22. 夫妇为独生子女情况	R23. 存活子女数	R24. . 是否打算生育下一个孩	R25. 如果政策允许，是否打算生育下一个孩子
1. 双独 2. 单独 3. 均非独生子女	1. 0 2. 1 个男孩 3. 1 个女孩 4. 2 个男孩 5. 2 个女孩 6. 1 男孩 1 女孩 7. 3 个及以上 （4—7）→ **R25**	1. 打算→**R26** 2. 不打算→**R27**	1. 打算 2. 不打算→**R27**
□	□	□	□

R26. 打算生育下一个孩子的时间	R27. 不打算生育下一个孩子的原因（可多选）	R28. 理想孩子数
1. 一年内 2. 两年内 3. 三年内 4. 三年以后 5. 未计划 （1—5）→ **R28**	1. 养育成本高，经济压力大 2. 孩子没人带，无精力和时间，生活压力大 3. 担心工作或发展受到影响 4. 年龄过大或身体状况欠佳，生育风险高或不能生育 5. 入托、入学、就医等公共服务不能满足需求，思想负担重 6. 长子（女）的意见 7. 希望生活更加轻松自由 8. 其他	1. 0 2. 1 个 3. 2 个 4. 3 个 5. 4 个及以上
□	□□□	□

（二）死亡人口调查表

（登记2017年11月1日至2018年10月31日死亡的人）

表　　号：R102表
制表机关：国家统计局
文　　号：国统字[2018]116号
有效期至：2019年6月

地址：＿＿＿＿县（市、区）＿＿＿＿乡（镇、街道）＿＿＿＿村（居）委会＿＿＿＿调查小区

S1.户编号	S2 .姓名	S3.性别	S4.出生年月	S5.死亡月份	S6.身份证号码
□□□	□□	1.男 2.女 □	＿＿年 ＿＿月 □□□□ □□□□	＿＿月	□□□□□□ □□□□□□ □□□□□□
□□□	□□	1.男 2.女 □	＿＿年 ＿＿月 □□□□ □□□□	＿＿月	□□□□□□ □□□□□□ □□□□□□
□□□	□□	1.男 2.女 □	＿＿年 ＿＿月 □□□□ □□□□	＿＿月	□□□□□□ □□□□□□ □□□□□□
□□□	□□	1.男 2.女 □	＿＿年 ＿＿月 □□□□ □□□□	＿＿月	□□□□□□ □□□□□□ □□□□□□
□□□	□□	1.男 2.女 □	＿＿年 ＿＿月 □□□□ □□□□	＿＿月	□□□□□□ □□□□□□ □□□□□□
□□□	□□	1.男 2.女 □	＿＿年 ＿＿月 □□□□ □□□□	＿＿月	□□□□□□ □□□□□□ □□□□□□

（三）2018年人口调查村、居委会（社区）基本情况表

表　　号：R 1 0 3 表
制表机关：国 家 统 计 局
文　　号：国统字[2018] 116号
有效期至：2 0 1 9 年 6 月

地址码：□□□□□□□□□□□□

地址：＿＿＿＿县（市、区）＿＿＿＿乡（镇、街道）＿＿＿＿村（居）委会

C1.常住人口数	C2.户籍人口数	
		其中：少数民族人口
＿＿＿＿人 □□□□□□	＿＿＿＿人 □□□□□□	＿＿＿＿人 □□□□□□

C3.离开户口登记地半年以上的外来人口		C4.外出半年以上人口	
	其中：跨省		其中：跨省
＿＿＿＿人 □□□□□□	＿＿＿＿人 □□□□□□	＿＿＿＿人 □□□□□□	＿＿＿＿人 □□□□□□

2017.11.1-2018.10.31		C7.家庭户人数
C5.出生人口	C6.死亡人口	
＿＿＿＿人 □□□	＿＿＿＿人 □□□	＿＿＿＿人 □□□□□□

C8.集体户人数	C9.是否有集体宿舍集中区域	
		集体宿舍人数占常住人口比例
＿＿＿＿人 □□□□□□	1.大学生集体宿舍 2.高中生集体宿舍 3.功能区员工集体宿舍 4.其他 5.无→C10 □	1.0-20% 2.20%-40% 3.40%-60% 4.60%及以上 □

C10.农林牧渔业从业人员占从业人员比例	C11.主要饮用水来源	C12.市政排水（生活污水）情况	C13.生活垃圾处理系统
1.0-30% 2.30%-50% 3.50%-70% 4.70%-90% 5.90%以上 □	1.经过市政净化设施统一处理的自来水 2.受保护的井水和泉水 3.不受保护的井水和泉水 4.江河湖泊水 5.其他 □	1.与市政联网的污水处理系统 2.社区自建的明（暗）沟排水（经处理） 3.社区自建的明（暗）沟排水（未经处理） 4.其他 □	1.运送到市政垃圾处理站或转运站 2.简单掩埋或焚烧处理 3.其他 □

村、居委会（社区）负责人：　　　　填表人：　　　　填报日期：2018 年　月　日

说明：1.C8集体户人数包括社区内集体居住在学校、工地、工厂、敬老院等的人口数。

2.本表由村、居委会（社区）工作人员填报。

三、填表说明

（一）调查表的组成

调查表表式分为三个部分：《2018 年人口变动情况抽样调查表》，调查本户基本情况、人口情况，简称为《调查表》；《死亡人口调查表》，调查本小区中死亡人口情况，简称《死亡表》；《2018 年人口调查村、居委会（社区）基本情况表》，调查社区的人口、基础设施等基本情况，简称《社区表》。

（二）标准时间

人口变动调查的标准时间为 2018 年 11 月 1 日 0 时。调查员在掌握调查标准时间时，应该注意：

1.2018 年 11 月 1 日 0 时以后出生的人不登记。

2.2018 年 11 月 1 日 0 时以后死亡的人仍要登记《调查表》。

（三）登记原则

应在本户登记的人，包括 2018 年 10 月 31 日晚居住在本户的人；户口在本户，2018 年 10 月 31 日晚未居住在本户的人。分为两种情况：一是 2018 年 10 月 31 日晚住在本户的人，不管其户口登记在何处，包括户口在本乡（镇、街道）的人口，也包括所有的外来人口；二是户口登记在本户，但 2018 年 10 月 31 日晚未住本户的人，无论其外出时间长短、外出原因如何，均调查登记。

2017 年 11 月 1 日至 2018 年 10 月 31 日期间的死亡人口要登记《死亡表》。

（四）调查表的填写方法

1.《调查表》和《死亡表》以户为单位进行登记，主要采用调查员手持 PDA 入户询问、现场填报的登记方式，《社区表》以村（委）居委会为单位进行登记，用钢笔或签字笔填写纸制表。

2.《调查表》填写顺序：先填写户记录，再逐人填写人记录，填写按人登记的项目时，表内第一人应填户主，然后填户主的配偶和其他亲属。

3.调查表每户最多可以填写 45 人。对于超过 45 人的大集体户，可酌情分成若干集体户填写。

4.有标准答案的项目，根据实际情况填报。调查时点居住地、户口登记地、一年前常住地、行业、职业等项目可根据行政区划地址列表和行职业列表栏进行选择。没有标准答案的项目，用文字或阿拉伯数字据情填写。填写文字的项目，包括您家现住房的详细地址、姓名。其中，姓名不能填写非汉字字符。

5.如果填写错误或发生逻辑关系异常，PDA 程序填报程序会给出审核提示。若为强制性审核错误，请根据提示信息对错误项目进行修改；若为确认性审核提示，可根据提示信息对异常项目进行确认，若情况属实，可忽略该条确认性审核提示。

（五）《调查表》指标解释

1.本户基本情况

按户填报的项目要求所有的户（家庭户和集体户）都填报。

H1.户编号：与《户主姓名底册》上的“户编号”自动关联，不可修改。

在登记时如果某一“户编号”位置上的户在摸底时标记为空户，经反复核实确认无人居住也无户口寄挂在上面的，只核实确认本户地址，不填报其他信息；经核实有人居住或有户口寄挂的户，在正式登记时，户类型更改为住户或全户外出户，并进行登记。摸底时有人居住或有户口寄挂的户，正式登记时，因为搬走或不是本小区的户等原因，没有人居住或户口寄挂的户，在 PDA 上标注为删除户。

摸底时遗漏的户，首先切换到摸底信息《户主姓名底册》页面，增加相应的户编号和摸底信息，审核后再到正式登记页面进行登记。同时，如果登记时发现某户中实际居住着两户，其中一户使用原来的“户编号”，另一户按摸底时遗漏户处理；居住三户或以上的，依此类推。在一个调查小区中，每一户都必须对应一个户编号，且只对应一个户编号。出租房屋的户，户口未迁走的，要按两户分别登记出租房屋的户和租赁房屋的户的人的情况。

H2.户别：按家庭户、集体户的类型选填。这里的“户别”与户口本上的“户别”无关。

家庭户：以家庭成员关系为主的人口，或者还有其他人口，居住一处共同生活的，作为一个家庭户。单身居住独自生活的也作为一个家庭户。

集体户：相互之间没有家庭成员关系，集体居住在机关、团体、学校、工厂、矿山、工地、农场、公司、商店、医院、托儿所、敬老院、寺院、教堂等单位内集体宿舍及其他住所共同生活的人口，作为集体户。从事各种流动作业、集体居住的人口，也作为集体户登记。

集体户以居住在同一房间的人作为一个集体户进行登记。

H3.应在本户登记的人数：包括 2018 年 10 月 31 日晚居住在本户的人；户口在本户，2018 年 10 月 31 日晚未居住在本户的人。

H4.本户 2017 年 11 月 1 日至 2018 年 10 月 31 日出生人口：填写本户在 2017 年 11 月 1 日至 2018 年 10 月 31 日出生人数。分别填写男、女的合计数。

特别注意不要漏掉出生时有某种生命现象（如在胎儿脱离母体时，有呼吸或心跳、脐带搏动、随意肌收缩等），不久即死亡的婴儿，要填写出生数。

H5.本户 2017 年 11 月 1 日至 2018 年 10 月 31 日死亡人口：填写本户在 2017 年 11 月 1 日至 2018 年 10 月 31 日死亡人数。分别填写男、女的合计数。

特别注意不要漏掉出生不久即死亡的婴儿，要填写死亡数。

H6.住宅类型：按居住的住宅类型选填。

普通住宅：指人工建造的，有墙、顶、门、窗等结构，具有独立入口，专门供人居住的房屋或场所。如公寓、四合院、筒子楼等传统意义上的住宅。

集体宿舍和工棚：指厂区内、工地上临时或永久搭建供雇工住宿用的住房。

工作地住宿：指餐馆、发廊、商铺、办公楼等可供人居住的工作场所。

无住宅：指在本调查小区内没有住房的户（如住在简易房中、桥下、公园里、车站内等）。

本题填报“普通住宅”以外答案的，不再填报“住房来源”项目，直接填报人记录。

H7.住房来源：指本户获取住房的几种情况，此项目设有六个标准答案。

购买新建商品房：指个人从房地产开发部门以市场价购买的房屋，享有对房屋的全部产权。

购买二手房：指购买那些进入房屋市场进行交易，第二次及以上进行产权登记的房屋，包括二手商品房、允许上市交易的已售公房、经济适用房。

购买原公有住房：指个人以成本价或优惠价购买的企事业单位原作为福利分配给本单位职工的住房，享有对房屋的全部产权或部分产权。

购买经济适用房、两限房：指购买政府为中低收入住房困难家庭所提供的保障性住房，包括经济适用房、两限房、安居工程住房和集资合作建设住房。

自建住房：指城镇或农村中个人自筹资金建造的住房，其产权属于个人所有。

租赁廉租房、公租房：指政府以租金补贴或实物配租的方式，向符合城镇居民最低生活保障标准且住房困难的家庭提供社会保障性质的住房。

租赁其他住房：指本户住房是向私人、单位或房地产开发部门租借，并按市场价格交纳房租的。

其他：不属于以上几种房屋产权性质的填报此项。

2.本户人口情况

每个人都填报的项目（R0-R11）

R0.居民身份证号码：填写 18 位身份证号码。无身份证号码的填写 18 位 0；无法填写身份证号码的填写 18 位 1。

R1.姓名：填写被登记人的正式姓名。未取名的填写“未取名”。

R2.与户主关系：指被登记人与本户户主的关系。调查员根据申报人的回答据情选填。申报人不是户主的，注意不要将该人与申报人的关系，当作与户主的关系。

本项目设有十个标准答案：

户主：按家庭日常生活习惯确定户主。

配偶：指户主的妻子或丈夫。

子女：指户主的子女。

父母：指户主的父母或继父母、养父母。

岳父母或公婆：指户主配偶的父母或继父母、养父母。

祖父母：指户主或配偶的祖父母、外祖父母、曾祖父母、外曾祖父母。

媳婿：指户主子女的配偶。

孙子女：指户主的孙子女、外孙子女、孙媳婿、外孙媳婿、重孙子女、重孙媳婿、重外孙子女、重外孙媳婿。

兄弟姐妹：指户主及其配偶的兄弟姐妹以及他们的配偶。

其他：指本户除以上九种人以外的成员。

家庭户的户主登记为第一人；如果户主的配偶也在本户登记，应登记为第二人，选填“配偶”；然后再登记该户的其他成员。如果户主没有配偶，或者户主配偶不在本户登记，第二人也可登记本户其他成员。

在登记集体户时，第一人登记为户主，本户其他成员与户主关系一律登记为其他。

R3.性别：指被登记人的性别。

R4.出生年月：指被登记人的出生年份和月份，在年月列表栏中选择。

出生年月按公历填写，只知道农历的，要换算成公历。按照一般的规律，农历的月份与公历的月份相差一个月左右，换算时农历的月份加 1 即可作为公历的月份，但要注意农历的 12 月应当是公历下一年的 1 月。

R40.母亲姓名编号：2003 年 10 月后出生者填报，即 15 周岁以下人口填报。如果母亲是本户调查对象，填写母亲编号（R1.姓名编号）；如果母亲不是本户的调查对象，则填写 00。

R5.民族：指被登记人的民族成份，在民族列表中选择。

外国人加入中国籍，其民族和我国的某一民族相同的，就填某一民族；没有相同民族的，按外国人加入中国籍填写，简填“入籍”。

R6.调查时点居住地：指被登记人在2018年10月31日晚居住在何处。

本调查小区：指调查标准时间前一晚居住在本调查小区的人。如果本户在本调查小区拥有一套以上的住房，可确定其中一处进行登记。

本乡(镇、街道)其他调查小区：指常住户口登记地在本调查小区，调查标准时间前一晚居住在本乡(镇、街道)其他调查小区的人。

本县（市、区）其他乡（镇、街道）：指常住户口登记地在本调查小区，调查标准时间前一晚居住在本县（市、区）的其他乡（镇、街道）的人。

其他县（市、区）：指常住户口登记地在本调查小区，调查标准时间前一晚居住在本县（市、区）以外其他地区的人。可在行政区划地址列表中选择具体居住地址。居住在港澳台或国外的，也应在地址列表中选择。

R7.户口登记地：指被登记人的常住户口登记地情况。

本村（居）委会：常住户口登记地在本村委会或居委会的人,包括原户口登记地在本户，现在国外工作或学习，暂无户口的人。选择本答案的，直接跳填R9

其他地区：户口登记地址需填报到村（居）委会一级，可在行政区划地址列表中选择。

户口待定：指在任何地方都没有登记常住户口的人。包括手持户口迁移证、出生证、退伍证、劳改释放证等情况的人。选择本答案的人直接跳填R12。

R8.在本市居住时间：指到调查标准时间为止，被登记人在本地（市）或直辖市的累计居住时间。

本市是指本地级市或直辖市的全部行政区域，包括区、县和县级市。若曾离开过本市半年以上，应从最近一次来本市的时间算起。

本项目仅要求设区地级市中的跨市外来人口或直辖市中的跨省外来人口填报。

半年及以上：在本地（市）居住半年及以上的人口，并填写实际居住时间，根据四舍五入的方式，半年以上不满一年的和一年以上不满一年半的，填写1年；其余时间依此类推。

R9.离开户口登记地时间：指到调查标准时间为止，被登记人离开户口登记地的时间。

没有离开户口登记地：指没有离开户口登记地的人。即户口登记地在本调查小区，调查标准时间前一晚居住在本调查小区的人。选填本答案的人直接跳填R11。

如果常年外出的人由于农忙或节假日等原因偶尔回家的，还应该从第一次离开户口登记地的时间开始计算。如果回家半年以上再外出的，按再外出的时间算起。

半年及以上：离开户口登记地半年以上的人口，并填写实际时间，时间计算方式同R8。

R10.离开户口登记地原因：指被登记人居住地与户口登记地不一致的原因。

凡具有两种以上原因的，按其主要的原因选择一个答案。被登记人有过多次迁移的，应填报其离开户口登记地时的原因，而不应填报到现住地的原因。

务工经商：指十五周岁及以上因从事各种劳务活动或商业贸易活动，离开户口登记地的人。

工作就业：指十五周岁及以上因工作招聘、调动、入伍等工作原因离开户口登记地的人。

学习培训：指六周岁及以上因考入各级各类学校或参加本地各单位举办的各种学习班、培训班，而离开户口登记地的人。

随同迁移：指随同家人离开户口登记地的人。

房屋拆迁：指因房屋拆迁、改造而离开户口登记地的人。

改善住房：指因改善住房条件及环境而离开户口登记地的人。

寄挂户口：指户口登记地与居住地不一致，但户口落在集体户或落在与其无直接亲戚关系的家庭户中的人，以及没有在户口登记地居住、只在户口登记地落户口的人。

婚姻嫁娶：指十五周岁及以上因结婚而离开户口登记地的人。

为子女就学：指为方便子女就学而离开户口登记地的人。

其他：指除上述以外的其他原因。

R11.土地承包权：指被登记人户口所在的家庭是否有农村土地承包权。

户口所在家庭应以被登记人的户口簿为准，单独一个户口簿的，按本人情况填报。拥有农村土地承包权是指被登记人户口登记地在农村地区或以前的农村地区，其本人或户口所在家庭曾经是农业户口，目前本人或户口所在家庭拥有农村土地承包权。

拥有农村土地承包权的人或家庭，目前可能实际经营承包地，也可能因各种原因不再经营承包地。以转包、转让、出租、入股、托管等方式出让了所承包土地经营权的也视为拥有农村土地承包权。

1周岁及以上（2017年11月以前出生）的人填报的项目（R12-R13）

R12.一年前常住地：指被登记人在调查标准时间的1年前，即2017年11月1日零时的常住地。

填报“其他地区”的，请填报具体地址。具体地址需填报到村（居）委会一级，可在行政区划地址列表中选择。一年前常住地地址必须填报到县级，不能填报到村级的，需要填报R13。一年前居住在我国大陆以外地方的，可在地址栏中选择“香港”、“澳门”、“台湾”或“国外”。

R13.一年前常住地类型：指被登记人一年前常住地类型。

城区：指市辖区和不设区市的下列地域：街道办事处所辖的居民委员会地域；与城市的公共设施、居住设施等完全连接的其他村级地域。

城乡结合区：指与城市的公共设施、居住设施等部分连接的村级地域。

镇中心区：指市辖区、不设区的市、县、自治县、旗、自治旗所辖城区以外的镇的下列区域：镇所辖的居民委员会地域；与镇的公共设施、居住设施等完全连接的其他村级地域。（一年前常住地为区和县级市以外的县级单位下辖的街道办事处所辖村（居）委会，也应视与政府所在地连接情况选填镇中心区、镇乡结合区或其他村）

镇乡结合区：指与镇的公共设施、居住设施等部分连接的村级地域。

特殊区域：指地处城区、镇中心区、镇乡结合区以外，不隶属乡级行政区域，且常住人口在3000人以上的工矿区、开发区、科研单位、大专院校、农场、林场和其他特殊区域等。

乡中心区：指乡、民族乡人民政府驻地的村民委员会地域和乡所辖居民委员会地域。

其他村（社区）：指农村村民居住和从事各种生产活动的区域，以及未划入城镇的农场、林场等区域。

3周岁及以上（2015年11月前出生）的人填报的项目（R14-R16）

R14.是否识字：指被登记人是否达到国家规定的脱盲标准（城市居民和乡、镇企业职工识字2000个，乡村居民识字1500个）。登记时可询问，日常生活中是否能读懂简单的书或书写简短的句子。如果能阅读通俗书报、能写便条就认为具有识字能力。

小学在校学生都选填“是”。

R15.受教育情况：指按照国家教育体制，被登记人接受教育的最高学历。通过自学或成人学历教育经国家统一考试合格的，分别归入相应的受教育情况。

在R14选填了“否”的人，只能选填本项目标准答案“未上过学”、“学前教育”或“小学”。

未上过学：指从未接受过国家或其他办学机构实施的各级各类学校教育。包括参加过各种扫盲班或成人识字班学习，且以后再没有接受过各级各类学校教育。

学前教育：指专门的学前教育机构所实施的教育，即托儿所、幼儿园的教育。

小学：指接受的最高一级教育为小学，无论其是否在校、毕业、肄业或辍学。

初中：指接受的最高一级教育为初中，无论其是否在校、毕业、肄业或辍学。相当于初中程度的技工学校，也选填此标准答案。

普通高中：指接受的最高一级教育为普通高中，无论其是否在校、毕业、肄业或辍学。

中职：指接受的最高一级教育为中等职业学校，包括职业高中、中等专业学校和技工学校，无论其是否在校、毕业、肄业或辍学。

大学专科：指接受的最高一级教育为大学专科。在普通高等学校学习大学专科的，无论其是否在校、毕业、肄业或辍学，均选填此标准答案。

凡在国家授权承认学历的广播电视大学、职工大学、高等院校举办的函授大学、夜大学和其他形式的大学，按教育部颁布的大学专科教学大纲进行授课的，其毕业生选填此标准答案；其肄业生、在校生按原有受教育程度选填。

通过自学，经国家统一举办的自学考试合格，并取得大学专科毕业证书的，也选填此标准答案。

大学本科：指接受的最高一级教育为大学本科。在普通高等学校学习大学本科的，无论其是否在校、毕业、肄业或辍学，均选填此标准答案。

凡在国家授权承认学历的广播电视大学、职工大学、高等院校举办的函授大学、夜大学和其他形式的大学，按教育部颁布的大学本科教学大纲进行授课的，其毕业生选填此标准答案；其肄业生、在校生按原有受教育程度选填。

通过自学和进修大学课程，经考试合格，并取得大学本科毕业证书的，也选填此标准答案。

研究生：指接受的最高一级教育为硕士、博士研究生，无论其是否在校、毕业、肄业或辍学，均选填此标准答案。

在职接受研究生教育的，其毕业生选填此标准答案；肄业生和在校生按原有受教育程度选填。

凡是没有按教育部的教学大纲培训或只学单科的人，不能填报“大学专科”、“大学本科”或“研究生”，一律按原有受教育程度填报。

填报选项“未上过学”的人，直接跳至R17。

R16.学业完成情况：具有小学以上受教育程度的人填报。

在校：正在接受各级各类学校教育并有学籍的人。

毕业：已修完全部课程，并经过考试鉴定合格者。

肄业：修完全部课程,但考试不及格或因种种原因未取得毕业资格的人。

辍学：指未能修完所规定的全部课程，中途退学的人。

其他：指私塾、自学等其他方式获得某种文化程度的人。

15周岁及以上（2003年11月以前出生）的人填报的项目（R17-R20）

R17.上周工作情况—指被登记人在10月25—31日期间，即调查标准时点前一周，是否为取得收入而工作了1小时以上。

这里所说的工作是指为获取工资、实物报酬或经营收入而实际从事的各种生产、经营和服务性活动。义务劳动和公益性劳动都不是以取得收入为目的的，所以不属于这里所说的工作。

为取得收入而工作，是强调工作的目的性。只要是目的在于取得收入的工作，无论实际是否取得了收入，都应属于这里所说的工作。

对于平时主要在家做家务，有时也从事一些临时性工作（如干农活、销售商品）的人，只要在10月25—31日期间，工作时间达到一个小时，就算进行了工作。

在工作：指在10月25—31日期间，为取得收入而做过固定的、临时的或兼职的工作，并且工作时间达到了一小时。有正式学籍的在校学生利用课余或假期以及正式办理离休、退休手续的人为取得收入而从事了工作，也填报此项。

家庭成员在自家经营的摊位、商店、门市部、工厂劳动，即使没有任何收入，也应视作为取得收入而工作。

在职休假、在职学习培训、临时停工或季节性歇业：

休假是指在10月25—31日期间，因各种原因休假未工作(包括正常的年休假、疗养假及空勤人员、船员、火车乘务人员的轮休假等)以及各种原因的请假未工作(包括病假、工伤假、产假、事假、婚丧假、探亲假等)。个人档案、人事关系已在某单位，但因各种原因本人尚未到新单位报到上班，如军人转业或工作调动等，可视为休假。

在职学习培训是指有工作单位，在10月25—31日期间正参加脱产学习或培训。

临时停工是指在10月25—31日期间，由于机械或电力故障、原料或燃料短缺、天气灾害或其他灾害等原因引起的暂时未工作。

季节性歇业指从事季节性工作，在10月25—31日期间，正值歇业。

承包土地的农民，如果从事农活或其他工作的时间超过一个小时，则填报“在工作”；如果外出打工，但在10月25—31日期间，未从事任何工作，则填报“未做任何工作”；如果在10月25—31日期间，没有外出打工，且未干任何农活或从事其他任何有收入的工作，则填报“在职休假、在职学习培训、临时停工或季节性歇业”。

未做任何工作：指没有工作单位，且在10月25—31日期间未从事过任何临时性工作的人，填报此项。对于未与原单位解除劳动关系，在原单位已无工作岗位的下岗、内退人员，在10月25—31日期间未从事任何工作的，也填报此项。填报此标准答案的人，直接跳至R20。

R18.行业：指被登记人在调查时点所从事的行业，如果同时从事两种或两种以上行业的，则按从业时间最长的为从事的主要行业；如果每种行业的从业时间大体相同，则按收入最多的行业为从事的主要行业。

调查员需要先请被调查者描述清楚其工作单位或他经营活动具体是什么，如描述单位或个人经营活动的主要产品，经营活动的服务项目或产业，然后进行选择归类。以二十个门类进行选填：

农、林、牧、渔业：包括农业、林业、畜牧业、渔业以及农、林、牧、渔服务业五大类。

采矿业：包括煤炭开采和洗选业、石油和天然气开采业、黑色金属矿采选业、有色金属矿采选业、非金属矿采选业、开采辅助活动、其他采矿业七大类。

制造业：包括农副食品加工业，食品制造业，酒、饮料和精制茶制造业，烟草制品业，纺织业，纺织服装、服饰业，皮革、毛皮、羽毛及其制品和制鞋业，木材加工和木、竹、藤、棕、草制品业，家具制造业，造纸和纸制品业，印刷和记录媒介复制业，文教、工美、体育和娱乐用品制造业，石油加工、炼焦和核燃料加工业，化学原料和化学制品制造业，医药制造业，化学纤维制造业，橡胶和塑料制品业，非金属矿物制品业，黑色金属冶炼和压延加工业，有色金属冶炼和压延加工业，金属制品业，通用设备制造业，专用设备制造业，汽车制造业，铁路、船舶、航空航天和其他运输设备制造业，电气机械和器材制造业，计算机、通信和其他电子设备制造业，仪器仪表制造业，其他制造业，废弃资源综合利用业，金属制品、机械和设备修理业三十一大类。

电力、热力、燃气及水生产和供应业：包括电力、热力生产和供应业，燃气生产和供应业，水的生产和供应业三大类。

建筑业：包括房屋建筑业、土木工程建筑业、建筑安装业、建筑装饰和其他建筑业四大类。

批发和零售业：包括批发业和零售业两大类。

交通运输、仓储和邮政业：包括铁路运输业、道路运输业、水上运输业、航空运输业、管道运输业、装卸搬运和运输代理业、仓储业、邮政业八大类。

住宿和餐饮业：包括住宿业和餐饮业两大类。

信息传输、软件和信息技术服务业：包括电信、广播电视和卫星传输服务、互联网和相关服务、软件和信息技术服务业四大类。

金融业：包括货币金融服务、资本市场服务、保险业和其他金融业四大类。

房地产业：包括房地产业大类。

租赁和商务服务业：包括租赁业和商务服务业两大类。

科学研究和技术服务业：包括研究和试验发展、专业技术服务业、科技推广和应用服务业三大类。

水利、环境和公共设施管理业：包括水利管理业、生态保护和环境治理业、公共设施管理业三大类。

居民服务、修理和其他服务业：包括居民服务业，机动车、电子产品和日用产品修理业，其他服务业三大类。

教育：包括教育大类。

卫生和社会工作：包括卫生和社会工作两大类。

文化、体育和娱乐业：包括新闻和出版业，广播、电视、电影和影视录音制作业，文化艺术业，体育，娱乐业五大类。

公共管理、社会保障和社会组织：包括中国共产党机关，国家机构，人民政协、民主党派，社会保障，群众团体、社会团体和其他成员组织，基层群众自治组织六大类。

国际组织：包括国际组织大类。

R19.职业：指被登记人在调查时点从事的职业类型。如果同时从事两种或两种以上工作的，则按从业时间最长的工作为从事的主要职业；如果每种工作的从业时间大体相同，则按收入最多的工作为从事的主要职业。

职业分成以下七类：

国家机关、党群组织、企业、事业单位负责人：指在中国共产党中央委员会和地方各级党组织、各级人民代表大会常务委员会、人民政协、人民法院、人民检察院、国家行政机关、各民主党派、工会、共青团、妇联等人民团体、群众自治组织和其他社团组织及其工作机构、企业、事业单位中担任领导职务并具有决策、管理权的人员。

专业技术人员：指专门从事各种科学研究和专业技术工作的人员。从事本类职业工作的人员，一般都要求接受过系统的专业教育，具备相应的专业理论知识，并且按规定的标准条件评聘专业技术职务，以及未聘任专业技术职务，但在专业技术岗位上工作的人员。包括科学研究人员、工程技术人员、农业技术人员、飞机和船舶技术人员、卫生专业技术人员、经济业务人员、法律工作人员、教学人员、文学艺术工作人员、体育工作人员、新闻出版、文化工作人员、宗教职业者等。

办事人员和有关人员：指在国家机关、党群组织、企业、事业单位中从事行政业务、行政事务工作的人员和从事安全保卫、消防、邮电等业务的人员。包括行政办事人员；政治、保卫工作人员；邮电工作人员；其他办事人员和有关人员；无专业职称也无大学或中专文化程度的经济管理专业人员也归此类。

商业、服务业人员：指从事商业、餐饮、旅游、娱乐、运输、医疗辅助服务及社会和居民生活等服务工作的人员。包括售货、采购、供销、收购等商业工作人员，以及服务员、售票员、幼儿保育员、厨师、导游员、生活日用品维修人员和其他服务性工作人员(如清理员、理发员、洗染织补人员等)。

农、林、牧、渔、水利业生产人员：指从事农业、林业、畜牧业、渔业及水利业生产、管理、产品初加工的人员。不包括如农业局等农、林、牧、渔、水利管理人员。

生产、运输设备操作人员及有关人员：指从事矿产勘查、开采，产品的生产制造、工程施工和运输设备操作的人员及有关人员。包括工段长及各种生产工人、设备操作工人、司机、船员、其他生产运输工人和有关人员。

不便分类的其他从业人员：指上述六类以外的人员。

R20.婚姻状况：指在调查标准时间的实际婚姻状况。

未婚：指从未结过婚的人。选填本答案的人，项目填报结束。

有配偶：指有配偶，处于婚姻中的人。

离婚：指已经离婚，到调查标准时间仍未再婚的人。选填本答案的人，项目填报结束。

丧偶：指配偶已去世，到调查标准时间仍未再婚的人。选填本答案的人，项目填报结束。

这里的婚姻是指事实婚姻，不是单指法律意义上的婚姻，对不到法定结婚年龄，或未办理结婚手续而实际结婚、同居的人，应根据其在调查标准时点的实际情况，依照申报人的申报填报。

15-50周岁（1967年11月至2003年10月出生）的已婚妇女填报的项目（R21-R28）

R21.过去一年（2017年11月1日至2018年10月31日期间）的生育情况：此项目登记调查标准时间前12个月以内15-50周岁已婚妇女是否有过生育。

填报“有生育”的，还要填写生育孩子的月份和所生孩子的性别。

如果一年内有两次生育或生育多胞胎的，请填报其他孩子的生育时间和性别。最多可以填报两个孩子，第三个及以上的孩子可忽略不计。

R22.夫妇为独生子女情况：本人与配偶是否为独生子女情况，据实填写。

双独：指夫妇双方均为独生子女。

单独：指夫妇双方中，其中一方为独生子女，另一方不是独生子女。

均非独生子女：指夫妇双方均不是独生子女。

R23.存活子女数：指被调查者活产子女中仍然存活的男孩和女孩数，包括与父母住在一起的孩子，也包括没有与父母住在一起的孩子。到调查标准时点已死亡的孩子不包括在内。无存活子女的填写“0”。存活子女数为2个及以上的妇女，跳填R25。

R24.是否打算生育下一个孩子：指被调查者是否打算生育第一个或第二个孩子，据情选填。选填“打算”的，跳填R26，选填“不打算”的，跳填R27。

R25.如果政策允许，是否打算生育下一个孩子：指被调查者是否打算生育第三个或更多个孩子，据情选填。选填“不打算”的，跳填R27。

R26.打算生育二孩的时间：据情选填。

R27.不打算生育下一个孩子的原因（可多选）：设有八个标准答案，根据原因主次，可顺序选三个。

R28.理想子女数：指在不考虑生育政策的情况下，被调查者认为生育几个孩子比较理想，据情选填。

（六）《死亡表》指标解释

凡在调查表户记录“H5.本户2017年11月1日至2018年10月31日死亡人口”登记了死亡人口的户，还要登记死亡人口的具体情况。

死亡表共有六个项目：

S1.户编号：与《调查表》一致，直接导入，不需要填报和修改。

S2.姓名：填写死亡人口的姓名。

S3.性别：填写死亡人口的性别。

S4.出生年月：填写死亡人口出生时的年份和月份。

S5.死亡月份：填写死亡人口死亡时的月份。

S6.身份证号码：填写死亡人口的身份证号码。

为了保证死亡人口的登记质量，调查员在入户登记时应该特别注意以下几点：

（1）登记死亡人口时，一般以死亡人口死亡前的常住地为其登记地，而不以死亡发生时的地点（如医院等）为登记地。

（2）本户人口中有死亡的，不论其与该户有无亲属关系，都应该作为该户的死亡人口予以登记。

（3）对于无法确定死亡人口常住地，或调查登记时与死亡人口的常住地联系不上的，如孤寡老人、流动人口死亡的，一律在死亡发生地登记。

（七）《社区表》指标解释

《社区表》由调查员或村（居）委会工作人员来填报；请根据日常行政管理掌握的情况填写，不需要专门调查。

C1.常住人口数：指户口在本村（居）委会，居住在本村（居）委会的人口，或者户口不在本村（居）

委会，居住在本村（居）委会半年以上的人口。用本村（居）委会户籍人口数，加上外来半年以上人口，减去外出半年以上人口数。

C2.户籍人口数： 填写常住户籍在本村（居）委会的人口数。

其中：少数民族人口，指本村户籍人口中的少数民族人口数。

C3.离开户口登记地半年以上的外来人口：指户口不在本村（居）委会，离开户口登记地半年以上，目前居住在本村（居）委会的人口数。

其中：跨省，是指户口登记地在外省，离开户口登记地半年以上，目前居住在本村（居）委会的人口数。

C4.外出半年以上人口：指本村（居）委会户籍人口中，现在居住在外村（居）委会，离开本村（居）委会半年以上的人口数。

其中：跨省是指离开本村（居）委会半年以上，且目前居住在省外的人口。

C5.出生人口：指本村（居）委会调查周期一年（2017.11.1-2018.10.31）内常住人口的出生人口；

C6.死亡人口：指本村（居）委会调查周期一年（2017.11.1-2018.10.31）内常住人口的死亡人口；

C7.家庭户人数：指本村（居）委会家庭户的常住人口人数。

C8.集体户人数：指本村（居）委会集体户的常住人口人数，此处集体户不是指户籍上的集体户，是指相互之间没有家庭成员关系，集体居住在机关、学校、工厂、工地、敬老院等集体宿舍及其他住所共同生活的人口。

C9.是否有集体宿舍集中区域：指村内是否有集体宿舍集中区，有大学、高中、功能区（含工业园区、产业集聚区、高新技术开发区、农业示范区、旅游度假区等）以及其他集体宿舍的选填相应选项。没有的填“无”，直接跳填 C10。

其中：集体宿舍人数占常住人口的比例，按本村内集体宿舍集中区域的人数占本村常住人口的比重进行选填。

C10.农林牧渔业从业人员占从业人员比例，设有五个标准答案，按本村（居）委会估计的从事农林牧渔业人员的比例进行选填。

C11.主要饮用水来源，设有五个标准答案。

1.经过市政净化设施统一处理的自来水：指通过自来水厂或集中净化设施进行净化和消毒、并符合国家饮用水标准的供人们生活的水。

2.受保护的井水和泉水：受保护的井水是指有井台和井盖保护，鸟粪及动物不能落入井中，溢水和来水不能流到或渗入井中；受保护的泉水是指泉水水眼的周围被水泥、砖头等建起的建筑物封闭保护起来，不会受到外来的污染，比如雨水形成的径流、鸟粪及动物等。

3.不受保护的井水和泉水：指井口或泉眼没有得到任何保护，水源可能受到外来的污染，比如雨水形成的径流、鸟粪及动物等。

4.江河湖泊水：指直接从江、河、湖、塘、溪、沟、渠（包括灌溉水渠）取水。

5.其他：指上述四种水源以外的饮用水。

C12.市政排水（生活污水）情况，设有四个标准答案。

1.与市政联网的污水处理系统：指收集、输送（生活）污水的排水系统，在实行污水、雨水分流制的情况下，污水由排水管道收集，送至污水处理后，排入水体或回收利用。

2.社区自建的明（暗）沟排水（经处理）：指有社区自建的排水系统，污水由排水管道收集并经处理后，排入水体或回收利用。

3.社区自建的明（暗）沟排水（未经处理）：指有社区自建的排水系统，污水由排水管道收集，但未经处理，直接排入水体。

4.其他：指除以上三种方式以外的其他污水处理方式。

C13.生活垃圾处理系统：指村内对居民生活垃圾的处理情况，设有三个标准答案。

1.运送到市政垃圾处理站或转运站：指村内的生活垃圾通过统一的收集和转运，由市政垃圾处理系统进行无害化处理。

2.简单掩埋或焚烧处理：指有垃圾收集功能，但收集后进行简单掩埋或焚烧处理。

3.其他：除以上两种情况外,有其他的垃圾处理方式。

四、样本信息的核实

调查小区样本由国家统计局依据2015年1%人口调查构建的抽样框进行抽取，各抽中调查小区地域范围原则上与2015年1%人口调查划定的调查小区地域范围保持一致。各地要对国家统计局下发的调查小区进行逐一核实，依据2015年1%人口调查划定的调查小区地域界线，明确本次调查的调查小区边界，判定建筑物的归属，并对相关区划的名称、代码、城乡属性等进行核实更新。

（一）样本信息的内容

1.字段NDI,地级单位的名称。

2.字段NXIAN,县级单位的名称。

3.字段NXIANG,乡级单位的名称。

4.字段NCUN,村级单位的名称。

5.字段NQU,小区单位的名称。

6.字段DZMCODE，村级单位的地址码，12位数字长度。

7.字段QCODE，调查小区编码，3位数字长度。

8.字段 SZX，城乡属性代码，2 位数字长度，第 1 位是乡级属性码，第 2 位是村级属性码。城乡属性代码的编制规则请参见国家统计局《统计用区划代码和城乡划分代码编制规则》。其中，乡级属性代码用 1 ~ 3 数字表示，1 表示县级政府驻地，2 表示连接的乡级区域，3 表示其他乡级区域。村级属性代码用 1 ~ 9 数字表示，1 表示乡级政府驻地，2 表示完全连接的村级地域，3 表示部分连接的村级地域，4 表示与其他区、市完全连接的村级地域，5 表示与其他区、市部分连接的村级地域，6 表示与其他镇完全连接的村级地域，7 表示与其他镇部分连接的村级地域，8 表示特殊地域，9 表示其他村级地域。

9.字段FLAG,样本轮换标识，1位数字长度，2018年为3和4。

（二）样本信息的核查规则

样本信息的核查包括两个方面，一是对样本区域的边界和边界内外建筑物归属的核查，二是对样本区域的名称、代码、城乡属性的核查。核查完毕后在样本信息填写模板上进行修改。

样本区域的边界和边界内外建筑物归属的核查具体要求如下：

1.2015年划定的村级单位和调查小区是样本核实的基础，要根据原划定地域界限范围和名称代码，对调查小区地块进行跟踪核实。

2.各地要收集抽中调查小区在2015年1%人口调查中的调查小区分布图和调查小区图，结合实地勘察，明确各调查小区边界范围，明确各调查小区建筑物的归属。

3.如果因调查小区拆迁等原因无法组织调查，需逐级上报，由国家统计局人口和就业统计司统一进行样本的调整，各地不得自行调换。调查小区的人口规模发生变化，属于正常现象，原则上不进行样本调换。

样本区域的名称、代码、城乡属性的核查具体要求如下：

1.如果调查小区的隶属关系或城乡属性有变化，则调查小区对应的地、县、乡、社区的汉字名称和地址代码或城乡属性要作相应的变化，否则不得更改原名称、代码及城乡属性。

2.村级及以上单位的名称、代码和城乡属性一般以本省（区、市）统计机构统一维护的城乡地域库相关内容为准。如相关内容发生变化，即将上报到城乡地域库中进行修改，则按即将上报的内容进行变更。城乡地域库中没有的村级单位，需要按城乡划分规则进行现场核实。

样本信息的变更和替换：

1.如果行政区划名称、代码或城乡属性有变动，须在下发的样本信息填写模版中标记变更，并填写修改后的样本信息。

2. 如果调查小区因拆迁或其他原因无法实施调查，须在样本信息填写模版中标注更换，由国家统计局人口和就业统计司确定拟更换样本后，在样本信息填写模版中填写拟更换的样本信息。

（三）关于样本信息核实其他事宜

1.国家统计局下发待核实样本信息的时间是2018年8月底。

2.样本信息的文件格式为EXECL，如需变更或替换，在EXCEL模板中进行。

3.各省、自治区、直辖市于2018年9月25日前将核实更新后的样本信息上报国家统计局。

4.国家统计局发布2018年调查样本信息的时间是2018年10月10日。

五、调查指导员和调查员的选聘、培训和管理规则

（一）调查指导员和调查员的选聘

调查指导员和调查员的选聘工作由县级政府统计机构负责。调查指导员和调查员可以从统计系统、村（居）民委员会干部、教师、大中专学生及离退休人员中选调，也可以从社会招聘。为保证调查质量，调查指导员和调查员应尽量由熟悉本地区情况的人员担任。要尽可能保持调查员的相对稳定。

调查指导员应先于调查员提前选聘，以便开展工作。

（二）调查指导员和调查员的配备数量

原则上每个调查小区配备两名调查员，一名调查指导员。为了保证按规定时间完成登记任务，水上、牧区、山区、边远地区可酌情增配调查员。调查员的配备要留有百分之五左右的预备数。

（三）调查指导员、调查员的条件要求

1.身体健康，能胜任工作；

2.具有初中及以上文化水平，经培训能够使用手持电子终端设备（PDA）；

3.具有较强的与人沟通能力，待人和气，作风正派，为群众所信任，能为被调查户保守秘密；

4.认真负责，工作细致，吃苦耐劳，能独立工作。

调查指导员除应具备以上条件，还要有一定的组织能力和社会工作经验，并熟悉当地情况。

（四）调查指导员、调查员的管理

各级统计机构要加强对调查指导员和调查员工作的管理，加强对调查过程的质量控制。要重点加强对调查登记工作的监督和检查。

（五）调查指导员、调查员的培训

调查指导员和调查员的培训应尽可能减少层次，以提高培训效果。

1.培训教员由省或地(市)级政府统计机构统一派出。教员必须事先接受过人口变动调查培训，并能胜任培训工作。

2.对调查员的培训时间应不少于两天。

3.培训以讲课为主，围绕调查指导员和调查员承担的工作任务，以及PDA操作和指标填写来进行。对调查表指标的解释必须符合调查表填写说明的规定。

4.参加培训的调查指导员和调查员都要经过实地练习，掌握使用《调查小区图》、使用PDA编制《户主姓名底册》、填写调查表等工作方法。

5.要加强对调查指导员和调查员的保密教育。

6.培训结束后要进行总结。总结整个培训工作中的收获以及今后要注意的问题。

7.调查指导员、调查员经过培训后，经测试合格，由培训机构发合格证书。不合格者不能上岗从事调查登记工作。

8.培训工作应于2018年10月15日前完成。

（六） 调查指导员的工作职责

调查指导员的主要任务是对调查员的工作进行组织、指导、检查和质量控制，保证《调查小区图》绘制、《户

主姓名底册》编制、登记复查、数据上报工作的按时完成，保证调查员的各项工作质量达到规定的标准。具体工作职责是：

1.登记前的工作：

（1）通过参加专门培训，认真学习《2018年全国人口变动情况抽样调查制度》，熟练掌握调查的各项工作技能。

（2）在培训调查员时，做好辅导工作。

（3）明确被抽中调查小区的地域范围，做到界限清楚。给调查员分配工作，明确其登记的调查小区范围。

（4）与调查员商定每天的工作日程、内容和要求。

（5）把各种调查用品分发给调查员，做好PDA的设备维护、软件安装与使用。

（6）对被抽中调查小区的户籍资料和相关的人口资料进行整理，并分发给调查员，作为编制《户主姓名底册》的参考。

（7）组织调查员进行调查摸底工作，检查《户主姓名底册》所包括的范围与《调查小区图》绘制的范围是否一致，有无遗漏。

（8）掌握被抽中调查小区的人口底数（特别是总人口、出生人口、死亡人口和外来人口），及时发现问题，并认真查明原因。

2.登记期间的工作：

（1）对调查员的工作进行巡回检查，具体指导，及时将上级调查机构的指示传达到每一位调查员，了解和掌握调查员每天的工作情况。

（2）对调查员提出的疑难问题加以解答，自己没有把握的问题要向上级请示后加以解决。

（3）督促调查员对每天登记完成且通过审核的调查表使用PDA及时上报并备份，以防数据丢失。

（4）掌握每个调查员每天的工作进度和工作质量，提出每天登记的要求及应注意的事项，对登记质量好、工作认真细致的调查员要进行鼓励，对工作上有困难的调查员要及时进行帮助。

（5）按照《登记复查规则》的规定，组织调查员进行复查。

（6）主动听取群众反映，改进调查登记工作。

3.复查期间的工作：

调查登记完成后，根据登记情况，组织调查员进行全面复查，并对调查员的复查工作质量进行抽查。

4.调查登记后的工作：

对完成上报数据后的PDA，应收回统一保管，防止PDA丢失后数据泄露。

5.严格遵守保密规定。对各户申报的情况，必须保守秘密。严禁公开个人和家庭的登记资料。

（七）调查员的工作职责

调查员的主要工作是做好所负责调查小区的调查摸底工作，进行入户调查，并准确、清晰地编制《户主姓名底册》、填写调查表，完成数据采集工作。具体工作职责是：

1.认真参加调查员培训，熟悉调查的目的、内容、方式等，理解调查表的内容，包括各项指标的含义及填报要求，掌握调查的各项工作技能。

2.调查登记前，认真做好摸底工作，包括熟悉调查小区边界和建筑物分布、绘制《调查小区图》、使用

PDA编制《户主姓名底册》、安排调查登记的时间和顺序；尽可能多收集相关部门的基础信息，如公安部门的户籍人口及流动人口资料、卫计部门的出生人口、民政部门的死亡人口等，及时比对核实；做好对群众的宣传工作。

3.调查入户时，主动出示调查员证，简单表明身份，说明来意，化解调查对象的疑虑；向调查对象承诺调查的资料绝对不会作为行政行为的依据，调查机构和调查人员对调查户的资料有保密义务，取得调查户的理解与配合。

4.调查登记期间，调查员应态度友善，表述清楚，适当解释，按照调查对象的标准和调查表填写说明的规定，使用PDA认真填写调查表，内容全面，做到不漏、不错、不重。自审检查调查表应询问项目是否已经完全登记，对简单数字项目可以进行当场复核，避免出错，发现问题要及时向调查指导员请示汇报，不得自作主张。收集完调查信息后，请调查对象签字，数据保存审核。

5.对每天登记完成且通过审核的调查表使用PDA及时上报并备份，以防数据丢失。

6.PDA不得安装与调查工作无关的软件，不得用于与调查无关的事项，以免影响PDA的正常使用。

7.及时对PDA进行充电，保证登记顺利进行；保管好PDA设备，若发生PDA设备的丢失或损坏，应立即报告调查指导员联系上级机构。

8.严格遵守保密规定。对各户申报的情况，必须保守秘密。严禁公开个人和家庭的登记资料。

六、调查摸底和调查小区图绘制规则

（一）摸底工作任务

摸底工作是调查登记顺利进行的重要保证。调查指导员、调查员要对抽中的调查小区进行全面扫描，逐户访查，参考户口薄册，掌握人口底数。在此基础上，先绘制《调查小区图》，然后编制《户主姓名底册》。

（二）摸底工作组织

摸底工作由调查指导员和调查员，在当地派出所和基层组织的协助下进行。摸底工作时间为2018年10月15日至10月31日。

（三）摸底工作要求

1.明确调查小区边界。各抽中调查小区的地域范围是依据2015年1%人口调查划定的调查小区地域范围为基础而定。结合实地勘察，了解所负责调查小区的地理环境、房屋建筑分布，明确调查小区地域边界。

进入调查区域后，调查指导员要带领调查员沿抽中的调查小区的边界实地走一遍，使调查员明确自己负责的区域范围。

2.熟悉调查小区内的环境。通过实地勘察，调查员要掌握所负责的调查小区内的居民住房和其它建筑物的数量和分布情况，特别要仔细查问调查小区内可能有人居住的地方，如宾馆、娱乐场所、简易房、工棚、农贸市场、车站、码头、桥洞等。

3.摸清调查小区内各种人口居住状况。在基层干部和群众积极分子的协助下，摸清每幢房屋和建筑物是否有人居住，住了多少户，多少人以及这些人的户口状况等。

（四）绘制《调查小区图》

《调查小区图》是指导工作、核查质量和验收的重要依据，还可以帮助调查员确定最佳的调查登记路线，同时也是调查员编制《户主姓名底册》和进行入户登记的基础资料。

1.县级统计机构组织有关力量制作并打印输出2015年1%人口调查的《调查小区分布图》和《调查小区图》，于调查摸底前下发至各被抽中的调查小区。

2.调查员在调查指导员的带领下，对调查小区进行实地考察，对照2015年1%人口调查的《调查小区图》，明确调查小区的界限范围，分清哪些建筑物属于本调查小区，哪些不属于本调查小区，根据实际情况修订《调查小区图》。

3.对于变化较大的小区，需重新绘制《调查小区图》。

4.绘图工作完成后，对照实际区域核实无误后，由调查员入户登记时携带使用。

5.《调查小区图》一式二份，一份报县级统计机构备案，一份留调查员入户登记时使用。

（五）编制《户主姓名底册》

1.《户主姓名底册》是调查员调查登记工作中的依据和参照。调查员要参照《调查小区图》，摸清小区内每幢房屋和建筑物是否有人居住，住了多少户、多少人等,通过PDA采集底册数据。

2.《户主姓名底册》的内容。主要包括：1.户编号、2.本户住址、3.户主姓名、4.摸底时居住在本户的人数、5. 居住在本户，户口在本小区人数、6. 居住在本户，户口不在本调查小区，离开户口登记地不满半年人数、7. 居住在本户，户口不在本调查小区，离开户口登记地半年以上人数、8. 居住在本户，户口登记地在省外，离开户口登记地半年以上人数、9.户口待定人数、10.户籍人口中离开本调查小区不满半年人数、11.户籍人口中离开本调查小区半年以上人数、12.2017年11月1日-2018年10月31日的出生人数、13.2017年11月1日-2018年10月31日的死亡人数、14.备注，备注栏中可以注明本户是否外来人口户、预约入户登记时间、联系电话等情况。

3.《户主姓名底册》编制方法。调查员要在基层干部和群众积极分子的协助下，参考《调查小区图》，入户摸清本调查小区每个住房单元内的人口居住情况，并将了解到的住户基本信息，通过PDA中的摸底程序，录入到PDA中，完成《户主姓名底册》的编制。

（1）调查员要按建筑物编号和建筑物内住房单元的编号顺序进行走访。

（2）每走访一个住房单元都要给出一个"户编号"，包括空房和暂时家中无人的住房单元。在同一住房单元内居住2户及以上的，要在这一住房单元地址后依次列出各户的情况，每户给出（生成）一个"户编号"。

（3）对有人居住的住房单元，调查员入户后询问住户基本情况，并将相关信息记录在PDA上。

（4）对无人居住的住房单元，经反复核实确认无人居住也无户口寄挂在上面的，在PDA上标注为空户（按空户键），该空户仍需填写本户住址。

（六）编制《户主姓名底册》要注意的事项

1.掌握本调查小区内人口的户籍状况。调查员要到当地户籍管理部门，对调查小区内居住的所有人的户口状况进行核对，要弄清楚户口在本调查小区，现在已离开本调查小区人口的去向和相关情况。

2.掌握本调查小区内特殊住户的情况。第一，对于居住在本调查小区，而行政隶属关系在其他村（居）民小组或企事业单位的人口，根据地域原则一律在本调查小区进行登记，摸底时不要遗漏。第二，对于户口不在本乡、镇、街道的外来人口，特别是对居无定所和居住地变动频繁的流动人口，要认真访查，并填写《户主姓名底册》的有关项目，不得遗漏。第三，对于户口在本调查小区，但由于拆迁、外出打工和上学、寄挂户口等原因全户未居住在本调查小区的户，要摸清情况，填写《户主姓名底册》的有关项目。

3.掌握本调查小区内的出生和死亡人口情况。调查员除了参考户籍资料，还应到当地有关部门了解情况。通过查看妇女怀孕登记簿、儿童计划免疫接种等有关记录，走访接生员、医生、老居民、村（居）委会干部等，切实掌握本调查小区内的出生、死亡人口情况。

4.幼儿园全托儿童、小学、初中住校学生一律视为在家居住，在家中进行登记。

5.《户主姓名底册》编制完毕后，调查员还要请基层干部和知情群众一起复议，检查是否有被遗漏的人和户，弄清楚本调查小区的摸底人数与户籍登记人数相差的原因，切实掌握调查底数。

6.为了提高工作效率，调查员进行调查登记时，可事先根据《调查小区图》和《户主姓名底册》，计划好每天登记的地段和调查行走路线，与住户预先约定好入户登记时间。

（七）宣传工作

采取多种形式向群众宣传,取得广大群众对人口抽样调查工作的支持和配合。要宣传如实申报调查项目是每个公民对国家应尽的义务；宣传为群众申报的调查内容保密，以消除群众如实申报的顾虑；通知各户调查登记的时间，做好申报准备。

《户主姓名底册》式样

地址：________县（市、区）________乡（镇、街道）________村（居）委会________调查小区

户编号	本户住址	户主姓名	摸底时居住在本户人数						本户户籍人口中		2017 年 11 月 1 日至 2018 年 10 月 31 日		备注
				户口在本调查小区人数	户口不在本调查小区，离开户口登记地不满半年人数	户口不在本调查小区，离开户口登记地半年以上人数	其中:户口登记地在省外人数	户口待定人数	离开本调查小区不满半年人数	离开本调查小区半年以上人数	出生人数	死亡人数	
1	2	3	4	5	6	7	8	9	10	11	12	13	14

说明：1. 备注栏中可以注明本户是否外来人口户、预约入户登记时间、联系电话等情况。

2. （4）=（5）+（6）+（7）+（9）。

七、登记、复查规则

（一）登记、复查工作的组织

人口变动调查的登记、复查工作，由县级统计机构或乡级统计人员组织调查指导员和调查员，在社区和村（居）委会的协助下进行。登记时间为11月1日至11月15日，复查时间为11月16日至11月20日。

（二）现场登记工作

1.登记以户为单位，主要采用调查员手持PDA入户询问、现场填报的方式进行。

2.调查员、调查指导员进行入户登记时应出示调查员证或调查指导员证。

调查员登记时，应先填写《2018年全国人口变动情况抽样调查表》。如果本户在2017年11月1日至2018年10月31日期间有死亡人口，还应填写《死亡人口调查表》。

3.调查员应对PDA中调查表中的各个项目进行询问，并根据申报人的回答填写调查表。填写完成后，调查员应将通过审核的信息，向申报人当面宣读，核对无误后保存数据。

4.调查员入户登记时，如有与PDA中户主姓名底册所列情况不一致的，应认真核查，据实登记。在入户登记时要注意：

(1)如发现该户经确认为空户，应在PDA中注明该户为“空户”；摸底时该户为“空户”，登记时经确认为正常户的，在PDA中更改户类型为“住户”后，再采集住户信息。

(2)如发现该户内还有其他住户，该户“户编号”保持不变；对于新发现的住户，首先切换到摸底调查，增加相应的户编号和模底信息，审核后再到正式调查页面进行登记。

（三）调查复查工作

1.调查登记工作结束后，调查指导员要及时组织调查员对登记工作质量进行全面复查。

2.复查的内容

对完成PDA登记的住户，调查员应结合行政记录资料，重点检查有无漏登户籍人口、出生人口和死亡人口，标注为“空户”的房屋是否有人居住。经核实无误后，及时报送PDA登记数据。

调查小区所有住户登记完成后，调查指导员应及时组织调查员对登记数据进行全面检查。首先，根据《调查小区图》和《户主姓名底册》，检查登记工作是否完整覆盖调查小区的地域范围；然后，通过比对行政记录资料和PDA统计的登记进度信息，核查调查小区的户数、人口数、出生人口、死亡人口是否准确。

复查时对以下情况进行重点核查：

(1)本调查小区地域范围内有无漏登住户的情况；

(2)户内有无漏登人的情况；

(3)出生后存活不久即死亡的婴儿是否有漏登现象；

(4)新生婴儿的出生时间是否有前移或错后的现象；

(5)计划外生育的出生人口是否有漏登现象；

(6)是否有到外地生小孩或以其他方式隐瞒出生人口的现象。

八、质量控制规则

（一）质量控制任务

1.控制、监督调查各阶段任务落实情况，梳理工作中存在的问题，收集、整理、分析工作质量情况。对带有共性的质量问题，及时向上一级统计机构汇报，防止出现系统性误差。

2.在调查摸底、调查登记复查阶段实行工作质量验收制度。对不符合质量验收标准的，验收时不予通过，由被验收单位返工后重新进行验收，直至达到规定质量验收标准方可转入下一环节工作。

（二）质量控制工作组织

人口变动调查的质量控制工作，由各级统计机构组织开展。地方各级统计机构对本地区人口变动调查工作质量全面负责，并对本级和下级调查业务工作质量负责。

（三）质量控制方法

人口变动调查的质量控制采用检查、督导和验收等方式进行，并根据检查、督导和验收情况填写各阶段质量控制表。

（四）各阶段质量控制

1.调查准备阶段，各级统计机构应全面检查各调查小区准备工作落实情况，填写“准备阶段质量控制表”（附件1）。“准备阶段质量控制表”一式两份，一份报上级统计机构，一份由本地留存。县级上报时间为10月15日；地级上报时间为10月17日；省级上报时间为10月19日。

（1）检查人员、经费、设备落实情况。在开展调查前，应将调查人员、经费、设备等保障性资源配置到位，确保统计调查顺利进行。

（2）检查调查样本信息核实情况。在开展样本信息核实时，对无法组织调查的调查小区进行实地检查，不得因调查难度大更换调查小区，不得因调查小区内人口增加过多而人为缩小调查规模。

（3）检查调查所需基础信息提供情况。各级调查机构应提前收集、整理公安、卫生计生等相关行政管理资料，并按照要求提供给调查员，作为调查登记的参考。

（4）检查人员培训情况。各级调查机构应采取多种形式，自上而下开展调查方案、软件操作和现场调查技巧等方面的业务培训，并要确保培训效果。

2.调查摸底、登记复查阶段，各级调查机构应通过规范管理、强化责任、现场核查等手段，加强对调查员工作进度、工作质量的监督检查，保证源头数据质量。

2.1 质量检查

2.1.1 摸底阶段

（1）检查调查员是否严格按照规定的调查小区界线范围开展工作。检查《调查小区图》范围与建筑，特别要检查调查小区的边界在《调查小区图》上是否有明确的标注，调查小区内的建筑物是否有遗漏。

（2）检查调查员是否对调查小区地域内的所有建筑物和调查户进行摸底，核对户主姓名底册中是否有建筑物和住户遗漏。

（3）核实空房情况。对照《户主姓名底册》，通过村（居）委会、邻居、物业或房管、户籍部门，了解确认空房是否为无人居住且无户口寄挂。

（4）应通过向户籍部门了解情况、召开熟悉当地情况居民的座谈会等各种形式，核对调查小区的户数、人数、一年中出生和死亡人数、外来人口和外出人口等情况，保证《户主姓名底册》各个项目的准确全面。向医疗卫生部门和接生人员了解一年中出生的活产婴儿（包括活产后不久即死亡的婴儿），向熟悉当地情况的居民了解“孤老户”的死亡及全户死亡的情况。

2.1.2登记复查阶段

（1）质量控制人员要深入调查小区，了解掌握调查员的登记进度，防止只求登记的数量而忽略登记质量的情况。要重点防止人口漏登和调查登记不入户、不认真询问照抄户口资料以及只登记本调查小区有户籍的人而对外来人口不登记等情况的发生。同时，要及时发现登记中出现的带有趋势性问题。

（2）要认真核实调查表的重点项目，包括2018年10月31日晚居住在本户人口；户口在本户，2018年10月31日晚未居住在本户的人口；本户2017年11月1日至2018年10月31日的出生人口和死亡人口，避免重登、漏登；有年龄要求的项目，认真核实是否应该填报。

（3）对《户主姓名底册》上注明的空房，实际查到有人居住或有户口寄挂的情况，应认真核实调查登记阶段是否认真进行了登记；对摸底时有人居住，登记时改为空房的户，应认真进行核查。

（4）检查调查小区登记人口是否大于或等于户籍人口，小于户籍人口的调查小区，要求调查员核实，据实登记。

（5）检查调查小区登记的人在户在人口比例是否符合实际，对于比例超过90%的小区开展全面检查，检查是否有外来人口或外出人口漏登；检查调查小区登记的待定人口登记的比例是否符合实际，对于比例过大的小区开展全面检查，检查是否有户口状况填写错误。

（6）县级以上调查机构要在数据处理平台上对现场调查进行监管，分析相关信息合理性及真实性。

2.2 质量验收

（1）质量验收工作由省级统计机构统一组织，地、县级统计机构实施。要在每个县随机抽取一个调查小区开展调查摸底、登记复查阶段的质量验收，并填写“登记阶段质量验收表”（附表2）。

（2）质量验收工作在调查员完成登记复查工作后，通过与日常管理及行政记录比较、议查、入户核实等方式进行。达到质量控制标准的，转入下一环节工作；未达到质量控制标准的，被验收的县级单位要全面检查本单位各调查小区登记情况，返工后重新进行验收，直至达到规定质量验收标准。

（3）质量验收内容：

对调查小区内的空户进行全面实地核查；

对调查登记的户籍人口数量与公安部门的户籍人数进行比对；

随机抽取调查小区内5户，进行入户核查。核查本户登记的总人口、出生人口、死亡人口登记的准确性。

（4）填写“现场登记阶段质量验收表”、“质量验收结果表” （附件2—3）。一式两份，一份报上级统计机构，一份由本地留存。县级上报时间为11月25日；地级上报时间为11月30日；省级上报时间为12月5日。

3.数据处理和数据评估阶段，省级统计机构应全面检查各地数据处理平台使用情况，检查是否按制度规定处理数据。国家统计局应检查各省是否按照统一的加权方法，对调查数据进行整理、加工、汇总，是否按要求评估、发布和使用数据。

（1）检查各地是否按制度规定处理数据，是否按照逻辑检查规则通过审核并完成数据上报。对发现的疑点和问题，认真分析原因，如属调查员填报错误，应及时退回调查员核实修正数据。

（2）各地要综合运用历史数据比较、横向数据比较、数据偏差分析、相关性分析等多种方法对各种综合数据进行准确评估。

（3）检查各地是否严格实行数据评估制度。国家统计局负责对国家和分省数据进行评估，省级统计机构负责对下一级地区数据进行评估和核实。

（4）检查是否按照国家要求发布数据。各级统计机构要依照《统计法》和其他相关规定，发布本级及分地区数据。在国家统计局发布全国性人口统计数据前，各级统计机构不得发布本地区或全国等相关数据；国家统计局发布全国性人口统计数据后，各地应尽快发布本地区经国家统计局核定的数据；重要数据应以国家统计局核定数据为准，不得发布和提供与国家统计局核定数据不一致或仅供内部参考使用的数据。

（四）质量控制工作纪律

严格人口抽样调查各阶段质量把关及工作纪律，任何工作人员不得篡改人口调查资料，不得指使调查员和申报人弄虚作假，违者将依法追究。

抽查人员对抽查结果的真实性负责。

附件 1：人口变动调查准备阶段质量控制表

附件2：人口变动调查现场登记阶段质量验收表

附件3：人口变动调查现场登记阶段质量验收结果表

附件1：

人口变动调查准备阶段质量控制表

地址：＿＿＿＿＿省（区、市）＿＿＿＿＿＿地（市）＿＿＿＿＿县（市、区）

被验收单位名称	调查小区数量（个）	调查员数量（名）	经费		PDA设备（台）	样本信息核实		基础信息落实（能够提供调查登记使用信息的调查小区个数）			调查员培训天数（天）
			工作经费（万元）	调查员补贴（元/人）		核实数量（个）	更换调查小区数（个）	公安资料	卫生计生部门资料	其他（注明来源）	
合计											

负责人：

县（市、区）＿＿＿＿＿＿＿＿＿＿（签名）

地（市）＿＿＿＿＿＿＿＿＿＿（签名）

省（区、市）＿＿＿＿＿＿＿＿＿＿（签名）

附件2：

人口变动调查现场登记阶段质量验收表

地址：________省（区、市）________地（市）________县（市、区）________乡（镇、街道）

调查小区

表1 调查小区核查表

单位：人

被验收单位名称	调查登记结果		议查或与其他行政资料比较项目差错数			
	空户数量（户）	调查登记户籍人口数	调查登记空户		户籍人数	
			多报	少报	多报	少报

表2 住户核查表

单位：人

被验收户编号	核查结果					调查登记结果				核查与登记比较项目差错数							
	是否入户访问	应登记总人数	应登记户籍人口数	出生人数	死亡人数	调查登记总人数	调查登记户籍人口数	出生人数	死亡人数	调查登记总人数		户籍人数		出生人口		死亡人口	
										多报	少报	多报	少报	多报	少报	多报	少报
***户																	
***户																	
***户																	
***户																	
***户																	
合计																	

负责人：

县（市、区）____________（签名）

地（市）____________（签名）

省（区、市）____________（签名）

现场参加人员____________（签名）

附件3：

人口变动调查现场登记阶段质量验收结果表

地址：________省（区、市）________地（市）________县（市、区）

表1　调查小区验收

验收项目	空户数量	户籍人数登记差错率
合格标准	0 差错	<4‰
**调查小区验收结果		

户籍人数登记差错率=（多报户籍人数+少报户籍人数）/被抽查单位调查登记户籍人口数

表 2　住户验收

验收项目	是否入户访问	应登记总人数	应登记户籍人口数	出生人数	死亡人数
合格标准	0 差错	0 差错	0 差错	0 差错	0 差错
验收结果					

负责人：

县（市、区）____________________（签名）

地（市）____________________（签名）

省（区、市）____________________（签名）

九、事后质量抽查

（一）抽查目的

人口变动调查的事后质量抽查，只用于评价全国抽样调查的登记质量，不评价省级及省级以下各级的调查登记质量，也不用于评价抽中调查小区的登记质量。

（二）抽查规模

事后质量抽查的样本，考虑人口规模、城乡分布等主要因素，各省（区、市）抽取1-3个调查小区，事后质量抽查调查小区分配个数见附1。事后质量抽查的小区抽取工作由国家统计局负责。

（三）抽查的时间、范围、对象及项目

1.抽查的标准时间为2018年11月1日零时，抽查入户登记时间为2018年11月21日至2018年11月25日。

2.抽查范围：抽中调查小区内抽中的所有户。

3.抽查对象：①2018年10月31日晚居住在本户的人；②户口在本户，2018年10月31日晚未居住在本户的人。

4.抽查项目：按户填报的项目有4项，包括本户地址、户编号、本户调查对象人数、本户2017年11月1日至2018年10月31日出生人口和死亡人口；按人填报的项目有6项，包括姓名、性别、出生年月、调查时点居住地、户口登记地、离开户口登记地时间。

（四）抽查工作的组织

事后质量抽查由各省（自治区、直辖市）统计局负责组织具体实施。省级人口处组织成立若干个事后质量抽查小组，派有调查经验的工作人员直接入户进行抽查登记。参加事后质量抽查的工作人员要有较强的责任心，熟悉人口调查业务。

（五）抽查步骤

1.国家统计局确定抽查的调查小区，省级组织抽查小组并培训抽查员。

2.抽查登记：事后质量抽查采用PDA入户登记的方式，对抽中小区边界内的所有住户进行调查。首先按《调查小区图》对小区边界进行核实，对《调查小区图》上的建筑物进行核对，小区图上有遗漏建筑物的要进行记录。然后结合《调查小区图》和调查登记情况，逐户进行入户登记。对《调查小区图》和调查登记时注明的空建筑物或空户，或底册上未标明的户，实地进行核实，如经核实，调查时点有人居住，则需在户列表上新增一户，进行登记。如有不属于本小区调查对象的多登户，需在户状态栏标记“多登户”；同一户登记两次或以上的户，在第二次及以上登记的户状态栏标记“重登户”；对调查登记数据有该户，抽查时连续三次未能入户的户，在户状态栏选择“未入户”；对登记时在，抽查时搬走的户，在户状态栏选择“已搬走”。

3.抽查方法：每个抽中的调查小区由两名抽查员（两台PDA）同时入户抽查，按调查登记的总户数分成两部分，每个抽查员负责一半的户，事先需分别导入调查登记数据中的详细地址信息和户编号（抽查表中的详细地址和户编号，可以根据导入的信息进行选择，也可以新增一户，录入新的地址，两名抽查员新增的户编号分别从800和850开始编号）。

（六）事后质量抽查表填写说明

1.按户填报的项目

登记开始前，将调查登记的“户编号”导入 PDA，抽查员按分配好的任务开展抽查。登记前先对户状态进行标记，正常登记的户不需要标记户状态，多登户、重登户、未入户和已搬走的户要标记户状态。

问题1 您家现住房的详细地址？

填写本户现住房的详细地址，填写到门牌号。导入 PDA 的住户，地址已经导入，可以进行核实、修改。

问题2 户编号，导入 PDA 的住户编号。

问题3 本户调查对象人数，2018年10月31日晚居住在本户人数和户口在本户，调查时点未居住在本户的人数。

问题4 您家2017年11月1日至2018年10月31日期间的人口变化情况。

出生人口：填写本户在2017年11月1日至2018年10月31日出生人数，填写男、女的合计数。

死亡人口：填写本户在2017年11月1日至2018年10月31日死亡人数，填写男、女的合计数。

2.按人填报的项目

问题1 姓名、问题2 性别、问题3 出生年月、问题4 调查时点居住地、问题5 户口登记地和问题6 离开户口登记地时间等指标与“填表说明”中的相应要求一致。

（七）事后质量抽查表的数据处理

各省负责事后质量抽查表的数据采集上报。国家统计局负责数据的汇总与比较。

附1：人口变动调查事后质量抽查调查小区分配个数

附2：事后质量抽查表

附1：事后质量抽查调查小区分配个数

地　区	小区个数
合　计	67
北　京	2
天　津	2
河　北	3
山　西	2
内　蒙	2
辽　宁	2
吉　林	2
黑龙江	2
上　海	2
江　苏	3
浙　江	2
安　徽	2
福　建	2
江　西	2
山　东	3
河　南	3
湖　北	2
湖　南	3
广　东	3
广　西	2
海　南	2
重　庆	2
四　川	3
贵　州	2
云　南	2
西　藏	1
陕　西	2
甘　肃	2
青　海	2
宁　夏	2
新　疆	1

附2：2018年全国人口变动调查事后质量抽查调查表

一、住户项目

问题1 您家现住房的详细地址？______________________

问题2 户编号：______________

问题3 本户调查时点（2018年11月1日零时）的调查对象人数：___________

问题4您家2017年11月1日至2018年10月31日期间的人口变化情况？

出生人口_______人

死亡人口_______人

二、个人项目

问题1. 姓名

问题2. 性别

○男

○女

问题3. 出生年月

出生年________

出生月________

问题4. 调查时点居住地

○本调查小区

○本乡（镇、街道）其他调查小区

○本县（市、区）其他乡镇街道

○其他县（市、区）：

_____省（区、市）

_____市（地）

_____县（市、区）

问题5. 户口登记地址

○本村（居）委会

○其他地区：

_____省(区、市)

_____市（地）

_____县（市、区）

_____乡（镇、街道）

_____村（居）委会

○户口待定（结束）

问题6. 离开户口登记地时间

○没有离开户口登记地

○不满半年

○半年至一年

○一年及以上（请填报具体离开时间）

________年

十、附件

（一）2018年全国人口变动调查主要工作进度安排

工作项目	序号	工作内容	时间安排	2018年										2019年					
				3月	4月	5月	6月	7月	8月	9月	10月	11月	12月	1月	2月	3月	4月	5月	6月
一、国家拟定调查方案	1	修订2018年全国人口变动抽样调查方案	18.04-18.08																
	2	调查方案及调查表审批、定稿	18.08-18.09																
二、调查方案布置	3	召开全国人口变动抽样调查工作布置会议	18.08																
	4	各省召开人口抽样调查工作布置会议	18.09																
三、物资准备、宣传动员	5	国家和各省进行调查物资准备	18.08-18.10																
	6	开展人口变动调查宣传工作	18.10-18.11																
四、选聘和培训调查员	7	选聘调查指导员、调查员	18.09-18.10																
	8	培训调查指导员、调查员	18.09-18.10																
五、调查摸底	9	整理行政记录资料	18.07-18.10																
	10	调查员摸底、编制调查底册	18.10																
六、登记	11	PDA登记（包括网络填报户补登）	18.11.01-18.11.15																
	12	审核上报	18.11																

工作项目	序号	工作内容	时间安排	2018年										2019年					
				3月	4月	5月	6月	7月	8月	9月	10月	11月	12月	1月	2月	3月	4月	5月	6月
七、质量控制和事后质量	14	各阶段质量控制	18.10.15-18.11.20																
	15	事后质量抽查	18.21.15-18.11.25																
	16	质量抽查结果汇总	18.10.26-18.12.15																
八、数据处理	17	制定国家、省、地和县级电子计算机汇总表式	18.07-18.09																
	18	制定汇总表逻辑检查规则	18.07-18.08																
	19	制定数据处理编辑规则	18.07-18.08																
	20	研制PDA录入程序	18.07-18.08																
	21	制表软件的研制和审定	18.08-18.10																
	22	准备数据处理设备	18.10																
	23	培训数据录入和数据处理技术人员	18.10																
	24	下发程序	18.08-18.09																
	25	各级调试程序	18.08-18.09																
九、数据汇总	26	国家级汇总	18.12																
	27	省级汇总	18.12-19.01																
十、数据评估分析	28	对调查主要数据进行评估	18.12-19.01																
	29	对调查数据进行分析研究	19.02-19.06																
十一、工作总结	30	各省上报工作总结	19.03.01																

(二)抽样方案

2018年人口变动情况抽样调查样本在2015年1%人口抽样调查建立的样本框中，按照年度样本轮换原则进行抽取。

(一)抽样设计原则

1.样本设计以科学性为原则，同时兼顾可操作性。在保证抽样科学性的前提下，适当考虑各地区实际情况的差异。

2.人口变动调查以全国为总体，以各省(自治区、直辖市)(以下简称省)为子总体。抽样采取两相抽样的方法，最终样本单位为调查小区。调查小区一般以2015年1%人口抽样调查划分的调查小区的对应地域为准。

3.对2016年至2019年全国人口变动调查进行为期四年的周期样本设计。2016年统一抽取四年的样本。在四年调查周期内，调查样本按照一定比例进行轮换。

(二)调查设计样本量

全国人口变动调查设计样本量约为120万人。按平均每个调查小区人口常住人口为250人左右计算，调查小区样本量全国约4800-5000个。

各省调查的样本量原则上按与各省2015年常住人口数的平方根成正比进行分配，并折算到调查小区数。各省具体设计样本量见附表1。

(三)抽样方法

采用两相抽样的方法，在1%人口抽样调查样本中直接抽取调查小区。

1.计算县级单位2015年1%人口抽样调查抽样比 f_{2015} 。

2.根据2016年人口变动调查各省设计抽样比 f_{2016}，计算出各调查小区在人口变动调查中的入选概率 f^{*}_{2016} 。

$$f^{*}_{2016}=\frac{f_{2016}}{f_{2015}}$$

3.按入选概率 f^{*}_{2016} 累积随机抽取调查样本。将调查小区按地址码顺序排列，将每个调查小区入选概率进行累加。所有调查小区入选概率合计数为需要抽取的调查小区数。

选择随机起点r(0-1)，算出选样号码r,r+1,r+2…

选样号码落在两个调查小区累加概率之间，区间下限所对应的调查小区被抽中。

(四)样本轮换原则

抽中的调查小区在四年的调查周期内进行轮换，年度样本轮换率为50%。没有轮换的调查小区在下一年度中继续作为调查样本。在2015年1%人口抽样调查样本中，一次性抽取四套样本，并两两组合，为每年调查样本。每年有一半调查小区重复调查。

(五)抽样的组织

人口和就业统计司统一组织抽取调查样本，调查组织实施前将抽中调查小区名单下发。各省组织开展样本核实。

扩大样本的省，采用附加样本的方法进行抽样，由扩大样本的省自行组织抽样工作。

（六）数据汇总和抽样误差估计

1.省级单位调查指标和抽样误差估计

在省级单位总体内，调查数据汇总采用加权的估计方法。省级单位抽样误差估计采用比率估计方法。

（1）出生率、死亡率、自然增长率估计

估计2018年出生率、死亡率：

用本次抽样调查2017年11月1日至2018年10月31日调查年度的出生率、死亡率替代日历年度2018年全年的出生率、死亡率。

$$CBR=\frac{b}{(2p-b+d)\div 2}\times 1000‰$$

$$CDR=\frac{d}{(2p-b+d)\div 2}\times 1000‰$$

$$NGR=CBR-CDR$$

其中，P为样本加权后的2018年11月1日常住人口，b、d分别为调查前12个月的样本加权后的出生和死亡人口。

上述公式中的CBR表示出生率，CDR表示死亡率，NGR表示自然增长率。

（2）抽样误差估计

调查主要指标抽样误差采用比率估计方法，其计算公式如下：

$$V(R)=\frac{(V(Y)+R^2\times V(X)-2\times R\times C(X,Y))}{X^2}$$

$$R=\frac{Y}{X}=\frac{\sum_h^H Y_h}{\sum_h^H X_h}$$

$$V(Y)=\sum_h^H a_h\times S_{yh}^2$$

$$V(X)=\sum_h^H a_h\times S_{xh}^2$$

$$C(X,Y)=\sum_h^H a_h\times S_{xyh}$$

$$S_{yh}^2=\frac{\sum_a (Y_{ha}-\overline{Y}_h)^2}{a_h-1}$$

$$S_{xh}^2=\frac{\sum_a (X_{ha}-\overline{X}_h)^2}{a_h-1}$$

$$S_{xyh}=\frac{\sum_a (X_{ha}-\overline{X}_h)(Y_{ha}-\overline{Y}_h)}{a_h-1}$$

$$=\frac{(\sum_a X_{ha}Y_{ha}-a_h\overline{X}_h\overline{Y}_h)}{a_h-1}$$

R 表示调查年度有关调查指标比率。如出生率、死亡率；

X 表示调查年度有关调查指标比率R的分母。如调查年度人数(或平均人数)；

Y 表示调查年度有关调查指标比率R的分子。如：出生人数、死亡人数等；

V(R) 表示估计有关调查指标比率R的方差；

V(X) 表示估计有关调查指标比率R的分母人数方差；

V(Y) 表示估计有关调查指标比率R的分子人数方差；

H 表示分的层数；

h 表示层的序号；

a_h 表示第h层第一级抽样单位(村级单位)的个数；

$\overline{X}_h$，S_{xh}^2 分别表示调查年度第h层第一级抽样单位有关调查指标比率R的分母人数及方差；

$\overline{Y}_h$，S_{yh}^2 分别表示调查年度第h层第一级抽样单位有关调查指标比率R的分子人数及方差；

S_{xyh} 表示调查年度第h层第一级抽样单位有关调查指标比率R的分母和分子人数的协方差；

X_{ha} 表示调查年度第h层第a个第一级抽样单位有关调查指标比率R的分母人数；

Y_{ha} 表示调查年度第h层第a个第一级抽样单位有关调查指标比率R的分子人数；

抽样标准误：SE(R)＝$\sqrt{V(R)}$

变异系数：CV(R)＝$\dfrac{\sqrt{V(R)}}{R}\times 100\%$

95%置信度下的绝对误差限为：$\Delta = 1.96\times\sqrt{V(R)}$

95%置信度下估计值的置信区间为：$R\pm\Delta$

95%置信度下估计值的相对误差限为：1.96×CV(R)

2.全国调查指标和抽样误差估计

全国数据按各省级城乡人口、总人口等指标进行加权汇总。

调查指标比率：$R=\sum_i W_i\times R_i$

抽样误差：$V(R)=\sum_i W_i^2\times V(R_i)$

其中R_i为各省级的调查指标，W_i为各省级人口占全国人口比重，$V(R_i)$为各省级调查指标的抽样误差。

注：上述计算公式是基于自加权样本的，且由于实际抽样比约为1‰，忽略了有限总体修正系数。

附表　2018年人口变动情况抽样调查设计样本量

单位：万人

地　区	样本量
合　计	**120**
北　京	3.0
天　津	3.0
河　北	5.0
山　西	3.7
内　蒙	3.1
辽　宁	4.1
吉　林	3.3
黑龙江	3.9
上　海	3.0
江　苏	5.0
浙　江	4.6
安　徽	4.8
福　建	3.8
江　西	4.2
山　东	5.0
河　南	5.0
湖　北	4.7
湖　南	5.0
广　东	5.0
广　西	4.3
海　南	3.0
重　庆	3.4
四　川	5.0
贵　州	3.7
云　南	4.2
西　藏	1.1
陕　西	3.8
甘　肃	3.2
青　海	3.0
宁　夏	3.0
新　疆	3.0

（三）各民族名称代码

01	汉族	30	土族
02	蒙古族	31	达斡尔族
03	回族	32	仫佬族
04	藏族	33	羌族
05	维吾尔族	34	布朗族
06	苗族	35	撒拉族
07	彝族	36	毛南族
08	壮族	37	仡佬族
09	布依族	38	锡伯族
10	朝鲜族	39	阿昌族
11	满族	40	普米族
12	侗族	41	塔吉克族
13	瑶族	42	怒族
14	白族	43	乌孜别克族
15	土家族	44	俄罗斯族
16	哈尼族	45	鄂温克族
17	哈萨克族	46	德昂族
18	傣族	47	保安族
19	黎族	48	裕固族
20	傈僳族	49	京族
21	佤族	50	塔塔尔族
22	畲族	51	独龙族
23	高山族	52	鄂伦春族
24	拉祜族	53	赫哲族
25	水族	54	门巴族
26	东乡族	55	珞巴族
27	纳西族	56	基诺族
28	景颇族	97	其他未识别的民族
29	柯尔克孜族	98	入籍

（四）行职业分类与代码

行业分类及代码

1.农、林、牧、渔业

2.采矿业

3.制造业

4.电力、热力、燃气及水生产和供应业

5.建筑业

6.批发和零售业

7.交通运输、仓储和邮政业

8.住宿和餐饮业

9.信息传输、软件和信息技术服务业

10.金融业

11.房地产业

12.租赁和商务服务业

13.科学研究和技术服务业

14.水利、环境和公共设施管理业

15.居民服务、修理和其他服务业

16.教育

17.卫生和社会工作

18.文化、体育和娱乐业

19.公共管理、社会保障和社会组织

20.国际组织

职业分类及代码

1.国家机关、党群组织、企业、事业单位负责人

2.专业技术人员

3.办事人员和有关人员

4.商业、服务业人员

5. 农、林、牧、渔、水利业生产人员

6.生产、运输设备操作人员及有关人员

7.军人

8.不便分类的其他从业人员

（五）宣传提纲

2018 年 11 月 1 日国家统计局将在全国组织人口变动调查。人口变动调查可以帮助政府了解我国人口的数量、区域分布、出生、死亡、迁移、受教育程度等基本情况，以便于更好地为人民群众提供教育、医疗卫生、劳动就业、社会保障等方面的服务。

一、什么是人口变动调查

人口变动调查是抽样调查，也就是从全国所有人口中抽出约 1‰的人，通过对他们的一些基本情况的了解，来推算全国人口的情况。

人口变动调查除了了解性别、年龄、受教育程度等基本属性外，重点了解的是出生、死亡、迁移等情况，以便于推算全国的出生率、死亡率、总人口及在地区间的分布等情况。

二、为什么要进行人口变动调查

人口变动调查所了解的情况，是国家制定经济社会发展规划和各项政策的基本依据。因此，做好这项调查的意义十分重大。

1.有助于政府了解最基本的国情和民情

对一个国家来讲，总人口有多少，少年儿童和老年人有多少，劳动年龄的人有多少，人口在各地区是如何分布的等情况，都是最基本的国情。人口变动调查作为专门收集这方面数据的专项调查，可以最直接、最便捷地把这些情况反映给政府，以便于政府及时了解情况，迅速解决问题。

2.有利于国家制定更加科学的人口发展、教育、社会保障等政策

子女上学、吃药看病、老有所养等都是老百姓最关心的问题。人口变动调查所调查的内容，恰恰反映的都是这些老百姓最关心的问题。通过进行人口变动调查，可以让政府及时了解这些情况，有利于政府制定更加科学的规划和政策。

三、如何组织人口变动调查

人口变动调查是国家统计局直接组织的抽样调查。国家统计局从全国所有住户中按照大约 1‰的比例抽取出部分住户，组织调查员进入这些家庭，了解这些家庭的成员和居住在这些家庭中的其他人的情况，并填写调查表，最后由国家统计局根据这些调查资料，推算出全国的情况。

本次人口变动调查标准时间为 2018 年 11 月 1 日零时。

根据《中华人民共和国统计法》的规定，所有参与调查的单位和工作人员，都必须为所有被调查户提供的家庭或个人信息保密，任何情况下，不得向任何单位或个人泄露。

人口变动调查是抽样调查，只供国家统计局和各省（自治区、直辖市）统计局推算全国和各省（自治区、直辖市）总体的数据，调查数据不作为评价地（市）及以下各级政府有关工作的依据。

全国月度劳动力调查方案

（2018 年定期统计报表）

一、总 说 明

（一）调查目的

为及时、准确地反映我国城乡劳动力资源、就业和失业人口的总量、结构和分布情况，为政府准确判断就业形势，制定和调整就业政策，改善宏观调控，加强就业服务提供依据，根据《国务院办公厅关于建立劳动力调查制度的通知》(国办发[2004]72号)的要求，制定全国月度劳动力调查方案。

（二）调查频率和范围

劳动力调查的频率为月度。

调查范围是抽中的我国大陆地区城镇和乡村地域上居住的人口。

城镇是按国务院于2008年7月12日国函[2008]60号批复的《统计上划分城乡的规定》中划定的城市和镇，其余地域为乡村。

（三）登记对象

劳动力调查以户为单位进行登记，既调查家庭户，也调查集体户。应在被抽中户中登记的人是：

1.调查时点居住在本户的人；

2.本户人口中，已外出但不满半年的人。

（四）调查项目

劳动力调查项目分为按户填报的项目和按人填报的项目。

1.按户填报的项目

户编号、户别、调查时点居住在本户的人口数、本户人口中外出但不满半年的人口数、现住房来源等5个项目。

2.按人填报的项目

姓名、与户主关系、性别、出生年月、户口登记地、住本户时间、受教育程度、婚姻状况、您户口所在家庭是否有农村土地承包权、您以前是否在其他地区工作过、您来（回）本县（市、区）多长时间了、您在调查时点前一周是否为取得收入而工作过1小时以上、您在职未上班的主要原因是什么、您已连续未上班多长时间、您目前的工作已干了多长时间、您的工作单位或经营活动属于以下哪种类型、您的就业身份属于以下哪种类型、您是否与用人单位或雇主签订了劳动合同、您上月主要工作的报酬是多少、您是否为增加工作时间而想寻找其他工作、如有机会工作更长时间您能在两周内开始工作吗、您在调查时点前一周未工作的主要原因是什么、您想工作吗、您近三个月内采取过以下哪种方式寻找工作、您未找工作的主要原因是什么、如有合适的工作您能在两周内开始工作吗、您暂时不能开始工作的主要原因是什么、您调查时点前一周或失去工作前所在单位工作主要生产或经营活动是什么、您调查时点前一周或失去工作前做什么具体工作等29个项目。

（五）调查时点

月度劳动力调查的标准时间为每月10日零时，入户登记时间为每月10日—14日。2018年10月份标准时间为15日零时，入户登记时间为15日—19日。

（六）抽样方法和样本量

具体详见本制度第四部分《抽样方案》。

（七）调查的组织实施

根据国家统计局关于《地方统计局与国家调查队部分业务分工调整优化方案》（国统字（2017）209号）的规定，劳动力调查由国家统计局各调查总队全面负责所在省（区、市）劳动力调查的组织实施。在未设国家调查队的县（市、旗），由当地统计局负责完成数据采集上报工作，调查总队和市级调查队加强业务指导和监督。对于有扩大样本需求的省（区、市），由国家统计局统一进行补充抽样，由调查总队负责组织实施。对现已扩大样本由统计局开展劳动力调查的省（区、市），如需继续进行调查，移交调查总队组织实施，避免出现与全国的调查工作冲突和数据不一致等问题，保证国家统计的公信力。

各省（区、市）统计局和国家统计局各调查总队最迟于2018年6月底前完成交接。

1.交接工作前各级统计局和调查队工作职责

国家统计局的职责。国家统计局人口就业统计司负责全国劳动力调查方案的制定；负责各省（区、市）村级样本单位的抽取工作；负责与数管中心共同完成数据采集PDA和数据处理平台的研制；负责调查阶段的数据质量控制；负责全国和各省（区、市）调查失业率等主要调查数据的加权汇总；负责主要调查数据的发布和解读工作。

各省（区、市）统计局的职责。各省（区、市）统计局人口和就业处负责组织实施65个大城市劳动力调查工作（简称：原大城市）；负责指导原大城市区（县）统计局，完成村级样本单位内住户样本框的编制工作；负责完成原大城市村级样本单位内住户样本抽取工作；负责原大城市区（县）统计局人员的培训和调查业务指导；负责指导原大城市区（县）统计局做好调查员的招聘和选调工作；负责原大城市调查阶段的数据质量控制；负责原大城市调查数据的审核、上报。

65个大城市统计局的职责。负责本市劳动力调查的具体组织实施工作；负责指导本市区（县）统计局做好调查员的招聘、选调工作；负责做好本市调查员的定期培训工作；负责本市调查阶段的数据质量控制；负责本市调查数据的审核、上报。

区（县）统计局的职责。负责在城镇社区和村委会的协助下，调查员入户调查登记工作；负责本区（县）调查员的管理、监督工作；负责本区（县）抽中调查样本的管理、核实工作；负责本区（县）调查阶段的数据质量控制；负责本区（县）调查数据的审核、上报。

各调查总队的职责。各总队相关处室负责组织实施原65个大城市之外的地级市（简称：新扩城市）劳动力调查工作；负责市级、县级调查队人员的培训和调查业务指导；负责指导市级、县级调查队做好调查员的招聘、选调和培训工作；负责新扩城市调查阶段的数据质量控制；负责新扩城市调查数据的审核、上报。

市级和县级调查队的职责。负责在城镇社区和村委会的协助下调查员入户调查登记工作；负责做好本地区调查员的招聘、选调和培训工作；负责本地区调查员的管理、监督工作；负责本地区抽中调查样本的管理、核实工作；负责本地区调查阶段的数据质量控制；负责本地区调查数据的审核、上报。

2.交接工作后各级统计局和调查队工作职责

国家统计局的职责。国家统计局人口就业统计司负责全国劳动力调查方案的制定；负责各省（区、市）村级样本单位的抽取工作；负责与数管中心共同完成数据采集PDA和数据处理平台的研制；负责调查阶段的数据质量控制；负责全国和各省（区、市）调查失业率等主要调查数据的加权汇总；负责主要调查数据的发布和解读工作。

各调查总队的职责。各调查总队相关处室指导抽中样本点的市级县级调查队完成居（村）委会内住户样本框的编制工作；负责完成居（村）委会住户样本抽取工作；负责抽中市级县级调查队人员的培训和调查业务指导；负责指导抽中市级县级调查队做好调查员的招聘和选调工作；负责调查阶段的数据质量控制；负责调查数据的审核、上报；负责本省（区、市）调查失业率相关数据的发布和解读工作。

市级和县级调查队以及未设国家调查队的抽中县（市、旗）统计局的职责。负责在城镇社区和村委会的协助下调查员入户调查登记工作；负责做好本地区调查员的招聘、选调和培训工作；负责本地区调查员的管理、监督工作；负责本地区抽中调查样本的管理、核实工作；负责本地区调查阶段的数据质量控制；负责本地区调查数据的审核、上报。

3.调查员的选聘、培训和管理

调查员的选聘。调查员主要从政府统计系统和基层组织人员中选调，也可从社会上招聘。调查员的数量，原则上按一个社区（居委会、村委会）一名调查员进行配备。调查指导员应由乡、镇、街道统计人员担任。

调查员的培训和管理。各级统计机构要加强对调查员的培训，应尽可能减少培训层次，以提高培训效果。在培训过程中，除对调查项目和样本核实方法进行讲解外，还应注重加强对调查技巧的培训。调查员变动时，必须对新任调查员进行业务培训，不得由未经培训的人员承担调查任务。各级统计机构要加强对调查员工作的监督检查。

4.宣传工作

入户登记前，要在社区张贴由国家统计局统一印制的《中华人民共和国国家统计局关于开展劳动力调查的公告》，并将《致调查户的一封信》发放到被调查户。

5.样本核实、入户登记和复查

入户登记前，相关统计机构要组织调查员，对应调查的住户样本进行核实，如有变动应根据相关规则进行更新，并向上级统计机构报送更新情况。入户登记时要对被抽中的所有住户（居住单元）逐一进行调查，对应在本户登记的人口不得漏登，对调查项目要仔细询问，认真核对，确保调查数据的质量。各级统计机构要及时通过调查数据直报平台复查、审核上报数据，及时查询、纠正登记错误。

6.质量控制

为加强对调查过程的管理，各级统计机构都应建立电话核查和入户回访制度。每月抽取一定比例的户进行电话核查和入户回访。

7.行业、职业专项编码

调查员入户登记完成后，由市级或区县统计机构在劳动力调查数据直报平台上，对调查员填写的行业、职业信息进行专项编码。

8.资料报送

每月25日前，各省统计局和调查总队要将本月调查数据评估情况、调查工作基本情况报人口就业司。

9.调查表中劳动报酬数据的使用

本调查中的劳动报酬数据仅供国家统计局分析就业质量时内部使用，各级统计调查机构不得对外提供。

（八）数据采集、报送和数据处理

全国劳动力调查使用手持电子终端（PDA）进行样本管理、任务分配和数据采集，并由调查员利用PDA通过数据直报平台将调查数据直接报送到国家统计局。上述各项工作在平台上的时间节点安排如下：

1.每月3日17:00前，国家统计局数管中心通过MDM将住户清单推送至每一台PDA上。

2.每月8—9日17:00前，调查员完成核实、更换调查住户。

3.每月10—14日，调查员持PDA入户调查登记。

4.每月15—19日，在平台上进行调查数据的补录、行职业编码和审核，由市级统计局或区县统计局、市级调查队、县级调查队完成。区县、市级、省级自下而上进行逐级调查数据验收。

5.每月20—25日，国家统计局人口就业司在平台上进行调查数据验收、审核。

6.每月26—30日，国家统计局人口就业司进行数据评估和加权汇总。

如遇节假日调查时点调整，平台节点时间也会做出相应变动，以人口就业司通知为准。

PDA及平台使用方法详见《PDA使用手册》、《劳动力调查数据直报平台使用手册》。

二、调 查 表 式

劳 动 力 调 查 表

根据《中华人民共和国统计法》的规定，公民有义务提供国家统计调查所需要的情况；我们对您提供的信息负有保密义务。

201　年　月

表　　号：R　2　0　1　表
制定机关：国　家　统　计　局
文　　号：国统字(2017)157 号
有效期至：2　0　1　9　年 1 月

应在本户登记的人：

调查时点居住在本户的人；

本户人口中，外出不满半年的人。

本户地址：_______县（市、区）_______乡（镇、街道）_________社区居委会（村委会）_____住户组

H1. 户编号	H2. 户别	H3. 调查时点居住在本户的人口数	H4. 本户人口中，已外出但不满半年的人口数	H5. 现住房来源
_______号	1. 家庭户 2. 集体户	共 _______人 其中： 男 _______人 女 _______人	共 _______人 其中： 男 _______人 女 _______人	1. 自有 2. 租住公有房屋 3. 租住其他房屋 4. 单位提供宿舍 5. 借住亲戚朋友住房 6. 其他
□□□	□	□□ □□ □□	□□ □□ □□	□

调查员（签字）：

申报人（签字）：　　　　　　申报人在本户人记录中的编码：_____　□□

本户电话：□□□□□□□□□□□

填报日期：20　　年　　月　　日

F1. 姓名	F2. 与户主关系	F3. 性别	F4. 出生年月	F5. 户口登记地
	0. 户主 1. 配偶 2. 子女 3. 父母 4. 岳父母或公婆 5. 祖父母 6. 媳婿 7. 孙子女 8. 兄弟姐妹 9. 其他	1. 男 2. 女	______年 ______月 （______ 周岁）	1. 户口在本乡（镇、街道），住 本户→F7 2. 户口在本乡（镇、街道），离开本户不满半年→F7 3. 本县（市、区）其他乡（镇、街道） 4. 本地（市）其他县（市、区） 5. 本省其他地（市） 6. 外省 7. 户口待定→F7
□□	□	□	□□□□ □□	□

F6. 住本户时间	F7. 受教育程度	F7-1. 毕业时间	F8. 婚姻状况	F9. 您户口所在家庭是否有农村土地承包权？
1. 住本户半年以上 2. 住本户不满半年，离开户口登记地半年以上 3. 住本户不满半年，离开户口登记地不满半年 4. 不住本户，离开本户不满半年	1. 未上过学 2. 小学 3. 初中 4. 普通高中 5. 中等职业教育（1—5→F8） 6. 高等职业教育 7. 大学专科 8. 大学本科 9. 研究生 （不满16岁的人结束）	1. 2016年及以前毕业 2. 2017年___月毕业 3. 2018年___月毕业 4. 2019年___月毕业 5. 2020年以后毕业 （16-30 岁人口填报）	1. 未婚 2. 有配偶 3. 离婚 4. 丧偶	1. 有 2. 没有→F12
□	□	□ □□	□	□

F10. 您以前是否在其他县（市、区）工作过？	F11. 您来（回）本县（市、区）多长时间了？	F12. 您在调查时点前一周是否为取得收入而工作过1小时以上？
1. 是，在本地(市)其他县(市、区)工作过 2. 是，在本省其他地(市)工作过 3. 是，在外省工作过 ______省 4. 否→F12	1. 3个月以内 2. 3-6个月 3. 6-12个月 4. 1-2年 5. 2年及以上 ______年	1. 是（包括无酬家庭帮工） 前一周实际工作时间 ______小时→F15 2. 在职，但未上班 3. 未做任何工作→F22
□ □□	□ □□	□ □□

F13. 您在职未上班的主要原因是什么？	F14. 您已连续未上班多长时间？	F15. 您目前的工作已干了多长时间？	F16. 您的工作单位或经营活动属于以下哪种类型？	F17. 您的就业身份属于以下哪一类？
1. 病假、事假 2. 产假 3. 休假 4. 在职学习 （1～4 →F15） 5. 临时停工放假 6. 生产淡季放假 7. 单位不景气放假 8. 劳务纠纷 9. 其他	1. 3 个月以内 2. 3 个月及以上→F23	1. 1 个月以内 2. 1-3 个月 3. 3-6 个月 4. 6-12 个月 5. 1-2 年 6. 2-3 年 7. 3 年及以上	1. 机关团体事业单位 2. 国有及国有控股企业 3. 集体企业 （1～3 →F18） 4. 个体工商户 5. 私营企业 6. 外商、港澳台投资企业 7. 其他类型单位 8. 耕作经营承包地→F20 9. 其他	1. 雇员 2. 雇主 3. 自营者 （2～3 →F19） 4. 家庭帮工→F20
□	□	□	□	□

F18. 您是否与用人单位或雇主签订了劳动合同？	F19. 您上月主要工作的报酬是多少？	F20. 您是否为增加工作时间而想寻找其他工作或加班？	F21. 如有机会工作更长时间，您能在两周内开始工作吗？
1. 是，已签有固定期限合同 期限________个月 2. 是，已签无固定期限（长期）合同 3. 否	________元	（工作时间少于 40 小时、F13=1～4 或 F14=1 的人填报，工作时间多于 40 小时的跳填 F28。） 1. 是 2. 否→F28	1. 能 2. 不能 （1～2 →F28）
□　□□	□□□□□	□	□

F22. 您在调查时点前一周未工作的主要原因是什么？	**F23. 您想工作吗？**	**F24. 您近三个月内采取过以下哪种方式寻找工作？**	**F25. 您未找工作的主要原因是什么？**
1. 丧失劳动能力（**结束**） 2. 在校学习 3. 毕业后未工作 4. 因单位原因失去原来的工作 5. 因个人原因失去原来的工作 6. 承包土地被征用 7. 离退休 8. 料理家务 9. 其他 □	1. 想 2. 不想 □	1. 在职业介绍机构登记 2. 委托亲戚朋友找工作 3. 直接与单位或雇主联系 4. 刊登或应答广告 5. 浏览招聘广告 6. 参加招聘会 7. 为自己经营做准备 8. 其他 （1—8 →F26） 9. 未找工作 □	1. 参加学习培训 2. 健康原因 3. 照顾家庭 4. 求职失败，放弃找工作 5. 缺乏必要的培训、技能或经验 6. 等待开始新的工作 7. 有足够的生活保障 8.其他 □
F26. 如有合适的工作，您能在两周内开始工作吗？	**F27. 您暂时不能开始工作的主要原因是什么？**	**F28. 您调查时点前一周或失去工作前，所在单位主要生产或经营活动是什么？**	**F29. 您调查时点前一周或失去工作前，做什么具体工作？**
1. 能 连续未工作时间 ________月 →F28 2. 不能 □ □□	1. 参加学习培训 2. 健康原因 3. 照顾家庭 4. 其他 （**F24 圈填“9. 未找工作”或 F26 圈填“2. 不能”工作的人结束**） □	1. 单位详细名称 ________________ 主要产品或经营活动 ________________ 2. 从未工作过（**结束**） □ □□	从事的具体工作 ________________ □□□

本户共登记______人，第______人

三、填 写 说 明

（一）应在本户登记的人

应在本户登记的人是：调查时点居住在本户的人，以及本户人口中已外出但不满半年的人。

本调查既登记现有人口，也登记户籍人口。

（二）调查的标准时间

调查的标准时间为：每月10日零时。

调查参考周为：调查时点前的7天，即每月的3—9日。

如遇春节、"十一"等长假期，调查标准时间和调查参考周将做相应调整，以具体通知为准。

（三）指标解释及填写说明

按户填报的项目

按户填报的项目要求所有的户（家庭户和集体户）都填报。

H1. 户编号：在每一住户组地址中按户的顺序编填码号。如果登记时，一个地址中有几户的，其中一户按原编号填写，其他几户续在本组所有户的后面填写新的编号；如果首次登记时，原有住户已搬走，新的住户未搬来，是空房户，要从备选样本中递补，以保证完成首次登记的样本数量，以后再次调查登记时仍使用递补户地址；如果再次登记时，原有住户已搬走，新的住户未搬来，成为空房户，原有的户编号不使用。

在每一住户组中，每一户都必须对应一个户编号，且只对应一个户编号。

在PDA中，户编号按照上述规则自动生成。

H2. 户别：按家庭户、集体户的类型圈填。

这里的"户别"与户口本上的"户别"无关。

1.家庭户。指以家庭成员关系为主的人口，或者还有其他人口，居住一处共同生活，作为一个家庭户。单身居住独自生活的也作为一个家庭户。

居住生活在同一家庭户的人，不论有无户口，无论是登记在几个户口本上，都应该登记为一户。

2.集体户。指相互之间没有家庭成员关系，集体居住在同一房间的人，作为一个集体户进行登记。

集体居住在机关、团体、学校、工厂、矿山、工地、农场、公司、商店、医院、托儿所、敬老院、寺院、教堂等单位的集体宿舍及其他住所共同居住的人口，每间住房作为一个集体户登记。从事各种流动作业而集体居住的人口，每间住房也作为集体户登记。

H3. 调查时点居住在本户的人口数：指调查时点居住在本户的人口，分别填写合计、男、女人数。

本户人口中因临时出差、旅游、探亲、夜班或短期住院等原因，调查时点未住家中的家庭成员，应视为在家中居住，在本户登记。

在外工作或学习，每周或每月返回家中居住的家庭成员，也应视为在家中居住，在本户登记。

H4. 本户人口中，已外出但不满半年的人口数：指本户家庭成员中，调查时点未居住在本户，但离开本乡（镇、街道）不满半年的人口数，分别填写合计、男、女人数。

H5. 现住房来源：指本户目前所居住房屋的来源。主要按产权和费用来分类。

本项设有6个选项：

1.自有。指本户目前居住的房屋是本户建造或购买的住房，本户拥有产权或部分产权。购买的住房包括：新建商品房、二手房、原公有住房、经济适用住房和两限房等。

2.租住公有住房。指本户目前居住的房屋是廉租房或公租房，房租较低。廉租房是政府以租金补贴或实物配租的方式，向符合城镇居民最低生活保障标准和住房困难家庭提供的社会保障性住房。公租房是政府和公共机构拥有的住房，租金低于市场价格。

3.租住其他房屋。指本户目前居住的房屋是向私人、单位或房地产部门租赁，本户按市场价格缴纳房租。

4.单位提供宿舍。指本户目前居住的房屋是本户某人工作单位所有，免费或基本免费提供给本户居住，或本户房租由本户某人单位报销。如工厂宿舍、学生宿舍等。

5.借住亲戚朋友住房。指本户目前居住的房屋是本户某人的亲戚、朋友所有，免费提供本户居住。

6. 其他。指除去上述以外的住房来源。

工作与居住都在同一房屋内的，也根据上述6个选项圈填。

按人填报的项目

F1. 姓名：填写被登记人的正式姓名。

F2. 与户主关系：指被登记人与本户户主的关系。调查员根据申报人的回答据情圈填。申报人不是户主的，注意不要将被登记人与申报人的关系当作与户主的关系。

本项设有10个选项：

0.户主。指按家庭日常生活习惯确定的户主。

1.配偶。指户主的妻子或丈夫。

2.子女。指户主的子女。

3.父母。指户主的父母或继父母、养父母。

4.岳父母或公婆。指户主配偶的父母或继父母、养父母。

5.祖父母。指户主或配偶的祖父母、外祖父母、曾祖父母、外曾祖父母。

6.媳婿。指户主子女的配偶。

7.孙子女。指户主的孙子女、外孙子女、孙媳婿、外孙媳婿、重孙子女、重孙媳婿、重外孙子女、重外孙媳婿。

8.兄弟姐妹。指户主及其配偶的兄弟姐妹以及他们的配偶。

9.其他。指本户除以上9种人以外的成员。

家庭户的户主登记为第一人，圈填“0”；如果户主的配偶也在本户登记，应登记为第二人，圈填“1”；然后再登记该户的其他成员。

在登记集体户时，第一人登记为户主，圈填“0”，本户其他成员与户主关系一律登记为其他，圈填“9”。

F3. 性别：男性圈填“1”，女性圈填“2”。

F4. 出生年月：指被登记人的出生年月，用阿拉伯数字填写。

出生年月按公历填写，只知道农历的，要换算成公历。按照一般的规律，农历的月份与公历的月份相差一个月左右，换算时农历的月份加1即可作为公历的月份，但要注意农历的12月应当是公历下一年的1月。

调查员在登记出生年月时，可参考户口簿或居民身份证。不一致的，应认真核对。

为了选择是否填写下面有关项目，采用纸质调查表的调查员还要根据出生年月算出周岁年龄，填于表上。某周岁年龄以是否过某岁生日确定。

F5. 户口登记地：指被登记人的户籍所在地。

本项设有7个选项：

1.户口在本乡（镇、街道），住本户。指户口登记地在本乡、本镇或本街道，现住在本户的人。圈填此选项的人，跳填F7项。

2.户口在本乡（镇、街道），离开本户不满半年。指户口登记地在本乡（镇、街道），离开本户不满半年的人。圈填此选项的人，跳填F7项。

3.本县(市、区)其他乡（镇、街道）。指户口登记地在本县、本县级市（区）的其他乡、镇、街道的人。

4.本地（市）其他县（市、区）。指户口登记地在本地级市（含直辖市）的其他县、县级市（区）的人。

5.本省其他地（市）。指户口登记地在本省的其他地级市（地区）的人。

6.外省。指户口登记地在外省（自治区、直辖市）的人。

7.户口待定：指在任何地方都没有登记户口的人。包括手持户口迁移证、出生证、退伍证、刑满释放证的人。圈填此选项的人，跳填F7项。

F6. 住本户时间：指被登记人住本户的时间。

本项设有4个选项：

1.住本户半年以上。指户口不在本乡（镇、街道），住本户超过半年以上的人。

2.住本户不满半年，离开户口登记地半年以上。指户口不在本乡（镇、街道），住本户不满半年，但离开户口登记地半年以上的人。

3.住本户不满半年，离开户口登记地不满半年。指户口不在本乡（镇、街道），住本户不满半年，离开户口登记地也不到半年的人。

4.不住本户，离开本户不满半年。指本户人口中，户口不在本乡（镇、街道），外出不满半年的人。

F7. 受教育程度：指按照国家教育体制，被登记人接受教育的最高学历。通过自学或成人学历教育，经国家统一考试合格的，分别归入相应的受教育程度。

本项设有9个选项：

1.未上过学。指从未接受过国家或其他办学机构实施的各级各类学校教育的人。包括参加过各种扫盲班或成人识字班学习，但没再接受各级各类学校教育的人。

2.小学。指接受的最高一级教育为小学,无论其是在校、毕业、肄业或辍学的人，均圈填此项。

3.初中。指接受的最高一级教育为初中，无论其是在校、毕业、肄业或辍学的人。

4.普通高中。指接受的最高一级教育为普通高中，无论其是在校、毕业、肄业或辍学的人。

5.中等职业教育。指接受的最高一级教育为中等职业教育，无论其是在校、毕业、肄业或辍学的人。中等职业学校主要包括：中等专业学校、技工学校和职业中学等。

6.高等职业教育。指接受的最高一级教育为高等职业教育，无论其是在校、毕业、肄业或辍学的人。高等职业学校主要包括：高等职业技术学院、高等职业技术学校等。

7.大学专科。指接受的最高一级教育为普通高等院校大学专科，无论其是在校、毕业、肄业或辍学的人。

凡国家承认学历的广播电视大学、职工大学、高等院校举办的函授大学、夜大学和其他形式的大学，按教育部颁布的大学专科教学大纲进行授课的，其毕业生圈填此项，但肄业生、在校生按原有受教育程度圈填。

通过自学，经国家统一举办的自学考试合格，并取得大学专科毕业证书的，也圈填此项，但尚未取得毕业证书的，按原有受教育程度圈填。

8.大学本科。指接受的最高一级教育为普通高等院校大学本科，无论其是在校、毕业、肄业或辍学的人。

凡国家承认学历的广播电视大学、职工大学、高等院校举办的函授大学、夜大学和其他形式的大学，按教育部颁布的大学本科教学大纲进行授课的，其毕业生圈填此项；但肄业生、在校生按原有受教育程度圈填。

通过自学和进修大学课程，经考试合格，并取得大学本科毕业证书的，也圈填此项，但尚未取得毕业证书的，按原有受教育程度圈填。

9.研究生。指接受的最高一级教育为硕士、博士研究生，无论其是在校、毕业、肄业或辍学，均圈填此项。

在职接受研究生教育的，其毕业生圈填此项；但肄业生、在校生按原有受教育程度圈填。

凡是没有按教育部的教学大纲培训或只学单科的人，不能圈填“大学专科”、“大学本科”或“研究生”，一律按原有受教育程度圈填。

不满16周岁的人，调查结束。

以下项目由16周岁及以上的人填报。

F7-1.毕业时间：指最高受教育程度为高等职业教育及以上的被登记人的毕业时间，由16-30岁的人填报。

本选项设有5个选项：

1.2016年及以前毕业。指毕业于上一年之前的年份。

2.2017年　月毕业。指毕业于上一年年份，同时填写毕业月份。

3.2018年　月毕业。指毕业于当前年份，同时填写毕业月份。

4.2019年　月毕业。指毕业于下一年年份，同时填写毕业月份。

5.2020年以后毕业。指毕业于下一年以后的年份。

F8. 婚姻状况：指被登记人在调查时点的婚姻状况。这里调查的是事实婚姻，而不是法律意义上的婚姻。应根据实际情况，并依照申报人的申报圈填。

本项设有4个选项：

1.未婚。指从未结过婚的人。对于没有办理结婚登记手续而同居的，如果申报人拒绝申报已婚有配偶，可圈填“未婚”。

2.有配偶。指已结婚且有配偶的人。

3.离婚。指曾经结过婚，但在调查时点前已办理了离婚手续而且没有再结婚的人，或正在办理离婚手续的人。

4.丧偶。指结过婚，但配偶已经去世而且没有再结婚的人。

F9. 您户口所在家庭是否有农村土地承包权：农村承包土地是指农村集体所有或国家所有，依法由农民使用的土地，包括耕地、林地、草地以及其他依法用于农业的土地。土地承包人或其所在家庭对依法承包的上述土地拥有占有、使用和一定处分的权利。拥有土地承包权的人或家庭，目前可能实际经营承包地，也可能因各种原因不再经营承包地，而以转包、转让、出租、入股、托管等方式已出让了所承包土地的经营权。

本项设有2个选项：

1.有。指本人户口登记地在农村地区或以前的农村地区，本人或所在家庭曾经是农业户口，目前本人或户口所在的家庭拥有土地承包权。这里的家庭指本人户口所在的家庭，以户口本为标志。本人单独一个户口本的，则按本人情况填报。

关于国有农场的农用土地承包。国有农场与农村有很大区别，国营农场属于国有资产的一部分，国有农场农业职工是企业职工，执行企业职工养老等社保政策，在职时要按规定交纳社会保险金，农业职工承包土地有的也要按规定收取一定的土地承包费。因此，这里所说的农村土地承包权不包括国有农场。

2.没有。指目前本人或户口所在的家庭没有农村土地承包权。圈填此选项的人，跳填F12项。

F10. 您以前是否在其他县（市、区）工作过：此项只询问有农村土地承包权的人。填写来本县（市、区）之前最近一次的其他工作地。

本项设有4个选项：

1.是，在本地（市）其他县（市、区）工作过。指本人来本县（市、区）之前，最近一次的工作地在本地（市）的其他县（市、区）。

2.是，在本省其他地（市）工作过。指本人来本县（市、区）之前，最近一次的工作地在本省内其他地（市）。

3.是，在外省工作过。指本人来本县（市、区）之前，最近一次的工作地在其他省份，并填写具体省份名称。

4.否。指本人以前从未在本县（市、区）以外工作过。圈填此选项的人，跳填F12项。

F11. 您来（回）本县（市、区）多长时间了：进一步询问有农村土地承包权的人从前一个工作地回本县（市、区）或来本县（市、区）的时间。

本项设有5个选项：

1.3个月以内。指不到3个月。

2.3-6个月。指3-6个月之间，不到6个月。

3.6-12个月。指6-12个月之间，不到12个月。

4.1-2年。指1-2年之间，不到2年。

5.2年及以上　　　　　　年。指2年及以上，同时要填写具体年限。

F12. 您在调查时点前一周是否为取得收入而工作过1小时以上：这里所说的工作是指为获取工资、实物报酬或经营收入、利润而实际从事的各种生产、经营和服务性活动。只要目的是为了取得收入的工作，无论实际是否取得了收入，都应属于这里所说的工作。不以取得收入为目的的义务劳动、公益性劳动或强制性劳动，不属于这里所说的工作。

对于平时主要在家做家务，有时也从事一些临时性工作（如干农活、打零工）的人，只要在调查时点前的一周中，工作时间达到1小时，就算工作。

本项设有3个选项：

1.是（包括无酬家庭帮工）。指在调查时点前的一周中，为取得收入而干过固定的、临时的或兼职的工作，并且工作时间达到了1小时以上。对于为取得收入而从事了工作的有正式学籍的在校学生和已正式办理了退休手续的人，也圈填此项。

无酬家庭帮工，是指在调查时点前一周，在本家庭成员或亲戚经营的公司、企业或生意中，从事没有报酬的生产或服务1小时以上的人。

本项圈填“1.是”的，要填写前一周实际工作时间，包括加班时间和兼职时间，而不是按国家规定的制度工作时间。

计算工作时间，要注意把握以下几种情况：

（1）从事一种以上有收入工作的，应将几项工作时间相加计算。

（2）在规定的工作时间以外加班加点的，应将加班时间一并计算在内。

（3）从事不坐班制的教育工作者、科研人员、新闻工作者等，其工作时间不能少于每周40小时的制度工作时间。

（4）农村人口中既干家务劳动又从事农业或其他工作的人，填写上一周的实际工作小时数，家务劳动时间除外。

填写完工作时间的人，跳填F15项

2.在职，但未上班。指有工作单位或工作岗位，可以从事有收入的工作，但在调查时点前一周没去上班，也没做其他工作。

3.未做任何工作。指没有工作单位，且在调查时点前的一周中未从事过任何临时性工作。对于尚未正式办理退休手续继续领取工资的内退人员，在调查时点前的一周中未从事任何工作的，也圈填此项。对于未与原单位解除劳动关系，在原单位已无工作岗位并不再领取工资或生活费的下岗人员，在调查时点前的一周中未从事任何工作的，也圈填此项。圈填此选项的人，跳填F22项。

对于承包土地且没有流转土地的农民，在调查时点前一周，如果从事农活或其他工作的时间超过1小时，则圈填“1.是”；如果没有外出打工，且未干任何农活或从事其他任何有收入的工作，则圈填“2.在职，但未上班”；如果外出打工，但未从事任何工作，则圈填“3.未做任何工作”。

F13. 您在职未上班的主要原因是什么：此项只询问F12“在职，但未上班”的人。

本项设有9个选项：

1.病假、事假。指在调查时点前一周，因伤病、有事等原因请假未工作。

2.产假。指在调查时点前一周，因生育原因休假未工作。

3.休假。指在调查时点前一周，因各种原因休假未工作。包括年休假、疗养假及空勤人员、船员、火车乘务人员的轮休假、婚丧假、探亲假等。

个人档案、人事关系已在某单位，但因各种原因本人尚未到新单位报到上班，如军人退伍或工作调动等，可视为休假。

4.在职学习。指有工作单位，在调查时点前一周正参加脱产学习或培训。

圈填上述1-4选项的人，跳填F15项。

5.临时停工放假。指在调查时点前一周，由于机械或电力故障、原料或燃料短缺、天气灾害或其他灾害等原因而放假未工作。

6.生产淡季放假。指所从事的工作具有季节性，在调查时点前一周，正值生产淡季，歇业放假。

7.单位不景气放假。指在调查时点前一周，由于单位生产经营出现问题等原因而放假未工作。

8.劳务纠纷。指在调查时点前一周，由于本人与单位或经营者因发生劳动争议、劳务纠纷而未工作。

9.其他。指上述之外的其他原因。

F14. 您已连续未上班多长时间：对于F12 “在职，但未上班”的人，继续询问本项。

本项设有2个选项：

1. 3个月以内。指距调查时点不到3个月。

2. 3个月及以上。指距调查时点3个月及以上。圈填此选项的人，跳填F23项

F15. 您目前工作已干了多长时间：填写主要工作时间。如果调查时点前一周中从事了几份工作，按工作时间最长的那份填写；如果几份工作时间相同，按收入最高的那份填写。

本项设有7个选项：

1. 1个月内。指距调查时点不到1个月。

2. 1-3个月。指距调查时点1-3个月，不到3个月。

3. 3-6个月。指距调查时点3-6个月，不到6个月。

4. 6-12个月。指距调查时点6-12个月，不到12个月。

5. 1-2年。指距调查时点1-2年，不到2年。

6. 2-3年。指距调查时点2-3年，不到3年。

7. 3年及以上。指距调查时点3年及以上。

F16. 您的工作单位或经营活动属于以下哪种类型：指调查时点前一周的主要工作单位或经营活动类型。有工作单位的按单位类型填写，无工作单位的按所从事的工作或经营活动类型选填。

本项共设9个选项：

1.机关团体事业单位。机关包括各级国家权力机关(人大)、各级国家行政机关(政府部门)、各级国家司法机关(人民法院和人民检察院)、各级政党机关(中国共产党和各民主党派)、政协组织、人民解放军、武警部队和其他机关等。

团体是指社会团体，包括由中央机构编制管理部门直接管理其机关机构编制的群众团体，还包括经各级民政部门核准登记，领取《社会团体法人证书》的各类社会团体。如各级工会、妇联、共青团等群众团体，学术性团体(学会、研究会)、专业性团体(各类从事专业业务的促进会)、行业性团体(协会、商会)、联合性团体(联合会、联谊会、同学会、校友会)、基金会、宗教组织、居委会、家委会、村委会等。

事业单位是指国家为了社会公益目的，由国家机关举办或者其他组织利用国有资产举办的，从事教育、科技、文化、卫生、体育的社会服务组织。包括经机构编制部门批准成立和登记或备案，领取《事业单位法人证书》，取得法人资格的单位和由其他行政主管部门依据有关法律法规审批成立，且具备法人条件的事业单位。

2.国有及国有控股企业。指资产归国家所有或国家资产居控制地位的企业，包括国有企业、国有独资的有限责任公司、国有控股的股份有限公司、国有联营企业。

3.集体企业。指资产归集体所有的企业。集体联营企业，股份合作企业属集体经济组织形式。

圈填上述1-3选项的，跳填F18项。

4.个体工商户。指资产归个人所有，以个体劳动为基础，劳动成果归劳动者个人占有和支配的一种经济

组织。既包括在各级工商行政管理机关登记注册、领取《营业执照》的个体工商户，也包括没有领取《营业执照》，但实际从事个体经营活动的人。

5.私营企业。指资产归个人（或几个人）所有，以雇佣劳动为基础的企业。包括依法登记注册的私营有限责任公司、私营股份有限公司、私营合伙企业和私营独资企业。

6.外商、港澳台投资企业。指外商和港、澳、台商单独投资或与中方合资、合作经营的企业。在这样的企业工作的人，圈填本项。

7.其他类型单位。主要指民办非企业单位以及不包括在“1—6”项中的单位。

8.耕作经营承包地。指在自家承包的耕地、林地、草地、池塘以及其他依法用于农业的土地上，从事农林牧渔业生产经营活动，也包括在转包和租用他人农业用地上从事农林牧渔业生产经营活动，所从事的农业生产活动以自营劳动为主，不雇佣长期雇工，但可能雇佣临时短工。平时主要在承包土地上从事农林牧渔业生产，上周未做任何工作的人也圈填此项。但①上周未在自家承包土地上工作而从事其他生产经营活动的人，以及外出务工经商的人不填此项，而应根据上周实际工作单位或生产经营活动选填。②转包和租用他人农业用地从事农业规模经营，并雇佣长期雇工的家庭或经济体，不填此项，应根据实际情况圈填相关选项。③受雇在他人承包的土地上从事农业生产的人，不填此项，根据实际情况圈填相关选项。

圈填此选项的人，跳填F20项

9.其他。不属于“1—8”项中的其他人员，如家政服务人员等。

F17. 您的就业身份属于以下哪一类：填写主要工作的就业身份。指从事经济活动的人的雇用、受雇或自雇状况。

本项设有4个选项：

1.雇员。指为取得劳动报酬而为单位或雇主工作的人员。

2.雇主。指自负盈亏或与合伙人共负盈亏，具有生产经营决策权，其报酬直接取决于生产、经营利润的人员。雇主的基本特征是雇用其他人为自己工作并向被雇用人支付工资。

3.自营者。指自负盈亏或与合伙人共负盈亏，具有生产经营决策权的人员。自营劳动者的特征是既不被雇也不雇用他人。如果有亲属帮忙但不支付工资，经营者本人仍属自营劳动者。

4.家庭帮工。指家庭成员为自家或亲属经营的公司、企业或生意中工作，但无经营决策权，也不领取报酬的人员，也称家庭无酬帮工。

圈填上述2-3选项的，跳填F19项。圈填“4.家庭帮工”的，跳填F20。

F18. 您是否与用人单位或雇主签订了劳动合同：指雇员与用人单位或雇主就工作期限、劳动报酬、劳动保护、劳动条件、社会保险、福利待遇、劳动纪律、规章制度、劳动合同的变更、解除、终止、续订等内容而签订的书面契约。包括签订的集体劳动合同。

本项设有3个选项：

1.是，已签有固定期限合同。指与用人单位或雇主签订了约定合同终止时间的劳动合同。圈填此项的要填写合同的期限，期限按月填写，超过99个月的按99个月填写。

2.是，已签无固定期限合同。指与用人单位或雇主签订了约定无确定终止时间的劳动合同。

如果签订的是以完成一定工作任务为期限的劳动合同，即与用人单位或雇主约定以某项工作的完成为合同期限的劳动合同，也圈填此项。

国家机关、事业单位和社会团体的在职人员，根据实际情况填写。

3.否。指未签订书面的劳动合同。

F19. 您上月主要工作的报酬是多少：指在调查时点上一个日历月份，所从事的主要工作的劳动报酬，包括现金和实物。雇员的劳动报酬包括工资、奖金、补贴和津贴等与工作相关的劳动报酬，也包括个人缴纳的公积金、社保等费用。雇主和自营者的劳动报酬是指其生产经营活动的净收入。劳动报酬不包括财产性收入和转移性收入。

劳动报酬要填写具体数目，最高为99999元。如果上月没有得到劳动报酬，可填写最近月份的劳动报酬；按年或不同周期获得劳动报酬的，应折算出月平均劳动报酬；刚开始工作尚未获得劳动报酬的，可填写合同、协议或预计的劳动报酬；实物报酬要折合成现金填报。

F20. 您是否为增加工作时间而想寻找其他工作或加班：指是否希望通过加班、兼职或另找工作而工作更长的时间。本项由调查时点前一周实际工作时间少于40小时的人、F13=1～4的人或F14=1的人填报。调查时点前一周实际工作时间多于40小时的，跳填F28项。

本项设有2个选项：

1.是。指本人希望通过加班、兼职或另找工作而工作更长的时间。

2.否。指本人不想增加工作小时数。圈填此选项的，跳填F28项。

F21. 如有机会工作更长时间，您能在两周内开始工作吗：指如果有加班、兼职或其他更长时间的工作，是否能够在两周内开始工作。这里的两周包括调查时点的前一周（7天）和后一周（7天）。

本项设有2个选项：

1.能。指本人两周内可以做更长时间的工作。

2.不能。指本人两周内不能做更长时间的工作。

完成F21项后，跳填F28项。

F22. 您在调查时点前一周未工作的主要原因是什么

本项设有9个选项：

1. 丧失劳动能力。指经专门机构鉴定或虽未鉴定但本人或其法定监护人认为，其因生理或心理疾患已丧失了从事劳动的能力。包括年老体弱生活不能自理的人员，但不包括离休、退休人员，这些人不论是身体残疾还是年老体弱生活不能自理，均圈填“7.离退休”。

圈填此项的人，调查结束。

2. 在校学习。即在校学生，指在各级教育主管部门承认的各级各类学校学习，并有正式学籍的学生。

3.毕业后未工作。指从学校毕业后从未工作过的人。

4.因单位原因失去原来工作。指用人单位或雇主提出与劳动者本人中断劳动关系而失去原工作的人。包括被原单位或雇主辞退、除名或开除的人，劳动合同到期后单位或雇主不同意续签劳动合同的人，因单位破产而失去工作的人，以及仍与原工作单位保留劳动关系的下岗人员。

5.因本人原因失去原工作。指本人因各种原因提出与单位中断劳动关系而失去原工作的人。包括辞职的人、劳动合同到期后本人不同意与单位续签劳动合同的人。

6.承包土地被征用。指本人承包的农业用地或转包、租用他人承包的农业用地，被有关部门或单位依据土地征用制度规定征作公益性用地或经营性用地而失去工作。受雇在别人承包的农业用地上工作，因土地被征用而失去工作的人，不圈填此项，而应圈填“4.因单位原因失去原工作”。

7.离退休。指已正式办理离休、退休手续，领取离退休金，且未从事任何有收入劳动的人。对于尚未正式办理退休手续，继续领取工资的内退人员，如果没再从事任何有收入的工作，也圈填此项。

8.料理家务。指主要在自己家里从事家务劳动，且没有劳动收入的人。从事家务劳动的离退休人员不填此项，而应填“7.离退休”。在自家成员或亲戚经营的公司、企业或生意中，从事没有报酬的生产或服务的人，农村中既料理家务又务农或从事家庭副业的人，在别人家干家务有收入的临时工或小时工，均属于有工作的人，不圈填此项。

对于申报料理家务的人要从严掌握，50岁以下的男性和45岁以下的女性如申报为料理家务，应仔细询问，认真核对。

9.其他。指除以上几种情况之外的其他未工作的人。

F23. 您想工作吗：根据本人目前的意愿填报。

本项设有2个选项：

1.想。目前想工作。

2.不想。目前不想工作。

F24.您近三个月内主要采取过以下哪种方式寻找工作：采用多种方式寻找工作的，只填一种本人认为最主要的方式。

本项设有9个选项：

1.在职业介绍机构登记。指通过人力资源和社会保障部门、其他政府部门或私人开办的职业介绍机构登记找工作。

2.委托亲戚朋友找工作。指通过亲戚朋友向有关单位推荐找工作，这种委托可以是口头的。

3.直接与单位或雇主联系。指直接找用人单位或雇主问询、自荐而寻找工作。

4.刊登或应答广告。指在各种媒体(如网络、电视、期刊杂志等)上刊登求职广告而寻找工作，或通过应答各种媒体或其他渠道的招聘广告。

5.浏览招聘广告。指查看各种媒体(如网络、电视、报纸等) 或其他渠道刊登的招聘广告而寻找工作。因没有适合的岗位而未应答的，圈填此项。

6.参加招聘会。指通过参加各种形式的招聘会找工作。

7.为自己经营做准备。指正在为自己开公司或做生意做准备，如筹集资金、申请执照、寻找经营场所等。

8.其他。指以上未涉及的找工作方式。

圈填以上1-8选项的，跳填F26项。

9.未找工作。没有采取任何找工作的行动。

F25. 您未找工作的主要原因是什么：由F24“9.未找工作”的人填报。

本项设有8个选项：

1.参加学习培训。指因正在参加学习或培训而未找工作，包括在校学生。

2.健康原因。指因生病或负伤等身体方面的原因而未找工作。

3.照顾家庭。指因照看孩子、照顾家庭其他成员或料理家务而未找工作。

4.求职失败，放弃找工作。指因之前总也找不到适合的工作而放弃找工作。

5.缺乏必要的培训、技能或经验。指因为缺乏必要的工作培训、工作技能或工作经验而不能胜任工作要求，因而未找工作。

6.等待开始新的工作。指已找到工作或筹备好自已的生产经营，但还未正式开始，正在等待中。

7.有足够的生活保障。指因经济条件、生活状况良好，不需要找工作。

8.其他。以上未涉及的其他原因。

F26. 如有合适的工作，您能在两周内开始工作吗：这里不考虑具体是什么工作，只是假设如果有合适的工作机会是否能在两周内应聘。这里的两周包括调查时点的前一周和后一周。

本项设有2个选项：

1.能。指目前没有不能脱身的事务，如必须照顾家人或上学读书等，而且也没有妨碍工作的伤病，能够在两周内应聘工作。

填写此项的人要填写连续未工作时间。对于连续未工作时间，学校毕业生从毕业后初次找工作时算起；离退休人员从离退休后初次找工作时算起；料理家务的人从有工作愿望后初次找工作时算起；以前工作过的人，从最后一次失去工作后，开始找工作时算起。未工作时间按月计算，不足一个月的按一个月计算，超过一个月不足两个月的按两个月计算，依此类推。圈填此选项的人，跳填F28项。

2.不能。指有事或有伤病，即使有合适的工作也不能在两周内去工作。

一般情况下，此项都应圈填“能”，只有当被调查人因有不能脱身的事务或有妨碍工作的伤病等而不能工作时，才可圈填“不能”。为自已经营做准备的，应视作能够工作。

F27. 您暂时不能开始工作的主要原因是什么：本项设有 4 个选项。

1.参加学习培训。指因正在参加学习或培训没有空余时间，在两周内不能开始工作。包括在校学生。

2.健康原因。指因本人生病或负伤等身体方面的原因，在两周内不能痊愈去工作。

3.照顾家庭。指因照看孩子、照顾家庭其他成员或料理家务，在两周内不能工作。

4.其他。除上述以外的其他原因。

F24圈填“9.未找工作”或F26圈填“2.不能”工作的人，调查结束。

F28. 您调查时点前一周或失去工作前，所在单位主要生产或经营活动是什么：这里指调查时点前一周或失去工作前，本人主要工作所在单位的生产经营活动，亦即所从事的行业。由就业人口和失业人口填报。

行业是按照经济活动的同一性进行分类的，不是按其所属的行政管理系统来分的。产业活动单位是划分行业的分类标准。产业活动单位是指：（1）具有一个场所、从事一种或主要从事一种经济活动；（2）单独组织生产、经营或业务活动；（3）掌握收入和支出的会计核算资料。

本项设有2个选项：

1.单位详细名称。填写行业时要注意以下几种情况：

（1）有工作单位的，既要填写单位名称，也要填写单位的主要产品或从事的主要业务。

单位名称要填写全称，并要具体到分厂、分公司或营业部，即产业活动单位，不能笼统地只填写总厂名称。

单位的主要产品或从事的主要业务也要详细填写，如“生产服装”或“销售服装”，不能简写为“服装”。

保密单位，填写其公开使用的名称和公开的主要产品或从事的主要业务。

（2）没有工作单位的，有招牌的要在单位名称处按招牌填写，如“××鞋铺”，并在主要产品或从事的主要业务处填写具体的产品或业务，如“做鞋”或“卖鞋”。没有招牌的，应在主要产品或从事的主要业务处填写其所从事的具体业务。

务农人员不能笼统地填写“农业”，要根据其具体的农业生产活动或农户具体从事的主要业务填写。如种粮食、养猪等。

（3）失去工作的人填此项时，要按其失去工作前最后一次的工作填写。

（4）遇到申报人对本人或本户其他成员的行业不清楚时，不要急于登记，经询问查明后再填报。

2.从未工作过。从未工作过的人圈填此项，并结束调查。

F29. 您调查时点前一周或失去工作前，做什么具体工作：这里指调查时点前一周或失去工作前，本人主要工作具体是干什么，亦即所从事的职业。由就业人口和失业人口填报。

职业是按本人所从事的具体工作性质的同一性进行分类的。所谓“同一性”，是指不论其所在工作单位是什么经济类型，不论用工形式是固定工还是临时工，也不论其隶属于哪个行业，凡是从事同一性质工作的人都划分为同一类。

填写职业时应注意以下几种情况：

（1）填写职业要具体、详细。不能笼统地填写“工人”、“普工”等，而应具体填写其实际工作种类，如“铸轧工”、“采煤工”等；机关工作人员不能笼统填写“公务员”，应详细填写其工作性质和种类，如：“打字员”、“统计人员”；专业技术人员，不能笼统地填写“研究员”、“工程师”等，应填写其研究或从事的专业或学科，如“通信工程技术员”等。

（2）具有中级以上技术职称的行政领导人员，应按行政领导职务填写其职业；同时担任两个以上职务的领导干部，应按主要职务填写其职业。

（3）工种尚未确定,暂时又无具体工作的，要填写“工种未定”。

（4）失去工作的人填此项时，要按其失去工作前最后一次工作填写。

（5）遇到申报人对本人或本户其他成员的职业不清楚时，不要急于登记，经询问查明后再填写。

四、抽 样 方 案

全国月度劳动力调查在大陆地区所有的省、自治区、直辖市开展，包括其所辖的全部城镇与乡村地域。

（一）抽样目标

新一轮劳动力调查抽样目标为：一是满足失业率等主要劳动力指标数据国家级代表性的要求，同时对分省分城乡也有较好代表性；二是保证2015年7月前已进行月度调查的65个大城市数据与历史数据衔接；三是整合资源，尽量发挥国家调查队的调查力量。

（二）抽样总体与抽样框

抽样总体为中华人民共和国大陆地区所有住户（不包括港澳台地区），但不包括军营、监狱中的集体户。各省、自治区、直辖市为次总体。

使用更新后的第六次人口普查的村级单位名录库作为初级抽样框，抽中的村级单位内所有的住房单元作为次级抽样框。

每年对抽样框进行更新。对初级抽样框，每年要清理、更新村级单位名录库；对次级抽样框，应去除所抽村级单位地域内拆迁的住房单元，补充新增加的住房单元。

（三）抽样方法

1.抽样原则

劳动力调查采用分层、多阶段、与住房单元数多少成比例（PPS）抽样抽取村级单位，采用随机等距抽样的方法在村级单位抽取住房单元或住户组，并对抽中住房单元和住户组内的所有人员进行调查。

人口就业统计司负责抽取村级单位，各省统计局或调查总队负责审核抽中村级单位样本的代表性，以及核查上报所抽中村级单位所辖地域已经或即将发生的拆迁等住房单元的变动情况，最终确定抽取的村级单位样本。在抽中的村级单位样本中，各省统计局或调查总队负责编制住房单元清单，使用人口和就业统计司下发的程序，按照随机等距方法集中抽取住户。

2.不同地域的具体抽样方法

原65个大城市以各市为总体，采用二阶段抽样方法，首先在全市范围内（包括市辖区和该市所辖的县）抽取村级样本，在抽中的村级样本中抽取住户组。

原65个城市之外的区域分为市区和县域两层分别进行抽样。市区层以各省非65个大城市的所有市辖区为总体，按区（县）一级分层，在每个市辖区内采用二阶段抽样方法，即每个区（县）抽村级单位，抽中的村级单位抽住房单元。

县域层以各省非65个大城市的所有县及县级市为总体，采用三阶段抽样，即从县域层中抽中调查县，在抽中的调查县中抽取村级单位，抽中的村级单位中抽取住房单元。基于组织开展调查的可操作考量，县域层的调查县主要由已设立国家调查队的县和县级市组成，人口和就业司根据各省实际情况进行适当微调。

（四）样本量和样本轮换

1.样本量的确定

为满足局党组提出的“在95%的把握程度下，全国城镇调查失业率的相对误差控制在3.5%左右，省级精度能基本满足需要”的抽样要求（经计算，变异系数CV要求约为1.8%），综合考虑前期调查获得的群内相关系数roh（Kish，1965: 5.4节）、抽样的设计效应、全国劳动力调查的经费情况、各省调查力量的配置情况和调查组织方式，确定各省样本量，全国每月总共调查约12万户（住房单元）。

原65个大城市中4个直辖市，月度调查样本为160个村级单位，每个村级单位抽取20户，共3200户；其余61个城市除三亚和拉萨，月度调查样本为40个村级单位，每个村级单位抽取20户，共800户；三亚与拉萨月度调查样本为20个村级单位，每个村级单位抽取20户，共400户。原65个大城市之外的地区，市区层每个村级单位调查10户，县域层每个村级单位调查4户。

2.样本轮换

样本轮换采用2-10-2模式，即一个住户连续2个月接受调查，在接下来的10个月中不接受调查，然后再接受连续2个月的调查，之后退出样本（样本轮换表见附表）。样本轮换能达到如下目标：

（1）每个月都有1/4的样本第一次接受调查，1/4的样本接受第二次调查，1/4的样本第三次接受调查，1/4的样本接受第四次调查。

（2）月度之间样本有50%重复。

（3）年度之间相同日历月样本有50%重复。

具体而言，首先根据数据质量控制的需要每年更换适量村级单位。原65个大城市，在所抽中的村级单位样本内，以住户组为单位进行轮换。在村级单位内以5户为一个住户组，每月调查4个住户组，共20户；每月轮换2个住户组，即10户。月度间轮换比例为50%。

新增的市区层和县域层，在所抽中的村级单位内，以轮换组为单位进行轮换。市区层每个村级单位每月调查10户，分为4个轮换组（2个组2户，2个组3户），每月轮换2个轮换组，月度间轮换比例为50%；县域层每个村级单位每月调查4户，每月轮换2户，月度间轮换比例也为50%。

当抽中住户不愿参与调查时，调查员应耐心劝导其配合，必要时市县统计机构也应一起帮助劝导。经反复劝导仍不愿意配合的，应从抽中的备选样本户中选择对应的住户进行替换。当抽中的住户第一次入户时为空户，或者因为各种原因不能参与调查时，也应从抽中的备选样本户中选择对应的住户进行替换。

（五）加权方法

全国、省、市各级汇总结果根据调查的基础数据，采用加权、事后分层、季节调整等方法汇总得到，并经相应的时间序列模型评估。各级的汇总权数由国家统计局人口和就业司统一计算。全国和分省数据的季节调整和模型评估由国家统计局人口和就业司统一进行。

主要统计指标解释

人口数 指一定时点、一定地区范围内有生命的个人总和。年度统计的年末人口数指每年12月31日24时的人口数。年度统计的全国人口总数内未包括香港、澳门特别行政区和台湾省以及海外华侨人数。

城镇人口和乡村人口 城镇人口是指居住在城镇范围内的全部常住人口；乡村人口是除上述人口以外的全部人口。

出生率(又称粗出生率) 一定时期内(通常为一年)一定地区的出生人数与同期内平均人数(或期中人数)之比，用千分率表示。本资料中的出生率指年出生率，其计算公式为：

$$出生率=\frac{年出生人数}{年平均人口}\times 1000‰$$

式中：出生人数指活产婴儿，即胎儿脱离母体时(不管怀孕月数)，有过呼吸或其他生命现象。年平均人数指年初、年底人口数的平均数，也可用年中人口数代替。

死亡率(又称粗死亡率) 指在一定时期内(通常为一年)一定地区的死亡人数与同期内平均人数(或期中人数)之比，用千分率表示。本资料中的死亡率指年死亡率，其计算公式为：

$$死亡率=\frac{年死亡人数}{年平均人口}\times 1000‰$$

人口自然增长率 指在一定时期内(通常为一年)人口自然增加数(出生人数减死亡人数)与该时期内平均人数(或期中人数)之比，用千分率表示。计算公式为：

$$人口自然增长率=\frac{(本年出生人数-本年死亡人数)}{年平均人数}\times 1000‰$$

$$=人口出生率-人口死亡率$$

总抚养比 也称总负担系数。指人口总体中非劳动年龄人口数与劳动年龄人口数之比。通常用百分比表示。说明每100名劳动年龄人口大致要负担多少名非劳动年龄人口。用于从人口角度反映人口与经济发展的基本关系。计算公式为：

$$GDR=\frac{(P_{0-14}+P_{65+})}{P_{15-64}}\times 100\%$$

其中：GDR为总抚养比；

P_{0-14}为0-14岁少年儿童人口数；

P_{65+}为65岁及65岁以上的老年人口数；

P_{15-64}为15-64岁劳动年龄人口数。

老年人口抚养比 也称老年人口抚养系数。指某一人口中老年人口数与劳动年龄人口数之比。通常用百分比表示。用以表明每100名劳动年龄人口要负担多少名老年人。老年人口抚养比是从经济角度反映人口老化社会后果的指标之一。计算公式为：

$$ODR = \frac{P_{65+}}{P_{15-64}} \times 100\%$$

其中：ODR为老年人口抚养比；

P_{65+}为65岁及65岁以上的老年人口数；

$P_{15\text{-}64}$为15-64岁的劳动年龄人口数。

少年儿童抚养比　也称少年儿童抚养系数。指某一人口中少年儿童人口数与劳动年龄人口数之比。通常用百分比表示。以反映每100名劳动年龄人口要负担多少名少年儿童。计算公式为：

$$CDR = \frac{P_{0-14}}{P_{15-64}} \times 100\%$$

其中：CDR为少年儿童抚养比；

$P_{0\text{-}14}$为0～14岁少年儿童人口数；

$P_{15\text{-}64}$为15～64岁劳动年龄人口数。

劳动力　指在16周岁及以上，有劳动能力，参加或要求参加社会经济活动的人口。包括就业人员和失业人员。

就业人员　指在一定年龄以上，有劳动能力，为取得劳动报酬或经济收入而从事一定社会劳动的人员。具体指年满16周岁，为取得报酬或经营利润，在调查周内从事了1小时（含1小时）以上劳动的人员；或由于学习、休假等原因在调查周内暂时处于未工作状态，但有工作单位或场所的人员；或由于临时停工放假、单位不景气放假等原因在调查周内暂时处于未工作状态，但不满三个月的人员。

单位就业人员　指报告期末最后一日在本单位工作，并取得工资或其他形式劳动报酬的人员数。该指标为时点指标，不包括最后一日当天及以前已经与单位解除劳动合同关系的人员，是在岗职工、劳务派遣人员及其他就业人员之和。就业人员不包括：

(1)离开本单位仍保留劳动关系，并定期领取生活费的人员；

(2)在本单位实习的各类在校学生；

(3)本单位以劳务外包形式使用的人员，如：建筑业整建制使用的人员。

城镇私营和个体就业人员　城镇私营就业人员指在工商管理部门注册登记，其经营地址设在县城关镇(含县城关镇)以上的私营企业就业人员，包括私营企业投资者和雇工。城镇个体就业人员指在工商管理部门注册登记，并持有城镇户口或在城镇长期居住，经批准从事个体工商经营的就业人员，包括个体经营者和在个体工商户劳动的家庭帮工和雇工。

在岗职工　指在本单位工作且与本单位签订劳动合同，并由单位支付各项工资和社会保险、住房公积金的人员，以及上述人员中由于学习、病伤、产假等原因暂未工作仍由单位支付工资的人员。在岗职工还包括：

(1)应订立劳动合同而未订立劳动合同人员；

(2)处于试用期人员；

(3)编制外招用的人员，如临时人员；

(4)派往外单位工作，但工资仍由本单位发放的人员(如挂职锻炼、外派工作等情况)。

工资总额　指根据《关于工资总额组成的规定》(1990年1月1日国家统计局发布的一号令)进行修订，本单位在报告期内直接支付给本单位全部就业人员的劳动报酬总额。包括计时工资、计件工资、奖金、津贴和补贴、加班加点工资、特殊情况下支付的工资，是在岗职工工资总额、劳务派遣人员工资总额和其他从业人员工资总额之和。不论是计入成本的还是不计入成本的，不论是以货币形式支付的还是以实物形式支付的，均应列入工资总额的计算范围。

工资总额是税前工资，包括单位从个人工资中直接为其代扣或代缴的个人所得税，社会保险基金和住房公积金等个人缴纳部分，以及房费、水电费等。

平均工资 指本单位就业人员在报告期内平均每人所得的工资额。它表明一定时期工资收入的高低程度，是反映就业人员工资水平的主要指标。计算公式为:

$$\text{平均工资}=\frac{\text{报告期实际支付的全部就业人员工资总额}}{\text{报告期就业人员平均人数}}$$

平均工资指数 指报告期就业人员平均工资与基期就业人员平均工资的比率，是反映不同时期就业人员货币工资水平变动情况的相对数。计算公式为:

$$\text{平均工资指数}=\frac{\text{报告期就业人员平均工资}}{\text{基期就业人员平均工资}}\times 100\%$$

平均实际工资指数 就业人员平均实际工资指扣除物价变动因素后的就业人员平均工资。就业人员平均实际工资指数是反映实际工资变动情况的相对数，表明就业人员实际工资水平提高或降低的程度。计算公式为:

$$\text{平均实际工资指数}=\frac{\text{报告期就业人员平均工资指数}}{\text{报告期城镇居民消费价格指数}}\times 100\%$$

城镇登记失业人员 指有非农业户口，在一定的劳动年龄内(16周岁至退休年龄)，有劳动能力，无业而要求就业，并在当地劳动保障部门进行失业登记的人员。

城镇登记失业率 城镇登记失业人员与城镇单位就业人员(扣除使用的农村劳动力、聘用的离退休人员、港澳台及外方人员)、城镇单位中的不在岗职工、城镇私营业主、个体户主、城镇私营企业和个体就业人员、城镇登记失业人员之和的比。

Explanatory Notes on Main Statistical Indicators

Total Population refer to the total number of people alive at a certain point of time within a given area. The annual statistics on total population is taken at midnight, the 31st of December, not including residents in Hong Kong SAR, Macao SAR, Taiwan Province and overseas Chinese national residing abroad.

Urban Population and Rural Population Urban population refer to all people residing in cities and towns, while rural population refer to population other than urban population.

Birth Rate (or Crude Birth Rate) refers to the ratio of the number of births to the average population (or mid-period population) during a certain period of time (usually a year), expressed in per thousand. Birth rate in the yearbook refers to annual birth rate. The following formula is used:

$$\text{Birth Rate} = \frac{\text{Number of Births in the Year}}{\text{Annual Average Number of Population}} \times 1000‰$$

Where: Number of births refers to live births, i.e. when a baby has breathed or showed any vital phenomena regardless of the length of pregnancy.

Annual average number of population is the average of the number of population at the beginning of the year and that at the end of the year. Sometimes it is substituted by the mid-year population.

Death Rate (or Crude Death Rate) refers to the ratio of the number of deaths to the average population (or mid-period population) during a certain period of time (usually a year), expressed in per thousand. Death rate in the yearbook refers to annual death rate. The following formula is used:

$$\text{Death Rate} = \frac{\text{Number of Deaths in the Year}}{\text{Annual Average Number of Population}} \times 1000‰$$

Natural Growth Rate of Population refers to the ratio of natural increase in population (number of births minus number of deaths) in a certain period of time (usually a year) to the average population (or mid-period population) of the same period, expressed in ‰. The following formula is applied:

$$\text{Natural Growth Rate of Population} = \frac{(\text{Number of Births} - \text{Number of Deaths})}{\text{Annual Average Number of Population}} \times 1000‰$$

$$= \text{Birth Rate} - \text{Death Rate}$$

Gross Dependency Ratio also called gross dependency coefficient, refers to the ratio of non-working-age population to the working-age population, express in percent. Describing in general the number of non-working-age population that every 100 people at working ages will take care of, this indicator reflects the basic relation between population and economic development from the demographic perspective. The gross dependency ratio is calculated with the following formula:

$$GDR = \frac{P_{0\text{-}14} + P_{65}}{P_{15-64}} \times 100\%$$

Where: GDR is the gross dependency ratio,

$P_{0\text{-}14}$ is the population of children aged 0-14,

P_{65+} is the elderly population aged 65 and over,

$P_{15\text{-}64}$ is the working-age population aged 15-64.

Old Dependency Ratio also called old dependency coefficient, refers to the ratio of the elderly population to the working-age population, express in percent. It describes the number of the elderly population that every 100 people at working ages will take care of. Old dependency ratio is one of the indicators reflecting the social implication of population aging from the economic perspective. The old dependency ratio is calculated with the following formula:

$$ODR = \frac{P_{65+}}{P_{15-64}} \times 100\%$$

Where: ODR is the old dependency ratio,

P_{65+} is the elderly population aged 65 and over,

$P_{15\text{-}64}$ is the working-age population aged 15-64.

Children Dependency Ratio also called children dependency coefficient, refers to the ratio of the children population to the working-age population, express in percent. It describes the number of children population that every 100 people at working ages will take care of. The children dependency ratio is calculated with the following formula:

$$CDR = \frac{P_{0-14}}{P_{15-64}} \times 100\%$$

Where: CDR is the children dependency ratio,

$P_{0\text{-}14}$ is the children population aged 0-14,

$P_{15\text{-}64}$ is the working-age population aged 15-64.

Labour Force refers to the population aged 16 and over who are capable of working, are participating in or willing to participate in economic activities, including employed persons and unemployed persons.

Employed Persons refers to persons above a specified age who had labour capacity and performed some social work for compensation or business gains. Specifically, it refers to persons, aged 16 and over, who performed some work for compensation or business gains for one hour or more during the reference period; or persons who do not work for the reasons of study or on holiday, but had work units or sites during the reference period; or persons temporary absence from a job for disorganization or suspension of work, recession, etc, but not exceeding three months during the reference period.

Persons Employed in Various Units refer to the total number of employees who work at his unit and obtain wages or other forms of payment at the end of the reporting period. This indicator is a kind of time point index and it equals to the sum of the number of employed staff and workers, labor dispatch personnel and other employed persons. Employed persons do not include:

1) persons who have left their working units while keeping their labour contract (employment relation) unchanged and receiving regular alimony;

2) all kinds of enrolled students who do internship in various units;

3) persons employed due to labor outsourcing, for example, persons employed in the organizational system of construction industry.

Persons Employed in Private Enterprises and Self-Employed Individuals in Urban Areas Persons employed in private enterprises refer to the persons employed in the private enterprises which have been registered at the departments of industrial and commercial administration for which the business operation are situated at a county town (i.e. a town where the county government is located), or at urban areas with administrative hierarchy higher than a county town. The self-employed individuals in urban areas refer to persons who hold the certificates of residence in urban areas or have resided in the urban areas for a long time and have been registered at the departments of industrial and commercial administration and approved to be engaged in individual industrial or commercial business, including self-employed persons as well as helpers and hired laborers who work in individual households.

Employed Staff and Workers refer to persons who signed labor contracts with working units and working units would pay wages, social insurance and housing funds for them. Persons who have their work posts but are temporarily absent from work for reasons of study or on sick, injury or maternal leave and still receive wages from their working units are also included. Employed staff and workers also include:

1)Persons who should have signed the labor contracts but not;

2)Employees on probation;

3)Employees beyond the staffing quota, for example, temporary employees;

4)Employees who are sent to other working units but still obtain wages from their original units (situations like on-the-job placement, expatriated assignment, etc.)

Total Wage Bill It is revised according to the "Provision of Composition of Total Wages" (Order No.1 by National Bureau of Statistics on January, 1st, ,1990), total wage bill refers to the total remuneration payment to all employed persons in various units during the reporting period, including hourly-paid wages, piece-rate wages, bonuses, allowance and subsidies, overtime wages and wages paid under special circumstances. It equals to the sum of total wages of employed staff and workers, dispatch labors and other employed persons, whether or not included in cost, whether or not paid in money or in kind, shall be included in the calculation of total wage.

Total wage bill is pre-tax wages, including personal income tax, social insurance and housing funding paid or withheld by employee's units, room charges, utility bills, etc.

Average Wage refers to the average per capita wage during a certain period of time for employed persons. It shows the general level of wage income during a certain period of time, one major indicator to reflect the wage level. It is calculated as follows:

$$\text{Average Wage} = \frac{\begin{array}{c}\text{Total Wage Bill of Employed}\\ \text{Persons at Reference Time}\end{array}}{\begin{array}{c}\text{Average Number of Persons}\\ \text{Employed at Reference Time}\end{array}}$$

Average Wage Indices refers to the ratio of average wage of employed persons the reference period to that at the base period, which reflects the change of wage of employed persons at the different period. It is calculated as follows:

$$\text{Average Wage Indices} = \frac{\begin{array}{c}\text{Average Wage of Employed}\\ \text{Persons at Reference Time}\end{array}}{\begin{array}{c}\text{Average Wage of Persons}\\ \text{Employed at Base Period}\end{array}} \times 100\%$$

Average Real Wage Indices average real wage of employed persons refers to the average wage of employed persons after removing the effects of the price changes and average real wage indices of employed persons refers to the change of real wage, which reflects the relative increasing or decreasing level of real wage of employed persons ,which is calculated as follows:

$$\text{Average Real Wage Indices} = \frac{\begin{array}{c}\text{Average Wage Indices of Employed}\\ \text{Persons at the Reference Time}\end{array}}{\begin{array}{c}\text{Urban consumer Price}\\ \text{Indices at Reference Time}\end{array}} \times 100\%$$

Registered Unemployed Persons in Urban Areas refer to the persons with non-agricultural household registration at certain working ages (16 years old to retirement age), who are capable of working, unemployed and willing to work, and have been registered at the local employment service agencies to apply for a job.

Registered Unemployment Rate in Urban Areas refers to the ratio of the number of the registered unemployed persons to the sum of the number of persons employed in various units (minus the employed rural labour force, re-employed retirees, and Hong Kong, Macao, Taiwan or foreign employees), laid-off staff and workers in urban units, owners of private enterprises in urban areas, owners of self-employed individuals in urban areas, employees of private enterprises in urban areas, employee of self-employed individuals in urban areas, and the registered unemployed persons in urban areas.